Sally P. Springer und Georg Deutsch

LINKES RECHTES GEHIRN

4. Auflage

Aus dem Englischen übersetzt von
Monika Niehaus-Osterloh

Deutsche Übersetzung herausgegeben von Bruno Preilowski

Spektrum Akademischer Verlag   Heidelberg · Berlin

Originaltitel: Left Brain, Right Brain, Fifth Edition
(Aus der Reihe *A Series of Books in Psychology*, herausgegeben von R. C. Atkinson, G. Lindzey und R. F. Thompson)

Aus dem Englischen übersetzt von Monika Niehaus-Osterloh
(Übersetzung und Redaktion früherer Auflagen von Gabriele Heister, Christel Kolbert, Bruno Preilowski, Johann Peter Prinz und Eva-Maria Horn-Teka)

Amerikanische Originalausgabe bei W. H. Freeman and Company, New York
© 1981, 1985, 1989, 1993, 1998 Sally P. Springer und Georg Deutsch

Die Deutsche Bibliothek – CIP-Einheitsaufnahme
Springer, Sally P.:
Linkes - rechtes Gehirn / Sally P. Springer und Georg Deutsch. Aus dem Engl. übers. von Monika Niehaus Osterloh. Dt. Übers. hrsg. von Bruno Prelowski. - 4. Aufl. - Heidelberg ; Berlin : Spektrum Akad. Verl., 1998
  (Spektrum-Lehrbuch)
  Einheitssacht.: Left brain - right brain <dt.>
  ISBN 3-8274-0367-7
  ISBN 3-8274-0366-9

© 1987, 1993, 1995, 1998 Spektrum Akademischer Verlag GmbH Heidelberg · Berlin

Alle Rechte, insbesondere die der Übersetzung in fremde Sprachen, sind vorbehalten.
Kein Teil des Buches darf ohne schriftliche Genehmigung des Verlages photokopiert
oder in irgendeiner anderen Form reproduziert oder in eine von Maschinen verwendbare
Sprache übertragen oder übersetzt werden.

Es konnten nicht sämtliche Rechteinhaber von Abbildungen ermittelt werden. Sollte dem Verlag
gegenüber der Nachweis der Rechtsinhaberschaft geführt werden, wird das branchenübliche
Honorar nachträglich gezahlt.

Lektorat: Frank Wigger, Sabine Loss (Ass.)
Redaktion: Bruno Preilowski
Copy-Editing: Regine Zimmerschied
Produktion: Daniela Brandt
Satz: TypoDesign Hecker GmbH, Heidelberg
Umschlaggestaltung: Kurt Bitsch, Birkenau
Druck und Bindung: Franz Spiegel Buch GmbH, Ulm

In Erinnerung an
Peter Deutsch sowie
Fanny Margulies, Lilyan Margulies
und Nathaniel Margulies

Inhalt

Vorwort zur deutschen Übersetzung ... XI

Vorwort zur fünften amerikanischen Auflage ... XV

Einführung ... 1

**Teil I: Die Entdeckung der Hemisphärenasymmetrie:
Befunde aus der Klinik** ... 5

1. Hirnschädigungen und der Aufstieg der Neuropsychologie ... 7
Die Doktrin der zerebralen Lokalisation von Hirnfunktionen ... 7
Ein Wendepunkt: Die Entdeckungen von Paul Broca ... 8
Das Konzept der zerebralen Dominanz ... 11
Das rechte Gehirn: Die vernachlässigte Hemisphäre ... 12
Weitere Erkenntnisse aus der Klinik ... 16
Der Rückschluß von Hirnschädigungen auf Hirnfunktionen:
Der wachsende Einfluß der kognitiven Neuropsychologie ... 19
Kognitive Neuropsychologie: Ansätze und Annahmen ... 21
Der Ansatz der kognitiven Neurowissenschaften ... 24

2. Die operative Trennung der Hemisphären: Split-Brain-Patienten ... 25
Die Durchtrennung von 200 Millionen Nervenfasern und ihre Folgen ... 26
Alltagsverhalten nach einer Split-Brain-Operation ... 31
Hemisphären und Sprache ... 34
Visuell-räumliche Funktionen der Hemisphären ... 37
Informationsverarbeitung in den beiden Hemisphären ... 39
Geteiltes Bewußtsein und einigende Mechanismen ... 42
Was leisten die Gehirnkommissuren tatsächlich? ... 46
Besondere Erkenntnisse aus der klinischen Split-Brain-Forschung ... 47

Teil II: Asymmetrien im normalen Gehirn ... 49

**3. Psychologie und Physiologie – ein Brückenschlag durch
bildgebende Verfahren** ... 51
Funktionelle bildgebende Verfahren: Metabolische Techniken ... 53
Funktionelle bildgebende Verfahren: Elektrophysiologische Techniken ... 62
Einige Anmerkungen zu den durch Hirnaktivitätsmessungen
aufgeworfenen Fragen ... 70
Asymmetrien in der Anatomie der beiden Hemisphären ... 72
Messungen am lebenden Gehirn ... 75
Der Brückenschlag zwischen Physiologie und Psychologie ... 78

4. Asymmetrien im normalen Gehirn 81
Techniken bei Verhaltensexperimenten 81
Warum führt eine lateralisierte Darbietung zu asymmetrischer Leistung? 83
In welcher Weise unterscheiden sich die Hemisphären? 85
Was messen Verhaltensexperimente tatsächlich? 90
Was sagen uns die Tests über das Wesen der Asymmetrien? 92

Teil III: Händigkeit, Geschlecht und Gehirn 99

5. Das Rätsel der Linkshändigkeit 101
Historische Anmerkungen zur Linkshändigkeit 102
Von der Schwierigkeit, die Händigkeit zu bestimmen 104
Was entscheidet über die Händigkeit? 105
Wie hängen Händigkeit und Sprachlateralität zusammen? 111
Händigkeit und kognitive Fähigkeiten 114
Die Kontroverse über die Lebensdauer 115

6. Geschlechtsunterschiede in Kognition und Gehirnasymmetrie 119
Hinweise auf Geschlechtsunterschiede in der Gehirnasymmetrie 121
Unterschiede in der Hirnanatomie 122
Geschlechtsunterschiede in kognitiven Funktionen:
Verbindungen zur Gehirnasymmetrie 124
Sind Lateralitätsunterschiede wirklich echte Geschlechtsunterschiede? 126
Der Ursprung der Geschlechtsunterschiede 127
Hormone und kognitive Funktionen 128
Die Bedeutung der Geschlechtsunterschiede 132

**Teil IV: Von der Klinik ins Labor: Die Integration
von Neurophsychologie und bildgebenden Verfahren** 135

7. Sprache, Willkürbewegung und Wahrnehmung 137
Neuropsychologie heute 137
Sprach- und Sprechstörungen 139
Sprache und die rechte Gehirnhälfte 153
Störungen der Willkürbewegungen 157
Wahrnehmungsstörungen 163
Bildhafte Vorstellung 169

8. Aufmerksamkeit, Gedächtnis, Musik und Emotion 173
Das Neglektsyndrom 173
Amnesie und die Lokalisation des Gedächtnisses 177
Musik und die Hemisphären 192
Emotionen 196

Teil V: Die Evolution und Entwicklung der Asymmetrie 207

**9. Asymmetrien bei Tieren: Die Suche nach den
biologischen Ursprüngen** 209
Asymmetrie bei Vögeln: Was wir vom Vogelgehirn lernen können 210
Pfotenpräferenz: Vorläufer der Händigkeit? 211
Split-Brain-Forschung mit Tieren 213
Anatomische Asymmetrien bei Primaten 214
Neurochemische Asymmetrien 215
Verhaltenstests 216
Die theoretische Bedeutung von Asymmetrien bei Tieren 218

10. Die Entwicklung der Asymmetrie beim Menschen 221
Hirnschädigung im Kindesalter: Lateralität und Plastizität 221
Die Entfernung einer Gehirnhälfte: Hemisphärektomie in der Kindheit 223
Die Suche nach den Anfängen der Lateralität 225
Die Rolle des Corpus callosum in der Entwicklung 228
Die Rolle von Anlage und Umwelt bei der Ausprägung von Asymmetrien 232
Einige theoretische Probleme 235

Teil VI: Pathologie und Asymmetrie 237

**11. Die Rolle der Asymmetrie bei Entwicklungsstörungen und
psychiatrischen Erkrankungen** 239
Lernstörungen: Gibt es eine Verbindung zur Hemisphärenasymmetrie? 239
Stottern: Ein Wettstreit um die Kontrolle über das Sprechen? 245
Frühkindlicher Autismus 247
Hemisphärenasymmetrie und psychiatrische Krankheitsformen 250
Schlußfolgerungen für eine Behandlung 253

Teil VII: Hypothesen und Spekulationen jenseits der harten Daten 255

**12. Versuche einer Anwendung des Asymmetriekonzepts: Lateralität,
Erziehung und Kultur** 257
Zwei Gehirnhälften, zwei Denkstile? 257
Lateralität 260
Erziehung und die Hemisphären 263
Von der Theorie zur Praxis: Zeichnen lernen 264
Wissenschaft, Kultur und das Corpus callosum 266

13. Das Wesen Hemisphärenspezialisierung 269
Beruht die Dominanz der linken Hemisphären auf motorischen Fertigkeiten? 269
Hemisphärenspezialisierung: Neuartiges und Mehrdeutiges 273
Ein Modell der Balkenfunktionen 277
Globale versus lokale Verarbeitung und die Hemisphären 280
Visuell-räumliche Lateralisierung: Prinzipien kristallisieren sich heraus 281
Computersimulation und PDP-Modelle neuronaler Netzwerke 283
Einige Bemerkungen über Modelle, Reduktionismus und Erklärungsebenen 287
Links und rechts in Biologie und Physik 289

14. Leib-Seele, Bewußtsein und die Hemisphären   293
Zwei Gehirne, zweifacher Geist?   294
Sprache, Bewußtsein und die linke Hemisphäre   298
Die rechte Hemisphäre und das Unbewußte   302
Können Hemisphären jeweils ein unabhängiges „Selbst" sein?   304
Bewußte versus unbewußte Prozesse in der Klinik   308
Das Bindungsproblem   310
Hat sich das Leib-Seele-Problem erledigt?   312

Schlußbemerkung   315

Quellen   317

Personenregister   351

Sachregister   355

Vorwort zur deutschen Übersetzung

Grundlagen auch des menschlichen Verhaltens sind Funktionen von Gehirn und Nervensystem – also Ergebnisse weitgehend unverstandener Prozesse eines höchst komplexen Organs und der unvorstellbar vielfältigen wie vielschichtigen Wechselwirkungen seiner Strukturen sowohl untereinander als auch mit dem Rest des Körpers und mit der Umwelt. Diese Komplexität läßt Zweifel berechtigt erscheinen, daß wir mit Hilfe unseres Gehirns eben jenes – und damit uns selbst – jemals werden vollständig verstehen können. Für die einen ist das eine entmutigende Vorstellung, da sie auch bedeuten könnte, daß wir vielleicht nie imstande sein werden, gerade die Verhaltensweisen, die die Qualität des menschlichen Lebens und letztlich auch die Existenz unserer Erde bedrohen, zu verstehen oder zu ändern. Für andere aber wäre die Zukunft noch beängstigender, wenn die Möglichkeit bestünde, unser Gehirn vollständig zu begreifen; für sie ist unsere Unzulänglichkeit eher ein Trost. Wie man sieht, liegen in der Hirnforschung Wissenschaft und Weltanschauung nahe beieinander. Oft sind die Grenzen zwischen beiden nicht sehr deutlich. Sie werden auch dadurch verschoben, daß wir uns intuitiv gegen die Vorstellung wehren, das menschliche Wesen, seine Fähigkeiten und seine Einzigartigkeit seien von einem organischen beziehungsweise materiellen Substrat abhängig. Doch diese Abhängigkeit ist eine Tatsache, die zwar von den meisten von uns verdrängt werden kann, die aber den Opfern einer durch Krankheit oder Unfall bedingten Hirnschädigung und denen, die mit ihnen leben und sie betreuen, in grausamer Deutlichkeit aufgezwungen wird.

Man könnte nun glauben, dies allein müßte Grund genug sein, jede Anstrengung zu unternehmen, um mehr über die Funktionen unseres Gehirns zu lernen, zumindest um Gehirnschäden zu vermeiden oder ihre Auswirkungen zu begrenzen und durch rehabilitative Maßnahmen verringern zu helfen. Tatsächlich wurden in den letzten Jahren auch vermehrt Anstrengungen unternommen, die Forschung über Auswirkungen von Hirnschädigungen zu fördern. Die verhaltensorientierte Grundlagenforschung, die biologisch-naturwissenschaftliche Psychologie und die experimentelle und klinische Neuropsychologie ist aber nach wie vor – gerade an den Universitäten – nur ungenügend vertreten. Und nur wenige Träger von Rehabilitationseinrichtungen unterstützen die Forschung ihrer Mitarbeiter.

Das Interesse der Öffentlichkeit an den Ergebnissen der Gehirn- und Verhaltensforschung wächst auch weiterhin. Aber trotz zunehmender Medienpräsenz sind keine ernsthaften Bemühungen sichtbar, auch im deutschsprachigen Bereich ein solides Fundament für die weitere Entwicklung dieses Fachgebietes zu schaffen. Vor allem im angewandten Bereich – im klinischen, wie im pädagogischen oder arbeitswissenschaftlichen Kontext – entsteht so zunehmend die Gefahr, daß übertriebene und ungerechtfertigte Erwartungen an Trainings- und Therapieformen geweckt werden, indem man sie als „auf neuesten Ergebnissen der Hinforschung basierend" propagiert, ohne ihre Grundlagen kritisch zu hinterfragen.

Um diese Situation positiv zu beeinflussen, müssen große Anstrengungen zur Verbesserung der Ausbildung insbesondere in der Praxis der neuropsychologischen Grundlagenforschung und Klinik unternommen werden. Dazu gehören auch bessere Informationen über die weltweite und in einer Vielzahl von wissenschaftlichen Veröffentlichungen publizierte Forschung, die selbst von Spezialisten kaum noch überblickt werden kann. Neben den Auszubildenden müssen ebenso den in anderen Bereichen tätigen Wissenschaftlern Informationen zugänglich gemacht werden, die den Stand der augenblicklichen Forschung adäquat widerspiegelt. Das gleiche gilt für die Öffentlichkeit, die als Förderer der Wissenschaft auch ein Anrecht auf sachliche, verständliche und redliche Darstellung der existierenden Befunde hat. Einen Beitrag dazu, so glaube ich, leistet das vorliegende Buch von Sally Springer und Georg Deutsch, das sich seit etlichen Jahren als Lehrbuch und allgemeine Einführung in das Gebiet der zerebralen Asymmetrie weltweit bewährt hat.

Die neue Auflage bestätigt erneut die dauerhafte Attraktivität des Konzepts der Lateralität. Diese wiederum beruht nicht zuletzt darauf. daß es sich um ein einfaches, intuitiv verständliches und für viele Bereiche der Wissenschaft und des täglichen Lebens relevant erscheinendes Konzept handelt. Erneuten Aufschwung erhielt dieses Forschungsfeld auch durch die Verfügbarkeit neuer physiologischer Meßmethoden. Diese neuen Perspektiven für die weitere Entwicklung der Hirnforschung finden in der neuen Auflage besondere Berücksichtigung. Es wird aber auch auf die besonderen Probleme dieser sogenannten bildgebenden Verfahren hingewiesen, die einem den Eindruck vermitteln, man könne dem lebenden Gehirn bei der Arbeit zuschauen. Die augenscheinliche „Realität" dieser Bilder läßt leicht vergessen. mit welchen methodischen Problemen diese Meßtechniken behaftet sind und in welchem Umfang Modellvorstellungen und unbewiesene Annahmen in die komplexen Manipulationen der Rohdaten einfließen. Tatsächlich sind nach wie vor die wirklich kritischen Experimente (also jene, die aus dem exponentiell anwachsenden Datenhaufen die Spreu vom Weizen trennen) sehr, sehr selten.

Zu den Inhalten des Buches braucht ansonsten nicht viel gesagt zu werden. Für die Übersetzung ergab sich vor allem ein Problem durch die Dominanz der nordamerikanischen Neuropsychologie (und damit der englischen Sprache). Dies fördert die Entstehung eines Fachjargons, der – wenn unkritisch übernommen – die feineren Unterschiede, die zum Teil nur aus dem fachlichen Zusammenhang erkennbar sind, vermissen läßt. Ein typisches Beispiel ist die mehrdeutige Verwendung der Begriffe „laterality" und „lateralization". Wir haben das Wort „Lateralisierung" – abgesehen von seiner Bedeutung im experimentell-methodischen Bereich (Beschränkung von Reizen auf eine Hemisphäre) – vornehmlich zur Beschreibung eines Prozesses, aber auch zur Charakterisierung eines schon erreichten statischen Zustandes gebraucht, denn zumeist erscheint aufgrund der existierenden Daten eine solche Unterscheidung weder belegbar noch eine Vermutung darüber von den Autoren intendiert. Oft ist nicht einmal ein klare Abgrenzung vom Begriff der „Lateralität" möglich, der zum einen als Oberbegriff mit dem der „Gehirnasymmetrie" gleichrangig ist, aber gleichzeitig auch die individuelle Ausprägung eines Zustandes verschiedener asymmetrischer Funktionen bezeichnet. Den sich hierfür im Englischen langsam durchsetzenden Begriff der „hemisphericity" nun als „Hemisphärizität" zu übersetzen, erschien weder notwendig noch sprachlich wünschenswert. Überhaupt war es nicht immer leicht, das in einem recht lockeren amerikanischen Englisch geschriebene Buch in akzeptables Deutsch zu übertragen, ohne den Stil der Darstellung, der sicherlich zum Erfolg des Textes beigetragen hat, zu beeinträchtigen. So weit dies gelungen ist, gebührt der Dank hierfür der Übersetzerin der vierten deutschen Auflage, Monika Niehaus-Osterloh, und Stefan Böhm, der sie bei der Übersetzung fachlich beraten hat, sowie dem Lektor Frank Wigger.

Bruno Preilowski

Vorwort zur fünften amerikanischen Auflage

Die fünfte Auflage von *Left Brain, Right Brain* erscheint zugleich am Ende des „Jahrzehnts des Gehirns" und zu Beginn eines neuen Jahrtausends. Es ist unser Privileg gewesen, die aufregenden Entwicklungen der letzten zwanzig Jahre hinsichtlich der Gehirnfunktion im allgemeinen und der Hemisphärenasymmetrie im besonderen als Chronisten begleiten zu dürfen. Unsere selbstgestellte Aufgabe war von Anfang an eine Herausforderung, und sie ist im Laufe der Zeit noch gewachsen, weil neue Entwicklungen, Techniken und Denkansätze den Forschern die Möglichkeit gegeben haben, immer komplexere Fragen zu stellen und zu beantworten.

Durchweg haben wir versucht, jedem ernsthaft interessierten Leser – unabhängig von seinem Hintergrund – die faszinierenden Befunde der aktuellen Hirnforschung zugänglich zu machen. Gleichzeitig wollten wir sicherstellen, daß unsere Darstellung vom wissenschaftlichen Standpunkt aus kompromißlos präzise ist, so daß unsere akademischen Kollegen sie ohne Bedenken in ihren Lehrveranstaltungen einsetzen können. Wir freuen uns, daß das Buch unverändert sowohl für eine größere Öffentlichkeit interessant ist als auch in vielen Lehrveranstaltungen an Colleges und Universitäten in der ganzen Welt eingesetzt wird. Auch durch die vielen Übersetzungen von *Left Brain, Right Brain* fühlen wir uns geehrt.

Während die fünfte Auflage dem Wachstum und der zunehmenden Komplexität des Themas Rechnung trägt, bleibt sie unserem ursprünglichen Ziel treu und nimmt den Leser mit auf eine aufregende intellektuelle Abenteuerreise in ein Gebiet, das man heute formal als kognitive Neurowissenschaften bezeichnet. Obgleich dieser Begriff erst seit rund einem Jahrzehnt verwendet wird, ist die Saat für diesen interdisziplinären Zugang zum Verständnis von Gehirnfunktionen bereits vor vielen Jahren gelegt worden, als Forscher weit jenseits der traditionellen Grenzen der Neurologie begannen, die Organisation höherer kognitiver Prozesse, wie Sprache, Gedächtnis und Wahrnehmung, zu untersuchen und zu modellieren. Heute arbeiten unter anderem Neuropsychologen, Kognitionspsychologen, Wissenschaftler, die sich mit der computergestützten bildgebenden Darstellung des Gehirns beschäftigen, Linguisten und Computerwissenschaftler auf verschiedenen Ebenen zusammen, um zum Verständnis der zerebralen Mechanismen beizutragen, die den geistigen Funktionen des Menschen zugrunde liegen.

Die fünfte Auflage von *Left Brain, Right Brain* trägt den Untertitel *Perspectives from Cognitive Neuroscience*. Darin spiegelt sich unser Versuch wider, Befunde aus vielen Disziplinen miteinander zu verknüpfen und insbesondere die neuen Ansätze in der funktionalen Hirnforschung, die auf bildgebenden Verfahren beruhen (*neuroimaging research*), und traditionellere klinische Untersuchungen von Hirnschädigungen miteinander zu kombinieren. In den vorangegangenen Ausgaben des Buches ist dies bereits in gewissem Maße geschehen, doch nun ist das Material umfangreicher und wird ausführlicher behandelt. Eine Zeitlang haben wir an einen anderen Untertitel gedacht, *A Perspective on Cognitive Neuroscience*, der unsere Ansicht widerspiegelt, daß die Untersuchung der Hemisphärenasymmetrie signifikant dazu beiträgt, unser Verständnis der Gehirnfunktion zu erweitern.

Wir sind vielen Leuten zu Dank verpflichtet, von denen wir an dieser Stelle nur einige wenige erwähnen können, die wichtige Beiträge zu dieser und den vorangegangenen Auflagen geleistet haben. Forscher in aller Welt haben auf unsere E-mail-Anfragen nach Vorabdrucken ihrer neuesten Arbeiten geantwortet. Verlage, die Bücher vorbereiteten, sandten uns Kopien der Kapitel zu, die dort erscheinen sollten. Und einige Kollegen, darunter Morris Moskovitch, Eran Zaidel, Sheri Berenbaum und Michael Gazzaniga, nahmen sich die Zeit, uns ihre Meinung persönlich oder schriftlich mitzuteilen. Wir bitten um Entschuldigung, daß wir nicht all die hervorragenden Arbeiten aufnehmen konnten, die uns im Lauf der letzten Jahre zugesandt oder gezeigt wurden, denn es hat wirklich große Mühe gekostet, den Umfang des Buches unter Kontrolle zu halten.

Wir möchten uns besonders für die Beiträge von M. P. (Phil) Bryden bedanken, der im August 1996 unerwartet verstarb. Phil hat uns auch diesmal ausführlich seine Ansichten darüber mitgeteilt, was neu und wichtig genug wäre, um erwähnt zu werden, genauso, wie er es für die vorangegangenen Auflagen getan hat. Wir haben uns immer auf Phils Kommentare gefreut – sie waren stets so vernünftig, ausgewogen, hilfreich und verständnisvoll. Im ganzen *Left Brain, Right Brain* finden sich mehr Bezüge auf Phil Brydens Arbeit als auf jeden anderen einzelnen Autor, was sowohl die Breite seines Interesses als auch seine Produktivität zeigt. Er war ein echter Freund und Kollege, und wir trauern um ihn.

Besonderer Dank gebührt Susan Brendon, der Programmleiterin bei W. H. Freeman and Company, weil sie überzeugt war, die fünfte Auflage von *Left Brain, Right Brain* solle geschrieben werden, und uns die Unterstützung lieferte, die wir brauchten, um sie zu produzieren. Der neue, achtseitige Farbteil, der unserer Meinung nach viel zu unserer Darstellung der bildgebenden Befunde beiträgt, erscheint zum ersten Mal und ist ein direktes Ergebnis ihrer Bemühungen. Die Vorbereitung der fünften Auflage wurde durch eine berufliche Freistellung von der University of California in Davis für einen von uns (SPS) sehr erleichtert.

Und schließlich verdienen unsere Gatten, Håkon Hope und Martha Pezrow, wie zuvor unseren Dank für ihr Verständnis und ihre Unterstützung unserer Bemühungen. Sie wie auch Mollie und Erik Hope, nun neun beziehungsweise zwölf Jahre alt, haben große Opfer gebracht, damit die fünfte Auflage Wirklichkeit werden konnte. Wir danken ihnen für ihre Liebe und ihre unermüdliche Unterstützung.

Einführung

Eine junge männliche Versuchsperson liegt in einem ruhigen, abgedunkelten Raum und wird aufgefordert, sich vorzustellen, sie durchschreite ein kompliziertes Gangsystem. Kurz zuvor ist der junge Mann durch die Korridore geführt und gebeten worden, sich so viele Einzelheiten wie möglich zu merken. Während er sich also vorstellt, durch die Flure zu gehen und anzuschauen, was dort zu sehen ist, wird eine harmlose Menge einer bestimmten radioaktiven Verbindung, eines sogenannten „Tracers", in seinen Blutstrom injiziert. Dieser Tracer wird in Abhängigkeit von der zerebralen Durchblutungsstärke innerhalb der nächsten 60 Sekunden vom Gehirn aufgenommen. Kurz darauf bringt man die Versuchsperson in einen Raum, wo ihr Kopf ins Innere eines Geräts, eines sogenannten SPECT-Scanners (SPECT: Single-Photon-Emissionscomputertomographie), geschoben wird, mit dessen Hilfe sich die Verteilung des Tracers innerhalb des Gehirns feststellen läßt. Da der spezielle Tracer, der bei diesem Experiment zum Einsatz kommt, überall in den Zellen des Gehirns festgehalten wird, spiegelt seine Verteilung auch noch eine Stunde nach der Injektion das Niveau der regionalen Durchblutung wider und ermöglicht damit Rückschlüsse auf das Ausmaß der Gehirnaktivität in denjenigen Regionen, die mit der visuellen Vorstellungsaufgabe assoziiert sind.

Später studiert ein Team aus vier Wissenschaftlern aufmerksam die computergenerierten Bilder, welche die Aktivität in verschiedenen Querschnitten durch das Gehirn der Versuchsperson zeigen. »Aha«, meint einer, »ich hab' euch ja gesagt, daß selbst dann Aktivität im primären visuellen Cortex auftritt, wenn man sich eine visuelle Szene nur vorstellt!« »Das überrascht mich wirklich«, entgegnet der zweite. »Wer hätte gedacht, daß am Vorstellen einer Szene fast dieselben Gehirnregionen beteiligt sind wie beim tatsächlichen Anschauen!« »Mich überrascht das nicht«, wirft der dritte ein, »aber warum ist die Aktivität in den visuellen Regionen der rechten Hirnhälfte so viel größer?« »Nun ja«, meint der erste, »das paßt zu den klinischen Befunden, die zeigen, daß die rechte Hemisphäre des Gehirns bei komplexen räumlichen Aufgaben, wie dem Lösen von Labyrinthaufgaben, die wichtigere Rolle spielt.« Der vierte Wissenschaftler, der mit Gehirnabtastungen und Neuroanatomie nicht sehr vertraut ist, sich aber dennoch außerordentlich für die Beziehung zwischen Sehen und bildlicher Vorstellung interessiert, steht daneben und sagt sich im Stillen: »Ich muß mein Modell der visuellen Bildspeicherung und des visuellen Abrufs wirklich modifizieren; mein gegenwärtiges Modell hätte diese Ergebnisse keinesfalls vorhergesagt.«

Als die vier das Labor verlassen, unterhalten sich zwei der Forscher darüber, wie wunderbar es ist, mit Hilfe der neuen Gehirnscanningtechniken und der durch sie ermöglichten Experimente »dem Geist bei der Arbeit zuzuschauen«. Die beiden anderen widersprechen dieser Aussage. Der eine sagt: »Ihr meint, dem Gehirn bei der Arbeit! Vergeßt nicht, wir sehen nur äußere Korrelate der geistigen Prozesse – und zwar ziemlich grobe, was das angeht! Aber versteht mich nicht falsch. Ich denke, wir tasten uns immer näher an die Gehirnprozesse heran, die für den Geist verantwortlich sind. In ein paar Jahren vielleicht ...« Der andere Forscher sieht ein grundsätzlicheres Problem. Er wendet ein: »Ich finde diese Techniken und das heutige Experiment sehr beeindruckend, und ich denke, daß diese Befunde ein gewisses Licht auf die Organisation des Gehirns und sogar darauf werfen, wie wir uns von einigen kognitiven Prozessen ein Modell machen sollten. Aber was den Geist angeht – ich verstehe einfach nicht, wie externe Messungen irgend etwas über die realen Erfahrungen der Versuchsperson aussagen können. Ich behaupte nicht, daß der Geist aus etwas anderem erwächst als dem Gehirn, ich sehe nur nicht, wie diese Experimente viel Einblick in diese Verbindung gewähren könnten.«

Das Szenario reißt einige der Fragen an, die in Labors rund um die Welt von einer neuen interdisziplinären Perspektive aus – eben jener der kognitiven Neurowissenschaften – zur Funktion des menschlichen Gehirns gestellt werden. Im letzten Jahrzehnt hat sich die wissenschaftliche Erforschung des menschlichen Gehirns einer neuen Herausforderung gestellt – nach der biologischen Basis von Gedächtnis, Lernen, Vorstellung, Emotion und anderen höheren mentalen Funktionen zu suchen und vielleicht herauszufinden, wie das Bewußtsein selbst aus Gehirnprozessen erwächst. Die kognitiven Neurowissenschaften entstanden aus der Notwendigkeit, beim Bemühen, den Geist zu verstehen und Fragen nach seiner Beziehung zur Gehirnaktivität exakter zu formulieren, die Grenzen der traditionellen akademischen Disziplinen zu überwinden. Forscher aus akademischen Disziplinen, die bis vor kurzem wenig miteinander zu tun hatten – kognitive Psychologie, Neurologie, Computerwissenschaften, Philosophie –, arbeiten heute in einer Atmosphäre gespannter Erwartung zusammen und hoffen, die Geheimnisse der Geist-Gehirn-Verbindung zu enträtseln.

Obgleich die kognitiven Neurowissenschaften erst seit kurzem formal als eigenständige Disziplin anerkannt werden, steht hinter dem Versuch, geistige Funktionen mit der Arbeitsweise des Gehirns zu korrelieren, eine lange Geschichte voller konzeptioneller und philosophischer Rätsel, die erst noch gelöst werden müssen. Die Erforschung der Auswirkungen von Hirnverletzungen auf den mentalen Zustand – ein Gebiet, das als Neuropsychologie bekannt ist – hat den nötigen Hintergrund geliefert und in den letzten 100 Jahren viele der Fragen und Probleme offengelegt, auf die die kognitiven Neurowissenschaften nun eine Antwort suchen. Ein wichtiger Teil dieses Hintergrundes etablierter Gehirn-Verhaltens-Beziehungen betrifft Asymmetrien in der Funktionsweise der linken und rechten Großhirnhemisphäre.

Die beiden Großhirnhemisphären, die eng zusammengepackt im Inneren des Schädels liegen und durch mehrere getrennte Nervenfaserbündel miteinander verbunden sind, welche als Kommunikationskanäle dienen, wirken – in Übereinstimmung mit der allgemeinen Links-Rechts-Symmetrie des menschlichen Körpers – annähernd wie Spiegelbilder. Funktionell ist die Kontrolle der einfachen Körperbewegungen und der sensorischen Empfindungen gleichmäßig und über Kreuz zwischen den zerebralen Hemisphären verteilt: Die linke Hemisphäre kontrolliert die rechte Seite des Körpers (die rechte Hand, das rechte Bein und so weiter), die rechte Hemisphäre die linke Seite (Abbildung E.1).

Die äußerliche Links-Rechts-Symmetrie von Gehirn und Körper bedeutet jedoch nicht, daß sich die rechte und die linke Seite tatsächlich in jeder Hinsicht völlig entsprechen. Wir brauchen nur an die unterschiedlichen Fertigkeiten unserer beiden Hände zu denken, um zu erahnen, was unter funktioneller Asymmetrie zu verstehen ist. Nur wenige Menschen sind wirklich beidhändig; die meisten haben

Einführung 3

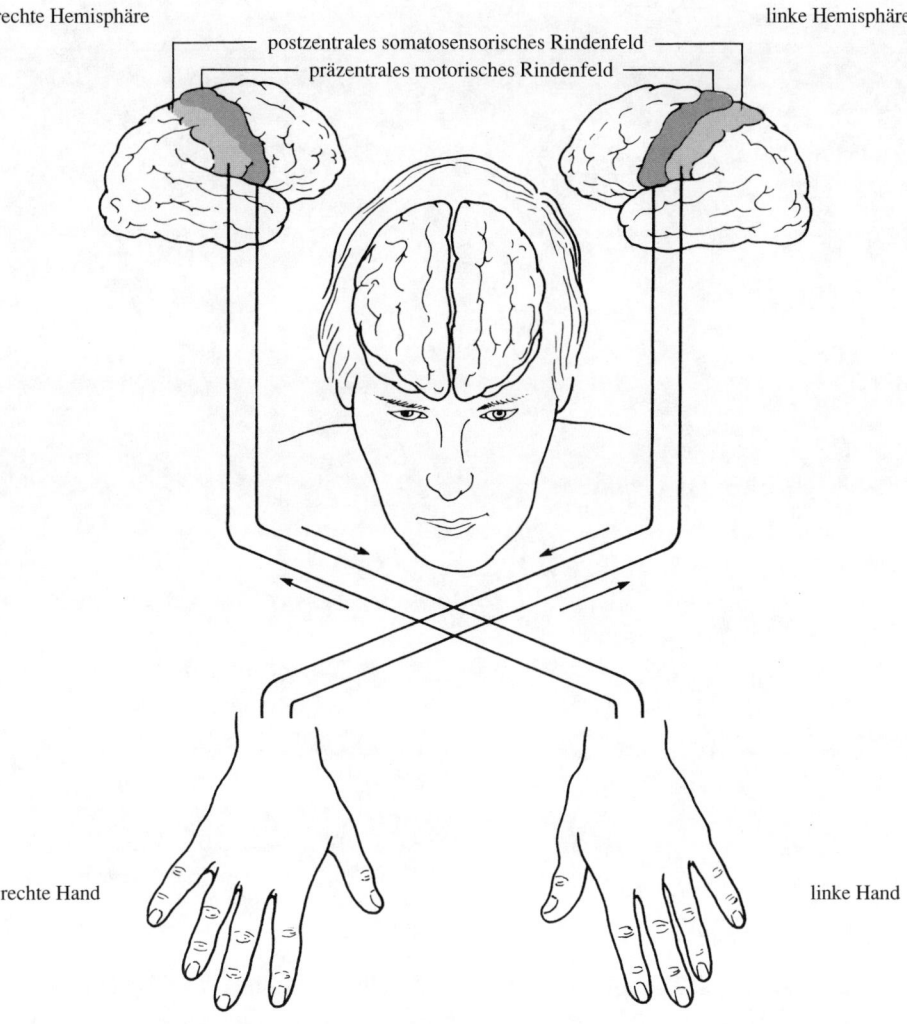

E.1 Die motorisch steuernden wie auch die sensorischen Nervenbahnen zwischen Gehirn und übrigem Körper verlaufen fast vollständig über Kreuz. Die Hände etwa sind – wie in der Abbildung gezeigt – vor allem mit der jeweils gegenüberliegenden Großhirnhemisphäre verbunden.

eine dominante Hand. Und Unterschiede in den Fertigkeiten der beiden Hände sind nur ein Ausdruck grundlegender funktioneller Asymmetrien der beiden zerebralen Hemisphären.

Inzwischen wissen wir dank einer Vielzahl von Befunden, daß das linke Gehirn und das rechte Gehirn hinsichtlich ihrer Fähigkeiten beziehungsweise ihrer Organisationsweise nicht identisch sind und sich die Unterschiede zwischen beiden Hemisphären auf genau die Art höherer mentaler Funktionen erstrecken, die im Zentrum der kognitiven Neurowissenschaften stehen. Wie sich gezeigt hat, gehören zu den Asymmetrien in der Funktion der beiden Hemisphären unter anderem Unterschiede in der Fähigkeit, Sprache zu erzeugen und zu verstehen, sowie in der Fähigkeit, komplexe räumliche Beziehungen zu verarbeiten.

Teil I

Die Entdeckung der Hemisphärenasymmetrie: Befunde aus der Klinik

1. Hirnschädigungen und der Aufstieg der Neuropsychologie

Auf einer Krankenhausstation, in der Schlaganfallpatienten versorgt werden, fällt einem sofort auf, daß sich die Patienten in zwei Gruppen einteilen lassen: solche mit linksseitigen und solche mit rechtsseitigen Lähmungen. Ein Schlaganfall unterbricht im allgemeinen die Blutversorgung eines bestimmten Gehirnbereichs, der dadurch geschädigt wird. Weil die Blutzufuhr zu den beiden Gehirnhälften über separate Gefäße erfolgt, ist bei einem Schlaganfall gewöhnlich nur eine Hälfte des Gehirns betroffen. Da jede Gehirnhemisphäre vor allem die gegenüberliegende Körperhälfte kontrolliert, zeigt eine linksseitige Lähmung eine Schädigung der rechten Hemisphäre an und eine rechtsseitige einen Schlaganfall in der linken Gehirnhälfte.

In der Vergangenheit ist immer wieder beobachtet worden, daß die klinischen Symptome einer Schwäche beziehungsweise Lähmung der rechten Körperseite häufig mit einem Verlust sprachlicher Fähigkeiten einhergehen. Damit war eine Beziehung zwischen Verletzungen der linken Hemisphäre und der Beeinträchtigung der Sprache hergestellt. Die Bedeutung dieses Zusammenhangs wurde in der Medizin allerdings erst in der zweiten Hälfte des 19. Jahrhunderts allgemein anerkannt.[1]

Die Tatsache, daß diese Hinweise auf eine Asymmetrie der Hemisphären so lange übersehen wurden, ist vielleicht weniger überraschend, wenn man bedenkt, daß anatomische Untersuchungen die beiden Gehirnhälften als spiegelbildliches, in Größe und Gewicht ungefähr vergleichbares Paar charakterisiert hatten. Außerdem waren die meisten Wissenschaftler fest davon überzeugt, daß das Gehirn als eine Ganzheit funktioniert, und daher nicht darauf vorbereitet, Belege für das Gegenteil zu erkennen.

Aber schon in den ersten Jahrzehnten des 19. Jahrhunderts beschäftigte man sich ernsthaft mit der Vorstellung, einzelne Funktionen könnten spezifischen Hirnregionen zugeordnet sein. Die Überlegung, diese Regionen und ihre spezifischen Funktionen zu untersuchen, wurde zur Grundlage der Doktrin der Lokalisation von Hirnfunktionen (englisch *cerebral localization*).

Die Doktrin der zerebralen Lokalisation von Hirnfunktionen

Franz Joseph Gall (1758–1828), Arzt und Anatom aus dem badischen Tiefenbronn, war der erste, der behauptete, das Gehirn sei nicht als eine einheitliche Masse zu betrachten und man könne die verschiedenen geistigen Fähigkeiten in unterschiedlichen Teilen des Gehirns lokalisieren. Die Sprache etwa ordnete er den

Frontallappen, den vordersten Teilen der beiden Hemisphären, zu. Unglücklicherweise behauptete Gall aber außerdem, daß die Form des Schädels die Eigenarten des darunterliegenden Gehirns abbilde und die geistigen und emotionalen Eigenschaften eines Menschen daher durch sorgfältiges Studium der Schädelunebenheiten, die sogenannte Phrenologie, bestimmt werden könnten.

In vielen wissenschaftlichen Kreisen wurde Gall als Quacksalber abqualifiziert, da es keine ausreichenden Hinweise dafür gab, daß Messungen am Kopf verläßliche Aussagen über die betreffende Person lieferten. Aber der Grundgedanke, daß unterschiedliche Funktionen von verschiedenen Bereichen des Gehirns kontrolliert werden, fand eine relativ große Anhängerschaft. Auch der französische Medizinprofessor Jean Baptiste Bouillaud gehörte dazu. Bouillaud war von der Auffassung Galls, daß die Sprache in den Frontallappen des Gehirns lokalisiert sei, so überzeugt, daß er demjenigen einen Preis von 500 Francs (zur damaligen Zeit eine beträchtliche Summe) in Aussicht stellte, der einen Patienten mit einer Schädigung des Frontalhirns, aber ohne Sprachverluste, finden würde.[2]

Viele Jahre lang schlugen sich die meisten Wissenschaftler – wenn auch zumeist stillschweigend – auf eine der beiden Seiten. Die einen waren davon überzeugt, daß die Sprache von den Frontallappen kontrolliert wird, die anderen argumentierten gegen eine solche Lokalisation von speziellen Funktionen in bestimmten Hirnregionen. Da zu jener Zeit nur sehr wenige neue Befunde bekannt wurden, die eindeutig in die eine oder andere Richtung gewiesen hätten, hielt jede der beiden Gruppierungen an ihrer Meinung fest.

Ein Wendepunkt: Die Entdeckungen von Paul Broca

Das Patt endete 1861. Auf einer Versammlung der Gesellschaft für Anthropologie in Paris wiederholte Ernest Auburtin, der Schwiegersohn Bouillauds, dessen Auffassung, daß die Sprache durch die Frontallappen kontrolliert werde. Der Vortrag scheint den jungen Chirurgen Paul Broca sehr beeindruckt zu haben.

Ein paar Tage zuvor hatte man einen älteren Mann mit einer schweren Beininfektion in das Krankenhaus eingeliefert, an dem Broca tätig war. Die Infektion war zwar neu, aber der Patient litt schon seit vielen Jahren an einem Sprachverlust und einer halbseitigen Körperlähmung (Hemiplegie). Nach der Versammlung trat Broca an Auburtin heran und schlug ihm vor, diesen Patienten gemeinsam zu untersuchen.

Der Mann starb wenige Tage nach der Untersuchung, und Broca konnte eine Autopsie vornehmen. Dabei zeigte das Gehirn ganz deutlich eine krankhafte Veränderung beziehungsweise Läsion in einem Bereich des linken Frontallappens. Broca brachte das Gehirn zur nächsten Tagung der Gesellschaft mit und trug seinen Befund vor. Aber offenbar zeigte niemand großes Interesse daran.

Wenige Monate später stand Broca erneut vor der Gesellschaft für Anthropologie und berichtete von einer ähnlichen Läsion, die er bei der Autopsie eines weiteren Patienten mit Sprachverlust entdeckt hatte. Es ist nicht ganz klar, welche Veränderungen inzwischen in den Köpfen der Mitglieder der Gesellschaft vorgegangen waren, doch auf jeden Fall erregte Brocas Bericht diesmal großes Aufsehen und führte zu hitzigen Debatten und kontroversen Auseinandersetzungen. Broca fand sich auf einmal als Hauptexponent der Lokalisationslehre wieder.

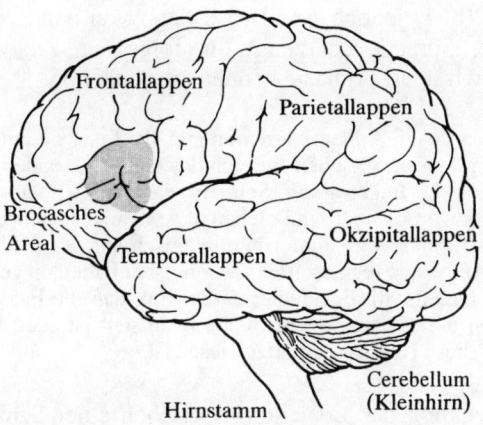

1.1 Die Lokalisation des Brocaschen Areals in der linken Großhirnhemisphäre.

Seine neuen Befunde überzeugten allerdings nicht jeden. Insbesondere die harten Kritiker der Lokalisationslehre griffen ihn direkt an. Wenn Sprache in den Frontallappen lokalisiert sei, so argumentierten sie, weshalb können dann Affen, die doch einen sehr ausgeprägten Frontallappen besitzen, nicht sprechen? Und wie waren jene Fälle zu erklären, in denen umfangreiche Schäden des Frontalhirns eben nicht zu Verlusten der Sprache führten?

Broca nahm nur widerwillig an den Auseinandersetzungen teil, die durch seine Befunde in Gang gekommen waren. Er hat später dargelegt, daß seine beiden Berichte vor der Gesellschaft für Anthropologie nur Versuche waren, auf eine eigenartige Tatsache hinzuweisen, die er zufällig entdeckt hatte, und daß er keineswegs in eine Debatte über die Lokalisation der Sprache verwickelt werden wollte. Dennoch blieb Broca eine zentrale Figur in der Diskussion über dieses Thema. Er untersuchte mehrere weitere Fälle und konnte den Bereich des Gehirns, der bei Sprachverlusten betroffen war, weiter eingrenzen. Dieses Gebiet, das seither als Brocasches Areal oder Brocasche Sprachregion bezeichnet wird, ist in Abbildung 1.1 hervorgehoben. Das Bild zeigt außerdem die vier Lappen des Großhirns: Frontal-, Parietal-, Okzipital- und Temporallappen (Stirn-, Scheitel-, Hinterhaupts- und Schläfenlappen).

Die Rolle der linken Hemisphäre wird erkannt

Obwohl in den beiden zuerst untersuchten Fällen jeweils eine Läsion des Frontallappens der linken Hemisphäre vorlag, erkannte Broca offenbar nicht sofort einen Zusammenhang zwischen dem Sprachverlust und der Seite der Läsion. Zwei Jahre lang nahm er zu den Übereinstimmungen keine Stellung. Bei der Vorstellung weiterer Fälle mit linksseitigen Läsionen bemerkte er: »Hier sind acht Fälle, bei denen die Läsion sich im hinteren Teil der dritten frontalen Hirnwindung befindet, und das Besondere daran ist, daß sich die Läsion bei allen Patienten auf der linken Seite befindet. Ich versuche vorerst nicht, daraus Schlüsse zu ziehen, und warte neue Befunde ab.«[3]

Ein Jahr später (1864) jedoch war Broca dann von der Bedeutung der linken Hemisphäre für die Sprache überzeugt. Im folgenden Zitat bezeichnet er den Sprachverlust, den wir heute Aphasie nennen, als Aphemie:

> »Schon bei meinen ersten Aphemikern war mir die Tatsache aufgefallen, daß die Läsion nicht nur immer im gleichen Bereich des Gehirns, sondern auch immer auf der gleichen Seite – der linken – lag. Seitdem war bei allen Autopsien die Läsion stets linksseitig. Es wurden auch viele lebende Aphemiker beobachtet; die meisten waren hemiplegisch, und zwar immer hemiplegisch auf der rechten Seite. Außerdem hat man bei Autopsien rechtsseitige Läsionen bei Patienten gefunden, die keine Aphemie gezeigt hatten. All dies deutet darauf hin, daß die Fähigkeit der sprachlichen Artikulation in der linken Hemisphäre lokalisiert ist oder daß sie zumindest hauptsächlich auf diese Hemisphäre angewiesen ist.«[4]

Obgleich die Entdeckung der Beziehung zwischen einer Schädigung der linken Hemisphäre und einem Sprachverlust häufig Broca zugeschrieben wird, war der französische Landarzt Marc Dax der erste, der bereits 30 Jahre zuvor auf diese Verbindung hingewiesen hatte. Dax hatte mit seinen Beobachtungen zwar prinzipiell recht, sie waren jedoch nicht gut dokumentiert und wurden von der Fachwelt ignoriert. Wissenschaftshistoriker sind sich nicht einig darüber, ob Broca von Dax' Arbeit wußte, doch letztendlich präsentierte Broca sehr viel überzeugendere Argumente für einen Zusammenhang zwischen Aphasie und Schäden der linken Hemisphäre als Dax.

Die Brocasche Regel

Broca beschäftigte sich danach auch mit dem Zusammenhang von Händigkeit und Sprache. Er stellte die Hypothese auf, daß bei Rechtshändern sowohl die Sprache als auch die manuellen Fähigkeiten der angeborenen Überlegenheit der linken Gehirnhälfte zuzuschreiben seien. »Man kann sich vorstellen«, spekulierte er, »daß bei einer gewissen Anzahl von Individuen eine natürliche Vorherrschaft der Windungen der rechten Hemisphäre zur Umkehrung des Phänomens führt, das ich soeben beschrieben habe.«[5] Bei diesen Individuen handelt es sich natürlich um Linkshänder.

Die „Brocasche Regel", nach der diejenige Hemisphäre, die die Sprache kontrolliert, jeweils der bevorzugten Hand gegenüberliegt, ist bis weit in das 20. Jahrhundert hinein von Einfluß gewesen. Die Regel bot eine gute Erklärung für die Beziehung zwischen einer Schädigung der linken Hemisphäre und Aphasie bei Rechtshändern. Als jedoch zunehmend mehr Fälle untersucht wurden, sah es so aus, als gebe es zwei Typen von Linkhändern: solche, bei denen die Sprache in der Hemisphäre gegenüber der bevorzugten Hand lokalisiert war (wie von Broca vorhergesagt), und solchen mit der Sprache in der linken Hemisphäre. Die zweite Gruppe wurde durch Beobachtung von Linkshändern entdeckt, die nach einer Schädigung der linken Hemisphäre aphasisch geworden waren. Diese Fälle, bei denen man häufig von einer gekreuzten Aphasie spricht, zeigen sehr eindrucksvoll, daß Linkshändigkeit nicht einfach die Umkehrung von Rechtshändigkeit ist.[6]

Die Beziehung zwischen Händigkeit und Hemisphärensymmetrie ist eine noch offene Frage. Wir werden später noch auf dieses Thema zurückkommen.

Das Konzept der zerebralen Dominanz

In den zehn Jahren nach der Veröffentlichung von Brocas ersten Beobachtungen entwickelte sich ein Konzept, das wir heute als zerebrale Dominanz bezeichnen, zur führenden Betrachtungsweise über die Beziehung zwischen den beiden Hemisphären des Gehirns. Im Jahre 1864 schrieb der bedeutende britische Neurologe John Hughlings Jackson: »Vor nicht allzu langer Zeit gingen die meisten noch davon aus, das Gehirn sei sowohl doppelt in seiner Funktion als auch von der Substanz her bilateral identisch; aber jetzt, wo die Untersuchungen von Dax, Broca und anderen gezeigt haben, daß eine Schädigung einer der seitlichen Hälften des Gehirns einen Menschen vollkommen sprachlos machen kann, ist die bisherige Ansicht widerlegt.«[7]

Im Jahre 1868 beschrieb Jackson sein Konzept von der „führenden" Hemisphäre – eine Vorstellung, die als Vorläufer der Idee von der zerebralen Dominanz angesehen werden kann. »Die beiden Gehirne können nicht nur bloße Duplikate sein«, schrieb er, »wenn die Schädigung nur einer der beiden einen Menschen sprachlos werden läßt. Für diese Prozesse [der Sprache], von denen keine höheren existieren, muß es gewiß eine Seite geben, die führt.« Jackson folgerte weiter, »daß bei den meisten Menschen die linke Seite des Gehirns die führende Seite ist – die Seite des sogenannten Willens – und die rechte Seite die automatische«.[8]

Bis 1870 war auch anderen Untersuchern bewußt geworden, daß aus einer Schädigung der linken Hemisphäre verschiedene Formen von Sprachstörungen resultieren konnten. In den frühen Arbeiten, die sich auf das Problem der gestörten Sprachproduktion konzentriert hatten, war übersehen worden, daß viele Patienten auch Schwierigkeiten im Sprachverständnis aufwiesen. Der Nachweis, daß eine Schädigung im hinteren Teil des Temporallappens der linken Hemisphäre zu Sprachverständnisproblemen führt, wird dem deutschen Neurologen Karl Wernicke zugeschrieben.

In ähnlicher Weise ließen sich Lese- und Schreibschwierigkeiten, die man bei einigen Patienten entdeckte, auf Schäden der linken Hemisphäre, nicht jedoch solche der rechten Hemisphäre, zurückführen. Bis zum Ende des 19. Jahrhunderts zeichnete sich immer deutlicher ab, daß die linke Gehirnhälfte nicht nur für das Sprechen, sondern für Sprachfunktionen allgemein von großer Wichtigkeit ist. Außerdem war klar geworden, daß unterschiedliche sprachliche Probleme mit der Schädigung verschiedener Gebiete der linken Hemisphäre einhergingen.

Weitere Hinweise dafür, daß die linke Hemisphäre Funktionen besitzt, an denen die rechte nicht beteiligt ist, ergaben sich aus den Arbeiten von Hugo Liepmann über die Apraxie.* Unter Apraxie versteht man allgemein die Unfähigkeit, planvolle Bewegungen auf Aufforderung auszuführen. Ein apraktischer Patient mag beispielsweise zur normalen Schlafenszeit keinerlei Schwierigkeiten haben, seine Zähne zu putzen, aber er kann die gleichen Bewegungen nicht ausführen, wenn er in einem anderen Zusammenhang aufgefordert wird, so zu tun, als putze er sich die Zähne.

Liepmann konnte zeigen, daß diese Defizite mit Schäden der linken Hemisphäre zu tun hatten, obwohl die Patienten im allgemeinen durchaus in der Lage waren, Sprache zu verstehen. Er schloß daraus, daß die linke Hemisphäre zusätzlich zur

---

* Die Apraxie und andere klinische Funktionsstörungen, die in diesem Kapitel erwähnt sind, werden in Kapitel 7 eingehender besprochen.

Sprache auch „zweckmäßige" Bewegungen kontrolliere, daß aber in beiden Fällen unterschiedliche Bereiche beteiligt seien.

Insgesamt legten diese Befunde den Grundstein für eine weitverbreitete Ansicht über die Beziehung zwischen den beiden Hemisphären: Eine Gehirnhälfte – bei Rechtshändern gewöhnlich die linke – wurde bezüglich der Sprache und anderer höherer Funktionen als die bestimmende und führende angesehen; die rechte, „unbedeutendere" (englisch *minor*) Hemisphäre sollte keine speziellen Funktionen haben und der Kontrolle durch die dominante linke untergeordnet sein. Die Bezeichnung „zerebrale Dominanz", deren exakter Ursprung unklar ist, gibt die Vorstellung von einer Gehirnhälfte, die das Verhalten bestimmt, sehr gut wieder. Obwohl dieses Konzept die Rolle der rechten Hemisphäre unterschätzt, wird der Begriff auch heute noch häufig verwendet.

Das rechte Gehirn: Die vernachlässigte Hemisphäre

Fast zur gleichen Zeit, als das Konzept der zerebralen Dominanz populär wurde, ergaben sich Hinweise darauf, daß die rechte, „unbedeutendere" Hemisphäre doch über spezielle Fähigkeiten verfügt. John Hughlings Jacksons Idee von der „führenden" linken Hemisphäre war der intellektuelle Vorläufer der Dominanzvorstellung. Interessanterweise gehörte Jackson auch zu den ersten, die eine extrem einseitige Sicht der Lokalisation von mentalen Funktionen im Gehirn für falsch hielten. »Wenn es sich also«, schrieb er 1865, »aufgrund weiterer Erfahrung zeigen sollte, daß die Fähigkeit des Ausdrucks in einer Hemisphäre lokalisiert ist, wäre es durchaus nicht absurd, die Frage zu stellen, ob nicht die Wahrnehmung – das entsprechende Gegenstück – in der anderen lokalisiert sein könnte.«[9]

Diese Spekulation nahm eine konkretere Form an, als Jackson elf Jahre später behauptete, daß der hintere Bereich des Gehirns der Sitz der visuellen Vorstellung sowie des bildlichen Denkens sei und daß dabei »der rechte Hinterhauptslappen die führende Seite ist, die linke die automatische«.[10] Jacksons Annahme beruhte auf seinen Beobachtungen an einem Patienten mit einem Tumor in der rechten Hemisphäre, der Schwierigkeiten hatte, Objekte, Personen und Plätze zu erkennen.

Doch Jacksons Ideen waren seiner Zeit voraus. Obwohl gelegentlich noch ähnliche Berichte erschienen, wurden diese neuen Befunde meistens kaum beachtet. Die Forscher versuchten fast ausschließlich, verschiedenste Funktionen in der linken Hemisphäre zu lokalisieren, und ignorierten im Grunde die rechte. Um 1930 hatten sich dann jedoch ausreichend viele Hinweise auf spezielle Funktionen der rechten Hemisphäre angesammelt, so daß die Wissenschaftler die Funktionen dieser „minderen" Hälfte des Gehirns neu zu überdenken begannen.

Die visuell-räumlichen Fähigkeiten der rechten Hemisphäre

Ein wichtiger Fortschritt war die Entdeckung von deutlichen und durchgängigen Unterschieden in der Art, wie Patienten mit links- beziehungsweise rechtshemisphärischen Läsionen bei standardisierten psychologischen Tests abschnitten. Die Tests waren ursprünglich entwickelt worden, um normale Personen hinsichtlich ihrer sprachlichen Fähigkeiten, ihrer Wahrnehmung von räumlichen Zusammen-

1. Hirnschädigungen und der Aufstieg der Neuropsychologie

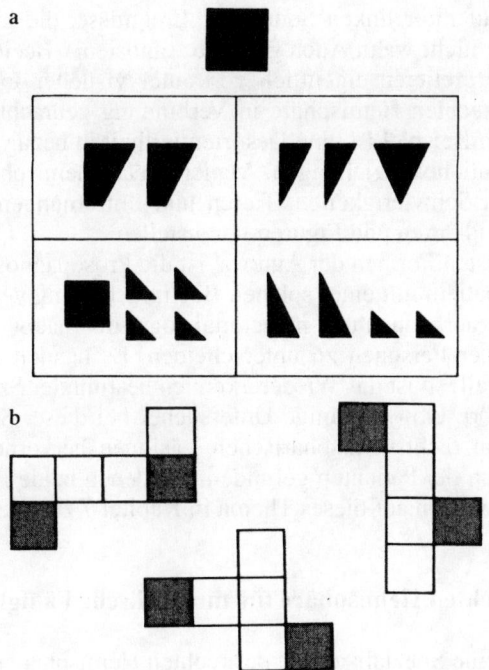

1.2 Visuell-räumliche Aufgaben. a) Mit welcher (welchen) der vier abgebildeten Gruppen von Einzelteilen läßt sich das oben dargestellte Quadrat zusammensetzen? b) Wenn man diese Muster zu Würfeln zusammenfaltet, bei welchem oder welchen stoßen dann zwei dunkle Flächen an der gleichen Kante zusammen?

hängen sowie ihrer Fertigkeiten bei der Manipulation von Objekten und Mustern zu untersuchen und zu vergleichen.

Der erste großangelegte Versuch, auf diese Weise die Auswirkungen von Hirnschäden zu studieren, umfaßte 200 Patienten und mehr als 40 verschiedene Tests – mit einem Testaufwand von durchschnittlich 19 Stunden pro Patient.[11] Die Ergebnisse dieser und nachfolgender Untersuchungen waren sehr beeindruckend. Man fand heraus, daß eine Schädigung der linken, dominanten Hemisphäre durchgängig zu schlechteren Leistungen in solchen Tests führte, die die verbalen Fähigkeiten betonten. Dieses Ergebnis allein war nicht sonderlich überraschend, doch es zeigte sich außerdem, daß Patienten mit geschädigter rechter Hemisphäre bei nichtverbalen Tests stets schlechter abschnitten; derartige Tests beinhalten die Manipulation von geometrischen Figuren, das Zusammenlegen von Puzzles, die Ergänzung fehlender Teile in einem Muster oder einer Figur und ähnliche Aufgaben, bei denen es um Formen, Abstände und räumliche Zusammenhänge geht. (Zwei solcher visuell-räumlicher Tests zeigt Abbildung 1.2.)

Die deutlichsten Hinweise für spezielle rechtshemisphärische Funktionen liefert die direkte Beobachtung der Patienten, die häufig schwere Beeinträchtigungen in Orientierungsfähigkeit und Aufmerksamkeit zeigen. Solche Patienten sind manchmal räumlich so desorientiert, daß sie sich nicht einmal in einem Haus zurechtfinden, in dem sie jahrelang gelebt haben. Einige zeigen einen „Halbseitenneglekt" (Hemineglekt), eine Unaufmerksamkeit gegenüber einer Hälfte ihrer räumlichen

Umgebung; Objekte auf ihrer linken Seite oder Ereignisse, die links von ihnen stattfinden, nehmen sie nicht wahr. Auch gewisse Agnosien – Beeinträchtigungen im Erkennen und Interpretieren eigentlich vertrauter visueller Informationen – sind mit Schäden der rechten Hemisphäre in Verbindung gebracht worden. Eine räumliche Agnosie zum Beispiel ist eine Desorientiertheit in bezug auf bestimmte Örtlichkeiten und räumliche Beziehungen. Manche rechtshemisphärisch geschädigten Patienten haben Schwierigkeiten, Tiefen und Entfernungen abzuschätzen oder sich im Geiste Landkarten und Figuren vorzustellen.

Eine der interessantesten Formen der Agnosie ist die Prosopagnosie, eine Agnosie für Gesichter. Ein Patient mit einer solchen Beeinträchtigung vermag vertraute Gesichter nicht wiederzuerkennen und manchmal sogar überhaupt nicht zwischen Gesichtern verschiedener Personen zu unterscheiden. Es handelt sich um einen recht spezifischen Ausfall; so ist das Wiedererkennen bestimmter Szenen oder Objekte häufig nicht gestört. Obwohl einige Untersucher bei dieser Störung die besondere Bedeutung von rechtshemisphärischen Läsionen hervorheben, hat man eine Prosopagnosie auch bei Patienten gefunden, bei denen beide Hirnhälften geschädigt waren.[12] Wir werden auf dieses Thema in Kapitel 7 zurückkommen.

Die Bedeutung der rechten Hemisphäre für musikalische Fähigkeiten

Weitere Hinweise auf eine Spezialisierung der rechten Hemisphäre erwuchsen aus der Beobachtung, daß bei Patienten mit schweren Sprechstörungen die Fähigkeit zu singen häufig nicht beeinträchtigt ist. Eine der frühesten Beschreibungen eines solchen Falles stammt aus dem Jahre 1745:

> »... er erlitt einen Anfall einer schweren Krankheit, die zur Lähmung der gesamten rechten Körperhälfte und zu einem vollständigen Verlust der Sprache führte. Er kann bestimmte Kirchenlieder, die er vor seiner Erkrankung gelernt hat, so klar und deutlich singen wie jede gesunde Person. ... Dennoch ist dieser Mann stumm, kann außer einem einzigen Wort „Ja" nichts sagen und muß sich mit Handzeichen verständlich machen.«[13]

Zu Beginn unseres Jahrhunderts wurden weitere Fälle beschrieben, die die Vermutung stützten, die rechte Hemisphäre kontrolliere das Singen.

Klinische Berichte über Patienten, die nach einer Schädigung der rechten Gehirnhälfte ihre musikalischen Fähigkeiten eingebüßt hatten, ohne daß die Sprachfunktionen gestört waren, bestärkten diese Annahme. Diese Beeinträchtigung, die man als Amusie bezeichnet, wurde zumeist bei professionellen Musikern beschrieben, die einen Schlaganfall oder einen andersartigen Hirnschaden erlitten hatten. In den dreißiger Jahren lagen schließlich etliche Fallbeschreibungen von Patienten vor, die nach rechtshemisphärischen Schäden auf verschiedene Weise in ihrer Musikalität beeinträchtigt waren. Vergleichbare Störungen nach linkshemisphärischen Läsionen wurden dagegen sehr viel seltener beobachtet. Auch dies deutete darauf hin, daß die rechte Hemisphäre eine entscheidende Rolle für musikalische Fähigkeiten spielt.[14]

Warum die „Entdeckung" der rechten Hemisphäre soviel Zeit brauchte

All diese Befunde zeigen, daß es unangebracht war, die rechte Hemisphäre als die passive, untergeordnete Gehirnhälfte anzusehen. Warum aber realisierten die meisten Wissenschaftler erst 70 Jahre nach Brocas Erkenntnissen über die linke Hemisphäre, daß auch die rechte Hemisphäre wichtige Funktionen ausübt? Für diese Verzögerung gibt es mehrere Gründe.

Zuerst einmal schien es so, als ob die rechte Hemisphäre auch größere Schäden überstehen könnte, ohne daß gravierende Funktionsausfälle auftraten. In bestimmten Bereichen der linken Hemisphäre führten schon kleine Läsionen zu einschneidenden Veränderungen der sprachlichen Fähigkeiten, während vergleichbare Schäden in der rechten Hemisphäre keine ernsthaften Beeinträchtigungen hervorriefen. Diese Diskrepanz wurde zunächst als Anzeichen der weniger wichtigen Rolle der rechten Hemisphäre für das menschliche Verhalten interpretiert. Heutzutage nimmt man dagegen an, daß der Unterschied eher die Besonderheit der Organisation rechtshemisphärischer Prozesse widerspiegelt: In der rechten Gehirnhälfte sind spezielle funktionelle Abläufe über größere Bereiche verteilt, als dies bei Funktionen der linken Hemisphäre der Fall ist.[15]

Der Hauptgrund für die späte Anerkennung der Bedeutung rechtshemisphärischer Funktionen liegt aber wahrscheinlich darin, daß die Ausfälle nach rechtshemisphärischen Läsionen nicht so einfach zu analysieren und in das traditionelle Bild der Hirnfunktionen einzufügen waren. Schädigungen der rechten Hemisphäre führen gewöhnlich nicht zu einer vollständigen Zerstörung wichtiger menschlicher Fähigkeiten; die Veränderungen des Verhaltens sind oft sehr subtil.

Man muß sich klarmachen, daß Lähmungserscheinungen meist die größte Beeinträchtigung nach einem Schlaganfall darstellen. Für die Patienten sind diese Lähmungen gewöhnlich die Hauptbeschwerde und das wichtigste Problem. Auch Hirnschäden, die durch einen Unfall oder eine Schußwunde verursacht werden, gehen oft mit Komplikationen einher, die es schwierig machen, die sehr subtilen intellektuellen Veränderungen von den zahlreichen anderen Problemen abzugrenzen.

Trotz ihrer lange verborgenen Rolle hat die rechte Hemisphäre zweifellos eine große Bedeutung für das menschliche Verhalten. Wir wissen mittlerweile, daß beide Hemisphären – so sehr sie sich in ihren Funktionen und ihrer Organisation unterscheiden – wichtige Beiträge zu komplexen geistigen Vorgängen liefern. Die Vorstellung, daß jede Hemisphäre auf unterschiedliche Funktionen spezialisiert ist, bezeichnet man auch als komplementäre Spezialisierung.*

---

* Anmerkung des Herausgebers: Der Begriff der komplementären Spezialisierung wird in der Neuropsychologie (leider) auch dort verwendet, wo der Zusammenhang zwischen einer rechtshemisphärischen und einer linkshemisphärischen Spezialisierung vollkommen unklar ist. Beispielsweise könnte es sich bei der von Hamilton und Vermeire („Complementary Hemispheric Specialization in Monkeys", *Science* 242 (1988): 1691–1694) bei Affen beschriebenen besseren Leistung der linken Hemisphäre für die Unterscheidung von Linienorientierungen und der rechten Hemisphäre für Gesichter nicht um sich gegenseitig ergänzende, sondern um zwei unabhängige Spezialisierungen handeln.

Weitere Erkenntnisse aus der Klinik

Um unseren kurzen Abriß über die Beiträge klinischer Befunde zum Verständnis der funktionellen Hemisphärenasymmetrie zu vervollständigen, sollten wir zwei neurochirurgische Verfahren erwähnen, die in den dreißiger und vierziger Jahren dieses Jahrhunderts entwickelt worden sind. Beide sollten den Neurochirurgen helfen, bei Patienten, denen eine operative Epilepsietherapie bevorstand, festzustellen, welche der beiden Hemisphären das Sprechen und die Sprachfunktionen kontrolliert. Darüber hinaus haben diese Verfahren aber auch sehr viel zu unserem allgemeinen Wissen über die funktionelle Hemisphärenasymmetrie beigetragen.

Elektrische Stimulation einer Hemisphäre

Die Epilepsie, eine Erkrankung, die mit einer anomalen elektrischen Aktivität des Gehirns einhergeht, löst Anfälle aus, die von einem kurzen „Blackout" von vielleicht ein oder zwei Sekunden bis zu schweren allgemeinen Krämpfen, einem sogenannten Grand-mal-Anfall, reichen können.

In den frühen dreißiger Jahren nutzten Wilder Penfield und seine Mitarbeiter am Montreal Neurological Institute eine chirurgische Technik zur Entfernung der Gehirnbereiche, in denen die anomale elektrische Aktivität beginnt, und bauten sie zu einer Behandlungsmethode für Epileptiker aus, die auf Medikamente nicht mehr ansprachen.[16] Obwohl sich das Verfahren in vielen Fällen als erfolgreich erwies, zögerten die Chirurgen vor allem dann, wenn sie Hirnsubstanz in der Nähe jener Bereiche entfernen mußten, die mit der Kontrolle von Sprechen und Sprachfunktionen in Verbindung gebracht wurden. Man mied diese Hirngebiete, weil man nicht die eine Erkrankung (Epilepsie) durch eine andere (Aphasie) ersetzen wollte.

Die Chirurgen benötigten also eine Methode, mit der sich diejenigen Bereiche präzise lokalisieren ließen, die bei einem bestimmten Patienten das Sprechen und andere Sprachfunktionen kontrollieren. Zu diesem Zweck entwickelten Penfield und seine Mitarbeiter ein Verfahren, das es erlaubte, jene Hirnregionen zum Zeitpunkt der Operation mit Hilfe der direkten elektrischen Reizung zu „kartieren".

Die direkte elektrische Stimulation exponierten Gehirngewebes war keine neue Technik. Kurz nach der Jahrhundertwende hatte man festgestellt, daß das Gehirn offensichtlich keine Schmerzrezeptoren besitzt und daß ein Patient deshalb bei vollem Bewußtsein operiert werden kann; unter Lokalanästhesie wird ein Stück des Schädels entfernt und dann das Gehirngewebe mit sehr schwachen elektrischen Strömen direkt gereizt. Die Stimulationselektrode kann an verschiedenen Stellen angesetzt werden, um unterschiedliche Hirnregionen zu reizen. Solche Untersuchungen hatten ergeben, daß eine elektrische Reizung bestimmter Hirnbereiche beim Patienten Seh-, Hör-, Riech- oder Tastempfindungen auslöste. Die Stimulation anderer Hirngebiete führte zu unwillentlichen Bewegungen, zum Beispiel eines Armes oder eines Beines. Der Hauptbeitrag der Montrealer Gruppe bestand darin, die direkte elektrische Reizung zur Bestimmung jener Gehirnzentren eingesetzt zu haben, die bei einem bestimmten Individuum für Sprechen und Sprachfunktionen verantwortlich sind.

Im Verlauf der direkten elektrischen Stimulation zur Identifizierung der Sprachbereiche wird der Patient aufgefordert, eine Reihe von Bildern zu identifizieren, während der Neurochirurg die Reizelektrode über die Gehirnoberfläche bewegt,

1. Hirnschädigungen und der Aufstieg der Neuropsychologie

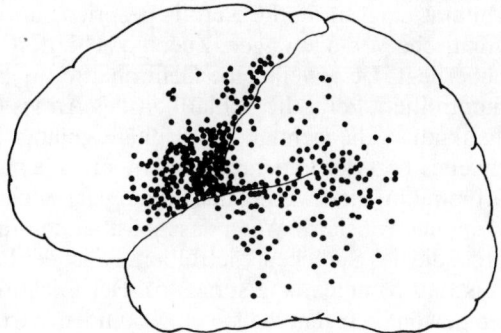

1.3 An den jeweils mit einem schwarzen Punkt markierten Stellen auf der Oberfläche der linken Hemisphäre führte eine elektrische Reizung zur Behinderung des Sprechens. Die Behinderungen umfaßten vollständige Sprachhemmungen, zögernde Sprechweise, undeutliche Aussprache, Wortwiederholungen und Benennungsschwierigkeiten. (Aus W. Penfield und L. Roberts, *Speech and Brain Mechanisms* (Princeton: Princeton University Press, 1977), S. 122, Abb. VIII-3, Nachdruck mit Genehmigung von Princeton University Press.)

um die Bereiche zu lokalisieren, an denen die Reizung die sprachliche Benennung stört. Diese Störung wird als aphasischer Arrest bezeichnet.[17] In Abbildung 1.3 sind die Punkte der linken Hemisphäre dargestellt, an denen eine Stimulation zu einer Sprachbehinderung führte.

Aphasischer Arrest infolge einer Stimulation bestimmter Gehirnbereiche ist ein sicheres Zeichen dafür, daß das betreffende Gebiet zum Sprachzentrum der sprachlich spezialisierten Gehirnhälfte gehört. Nach Penfield erfolgt niemals ein aphasischer Arrest, wenn Gebiete der auf nichtsprachliche Funktionen spezialisierten Gehirnhälfte stimuliert werden. Im Verlauf der letzten 20 Jahre haben Arbeiten des Neurologen George Ojemann diese frühen Befunde bestätigt und erweitert.[18]

Der Wada-Test: Die Betäubung einer Hemisphäre

Eine andere Technik, die nach ihrem Erfinder, Juhn Wada, als Wada-Test bezeichnet wird, hat sich als besonders aufschlußreich für Zuordnungen von Funktionen zwischen beiden Hemisphären erwiesen. Beim Wada-Test wird an den Tagen vor einer Hirnoperation zuerst die eine, dann die andere Hemisphäre zeitweise anästhesiert, so daß der Neurochirurg feststellen kann, welche Seite normalerweise die Sprache kontrolliert.[19] Dazu führt man zunächst eine Kanüle in eine der großen Schlagadern am Hals des Patienten (die rechte oder linke Arteria carotis interna). Durch diese Kanüle kann der Neurochirurg später die Substanz Natriumamobarbital (für die auch die Bezeichnung Natrium-Amytal geläufig ist) oder ein ähnliches Barbiturat injizieren. Jede Karotisarterie versorgt jeweils die auf derselben Seite gelegene Hemisphäre mit Blut; folglich gelangt das in die rechte Karotis gespritzte Natriumamobarbital zur rechten Hemisphäre. Dieses Barbiturat ist chemisch mit bestimmten Schlafmitteln vergleichbar. Durch die besondere Injektionsform wird jedoch beim Wada-Test nur eine Hemisphäre eingeschläfert.

Der Patient, der wach auf dem Rücken liegt, wird kurz vor der Injektion gebeten, wiederholt von 1 bis 20 zu zählen. Außerdem muß er beide Arme hoch halten.

Dann wird das Barbiturat langsam in die Karotis gespritzt. Innerhalb von Sekunden zeigen sich dramatische Veränderungen. Zuerst erschlafft der Arm, der der Injektionsseite gegenüberliegt. Da jeweils eine Gehirnhälfte die gegenüberliegende Seite des Körpers kontrolliert, zeigt die Schlaffheit des Armes dem Neurochirurgen, ob das Anästhetikum in die richtige Hemisphäre gelangt und dort wirksam geworden ist. Als zweites hört der Patient zu zählen auf – je nachdem, in welche Hemisphäre das Barbiturat injiziert wurde, nur für ein paar Sekunden oder aber für die Dauer der Wirkung der Substanz. Wenn das Anästhetikum in diejenige Hemisphäre gespritzt wurde, die das Sprechen kontrolliert, so ist der Patient dosisabhängig ungefähr zwei bis fünf Minuten lang sprachlos. Bei Injektionen auf der anderen Seite beginnt er gewöhnlich innerhalb von Sekunden wieder zu zählen und kann dann auch ohne große Schwierigkeiten auf Fragen antworten, obwohl seine andere Gehirnhälfte weiterhin betäubt ist.

Die am häufigsten zitierten Befunde zur Beziehung zwischen Händigkeit und Hirnorganisation beruhen auf Untersuchungen, die mit Hilfe der Natriumamobarbital-Technik durchgeführt wurden. In der größten Studie dieser Art, die 1977 veröffentlicht wurde, zeigte sich, daß bei über 95 Prozent der Rechtshänder, bei denen es keine Hinweise auf eine frühe Hirnschädigung gibt, Sprechen und Sprachfunktionen durch die linke Hemisphäre kontrolliert werden; bei den übrigen wird die Sprache von der rechten Gehirnhälfte gesteuert. Im Gegensatz zur Brocaschen Regel zeigen die meisten Linkshänder ebenfalls linkshemisphärische Sprachfunktionen; allerdings ist der Prozentsatz (ungefähr 70 Prozent) kleiner als bei den Rechtshändern. Bei ungefähr 15 Prozent der Linkshänder liegt die Sprache in der rechten Hemisphäre, und bei weiteren 15 Prozent wird sie offenbar von beiden Hemisphären kontrolliert (bilaterale Sprachkontrolle).[20] Neuere Untersuchungen mit der Wada-Technik deuten aber darauf hin, daß ausschließlich rechtshemisphärische Sprache bei Patienten ohne frühkindliche Hirnschäden sehr viel seltener ist, als ursprünglich berichtet wurde.[21] Was man früher für rechtshemisphärische Sprache gehalten hatte, dürfte in vielen Fällen in Wirklichkeit eine bilaterale (beidseitige) Repräsentation der Sprache gewesen sein.

Die Studie von 1977 berichtet auch vom Einsatz der Wada-Technik bei Patienten, die eine frühkindliche Schädigung der linken Hemisphäre erlitten hatten. Diese Patienten zeigten sehr oft eine rechtshemisphärische oder bilaterale Sprachlokalisation: Etwa 70 Prozent der Linkshänder und ungefähr 19 Prozent der Rechtshänder gehörten zu einer dieser beiden Kategorien. Damit wird die Anpassungsfähigkeit des Gehirns deutlich und gleichzeitig der begrenzte Wert der Händigkeit als alleinigem Indikator einer bestimmten Hirnorganisation, insbesondere bei Linkshändern.

Der Wada-Test hat sich in der klinischen wie in der Grundlagenforschung als wertvolles neuropsychologisches Verfahren erwiesen. Er stellt jedoch kein absolutes Maß für die hemisphärische Sprachkontrolle dar. Wie sich herausgestellt hat, können methodische Unterschiede bei der Anwendung des Verfahrens sowie unterschiedliche Kriterien hinsichtlich dessen, was man unter einer gemischten Sprachdominanz versteht, zu stark variierenden Schätzungen in bezug auf die gemischte Sprachdominanz bei Patientengruppen führen.[22]

Der Rückschluß von Hirnschädigungen auf Hirnfunktionen: Der wachsende Einfluß der kognitiven Neuropsychologie

Die klinischen Beobachtungen und neurologischen Techniken, die wir gerade besprochen haben, bilden das Fundament des aktuellen Interesses an der Hemisphärenasymmetrie. In den folgenden Kapiteln werden wir der Frage nachgehen, wie die Forscher auf jenen Beobachtungen und Methoden aufbauten, sie auf unterschiedliche und faszinierende Weise erweiterten und uns so unser derzeitiges Wissen über die beiden Hemisphären und ihre Funktionen verschafften. Im Zusammenhang mit neuen Befunden und Entwicklungen entstanden auch neue Denkansätze über die Beziehungen zwischen Gehirn und Verhalten. In diesem Abschnitt werden wir besprechen, welche Veränderungen die Ansätze und Vorstellungen im Laufe der Zeit erfahren haben.

Die Beobachtungen, die man über einen Zeitraum von über 100 Jahren an neurologischen Patienten gemacht hat, haben das Gebiet der Neuropsychologie solide etabliert. Diese Disziplin widmet sich der Untersuchung von Störungen der Wahrnehmung, des Gedächtnisses, der Sprache, des Denkens, der Emotionen und des Handelns bei Patienten mit neurologischen Erkrankungen oder Verletzungen. Brocas Behauptung, die Sprache sei in der hinteren Region des linken Frontallappens lokalisiert, wird von manchen als entscheidendes Moment für die Entstehung der Neuropsychologie angesehen. Brocas Hypothese beinhaltete zwei Hauptaussagen: Sprache kann unabhängig von anderen kognitiven Prozessen gestört sein, und Sprache ist in einer spezifischen Region angesiedelt. Beide Aussagen hatten revolutionierende Auswirkungen und lösten jahrzehntelange Forschungsaktivitäten aus, in denen der Zusammenhang zwischen Zerstörung und Erkrankung verschiedener Teile des Gehirns und ihren Folgen untersucht wurde.

Der frühe neuropsychologische Ansatz wird sehr schön durch ein Modell illustriert, das der Neurologe L. Lichtheim 1885 für die Erkennung und Produktion von gesprochenen und geschriebenen Worten vorgeschlagen hat.[23] Aufgrund von Beobachtungen an einer Reihe von Patienten postulierte Lichtheims Modell fünf unterschiedliche „Zentren", die miteinander verbunden sind. Das Modell versucht, verschiedene Formen von Sprachstörungen durch Schädigung eines oder mehrerer Zentren und/oder der Verbindungen zwischen ihnen zu erklären.

Dieser neuropsychologische Ansatz, der oft als Diagrammkonstruieren bezeichnet wird, erfreute sich bis in die Anfänge des 20. Jahrhunderts einer gewissen Popularität. Doch mit der Ansammlung weiterer Befunde verlor das Diagrammkonstruieren an Ansehen, da die ursprünglichen Beobachtungen an einzelnen Patienten, die man zur Untermauerung der Diagrammodelle herangezogen hatte, sehr oft enttäuschend schwach und wenig überzeugend waren. An dem Ansatz wurde auch kritisiert, daß die anatomischen Befunde die geforderte genaue Lokalisation von Zentren zur Kontrolle der verschiedenen Funktionen nicht bestätigten.

Obwohl einige Forscher der Tradition des Lichtheimschen Diagrammkonstruierens verhaftet blieben, setzte sich um 1930 ein anderer neuropsychologischer Ansatz durch. Diese neue Art des Vorgehens stellte den Wert der Analyse und Beschreibung einzelner Fälle, wie sie die Diagrammkonstrukteure vorgenommen hatten, in Frage. Statt dessen wurden die Befunde gruppenweise analysiert. Man ordnete die Patienten aufgrund allgemeiner Hinweise auf den Ort der Hirnschädigung (beispielsweise linker oder rechter Schläfenlappen) einer bestimmten Gruppe zu. Die Leistungen der Gruppen wurden dann anhand einer Serie von standardisierten, quantifizierbaren Tests verglichen, um festzustellen, ob die Gruppen unterschiedliche Muster zeigten. Auch die Einbeziehung von Kontrollgruppen mit gesunden Versuchspersonen, die man so auswählte, daß sie bezüglich wichtiger Variablen (wie Alter, Geschlecht, Bildungsgrad) mit den Patienten vergleichbar waren (*matched controls*), wurde ein wichtiger Teil neuropsychologischer Untersuchungen.

Obwohl Gruppenstudien im Prinzip einen soliden Ansatz darstellen, bergen sie doch Probleme, die ihren Nutzen einschränken. Da zu erwarten ist, daß die Mitglieder einer Gruppe von Patienten sich beispielsweise bezüglich des Schweregrades ihrer Behinderungen oder bezüglich ihrer Leistungen vor der Hirnschädigung unterscheiden, müssen die Gruppen groß sein, damit sich statistisch signifikante Unterschiede nachweisen lassen. Daher kann es gut zehn Jahre dauern (und dies war in manchen Studien tatsächlich der Fall), bis man genügend Befunde gesammelt hat, um solche Untersuchungen zum Abschluß zu bringen. Des weiteren werden interessante und potentiell sehr wichtige Unterschiede zwischen einzelnen Personen verwischt und gehen dann in der Analyse verloren. Gruppenuntersuchungen basieren auf der Mittelung von Ergebnissen über eine Anzahl von Patienten, die aufgrund bestimmter Kriterien (beispielsweise Läsionsseite) ausgewählt wurden; Unterschiede zwischen Individuen und selbst zwischen leicht voneinander abweichenden Gruppen werden dadurch verschleiert.

Mitte der sechziger Jahre entwickelte sich dann ein weiterer neuropsychologischer Ansatz, der das Arbeitsgebiet tiefgreifend verändern sollte. Das Verdienst, diese Umwälzung in Gang gesetzt zu haben, wird häufig dem verstorbenen Neurologen Norman Geschwind zuerkannt, dessen Arbeiten in vielen der folgenden Kapitel eine wichtige Rolle spielen.[24] Geschwind wurde durch seine eigenen Forschungen dazu gebracht, den Wert des Diagrammkonstruierens und der Einzelfallanalyse neu zu überdenken und anzuerkennen, und er rief seine Kolleginnen und Kollegen auf, ihre Einschätzung dieses Ansatzes ebenfalls zu überprüfen.[25] Zur gleichen Zeit begann sich die kognitive Psychologie auf einer sicheren Grundlage zu etablieren; sie konzentriert sich auf Theorien und Modelle normaler kognitiver Funktionen. Die Zugangsweise der kognitiven Psychologie wurde von Geschwind wie auch anderen Neurologen und Neuropsychologen enthusiastisch aufgegriffen, da man sich von ihr ein besseres Verständnis der höheren geistigen Funktionen des gesunden wie auch des durch Krankheit oder Verletzung geschädigten Gehirns versprach.

Aus der Verbindung von kognitiver Psychologie und dem erneuten Interesse an Einzelfallstudien in der Neuropsychologie entstand die Disziplin, die man heute als kognitive Neuropsychologie bezeichnet. Die kognitiven Neurowissenschaften schließen die kognitive Neuropsychologie als eine von mehreren Zugangsmöglichkeiten zum Verständnis der Beziehung zwischen Gehirn und Verhalten ein. Die beiden Bezeichnungen klingen ähnlich, und daher ist es für den Leser wichtig, sich über den Unterschied zwischen beiden im klaren zu sein, wenn wir uns nun einigen der Ansätze und Annahmen der kognitiven Neuropsychologie zuwenden.

Kognitive Neuropsychologie: Ansätze und Annahmen

In der kognitiven Neuropsychologie werden die grundlegenden Mechanismen der psychologischen Prozesse, auf denen unser geistiges Leben beruht – also Denken, Lesen, Sprechen, Erkennen, Erinnern –, anhand der Auswirkungen von Hirnschädigungen untersucht. Wichtigstes Ziel ist es, die Muster der kognitiven Leistungen von hirngeschädigten Patienten mit den psychischen Vorgängen in Verbindung zu bringen, die für die normalen kognitiven Funktionen notwendig sind. Ein weiteres Ziel besteht darin, aus den Auswirkungen, die sich nach Hirnschädigungen beobachten lassen, nun auch Schlüsse bezüglich der normalen kognitiven Prozesse zu ziehen. Die kognitiven Neuropsychologen versuchen somit nicht nur zu erklären, wie Hirnschädigungen normale Funktionen beeinträchtigen, sondern sie erhoffen sich auch eine Erweiterung unseres Wissens darüber, wie das normale Gehirn und unser Geist organisiert sind, indem sie die Behinderungen untersuchen, die nach Schädigungen des Gehirns auftreten.

Der Unterschied zwischen dem traditionellen neuropsychologischen Zugang und dem des neueren Ansatzes der kognitiven Neuropsychologie läßt sich am folgenden Fall sehr schön verdeutlichen; der betreffende Patient konnte sich nach einer Hirnverletzung an viele der Worte, die seit langem Teil seines Vokabulars waren, nicht mehr erinnern, beziehungsweise, er konnte sie nicht mehr „finden". Dies wird als Anomie bezeichnet. Ist es nun besser zu sagen, »er ist anomisch, weil seine linke Hemisphäre geschädigt ist«, fragt der Neuropsychologe Andrew Ellis, oder »er ist anomisch, weil derjenige psychische Prozeß geschädigt ist, der das Auffinden von zu sprechenden Worten vermittelt«?[26] Wir werden uns in diesem Buch mit beiden Ansätzen beschäftigen. Unser Interesse an der linken und der rechten Gehirnhälfte bedeutet, dem „Wo" Aufmerksamkeit zu widmen; die Beschäftigung mit den Funktionen und Prozessen insgesamt führt hingegen zu den noch tiefergehenden Fragen nach dem „Wie" und „Warum".

Die Logik von Assoziationen und Dissoziationen

Das Konzept der Dissoziationen ist von zentraler Bedeutung für die Logik, aufgrund derer Beziehungen zwischen normalen Funktionen und den Folgen von Hirnschädigungen hergestellt werden. Von einer Dissoziation spricht man, wenn ein Patient bei einer Aufgabe (zum Beispiel Lesen) sehr schlecht abschneidet, bei einer anderen Aufgabe (zum Beispiel dem Erkennen von Gesichtern) hingegen normale oder zumindest viel bessere Leistungen erbringt. Wir könnten argumentieren, daß in beiden Fällen jeweils unterschiedliche kognitive Prozesse beteiligt sind. Ebensogut wäre jedoch auch eine andere Erklärung möglich: Vielleicht sind dieselben kognitiven Prozesse an der Bearbeitung beider Aufgaben beteiligt, nur ist Lesen womöglich schwieriger als das Erkennen von Gesichtern. Wenn das so wäre, würden wir unterschiedliche Leistungen aufgrund verschiedener Schwierigkeitsgrade und nicht aufgrund verschiedener kognitiver Prozesse beobachten.

Dieses logische Problem läßt sich lösen, wenn man Patienten findet, die das umgekehrte Symptommuster zeigen, also beispielsweise größere Beeinträchtigungen beim Gesichtererkennen und normale Leistungen beim Lesen aufweisen. Ein solcher Nachweis wird als doppelte Dissoziation bezeichnet und stellt einen weitaus überzeugenderen Beleg für die Existenz von separaten Prozessen in den jeweiligen

Aufgaben dar. In anderen Fällen kann die Behinderung bei einer Aufgabe mit einer Beeinträchtigung bei einer zweiten Aufgabe einhergehen. Als eine einleuchtende Erklärung für eine solche Beobachtung wäre anzunehmen, daß den Lösungen beider Aufgaben ein gemeinsamer Prozeß zugrunde liegt, der durch die Hirnschädigung zerstört wurde. Es ist jedoch auch möglich, daß verschiedene Prozeßgruppen beteiligt sind, jeweils eine für jede der Aufgaben, und diese Prozesse von Hirnarealen ausgeführt werden, die so nahe beieinanderliegen, daß sie alle von einer Läsion beeinträchtigt werden. Eine solche Assoziation wäre zwar von neurologischer Bedeutung, aus der Sicht eines kognitiven Neuropsychologen jedoch von geringerem Interesse.

Das Konzept der Modularität

Die Vorbehalte, die gegenüber der Möglichkeit bestehen, Schlüsse aus Assoziationen und Dissoziationen zu ziehen, ergeben sich aus einer Vorstellung der Geist-Gehirn-Organisation, die von einer großen Anzahl teilweise unabhängiger kognitiver Prozesse (sogenannter Module) ausgeht, die auch unabhängig voneinander beschädigt sein können. Das geistige Leben besteht nach der Modularitätshypothese aus der koordinierten Aktivität vieler verschiedener Module, von denen jedes seine eigenen Prozesse beinhaltet, die unabhängig von denen in den anderen Modulen ablaufen.

Aufgrund von Computersimulationen komplexer menschlicher Fertigkeiten folgerte der inzwischen verstorbene David Marr, daß sich komplexe Systeme, seien es nun Gehirne oder Maschinen, in Richtung einer modulären Organisation entwickeln. Damit ergäben sich größere Möglichkeiten für Verbesserungen, und es sei leichter, Fehler zu entdecken und zu verbessern.* Zur Unterstützung seiner Idee meint er:

> »Jede umfangreiche Berechnung sollte aufgeteilt und durch eine Anzahl von kleinen Untereinheiten ausgeführt werden, die ihrerseits, soweit dies die Gesamtaufgabe erlaubt, unabhängig voneinander sind. Wenn ein Prozeß nicht in einer solchen Art und Weise aufgebaut ist, können geringfügige Veränderungen an einer Stelle Auswirkungen an vielen anderen Orten haben. Das hat dann zur Folge, daß es extrem schwierig wird, den Prozeß als Ganzes von Fehlern zu befreien oder zu verbessern. Dies gilt sowohl für von Menschen entwickelte Prozesse als auch für solche, die im Laufe der natürlichen Evolution entstehen. Denn jedes Mal müssen geringe Veränderungen zur Verbesserung eines Teiles viele gleichzeitige, kompensierende Veränderungen in anderen Bereichen nach sich ziehen.«[27]

Modularität ist eines der wichtigsten Grundkonzepte der kognitiven Neuropsychologie, obwohl sie direkt weder bewiesen noch widerlegt werden kann. Einige andere Annahmen sind ebenfalls Teil des kognitionspsychologischen Ansatzes. Wir werden sie in Kapitel 7 noch näher diskutieren. Für den Augenblick genügt es, sich zu vergegenwärtigen, daß diese Annahmen die Grundlage für die Vorstellung bilden, eine sorgfältige Analyse der Profile von intakten und eingeschränkten Leistungen sowie der Fehlermuster, die Patienten nach Hirnschädigun-

---

* Der Einsatz von Computersimulation oder das „Modellieren" geistiger Funktionen des Menschen ist ein wichtiger Teil des multidisziplinären Ansatzes der kognitiven Neurowissenschaften in der Hirnforschung. Wir werden Marrs Arbeiten in Kapitel 7 und andere Ansätze in Kapitel 13 aufgreifen.

gen zeigen, ermögliche gültige Rückschlüsse auf Aufbau und normale Funktionen der Verarbeitungsprozesse. Mit anderen Worten, das Leistungsmuster eines Patienten gibt Hinweise auf die Art der zugrundeliegenden Störung. Und dies wiederum ermöglicht uns ein besseres Verständnis der normalen zerebralen Organisation.

Aber es gibt auch Schwierigkeiten, die eine Interpretation des Symptomprofils, das ein Patient zeigt, erschweren. Dazu gehören individuelle Unterschiede in den Leistungen und in möglichen Kompensationseffekten des Gehirns als Reaktion auf die Schädigung sowie die Tatsache, daß die meisten Verletzungen ziemlich ausgedehnte Schäden hervorrufen und somit wahrscheinlich viele Prozesse beziehungsweise Module in Mitleidenschaft ziehen. Diese störenden Faktoren sind seit vielen Jahren als Probleme der Neuropsychologie bekannt, und sie machen es durchweg schwierig, von Hirnschäden auf Hirnfunktionen zu schließen.

Das Kernproblem liegt darin, daß es keinen einfachen Weg gibt, die Funktion eines zerstörten Gehirngewebeteiles direkt mit der Beeinträchtigung in Verbindung zu bringen, die der Patient als Folge dieser Schädigung aufweist. Zunächst nahm man an, daß alles, was ein Patient nicht mehr konnte, vorher von dem nun geschädigten Teil des Gehirns kontrolliert worden war. Wenn jemand also eine Hirnverletzung hatte und nicht mehr sehen konnte, dann ging man davon aus, daß das geschädigte Hirngebiet normalerweise das Sehen steuert. Wenn ein anderer Bereich des Gehirns verletzt war und der Verletzte Gesprochenes nicht mehr verstand, galt dieses Gebiet als verantwortlich für das Sprachverständnis.

Dieser Ansatz hat sich als zu vereinfacht herausgestellt. Die meisten Prozesse, die wir schlicht als visuelle Wahrnehmung, als Sprachproduktion, als willentliche Bewegung oder Gedächtnis bezeichnen, beruhen in Wirklichkeit auf hochkomplexen zerebralen Wechselwirkungen. Je nachdem, welche Funktion wir untersuchen, wie genau wir sie definieren und wie gut wir in der Lage sind, unsere Tests auf ein bestimmtes Ziel hin zu präzisieren, werden wir einmal feststellen, daß die Funktionen über weite Teile des Gehirns verteilt sind, und ein andermal, daß sie auf einen engen Bereich beschränkt zu sein scheinen. Fast jede begrenzte Läsion im Gehirn wird mit großer Wahrscheinlichkeit eine Stufe oder eine Teilphase irgendeines Prozesses behindern, wenn auch nicht immer den Prozeß als Ganzes. Außerdem ist anzunehmen, daß meist nicht bloß einer, sondern mehrere verschiedene Prozesse teilweise beeinträchtigt werden. Es ist in der Tat nicht außergewöhnlich, daß durch eine Beschädigung eines kleinen Hirnbereichs eine ganze Reihe von Funktionen ausfallen.

Die Ableitung von Hirnfunktionen aus klinischen Befunden ist auch deshalb problematisch, weil das Gehirn nach einer Schädigung versucht, seine Funktionen der neuen Situation soweit wie möglich anzupassen. Wir können also nicht davon ausgehen, daß die unverletzt gebliebenen Teile eines geschädigten Gehirns genauso funktionieren wie in einem normalen Gehirn. Es ist sicher nicht so, daß einfach ein Teil fehlt, während das übrige Gehirn weiterarbeitet wie bisher. In vielen Fällen kommt es nach einer Hirnschädigung zu einer langsamen Erholung – manchmal sogar zu einer eindrucksvollen Wiederherstellung – der Funktionen. Dies kann auf Veränderungen in unbeschädigt gebliebenen Gehirnteilen zurückzuführen sein und zeugt von der großartigen Anpassungsfähigkeit des Gehirns. Aber so faszinierend und hilfreich diese Plastizität auch ist, sie macht es all jenen schwer, die aus klinischen Befunden etwas über Hirnfunktionen ableiten wollen.

Diese Probleme sind durch die Annahmen der modernen kognitiven Neuropsychologie nicht beseitigt worden, doch erscheinen sie hier in einem etwas anderen Licht. Anpassungen und Kompensationen des Gehirns als Reaktion auf eine Schädigung werden als wichtige Faktoren anerkannt. Aber sie werden ausschließlich als Ergebnis von Veränderungen in den Funktionsabläufen unbeschädigter Module gesehen und nicht als Folge von neu geschaffenen Modulen. Diese Vorstellung erlaubt es den Untersuchern anzunehmen, daß sich das, was nach der Verletzung zuerst zu fehlen scheint, tatsächlich den Funktionen der beschädigten Module zuschreiben läßt, während später auftretende Veränderungen durch eine Umorganisation der intakten Module erfolgen.

Der Ansatz der kognitiven Neurowissenschaften

Das Wissen, das wir aufgrund der Auswirkungen von Hirnverletzungen über die Rolle bestimmter Hirnregionen gewinnen, ist äußerst wertvoll, doch vorläufig und am ehesten in Verbindung mit Erkenntnissen über Hirnfunktionen anwendbar, die auf anderen Wegen gewonnen wurden. In den nächsten Kapiteln werden wir Befunde aus Untersuchungen an einer begrenzten Anzahl sogenannter Split-Brain-Patienten diskutieren, bei denen die Nervenbahnen, die die beiden Hemisphären miteinander verbinden, operativ durchtrennt wurden. Diese Fälle bestätigen und illustrieren eindrucksvoll die Unterschiede in der Funktion der Hemisphären, die durch die Erforschung der Auswirkungen von Hirnschäden identifiziert worden sind. Es sind jedoch noch andere Ansätze – ohne derart große Eingriffe in das normale Funktionieren – nötig, um die Natur und das Ausmaß von Hemisphärenasymmetrien im normalen Gehirn zu demonstrieren. Die kognitiven Neurowissenschaften führen diese Ansätze in einem integrierten Versuch zusammen, die Beziehung zwischen Geist und Gehirn zu verstehen.

In späteren Kapiteln werden wir einige dieser Ansätze näher besprechen und dabei auch auf die neurowissenschaftlichen bildgebenden Verfahren eingehen, mit deren Hilfe sich sowohl die Struktur als auch bestimmte funktionelle Aspekte des Gehirns sichtbar machen lassen. Die Ergebnisse neuropsychologischer Untersuchungen von Hirnschädigungen werden wir in den Kapiteln 7 und 8 nochmals aus der Perspektive der kognitiven Neurowissenschaften diskutieren. Wir werden dann sehen, wie die verschiedenen Ansätze konvergierende Belege für die Funktionen des linken Gehirns und des rechten Gehirns sowie beider gemeinsam liefern.

2. Die operative Trennung der Hemisphären: Split-Brain-Patienten

Im Jahre 1940 wurden in einer wissenschaftlichen Zeitschrift Experimente beschrieben, in denen es darum ging, wie im Gehirn von Tieraffen epileptische Krampfentladungen von einer Hemisphäre auf die andere übergreifen.[1] Der Autor des Artikels kam zu dem Schluß, daß die Ausbreitung weitgehend oder ausschließlich über den Balken, das Corpus callosum, erfolgt; das ist die größte von mehreren Kommissuren oder Nervenfaserbahnen, die Regionen der linken Gehirnhälfte mit entsprechenden Gebieten der rechten verbinden. Bereits früher hatten Forscher beobachtet, daß manche Epileptiker nach einer Schädigung des Balkens durch einen Tumor oder eine andere Ursache weniger Anfälle erlitten.[2] Gemeinsam ebneten diese Befunde den Weg für eine neuartige Behandlung von Epilepsieformen, die auf andere Weise nicht zu beherrschen waren: für die Split-Brain-Operation oder Kommissurotomie, bei der einige der Nervenfaserbündel, die die beiden Gehirnhälften miteinander verbinden, operativ durchtrennt werden.

Der Balken erwies sich als Rätsel für all jene Forscher, die Funktionen erwartet hatten, welche seiner Größe und seiner strategischen Lage innerhalb des Gehirns entsprachen. Tierversuche zeigten, daß die Folgen einer Split-Brain-Operation bei einem gesunden Organismus minimal sind. So unterschied sich das postoperative Verhalten von Split-Brain-Affen offenbar nicht von dem vor der Operation. Weil eine Kommissurotomie keinerlei wahrnehmbare Veränderungen nach sich zog, meinten einige Wissenschaftler etwas scherzhaft, die einzige Funktion des Balkens bestehe wohl darin, die beiden Gehirnhälften zusammenzuhalten und so vor dem Auseinanderklaffen zu bewahren.

Spekulationen über die Folgen einer chirurgischen Teilung des Gehirns gehen bis ins 19. Jahrhundert zurück – zu den Schriften von Gustav Fechner, der vielen als Vater der experimentellen Psychologie gilt. Für Fechner stellte das Bewußtsein eine Funktion des Nervensystems dar, und er glaubte, die Unversehrtheit des Gehirns sei eine wesentliche Bedingung für die Einheit des Bewußtseins. Wenn es möglich wäre, einen Menschen der Länge nach zu durchtrennen, dann käme es – so spekulierte er – gewissermaßen zu einer Verdoppelung des menschlichen Wesens:

> »Wäre es möglich, daß die beiden Hälften eines der Länge nach durchteilten Menschen weiterlebten, das heißt, die psychologische Aktivität beider Hälften überschwellig bliebe, dann würden wir zweifellos so etwas wie eine Verdopplung eines Menschen sehen ... Unstreitig würden die beiden Hälften mit gleichem Gemüthszustande, gleichen Anlagen, Kenntnissen, Erinnerungen, gleichem Bewußtsein überhaupt beginnen; dann aber, Schritt für Schritt, wenn sie Unterschiedliches erlebten, würden sie sich verschieden entwickeln.«[3]

Fechner hielt es jedoch für unmöglich, daß sich dieses „Gedankenexperiment" einer Teilung des Menschen verwirklichen ließe.

Fechners Ansichten über das Wesen des Bewußtseins blieben nicht unwidersprochen. William McDougall, Mitbegründer der British Psychological Society, wandte sich vehement gegen die Behauptung, die Einheit des Bewußtseins beruhe auf der Kontinuität des Nervensystems. Er bot sogar an, daß man – sollte er je unheilbar erkranken – sein Corpus callosum durchtrennen dürfe. Offenbar war er fest davon überzeugt, daß seine Persönlichkeit auch dann ungespalten und sein Bewußtsein eine Einheit bliebe.

McDougall erhielt nie Gelegenheit, seine Vorstellung zu überprüfen; die Operation aber, die Fechner für unmöglich hielt, wurde fast ein Jahrhundert später erstmals durchgeführt (wenn auch nicht so radikal). Seither sind an Split-Brain-Patienten wichtige Erkenntnisse über die Rolle des Corpus callosum gewonnen worden.

Die Durchtrennung von 200 Millionen Nervenfasern und ihre Folgen

Die ersten Split-Brain-Operationen am Menschen

William Van Wagenen, ein Neurochirurg aus Rochester im US-Bundesstaat New York, nahm in den frühen vierziger Jahren unseres Jahrhunderts die ersten Split-Brain-Operationen an Menschen vor. Bei der nachoperativen Untersuchung fanden sich überraschend geringe Defizite in Wahrnehmungsfunktionen und motorischen Fertigkeiten.[4] Die Operation schien wenig Einfluß auf das Verhalten im alltäglichen Leben zu haben. Allerdings trug sie leider bei einigen Patienten offenbar auch wenig dazu bei, den für den Eingriff ausschlaggebenden epileptischen Zustand zu lindern.

Van Wagenen stellte die Kommissurotomie als Epilepsietherapie bald ein, weil sie nicht zu den durchschlagenden Erfolgen führte, die er sich erhofft hatte. Trotz der enttäuschenden Resultate fuhren andere Forscher fort, die Funktionen des Corpus callosum bei Tieren zu untersuchen. Rund zehn Jahre später, in den frühen fünfziger Jahren, machten Ronald Myers und Roger Sperry bei Katzen einige bemerkenswerte Entdeckungen, die einen Wendepunkt in den Bemühungen markierten, die Rätsel dieser Gehirnstruktur zu lösen.[5]

Bei den meisten höheren Lebewesen ist das visuelle System so organisiert, daß jedes Auge normalerweise in beide Hemisphären projiziert. Durch einen Schnitt an der Kreuzung des Sehnervs, am Chiasma opticum, kann der Forscher aber festlegen, wohin jedes Auge seine Informationen sendet. Wird dieser Schnitt genau in der Mitte durchgeführt, übermitteln die verbleibenden Fasern im Sehnerv die Information nur noch in die Hemisphäre auf derselben Seite. Die visuelle Information, die das linke Auge erreicht, gelangt nur in die linke Hemisphäre und die ins rechte Auge projizierte Information nur in die rechte Gehirnhälfte.

Myers und Sperry führten diese Operation an Katzen durch, die anschließend – mit einem abgedeckten Auge – visuelle Unterscheidungs- oder Diskriminationsaufgaben lernen mußten. Eine solche Diskriminationsaufgabe besteht zum Beispiel darin, daß das Tier einen Hebel niederdrückt, wenn es einen Kreis, nicht aber, wenn es ein Quadrat sieht. Eine normale Katze kann, selbst wenn das gesamte Training mit einem bedeckten Auge durchgeführt wird, diese Aufgabe später mit

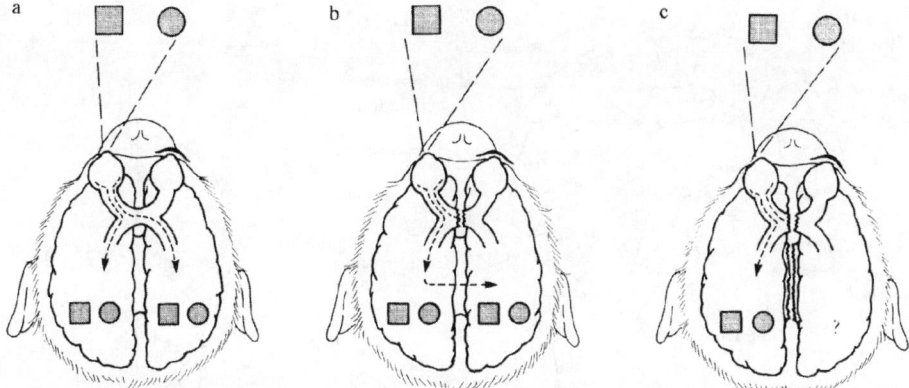

2.1 Split-Brain-Experimente an Affen. Im normalen gesunden Organismus sehen beide Augen und damit beide Gehirnhemisphären die im Gesichtsfeld dargebotenen Reize. Unter verschiedenen Versuchsbedingungen treten folgende Veränderungen auf: Wenn ein Auge abgedeckt wird, gelangen von dem anderen Auge immer noch Informationen in beide Hemisphären (a). Wird zusätzlich die Sehnervenkreuzung (das Chiasma opticum) durchschnitten, erreicht die visuelle Information über den Balken (Corpus callosum) trotzdem beide Hemisphären (b). Wenn schließlich auch noch das Corpus callosum durchtrennt ist, gelangen visuelle Informationen nur noch in eine Hemisphäre.

jedem Auge lösen. Auch die Katzen mit durchtrennter Sehnervenkreuzung konnten die Aufgabe mit einem beliebigen Auge lösen, wenn man sie nach dem Ein-Augen-Training testete. Als jedoch zusätzlich zur Sehnervenkreuzung auch das Corpus callosum durchtrennt wurde, änderten sich die Ergebnisse drastisch. Mit einem offenen und einem bedeckten Auge lernte eine solche Katze die jeweilige Aufgabe gut zu bewältigen; wechselte man jedoch die Augenbinde auf das andere Auge, war die Katze nicht mehr imstande, die Aufgabe auszuführen. Vielmehr mußte man sie ihr – mit dem gleichen Zeitaufwand wie beim ersten Mal – erneut beibringen. Myers und Sperry schlossen daraus, daß Informationen, die infolge der Durchtrennung des Balkens in eine Hemisphäre gelangten, der anderen vorenthalten blieben. Die beiden Forscher hatten also nur eine Gehirnhälfte trainiert. Vergleichbare Untersuchungen wurden auch mit Affen durchgeführt. Abbildung 2.1 zeigt eine schematische Darstellung der visuellen Bedingungen bei intakten Tieren sowie nach der Durchtrennung des Chiasma opticums und des Balkens.

Diese Befunde sowie einige weitere Untersuchungen brachten die Neurochirurgen Joseph Bogen und Philip Vogel, die im Umfeld des California Institute of Technology in Pasadena arbeiteten, dazu, die Split-Brain-Chirurgie wieder aufzunehmen, um hartnäckige Fälle von Epilepsie beim Menschen zu behandeln. Die beiden Neurochirurgen vermuteten, die früheren Versuche mit menschlichen Patienten seien teilweise deshalb fehlgeschlagen, weil die Trennung der beiden Gehirnhälften nicht vollständig gewesen sei. Auf der Grundlage dieser Überlegungen begannen Bogen und Vogel, bei einer Reihe von Patienten, die an einer therapieresistenten Epilepsieform litten, eine vollständige Kommissurotomie durchzuführen. (Diese Patienten sind unter der Bezeichnung „kalifornische Gruppe" bekannt geworden.) Abbildung 2.2 zeigt das Corpus callosum und benachbarte kleinere Kommissuren.

Die Überlegungen von Bogen und Vogel erwiesen sich als richtig. In einigen Fällen übertraf der medizinische Erfolg der Operation sogar die Erwartungen. Trotz der deutlichen Reduktion der Krampfanfälle veränderte die Operation offen-

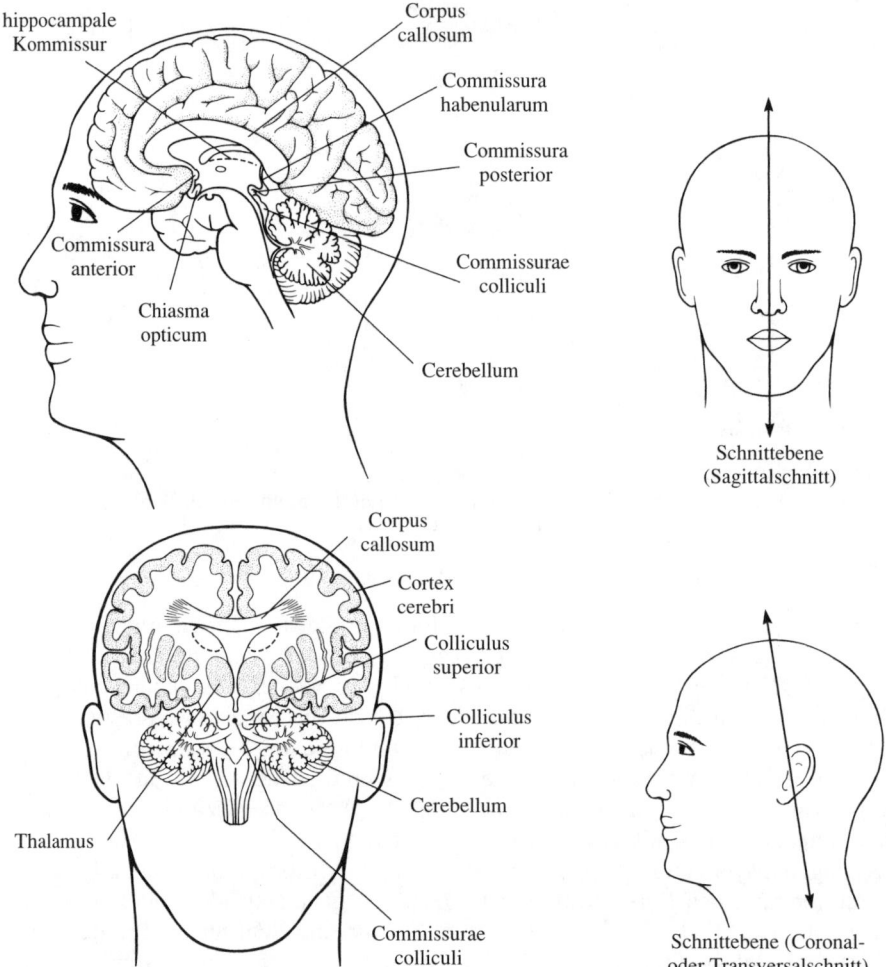

2.2 Zwei Ansichten der Großhirnhemisphären und des Balkens (Corpus callosum), des größten Nervenfaserbündels, das die beiden Gehirnhälften miteinander verbindet. Andere Kommissuren sind ebenfalls abgebildet.

bar weder die Persönlichkeit noch die Intelligenz noch das allgemeine Verhalten der Patienten; das hatte ja auch Van Wagenen bei seinen Patienten festgestellt. Dann jedoch wurden im Labor von Roger Sperry am California Institute of Technology umfassendere und raffiniertere Tests durchgeführt, die einen komplexeren Sachverhalt enthüllten; Sperry erhielt dafür 1981 den Nobelpreis für Physiologie oder Medizin.

Die Trennung von Rechts und Links: Tests zur Analyse ihrer Folgen

Vor einem Bildschirm mit einem kleinen schwarzen Punkt in der Mitte sitzt die kalifornische Hausfrau N.G.; die Split-Brain-Patientin wird gebeten, direkt auf den Punkt zu schauen. Sobald der Versuchsleiter sicher ist, daß sie das tut, wird rechts davon ganz kurz das Bild einer Tasse dargeboten. N. G. berichtet, sie habe eine Tasse gesehen. Wieder bittet man sie, den Punkt zu fixieren. Diesmal leuchtet links vom Punkt das Bild eines Löffels auf. Auf die Frage, was sie gesehen hat, antwortet sie: »Nichts.« Nun wird sie aufgefordert, mit der linken Hand unter dem Bildschirm durchzugreifen und nur durch Fühlen unter mehreren Gegenständen denjenigen herauszusuchen, den sie gerade gesehen hat. Mit ihrer linken Hand betastet sie jedes Objekt und hebt dann den Löffel hoch. Wird sie gefragt, was sie hält, antwortet sie: »Einen Stift.«

Noch einmal fordert der Versuchsleiter die Patientin auf, den Punkt auf dem Bildschirm zu fixieren. Links davon erscheint dann kurz das Bild einer nackten Frau. N. G. errötet ein wenig und beginnt zu kichern. Man fragt sie, was sie gesehen habe. »Nichts, nur einen Lichtblitz«, sagt sie und kichert wieder mit vorgehaltener Hand. »Warum lachen Sie dann?«, fragt der Versuchsleiter. »Oh, Doktor, Sie haben vielleicht eine komische Maschine«, antwortet sie.

Das soeben beschriebene Verfahren wird häufig bei Untersuchungen von Split-Brain-Patienten angewandt; es ist in Abbildung 2.3 dargestellt. Die Patientin oder der Patient sitzt vor einem sogenannten Tachistoskop, einer Vorrichtung, die dem Untersucher erlaubt, die Dauer, für die ein Bild oder Muster auf einem Bildschirm dargeboten wird, genau zu kontrollieren. Die Darbietungen sind stets kurz, etwa ein oder zwei Zehntelsekunden (100 bis 200 Millisekunden), damit die Versuchsperson keine Zeit hat, die Augen vom Fixationspunkt weg zu bewegen, während sich das Bild noch auf dem Schirm befindet.* Diese Vorgehensweise ist notwendig, um zu gewährleisten, daß die visuelle Information zunächst nur in eine Hemisphäre gelangt. Solche nur in einer Gehirnhälfte dargebotenen Reize nennt man lateralisiert.

2.3 Der prinzipielle Aufbau eines Tests zur Lateralisierung von visuellen und taktilen Informationen. Die Versuchsperson hat die Möglichkeit taktiler Reaktionen.

---

* Die schnellen Augenbewegungen, die auftreten, wenn der Blick sich von einem zum anderen Punkt bewegt, nennt man sakkadische Augenbewegungen oder Sakkaden. Obwohl sie – wenn sie erst einmal eingesetzt haben – außerordentlich schnell sind, dauert es ungefähr 200 Millisekunden, bis das ruhende Auge damit beginnt. Wird ein Reiz für weniger als 200 Millisekunden dargeboten, ist er bereits verschwunden, bevor überhaupt eine Augenbewegung erfolgen kann.

Das menschliche Nervensystem ist so konstruiert, daß jede Gehirnhälfte Informationen vor allem von der gegenüberliegenden (kontralateralen) Körperhälfte erhält. Diese Kontralateralität gilt prinzipiell für das Sehen und Hören ebenso wie für Körperbewegungen und Berührungsempfindungen, wenngleich die Situation beim Sehen und Hören etwas komplizierter ist.

Beim Sehen betrifft die Kontralateralitätsregel nämlich die rechte und die linke Seite des Gesichtsfeldes, nicht das rechte und das linke Auge als solche. Wenn beide Augen einen einzelnen Punkt fixieren, werden Reize rechts vom Fixationspunkt in der linken Gehirnhälfte registriert, während die rechte Gehirnhälfte all das verarbeitet, was links vom Fixationspunkt erscheint. Diese Aufspaltung und Kreuzung der visuellen Information ergibt sich aus der Art und Weise, wie die Nervenfasern aus einander entsprechenden Augenbereichen zwischen den Gehirnhemisphären aufgeteilt sind. Abbildung 2.4 zeigt schematisch das visuelle System und die beteiligten Nervenverbindungen.

Wie wir gesehen haben, kann man bei Tieren die visuelle Information in nur eine Hemisphäre leiten, indem man das Chiasma opticum durchschneidet. Diese Methode wird jedoch nur bei Tieren angewandt, denn sie ist im Rahmen von epilepsielindernden Split-Brain-Operationen beim Menschen keineswegs notwendig. Aus diesen Gründen müssen Forscher, die bei einem Split-Brain-Patienten visuelle Information nur in eine Gehirnhälfte übermitteln wollen, anders vorgehen: Sie müssen – wie oben geschildert – die Blickrichtung (Fixation) des Patienten kontrollieren und die jeweilige Information lediglich in einer Gesichtsfeldhälfte darbieten.

Wir wollen nun vor diesem Hintergrund erneut die Tests analysieren, die mit der Patientin N. G. durchgeführt wurden. In jenen Experimenten sah die Patientin die linke Bildschirmhälfte (alles zur Linken des Fixationspunktes) mit der rechten Gehirnhälfte und alles auf der rechten Seite mit der linken Gehirnhälfte. Die chirurgische Spaltung ihres Gehirns verhinderte den normalen Informationsaustausch zwischen den beiden Seiten, wie er ohne Operation stattgefunden hätte. Tatsächlich war jede Seite ihres Gehirns blind für das, was die andere Hälfte sah – ein Zustand, der insbesondere dadurch deutlich in Erscheinung trat, daß nur eine der beiden Hemisphären die Sprache kontrolliert.

Folglich berichtete die Patientin völlig richtig über jeden Reiz, der in ihre rechte Gesichtsfeldhälfte fiel (und in die verbale linke Hemisphäre projiziert wurde), während sie nicht imstande war, irgend etwas über die in ihrer linken Gesichtsfeldhälfte dargebotenen (und somit in die stumme rechte Gehirnhälfte übermittelten) Stimuli zu sagen. Daß sie aber in der linken Gesichtsfeldhälfte etwas „gesehen" hatte, zeigt sich eindeutig darin, daß sie mit der linken Hand (die im wesentlichen durch die rechte Gehirnhälfte kontrolliert wird) aus mehreren für sie nicht sichtbaren Objekten den Löffel auswählen konnte. Auch ihre emotionale Reaktion auf das Nacktphoto spricht dafür – trotz ihrer Beteuerung, nichts gesehen zu haben.[6]

Das Verhalten der Patientin bei der Darbietung dieses Photos ist besonders interessant. Sie war offenbar selbst verwirrt darüber, wie sie auf das Gezeigte reagierte. Ihre rechte Hemisphäre sah das Bild und verarbeitete es hinlänglich, um eine allgemeine, nichtverbale Reaktion – das Kichern und Erröten – auszulösen. Währenddessen „wußte" die linke Gehirnhälfte nicht, was die rechte gesehen hatte, obwohl der Satz über die komische Maschine des Doktors anzudeuten scheint, daß sie sich der durch die rechte Hemisphäre veranlaßten Körperreaktionen bewußt war. Es passiert oft, daß die verbale linke Hemisphäre in Testsituationen versucht,

2. Die operative Trennung der Hemisphären: Split-Brain-Patienten

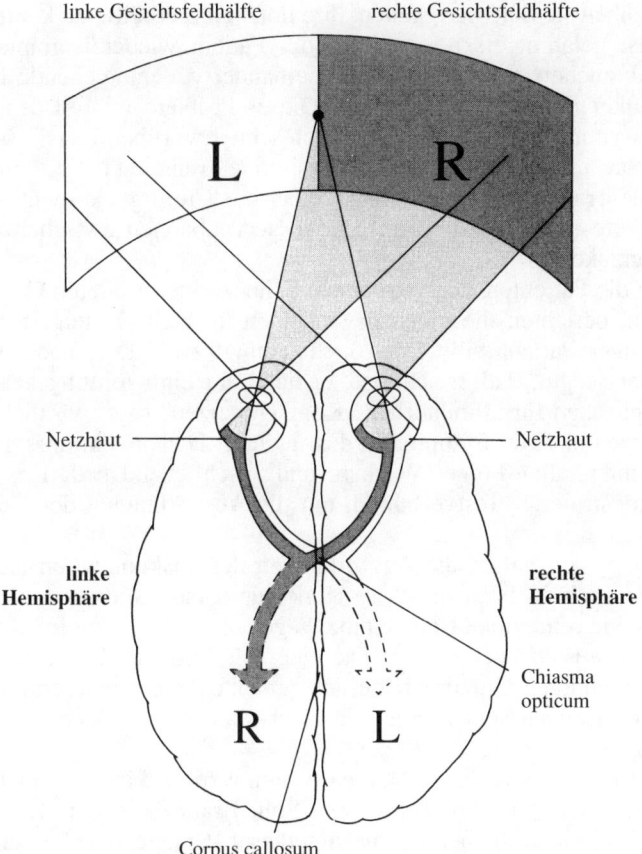

2.4 Schematische Darstellung des Verlaufs von Sehnerven und Sehbahnen zu den Hemisphären. Wenn ein Punkt fixiert wird, sieht jedes Auge beide Gesichtsfeldhälften, sendet aber jeweils Informationen aus der rechten Gesichtsfeldhälfte nur zur linken Hemisphäre und Informationen aus der linken Hälfte nur zur rechten Hemisphäre. Aufspaltung und Kreuzung beruhen darauf, daß die Nervenfasern von den zwei Hälften der Netzhaut (Retina) voneinander getrennt verlaufen. Normalerweise stehen die visuellen Bereiche der rechten und linken Hemisphäre über den Balken (Corpus callosum) in Verbindung. Wird dieser jedoch durchtrennt und eine Bewegung der Augen oder des Kopfes verhindert, sieht jede Hemisphäre nur noch eine Hälfte der visuellen Welt.

Informationen, die nur der rechten Gehirnhälfte dargeboten werden, zu erraten oder zu interpretieren. Manchmal kommt sie dabei zu irrigen und oft sehr komplizierten rationalen Erklärungen, die auf bestimmten Einzelaspekten des Reizes beruhen.

Alltagsverhalten nach einer Split-Brain-Operation

Natürlich stellt sich die Frage, wie sich die Durchtrennung des Corpus callosum auf das Verhalten von Split-Brain-Patienten im täglichen Leben auswirkt. Kommissurotomiepatienten sind oft für einige Zeit nach dem Eingriff stumm, und manchmal haben sie Schwierigkeiten, ihre linke Körperhälfte zu kontrollieren, die zunächst fast gelähmt erscheint. Wenn der Patient wieder beginnt, seine linke Hand zu gebrauchen, treten gelegentlich einander widersprechende Bewegungen zwischen linker und rechter Hand auf. Dieses Problem ist Teil des akuten Diskonnektionssyndroms und geht gewöhnlich schnell vorüber. Es ist wahrscheinlich auf zwei Ursachen zurückzuführen: die operative Trennung der Kommissuren und das generelle Trauma der Operation, bei der der Chirurg die rechte Hemisphäre etwas zur Seite drücken muß, um an die Nervenbahnen zwischen den Gehirnhälften heranzukommen.

Nachdem die Patienten sich vom ersten Schock einer größeren Gehirnoperation erholt haben, berichten die meisten von ihnen über ein gesteigertes Wohlbefinden. Ein junger Patient fühlte sich nicht einmal zwei Tage nach dem Eingriff schon wieder so gut, daß er scherzte, er habe nur ein „splitting headache", wie man im Englischen für „fürchterliche Kopfschmerzen" sagt (wörtlich: „spaltende Kopfschmerzen"). Die Symptome des akuten Diskonnektionssyndroms verschwinden innerhalb weniger Wochen, und anschließend bedarf es gewöhnlich sorgfältig konstruierter Testverfahren, um die Auswirkungen der Operation aufzudecken.

In einigen Fällen halten die Auswirkungen der Diskonnektion jedoch an und manifestieren sich in bizarrer Weise. Einer der ersten Patienten beschrieb beispielsweise, wie seine linke Hand einmal gegen die rechte kämpfte, als er morgens seine Unterhosen anziehen wollte: Die eine Hand zog sie hoch, die andere hinunter. In einer anderen Situation hatte sich derselbe Patient geärgert und schlug mit der linken Hand nach seiner Frau, während seine rechte Hand die linke aufzuhalten versuchte.[7]

Weil derartige Geschichten so häufig erwähnt werden, könnte man den Eindruck gewinnen, sie gehörten zum Alltag von Split-Brain-Patienten. Tatsächlich aber sind solche Zwischenfälle bei den meisten dieser Personen eher selten. Es gibt jedoch Ausnahmen – wie etwa die Patientin P. O. V., die von Mark Rayport am Ohio Medical College operiert wurde. Diese Frau beschrieb für einen Zeitraum von mindestens drei Jahren nach der Operation häufige Anzeichen eines ausgeprägten interhemisphärischen Konflikts. »Ich öffne die Schranktür. Ich weiß, was ich anziehen will. Während ich mit meiner rechten Hand nach etwas greife, kommt meine linke dazwischen und nimmt etwas anderes. Ich kann es nicht mehr hinlegen, wenn ich es einmal in der linken Hand halte. Ich muß dann meine Tochter rufen.«[8]

Solche Fallbeschreibungen bestätigen die Vorstellung, daß ein großer Teil der Informationen, die über die zerebralen Kommissurenbahnen übertragen werden, inhibitorischer (hemmender) Natur ist. Vermutlich sorgt also die Aktivität in einer Hemisphäre dafür, daß über das Corpus callosum Signale übermittelt werden, die in der anderen Gehirnhälfte bestimmte Prozesse oder Funktionen beeinflussen, abschwächen oder gar unterbinden.

Offensichtlich wird aber bei Split-Brain-Patienten der Verlust dieses Mechanismus meist sehr schnell durch kompensatorische Prozesse überdeckt. Tatsächlich arbeiten bei der großen Mehrheit dieser Patienten beide Körperseiten im Einklang miteinander. Die geringe Zahl von Fällen mit einem länger anhaltenden Diskonnektionssyndrom (insbesondere mit interhemisphärischem Konflikt) deutet darauf hin, daß erst Hirnschädigungen, die über die Zerstörung des Balkens hinausgehen, eine Anpassung an die Folgen der Kommissurotomie verhindern.

Es gibt indes Hinweise auf subtile Veränderungen im Verhalten oder in der Leistungsfähigkeit nach einem derartigen Eingriff, die teils auf Berichten der Patienten selbst, teils auf einer ganzen Batterie ausgeklügelter Tests basieren. Mehrere Patienten gaben beispielsweise an, es sei nach dem chirurgischen Eingriff sehr schwierig für sie gewesen zu lernen, Namen mit Gesichtern in Verbindung zu bringen. Das bestätigte sich in einer Untersuchung, bei der Versuchspersonen zu drei Bildern von jungen Männern jeweils die Vornamen lernen sollten.[9] Die Forscher berichteten, daß die Patienten schließlich Namen und Gesicht zu verknüpfen lernten, indem sie jedem Bild ein besonderes Merkmal zuordneten (zum Beispiel: „Dick hat eine Brille"), und nicht, indem sie den Namen mit dem Gesicht als Ganzes assoziierten. Dies weist darauf hin, daß die Fähigkeit, Namen mit Gesichtern in Zusammenhang zu bringen, möglicherweise deshalb gemindert ist, weil die verbalen Benennungsfunktionen der linken Gehirnseite von der rechts lokalisierten Fähigkeit, Gesichter zu erkennen, getrennt sind.

Auch eine verminderte Fähigkeit, geometrische Probleme zu lösen, ist gelegentlich mit der Durchtrennung des Balkens in Verbindung gebracht worden. Der Patient L.B., ein Oberschüler mit einem überdurchschnittlichen Intelligenzquotienten, wurde von einem Geometriekurs in einen Kurs für allgemeine Mathematik versetzt, nachdem ihm ersterer übermäßig schwergefallen war. Ähnlich ist der Fall eines Collegestudenten, der trotz durchschnittlicher Zensuren in anderen Fächern außerordentliche Schwierigkeiten in Geometrie hatte. Untersuchungen an Split-Brain-Patienten, bei denen man die Fähigkeit jeder der beiden Gehirnhälften untersuchte, zwei- und dreidimensionale Formen anhand gemeinsamer geometrischer Merkmale zu vergleichen, zeigten, daß die rechte Hemisphäre – insbesondere bei den schwierigeren Vergleichen – der linken weit überlegen ist.[10] Wie beim vorhergehenden Beispiel könnten also auch hier die Defizite der Patienten darauf beruhen, daß die sprechende linke Gehirnhälfte von den für solche räumlichen Aufgaben spezialisierten Regionen der rechten Hemisphäre getrennt ist.

Einige Split-Brain-Patienten beklagen sich auch darüber, daß sie nicht mehr träumen. Da Träumen vor allem ein Prozeß der visuellen Vorstellung ist, spekulierten einige Wissenschaftler, es könne in die Zuständigkeit der rechten Hemisphäre fallen. Die Operation würde dann diesen Aspekt des geistigen Lebens der Patienten von der sprechenden linken Gehirnhälfte trennen und somit bewirken, daß der Patient aussagt, nicht träumen zu können. Diese Vorstellung wurde jedoch durch die weitere Forschung nicht bestätigt. Man hat beispielsweise die Gehirnwellenaktivität von schlafenden Split-Brain-Patienten registriert und sie genau dann geweckt, wenn die Aufzeichnungen zeigten, daß sie träumten. Dann bat man sie zu beschreiben, was sie gerade geträumt hatten; entgegen der Vorhersage, daß sie dazu nicht in der Lage wären, konnten die Patienten den Experimentatoren dann doch ihre Träume schildern.[11]

Es gibt auch einige Berichte über Gedächtnisverschlechterungen nach einer Split-Brain-Operation. Neuere wissenschaftliche Untersuchungen lassen einen physiologischen Hintergrund für diese Berichte vermuten. Einige Patienten, insbesondere solche mit Schädigungen der hippocampalen Kommissur* oder anderer

---

* Die Hippocampi – es gibt je einen Hippocampus in der linken und in der rechten Hemisphäre – stellen subcorticale Strukturen dar. Beide sind über die hippocampale Kommissur miteinander verbunden und spielen wahrscheinlich eine wichtige Rolle für das Gedächtnis (siehe Kapitel 8).

Strukturen außerhalb des Balkens, zeigten Gedächtnisdefizite, während die übrigen keine solchen Probleme hatten.[12] In einer Studie, in der Gedächtnistests vor und nach der Operation durchgeführt wurden, traten bei Patienten, bei denen die Kommissurotomie die hinteren Teile des Corpus callosum einschloß, Störungen des Gedächtnisses auf; hierbei war die freie Reproduktion stärker betroffen als das Wiedererkennen. Patienten hingegen, bei denen man den Balken nur teilweise durchtrennt und den hinteren Anteil verschont hatte, zeigten in dieser Beziehung keinerlei Defizite.[13] Die Forscher sahen darin eine Übereinstimmung mit den Ergebnissen früherer Arbeiten, denn die hippocampale Kommissur wird gewöhnlich nur bei der Durchtrennung des hinteren, nicht aber des vorderen Balkenanteils beschädigt.

Alles in allem bleibt unklar, weshalb die Split-Brain-Operation bei einem geringen Prozentsatz der Patienten bestimmte bleibende Beeinträchtigungen hinterläßt. Gewiß gibt es im Zustand der Patienten vor der Operation und im chirurgischen Vorgehen wichtige Unterschiede, aber welche davon ausschlaggebend sind, wissen wir noch nicht.

Hemisphären und Sprache

Die Split-Brain-Forschung hat auf aufsehenerregende Weise bestätigt, daß bei den meisten Menschen die Kontrolle über die Sprache in der linken Gehirnhälfte lokalisiert ist. Wie aber steht es mit anderen sprachverwandten Fertigkeiten? Wie gut kann die rechte Gehirnhälfte geschriebene oder gesprochene Sprache verstehen? Wie steht es um ihre Fähigkeiten hinsichtlich der verschiedenen Komponenten von Sprache – phonologisch oder klanglich, syntaktisch oder grammatikalisch, semantisch oder inhaltlich? Split-Brain-Patienten verschaffen den Forschern die einzigartige Gelegenheit, auf diese Fragen eine Antwort zu finden, denn Tests mit solchen Patienten ermöglichen es, die Fähigkeiten der rechten Hemisphäre isoliert zu bewerten, abgekoppelt von denjenigen der sprachbegabten linken Hemisphäre. Statt die verbleibenden sprachlichen Fähigkeiten bei Aphasikern mit geschädigter linker Hemisphäre zum Maß für die rechtshemisphärische Sprache zu machen, erlaubt die Split-Brain-Forschung, die positive Sprachkompetenz der rechten Hemisphäre frei von hemmenden Effekten der geschädigten linken Hemisphäre zu bewerten.[14]

Ein wichtiger Punkt bei der Interpretation der an Split-Brain-Patienten gewonnenen Befunde besteht darin abzuschätzen, wie die charakteristische neurologische und chirurgische Geschichte jedes einzelnen das Forschungsergebnis beeinflussen könnte. Insbesondere ist darauf hingewiesen worden, daß man das Ausmaß der rechtshemisphärischen Sprachfunktion bei der Forschung mit Split-Brain-Patienten überschätzen könnte, weil es nach einer frühen linkshemisphärischen Schädigung zu einer Reorganisation der Sprache kommen kann. Diejenigen, die die Arbeit mit Split-Brain-Patienten nichtsdestoweniger für fruchtbar halten, suchen nach Gemeinsamkeiten zwischen Patienten, die sich in ihrer neurologischen Fallgeschichte unterscheiden oder die kaum Hinweise auf Hirnschädigungen vor ihrer Operation aufwiesen. Patienten werden auch auf einer Fall-zu-Fall-Basis untersucht, um die Faktoren verstehen zu lernen, die für individuelle Unterschiede verantwortlich sein könnten.

Eran Zaidel war der erste, der die rechtshemisphärische Sprache bei Split-Brain-Patienten systematisch untersuchte.[15] Er arbeitete vorwiegend mit zwei Patienten, L. B. und N. G., aus der ersten kalifornischen Patientengruppe und entwickelte eine Kontaktlinse, die es dem Patienten zwar erlaubt, die Augen frei zu bewegen, während er etwas betrachtet, die aber zugleich sicherstellt, daß nur eine Gehirnhälfte des Patienten die visuelle Information erhält. Zaidels Strategie bestand darin, das Verständnisvermögen jeder Hemisphäre zu untersuchen, indem er eine Vielzahl von Reizen einsetzte, die bereits bei Kindern und aphasischen Patienten benutzt worden waren. Er wollte so Daten erhalten, die es ihm erlauben würden, Split-Brain-Patienten bezüglich der Fähigkeiten der rechten Hemisphäre mit den beiden bereits normierten Gruppen zu vergleichen.

Andere Untersuchungen zur Sprachfunktion sind von Gazzaniga und seinen Mitarbeitern durchgeführt worden; sie arbeiteten mit Patienten, die von Donald Wilson von der Dartmouth Medical School (beispielsweise J. W. und P. S.) operiert worden waren. Im Rahmen ihrer Untersuchungen benutzten sie gelegentlich ein Gerät, das die Augenbewegungen verfolgt und die Position der Bilder mit der Augenbewegung koordiniert, so daß die Position der Bilder auf der Retina erhalten bleibt. Bei ihren Experimenten folgten sie jedoch vorwiegend dem traditionellen Ansatz, bei dem visuelle Reize von sehr kurzer Dauer in die rechte oder linke Hemisphäre projiziert werden.

Ein aktueller Überblick über die rechtshemisphärische Sprachforschung bei verschiedenen Gruppen von Split-Brain-Patienten erbrachte hinsichtlich der Befunde ein überraschendes Maß von Übereinstimmung; gleichzeitig zeigte sich eine gewisse Variabilität, die von beträchtlichem theoretischen Interesse ist.[16] Beispielsweise ist die Fähigkeit der linken Hemisphäre zur Sprachkontrolle stets einer der auffälligsten und durchgängigsten Befunde in der Split-Brain-Forschung gewesen. Während das in den meisten Fällen noch immer zutrifft, deuten die Befunde bei zwei Patienten, P. S. und V. P., darauf hin, daß beide ihre Sprache über die rechte Hemisphäre kontrollieren können. Diese Fähigkeit, die direkt nach dem chirurgischen Eingriff noch nicht vorhanden war, entwickelte sich offenbar in den darauffolgenden Jahren. J. W. hat auch gezeigt, daß er verbal auf Reize antworten kann, die im linken Sehfeld dargeboten wurden – eine Fähigkeit, die erstmals zwölf Jahre nach seiner Operation entdeckt wurde.

Insgesamt fällt es Split-Brain-Patienten schwer, aus Worten die Phonologie oder das Klangbild von Sprache abzuleiten. So konnte der Patient L. B. mit seiner rechten Hemisphäre Bilder zusammenfügen, die gleichklingende Objekte zeigten (beispielsweise das Bild einer Fledermaus (*bat*) mit dem Bild eines Hutes (*hat*)); er war jedoch nicht in der Lage, die gleiche Aufgabe zu lösen, wenn er einen gedruckten Namen mit einem Bild zusammenfügen sollte (beispielsweise das gedruckte Wort *bat* mit der Abbildung eines Hutes (*hat*)). Diese interessante Beobachtung deutet darauf hin, daß L. B.'s rechte Hemisphäre nicht in der Lage war, das Klangbild eines Wortes aus dessen orthographischer oder gedruckter Darstellung abzurufen, obgleich sie zueinander passende Bilder nach Reimen aussuchen konnte.[17] Patient J. W. war ebenfalls nicht fähig, visuell präsentierte Wörter zu identifizieren, die sich reimten. Dagegen zeigten die Patienten V. P. und P. S. eine gewisse Fähigkeit, gedruckte Reime zu erkennen; beide stellen jedoch offenbar nicht nur in dieser Beziehung Ausnahmen dar, sondern auch hinsichtlich ihrer Fähigkeit, visuell dargebotene Worte und Bilder, die der rechten Hemisphäre präsentiert wurden, verbal zu identifizieren (siehe oben).

Da alle Patienten die Fähigkeit bewiesen, gedruckte Wörter und Bilder in der rechten Hemisphäre passend zusammenzufügen, deutet die Unfähigkeit der meisten Patienten, Reimworte zu identifizieren, darauf hin, daß die rechte Hemisphäre ohne die übliche phonologische Dekodierung, die in der linken Hemisphäre stattfindet, vom gedruckten Wort zur Bedeutung übergeht. Patienten, bei denen nichts auf eine Sprachkontrolle der rechten Hemisphäre hindeutet, fehlt in dieser Hemisphäre offensichtlich die Fähigkeit, das gedruckte Wort in seine phonologische Repräsentation, das heißt in sein Klangbild, zu übersetzen. Sprachkontrolle in der rechten Hemisphäre ist jedoch augenscheinlich für eine phonologische Dekodierung nicht ausreichend. Patient J. W., der Hinweise auf rechtshemisphärische Sprache zeigt, kann mit dieser Hemisphäre keine Worte identifizieren, die sich reimen.

Zaidels frühe Tests zur grammatikalischen Kompetenz mit N. G. und L. B. führten ihn zu dem Schluß, daß die rechte Hemisphäre eine Kompetenz besitzt, die etwa derjenigen eines fünfjährigen Kindes entspricht. Obgleich entsprechende Tests mit anderen Patienten nicht durchgeführt worden sind, können die Patienten im allgemeinen zwischen Nomen, Verben und Funktionsworten differenzieren und grammatikalisch richtige von grammatikalisch falschen Sätzen unterscheiden, was mit Zaidels Beobachtungen übereinstimmt. Zusätzliche Tests mit N. G. und L. B. überzeugten Zaidel überdies davon, daß die rechte Hemisphäre über ein auditives Lexikon oder ein auditives mentales Wörterbuch verfügt, das konkrete und abstrakte Nomen, Verben und einige räumliche Präpositionen enthält. Ihr visuelles Lexikon war hingegen weniger umfangreich. Die Testergebnisse, die Gazzaniga und seine Kollegen an ihren Patienten gewannen, stimmten im allgemeinen mit diesem Muster überein.

Die neueste Patientin, die von Gazzaniga untersucht wird, V. J., stellt einen interessanten Fall dar, der zeigt, wie verbaler und schriftlicher Ausdruck von verschiedenen Hemisphären kontrolliert werden können.[18] V. J. ist Linkshänderin; Sehfelduntersuchungen und Benennen von Objekten, die außer Sicht in einer Hand gehalten werden, deuten darauf hin, daß ihre Sprache von der linken Hemisphäre kontrolliert wird. Seit ihrer Operation beklagt sie sich jedoch darüber, daß sie mit keiner Hand mehr schreiben könne. Werden Buchstaben oder Worte im rechten Sehfeld präsentiert, so kann sie diese zwar benennen, sie aber mit ihrer außer Sicht befindlichen rechten Hand nicht lesbar reproduzieren. Werden dieselben Stimuli im linken Sehfeld angeboten, kann sie diese nicht benennen, sie aber mit ihrer außer Sicht befindlichen linken Hand schreiben. Daher sieht es so aus, als werde Schreiben von ihrer rechten Hemisphäre, Sprache jedoch von ihrer linken Hemisphäre kontrolliert – eine interessante Abwandlung, die zuvor noch nie bei Split-Brain-Patienten beobachtet wurde. Gazzaniga und seine Kollegen vermuten, daß dieses atypische Muster mit der Tatsache zusammenhängt, daß V. J. Linkshänderin ist.

Zaidel hat kürzlich über zusätzliche Befunde bei der kalifornischen Patientengruppe berichtet, die ihn zu dem Schluß brachten, daß Untersuchungen der isolierten rechten Hemisphäre die Sprachkompetenz der normalen rechten Hemisphäre unterschätzen. Überdies vertritt er die Ansicht, daß die Sprache aphasischer Patienten ebenfalls dazu führt, die Sprachkompetenz der normalen rechten Hemisphäre zu unterschätzen. Der Grund für diese Unterschätzung liegt seiner Meinung nach darin, daß das Corpus callosum unter normalen Bedingungen eine linguistische Wechselbeziehung zwischen beiden Hemisphären ermöglicht; dazu gehört auch ein Teilen von Ressourcen, die in der linken Hemisphäre angesiedelt sind und die Kompetenz der rechten Hemisphäre deutlich erhöhen. Nach Zaidels Ansicht wird »das psycholinguistische Profil eines linkshemisphärisch geschädigten Patienten nicht nur von den verlorenen Funktionen der linken Hemisphäre und der Restkompetenz der rechten Hemisphäre bestimmt, sondern ganz entscheidend auch vom Aktivierungsgleichgewicht in einem Kontrollsystem, das mehrere Ebenen bahnender und hemmender Schaltkreise umfaßt«.[19] Daher ist Sprache nach linkshemisphärischer Schädigung möglicherweise nicht nur das Ergebnis erhaltengebliebener rechts- und linkshemisphärischer Kompetenzen, sondern auch das Ergebnis komplexer Wechselwirkungen zwischen den beiden Hemisphären.

Altbekannte Befunde, die vor kurzem durch positronenemissonstomographische Untersuchungen (PET-Untersuchungen) bestätigt worden sind, haben gezeigt, daß an einer Wiederherstellung des Sprachvermögens möglicherweise eine rechtshemisphärische Kompensation beteiligt ist.[20] Nach Zaidels Ansicht spiegelt Sprache nach linkshemisphärischer Schädigung in komplexer, noch nicht verstandener Weise die Beiträge beider Hemisphären wider.

Die Forschungen im Zusammenhang mit rechtshemisphärischer Sprache illustriert die Stärke des kognitiven neurowissenschaftlichen Ansatzes im Hinblick auf die Gehirn-Verhaltens-Beziehungen; er verknüpft moderne computergestützte Verfahren zur Darstellung des Gehirns, verhaltensbiologische Techniken und linguistische Analysen bei der Untersuchung klinischer und normaler Populationen.[21] Die Split-Brain-Forschung hat dazu in der Vergangenheit einen wichtigen Beitrag geliefert, und das wird auch in Zukunft so sein. Wir werden in Kapitel 7 noch einmal zum Thema der rechtshemisphärischen Sprache zurückkehren.

Visuell-räumliche Funktionen der Hemisphären

Aufgrund der Split-Brain-Untersuchungen läßt sich allgemein feststellen, daß es sich bei rechtshemisphärischen Spezialisierungen um nichtsprachliche Funktionen handelt, die anscheinend komplexe visuelle und räumliche Prozesse beinhalten. Beispielsweise ist die rechte Gehirnhälfte bei der Wahrnehmung der Beziehungen zwischen einzelnen Teilen und dem Ganzen offenbar überlegen. Bei einer Aufgabe zeigte man den Patienten Strichzeichnungen von zerschnittenen geometrischen Figuren, deren Einzelteile voneinander getrennt waren. Mit einer Hand sollten sie dann aus drei Formen, die sie nur fühlen, aber nicht sehen konnten, diejenige auswählen, die der zerlegten Figur entsprach. Bei dieser Aufgabe war die linken Hand der rechten deutlich überlegen; rechts lag die Leistung bei sechs von sieben Patienten nur auf dem Zufallsniveau. Bei einer anderen Untersuchung sahen Kommissurotomiepatienten in der linken oder rechten Gesichtsfeldhälfte Kreisbögen (Ausschnitte von Kreislinien). Nach jeder Darbietung bat man sie, aus einer Anzahl verschieden großer Kreise denjenigen herauszusuchen, der zu dem eben gesehenen Bogen paßte. Die Leistung der Patienten war weitaus besser, wenn sie ihre Entscheidung aufgrund der in der linken Gesichtsfeldhälfte (also der rechten Hemisphäre) dargebotenen Bogen trafen.[22]

Eine der eindrucksvollsten Demonstrationen von rechtshemisphärischer Überlegenheit bei visuell-räumlichen Aufgaben findet sich in einem Film von Sperry und Gazzaniga, die damals den ersten Patienten der kalifornischen Gruppe, W.J.,

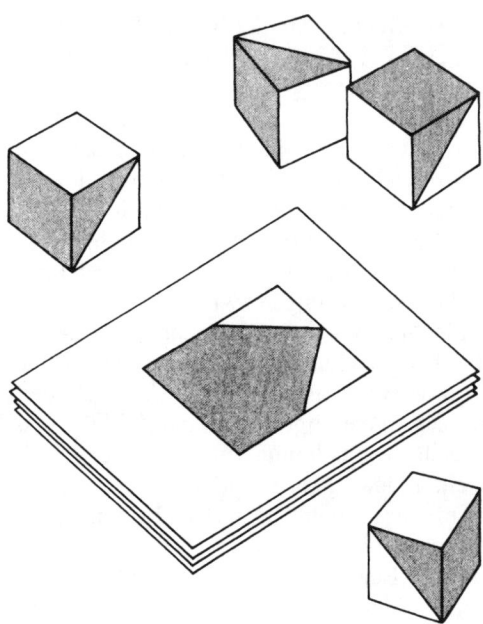

2.5 Der Würfel- oder Mosaiktest (*block design test*) nach Kohs. Die Versuchsperson soll die zweifarbigen Würfel so zusammenlegen, daß sich in der Draufsicht ein der Vorlage entsprechendes Muster ergibt.

untersuchten. W. J. erhielt mehrere Würfel mit je zwei weißen, zwei roten und zwei diagonal geteilten weiß-roten Seiten. Seine Aufgabe bestand darin, diese Würfel so anzuordnen, daß Quadrate mit Mustern entstanden, die mit denen auf einer Reihe ihm vorgelegter Karten übereinstimmten. Abbildung 2.5 veranschaulicht die Aufgabe.

Zu Beginn des Films sieht man, wie W. J. mit der linken Hand die Klötze schnell zu einem bestimmten Muster aneinanderlegt. Er hat jedoch große Schwierigkeiten, als er versucht, mit der rechten Hand ein Muster zusammenzufügen. Langsam und sehr unentschlossen ordnet diese Hand die Würfel. An einer Stelle bewegt sich die linke Hand ins Bild und beginnt, die Klötze im richtigen Muster zusammenzusetzen. Der Untersucher zieht sie sanft, aber mit Nachdruck, vom Tisch, woraufhin die rechte Hand – nun ohne die Hilfe der geschickteren linken – die Würfel wieder planlos umherschiebt.

Für eine Überlegenheit der rechten Gehirnhälfte in visuell-räumlichen Fähigkeiten spricht auch, daß sich Split-Brain-Patienten beim Zeichnen eines Würfels mit beiden Händen unterschiedlich geschickt anstellen: Die linke Hand fertigt stets bessere Zeichnungen an, wie in Abbildung 2.6 angedeutet ist.

Worauf beruhen die überlegenen Fähigkeiten der rechten Hemisphäre bei diesen visuell-räumlichen Aufgaben? Den Forschern boten sich zwei Erklärungen an. Erstens könnte die rechte Gehirnhälfte hinsichtlich der Wiedergabe des visuellen Verständnisses dominieren, so wie die linke Hemisphäre bezüglich der Wiedergabe des Sprachverständnisses dominant ist, während beide Gehirnhälften für die Wahrnehmung räumlicher Beziehungen gleich gut qualifiziert sind. Diese Ansicht legt das Gewicht auf eine Asymmetrie in der Fähigkeit, die bei den jeweiligen Auf-

	linke Hand	rechte Hand
vor der Operation		
nach der Operation		

2.6 Zeichnungen eines Würfels vor und nach einer Split-Brain-Operation. Vor dem Eingriff konnte der Patient die Figur mit beiden Händen zeichnen; nach der Operation war besonders die Leistung der rechten Hand schwach. Der Patient war rechtshändig. (Aus M. S. Gazzaniga und J. E. LeDoux, *The Integrated Mind* (New York: Plenum Press, 1978), S. 52.)

gaben geforderten komplexen motorischen Handlungen auszuführen. Als alternative Interpretation bietet sich an, daß sich beide Hemisphären tatsächlich in der Wahrnehmungsfähigkeit unterscheiden.

Laura Franco und Roger Sperry untersuchten, wie rechtshändige Kommissurotomiepatienten und gesunde Kontrollpersonen mit jeweils einer Hand bestimmte Gegenstände, die sie nur fühlen, aber nicht sehen konnten, offen gezeigten geometrischen Formen zuordneten. Die Split-Brain-Patienten erbrachten mit der linken Hand beständig bessere Leistungen als mit der rechten. Diese Überlegenheit der linken Hand (der rechten Hemisphäre) verstärkte sich noch in dem Maße, in dem die Formen sich von normalen geometrischen Mustern entfernten. Wiesen die zuzuordnenden Gegenstände nur noch frei erfundene Konturen auf, lagen die Leistungen der rechten Hand (der linken Hemisphäre) kaum über dem Zufallsniveau. Gesunde Personen lösten die Aufgaben mit beiden Händen gleich gut.[23]

Es mag sein, daß die Schwierigkeiten der linken Gehirnhälfte in dem Maße zunahmen, wie die Gegenstände verbal schlechter beschreibbar – oder vielleicht auch strukturell weniger eingeschränkt – wurden. Auf jeden Fall zeigen die Ergebnisse, daß die rechte Gehirnhälfte beteiligt sein muß, wenn solche Gegenstände durch Berührung und visuelle Wahrnehmung zugeordnet werden sollen, denn augenscheinlich führt eine Trennung der beiden Gehirnhälften zu einem starken Leistungsabfall der bevorzugten rechten Hand. Das Wichtigste bei der Lösung von Vergleichsaufgaben sind offenbar nicht die taktile Manipulation und die Empfindungen von den Fingern der Hand; vielmehr muß man wissen, nach welcher Art von Gegenstand man fühlt – die Überlegenheit der rechten Gehirnhälfte gilt also nicht nur für räumliche Aktivitäten der Hand, sondern auch für geistig-visuelle Manipulationen. Weitere Aspekte dieses Themas werden in Kapitel 13 erörtert.

Informationsverarbeitung in den beiden Hemisphären

Mit der fortschreitenden Erforschung der spezialisierten Funktionen der beiden Gehirnhälften deutete sich im Muster der gewonnenen Ergebnisse ein neuer Zugang zum Verständnis der Hemisphärenunterschiede an. Anstelle einer Aufgliederung nach der Art der Aufgaben, die jede Hemisphäre am besten lösen konnte (beispielsweise: verbal oder räumlich), schien sich nun eine Dichotomie abzuzeichnen, die auf allgemein unterschiedlichen Möglichkeiten der Informationsverarbeitung beruhte.

Dieser Analyse zufolge ist die linke Gehirnhälfte auf Sprachfunktionen spezialisiert, weil sie überlegene analytische Fähigkeiten besitzt, die sich unter anderem in der Sprache äußern. Ähnlich läßt sich die überlegene visuell-räumliche Leistung der rechten Gehirnhälfte auf eine synthetische, ganzheitliche Art der Informationsverarbeitung zurückführen. Viele der Untersuchungen, die zu dieser Neubetrachtung von Hemisphärenunterschieden führten, wurden von Jerre Levy und ihren Kollegen an der kalifornischen Patientengruppe durchgeführt.

Einer der ersten Hinweise, daß die beiden Gehirnhälften Informationen unterschiedlich verarbeiten, ergab sich aus einer Studie, bei der man Split-Brain-Patienten bat, kleine Holzformen, die sie nur mit der linken oder der rechten Hand erfühlen konnten, den entsprechenden zweidimensionalen Darstellungen zuzuordnen, die sie aus Zeichnungen „auseinandergeklappter" Objekte auswählen mußten. Allgemein erledigte die linke Hand diese Aufgabe weit besser als die rechte; der interessanteste Befund aber war, daß beide Hemisphären das Problem offenbar mit unterschiedlichen Strategien angingen.

Eine Fehleranalyse ergab, daß die Muster, mit denen die rechte Hand (die linke Gehirnhälfte) relativ gut zurechtkam, in Worten einfach zu beschreiben, aber visuell schwierig zu unterscheiden waren. Für die linke Hand (die rechte Hemisphäre) galt das Gegenteil. Die linke Gehirnhälfte gründete ihre Vergleiche also anscheinend auf verbale Beschreibungen der Eigenschaften der Objekte und der zweidimensionalen Abbildungen. Offenbar war sie außerstande, die zweidimensionale Darstellung im Geiste so zu falten, daß ein Vergleich aufgrund der Gesamterscheinung möglich gewesen wäre.[24]

Andere Untersuchungen haben gezeigt, daß die beiden Gehirnhälften visuellen Reizen unterschiedliche Informationen entnehmen. Beispielsweise werden Bilder von Gegenständen, die man einerseits gemäß ihren Funktionen zuordnen kann (etwa einen Kuchen auf einer Tortenplatte zu einem Löffel und einer Gabel), andererseits nach dem äußeren Erscheinungsbild (Kuchen auf Tortenplatte und Hut mit Krempe), von den beiden Hemisphären unterschiedlich behandelt. Abbildung 2.7 zeigt Beispiele für solche Reize, die kurz in die rechte oder linke Gesichtsfeldhälfte geblitzt werden. Auf die mehrdeutige Anweisung, einander ähnliche Reize zusammenzustellen, nimmt die linke Hemisphäre des Split-Brain-Patienten eine Zuordnung nach der Funktion, die rechte eine nach dem Erscheinungsbild vor.

Levy kam zu dem Schluß, daß sich die Strategie der linken Gehirnhälfte bei der Informationsverarbeitung am besten als analytisch charakterisieren läßt, während die rechte Hemisphäre offenbar ganzheitlich vorgeht.[25] Man kann die soeben betrachteten Unterschiede auch anders interpretieren, aber die Differenzierung zwischen analytischem und ganzheitlichem Aspekt hat auf jeden Fall dafür gesorgt, daß Hemisphärenunterschiede nicht mehr nur auf dem Hintergrund der Dichotomie verbal/nonverbal betrachtet werden.

Bei weiteren Experimenten mit denselben Stimuli ging es um das Antwortmuster, wenn Patienten zwei verschiedene Reize gleichzeitig – einen in jede Gesichtsfeldhälfte – präsentiert wurden. Diese Untersuchungen machten sich die visuelle Komplettierung oder vervollständigende visuelle Ergänzung zunutze. Darunter versteht man die Tendenz von Split-Brain-Patienten, etwas als Ganzes wahrzunehmen, das in Wirklichkeit zwei auf der visuellen Mittellinie zusammengefügte

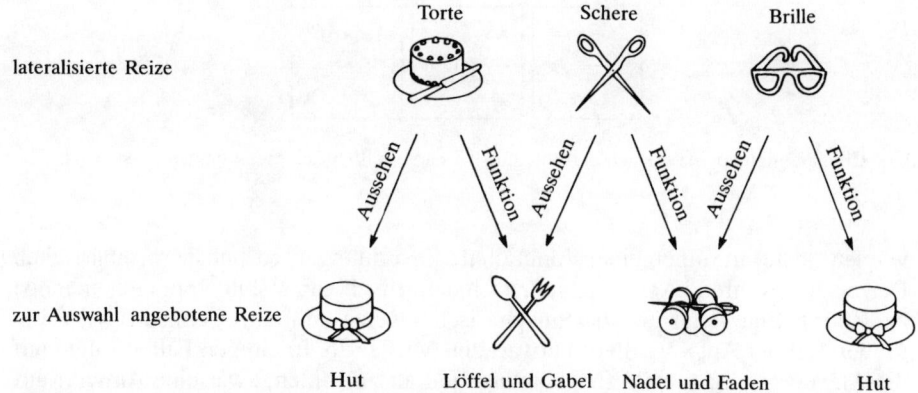

2.7 Die Zuordnung von Reizen nach Funktion oder Erscheinungsbild bei Split-Brain-Patienten. Die Stimuli der oberen Reihe werden jeweils nur einer Hemisphäre dargeboten. Der Patient soll dann aus den unten abgebildeten Vergleichsreizen jeweils den am besten passenden auswählen. Wenn die linke Hemisphäre die Reize sieht, zeigt sie eine Tendenz, diese Stimuli nach der Funktion zuzuordnen. Sieht nur die rechte Hemisphäre den Reiz, erfolgt die Zuordnung meist nach dem Aussehen. (Nach J. Levy und C. Trevarthen, „Metacontrol of Hemispheric Function in Human Split Brain Patients", *Journal of Experimental Psychology* 2 (1976): 302. American Psychological Association. Genehmigter Nachdruck.)

Halbbilder sind. Dieser Effekt ist zum ersten Mal bei Patienten beobachtet worden, die ein kurz ins Zentrum des visuellen Feldes projiziertes Quadrat richtig identifizieren konnten. Da die linke Hälfte des Quadrats in die rechte Hemisphäre und die rechte Hälfte in die linke Hemisphäre projiziert wurden, bedeutete die Aussage der Patienten, ein normales Quadrat gesehen zu haben, daß die linke Gehirnhälfte die ihr dargebotene Teilfigur „ergänzt" hatte. Auch die rechte Hemisphäre nahm ein normales Quadrat wahr, denn wenn man einen Patienten bat zu skizzieren, was er gesehen hatte, zeichnete er mit der linken Hand eine vollständige Figur.[26] Spätere Untersuchungen haben gezeigt, daß auch zusammengesetzte Bilder, die aus der rechten Hälfte einer Figur und der linken Hälfte einer anderen eine visuelle Ergänzung bewirken. Solche Figuren bezeichnet man nach einem mythologischen Ungeheuer, das aus Teilen verschiedener Tiere zusammengesetzt war, als Chimären.

Jerre Levy und Colwyn Trevarthen setzten aus Zeichnungen von alltäglichen Gegenständen wie in Abbildung 2.7 Chimären zusammen und baten ihre Versuchspersonen, in einer frei sichtbaren Anordnung von Bildern jeweils auf ein ähnliches Bild zu deuten.[27] Beispiele sind in Abbildung 2.8 dargestellt.

Bei jedem Versuchsdurchgang waren zu den Reizen, die in die rechte und linke Gehirnhälfte projiziert wurden, Zuordnungen sowohl nach Funktion als auch nach Erscheinungsbild möglich. Dadurch konnten die Forscher feststellen, ob eine Hemisphäre, wie bereits zuvor gezeigt, eine bestimmte „Vorliebe" beim Vergleichen hat. Bei nicht eindeutigen Anweisungen zeigte sich auch diesmal, daß die Antworten auf linkshemisphärische Reize ganz überwiegend auf der Funktion basierten, die Antworten auf rechtshemisphärische Reize hingegen vom Erscheinungsbild bestimmt wurden.

Daraufhin wiesen die Forscher die Patienten ausdrücklich an, Zuordnungen ausschließlich auf der Basis der Funktion beziehungsweise ausschließlich auf der Basis des Aussehens vorzunehmen. Die Aufforderung, nach der Funktion auszu-

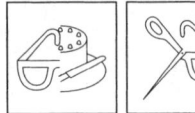

2.8 Chimärenfiguren, die aus den in Abbildung 2.7 dargestellten Reizen zusammengesetzt sind.

wählen, löste im allgemeinen funktionale Zuordnungen zu linkshemisphärischen Reizen aus, während Anweisungen, nach dem Erscheinungsbild vorzugehen, meist zu Zuordnungen auf rechtshemisphärische Reize führten. Dennoch wich ein großer Teil der Antworten vom erwarteten Muster ab. In einigen Fällen folgte auf die Anweisung, nach dem Erscheinungsbild auszuwählen, zwar eine Antwort auf den Reiz in der rechten Gehirnhälfte, die Versuchsperson stellte aber einen Funktionsvergleich an. Ähnlich kam es bei Aufforderungen, die Funktion heranzuziehen, manchmal zu einer Antwort auf den linkshemisphärischen Reiz, die auf dem Erscheinungsbild basierte. In diesen Fällen antwortete zwar die den Anweisungen entsprechende Gehirnhälfte, aber auf „unpassende" Weise. Auch der umgekehrte Fall trat auf: Die der Instruktion nicht „gemäße" Gehirnhälfte kontrollierte gelegentlich die Antwort, wandte dabei aber die „passende" Verarbeitungsstrategie an. Beispielsweise antwortete die rechte Hemisphäre auf eine „Funktions"-Anweisung mit einer funktionalen Zuordnung, oder die linke Gehirnhälfte reagierte auf eine „Erscheinungsbild"-Instruktion mit einer Entscheidung nach dem Aussehen.

Diese Ergebnisse zeigen, daß eine Gehirnhälfte durchaus nicht immer die Aufgabe durchführt, für deren Lösung sie als überlegen gilt, und daß sie bei der Lösung Informationen auch nicht immer in der erwarteten Weise verarbeitet. Levy hat diese Beobachtung als Interaktion zwischen höheren Großhirnrindenprozessen und Aktivierungsfunktionen des Hirnstammes erklärt, die sie als „Metakontrolle" bezeichnet. Levys Meinung zufolge verarbeitet jede Hemisphäre jeweils einen vorgegebenen Satz von Instruktionen. Auf der Grundlage der Ergebnisse dieser Verarbeitung werden Signale an den Hirnstamm geschickt, der dann seinerseits dafür sorgt, daß die eine oder andere Hemisphäre mehr Kontrolle erhält. Somit unterliegt die Steuerung der Hemisphärendominanz, also die Bestimmung, welche Seite das „Kommando" hat, einem System, welches zwar sehr genau auf Aufgabeninstruktionen reagiert, sich aber von demjenigen unterscheidet, das die eigentliche Bearbeitung durch eine Hemisphäre festlegt, wenn diese einmal die Kontrolle übernommen hat.[28] Nach Levys Ansicht kommt es genau deshalb zu Dissoziationen, weil sich die Mechanismen, die die Aktivierung der Hemisphären bewirken, von denen unterscheiden, die an der Bearbeitung der Aufgaben beteiligt sind.

Geteiltes Bewußtsein und einigende Mechanismen

Unter gewissen Bedingungen können die beiden Hemisphären eines Split-Brain-Patienten offenbar als unabhängige Verarbeitungseinheiten wirken und dann Ergebnisse hervorbringen, die an das Verhalten zweier getrennter Individuen erinnern. Sperry hat dazu folgendes bemerkt:

»Jede Gehirnhälfte ... besitzt ihre ... eigenen Empfindungen, Wahrnehmungen, Gedanken und Vorstellungen, die alle von den entsprechenden Erfahrungen in der gegenüberliegenden Hemisphäre abgeschnitten sind. Die linke und die rechte Gehirnhälfte haben jeweils ihre eigene, individuelle Kette von Erinnerungen und Lernerfahrungen, auf die die andere Hemisphäre nicht zurückgreifen kann. Jede getrennte Gehirnhälfte scheint in vieler Hinsicht einen „eigenen Geist" zu haben.«[29]

Dennoch fiel zufälligen Beobachtern an den meisten Split-Brain-Patienten kurz nach der Kommissurotomie wohl nichts Außergewöhnliches auf. Wahrscheinlich könnte sich ein Patient, der sich ohne Komplikationen von der Operation erholt hat, sogar ein oder zwei Jahre später einer medizinischen Routineuntersuchung unterziehen, ohne daß ein Nichteingeweihter etwas von dem Eingriff ahnte. Bei Patienten ohne Corpus callosum und anderen Kommissuren sind Sprache, Sprachverständnis, Persönlichkeit und motorische Koordination bemerkenswert gut erhalten.

Was sorgt dafür, daß die beiden getrennten Hemisphären im täglichen Leben dieser Patienten als Einheit zusammenwirken? Offenbar gibt es eine ganze Reihe von einigenden Mechanismen – manche davon haben wir bereits kennengelernt –, die den Verlust der Gehirnkommissuren ausgleichen. Bewegungen beider Augen sowie die Tatsache, daß jedes Auge in beide Hemisphären projiziert, spielen eine wichtige Rolle für die Einheit der visuellen Welt. Die Augenbewegungen, die eine Gehirnhälfte veranlaßt, um einen Gegenstand ins Blickfeld zu bekommen, dienen gleichzeitig dazu, diese Information auch der anderen Hemisphäre zugänglich zu machen. So werden die Konflikte, die sich ergäben, wenn beide Hemisphären verschiedene Hälften des Gesichtsfeldes sähen, weitgehend vermieden.

Auch die Informationen, die über den Berührungs- oder Tastsinn eingehen, dienen dazu, jeder Hemisphäre Reize von beiden Seiten des Körpers zu Bewußtsein zu bringen. Bisher haben wir nur die gekreuzten, also kontralateralen Nervenfaserverbindungen betrachtet, die jede Hemisphäre mit Signalen aus der jeweils gegenüberliegenden Hand versorgen. Daneben gibt es eine, wenn auch viel geringere, Anzahl von Nervenfasern, die auf der gleichen Seite – das heißt ipsilateral – verlaufen und jeder Gehirnhälfte einen beschränkten Informationsfluß aus der Hand derselben Körperseite zuteil werden lassen. Die ipsilateralen Sinnesinformationen sind allerdings im allgemeinen unvollständig und reichen normalerweise nicht aus, um einem Patienten zu erlauben, einen Gegenstand, den er in seiner linken Hand hält, verbal zu identifizieren. Dennoch liefern die ipsilateralen Nervenbahnen wichtige Teilinformationen.

Cross-Cueing

Ein weiterer Mechanismus, der dazu beiträgt, daß das Verhalten von Split-Brain-Patienten im täglichen Leben „wie aus einem Guß" erscheint, ist Cross-Cueing. Cross Cueing ist der Versuch der einen Hemisphäre, die andere Hemisphäre mittels aller nur denkbaren Hinweise darüber zu informieren, was sie gerade erlebt. Im allgemeinen steht dahinter kein bewußter Versuch des Patienten, den Untersucher zu täuschen. Vielmehr spiegelt es die natürliche Tendenz eines Organismus wider, jede erreichbare Information zu nutzen, um Vorgänge sinnvoll erscheinen zu lassen.

Cross-Cueing kann auf sehr subtile Art und Weise erfolgen. Ein gutes Beispiel bietet jener Patient, der verbal angeben konnte, ob eine Null oder eine Eins in die jeweilige Gehirnhälfte projiziert worden war.[30] Er war jedoch außerstande, in die rechte Hemisphäre projizierte Bilder von Gegenständen zu benennen, was darauf hindeutete, daß er nicht fähig war, von der rechten Gehirnhälfte aus zu sprechen. Die Untersucher vermuteten, daß hierbei Cross-Cueing beteiligt war, und stellten die Hypothese auf, daß die linke Hemisphäre nach einer Darbietung in der linken Gesichtsfeldhälfte „subvokal" zu zählen beginne und diese Signale von der rechten Hemisphäre wahrgenommen würden. Sobald die richtige Zahl erreicht sei, signalisiere die rechte Gehirnhälfte der linken, aufzuhören und die Ziffer laut auszusprechen.

Um diese These zu prüfen, gab man dem Patienten eine erweiterte Fassung der Aufgabe: Ohne sein Wissen wurden außer 0 und 1 auch die Ziffern 2, 3, 5 und 8 dargeboten. Zunächst war der Patient sehr überrascht, als eine neue Zahl erschien. Nachdem er jedoch etwas geübt hatte, konnte er auf alle der rechten Gehirnhälfte dargebotenen Zahlen richtig antworten, bei hohen Zahlen allerdings nur sehr zögernd. Dagegen kamen die Antworten stets sehr schnell, wenn dieselben Ziffern in die rechte Gesichtsfeldhälfte (die linke Hemisphäre) projiziert wurden. Diese Befunde stützten die Hypothese, daß die linke Gehirnhälfte subvokal zu zählen beginnt, sobald die rechte Hemisphäre eine Ziffer dargeboten bekommt. Je größer die Menge potentieller Ziffern, desto länger war die Zahlenliste, die die linke Gehirnhälfte durchgehen mußte, um zur richtigen Zahl zu gelangen.

Hinweise auf einen Informationsaustausch zwischen getrennten Hemisphären

Eine weitere Möglichkeit, Informationen beiden Gehirnhälften zugänglich zu machen, bieten die in den tieferen Regionen des Gehirns liegenden Kommissuren. Bei Split-Brain-Operationen am Menschen zerschneidet man nur Nervenfaserbündel, die corticale Bereiche miteinander verbinden, also die großen Nervenbahnen zwischen den beiden Hemisphären; andere, kleinere Kommissuren bleiben unversehrt. Einige davon verbinden paarweise angeordnete Strukturen, die zum Mittelhirn gehören (siehe Abbildung 2.2).

Ein Beispiel für solche Strukturen sind die Colliculi superiores, die daran mitwirken, Gegenstände zu orten und ihre Bewegungen zu verfolgen. Man nimmt an, daß die Colliculi (lateinisch für „Hügelchen") die Aspekte des „Wo" in der visuellen Welt verarbeiten – im Gegensatz zum „Was" oder den feineren Details der visuellen Wahrnehmung. Die Colliculi superiores auf der linken und rechten Seite stehen durch Kommissuren miteinander in Verbindung, so daß jede Gehirnhälfte Informationen über den Ort erhält, an dem sich ein Objekt befindet, unabhängig davon, wo es im Gesichtsfeld erscheint. Diese grobe Positionsinformation könnte auch das bereits erwähnte Phänomen der visuellen Komplettierung und vielleicht auch andere Daten erklären, die darauf hindeuten, daß Split-Brain-Patienten Informationen über ortsbezogene Aufmerksamkeit, Orientierung und Bewegung zwischen den beiden Hälften des Gesichtsfeldes integrieren können.

In einem Experiment, in dem es um derartige Integrationsleistungen ging, verwendete man als Reiz eine Matrix mit drei mal drei Feldern, die jeweils links oder rechts vom Fixationspunkt der Versuchsperson dargeboten wurden.[31] Bei jedem Versuchsdurchgang erschien in einem der neun Felder kurzzeitig eine als Zielreiz dienende Ziffer; die Aufgabe der Versuchsperson bestand nun darin anzugeben, ob es sich um eine gerade oder eine ungerade Ziffer handelte. Bei Reizdarbietungen „innerhalb einer Gesichtsfeldhälfte" erschien vor Auftreten des Zielreizes 150 Millisekunden lang ein X (als räumlicher Hinweisreiz) in einem der neun Matrixfelder oder auf dem zentralen Fixationspunkt. Wenn er in einem der Felder gezeigt wurde, dann entweder in dem, das der Position des folgenden Zielreizes entsprach, oder in einem anderen. Bei den Versuchen „zwischen den Gesichtsfeldhälften" bot man in jeder Gesichtsfeldhälfte eine Matrix dar; das X erschien in einem Feld der einen Matrix, der anschließend gezeigte Zielreiz in einem Feld der anderen. Abbildung 2.9 zeigt diese Situation.

Frühere Untersuchungen mit neurologisch unauffälligen Versuchspersonen, in denen dieses Verfahren angewandt worden war, hatten gezeigt, daß die Reaktionszeit kürzer ist, wenn der räumliche Hinweisreiz die Position des folgenden Zielreizes vorgibt, und länger, wenn er die Aufmerksamkeit der Versuchsperson auf einen falschen Zielort lenkt. Würde sich bei Split-Brain-Patienten der gleiche Effekt nachweisen lassen, wenn die Aufgabe den Zugriff auf Informationen von beiden Hemisphären (zwischen den Gesichtsfeldhälften) erfordert? Die Ergebnisse waren eindeutig: Bei beiden daraufhin untersuchten Split-Brain-Patienten nahm die Reaktionszeit ab, wenn die Versuchsperson vorher über die räumliche Position informiert wurde, und zwar sowohl bei Reizdarbietung innerhalb als auch zwischen den Gesichtsfeldhälften. Die Reaktionszeit stieg an, wenn ein irreführender Hinweisreiz präsentiert wurde. Ein anderes Experiment mit derselben Methode zeigte, daß die spezifische Information über die Position eines Reizes, der in einer Gesichtsfeldhälfte gezeigt wird, der anderen Hemisphäre nicht zugänglich ist.

Die Frage, welche Art von Information in solchen Situationen beiden Hemisphären der Split-Brain-Patienten zugänglich sein mag, ist eingehend diskutiert worden, insbesondere, was die Möglichkeit eines impliziten Transfers zwischen den Hemisphären angeht. Man spricht von einem impliziten Transfer, wenn irgendein automatischer oder unbewußter Einfluß eines Stimulus in der einen Hemisphäre existiert, der die Entscheidung in der anderen Hemisphäre beeinflußt. Obwohl subcorticale Bahnen die Richtung der visuellen Aufmerksamkeit lenken können, kann – den meisten Befunden nach – nur sehr wenig zusätzliche

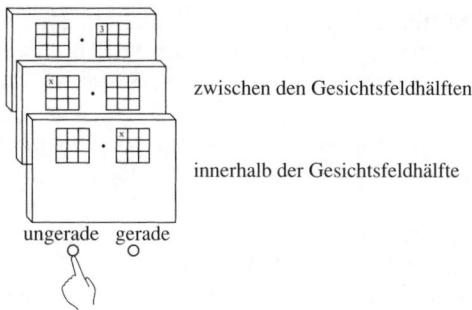

2.9 Beispiel für „verläßliche" Hinweisreize unter den Bedingungen „innerhalb der Gesichtsfeldhälfte" und „zwischen den Gesichtsfeldhälften". Ein „räumlicher" Hinweisreiz (X) weist die Versuchsperson auf die vermutliche Position einer Zahl hin, von der angegeben werden soll, ob sie gerade oder ungerade ist.

Information gemeinsam genutzt werden, sei es implizit oder auf anderem Wege.[32] Es herrscht jedoch unter Patienten offenbar eine gewisse Variabilität hinsichtlich der Art von Information, die übertragen werden kann, und zweifellos wird auf diesem Gebiet weiter intensiv geforscht werden, bis diese Variabilität verstanden ist.

Was leisten die Gehirnkommissuren tatsächlich?

Wir haben zu Beginn dieses Kapitels über das Rätsel berichtet, das die Funktion des Corpus callosum aufgibt. Sind wir des Rätsels Lösung nun auf die Spur gekommen? Eine einfache Antwort wäre: Ja, wir wissen, daß die Gehirnkommissuren Informationen, die eine Hemisphäre erhält, zur anderen Gehirnhälfte übertragen. Obwohl das zutrifft, ist es keine sonderlich aufschlußreiche oder vollständige Antwort. Zumindest sollten wir die Art der übertragenen Information kennen und wissen, wie die Hemisphären sie nutzen.

Zum gegenwärtigen Zeitpunkt kann man die Aufgabe des Balkens und anderer Kommissuren am besten als Leitung beschreiben, über welche die Hemisphären Informationen austauschen und vielleicht auch jene Probleme bewältigen, die sich aus Konflikten zwischen unabhängigen Verarbeitungseinheiten (Modulen) ergeben. Da es sich bei den Kommissuren einfach um Nervenfaserbündel handelt, können sie von sich aus überhaupt nichts kontrollieren. Sie können aber als Kanäle dienen, durch die die Synchronisation der Hemisphärenfunktionen erfolgt und dank denen doppelte Arbeit oder Leistungswettbewerb verhindert werden.

Vielleicht wird diese Integration dadurch erreicht, daß das Corpus callosum einfach als sensorisches „Fenster" ein getrenntes und vollständiges Abbild aller in einer Gehirnhälfte eingehenden sensorischen Information bereitstellt. Wahrscheinlicher ist allerdings, daß unter normalen Umständen komplexe, aufbereitete Signale die Kommissuren überqueren – Signale, die jede Gehirnhälfte über Vorgänge in der anderen Hemisphäre informieren und in bestimmtem Umfang ihre jeweiligen Operationen kontrollieren. Ein solcher Informationsaustausch würde es dem Gehirn als Ganzes ermöglichen, über die funktionellen Fähigkeiten der einzelnen Hemisphären hinauszugehen.

In den frühen Phasen der Evolution und der Entwicklung der bilateralsymmetrischen Körperorganisation mag die fortlaufende Übertragung sensorischer Information von der einen zur anderen Seite die wichtigste Funktion der zwischenhemisphärischen Leitungsbahnen gewesen sein. Es ist jedoch wahrscheinlich, daß diese Bahnen mit der Entwicklung von Asymmetrien in der Gehirnfunktion eine komplexere Aufgabe übernommen haben.

Einige Forscher haben vermutet, daß zwischen den Hemisphären ein empfindliches Gleichgewicht existiert, wobei je nach anliegender Aufgabe und anderen, noch unidentifizierten Faktoren die eine oder andere die Führung übernimmt. Nach dieser Ansicht spielen das Corpus callosum und andere Kommissuren eine wichtige Rolle für den Erhalt der interhemisphärischen Harmonie im gesunden Gehirn und dienen dazu, die spezialisierten Funktionen der rechten und der linken Hemisphäre zu einem einheitlichen Verhalten zu integrieren. In Kapitel 13 werden wir uns noch ausführlicher mit Modellen der Funktion des Balkens befassen; die

Bedeutung des Corpus callosum (beziehungsweise seines Fehlens) während der Entwicklung wird in Kapitel 10 besprochen. In Kapitel 13 diskutieren wir auch, was über die Beziehung zwischen der Größe des Corpus callosum und der Hemisphärenasymmetrie bekannt ist.

Besondere Erkenntnisse aus der klinischen Split-Brain-Forschung

Aus den diversen Befunden, die an Split-Brain-Patienten erhoben wurden, haben wir den Schluß gezogen, daß die Hemisphärenspezialisierung kein Alles-oder-Nichts-Phänomen darstellt, sondern eher auf einem Kontinuum angesiedelt ist. Neuere Arbeiten mit Split-Brain-Patienten zeigen, daß jede Gehirnhälfte die Fähigkeit besitzt, viele Arten von Aufgaben zu lösen, daß sie sich aber in Vorgehensweise wie auch Leistungsfähigkeit oft von der anderen Hemisphäre unterscheidet. Beinahe alle menschlichen Verhaltensweisen oder höheren geistigen Funktionen umfassen jedoch mehr als nur die „Spezialgebiete" einer Gehirnhälfte und greifen auf das zurück, was beide Hemisphären gemeinsam leisten.

So interessant die Befunde an Split-Brain-Patienten auch sind, es ist wichtig, sich daran zu erinnern, daß man vorsichtig sein muß, wenn man sie auf gesunde Menschen übertragen will. Sowohl die Faktoren, die zur Epilepsie führten als auch die Epilepsie selbst könnten die Gehirne der Split-Brain-Patienten so verändert haben, daß sie sich grundlegend von denen anderer, gesunder Menschen unterscheiden. Nach Ansicht des Neurologen Norman Geschwind beruht die epileptische Erkrankung einiger der Kommissurotomiepatienten wahrscheinlich auf intrauterinen Hirnschäden. Solche vorgeburtlichen Schädigungen des Gehirns können bedeutsame Veränderungen in der Organisation dieses Organs herbeiführen, die sich deutlich von nachgeburtlichen Hirnschädigungen unterscheiden. Geschwind wies ferner auf die Möglichkeit hin, daß auch eine langjährige epileptische Erkrankung deutliche Veränderungen in der Hirnorganisation bewirken könnte. Vielleicht beeinflußt die Epilepsie die Nutzung bestimmter neuronaler Bahnen des Gehirns derart, daß sich die Patienten letztlich von der gesunden Bevölkerung unterscheiden.*

In einer Zusammenfassung seiner Ansichten zu diesem Problembereich meinte Geschwind, daß »viele der Auseinandersetzungen zwischen den verschiedenen Forschern über die Auswirkungen der Balkendurchtrennung höchstwahrscheinlich nicht so sehr wirkliche Unterschiede in der Angemessenheit der Befunde widerspiegeln, sondern einfach dadurch entstehen, daß die untersuchten Patienten aufgrund der Besonderheiten ihrer Gehirnentwicklung und des Musters ihrer Nervenverbindungen schlechthin nicht vergleichbar sind«.[33] Einige Wissenschaftler würden angesichts solcher Interpretationsprobleme die Forschung mit Split-Brain-Patienten lieber völlig fallenlassen. Wir halten es allerdings für sinnvoller, sich auch weiterhin zu bemühen, aus der Untersuchung dieser Patienten möglichst viel

---

* Anmerkung des Herausgebers: Es gibt bisher noch keine wissenschaftlichen Beweise für die Annahme, daß epileptische Anfälle zu einer strukturellen und funktionellen Umorganisation des Gehirns führen.

über das Gehirn zu erfahren – ohne dabei zu vergessen, daß solche Studien nur ein Ansatz sind, mit dem kognitive Neurowissenschaftler die Hemisphärenasymmetrie und ihre Bedeutung für die Geist-Gehirn-Beziehung besser zu verstehen trachten.

Teil II

Asymmetrien
im normalen Gehirn

3. Psychologie und Physiologie – ein Brückenschlag durch bildgebende Verfahren

Die vielleicht direkteste Methode, um Unterschiede zwischen den Hemisphären zu untersuchen, ist die Messung der Gehirnaktivität selbst. Wenn auch ein naheliegender Ansatz, ist dies doch eine sehr anspruchsvolle Aufgabe, deren Komplexität deutlich wird, wenn man an die vielen Aspekte der Gehirnstruktur und Gehirnaktivität denkt, die sich mit verschiedenen Methoden „messen" lassen.

Diese Aktivität umfaßt verschiedenste chemische und elektrische Prozesse auf einem Kontinuum, das vom Mikroskopischen (das heißt einzelnen Nervenzellen) bis zum Makroskopischen (lokaler Aktivität bestimmter Gehirnregionen) reicht. Die elektrochemische Kommunikation, die auf mikroskopischer Ebene zwischen Millionen von Nervenzellen (Neuronen) stattfindet, erzeugt globale elektrische und magnetische Aktivitätsmuster, die sich makroskopisch mit auf der Kopfhaut angelegten Elektroden und geeigneten Geräten registrieren lassen. Neuronen kommunizieren miteinander via einer Reihe verschiedener chemischer Substanzen, sogenannter Neurotransmitter, und verschiedene Neurotransmitter definieren auch verschiedene neuronale Netzwerke im Gehirn. Es sind Techniken entwickelt worden, mittels derer sich spezifische Neurotransmitter identifizieren lassen und infolgedessen auch verschiedene neuronale Bahnen im Gehirn „kartiert" werden können. Schließlich erfordern Stoffwechselprozesse der Neuronen, daß das Blut ständig Sauerstoff und Glukose ins Gehirngewebe transportiert und Abfallprodukte entfernt. Daher bilden die Durchblutung wie auch Unterschiede im Stoffwechsel bestimmter Nährstoffe ein nützliches Maß für die makroskopische Gehirnaktivität auf beiden Seiten sowie innerhalb bestimmter Regionen des Gehirns.

Dank neuer technischer Entwicklungen lassen sich solche Aktivitäten auf immer raffiniertere Weise bildlich darstellen; diese Verfahren erlauben auch eine präzisere Visualisierung der Gehirnstruktur bei wachen und geistig aktiven Menschen. Von dem rapide expandierenden Gebiet der funktionellen bildgebenden Verfahren sind vor allem diejenigen fasziniert, die meinen, man könne mit diesen Methoden gewissermaßen dem Geist bei der Arbeit zuschauen. Andere hingegen halten die Erwartungen, die an die Möglichkeiten der bildgebenden Verfahren geknüpft werden, für überzogen. Wir werden einige Arbeiten diskutieren, die die Gehirnorganisation mit bildgebenden Verfahren untersuchen, und uns bemühen, einen ausgewogenen Überblick über die Möglichkeiten dieser faszinierenden Forschung zu geben.

Bildgebende Verfahren lassen sich in verschiedene Kategorien einteilen, wobei die grundlegendste Unterscheidung die zwischen „strukturellen" und „funktionellen" Abbildungstechniken ist. Als strukturelle bildgebende Verfahren bezeichnet man Abbildungstechniken, die Gehirnstrukturen oder Gehirnanatomie darstellen, wie die Computertomographie (CT oder CT-Scan) und die Standardform der

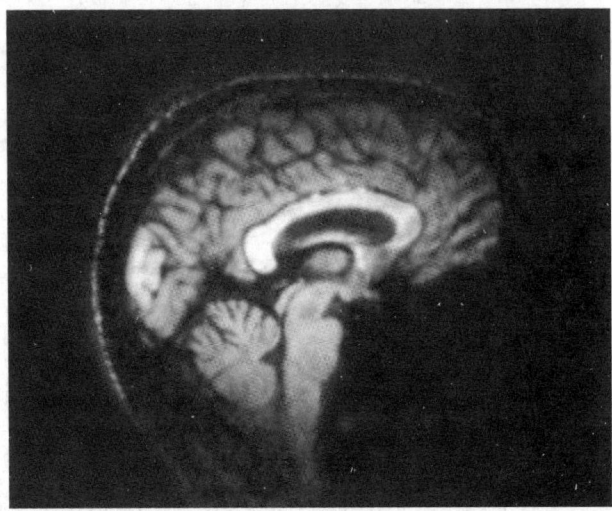

3.1 Kernspin-, MRI- oder NMR-Tomographie. Diese Computerrekonstruktion eines Sagittalschnittes durch ein gesundes Gehirn basiert auf Daten, die aus der magnetischen Kernresonanz von Wasserstoff in den Wassermolekülen des Kopfes gewonnen wurden. (Mit freundlicher Genehmigung von Dr. Hoby Hetherington, Center for Nuclear Imaging Research der University of Alabama in Birmingham.)

Kernspintomographie (NMR oder MRI). Strukturelle Scans zeigen in der Regel Schnitte durch das Gehirn und können buchstäblich so aussehen, als hätte man das Gehirn durchgeschnitten und anschließend photographiert (Abbildung 3.1). Als funktionelle bildgebende Verfahren bezeichnet man Techniken, die Ansichten eines bestimmten Aspekts der Gehirnaktivität liefern, beispielsweise der zerebralen Durchblutung, des Glukosestoffwechsels oder des Sauerstoffverbrauchs; diese Techniken sind am besten unter ihren Akronymen bekannt – PET, SPECT und fMRI. Funktionelle bildgebende Verfahren lassen sich weiterhin unterteilen in Methoden, die den Gehirnstoffwechsel messen, und diejenigen, die die elektrische Aktivität des Gehirns („Gehirnwellen") sowie dessen magnetische Aktivität registrieren. Obgleich die letztgenannten Methoden historisch aus einem anderen Ansatz zur Registrierung von Gehirnfunktionen, der Elektrophysiologie, erwuchsen, betrachtet man sie heute ebenfalls als bildgebende Techniken.

In diesem Kapitel wollen wir zunächst die Techniken diskutieren, die Aspekte des Gehirnstoffwechsels messen (metabolische bildgebende Verfahren) und anschließend diejenigen, die Aspekte der elektrischen Aktivität des Gehirns messen (elektrophysiologische bildgebende Verfahren). In beiden Fällen dienen die Methoden dazu, das Aktivitätsmuster des Gehirns zu untersuchen, während Versuchspersonen eine Aufgabe lösen oder einen mentalen Verarbeitungsprozeß durchführen. Ziel solcher Untersuchungen ist also, die zerebrale Organisation mentaler Funktionen, einschließlich Asymmetrien dieser Organisation, auf recht direktem Wege zu testen. Die Untersuchung anatomischer Asymmetrien zwischen den Hemisphären wird am Schluß dieses Kapitels diskutiert.

Funktionelle bildgebende Verfahren: Metabolische Techniken

Die wohl einflußreichste Entwicklung bei der Erforschung von Gehirn und Kognition in neuerer Zeit war das rapide technologische Wachstum, das es ermöglicht, die Gehirnaktivität abzubilden, während eine Versuchsperson eine geistige Aufgabe löst. Die Grundlagen dafür wurden in den späten sechziger Jahren unseres Jahrhunderts gelegt, als bei Patienten während des Sprechens übereinstimmend eine regionale Erhöhung der Hirndurchblutung beobachtet wurde. Niels Lassen und seine Kollegen maßen die Hirndurchblutung, indem sie ein spezielles radioaktives Isotop (Xenon-133-Gas in einer Salzlösung), einen sogenannten Tracer, in die Halsarterie spritzten und dessen Anreicherung sowie die anschließende Auswaschung (Clearance) mit einer Batterie von Detektoren, die über der gesamten Kopfoberfläche angeordnet waren, überwachten. Die bildgebenden Verfahren sind seitdem wesentlich verbessert worden; heute gibt es bereits Methoden, die völlig ohne einen injizierten Tracer auskommen. Die meisten Techniken basieren jedoch noch immer auf der zerebralen Durchblutung als einem Indikator der Gehirnaktivität.

Die Durchblutung von Gehirngewebe schwankt mit dem Stoffwechsel und der Aktivität im Gewebe. Veränderungen der Aktivität in verschiedenen Gehirnregionen spiegeln sich in der relativen Blutmenge wider, die durch diese Region fließt, denn die zerebrale Durchblutung reagiert bereits auf winzige Veränderungen der neuronalen Aktivität. Daher kann man die Wechselbeziehungen zwischen verschiedenen Gehirnarealen beim wachen, aktiven Menschen identifizieren und untersuchen, indem man örtliche Veränderungen der Durchblutung mißt. Die heutigen metabolischen bildgebenden Verfahren – Positronenemissionstomographie (PET), Single-Photon-Emissionscomputertomographie (SPECT) und funktionelle Kernspintomographie (fMRI) – messen immer noch primär die Hirndurchblutung, wenn das Experiment darauf ausgelegt ist, die Gehirnaktivität beim Lösen einer Aufgabe zu registrieren. Andere Aspekte des Gehirnstoffwechsels lassen sich ebenfalls mit diesen Techniken untersuchen.

Mehrere Faktoren entscheiden über die Art von Fragen, die sich mit einem funktionellen bildgebenden Verfahren angehen lassen. Dazu gehören primär 1) der Zeitraum, über den die Gehirnaktivität gemessen wird (zeitliche Auflösung), 2) die kleinste Gehirnregion, in der die Aktivität gemessen werden kann (räumliche Auflösung), 3) die Größe des betrachteten Gehirnbereichs, 4) der Zeitpunkt in bezug auf das fragliche Verhalten oder die fragliche kognitive Aufgabe, zu dem der Scan durchgeführt wird (das steht manchmal, aber nicht immer, mit der zeitlichen Auflösung in Beziehung; wie wir noch sehen werden, ist es möglich, Tracer zu benutzen, die in das Gehirngewebe eingebaut werden, während eine Versuchsperson eine Aufgabe durchführt, den Scan selbst jedoch später zu erstellen) und 5) wie rasch und wie oft der Scan wiederholt werden kann, da mentale Zustände variabel sind. Moderne funktionelle bildgebende Verfahren variieren hinsichtlich dieser Faktoren beträchtlich; das führt zu großen Unterschieden im Hinblick auf die mentalen Zustände, die untersucht werden können, wie auch im Hinblick auf die Daten, die man manchmal aus scheinbar äquivalenten Versuchsbedingungen erhält. So kann eine Technik, die fünf Minuten benötigt, um ein Bild zu erhalten, durchaus geeignet sein, die durchschnittliche Gehirnaktivität bei einer sich ständig wiederholenden Aufgabe (beispielsweise während dieser fünf Minuten einer auf

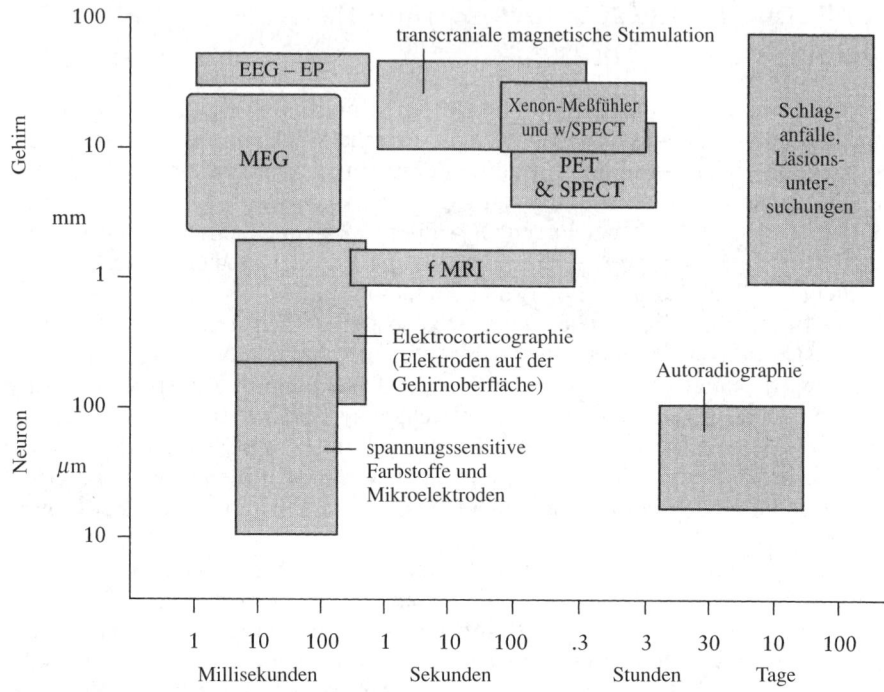

3.2 Eine graphische Zusammenfassung der räumlichen und zeitlichen Bereiche, die von den verschiedenen neurowissenschaftlichen bildgebenden Verfahren abgedeckt werden. Auf der vertikalen Achse ist eine große Spannweite von Distanzen oder Größen – vom molekularen Bereich bis zum ganzen Gehirn –, auf der horizontalen Achse hingegen ein großer zeitlicher Bereich – von Millisekunden bis Tagen – logarithmisch dargestellt. Die schattierten Areale geben den ungefähren zeitlich-räumlichen Bereich an, der von den verschiedenen bildgebenden Verfahren abgedeckt wird. (Mit freundlicher Genehmigung von Dr. Ernest Stokely, Department of Biomedical Engineering der University of Alabama in Birmingham.)

Tonband aufgenommenen Liste von Worten zuzuhören) zu untersuchen; sie wäre jedoch nicht geeignet, wenn man versuchen wollte, zwischen der Gehirnaktivität beim Hören eines Wortes und während der Pause zwischen Worten zu unterscheiden. Um letztere Frage zu untersuchen, würde ein Experimentator eine Methode mit einer viel höheren „zeitlichen Auflösung" benötigen. Oft muß man jedoch zwischen Parametern wie zeitlicher Auflösung, räumlicher Auflösung und der Größe der zu analysierenden Gehirnregion abwägen. (Abbildung 3.2 illustriert die große Bandbreite und Variabilität hinsichtlich zeitlicher und räumlicher Auflösung innerhalb der bildgebenden Verfahren, einschließlich elektrophysiologischer Methoden.) Damit wenden wir uns nun einem kurzen Überblick über die wichtigsten Techniken zu.

Messung der corticalen Durchblutung

Die Clearance-Technik mit Xenon-133-Gas war die erste Methode, mit der sich Veränderungen des regionalen Blutflusses bei verschiedenen Aufgaben und mentalen Zuständen zeigen ließ. Das ursprünglich nur bei Patienten eingesetzte Verfahren, bei denen das Risiko einer Injektion in die Halsschlagader klinisch gerechtfertigt war, ist inzwischen so weit verbessert worden, daß man Versuchspersonen nur noch 60 Sekunden lang eine spezielle Mischung aus Luft und Xenon einatmen lassen und dann mit entsprechenden Detektoren ihre Hirndurchblutung messen kann.* Mit dieser Methode läßt sich die absolute Hirndurchblutungsrate (in Milliliter Blut pro Minute pro 100 Gramm Hirngewebe) exakt bestimmen, jedoch nur in den äußeren corticalen Gehirnregionen. Dennoch waren die Ergebnisse der Untersuchungen, bei denen die Hirndurchblutung während verschiedener körperlicher und geistiger Aktivitäten gemessen wurde, wirklich beeindruckend. Sie bestätigten manche klassischen Vorhersagen über die Beteiligung bestimmter Gehirnregionen an psychischen Funktionen. Die am Sehen beteiligten Regionen jeder Hemisphäre waren beispielsweise stärker durchblutet, wenn die Versuchsperson ein bewegtes Muster anschaut. Sprachreize erhöhen die Durchblutung in den auditorischen Gebieten beider Seiten.

Interessanterweise waren die Forscher bei diesen frühen Hirndurchblutungsexperimenten nach eigenen Aussagen insbesondere davon beeindruckt, daß die Durchblutungsmuster der beiden Hemisphären sich selbst bei so stark lateralisierten Aktivitäten wie dem Sprechen außerordentlich ähnelten.[1] Die auffälligsten Veränderungen bei verschiedenen Aufgaben und geistigen Tätigkeiten fanden nicht zwischen links und rechts, sondern vielmehr in der Längsachse (anterior-posterior) statt. Doch Verfahren, mit denen sich die regionale Durchblutung in beiden Gehirnhälften simultan untersuchen läßt, förderten auch Unterschiede zwischen den Hemisphären zutage. In einer frühen Untersuchung verglich Jarl Risberg das Durchblutungsmuster von rechtshändigen männlichen Freiwilligen bei zwei Tätigkeiten: einem sprachlichen Analogietest und einem Wahrnehmungstest zur sogenannten „Geschlossenheit". Bei letzterem sahen die Versuchspersonen nur andeutungsweise gezeichnete Bilder und Figuren und mußten herausfinden, was sie darstellten.[2] Unter beiden Versuchsbedingungen fand man kleine, aber hochsignifikante Hemisphärenunterschiede in der Durchblutung von etwa drei Prozent. Durchschnittlich war – wie erwartet – während der verbalen Analogieaufgabe die linke Gehirnhälfte und während der Bildidentifizierung die rechte stärker durchblutet. Risberg war in der Lage zu messen, welche Regionen innerhalb einer Gehirnhälfte am stärksten zu den Durchblutungsunterschieden zwischen den Hemisphären beitrugen. Die größten Unterschiede fanden sich für die sprachlichen Tests in den frontalen, fronto-temporalen und parietalen Bereichen. Im Ruhezustand waren die Unterschiede zwischen den entsprechenden Hemisphärenregionen sehr gering.

Mit dieser Technik sind zahlreiche Untersuchungen durchgeführt worden, von denen viele einen Bezug zur Hemisphärenasymmetrie haben und von denen wir einige in anderen Kapiteln noch diskutieren werden. Sie ist jedoch weitgehend von Verfahren abgelöst worden, die dreidimensionale Bilder der Gehirntätigkeit liefern und neben den corticalen auch die inneren Strukturen des Gehirns abdecken. (Eine derartige Technik, Xenon-SPECT, kombiniert die Vorzüge der ursprünglichen Xenon-133-Durchblutungsmethode mit der neuen Möglichkeit zur dreidimensionalen Abbildung und wird später diskutiert.)

---

* Die geringe Menge an Gammastrahlen, die diese Isotope abgeben, gilt als ungefährlich und wird innerhalb von 15 Minuten aus dem Blut ausgewaschen.

Emissionscomputertomographie (SPECT und PET)

Emissionscomputertomographie (ECT; auch als Schichtszintigraphie bezeichnet) ist ein bildgebendes Verfahren, mit dem sich die Verteilung radioaktiv markierter Substanzen in jeder gewünschten Schicht des Körpers oder des Kopfes darstellen läßt. Die beiden wichtigsten emissionscomputertomographischen Verfahren sind SPECT und PET; sie unterscheiden sich hinsichtlich der Art der radioaktiven Emission und den Geräten, die zur Aufzeichnung nötig sind.

SPECT Bei der Single-Photon-Emissionscomputertomographie (SPECT) werden biochemische Substanzen, die für physiologische Prozesse relevant sind, mit Radionucliden versehen, die Gammastrahlen in alle Richtungen abgeben. Solche Radiopharmaka injiziert man in die Blutbahn des Patienten, und wenn sie das Gehirn erreichen, kann ihre Strahlung von fest installierten Detektoren, die auf den Kopf gerichtet sind, oder von Detektoren, die um den Kopf kreisen, gemessen werden. Mit Hilfe von Computerprogrammen läßt sich dann aus den Meßwerten die Verteilung der Radionuclide beziehungsweise der Substanzen errechnen, die diese Strahlungsquellen enthalten. SPECT-Verfahren sind bislang dazu eingesetzt worden, die Hirndurchblutung und das Blutvolumen in dreidimensionalen Schichten des Gehirns zu messen.

HMPAO-SPECT-Untersuchungen der Hirndurchblutung Die neuesten Gehirn-SPECT-Verfahren verwenden das Radiopharmakon ^{99m}Tc-Hexamethylpropylenaminoxim (HMPAO) als Stoffwechselindikator oder Tracer. (Die Technik wird oft kurz als „Technetium-SPECT" bezeichnet.) HMPAO wird intravenös injiziert. Es kann in seiner lipophilen Form die Blut-Hirn-Schranke überwinden und wird proportional zur zerebralen Blutflußrate in das Gehirngewebe aufgenommen. Die Gammaphotonenstrahlung des HMPAO-Indikators wird mittels Emissionstomographie gemessen (sogenanntes Scanning), was es den Untersuchern möglich macht, die Verteilung des Pharmakons im Gehirn bildlich darzustellen. Dies wiederum spiegelt die zerebrale Durchblutung während der Injektion wider. Da Menge und örtliche Verteilung des im Gewebe festgehaltenen Tracers von der Hirndurchblutung während der Injektion abhängen, läßt sich mit dieser Technik der Aktivierungszustand des Gehirns, der zu diesem Zeitpunkt herrschte, gewissermaßen „einfrieren". So gelang es beispielsweise, die Hirndurchblutung während eines epileptischen Anfalls festzuhalten, indem man HMPAO im Anfall spritzte und den Patienten dann später emissionstomographisch untersuchte.[3] Die Farbtafeln 1 und 2 zeigen, wo genau die Anfallsaktivität einsetzte.

In ähnlicher Weise lassen sich die Auswirkungen einer Stimulation oder einer bestimmten geistigen Tätigkeit zunächst festhalten, während die Versuchsperson die Aufgabe ausführt, und später dann messen. Diese Eigenschaft des Indikators nutzte man kürzlich in einem Experiment, in dem Versuchspersonen eine Rotationsaufgabe zu bearbeiten hatten (siehe Farbtafel 3). Dabei galt es zu entscheiden, ob die beiden projizierten Zeichnungen von dreidimensionalen Würfelanordnungen identisch (und lediglich im Raum gedreht) waren oder nicht.[4] Die Probanden erhielten die Injektion, während sie in einem abgedunkelten Raum lagen und die Aufgabe ausführten, die auf einem Bildschirm vorgegeben wurde. Die Messung erfolgte eine halbe Stunde später, während die Person ruhig und entspannt dalag (Farbtafeln 5 und 6). Verglichen mit einer Injektion von HMPAO in Ruhe zeigte sich bei derselben Versuchsperson eine stark erhöhte Aktivität im hinteren visuellen Cortex beider Hemisphären wie auch in der rechten Parietalregion.

Diese Ergebnisse sind denen vorangegangener Studien, die sich mit der Hirndurchblutung bei der Durchführung solcher Aufgaben befaßten, sehr ähnlich.[5] Sie stützen somit die früheren Befunde und rechtfertigen zugleich den Einsatz des HMPAO-SPECT-Verfahrens. Die Eigenschaft dieser Technik, einen augenblicklichen Aktivierungszustand festzuhalten, könnte sich als sehr hilfreich erweisen, wenn man Aufgaben oder Zustände (wie etwa den Schlaf) erforschen will, die einer Untersuchung nur schwer zugänglich sind, falls die Versuchsperson dabei in einem Scanner liegen muß. Es ergeben sich damit auch bessere Möglichkeiten, Patienten zu untersuchen, bei denen sich ohne medikamentöse Ruhigstellung normalerweise keine Messungen durchführen lassen, beispielsweise autistische Kinder. Wenn man HMPAO vor der Sedierung und dem Scannen spritzt, dann sollte es möglich sein, die Hirnaktivität zu erfassen, die vor der medikamentösen Beeinflussung herrschte.

Die gleiche Eigenschaft, die es erlaubt, mit HMPAO einen Zustand festzuhalten und so bestimmte Fragen besser zu bearbeiten, hat den Nachteil, daß man mit dem SPECT-Verfahren zu einem bestimmten Zeitpunkt jeweils nur einen oder zwei Zustände messen kann, denn es dauert viele Stunden, bis der Indikator im Kopf nicht mehr nachweisbar ist. Die meisten aktuellen Untersuchungen, bei denen Mehrfachaufgaben oder verschiedene Bedingungen eine Rolle spielen, bedienen sich allerdings der sehr viel kostspieligeren Technik der Positronenemissionstomographie (PET) oder der neuesten fMRI-Techniken. Bevor wir uns diesen Methoden zuwenden, soll eine weitere neue SPECT-Technik nicht unerwähnt bleiben.

Xenon-SPECT Eine neue SPECT-Technologie macht es möglich, nach einminütigem Einatmen einer Luft-Xenon-Mischung dreidimensionale Bilder der zerebralen Durchblutung zu erstellen. Rasch aufeinanderfolgende Bilder zeigen dann das Auswaschen dieses Tracers aus dem Gehirngewebe; diese Clearancerate basiert auf der regionalen Durchblutungsrate. Ein Computerprogramm berechnet ein abschließendes Bild, das die absolute regionale Hirndurchblutung (*regional cerebral blood flow*, rCBF) in Milliliter pro 100 Gramm Gehirngewebe pro Minute angibt.

Da Xenon-133 rasch ausgewaschen wird, kann man pro Sitzung zahlreiche Scans durchführen. Diese rasche Clearancerate macht die Technik für Aktivitätsuntersuchungen mit verschiedenen Bedingungen besonders geeignet. Das Xenon-SPECT-Verfahren reagiert auch sensibler als HMPAO-SPECT-Verfahren auf rCBF-Veränderungen, wie sie gewöhnlich bei experimenteller Reizung und kognitiven Aufgaben auftreten. Farbtafel 7 zeigt eine Versuchsperson bei einem Xenon-SPECT-Scan. Die Farbtafeln 8 und 9 zeigen die Ergebnisse bei einer Rotations- und einer phonologischen Aufgabe.

Positronenemissionstomographie (PET) Bei der Positronenemissionstomographie nützt man die Eigenschaften der besonderen Strahlungsform von Substanzen, die Positronen abgeben. Die zwei Photonen, die dabei entstehen, bewegen sich in genau entgegengesetzten Richtungen. Die Technik macht sich bei der Positronenemission die sogenannte Koinzidenzzählung zunutze – die gleichzeitige Registrierung eines jeden Photonenpaares via Detektoren, die einander in einem Winkel von 180° gegenüberstehen, ermöglicht es, den Entstehungsort der Photonen und so die Verteilung der fraglichen Substanz im Gehirn sehr präzise zu kartieren.

Der Vorteil der PET-Technik besteht darin, daß sich damit bei Verwendung spezieller Zyklotronverfahren theoretisch viele biologische Substanzen verfolgen lassen, weil sie direkt „markiert" werden können (das heißt, sie werden zu Positronenemittoren). Mit dieser Technik kann man eine lokale, dreidimensionale quantitative Bestimmung des Glucose- und des Sauerstoffstoffwechsels im Gehirn eines lebenden Menschen durchführen wie auch eine entsprechende Bestimmung mehrerer Neurotransmitter, die sich ebenfalls in Positronenemittoren verwandeln lassen.

Die Positronenemissionstomographie ist eingehend zur Untersuchungen höherer geistiger Funktionen eingesetzt worden. Da das Einbringen entsprechend markierter Glucosepräparate und die Messung der Positronenstrahlung ungefähr 30 Minuten dauert und diese Zeit einfach zu lang ist, um einen bestimmten mentalen Zustand oder bestimmte Versuchsbedingungen zuverlässig aufrechtzuerhalten, ist bei den meisten PET-Untersuchungen positronenmarkiertes Wasser ($H_2^{15}O$) eingesetzt worden, um die Durchblutung via einer Auswaschtechnik ähnlich der bereits beschriebenen ursprünglichen Xenon-133-Clearance-Methode zu messen. $H_2^{15}O$-Wasser wird außerordentlich rasch aus dem Gehirn „ausgewaschen" (genauer gesagt, es zerfällt und ist dann nicht länger radioaktiv); daher kann man alle paar Minuten neue Untersuchungen durchführen.

Da sich die regionale Durchblutung mit der PET-Technik rasch und wiederholt messen läßt, haben einige PET-Forscher den Versuch unternommen, komplexe geistige Funktionen mittels ehrgeiziger, mehrstufiger Aktivierungsbedingungen zu isolieren und zu untersuchen; dabei erhält die Versuchsperson eine Reihe von Aufgaben, die eine hierarchische Folge darstellen, welche beispielsweise von einer simplen sensomotorischen Funktion zu einer komplexen Aufgabe fortschreitet. Die Gehirnaktivität, die mit der kognitiven Funktion auf höherer Ebene zusammenhängt, müßte sich anschließend durch Subtraktion der Aktivität, die man unter den einfacheren Kontrollbedingungen festgestellt hat, isolieren lassen. Diesen Ansatz nennt man Subtraktionstechnik.

In einer Untersuchung versuchte man beispielsweise, durch wiederholte PET-Messungen an sieben normalen Versuchspersonen, die vier abgestuft aufeinander aufbauende Aufgaben zu bearbeiten hatten, Hirnareale zu unterscheiden, die durch spezifische Sprachfunktionen aktiviert werden.[6] Die erste Stufe des Tests verlangte, ein Zeichen (+) zu fixieren, das auf einem Videomonitor dargeboten wurde. Auf der zweiten Stufe mußten einzelne Substantive betrachtet werden. Mit dem Nachsprechen von vorgegebenen Wörtern kam dann eine motorische Reaktion hinzu. Unter der letzten Bedingung schließlich mußten die Versuchspersonen auf ein Substantiv mit einem Verb antworten, das einen Verwendungszweck des entsprechenden Objekts beschreiben sollte; damit wurde auf dieser Stufe noch ein semantischer Verarbeitungsprozeß hinzugefügt.

Indem die Wissenschaftler das Durchblutungsmuster, das sie bei einem bestimmten Aufgabenniveau maßen, von dem Muster substrahierten, das sie bei einer anderen Aufgabenstufe ermittelt hatten, versuchten sie einige der Veränderungen zu erfassen, die durch relativ spezifische mentale Aktivitäten verursacht werden. Für das Sprechen stellten die Untersucher einen beidseitigen Anstieg der Durchblutung im sensomotorischen Areal und in verschiedenen anderen Bereichen des Frontallappens fest. Die semantische Aufgabe führte im Vergleich zur Kontrollbedingung (nur sprachliche Wiederholung) zu einer asymmetrischen Aktivierung des unteren linken Frontallappens. Am interessantesten ist vielleicht, daß die Wissenschaftler trotz der Versuche, die rein stimulationsbedingte Aktivität von derjenigen Aktivität zu trennen, die mit kognitiven Prozessen zusammenhängt, auch für die Bedingung des bloßen Betrachtens von Worten eine gewisse lateralisierte Aktivität in den Assoziationsbereichen der linken Hemisphäre fanden. Sie zogen daraus den Schluß, daß die Versuchspersonen unwillkürlich eine gewisse linguistische Analyse der Stimuluswörter durchführten, obwohl im Grunde keine sprachliche Aufgabenstellung vorlag. Das Niveau der Aktivierung veränderte sich in jenen Regionen der linken Hemisphäre weder beim Nachsprechen noch während der semantischen Aufgabe. Dies bestätigte die Vermutung, daß die Versuchspersonen bereits während der „passiven" Darbietung der Reizwörter automatisch eine Art linguistischer Analyse durchgeführt hatten. Diese Befunde werfen wichtige Fragen hinsichtlich geeigneter Kontrollbedingungen bei vielen Experimenten auf, in denen es um höhere kognitive Funktionen geht.

In den letzten Jahren sind viele wissenschaftliche Arbeiten erschienen, in denen es um PET-Untersuchungen an Probanden ging, die verschiedene sensomotorische und kognitive Aufgaben durchführten. Wir werden in Kapitel 7 und 8 auf viele derartige Untersuchungen zurückkommen, denn sie weisen wichtige Bezüge zu klassischen neuropsychologischen Modellen der Gehirnorganisation auf. Andere PET-Untersuchungen werden in Kapitel 11 diskutiert, wenn es um die Rolle der Asymmetrie in der Pathologie geht.

Bevor wir die PET-Technik verlassen, möchten wir eine weitere Untersuchung erwähnen, die Implikationen für die Analyse der mit bildgebenden Verfahren gewonnenen Daten im allgemeinen aufweist. Die Experimente, die wir bisher diskutiert haben, basierten alle auf der Analyse der Zu- oder Abnahme des regionalen Stoffwechsels oder der Durchblutung. Obgleich das sicherlich der direkteste Weg ist, sich Veränderungen anzusehen, die bei der Durchführung von Aufgaben auftreten, ist es nicht der einzige – und vielleicht auch nicht der beste. Einige Forscher haben die These aufgestellt, daß sich die Leistung des Gehirns nicht nur in einer Zunahme der zerebralen Aktivität in bestimmten Regionen widerspiegelt, sondern auch vom Wechselspiel bestimmter Gehirnregionen miteinander abhängt. Daher kann das Ausmaß, in dem Regionen zusammenarbeiten oder sich gemeinsam verändern (im Gegensatz dazu, was am meisten steigt), die Regionen anzeigen, die am stärksten an der Durchführung einer Aufgabe beteiligt sind.

Eine PET-Studie von James Haxby und Kollegen von den National Institutes of Health bediente sich der ^{15}O-Wasser-PET-Technik, um die Veränderungen in der regionalen Hirndurchblutung von Freiwilligen zu messen, die sowohl eine Gesichtervergleichsaufgabe ausführten als auch eine weitere Aufgabe, bei der sie beurteilen sollten, ob Punkte am gleichen Ort lokalisiert sind.[7] Die Untersucher hatten diese beiden Aufgaben gewählt, da aus Tierexperimenten und Befunden der klinischen Neuropsychologie hervorgeht, daß es zwei visuelle Systeme im Gehirn gibt: eines für die Objektwahrnehmung, das vor allem okzipitale und temporale Bereiche umfaßt, und eines für die räumliche Lokalisation, das sich eher auf okzipitoparietale Bahnen stützt (Abbildung 3.3).

Bei einer Analyse, die sie in traditioneller Weise – durch Substraktion einer Kontrollbedingung von der komplexeren kognitiven Aufgabenbedingung – durchführten, fanden die Forscher die Vorhersage bestätigt: Gesichtererkennen schien tatsächlich die okzipitalen und temporalen Regionen zu aktivieren, während bei

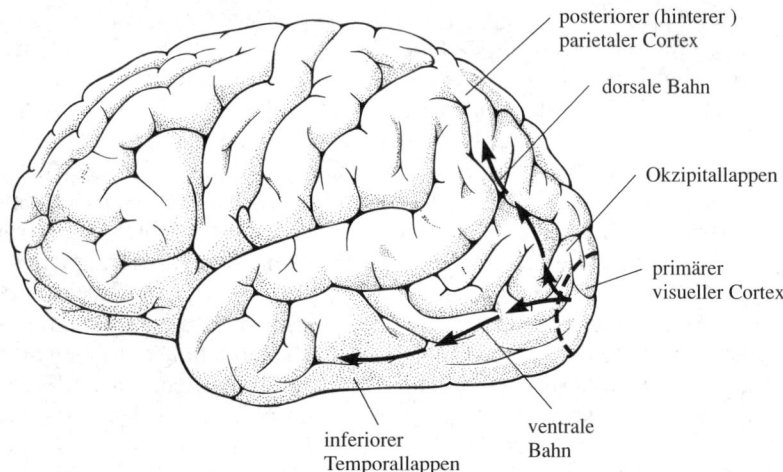

3.3 Dorsale („parietaler Strom") und ventrale („temporaler Strom") Bahn, die vom primären visuellen Cortex ausgehen. Der hintere parietale Cortex dient vermutlich der Orts- und Bewegungsanalyse visueller Reize, der untere Bereich des Temporallappens hingegen der Objektidentifikation sowie der Form- und Farbanalyse.

der Punktlokalisationsaufgabe eine Aktivitätszunahme in den okzipitalen und parietalen Bereichen zu sehen war. Dieses Aktivierungsmuster ließ sich in beiden Hemisphären nachweisen.

Als man aber eine Korrelationsanalyse anschloß, bei der untersucht wurde, in welchem Umfang bei jeder der Aufgaben in bestimmten Regionen eine gleichzeitige Veränderung stattfand, ergab sich ein anderer Befund: Die hinteren Gebiete des Gehirns, die an dem Gesichter- und dem Punktlokalisationsvergleich beteiligt waren, zeigten in der rechten Gehirnhälfte sehr viel stärkere funktionelle Wechselwirkungen als in der linken. Die Untersucher folgerten daraus, daß die beidseitige Aktivierung, die bei der einfachen Analyse der Durchblutungssteigerung zu beobachten war, tatsächlich durch Veränderungen hervorgerufen wurde, die zuerst in der rechten Hemisphäre auftraten. Über das Corpus callosum wurde dann auch die linke Hemisphäre aktiviert.

Diese Schlußfolgerung bedeutet, daß viele Studien, die mit bildgebenden Verfahren die Auswirkungen verschiedener Aufgaben auf die Gehirnaktivität untersuchen, existierende Hemisphärenasymmetrien unter Umständen verpassen, weil das Gehirn dazu neigt, symmetrische Aktivitätssteigerungen zu zeigen, obwohl eine Aufgabe in Wirklichkeit viel stärker von einer der beiden Seiten bearbeitet wird. Neuere Ansätze, wie die gerade beschriebene Methode der Kovarianzanalyse von Aktivität, können vielleicht dazu beitragen, diese Einschränkungen, mit der die Untersuchung hemisphärischer Asymmetrien mittels bildgebender Verfahren behaftet sind, aus dem Weg zu räumen.

Funktionelle Darstellung der Gehirnaktivität mittels Kernspintomographie

Abbildung 3.1 liefert ein gutes Beispiel für die Qualität, mit der sich via Kernspintomographie strukturelle Details darstellen lassen. Bei der Kernspintomographie werden mit Hilfe eines starken Magnetfeldes und von Radiowellen Veränderungen in Wassermolekülen hervorgerufen, die sich messen lassen und dazu dienen können, anatomische Details in jeder beliebigen Ebene durch den Kopf zu „rekonstruieren".

Seit neuerem wird die MRI-Technik auch als funktionelles bildgebendes Verfahren eingesetzt. Eine neue Entwicklung erlaubt eine indirekte, aber schnelle Abbildung der zerebralen Aktivierung während einer Reizdarbietung oder geistiger Aktivität mittels Kernspintomographie. Da dieses Verfahren Veränderungen im Grad der Sauerstoffsättigung mißt, wurde es ursprünglich auch als BOLD-MRI (*blood oxygenation-level dependent MRI*) bezeichnet, doch heute spricht man gewöhnlich von funktioneller Kernspintomographie (fMRI). Weil aktive Bereiche des Gehirns mit sauerstoffreichem Blut etwas anschwellen und sich die magnetischen Eigenschaften sauerstoffreichen Blutes von denjenigen sauerstoffarmen Blutes unterscheiden, lassen sich mit Hilfe besonderer Serien von Kernspintomogrammen diejenigen Gehirnbereiche identifizieren, die während Stimulation sowie während motorischer und kognitiver Tätigkeiten aktiviert werden. Farbtafel 10 zeigt Aktivierungsmuster, die einem strukturellen Kernspintomogramm eines Freiwilligen überlagert wurden, der eine Handbewegungsaufgabe erst mit der rechten und dann mit der linken Hand ausführte.

Die Untersuchung der zerebralen Organisation und die Lokalisierung der Funktion mittels funktioneller Kernspintomographie nehmen dramatisch zu. Innerhalb weniger Jahre hat diese Technik die Untersuchung von aktivierten Hirnfunktionen bei normalen, gesunden Personen revolutioniert, weil sie erlaubt, Befunde mit einer Auflösung von einigen Sekunden zu erheben, während einer Aufgabendurchführung mehrere Messungen durchzuführen und/oder ein fast kontinuierliches Bild der zerebralen Aktivitätsveränderungen unter wechselnden Untersuchungsbedingungen entstehen zu lassen. Die Leistungsfähigkeit dieses Verfahrens sollte die Forscher in die Lage versetzen, Einflüsse wie etwa Habituationseffekte oder Strategiewechsel bei einzelnen Versuchspersonen zu untersuchen.

Nach aktuellen Befunden aktivieren Männer bei einer rhythmischen oder phonologischen Aufgabe nur eine linkshemisphärische Region, Frauen hingegen beide Hemisphären.[8] Eine andere Untersuchung zeigte, daß der hintere visuelle Cortex bei dyslektischen Kindern oft nicht in geeigneter Weise aktiviert wird.[9] Wir werden auf diese und andere fMRI-Befunde später noch zurückkommen.

Wie positiv sie auch erscheinen mag, die funktionelle Kernspintomographie hat einige Nachteile. Ein Nachteil besteht darin, daß die Technik durch auch nur die geringste Kopfbewegung der Versuchsperson stark beeinträchtigt wird – so stark, daß selbst viele Untersuchungen mit kooperationswilligen Probanden verworfen werden mußten. Wissenschaftler, die mit diesem Verfahren arbeiten, bemühen sich angestrengt, die Methode zu verbessern, um Artefakte, die aus solchen Kopfbewegungen resultieren, zu korrigieren.

Ein weiterer Nachteil ist, daß diese Technik die rCBF-Spiegel nicht absolut mißt, sondern lediglich anzeigt, wo es zwischen einer Kontrollsituation und einer aktivierten Situation zu Veränderungen der rCBF gekommen ist. Daher lassen sich mit der funktionellen Kernspintomographie weder Mangeldurchblutung aufzeigen, wie sie mit einem Schlaganfall, mit Demenz oder einer Kopfverletzung einhergehen können, noch sind quantitative Messungen der rCBF im Ruhe- oder im aktivierten Zustand möglich. Bisher läßt sich mit der fMRI-Technik nicht sagen, wie hoch die Aktivität einer Gehirnregion im Ruhezustand beziehungsweise unter einer Kontrollbedingung und wie hoch sie bei der experimentellen Aufgabe war. Der Forscher können nur schließen, daß es zu einer Zu- oder Abnahme der Durchblutung gekommen ist. Diese Veränderungen bezeichnet man gewöhnlich als „Aktivierung" beziehungsweise „Deaktivierung", und sie dienen als Beleg dafür, daß die beteiligten Region(en) eine Rolle bei der Aufgabe spielen.

Ein weiteres Problem im Zusammenhang mit der fMRI-Technik ist eine Folge des leichten Zugangs zur bildgebenden Technologie, die fMRI einer wachsenden Zahl von Forschern liefert. Da fast alle großen Krankenhäuser und die ihnen angeschlossenen Institutionen über eine kernspintomographische Basiseinheit verfügen, die sich so umgestalten läßt, daß man einige einfache fMRI-Messungen durchführen kann, sind solche Untersuchungen nun vielerorts möglich. Die Zunahme von fMRI-Untersuchungen, die über verschiedene Befunde hinsichtlich der Lokalisation der Funktion berichten, ist beträchtlich; von einigen wurde sie bereits als das Aufkommen einer neuen „Phrenologie" kritisiert.*[10] Wir werden auf solche Fragen, die über die funktionelle Kernspintomographie hinaus auch für andere bildgebende Verfahren von Bedeutung sind, später in diesem Kapitel zurückkommen.

Funktionelle bildgebende Verfahren: Elektrophysiologische Techniken

PET-, SPECT- und fMRI-Techniken ermöglichen eine zunehmend höhere räumliche oder anatomische Auflösung, doch viele Wissenschaftler sind der Auffassung, daß die zeitliche Auflösung dieser Verfahren noch immer zu gering ist, um die rasch wechselnden Aktivitätsmuster, die mit kognitiven Prozessen assoziiert sind, darzustellen. Einige meinen, daß die Antwort in elektrophysiologischen Messungen der Gehirnaktivität als Komplement der metabolischen bildgebenden Verfahren liegt, die im vorangegangenen Abschnitt beschrieben worden sind. Wie wir sehen werden, weisen diese Verfahren, wenn ihre räumliche Auflösung auch nicht hoch ist, eine außerordentlich hohe zeitliche Auflösung (im Bereich von ein bis zehn Millisekunden) auf und reagieren offenbar sehr sensibel auf Veränderungen der mentalen Aktivität.

Das EEG

Im Jahre 1929 entdeckte der deutsche Psychiater Hans Berger, daß man mit Elektroden, die an verschiedenen Stellen auf der menschlichen Kopfhaut angebracht waren, bestimmte Muster elektrischer Aktivität ableiten konnte. Man bezeichnete diese Muster als Elektroenzephalogramm (EEG). Obwohl EEGs von der Kopfhaut abgeleitet werden, stammt ein Teil der registrierten Aktivität, wie Berger zeigen konnte, direkt vom Gehirn; sie ist also nicht auf die Muskulatur des Kopfes zurückzuführen.

---

* Phrenologie ist eine seit langem in Mißkredit geratene Untersuchungsmethode, die von Franz Gall propagiert wurde und eine Beziehung zwischen geistigen Fähigkeiten und Schädelform herstellt.

Im Elektroenzephalogramm lassen sich verschiedene Aktivitätsrhythmen unterscheiden. Der zuerst entdeckte ist zugleich auch der bekannteste: der Alpha-Rhythmus. Unter Alpha-Aktivität versteht man rhythmische Schwankungen des elektrischen Potentials mit einer Frequenz von acht bis zwölf Hertz. Bei ruhenden Versuchspersonen mit geschlossenen Augen herrscht die Alpha-Aktivität im EEG vor. Im Verlauf seiner ursprünglichen Entdeckung berichtete Berger, daß die Amplitude des dominanten (Alpha-)Rhythmus im EEG bei mentaler Arithmetik abnimmt.[11] Die anderen Rhythmen im EEG werden ebenfalls mit griechischen Buchstaben bezeichnet – Beta-Rhythmus, Theta-Rhythmus und so weiter.

Geräte für die EEG-Abteilung wurden in klinischen Einrichtungen bald allgemein üblich, nachdem man nachgewiesen hatte, daß krankhafte Veränderungen des Gehirns – wie sie bei Epilepsie und bei Tumoren auftreten – von spezifischen elektrischen Aktivitätsmustern begleitet sind. Die Elektroenzephalographie wurde auch schnell als wichtiges Forschungsinstrument erkannt, und es folgten zahlreiche Untersuchungen zu möglichen EEG-Korrelaten von Persönlichkeit, Intelligenz und Verhalten.

David Galin und Robert Ornstein vom Langley Porter Neuropsychiatric Institute in San Francisco gehörten zu den ersten, die EEG-Asymmetrien näher untersuchten und mit der Art von Aufgabe in Beziehung setzten, die die Versuchspersonen während der EEG-Ableitung ausführten.[12] Sie leiteten die EEG-Aktivität von symmetrischen Positionen auf jeder Kopfseite ab, während ihre Versuchspersonen verbale Aufgaben (wie das Schreiben eines Briefes) oder räumliche Aufgaben (wie ein geometrisches Muster aus dem Gedächtnis zu rekonstruieren) ausführten. Die Ergebnisse wurden dann auf das Verhältnis zwischen EEG-Leistung (auch „EEG-Power" genannt) der rechten Hemisphäre (R) und der der linken (L) hin analysiert. Die Leistung eines Elektroenzephalogramms gibt an, wieviel elektrische Energie pro Zeiteinheit produziert wird. Die Untersucher fanden heraus, daß das Leistungsverhältnis R/L bei den verbalen Aufgaben signifikant größer war als bei den räumlichen Aufgaben.

Obwohl diese Ergebnisse auf den ersten Blick überraschend scheinen, da man genau das Gegenteil erwarten würde, zeigte eine genauere Analyse, daß in den EEG-Ableitungen der Alpha-Rhythmus vorherrschte. Da Alpha einen Ruhezustand des Gehirns widerspiegelt, sollte man bei einer stärkeren Beschäftigung mit einer speziellen Aufgabe eine geringere Alpha-Aktivität erwarten. Die linke Hemisphäre müßte also weniger Alpha-Aktivität zeigen, wenn eine Versuchsperson eine sprachliche Aufgabe durchführt, als wenn sie mit einer räumlichen Aufgabe wie dem Problem des Würfelmusters befaßt ist. Genau das hatten Galin und Ornstein tatsächlich gefunden.

Elektroenzephalographische Messungen von hemisphärischen Asymmetrien bezüglich der Aktivität erfreuten sich bei vielen Forschern großer Beliebtheit, weil die erforderliche Ausrüstung relativ leicht zugänglich ist und für eine Vielzahl von Probanden verwendet werden kann – auch bei Kindern. Überdies liefert das EEG zeitlich kontinuierliche Meßdaten und kann dazu benutzt werden, fortlaufende Aktivität im Gehirn zu untersuchen, während der Proband lange, komplexe Aufgaben durchführt. Obwohl das letztgenannte EEG-Merkmal bei einigen Untersuchungen recht nützlich ist, ist es schwierig, Veränderungen im EEG festzustellen, die mit dem Auftreten bestimmter Reizereignisse korreliert sind.

Das evozierte Potential

Eine sorgfältige Analyse des EEG zeigt aber, daß doch spezifische Veränderungen auftreten, wenn ein Reiz wie etwa ein Lichtblitz dargeboten wird. Sie sind nur meistens durch die allgemeine Hintergrundaktivität des Gehirns verdeckt. Um nun Veränderungen, die auf einen spezifischen Reiz hin erfolgen, sichtbar zu machen, läßt man einen Computer die Wellen, die bei wiederholten Darbietungen desselben Reizes aufgezeichnet werden, mitteln. Jede zufällige, vom Reiz unabhängige elektrische Aktivität wird durch diesen Prozeß gewöhnlich nivelliert, während die Aktivität, die in einem festen zeitlichen Verhältnis zum Reiz auftritt, als evoziertes Potential (EP) herausgehoben wird. (Man bezeichnet dieses Potential auch als *event-related*, also ereigniskorreliert.)

Das evozierte Potential besteht aus einer Folge von positiven und negativen Schwankungen um eine Grundlinie und dauert – vom Ende des Reizes an gerechnet – typischerweise etwa 500 Millisekunden an. Jedes Potential läßt sich hinsichtlich bestimmter Komponenten oder Parameter wie Amplitude oder Latenz (die Zeit vom Einsetzen des Reizes bis zum Beginn der Aktivität) analysieren. Die genaue Form des evozierten Potentials hängt unter anderem von der Art des Reizes beziehungsweise von der beteiligten Sinnesmodalität (auditiv, visuell, somatosensorisch) ab. Außerdem erzeugt bei verschiedenen Reizarten jeweils ein anderer Gehirnbereich die maximale Aktivität. Abbildung 3.4 zeigt einige typische EPs für Reize unterschiedlicher Modalitäten.

In den siebziger Jahren erhoben der Psychologe Dennis Molfese und seine Mitarbeiter umfassende Daten über evozierte Potentiale, die durch sprachliche und nichtsprachliche akustische Stimuli hervorgerufen wurden.[13] In einer Untersu-

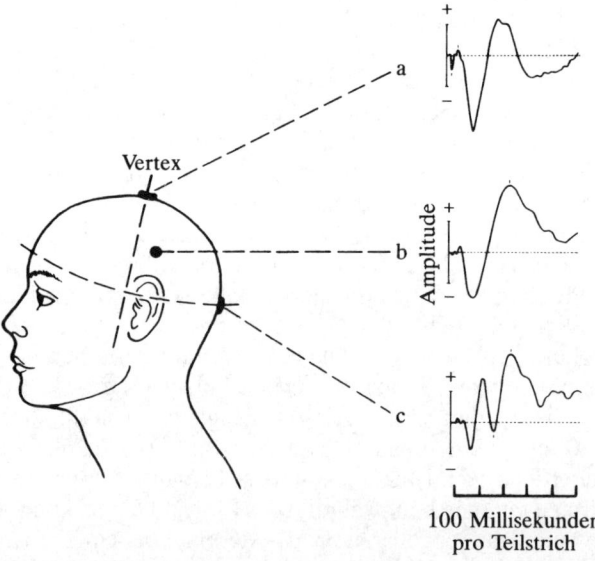

3.4 Typische evozierte Potentiale bei Darbietung a) akustischer, b) somatosensorischer und c) optischer Reize. Die gestrichelten Linien zeigen, wo ungefähr auf der Kopfhaut die ausgeprägtesten EEG-Signale abgeleitet werden können. (Nach R. F. Thompson und M. Patterson (Hrsg.), *Bioelectric Recording Techniques* (New York: Academic Press, 1974).)

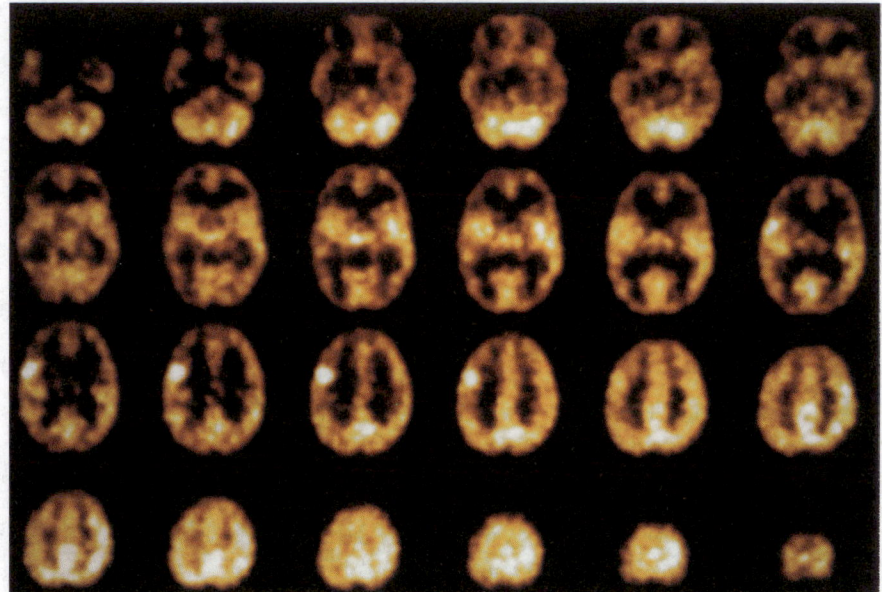

Farbtafel 1 Eine Serie von SPECT-Bildern, die die Hirndurchblutung eines epileptischen Patienten zu Beginn eines Anfalls wiedergeben. Der Einsatz des Tracers Tc-99m HMPAO ermöglicht es, stark durchblutete Regionen zu identifizieren. Die Bilder vom Gehirn entsprechen Horizontalschnitten, die von einer unteren Ebene ausgehend (links oben) zu immer höheren Schnittebenen (rechts unten) aufsteigen. Die Schnitte in der dritten Reihe zeigen den Anfallsbeginn, der durch eine verstärkte Durchblutung (helle Flecken) auf der linken Seite gekennzeichnet ist. Dieser Bereich entspricht dem rechten motorischen Cortex des Patienten, da die Aufnahmen so orientiert sind, als würde man von den Füßen des Patienten her schauen (die rechte Hemisphäre ist auf der linken Seite der Bilder).

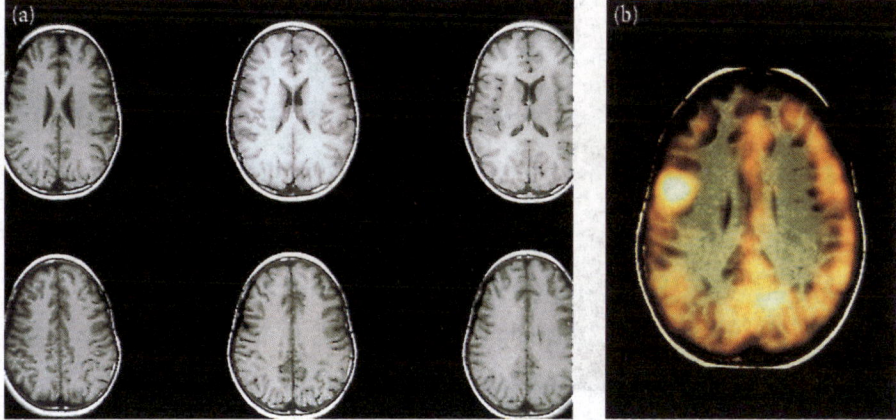

Farbtafel 2 a) Auf Kernspintomogrammen desselben Patienten waren nirgendwo Anomalien zu erkennen, auch dort nicht, wo die SPECT-Scans (siehe Farbtafel 1) den Anfallsbeginn zeigen. b) Eine Überlagerung oder Fusion des SPECT-Bildes (Durchblutung) und des Kernspintomogramms (Anatomie) in derselben Schnittebene. (Mit freundlicher Genehmigung von Dr. James M. Mountz, Department of Radiology der University of Alabama in Birmingham.)

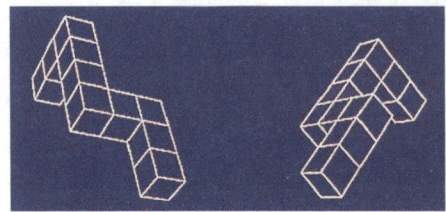

Farbtafel 3 Beispiel für eine Aufgabe zur mentalen Rotation. (Drehen Sie eine der beiden Figuren in Ihrer Vorstellung, um zu beurteilen, ob beide identisch sind.)

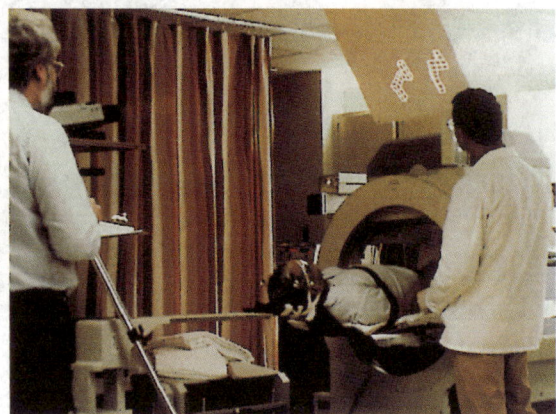

Farbtafel 4 Die Versuchsperson führt während der Tc-99m-HMPAO-Injektion, vor der SPECT-Aufnahme, eine Aufgabe durch. Der Tracer verteilt sich in Abhängigkeit von der regionalen Durchblutungsrate zum Zeitpunkt der Injektion im Gehirn. Er bleibt mehrere Stunden lang an Ort und Stelle „eingefroren"; daher kann eine darauffolgende Messung das Ausmaß der Gehirnaktivität bei der Aufgabe zeigen.

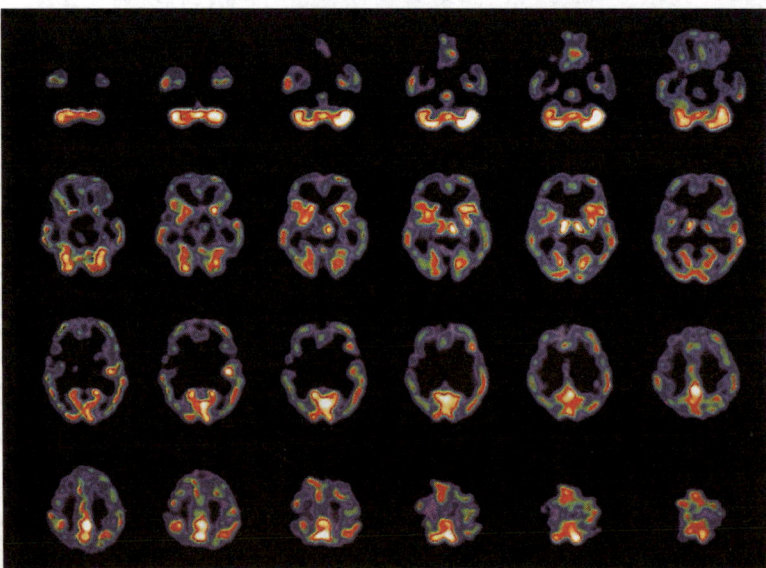

Farbtafel 5 SPECT-Bilder einer gesunden Versuchsperson, der Tc-99m-HMPAO injiziert wurde, während sie mit geschlossenen Augen ruhig dalag. Die dunklen Farben zeigen niedrigere, die hellen höhere Durchblutungsraten an. Die horizontale (transversale) Schnittserie beginnt auf einer unteren Ebene des Gehirns (oben links) und steigt zu immer höheren Ebenen auf (unten rechts). Die Aufnahmen sind so orientiert, als würde man von den Füßen des Patienten her schauen (die rechte Hemisphäre ist auf der linken Seite der Bilder).

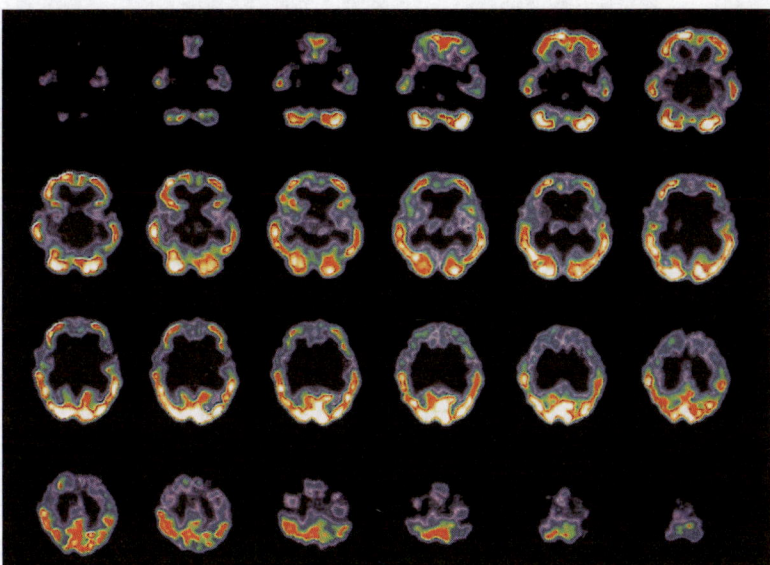

Farbtafel 6 SPECT-Bilder derselben Versuchsperson, die eine Injektion erhielt, während sie die mentale Rotationsaufgabe durchführte. Man erkennt eine deutlich erhöhte Durchblutung in den okzipitalen Regionen (visueller Cortex) und in den parietalen Regionen des Gehirns (unterer Bereich der Bilder in Reihe 3 und 4). Obgleich die Durchblutung auf beiden Seiten zunimmt, ist die Zunahme in den höheren Parietalregionen der rechten Hemisphäre stärker ausgeprägt, wie man gegen Ende von Reihe 3 und zu Beginn von Reihe 4 sehen kann. (Die rechte Hemisphäre ist auf der linken Seite der Bilder.)

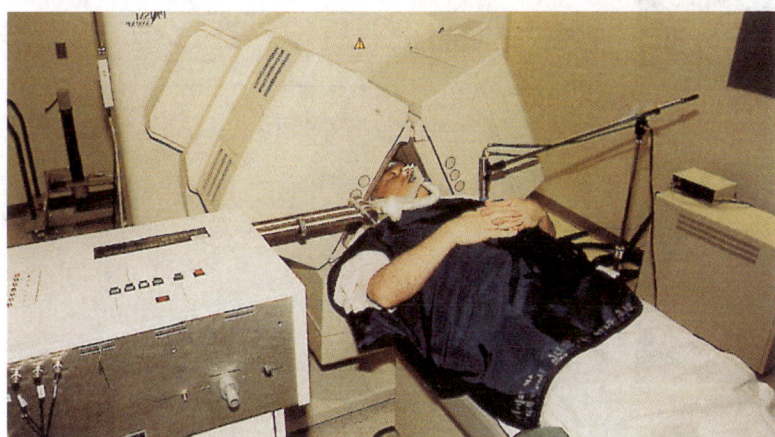

Farbtafel 7 Die Versuchsperson unterzieht sich einem Xenon-133-SPECT-Scan. Der über einer Lunge positionierte Meßfühler mißt die Gasaufnahme in den Blutstrom. Die drei Detektorköpfe des Scanners rotieren und messen die Clearancerate des Gases aus dem Gehirngewebe; daraus läßt sich der zerebrale Blutstrom quantitativ berechnen. Mittels Lautsprechern hinter dem Scanner und einer Projektionswand vor dem Scanner können mentale Aufgaben gestellt werden.

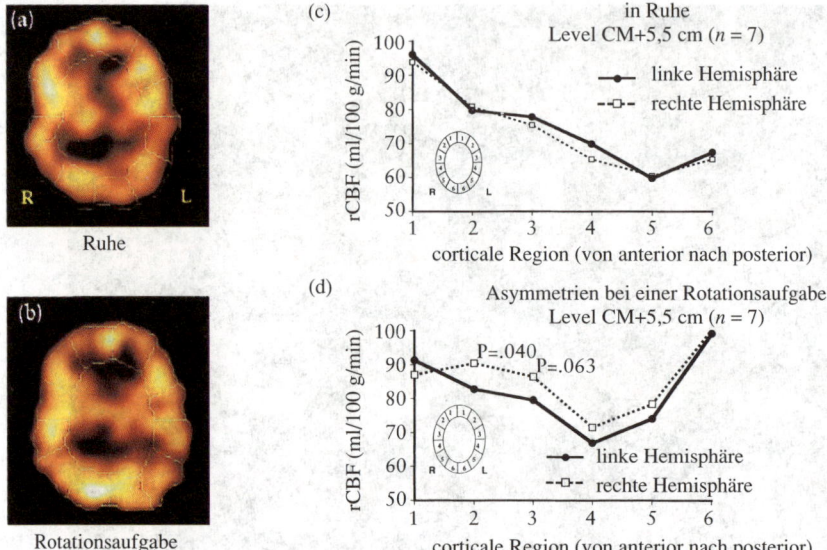

Farbtafel 8 a) und b) Xenon-133-SPECT-Bilder einer Versuchsperson in Ruhe und bei der mentalen Rotationsaufgabe. Ein Programm unterteilt die Bilder und identifiziert den maximalen Blutfluß in jedem Sektor. Die Aufgabe führt zu einer Aktivitätszunahme im okzipitalen sowie im rechten parietalen und temporalen Cortex. c) und d) Die Kurven zeigen bei sieben Versuchspersonen die mittlere regionale Hirndurchblutung (rCBF) in sechs Regionen jeder Hemisphäre. In Ruhe (a) ist die rCBF in den beiden Hemisphären stark gekoppelt. Bei der Rotationsaufgabe (b) nimmt die rCBF beidseitig, aber asymmetrisch zu: Rechts ist die Zunahme stärker als links. (CM: cantho-meatal. Einstellung der Schnittebene nach der Verbindung von Canthus (Augenwinkel) und Meatus (Gehörgang).)

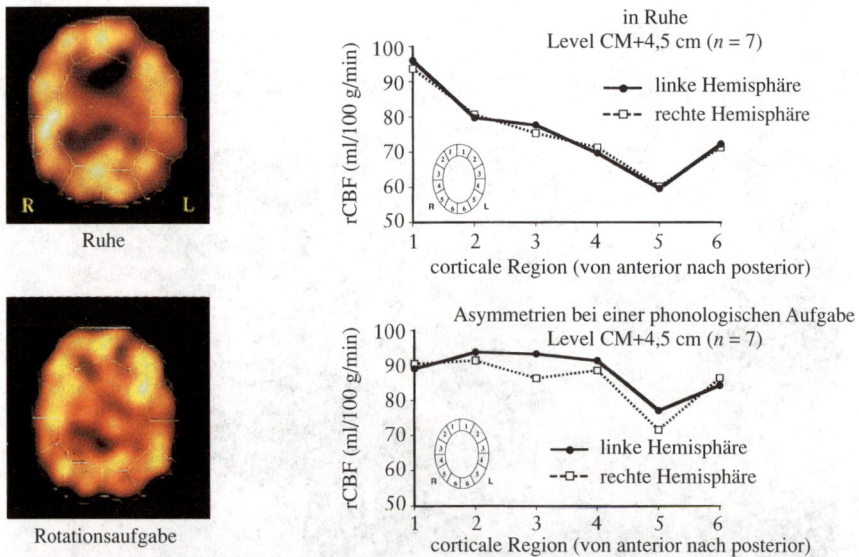

Farbtafel 9 Wie Farbtafel 8; diesmal sind jedoch die Ergebnisse einer phonologischen Zielreizaufgabe (bei der aus einer Reihe von Wörtern, die vom Tonband abgespielt werden, diejenigen identifiziert werden sollen, die den Laut „br" enthalten). Die Bilder zeigen während der Aufgabe eine Aktivitätszunahme in der hinteren linken Frontalregion (Brocasches Areal). Die Kurven zeigen eine bilaterale Zunahme wie auch eine Asymmetrie (linksseitige Zunahme größer als rechtsseitige) in den gemittelten Daten.

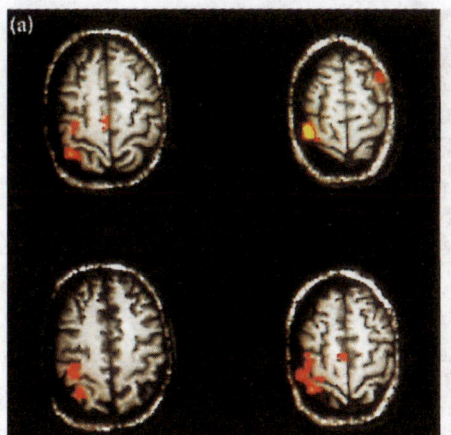 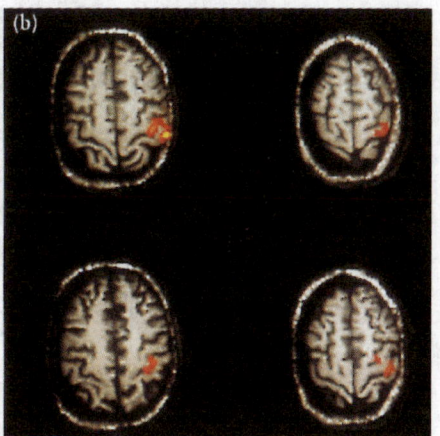

Farbtafel 10 Funktionelle Kernspintomogramme (vier Horizontalschnitte), die Aktivierungsmuster im motorischen Cortex zeigen, hervorgerufen durch Öffnen beziehungsweise Schließen der Hand. (Die rechte Hemisphäre ist auf der rechten Seite der Bilder.) a) Rechte Hand: Es kommt zu einer kontralateralen Aktivierung in den linkshemisphärischen motorischen Arealen. b) Linke Hand: Es kommt zu einer kontralateralen Aktivierung in den rechtshemisphärischen motorischen Arealen. (Mit freundlicher Genehmigung von Dr. Donald Twieg, Department of Biomedical Engineering der University of Alabama in Birmingham.)

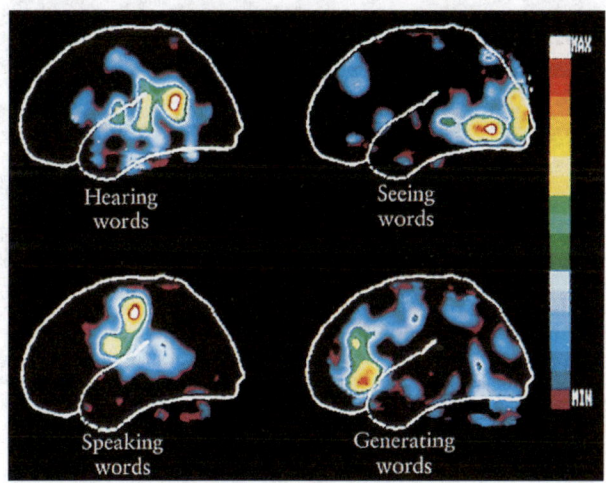

Farbtafel 11 Linkshemisphärische Bilder, die die Ergebnisse einer hierarchischen Serie von PET-Scans der regionalen Hirndurchblutung (rCBF) zeigen; Ziel der Untersuchung war es, Gehirnregionen zu isolieren, die in verschiedenen Stadien der Sprachverarbeitung aktiv sind. Oben: Ergebnis der Subtraktion der Kontrollbedingung „einfaches visuelles Fixieren" von den passiven Versuchsbedingungen „Worte hören" (links) beziehungsweise „Worte sehen" (rechts). Unten links: Ergebnis der Subtraktion der Versuchsbedingung „Worte hören" von der Versuchsbedingung „Worte laut wiederholen". Unten rechts: Ergebnis der Subtraktion der Versuchsbedingung „Worte laut wiederholen" von der Versuchsbedingung „Erzeugen eines Verbs als Antwort auf ein Substantiv". (Mit freundlicher Genehmigung von Dr. Steven Petersen, Neuro Imaging Laboratory, Washington University, St. Louis.)

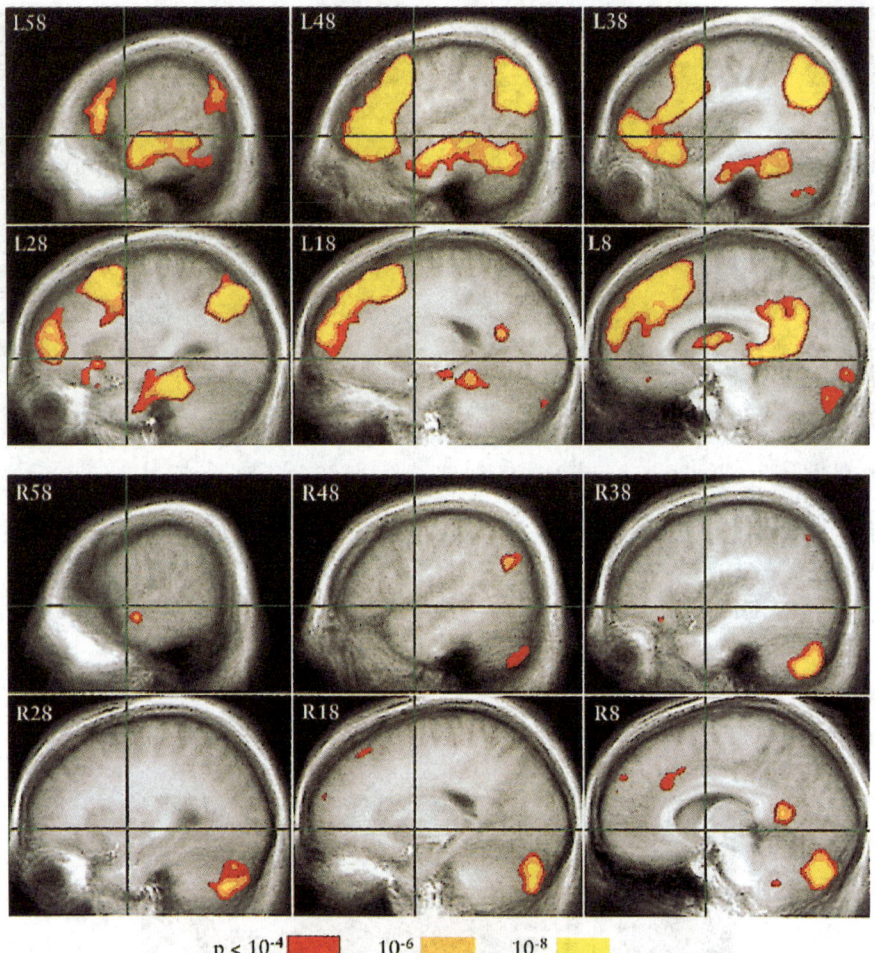

Farbtafel 12 fMRI-Aktivierungskarten der Untersuchung von Jeffrey Binder et al. (1997), in der es um sprachbezogene versus nichtsprachbezogene auditorische Verarbeitung ging (semantische versus Ton-Unterscheidung). Die Versuchspersonen sollten innerhalb einer gesprochenen Serie Tiere identifizieren, die sowohl in den Vereinigten Staaten heimisch sind als auch von Menschen genutzt werden. Eine Ton-Unterscheidungs-Aufgabe, die mit derselben Geschwindigkeit dargeboten wurde, diente als Kontrollbedingung. Abgebildet sind jeweils zusammengehörende linke (obere Hälfte, L) und rechte (untere Hälfte, R) Sagittalschnitte. Gezeigt werden aktivierte Regionen für eine Gruppe von 30 gesunden rechtshändigen Versuchspersonen, überlagert auf gruppengemittelte anatomische Gehirnbilder. Darunter sind die Wahrscheinlichkeitswerte für die Aktivierungen kodiert. Die Aktivierung des linken Temporallappens erstreckt sich von Rahmen L58 bis L28. Der linke Gyrus angularis ist über einen großen Bereich aktiviert (L58 bis L28). Die linke präfrontale Aktivierung umfaßt den gesamten Gyrus frontalis inferior (L18 bis L8), den Gyrus frontalis medianus (L48 bis L28) und einen Großteil des Gyrus frontalis superior (L18 bis L8). L8 zeigt Aktivierung nahe der Mittellinienregionen des Frontallappens (anteriores Cingulum) und Bereiche hinter dem Corpus callosum. Die zerebelläre Aktivierung ist zur rechten Seite hin lateralisiert (R38 bis R8). Kleine Sprachaktivierungsfoci sind im linken vorderen Thalamus und im Caudatum, im linken medialen Cerebellum, in der rechten postcallosalen Region und im rechten Gyrus angularis zu sehen. (Mit freundlicher Genehmigung von Dr. Jeffrey Binder, Department of Neurology, Medical College of Wisconsin.)

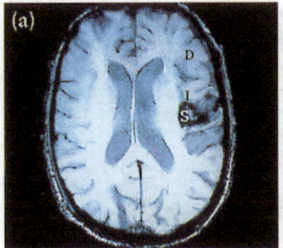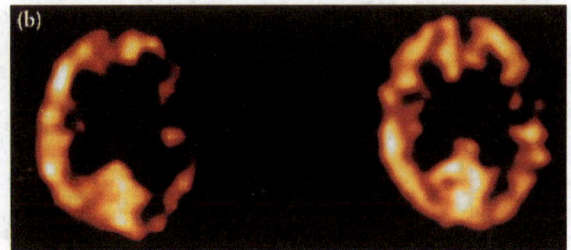

Farbtafel 13 Bilder eines Schlaganfalls und eines möglichen Erholungsmechanismus. a) Das Kernspintomogramm zeigt einen linkshemisphärischen Infarkt (S), der zu einer rechtsseitigen Hemiplegie und Aphasie führte. (Die linke Hemisphäre ist auf der rechten Seite eines jeden Bildes.) b) Die SPECT-Aufnahme links zeigt, daß die Durchblutung und/oder die neuronale Aktivität außerhalb des Infarkts in einem großen Bereich auf der linken Seite reduziert ist. Als die Aufnahmen ein Jahr später, nachdem sich der Patient von seiner Aphasie erholt hatte, wiederholt wurden, sah der SPECT-Scan wie das Bild rechts aus, was darauf hindeutet, daß die Auflösung von läsionsbedingten Diskonnektionseffekten bei der Erholung eine Rolle spielen.

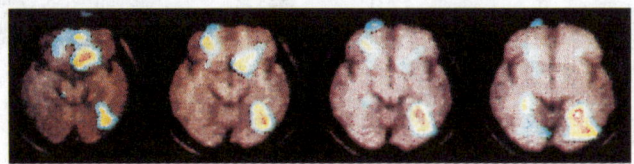

Farbtafel 14 PET-Scans während einer Gesichtererkennungsaufgabe, die Aktivierung in hinteren rechtshemisphärischen Arealen zeigen. (Mit freundlicher Genehmigung von Dr. Justine Sergent, Montreal Neurological Institute.)

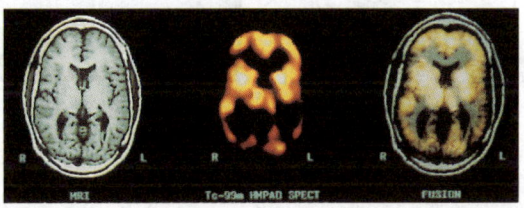

Farbtafel 15 Kernspin- und SPECT-Bilder eines autistischen zwölfjährigen Kindes. Das Kernspintomogramm ist normal, der Tc-99m-HMPAO-SPECT-Scan zeigt Durchblutungsanomalien in okzipitalen, parietalen und einigen temporalen Regionen, die in der linken Hemisphäre stärker ausgeprägt sind als in der rechten. (Die linke Hemisphäre ist auf der rechten Seite jedes Bildes.) Das letzte Bild ist das Produkt einer Überlagerung des Kernspin- und des SPECT-Scans. (Mit freundlicher Genehmigung von Dr. James Mountz, University of Alabama in Birmingham.)

```
   D          FFFFF
   D           F    F
   D           F     F
   D          FFFF    F
   D           F     F
   D           F    F
DDDDD         FFFF     P
```

Farbtafel 16 Beispiele für Reize, die in PET-Untersuchungen von lokaler versus globaler Verarbeitung eingesetzt werden, wie in Farbtafel 17 gezeigt. Die großen Buchstaben L, D und P stellen die globale Ebene, die kleinen Buchstaben D, F und N die lokale Ebene dar. (Das „P" besteht aus vielen kleinen „N".)

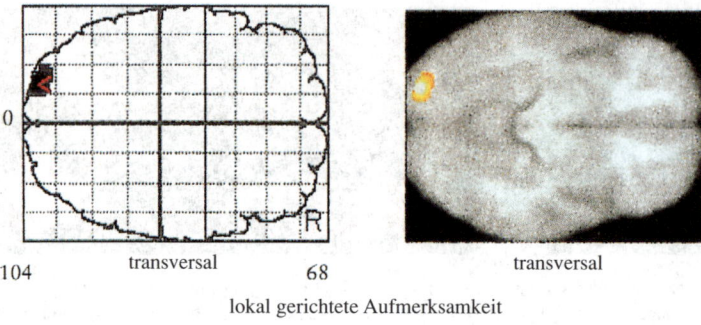

lokal gerichtete Aufmerksamkeit

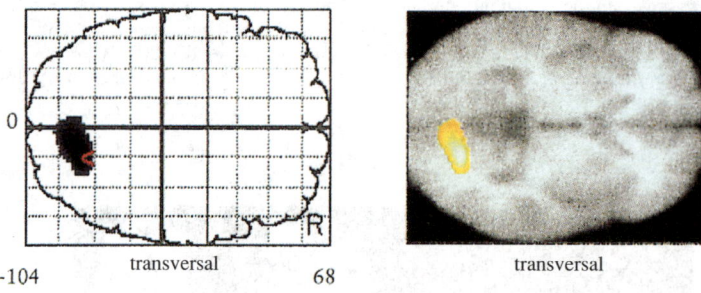

global gerichtete Aufmerksamkeit

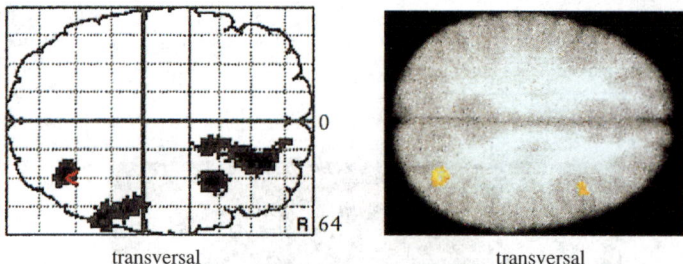

Farbtafel 17 Ergebnisse der mittels PET gemessenen Gehirnaktivierung bei Experimenten zur gerichteten Aufmerksamkeit auf globale oder lokale Stimulusattribute. (Beispiele für derartige Reize sind auf Farbtafel 16 abgebildet.) Bereiche signifikanter relativer rCBF-Zunahme wurden auf transversale Repräsentationen eines standardardisierten stereotaktischen Raumes projiziert, eine Methode, die die anatomische Variabilität unter Versuchspersonen korrigiert. Das Aktivierungsmuster wird auch den gruppengemittelten MRT-Bildern überlagert. Rote Pfeile weisen auf das lokale Maximum innerhalb des Aktivierungsbereichs hin. Man findet eine rechtshemisphärische Aktivierung bei globaler gerichteter Aufmerksamkeit (Mitte), deren Zentrum auf dem Gyrus lingualis liegt, sowie eine linkshemisphärische Aktivierung bei lokaler gerichteter Aufmerksamkeit (oben), die sich auf den unteren okzipitalen Cortex konzentriert. (Die Größe des Stimulus beeinflußte lediglich den Grad der rCBF-Zunahme in den frühen visuellen Verarbeitungsarealen auf beiden Seiten.) Bei lokaler/globaler geteilter Aufmerksamkeit beobachtete man eine positive Korrelation zwischen der relativen rCBF im temporoparietalen Übergang (roter Pfeil) und der Zeit, in der die Aufmerksamkeit auf globalem oder lokalem Niveau aufrechterhalten wurde (unten). Andere positive Korrelationen wurden im rechten temporalen Cortex, im rechten orbitofrontalen Cortex und im rechten präfrontalen Cortex beobachtet. (Mit freundlicher Genehmigung von Dr. Gereon Fink, Wellcome Department of Cognitive Neurology, University of London.)

chung fanden sie heraus, daß ein Teil des auf sprachliche Reize folgenden evozierten Potentials in der linken Hemisphäre eine größere Amplitude aufwies als in der rechten. Dieser Unterschied war selbst dann zu sehen, wenn die Versuchspersonen nur zuhörten, ohne zu versuchen, die Reize zu identifizieren. Nichtsprachliches Material dagegen rief den Aufzeichnungen zufolge eine größere Amplitude in der rechten Hemisphäre hervor.

Einige Untersuchungen befaßten sich auch damit, wie Asymmetrien durch die Aufgabe, die die Versuchsperson während der Ableitung des evozierten Potentials ausführt, beeinflußt werden. In einer dieser Arbeiten bot man den Versuchspersonen eine Folge von synthetisch erzeugten Lautsilben dar, die sich im Anfangslaut („ba" gegenüber „da") oder in der Tonhöhe (hoch oder niedrig) unterscheiden konnten.[14] In der einen Hälfte der Versuchsdurchgänge wurden die Personen aufgefordert, ohne Rücksicht auf die Tonhöhe auf jedes Erscheinen von „ba" zu achten, in der anderen Hälfte wies man sie an, auf Silben mit hoher Tonhöhe zu hören – unabhängig von ihrem Inhalt. Während der Tests wurden jeweils die EPs auf „ba"-Silben mit hoher Tonhöhe über der linken und der rechten Hemisphäre abgeleitet. So konnte man mit genau denselben Reizen unter zwei Versuchsbedingungen analysieren, welchen Einfluß die durchgeführte Aufgabe auf die Asymmetrie des evozierten Potentials hat (was als elegante und effiziente Weise gilt, Untersuchungen mit funktionellen bildgebenden Verfahren im allgemeinen durchzuführen). Es ergaben sich für die Benennungs- und Tonhöhenaufgaben unterschiedliche evozierte Potentiale, allerdings nur über der linken Hemisphäre. Diese Befunde führten die Forscher zu der Annahme, daß es zwar hinsichtlich der Fähigkeit, eine Silbe zu identifizieren, Hemisphärenunterschiede gibt, nicht aber hinsichtlich der Fähigkeit, die Tonhöhe einer solchen Silbe zu erkennen.

Testreizkorrelierte Potentiale während geistiger Tätigkeit

Die üblichen Experimente mit evozierten Potentialen waren anfangs darauf beschränkt, Reaktionen auf kurze, normalerweise einfache Reize zu erfassen. Das sogenannte „testreizkorrelierte" Potential (*probe evoked potential*) ist eine neuere Entwicklung, dank derer sich Beziehungen zwischen Gehirn und Verhalten auch bei komplexeren geistigen Tätigkeiten mit EP-Methoden untersuchen lassen. Anstatt die Reaktion auf wiederholte Reizdarbietungen mit dem Ruhezustand zu vergleichen, fordert der Versuchsleiter die Versuchspersonen auf, Aufgaben von unterschiedlicher Komplexität auszuführen, und läßt dann wiederholt Testreize (etwa ein Klickgeräusch oder einen Lichtblitz) darbieten, während die Versuchsperson arbeitet. Interessant ist nun, inwieweit die geistige Tätigkeit das normale evozierte Potential auf den Testreiz unterdrückt.

Man geht davon aus, daß das Gehirn nur eine beschränkte Anzahl simultaner Tätigkeiten gleichermaßen kompetent ausführen kann. Je komplexer die Hintergrundaufgabe ist, desto stärker sollte also die normale Reaktion des Gehirns auf einen intermittierenden Testreiz reduziert werden. Testreiz-EPs lassen sich von verschiedenen Regionen des Gehirns gleichzeitig ableiten. Vermutlich hängt die Amplitude des testreizkorrelierten EP davon ab, wie sehr die Versuchsperson durch eine bestimmte Aufgabe beansprucht wird, und davon, welche Hirnregionen an der Aufgabenbewältigung beteiligt sind.

Mit Hilfe dieser Technik registrierte man in einer Untersuchung die relative Beteiligung der temporalen und parietalen Regionen der linken und rechten Gehirnhälfte während einer arithmetischen und einer visuell-räumlichen Aufgabe, indem man die EPs auf einen über Kopfhörer dargebotenen Testton ableitete.[15] Die Versuchspersonen sahen unter allen Bedingungen dieselben Reize: nämlich einzelne Bruchstücke und jeweils daneben das vollständige geometrische Muster; in jedem Fragment wie auch in dem kompletten Muster waren Ziffern eingefügt. Im visuell-räumlichen Aufgabenteil signalisierten die Versuchspersonen mit einer Fingerbewegung, ob man mit den Bruchstücken das daneben abgebildete intakte geometrische Muster zusammensetzen konnte. In den arithmetischen Durchgängen gaben die Versuchspersonen an, ob sich die Zahlen in den Bruchstücken zu der Zahl in dem vollständigen Muster aufaddierten.

Die Amplitude der evozierten Potentiale auf die Testtöne variierte in Abhängigkeit von der Aufgabe, die die Versuchspersonen ausführten. Während der arithmetischen Berechnungen waren die Testreiz-EPs im linken Temporalbereich verglichen mit Kontroll-EPs signifikant reduziert. Bei der visuell-räumlichen Aufgabe ergab sich eine stärkere Reduktion über dem rechten Parietalbereich. Diese Ergebnisse bestätigen natürlich, daß die linke Hemisphäre an „seriell-analytischen" Vorgängen, wie sie etwa beim Sprechen und Rechnen ablaufen, und die rechte Hemisphäre an bestimmten visuell-räumlichen Prozessen beteiligt sind. Darüber hinaus bietet diese Arbeit ein gutes Beispiel für eine experimentelle Strategie, bei der man Aufgaben mit identischen Reizen und identischen Reaktionen durch die jeweilige Anweisung an die Versuchsperson variiert. Dieses Verfahren gestattet es, Veränderungen der Hirnfunktionen, die ausschließlich durch unterschiedliche psychische oder geistige Prozesse hervorgerufen werden, besser herauszufiltern.

Wie weit bringen uns Ableitungen der elektrischen Gehirnaktivität von der Kopfhaut?

Eine Reihe von Wissenschaftlern, die sich mit bildgebenden Verfahren beschäftigen, sehen im EEG eine ideale Ergänzung zu PET, SPECT und fMRI, denn wenn man sie gemeinsam anwendet, profitiert man sowohl von der hohen zeitlichen Auflösung des EEG als auch von der hohen räumlichen Auflösung der metabolischen Messungen. Die räumlichen Details, die konventionelle EEG-Ableitungen liefern, waren jedoch bisher so grob, daß man sie, was die zugrundeliegende funktionelle Anatomie betraf, lediglich auf dem Niveau ganzer Hirnlappen interpretieren konnte. In mehreren Labors wird nun daran gearbeitet, die räumliche Auflösung dadurch zu verbessern, daß man die Elektrodendichte bei der Ableitung stark erhöht, indem man die räumlichen Details durch Computerbearbeitung besser herausarbeitet und diese Daten gemeinsam mit anderen Bildern von Gehirnstruktur und -funktion registriert.

In den letzten Jahren haben Alan Gevins und seine Kollegen das EEG und die Messung von ereigniskorrelierten Potentialen auf ein neues, noch komplexeres Niveau gehoben, indem sie die Gehirnaktivität von bis zu 125 Hautelektroden ableiteten, die über den gesamten Kopf der Versuchsperson verteilt waren. Mit Hilfe einer komplizierten Computeranalyse untersuchte Gevins an allen Ableitorten Veränderungen des EEG, die mit verschiedenen Verarbeitungsstufen bei wiederholten Aufgaben assoziiert waren, und gelangte so zu einer Reihe von Befunden über die

Aktivierung bestimmter Gehirnregionen durch unterschiedliche kognitive Verarbeitungsprozesse.[16] Die meisten dieser Befunde werden als „Kovarianz" zwischen mehreren zerebralen Regionen während Reizdarbietung, Entscheidungsfindung und Reaktion beschrieben. Diejenigen Regionen, die sich im EEG gleichzeitig verändern, sollen Teile eines neuronalen „Netzwerks" darstellen, das an einer Aufgabe oder einer bestimmten Verarbeitungsstufe beteiligt ist.

Diese Arbeiten haben einige innovative Konzepte angeregt, so die Suche nach Korrelationen von Veränderungen in der Gehirnaktivität anstelle einer einfachen räumlichen Darstellung von Aktivitätsmaxima. (Wir haben das Konzept der Suche nach regionalen Korrelationen bei aufgabenbezogener Aktivität bereits früher im Zusammenhang mit der PET-Technik diskutiert.) Viele Elektrophysiologen sind jedoch der Auffassung, daß Ableitungen von der Kopfhaut nicht ausreichen, um die elektrische Aktivität des Gehirns präzise zu analysieren, und daß es anderer Techniken bedarf, um Aufschluß über die gleichzeitige Aktivität in mehreren Gehirnregionen zu erhalten. Solche Überlegungen haben zur Entwicklung der Magnetoenzephalographie geführt.

Magnetoenzephalographie

Die Aktivität von Nervenzellen erzeugt nicht nur elektrische, sondern auch magnetische Felder. In den letzten Jahren ist es nun technisch möglich geworden, die Magnetfelder, die gemeinsam mit den elektrischen Feldern durch die neuronale Aktivität in bestimmten Bereichen des Gehirns erzeugt werden, aufzuzeichnen und getrennt darzustellen. Einzelne aktive Neuronen produzieren extrem schwache magnetische Felder, aber unter bestimmten Bedingungen liefern die Felder mehrerer gleichzeitig tätiger Nervenzellen gemeinsam ein so starkes magnetisches Signal, daß man es an der Kopfaußenseite messen kann. Eine solche Aufzeichnung – gewissermaßen das magnetische Gegenstück zum EEG – wird als Magnet(o)enzephalogramm (MEG) bezeichnet.

Auf der Basis von MEGs läßt sich errechnen, wo im dreidimensionalen Raum die Zellgruppen lokalisiert sind, die das gemessene Feld erzeugen. Damit zeichnet sich diese Methode gegenüber dem EEG vor allem dadurch aus, daß man die Quelle der gemessenen Aktivität innerhalb des Gehirns besser eingrenzen kann. Um die sehr schwachen Magnetfelder aufzufangen, braucht man supraleitende Spulen, und alle Messungen müssen in Räumen durchgeführt werden, die mit großem Aufwand magnetisch abgeschirmt sind. Das Herz einer MEG-Sonde ist eine als SQUID (*superconducting quantum interference device*) bezeichnete Aufnahmevorrichtung, die durch flüssiges Helium gekühlt wird. Indem man entweder eine einzelne Sonde über den Kopf der Versuchsperson hinwegbewegt oder mehrere Sonden an unterschiedlichen Stellen über dem Kopf anbringt, lassen sich mit der MEG-Technik Kontur- oder „Isolinienkarten" erstellen, also graphische Darstellungen, auf denen die unterschiedlichen Magnetfeldstärken als konzentrisch angeordnete Kreise angezeigt werden. Mit Hilfe solcher Karten lassen sich dann die Neuronen, die das Feld erzeugen, im dreidimensionalen Raum lokalisieren. Abbildung 3.5 und 3.6 zeigen die Apparatur und die Konturkarten.

Ursprünglich setzten Forscher MEGs ein, um exakter, als es mit EEGs möglich ist, den Ort und die Tiefe jener elektrischen Ströme zu bestimmen, die den Entladungen epileptischen Gewebes im Gehirn zugrunde liegen. Sie hatten Erfolg:

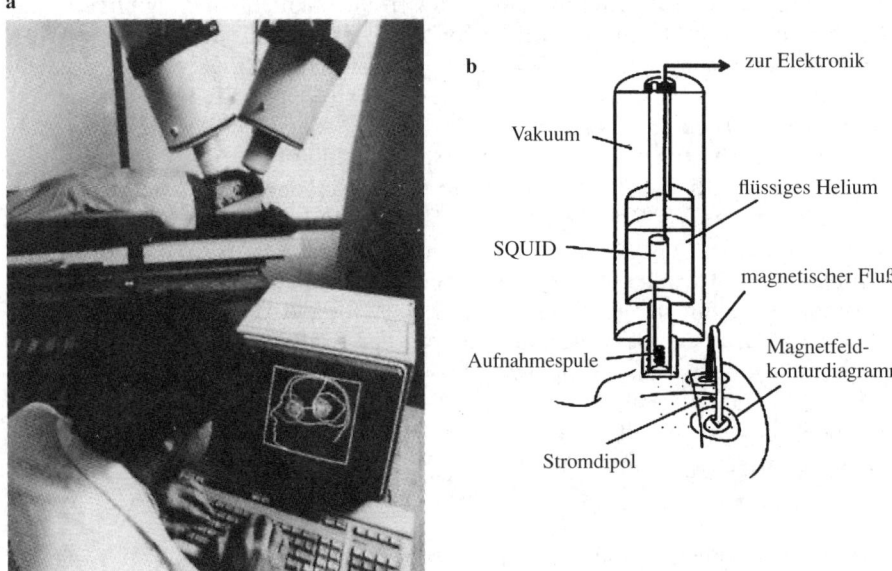

3.5 a) Bei einem Patienten wird mit einem 14-Kanal-Neuromagnetometer ein Magnetoenzephalogramm (MEG) abgeleitet. Bei dieser Methode untersucht man die elektrische Aktivität des Gehirns, indem man die Magnetfelder mißt, die von den elektrischen Strömen im Gehirn erzeugt werden. (Mit freundlicher Genehmigung von Biomagnetic Technologies, Inc., San Diego, Kalifornien.) b) Magnetfelder im Gehirn lassen sich mit Hilfe supraleitender Verstärker (SQUIDs, siehe Text) und damit verbundener spezieller Spulen messen. Das flüssige Helium hält die Temperatur des Systems sehr niedrig; dies ist für die Aufrechterhaltung der Supraleitfähigkeit notwendig. (Mit freundlicher Genehmigung von Dr. Jackson Beatty, University of California, Los Angeles.)

Bei einem Patienten gelang es beispielsweise, die epileptische Aktivität in einem genau bestimmten Bereich zehn bis elf Millimeter unterhalb der Schädeldecke zu lokalisieren.[17]

Evozierte Felder (EFs)

Analog zu den evozierten Potentialen im EEG kann man auch mit dem MEG Reaktionen auf externe Reize messen. Wie wir bereits gesehen haben, ruft ein wiederholter akustischer, somatosensorischer oder optischer Reiz eine meßbare Veränderung in den gemittelten EEG-Wellen hervor. Der gleiche Reiz bewirkt eine charakteristische Verteilung der magnetischen Flußdichte, die man über einer bestimmten Hirnregion messen kann. Der Ursprung solcher magnetischer Felder ist viel genauer einzugrenzen als der eines evozierten Potentials. So hat man die Quelle magnetischer Felder, die durch wiederholte Klickgeräusche erzeugt wurden (evozierte Felder), eindeutig im auditorischen temporalen Cortex beider Hemisphären geortet.[18]

In weiteren Untersuchungen ließen sich die Ursprünge der Aktivität, die mit der Stimulation des Ohres der gleichen (ipsilateralen) beziehungsweise der gegenüberliegenden (kontralateralen) Seite des Kopfes einhergeht, innerhalb einer Hemisphäre bestimmen. Bei acht Versuchspersonen wurden die durch Stimulation des

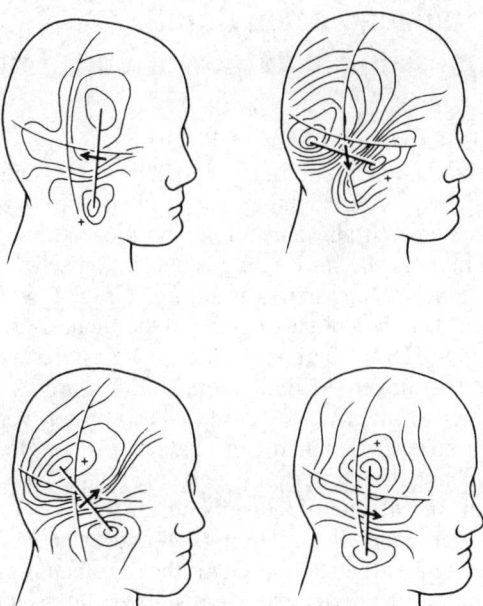

3.6 Beispiele für Kontur- und Isolinienkarten der Magnetfelder, die in der rechten Hemisphäre eines Patienten durch epileptische Aktivität entstanden sind. Solche MEG-Aufzeichnungen erlauben es, die Entstehungsorte (Foci) der Anfälle genau zu lokalisieren. Die Aufnahmen von diesem Patienten deuten auf mehrere Foci innerhalb des rechten Temporallappens hin. (Aus J. Beatty et al., „Neuromagnetometry", in *Psychophysiology*, Hrsg. M. G. H. Coles, E. Donchin und S. W. Porges (New York: Guilford Press, 1986), S. 38, Abb. 2.10.)

linken und rechten Ohres evozierten magnetischen Felder in der rechten Hemisphäre gemessen. Dann übertrug man die resultierenden Koordinaten der Aktivitätsquelle für jeden Probanden auf ein anatomisches Kernspintomogramm seines Gehirns. Das MEG ergab nicht nur, daß der Ursprung der Aktivität in die Umgebung des auditorischen Cortex fiel, sondern zeigte auch, daß die Quellen der durch ipsilaterale und kontralaterale Stimulation ausgelösten Aktivierung geringfügig voneinander abweichen. Dieses Ergebnis deutet an, daß linksohrige und rechtsohrige Reizung benachbarte, aber doch separate Bereiche der rechten Hemisphäre aktivieren. Den Forschern zufolge verdeutlichen diese Ergebnisse die erreichbare Präzision und die Anwendbarkeit des MEG für die Untersuchung von sensomotorischen und kognitiven Prozessen beim Menschen.[19]

Die magnetoenzephalographische Forschung findet mittlerweile sowohl in der Grundlagenphysiologie als auch bei der Untersuchung komplexerer geistiger Funktionen Anwendung. Wegen der komplizierten Technik und aus Kostengründen besitzen die meisten MEG-Anlagen sieben oder 14 Kanäle, deren Anzahl bestimmt, wie viele Hirnregionen gleichzeitig untersucht werden können. Neuere MEG-Instrumente weisen sehr viel mehr Kanäle auf. Es gibt sogar eine Version, bei der der gesamte Kopf mit über 100 separaten SQUID-Vorrichtungen abgedeckt wird. Mit solchen Geräten lassen sich interhemisphärische Prozesse bei komplexen kognitiven Aktivitäten besser untersuchen und hemisphärische Asymmetrien präziser messen.

Einige Anmerkungen zu den durch Hirnaktivitätsmessungen aufgeworfenen Fragen

PET-, SPECT- und fMRI-Untersuchungen, elektrophysiologische Messungen, Untersuchungen der regionalen Durchblutung und andere Messungen von Stoffwechselprozessen ermöglichen es, Beziehungen zwischen Hirnaktivität und Verhalten zu erforschen. Sie haben sich als sehr nützlich erwiesen, um diese oder jene Ansichten zur Gehirnfunktion, die im Laufe der psychologischen Forschung an hirnverletzten und gesunden Menschen zusammengetragen worden sind, physiologisch zu bestätigen. Darüber hinaus beginnen sie, neue Befunde zur zerebralen Organisation – auch zur Hemisphärenasymmetrie – zu liefern, die aus den bisherigen klinischen Untersuchungen noch nicht ersichtlich waren.

Die Messungen der Hirnaktivität während bestimmter Verhaltensäußerungen haben einige Fragen zu übertriebenen Einschätzungen der Hemisphärenasymmetrie aufgeworfen. So findet sich beispielsweise wenig, das die These unterstützt, bei einer bestimmten Aufgabe würde jeweils nur die eine oder andere Hemisphäre eingeschaltet. Jede der oben diskutierten Meßmethoden weist darauf hin, daß selbst an der einfachsten Aufgabe viele Gehirnbezirke beteiligt sind. Und die Befunde sollten uns daran erinnern, daß Hemisphärenunterschiede nur eines von mehreren unterschiedlichen Organisationsprinzipien des Gehirns darstellen. Zweifellos gibt es Aktivitätsasymmetrien zwischen den Gehirnhälften, doch sie können sehr subtil sein; das sollte uns warnen, über die Hemisphärenspezialisierung nicht in allzu einfachen Begriffen nachzudenken.

Die Grenzen der Erforschung des Gehirns mit bildgebenden Verfahren

Funktionelle bildgebende Verfahren sind zu einem leistungsstarken Werkzeug für die Untersuchungen von Zusammenhängen zwischen Gehirn und Verhalten geworden. Die Fähigkeit, Aktivitäten im lebenden Gehirn sichtbar zu machen, ohne sie zu beeinflussen, hat das Tor zu einer Vielzahl von Studien zu Fragen der normalen und anomalen Gehirnfunktionen geöffnet. Die Möglichkeiten scheinen enorm und die Grenzen offenbar nur eine Kostenfrage zu sein beziehungsweise nur von unserer Fähigkeit abzuhängen, die richtigen Fragen zu stellen und entsprechende sorgfältige Beobachtungen zu machen.

Die frühen Erfolge, nämlich bei bestimmten Aufgaben genau jene Hirnregionen auf dem Bildschirm aufleuchten zu sehen, die hundert Jahre neuropsychologischer Forschung vorhergesagt haben, verleiteten einige Leute zu dem voreiligen Schluß, wir würden bald gewissermaßen wie auf Landkarten ablesen können, wie das Gehirn die meisten geistigen Operationen ausführt. Wenn man dies so hört, könnte die Befürchtung aufkommen, daß sich in nicht allzu langer Zeit mit Hilfe der bildgebenden Verfahren die geheimsten Gedanken aufdecken lassen. Aber diese Sorge ist unbegründet. So aufregend dieses Forschungsgebiet auch ist, die Erwartungen an das, was mit den funktionellen hirntomographischen Messungen geleistet werden kann, müssen in Anbetracht der praktischen wie konzeptionellen Einschränkungen doch um einiges zurückgesteckt werden. Zuerst einmal sollte man sich in Erinnerung rufen, daß die meisten bildgebenden Verfahren die Verteilung einer Indikatorsubstanz messen, die die relative Ausprägung eines bestimmten Aspekts des Hirnstoffwechsels wiedergibt. Der so angezeigte regionale Stoffwechsel ist seinerseits nur ein Indiz für die Aktivität in verschiedenen Hirnregionen und repräsentiert für sich genommen nicht den eigentlichen physiologischen Mechanismus, der der untersuchten geistigen Funktion zugrunde liegt. Genausowenig erklärt die Lokalisation einer Region höchster Aktivität während einer Aufgabenausführung oder einer mentalen Operation den Gehirnprozeß, der hinter diesem geistigen Vorgang steckt. Neurowissenschaftliche bildgebende Verfahren vermögen höchstens eine relativ grobe Übersicht darüber zu geben, wo einige Ereignisse stattfinden, die mit einer bestimmten Aufgabenbearbeitung verbunden sind.

Darüber hinaus muß man auch bedenken, daß alle Stoffwechseldarstellungen kumulative oder zeitlich gemittelte Momentaufnahmen von Vorgängen im Gehirn sind, die während der gesamten Zeit ablaufen, die die Indikatorsubstanz benötigt, um sich richtig zu verteilen, beziehungsweise die der Scanner braucht, um diese Verteilung zu messen. Dieses zeitliche Intervall beträgt selbst bei den modernen PET-und SPECT-Messungen der Durchblutung günstigstenfalls ungefähr eine Minute und ist bei den meisten anderen PET- und SPECT-Methoden wesentlich länger. Damit entziehen sich Aktivitätsveränderungen, die über kürzere Zeiträume hinweg stattfinden, des Nachweises, oder sie gehen durch Mittelung verloren. Die zeitliche Auflösung der funktionellen kernspintomographischen Messungen liegt beträchtlich höher – bei annähernd fünf bis 20 Sekunden –, ist aber immer noch sehr langsam, wenn man sie mit der Geschwindigkeit der neuronalen Kommunikation oder mit den Veränderungen in den hirnelektrischen Aktivitäten vergleicht. Elektro- und Magnetoenzephalographie, obgleich besser zur Registrierung dieser rascheren Ereignisse geeignet, haben andere Nachteile.

Überdies gibt es noch schwerwiegendere konzeptionelle Probleme, wenn es um die zeitliche Messung und örtliche Festlegung von „Gedanken" mittels funktioneller Bildgebung geht. Neurowissenschaftliche bildgebende Verfahren versuchen einen geistigen Prozeß als Momentaufnahme wiederzugeben beziehungsweise – mit fortschreitender Technik – als eine Reihe von Momentaufnahmen. Die mag in gewissen Grenzen bei einfachen sensomotorischen Funktionen und vielleicht sogar noch unter bestimmten kognitiven Aufgabenbedingungen funktionieren. Aber es wird wahrscheinlich niemals genügen, um die zerebrale Aktivität ausreichend zu beschreiben, die den individuellen Strom der Gedanken bildet, geschweige denn irgendwelchen Forschern genug Informationen an die Hand geben, um „Gedanken lesen" zu können.

Die Untersucher sind ferner darauf angewiesen, über viele Wiederholungen der gleichen Aufgabe oder über viele Versuchspersonen, die die gleiche Aufgabe ausführen, hinweg zu mitteln, um einen bestimmten Aspekt der Hirnaktivität, der mit einer Aufgabe einhergeht, von einem Wust anderer Aktivitäten zu trennen, die durch individuelle Unterschiede und vielerlei anderes „Rauschen" entstehen. Selbst einfache Versuche der PET-Forscher, bestimmte geistige Vorgänge durch die oben beschriebene Subtraktionsmethode zu isolieren, sind durch zahlreiche Mutmaßungen und Interpretationsprobleme belastet.[20] Ist eine komplexe mentale Operation wirklich nur die bloße Summe einfacher Schritte, die wir unabhängig voneinander untersuchen können? Beeinflußt das Hinzufügen einer neuen Stufe die Verarbeitung, die auf den vorangegangenen Stufen stattfindet? Haben geistige Vorgänge wirklich einen definierten Anfang und ein ebensolches Ende? Wir wissen eigentlich gar nicht, wann Gedanken anfangen oder enden, und ebensowenig, ob geistige Ereignisse wirklich noch dieselben sind, wenn sie wiederholt werden.

Schließlich ist zu bedenken, daß alle Experimente mit bildgebenden Verfahren, die darauf angelegt sind, jene Gehirnaktivität aufzudecken, die den geistigen Prozessen zugrunde liegt, durch aktuelle psychologische Theorien und durch die eigenen Vorstellungen des Untersuchers beeinflußt werden, wie mentale Operationen aufzuteilen und zu isolieren sind. Die tatsächliche Organisation mentaler Prozesse wie auch die zugrundeliegenden Gehirnfunktionen werden sich natürlich nicht nach unseren Vorstellungen von ihnen richten. Normalerweise gehen wir davon aus, daß schlechte Modelle verworfen oder aufgrund empirischer Daten verändert werden.

Im Falle der Psychologie und der bildgebenden Verfahren ist die Situation jedoch so kompliziert und die Anzahl der Variablen, die in die Bilder eingehen, so immens, daß es ziemlich leicht möglich ist, „erwartete" Ergebnisse herauszukitzeln oder im wahrsten Sinne des Wortes in Befunden zu „sehen". Es ist auch leicht, der „Psychologentäuschung" zu erliegen – indem man Experimente plant, die auf bestimmten Ansichten von den geistigen Funktionen beruhen. Die Ergebnisse solcher Experimente werden diese Ansichten dann schon deshalb stützen, weil das experimentelle Design die möglichen Ergebnisse in eine bestimmte Richtung drängt.

Diese Anmerkungen sollen die Forschung mit funktionellen hirntomographischen Methoden nicht abwerten. Es soll damit auch nicht bestritten werden, daß die potentiellen Möglichkeiten, sowohl normale als auch anomale Hirnfunktionen zu untersuchen, enorm sind. Die funktionelle bildgebende Forschung sollte dazu beitragen, einige unserer psychologischen Denkkategorien – mittels Assoziationen und Dissoziationen hinsichtlich der Befunde zur Gehirnaktivierung – in dem Maße neu zu definieren, wie sich auch die klassische neuropsychologische Forschung weiterentwickelte. Wir möchten die Leser lediglich mit einigen der wichtigen methodischen Kritikpunkte vertraut machen, die das Unterfangen, das linke und rechte Gehirn mit dieser neuen Technik zu erforschen, als eine noch größere Herausforderung erscheinen lassen.

Asymmetrien in der Anatomie der beiden Hemisphären

Eine im Jahre 1968 erschienene Arbeit von Norman Geschwind und Walter Levitsky beschrieb eindeutig anatomische Asymmetrien zwischen den beiden menschlichen Gehirnhälften in den für Sprechen und Sprache wesentlichen Regionen.[21] Der Artikel, der in einer von Wissenschaftlern verschiedener Disziplinen viel gelesenen Zeitschrift veröffentlicht worden war, erregte bei den Forschern, die sich mit funktionellen Hemisphärenasymmetrien befaßten, großes Aufsehen.

Geschwind und Levitsky waren allerdings nicht die ersten, die solche Gehirnasymmetrien beobachtet hatten. Seit der zweiten Hälfte des 19. Jahrhunderts wurde immer wieder einmal über solche Asymmetrien berichtet. Im allgemeinen hielt man zu jener Zeit die Unterschiede für unerheblich und für zu gering, als daß sie funktionelle Unterschiede zwischen linker und rechter Gehirnhälfte hätten erklären können.

In den späten sechziger Jahren jedoch war die Zeit reif, um zu prüfen, ob funktionelle Hemisphärenasymmetrien nicht doch eine strukturelle Grundlage auf anatomischem, makroskopischem Niveau haben könnten.

3. Psychologie und Physiologie   73

Vermessung der Hemisphären

Die von Geschwind und Levitsky gefundenen Asymmetrien bezogen sich auf die Ausdehnung des Planum temporale; das ist ein Teil des Temporallappens, der in der Lateralfurche verborgen liegt und sich an die sogenannten Heschlschen Querwindungen oder auch Hörwindungen anschließt, die als primärer Hörbereich gelten. Bei 65 von 100 Gehirnen, die nach dem Tod ausgemessen wurden (sogenannte *post mortem*-Untersuchungen), war das Planum temporale in der linken Hemisphäre größer als in der rechten, bei elf weiteren war es in der rechten Gehirnhälfte größer, und bei den restlichen 24 Gehirnen ergab sich kein Unterschied. Durchschnittlich war der vermessene Bereich auf der linken Seite um ein Drittel größer als auf der rechten. Abbildung 3.7 zeigt den Ort dieser Asymmetrien.

Zweifellos ist das Ausmaß der Asymmetrien beeindruckend – noch bedeutsamer aber ist ihre Lage. Das Planum temporale wird nämlich als ein Teil des Wernickeschen Areals betrachtet – einer Hirnregion, die nach Karl Wernicke benannt wurde, der als erster herausfand, daß eine Schädigung in diesem Gebiet häufig unterschiedliche aphasische Symptome nach sich zieht. Geschwind und Levitsky sahen einen engen Zusammenhang zwischen den von ihnen beobachteten Asymmetrien und den Hemisphärenunterschieden in jenen Funktionen, die vermutlich durch dieses Gebiet kontrolliert werden.

Die Beobachtungen von Geschwind und Levitsky sind durch mehrere Untersuchungen, die verschiedene Verfahren zur Vermessung des Planum temporale ver-

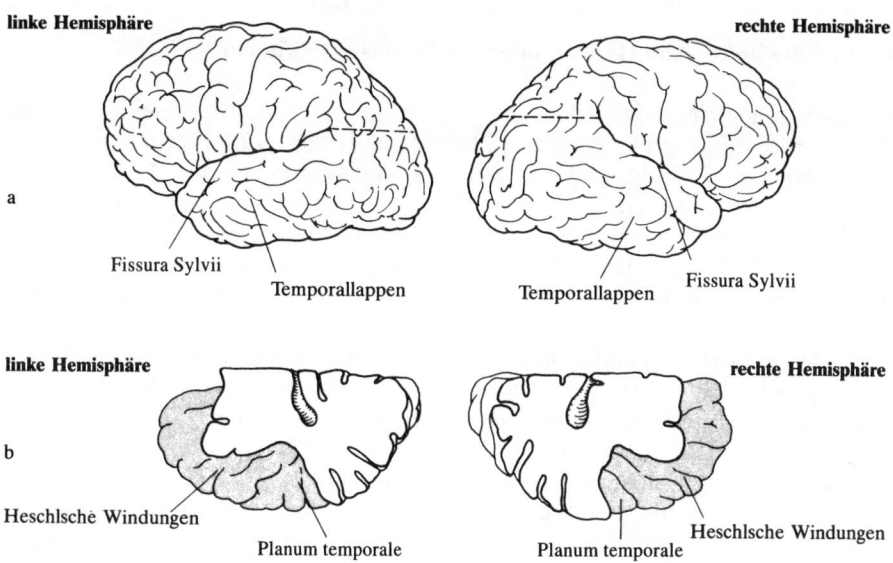

3.7 Anatomische Asymmetrien in der menschlichen Großhirnrinde. a) Die Lateralfurche (Fissura Sylvii), die den oberen Rand des Temporallappens definiert, steigt auf der rechten Gehirnseite steiler an. Die gestrichelte Linie gibt die Schnittebene für b wieder. b) (von oben gesehen) Das Planum temporale, der Bereich des oberen Temporallappens hinter den Heschlschen Querwindungen oder Gyri, ist normalerweise auf der linken Seite viel größer. Man betrachtet diese Region in der linken Hemisphäre als Teil des für das Sprachverständnis bedeutsamen Wernickeschen Areals. (Nach N. Geschwind, „Die Großhirnrinde", *Spektrum der Wissenschaft* (1979). Alle Rechte vorbehalten. Anmerkung des Herausgebers: Die Definition des Planum erfolgte nach N. Geschwind und W. Levitsky, „Human Brain: Left-Right Asymmetries in Temporal Speech Region", *Science* 161 (1968): 186 f.)

wendeten, bestätigt worden.[22] Für insgesamt 337 Gehirnpräparate (einschließlich der 100 von Geschwind und Levitsky untersuchten) liegen Berichte über direkte Messungen vor. Bei 70 Prozent wurde bezüglich der Lage oder Fläche des Planum temporale eine Asymmetrie zugunsten der linken Hemisphäre festgestellt.

Andere anatomische Untersuchungen haben gezeigt, daß die Heschlsche Querwindung oder der Heschl-Gyrus im Temporallappen, der den primären auditorischen Cortex bildet, rechts größer ist, weil es rechts gewöhnlich zwei Gyri gibt, links hingegen nur einen einzigen.[23] Daher weist der Temporallappen zwei komplementäre Asymmetrien auf, wenn das an der Asymmetrie der Heschlschen Querwindung beteiligte Areal, auch viel kleiner ist als das an der Asymmetrie des Planum temporale beteiligte. Es ist natürlich darüber spekuliert worden, ob diese beiden Asymmetrien möglicherweise die funktionelle Dissoziation des rechten und des linken Temporallappens hinsichtlich sprachlicher und musikalischer Fähigkeiten widerspiegeln, wenn es dafür auch keine direkten Beweise gibt.

Neuroanatomen haben überdies interhemisphärische Unterschiede hinsichtlich der neuronalen Dendritenbäume in mehreren links- und rechtshemisphärischen Regionen gefunden. Diese Befunde belegten auch einen wesentlichen Unterschied zwischen mikroanatomischen Proben aus dem Brocaschen Areal und der homologen Region des rechten Frontallappens: Die Zellen im Brocaschen Areal waren viel stärker verzweigt. Obgleich in dieser Studie nur eine kleine Anzahl von Gehirnen untersucht wurde, betraf die einzige Ausnahme innerhalb dieser Befunde Zellen, die aus dem Gehirn eines Linkshänders stammten.[24]

Wächst die linke Seite stärker, oder wird die rechte kleiner?

Bei einer erneuten Analyse der von Geschwind verwendeten anatomischen Befunde stießen der Neurologe Albert Galaburda und seine Kollegen auf eine interessante Beziehung zwischen dem Grad der Asymmetrie und der Größe des Planum temporale der beiden Gehirnhälften. Geschwind hatte zuvor angenommen, die von ihm beobachtete Asymmetrie sei das Ergebnis einer stärkeren oder schnelleren Entwicklung der linken Gehirnhälfte. Symmetrische Gehirne sollten seiner Ansicht nach aufgrund einer schwächer entwickelten linken Hemisphäre entstehen.

Galaburda fand nun heraus, daß das linke Planum temporale in seiner Größe ungefähr gleich bleibt (wenn man eine Korrektur bezüglich der Variabilität der Gesamtgröße der Gehirne vornimmt), daß aber das rechte Planum in symmetrischen Gehirnen größer und in asymmetrischen kleiner ist.[25] Mit anderen Worten: Symmetrische Gehirne besitzen gewöhnlich zwei große Plana, während asymmetrische Gehirne ein großes linkes und ein kleines rechtes Planum haben. Galaburda vermutete, daß die Faktoren, die bei der Entwicklung dieser Asymmetrien eine Rolle spielen (welche auch immer es sind), ihre Wirkung bei den meisten Menschen dadurch ausüben, daß sie das Ausmaß der rechtshemisphärischen Entwicklung steuern.

Es gibt einen plausiblen Mechanismus für die entwicklungsbedingten Veränderungen, die zu einer Größenverminderung einer neuroanatomischen Struktur führen könnten. Nach dem, was wir heute über die corticale Entwicklung wissen, produziert der Cortex mehr Neuronen, als er letztendlich behält.[26] Heute wird auch fast allgemein akzeptiert, daß der Neuronenverlust oder die Degeneration neuronaler Verbindungen Teil der Organisationsmechanismen ist, die während der zerebralen Entwicklung ablaufen.[27] Der eigentliche Zweck der neuronalen Überproduktion und des anschließenden „Rückschneidens" (*pruning*) besteht vermutlich darin, eine Anatomie aufzubauen, die den Umweltanforderungen optimal genügt; daher läßt sie sich nicht exakt voraussagen. Wenn die Gründe auch noch unbekannt sind, sieht es doch so aus, als ob die meisten individuellen Variationen und Umweltfaktoren, die die anatomische Hemisphärenasymmetrie beeinflussen, durch Unterschiede in der rechtshemisphärischen Entwicklung ausgedrückt werden. Die Beziehung zwischen Gehirngröße und Asymmetrie, die von Galaburda beobachtet wurde, ist auch bei Nagern gefunden worden, was darauf hindeutet, daß es sich hierbei möglicherweise um ein allgemeines Prinzip handelt, das die Beziehung von Asymmetrie und Gehirnvolumen steuert.[28]

Messungen am lebenden Gehirn

Die bis jetzt beschriebenen Untersuchungen über makroskopische Asymmetrien bedienten sich *post mortem*-Messungen an Gehirnpräparaten. Es gibt aber auch Möglichkeiten, anatomische Asymmetrien im lebenden Gehirn nachzuweisen. Dies ist von besonderem Vorteil, weil sich die anatomischen Befunde mit den Leistungen korrelieren lassen, die bei den betreffenden Versuchspersonen gemessen werden.

Zerebrale Angiographie

Eine Methode macht sich zunutze, daß der Verlauf der großen Blutgefäße im Gehirn die Anatomie des umgebenden Hirngewebes widerspiegelt. Von besonderem Interesse ist die Arteria cerebri media, die sich entlang der für die Sprache kritischen Region des Temporallappens zieht. Seit vielen Jahren verwenden Neurologen ein als Hirnangiographie bekanntes Verfahren (das griechische *angeion* bedeutet „Gefäß", eine Angiographie ist also eine Gefäßdarstellung), um diese große Arterie sichtbar zu machen und damit festzustellen, ob die Hirnregionen, die sie umgeben, geschädigt sind. Ein Kontrastmittel, das in die innere Halsschlagader (die Arteria carotis interna, also dieselbe Arterie wie beim Wada-Verfahren) injiziert wird, fließt unter anderem in die Arteria cerebri media und macht dieses Blutgefäß im Röntgenbild sichtbar. Marjorie LeMay konnte den Nachweis liefern, daß sich mit der Hirnangiographie Links-Rechts-Asymmetrien beobachten lassen, die mit den bei Messungen an Gehirnpräparaten gefundenen übereinstimmen.[29]

Computertomographie

Ein anderes Verfahren zur Asymmetriemessung am lebenden Gehirn ist die Computertomographie (CT oder CT-Scanning). Dabei rotiert eine Röntgenstrahlenquelle um den Kopf, während Detektoren kontinuierlich die Intensität der jeweils auf der anderen Kopfseite austretenden Strahlung messen. Ein Computer speichert

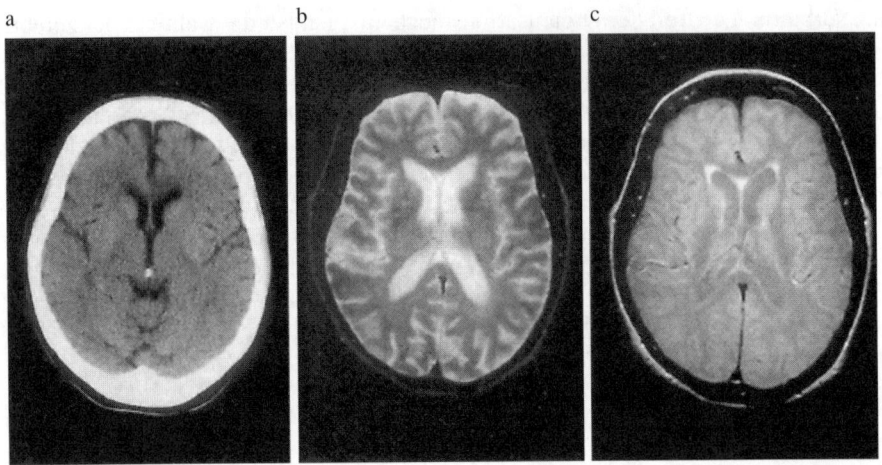

3.8 Beispiele für einen Horizontalschnitt (Transversalschnitt) durch das Gehirn: Bei (a) handelt es sich um ein Computertomogramm, bei (b) und (c) um Kernspintomogramme. Die beiden Kernspintomogramme zeigen die unterschiedlichen Bilder, die sich durch unterschiedliche Gewichtung bei der Berechnung der Effekte der benutzten Radiofrequenzimpulse ergeben.

diese Information und rekonstruiert daraus Hirnschnittbilder. Abbildung 3.8 zeigt ein typisches CT.

Die Methode wird seit mehreren Jahren angewandt, um Ort und Ausmaß von Hirnschädigungen genauer zu bestimmen. LeMay und ihre Kollegen haben mittels CT auch Asymmetrien mit einigem Erfolg untersucht.[30]

Kernspintomographie

Wir haben die kernspintomographische Standardtechnik bereits erwähnt und in Abbildung 3.1 ein Beispiel für seine Qualitäten bei der Wiedergabe von Strukturen gegeben, bevor wir uns der funktionellen MRI-Technik und ihren Anwendungsmöglichkeiten zugewandt haben. Die Kernspintomographie basiert auf dem Phänomen der magnetischen Kernresonanz (daher NMR, vom englischen *nuclear magnetic resonance*, oder MRI, vom englischen *magnetic resonance imaging*). Ohne Röntgen- oder Gammastrahlung ermöglicht sie, die Struktur relativ dünner „Scheiben" des Gehirns abzubilden. Beim (anatomischen) Standardverfahren werden die Wasserstoffatome im Wasser durch eine Kombination von Radiowellen und einem starken Magnetfeld angeregt (sie geraten in „Resonanz") und die Signale gemessen, die erzeugt werden, wenn Atome wieder in ihre ursprüngliche Ausrichtung zurückkehren. Mit Hilfe der so gewonnenen Daten läßt sich die Verteilung von Wassermolekülen im Gewebe und damit die relative Dichte von Hirngeweben sehr genau berechnen und über einen Computer ein relativ scharfes Schnittbild erzeugen.[31] Abbildung 3.8 zeigt ein Beispiel für ein Kernspintomogramm neben einem Computertomogramm.

Diese Technik wird seit mehr als zehn Jahren eingesetzt, um Läsionen und andere Hirnverletzungen möglichst genau zu lokalisieren. Die Kernspintomographie ermöglicht eine weit bessere Unterscheidung zwischen grauer und weißer Substanz als die Computertomographie. Erstere wird auch im Zusammenhang mit vielen funktionellen hirntomographischen Untersuchungen eingesetzt, denn sie kann die anatomische Information liefern, die man benötigt, um den Ort eines Aktivitätsmusters, das man auf den funktionellen Scans sieht, präzise zu lokalisieren. Schließlich war sie in den letzten Jahren die Technik der Wahl, um makroskopische Asymmetrien im menschlichen Gehirn zu untersuchen.

Der Neurologe Helmuth Steinmetz hat ein Team geleitet, das die Beziehungen zwischen anatomischen Hemisphärenunterschieden, wie sie sich mittels Kernspintomographie messen lassen, und mehreren Verhaltensmessungen untersucht hat. In einer Studie aus dem Jahre 1991 konnten die Forscher zeigen, daß die Asymmetrie des Planum temporale mit der Händigkeit korreliert ist. Bei der Untersuchung von 26 gesunden Linkshändern und 26 gesunden Rechtshändern fanden sie, daß die Asymmetrie des Planum temporale bei Linkshändern signifikant geringer ausgeprägt war als bei Rechtshändern. Dieser anatomische Unterschied war für Linkshändigkeit signifikant, wenn diese via handmotorischer Lateralitätstests (durch Leistungsmessung zur Händigkeit) und nicht via Händigkeitsfragebögen festgestellt wurde. Zusätzlich spielte bei Linkshändern die familiäre Linkshändigkeit eine Rolle; diejenigen mit zumindest einem linkshändigen Verwandten ersten Grades trugen am meisten zu den anatomischen Gesamtunterschieden zwischen den Händigkeitsgruppen bei.

Diese Untersuchung ist eine der ersten, die gezeigt hat, daß eine Beziehung zwischen anatomischer Asymmetrie bei lebenden Versuchspersonen und einem Verhaltensparameter existiert. Die Forscher vermuten, daß die geringer ausgeprägte Asymmetrie (zugunsten eines linksseitig größeren Planum temporale) bei Linkshändern mit der geringer ausgeprägten funktionellen Asymmetrie für Sprache bei Linkshändern korrespondiert, die andere Untersuchungen ergeben haben.[32]

Steinmetz und seine Kollegen haben auch nach Beziehungen zwischen Größe des Corpus callosum, Händigkeit und Geschlecht gesucht. Sie konnten bei kernspintomographischen anatomischen Messungen des Corpus callosum als Ganzes oder seiner sieben Unterabschnitte keinen Einfluß der Händigkeit auf die Größe feststellen. Was sie jedoch fanden, war, daß Teile des Corpus callosum bei Frauen unabhängig von der Händigkeit statistisch signifikant größer waren als bei Männern. Frauen haben auch relativ zur Hirngröße insgesamt größere Corpora callosa.[33]

Eine Reihe anderer Forscher haben die Kernspintomographie und andere anatomische Techniken eingesetzt, um die Beziehung von Gehirnstruktur und Asymmetrie zu Händigkeit, Geschlecht und Lernstörung zu untersuchen. Die gewonnenen Daten lassen nur selten eindeutige Schlüsse zu und spiegeln die Komplexität und Variabilität des Forschungsthemas wider. Wir werden später noch darauf zurückkommen. Jetzt wollen wir uns dem Problem der Interpretation anatomischer Asymmetrien zuwenden.

Was besagen anatomische Asymmetrien?

Befunde, die für strukturelle oder anatomische Asymmetrien sprechen, sind in vielerlei Hinsicht umstrittener als solche, in denen es um physiologische Aktivität geht, weil es sich ursprünglich als schwierig erwies, solche Befunde zu funktionellen Unterschieden in Beziehung zu setzen, das heißt zu zeigen, daß derartige Asymmetrien für verhaltensbiologische oder funktionelle Unterschiede verantwortlich sind.

Das Interesse an Methoden, mit denen sich Asymmetrien im lebenden Gehirn untersuchen lassen, entspringt größtenteils einer grundlegenden Unsicherheit bei der Interpretation anatomischer Asymmetrien. Stehen die identifizierten Asymmetrien in einem bedeutungsvollen Zusammenhang mit funktionellen Asymmetrien? Die meisten Befunde zu anatomischen Gehirnasymmetrien entstammen *post mortem*-Untersuchungen, ohne daß etwas über mögliche funktionelle Asymmetrien vor dem Tod bekannt gewesen wäre. In vielen Fällen kannte man nicht einmal die Händigkeit der obduzierten Personen. Dennoch haben einige Forscher genug Informationen bei lebenden Versuchspersonen gesammelt, um Hinweise auf mögliche Beziehungen zwischen Händigkeit, Geschlecht und bestimmten Befunden hinsichtlich anatomischer Asymmetrien bei *post mortem*-Fällen zu geben. Manche dieser Befunde sind durch hirntomographische Untersuchungen an gesunden Probanden bestätigt oder modifiziert worden.

Neue hochauflösende Verfahren, die strukturelle Untersuchungen am lebenden Gehirn erlauben, bieten uns eine Möglichkeit, an diese entscheidende Information heranzukommen. Kombiniert mit solchen Asymmetriemessungen lassen sich verhaltens- und elektrophysiologische Tests, die zur Erforschung der Funktionsverteilung zwischen den Hemisphären entwickelt wurden, an ein und derselben Person durchführen. Damit ist es möglich, die Signifikanz von Unterschieden in der anatomischen Variabilität auf der Basis der normalen Struktur-Funktions-Beziehung, die gewöhnlich unter Individuen herrscht, zu prüfen. Es ist allerdings klar, daß die Untersuchung der Beziehungen zwischen anatomischen Asymmetrien, funktionellen Asymmetrien und kognitiven Fähigkeiten noch ganz am Anfang steht.

Der Brückenschlag zwischen Physiologie und Psychologie

Biologische Messungen und neurowissenschaftliche bildgebende Verfahren, wie wir sie in diesem Kapitel diskutiert haben, bieten die Möglichkeit, Beziehungen zwischen geistigen Prozessen, Verhalten und Hirnaktivität zu erforschen. Einige der theoretischen Erkenntnisse, die sich aus der Untersuchung von Hirngeschädigten und der experimentellen neuropsychologischen Forschung an gesunden Versuchspersonen ergeben haben, sind mit diesen Methoden zumindest teilweise bestätigt worden.

Nach Ansicht mancher Forscher können uns physiologische Methoden zur endgültigen Klärung von Fragen über die Beziehungen zwischen Geist und Gehirn verhelfen; andere warnen aus philosophischen wie praktischen Gründen davor, sich allzu sehr auf solche Messungen zu verlassen. Wenn man versucht, Zusammenhänge zwischen physischen Prozessen und psychischen Funktionen herzustellen, muß man sich natürlich auch mit einer Reihe von Problemen auseinandersetzen. Obwohl diese Probleme zweifellos bei der Erforschung der Hemisphärenasymmetrien sehr wichtig sind, reicht ihre Bedeutung doch weit über ein einzelnes

Forschungsgebiet hinaus und erstreckt sich auf alle Untersuchungen, in denen es um Gehirn und Verhalten geht.

Ein Problem besteht beispielsweise darin, aus den verschiedenen zur Verfügung stehenden physiologischen Maßen diejenigen auszuwählen, die die meiste Information liefern. Wie jedes andere Gewebe im menschlichen Körper hängen das Gehirn und seine Funktionen von komplexen Stoffwechselprozessen ab. Ein großer Teil der Biochemie des Gehirns ist jedoch einer einzigartigen Funktion gewidmet, nämlich der Informationsübertragung zwischen Neuronen. In jeder dieser Zellen laufen biochemische Prozesse ab, die elektrische Potentiale erzeugen, und zwischen den Zellen sorgen biochemische Substanzen dafür, daß elektrische Impulse innerhalb der Neuronengruppen übertragen werden. Dank technologischer Fortschritte können wir verschiedene Aspekte dieser Aktivität messen oder abbilden, doch wir wissen nicht, welche dieser Aspekte (wenn überhaupt) die Funktionen des Gehirns, mit denen wir uns beschäftigen, am besten widerspiegeln. Solche Messungen sagen nicht unbedingt etwas über die eigentlichen Informationsverarbeitungsstrategien oder -systeme des Gehirns aus.

Ein ebenso wichtiger wie schwieriger Fragenkomplex rankt sich um das Konzept der Lokalisation von Hirnfunktionen. Wieviel trägt es letztlich zu neuen Einsichten in eine psychische Aktivität bei, wenn man diese Aktivität einer bestimmten Hirnregion zuschreibt? Sicherlich sind Befunde zur Lokalisation von großem klinischen Wert gewesen. Außerdem können Zusammenhänge zwischen Ort und Funktion helfen, komplexe Verhaltensweisen oder Aufgaben in grundlegendere Prozesse aufzugliedern; ein hypothetisches Beispiel wäre etwa zu zeigen, daß bei der Erinnerung an den Weg zu einem bestimmten Ziel sowohl linguistische Prozesse in der linken Hemisphäre als auch eine bildliche Vorstellung in der rechten Gehirnhälfte beteiligt sind. Es ist jedoch nicht klar, wie weit uns ein solcher Ansatz bringen kann. Höchstwahrscheinlich wird uns eine Aufteilung des Gehirns gemäß der Frage „Wo?" niemals endgültig das „Wie?" beantworten können.

Die Beziehungen zwischen Gehirn und Verhalten beziehungsweise zwischen Gehirn und Geist aufzuspüren, ist nicht nur ein experimentelles Problem und ganz gewiß nicht nur eines der Lokalisation von Funktionen. Die Schwierigkeiten sind zumindest in gleichem Maße konzeptioneller Natur: Was versuchen wir zu erklären? Welche Definitionen wenden wir an? In welcher Hinsicht sagt eine bestimmte neurophysiologische Aktivität, die wir im Zusammenhang mit einer geistigen Tätigkeit messen, etwas über ebendiese aus? Wie müßte eine befriedigende „Erklärung" eines bestimmten geistigen Ereignisses oder einer Verhaltensäußerung aussehen?

Die Forscher haben sehr viel dazugelernt, zumindest was die Problematik der Lokalisation betrifft. Sie sprechen jetzt vom „Aktivitätszustand in einem System" anstatt vom einfachen „Wo". Es ist ihnen bewußt geworden, daß man die meisten psychischen Funktionen mit Aktivitätsveränderungen in mehreren Bereichen und spezifischen Bahnen des Gehirns in Zusammenhang bringen muß. Diese sind außerdem flexibel, können sich mit der Zeit verändern und mögen vielleicht sogar probabilistischer Natur (das heißt nur durch Wahrscheinlichkeiten bestimmt) sein. Die weitere konzeptionelle Entwicklung wird sich mit der Natur unserer Fragen und Definitionen zu beschäftigen haben und dabei ein besseres Verständnis für die jeweils einbezogenen unterschiedlichen Erklärungsebenen anstreben müssen.

Stellen wir die richtigen Fragen?

Eine alte Anekdote erzählt, wie drei Diskussionsteilnehmer in einer Fernsehshow einmal gefragt wurden, was sie für die größte Erfindung aller Zeiten hielten. Der erste nannte das Rad, der zweite die Druckerpresse. Der dritte dachte eine Weile nach und meinte dann: »Ich glaube, es ist die Thermoskanne.« Der Interviewer und die beiden anderen Diskussionsteilnehmer sahen ihn verblüfft an und wollten wissen, warum er so denke. Der dritte beeilte sich zu erklären: »Nun, an einem Sommermorgen gießt du kalte Limonade in die Thermoskanne, und wenn es nachmittags glühend heiß ist und du beim Ballspiel bist, öffnest du sie und heraus fließt kühle Limonade. Auf der anderen Seite gießt du an einem Wintermorgen heißen Kakao in die Thermoskanne und Stunden später, wenn du mit deinen Kindern auf der Eisbahn frierst, öffnest du sie und heraus kommt herrlich warmer Kakao.« Er machte eine kurze Pause und fügte dann hinzu: »Woher weiß sie das?«

Der Witz dieser Geschichte liegt natürlich in der Art und Weise, wie der dritte Diskussionsteilnehmer „Temperatur" und das Funktionieren der Thermoskanne betrachtet. Er stellt sich vor, was die Thermoskanne tut, und seine Frage ist, woher die Kanne weiß, ob sie etwas warm- oder kalthalten soll. Für uns ist das eine dumme Frage, weil uns klar ist, daß die Thermoskanne dank ihrer Isolierung lediglich den Status quo aufrechterhält, das heißt einer Temperaturänderung entgegenwirkt. Aber vielleicht unterscheiden sich viele der Fragen, die wir heute über das Gehirn stellen, gar nicht so sehr von der Frage, die sich der dritte Diskussionsteilnehmer im Hinblick auf die Thermoskanne stellte. „Wie ‚erkennt' das Gehirn Objekte?", „Wo laufen sensorische Empfindungen zusammen?" und „Wie entsteht Bewußtsein?" – derartige Fragen sind, von einem geeigneteren konzeptionellen Rahmen aus gesehen, vielleicht sehr dürftig. Das wird die Zeit klären; es könnte jedoch lohnen, sich an diese Geschichte zu erinnern, wenn man an einige der Fragen denkt, die manche Leute über die Gehirnfunktion stellen, nun da sie meinen, sie hätten das nötige Rüstzeug, diese zu verstehen.

Im Augenblick sieht es so aus, als sei das Wechselspiel zwischen Psychologie und Physiologie für die Erforschung von Geist und Gehirn durchaus fruchtbar. Physiologische Beeinträchtigungen, wie sie von Neuropsychologen untersucht werden, haben einen starken Einfluß auf die Art und Weise ausgeübt, in der wir geistige Funktionen analysieren. Bildgebende physiologische Verfahren, wie in diesem Kapitel beschrieben, eröffnen Möglichkeiten, diese Analyse noch zu vertiefen. Psychologische Fragestellungen stehen auch zumindest hinter einigen Forschungsvorhaben, die sich mit anatomischen und physiologischen Prozessen beschäftigen. Die Entwicklung der kognitiven Neurowissenschaften zu einer akademischen Disziplin spiegelt die zunehmende Betonung solcher integrativen Ansätze in der Hirnforschung wie auch den Optimismus wider, daß dieses Modell schließlich zum Erfolg führen wird.

4. Asymmetrien im normalen Gehirn

Untersuchungen mit normalen Versuchspersonen stellen eine wesentliche Komponente des kognitiven neurowissenschaftlichen Ansatzes zur Untersuchung der Beziehung zwischen Gehirn und Geist dar. Dafür gibt es mindestens drei Gründe. Erstens fehlen die Beschränkungen, die die geringe Zahl von Patienten der klinischen und der Split-Brain-Forschung auferlegt. Forschungsvorhaben können in einem weit größeren Maßstab als üblich durchgeführt werden. Man kann mehr Fragen stellen und experimentell beantworten, als es möglich wäre, wenn sich die Forschungsmöglichkeiten auf eine relativ kleine Gruppe von Patienten beschränken. Zweitens bieten neurologisch gesunde Versuchspersonen dem Forscher mehr Freiheit in der Art der Experimente, die er sich ausdenken kann. Testreize und Aufgaben können von „sehr einfach" bis „höchst komplex" reichen und eröffnen dem Forscher damit das gesamte Spektrum menschlicher Fähigkeiten einschließlich der höchsten Komplexitätsebenen. Drittens – und das ist vielleicht das wichtigste – erlaubt die Arbeit mit normalen Versuchspersonen, Asymmetrien in eben dem System zu erforschen, das man letztlich zu verstehen versucht: dem normalen menschlichen Gehirn.

Hemisphärische Asymmetrien bei normalen Versuchspersonen sind auf verschiedene Art und Weise erforscht worden; die modernsten Verfahren haben wir im vorangegangenen Kapitel vorgestellt. Ein großer und noch immer wachsender Teil der Arbeiten bedient sich jedoch älterer methodischer Verfahren, um eine Reihe interessanter Fragen bei neurologisch gesunden Versuchspersonen zu beantworten. In diesem Kapitel wollen wir einen Überblick über die angewandten Methodologien geben und zeigen, inwieweit sie zum besseren Verständnis von Wesen und Ausmaß hemisphärischer Unterschiede wie auch der Art und Weise ihrer Zusammenarbeit beigetragen haben.

Techniken bei Verhaltensexperimenten

Darbietungen im halben Gesichtsfeld

Eine der ältesten und am häufigsten benutzten Techniken macht sich die natürliche Trennung der Sehbahn beim Menschen zunutze. Diese anatomische Aufspaltung teilt unsere visuelle Welt in zwei halbe Gesichtsfelder, die jeweils auf eine der beiden Hemisphären abgebildet werden. Man ist aus diesem Grund in der Lage, den visuellen „Input" zu lateralisieren – das heißt Reize nur einer Hemisphäre zu präsentieren –, indem man das Material sehr kurz rechts oder links vom Fixationspunkt der Versuchsperson aufblitzen läßt. Visuelle Reize, die kurz in die linke Gesichtsfeldhälfte geblitzt werden, projizieren zuerst in die rechte Hemisphäre, Reize, die in die rechte Gesichtsfeldhälfte geblitzt werden, zuerst in die linke Hemisphäre.

Wie in Kapitel 2 erläutert, bleibt diese anfängliche Lateralisierung auf die eine oder andere Hemisphäre bei Split-Brain-Patienten erhalten, da bei ihnen die Verbindungen zwischen den Hemisphären durchtrennt sind. Bei einer gesunden Versuchsperson sind diese jedoch intakt und können Information zwischen den Hemisphären übertragen. Dennoch lassen sich bei gewissen Aufgaben Unterschiede in den Leistungen eines Probanden feststellen, je nachdem, ob die Testreize in der rechten oder in der linken Gesichtsfeldhälfte dargeboten werden. Kern dieser Technik ist die Annahme, daß ein Proband Besseres leistet, wenn ein Reiz ursprünglich der Hemisphäre präsentiert wird, die auf seine Verarbeitung spezialisiert ist.[1] Abildung 2.3 und 2.4 illustrieren das Verfahren und den Informationsfluß bei Darbietungen in die Gesichtsfeldhälften.

Dichotisches Hören

Während es die Trennung der Gesichtsfeldhälften den Forschern ermöglicht, visuelle Reize einzusetzen, um Asymmetrien zu untersuchen, kann man mit einem Verfahren, das als dichotisches Hören bezeichnet wird, Unterschiede und Ähnlichkeiten in der Art und Weise untersuchen, in der die beiden Hemisphären Sprache und andere Formen akustischer Information verarbeiten. Beim dichotischen Hörtest hört die Versuchsperson gleichzeitig zwei unterschiedliche akustische Signale, eines auf jedem Ohr. Die Psychologin Doreen Kimura von der University of Western Ontario war die erste, die nachwies, daß gesunde Versuchspersonen unter diesen Versuchsbedingungen Wörter, die dem rechten Ohr dargeboten wurden, besser identifizieren konnten als solche, die man dem linken Ohr präsentierte, und sie entwickelte ein Modell, um diese Ohrasymmetrie zu erklären.[2]

Anders als die Netzhaut des Auges, die von der einen Hälfte Fasern kontralateral und von der anderen Hälfte ipsilateral zum Gehirn sendet, liefert jedes Ohr Informationen von allen seinen Rezeptoren an beide Hemisphären. Ipsilaterale Bahnen projizieren von einem Ohr auf die Hemisphäre derselben Seite, kontralaterale Fasern auf die Hemisphäre der gegenüberliegenden Seite. Daher wird die vollständige Information über einen Reiz, der ausschließlich einem Ohr dargeboten wird, beiden Hemisphären zugeleitet, und jede leistet, wenn sie allein getestet wird, das gleiche. Kimura konnte jedoch belegen, daß die ipsilateralen Bahnen schwächer, weniger zahlreich und, was die Signalfortleitung angeht, langsamer sind als die kontralateralen Fasern. Werden zwei akustische Signale gleichzeitig dargeboten, eines auf jedes Ohr, so wird die Bahn, die von jedem Ohr zur ipsilateralen Hemisphäre zieht, nach Kimuras Hypothese gehemmt oder unterdrückt; infolgedessen liefert jedes Ohr primär oder exklusiv Informationen in die kontralaterale Hemisphäre.[3] Abbildung 4.1 illustriert den Verarbeitungsprozeß dieser Bahnen, wie ihn Kimura sich vorstellt.

Unter Bedingungen, wie sie beim dichotischen Hörtest herrschen, kann der Stimulus im linken Ohr die linke Hemisphäre auf zwei Weisen erreichen: über die unterdrückte ipsilaterale Route oder über die kontralateralen Bahnen zur rechten Hemisphäre und dann über die zerebralen Kommissuren. Der Stimulus im rechten Ohr hat es hingegen einfacher: Er gewinnt über die kontralaterale Route direkten Zugang zur linken Hemisphäre. Wie im Fall der Reize, die in der linken oder rechten Gesichtsfeldhälfte angeboten wurden, geht man davon aus, daß der Proband bessere Leistungen erbringt, wenn die akustischen Stimuli ursprünglich der

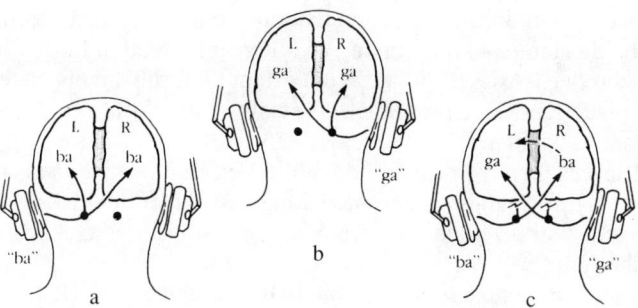

4.1 Kimuras Modell des dichotischen Hörens bei normalen Versuchspersonen. a) Stimuli, die nur dem linken Ohr (monaural) dargeboten werden, gelangen über kontralaterale Verbindungen zur rechten Hemisphäre und über ipsilaterale zur linken. Die Versuchsperson gibt die vorgespielte Silbe („ba") richtig wieder. b) Bei monauraler Darbietung zum rechten Ohr werden die Reize über kontralaterale Verbindungen zur linken Hemisphäre und über ipsilaterale zur rechten geleitet. Die Silbe „ga" wird richtig wiedergegeben. c) Bei dichotischer Darbietung werden die ipsilateralen Verbindungen vermutlich unterdrückt, so daß nur die kontralateralen voll funktionsfähig bleiben. Die Silbe „ba" ist der linken (sprachdominanten) Hemisphäre nur über die Kommissurenbahnen zugänglich. Das führt zu einem Vorteil des rechten Ohres: Die Versuchsperson gibt „ga" häufiger richtig wieder als „ba". Nach einer Kommissurotomie erreicht „ba" die linke Gehirnhälfte gar nicht mehr, und die Versuchsperson berichtet nur noch von der Silbe „ga".

Hemisphäre präsentiert werden, die auf ihre Verarbeitung spezialisiert ist. Danach spiegelt der Vorteil des rechten Ohres, den Kimura bei dichotisch dargebotenen Wörtern beobachtete, vermutlich die Spezialisierung der linken Hemisphäre für die Verarbeitung derartiger Reize wider.

Der dichotische Hörtest ist auch bei Split-Brain-Patienten eingesetzt worden. Die Ergebnisse stimmten gut mit den Befunden bei gesunden Versuchspersonen überein. Split-Brain-Patienten identifizieren Wörter oder Konsonant-Vokal-Silben mit beiden Ohren gleich gut, da die ipsilateralen und kontralateralen Bahnen subcortical verlaufen und vom operativen Eingriff nicht beeinflußt werden. Werden verbale Reize jedoch dichotisch präsentiert, findet man eine eindrucksvolle, sehr viel stärker ausgeprägte Form der Ohrasymmetrie als bei normalen Versuchspersonen. Tatsächlich muß man die Patienten sogar oft erst überreden, den im linken Ohr präsentierten Reiz zu raten, da sie angeben, sie hätten nur einen Stimulus gehört.[4] Das war zu erwarten, da der auf das linke Ohr gegebene Reiz infolge der ipsilateralen Unterdrückung nur in die rechte Hemisphäre projiziert. Und da die rechte Hemisphäre nicht sprechen kann und die Nervenfasern, die die beiden Hemisphären miteinander verbinden, durchtrennt sind, sind die Probanden nicht in der Lage, den Reiz auf dem linken Ohr besser als auf dem Zufallsniveau zu identifizieren.

Warum führt eine lateralisierte Darbietung zu asymmetrischer Leistung?

Selbst wenn es bei gesunden Personen funktionelle Unterschiede zwischen den Hemisphären gibt – warum äußern sie sich überhaupt in der Verarbeitungsleistung für die beiden Gesichtsfeldhälften oder die beiden Ohren bei dichotischer Reizdarbietung? Trotz der anfänglichen Lateralisierung oder der einseitigen Darbietung haben doch beide Hemisphären Zugang zu allen einlaufenden Informationen, ganz unabhängig von der Gesichtsfeldhälfte oder dem Ohr, die sie als erstes empfängt. Im Falle der visuellen Reize beispielsweise stellt eine sehr kurze Darbietung eines Reizes in einer Gesichtsfeldhälfte sicher, daß dieser zunächst auf direktem Weg nur eine Hälfte des Gehirns erreicht, doch die Verbindungen zwischen den Hemisphären können Informationen über den Reiz fast augenblicklich auf die andere Seite übertragen. Warum finden wir dennoch Leistungsunterschiede zwischen den Gesichtsfeldhälften?

In diesem Zusammenhang werden mehrere Modelle der Hemisphärenasymmetrie diskutiert. Das erste ist als „Modell des direkten Zugriffs" (*direct access model*) bekannt. Ihm zufolge wird die Information von derjenigen Gehirnhälfte verarbeitet, der sie zuerst zur Verfügung steht – unabhängig von irgendwelchen Unterschieden in der Leistungsfähigkeit der beiden Hemisphären. Mit anderen Worten: Die Gehirnhälfte, die eine Aufgabe zuerst dargeboten bekommt, bearbeitet sie auch, obwohl sie vielleicht gar nicht am besten dafür geeignet ist. Nach dem Modell des direkten Zugriffs ergeben sich also immer dann bessere Leistungen, wenn die Information unmittelbar in die für eine bestimmte Aufgabe spezialisierte Hemisphäre gelangt, da die Verarbeitung, die dort erfolgt, effektiver ist als in der anderen Gehirnhälfte.

Das „Modell der Weiterleitung über das Corpus callosum" (*callosal relay model*) dagegen nimmt an, daß die Verarbeitung bestimmter Informationen stets durch die Gehirnhälfte vorgenommen wird, die dafür spezialisiert ist. Falls Material zuerst in die weniger geeignete Hemisphäre gelangt, muß es über die Kommissurenbahnen zunächst in die andere Gehirnhälfte übertragen werden, wo dann die Bearbeitung stattfindet. Wenn diese Übertragung einen Verlust in der Qualität der Information bedingt, dann sollte sich auch hier ein Vorteil für Reizdarbietungen ergeben, welche die spezialisierte Hemisphäre direkt erreichen. In Tierversuchen fanden sich einige Hinweise darauf, daß bei der Übertragung über das Corpus callosum Information verloren geht. Bei Affen reagierten Nervenzellen, die auf die Umrisse von Reizen ansprachen und die in der einen Hemisphäre lokalisiert waren, stärker, wenn die Reize in die kontralaterale Gesichtsfeldhälfte projiziert wurden (die Information also direkt in diese Hirnhälfte gelangte); die Reaktionen waren schwächer, wenn der Reiz der ipsilateralen Gesichtsfeldhälfte dargeboten wurde und die Information in die andere wechseln mußte.[5]

Sowohl nach dem Modell des direkten Zugriffs als auch nach dem Weiterleitungsmodell stellen sich Leistungsunterschiede zwischen den Gesichtsfeldhälften bei Aufgaben ein, für deren Bewältigung die zwei Hemisphären von vorneherein unterschiedliche Fähigkeiten besitzen. Und beide sagen eine bessere Leistung – im Sinne einer genaueren und schnelleren Reaktion – voraus, wenn die jeweiligen Informationen eben derjenigen Hemisphäre direkt dargeboten werden, die auf die hierfür entscheidende Funktion spezialisiert ist. Beide Modelle unterscheiden sich jedoch bezüglich der Beteiligung der jeweils nichtspezialisierten Gehirnhälfte und der Rolle der Kommissurenbahnen.

Daneben ist ein drittes Modell vorgeschlagen worden, das die Bedeutung einer bevorzugten Aufmerksamkeitszuwendung für die Erklärung der Ergebnisse von Verhaltenstests betont; es soll später in diesem Kapitel noch ausführlicher diskutiert werden. Obgleich nur wenige Forscher der Ansicht sind, das Aufmerksamkeitsmodell könne hemisphärische Asymmetrien, die man in Verhaltensexperimenten findet, vollständig erklären (und damit das Modell des direkten Zugriffs beziehungsweise der Weiterleitung ersetzen), wird allgemein anerkannt, daß es zumindest in einigen Verhaltensexperimenten eine Rolle beim Zustandekommen der Resultate spielt.

In welcher Weise unterscheiden sich die Hemisphären?

Im Laufe der letzen 25 Jahre sind viele tachistoskopische und dichotische Untersuchungen an gesunden Versuchspersonen durchgeführt worden. Wie in der Forschung mit Split-Brain-Patienten haben sich die Vorstellungen, was das Wesen der Hemisphärenasymmetrie betrifft, allmählich gewandelt, weil neue Daten andere Interpretationen früherer Arbeiten nahelegten. Insbesondere hat man sich darum bemüht, die Grundlage zu identifizieren, auf der die Hemisphärenasymmetrien basieren, das heißt einen gemeinsamen roten Faden zu finden, mit dessen Hilfe sich die Ergebnisse einer großen Zahl von Lateralitätsuntersuchungen mit breitgefächerten Reizen und Aufgaben nicht nur erklären, sondern auch voraussagen lassen.

Das Wesen der Information: Die Unterscheidung zwischen verbal und nichtverbal

Viele der früheren Arbeiten über das linke und rechte Gehirn normaler Versuchspersonen ließen darauf schließen, daß die beiden Hemisphären sich grundsätzlich hinsichtlich der Reize unterscheiden, mit denen sie am besten umgehen können. Ein typischer visueller Test bestand darin, optische Stimuli, die die Versuchsperson erkennen sollte, lateralisiert darzubieten. Ein ähnliches Verfahren wurde auch bei auditiven dichotischen Reizen angewandt: Man präsentierte zwei Reize gleichzeitig und bat die Versuchsperson wiederzugeben, was sie gehört hatte. Manchmal veränderte man die Grundaufgabe leicht, indem man die Probanden aufforderte, nicht jeden, sondern nur einen ganz bestimmten Reiz zu identifizieren; in anderen Fällen war der Versuchsleiter mehr daran interessiert, wie schnell die Versuchsperson reagierte, und nicht so sehr daran, wie korrekt sie antwortete. In vielen Untersuchungen maß man sowohl die Reaktionszeit als auch die Richtigkeit der Antworten.

Wenn die Verarbeitungsleistung für Reize, die dem rechten Ohr oder in der rechten Gesichtsfeldhälfte dargeboten wurden, besser war, sprach man von einem linkshemisphärischen Vorteil. Einen rechtshemisphärischen Vorteil nahm man an, wenn die besser beantworteten Reize dem linken Ohr oder in der linken Gesichtsfeldhälfte präsentiert worden waren. Die Leistungsunterschiede zwischen rechter und linker Seite waren gering – beim Erkennen ging es oft um einige Prozentpunkte, bei der Reaktionszeit um wenige Millisekunden –, doch wiesen in einer typischen derartigen Untersuchung zwischen 70 und 90 Prozent der getesteten rechtshändigen Versuchspersonen die Asymmetrie auf.

In den meisten der frühen Arbeiten, die einen Vorteil der rechten Seite (also der linken Hemisphäre) zeigten, hatte man Reize verwendet, die ganz klar auf Sprache bezogen waren.[6] Tachistoskopisch dargestellte Wörter und sogar einzelne Buchstaben führten zu einer Überlegenheit der rechten Gesichtsfeldhälfte. Auch bei dichotisch dargebotenen gesprochenen Zahlen und Wörtern ergab sich ein Vorteil für die linke Hemisphäre. Die bessere Leistung beschränkte sich hier allerdings nicht auf bedeutungshaltige Äußerungen. Untersuchungen haben nämlich gezeigt, daß auch bei sinnfreien Konsonant-Vokal-Silben wie „da" und „ka" sowie vom Tonband rückwärts wiedergegebene Sprache das rechte Ohr im Vorteil ist. Die Ergebnisse solcher Arbeiten weisen darauf hin, daß Reize nicht unbedingt bedeutungshaltig sein müssen, um eine Bevorteilung der linken Hemisphäre zu bewirken; sie sollten lediglich in irgendeiner Weise sprachlich oder auf Sprache bezogen sein.

Für die rechte Hemisphäre sind die Ergebnisse schwieriger zusammenzufassen; sie stimmen weniger gut überein.[7] Für eine Vielzahl verschiedener visueller Reize, beispielsweise Gesichter und Punktmuster, ließ sich eine Überlegenheit der linken Gesichtsfeldhälfte beziehungsweise der rechten Hemisphäre zeigen. Verschiedene andere Untersuchungen wiesen mit dichotischem Hören einen Vorteil für die rechte Hemisphäre nach; als akustische Reize dienten dabei kurze Melodien oder Umweltgeräusche, wie das Bellen eines Hundes und das Pfeifen eines Zuges. All diesen „rechtshemisphärischen" Reizen ist gemeinsam, daß sie nicht sprachbezogen sind, und viele Forscher haben daher behauptet, daß die Unterscheidung zwischen den Funktionen der beiden Hemisphären der Dimension „verbal/nichtverbal" folgt. Dieser Ansicht nach werden alle sprachbezogenen Reize vorzugsweise in der linken Hemisphäre verarbeitet, während die rechte Hemisphäre auf den Umgang mit bestimmten nichtsprachlichen Reizen spezialisiert ist. Das scheint die bisher vorgestellten Daten tatsächlich treffend und einigermaßen befriedigend zusammenzufassen. In neueren Arbeiten sind jedoch Schwierigkeiten aufgetreten, die die Forscher veranlaßt haben, nach einer anderen Erklärung für die grundlegenden Unterschiede zwischen dem linken und dem rechten Gehirn zu suchen.

Die Bearbeitung des Reizes: Der Informationsverarbeitungsansatz

Stellen wir uns einmal folgendes, inzwischen klassisches Experiment vor: Eine Versuchsperson lernt zuerst eine kurze Liste von Buchstaben und sieht anschließend in der linken oder in der rechten Gesichtsfeldhälfte ganz kurz das Bild eines vertrauten Gegenstandes. Sie soll daraufhin entscheiden, ob der Name des dargebotenen Objekts mit einem Buchstaben anfängt, der in der auswendig gelernten Liste enthalten ist. Für welche der beiden Gesichtsfeldhälften wird man bei diesem Experiment die schnelleren Reaktionen erhalten? Nehmen wir nun an, die Versuchsperson sähe statt der Bilder einzelne Buchstaben und sollte entscheiden, ob der jeweils gezeigte Buchstabe zu den auswendig gelernten gehört. Was könnte man in diesem Fall über die Schnelligkeit der Antwort vorhersagen?

Es liegt nahe, im ersten Beispiel eine Überlegenheit der linken Gesichtsfeldhälfte zu erwarten und im zweiten eine der rechten. Schließlich sind Bilder nichtsprachliche Reize, und Buchstaben gehören eindeutig zum sprachlichen Bereich. Tatsächlich aber gingen die Ergebnisse, die man erzielte, in genau die umgekehrte Richtung. Die Bilderreize führten zu schnelleren Antworten, wenn sie der linken Hemisphäre dargeboten worden waren, und bei Buchstaben reagierten die Versuchspersonen schneller, wenn die Reize zunächst die rechte Gehirnhälfte erreichten.[8] Warum?

Wichtiger als die Art des Reizes ist offenbar, was die Versuchsperson mit dem Reiz macht. Im Fall der mutmaßlich nichtsprachlichen Bilder sollte die Versuchsperson jedes abgebildete Objekt erkennen und sich dann den Anfangsbuchstaben seines Namens ins Bewußtsein rufen – zweifellos eine sprachliche Aufgabe mit analytischem Charakter. Die Einzelbuchstaben in der anderen Aufgabe andererseits sind von ihrer Art her sprachliche Reize, brauchten aber bei diesem Test nicht als solche behandelt zu werden. Die Versuchsperson konnte die Aufgabe auch leicht so ausführen, daß sie sich einen Buchstaben bildlich vorstellte und ihn dann mit den Bildern der zuvor gemerkten Buchstaben verglich. Theoretisch wäre dies der Versuchsperson sogar möglich gewesen, ohne überhaupt die Namen der dargebotenen Buchstaben zu kennen.

Diese Art der Erklärung betont mehr die Aufgabe, die die Versuchsperson auszuführen hat, als die Art des Reizes. Weitere Belege für Hemisphärenunterschiede in der Informationsverarbeitung stammen aus Untersuchungen, in denen es um zwei japanische Schriftsysteme ging: Kana und Kandschi (Kanji).[9] Kana ist eine phonetische Schrift: Ein Kana-Schriftzeichen besitzt lediglich eine Lautbedeutung. Kandschi dagegen ist begrifflich (ideographisch): Jedes Schriftzeichen besitzt sowohl eine Wort- als auch eine Lautbedeutung. Abbildung 4.2 zeigt einige Beispiele. Eine Analyse der Fehler, die japanische Aphasiker machten, läßt vermuten, daß bei den beiden Schriftzeichentypen verschiedene Strategien angewandt werden: eine visuell-bildhafte Verarbeitung bei Kandschi und eine phonologische oder klanggebundene Verarbeitung bei Kana.

Um dieses Phänomen bei neurologisch normalen Japanern zu untersuchen, wurden Gruppen von sinnfreien Kana- und Kandschi-Zeichen erstellt, die man einzeln sehr kurz entweder in der linken oder in der rechten Gesichtsfeldhälfte darbot. Die Ergebnisse zeigten, daß die Versuchspersonen kanaartige Zeichen signifikant besser bei Darbietungen in der rechten Gesichtsfeldhälfte verarbeiten und kandschiähnliche Zeichen etwas – allerdings nicht signifikant – besser, wenn sie in die linke Gesichtsfeldhälfte projiziert wurden. Die Autoren schlossen daraus, daß Kana- und Kandschi-Zeichen in den beiden Hemisphären unterschiedlich verarbeitet werden; darüber hinaus ist die Verarbeitung von Kandschi ausgesprochen

Bedeutung	Kana	Kandschi
Tinte	インキ (Inki)	墨
Universität	ダイガク (Daigaku)	大学 (großes Lernen)
Tokio	トウキョウ (Tokio)	東京 (Ost-Hauptstadt)

4.2 Die zwei Formen der japanischen Schrift. Kana ist eine Silbenschrift, bei der Worte Laut für Laut wiedergegeben werden. Kandschi dagegen ist begrifflich (ideographisch); in diesem Schriftsystem repräsentiert jedes Zeichen zugleich eine Lautfolge und eine Bedeutung.

komplex, da dabei wahrscheinlich – je nach der geforderten Aufgabe – sowohl visuelle als auch sprachliche Funktionen eine Rolle spielen. Ob sich bei Kandschi-Zeichen eine Überlegenheit der linken oder der rechten Gesichtsfeldhälfte ergibt, könnte unter anderem auch davon abhängen, welche Verarbeitungsstrategie die Versuchspersonen anwenden und welche Art der Antwort vorgegeben ist (sprachlich oder nichtsprachlich).

Experimente wie die gerade besprochenen haben zu einer Betonung der unterschiedlichen Formen links- und rechtshemisphärischer Informationsverarbeitung geführt. Die Vorstellung, daß die linke Hemisphäre auf analytische Verarbeitung spezialisiert ist, bei der subtile Diskriminierungen verschiedenster Art erforderlich sind, während die rechte Hemisphäre auf ganzheitliche Verarbeitung spezialisiert ist, ist intensiv diskutiert worden. In ähnlicher Weise haben andere Untersucher dafür plädiert, die Unterschiede zwischen den Hemisphären in der Verarbeitung als global (rechtshemisphärische Überlegenheit) versus lokal (linkshemisphärische Überlegenheit) zu kennzeichnen.[10]

Obgleich diese Vorstellungen als zu vage kritisiert worden sind, um sie streng zu testen, haben sie wesentlich dazu beigetragen, daß wir uns von der früheren, simplifizierten Ansicht entfernt haben, die sich lediglich auf die verbale oder nichtverbale Natur eines Reizes als entscheidenden Faktor bei der Hemisphärenasymmetrie konzentrierte.

Die Repräsentation der Information: Die Rolle der Ortsfrequenz

Justine Sergent und ihre Kollegen haben die Bedeutung der physikalischen Charakteristika der Reize hervorgehoben wie auch die Bedingungen, unter denen sie in tachistoskopischen Tests verwendet werden.[11] So werden beispielsweise die Reize in tachistoskopischen Untersuchungen typischerweise sehr kurz und jeweils rechts und links in einer gewissen Entfernung vom Fixationspunkt dargeboten. Das führt aber dazu, daß die Information im Gehirn qualitativ anders repräsentiert wird, als dies unter normalen Bedingungen der Fall ist. Sergent mutmaßt, daß die in bestimmten tachistoskopischen Tests gefundenen Asymmetrien zumindest teilweise auf die ungleichen Fähigkeiten der Hemisphären zurückzuführen sind, solche qualitativ schlechteren Repräsentationen zu verarbeiten, und daß die oben erwähnten Effekte deshalb zustande kommen, weil die Hemisphären die „Ortsfrequenzanteile" von Reizen unterschiedlich verarbeiten.

Das Konzept der „Ortsfrequenz" läßt sich am Beispiel eines einfachen Gittermusters mit abwechselnd schwarzen und weißen Streifen erläutern: Die Ortsfrequenz eines solchen Gitters ist eine Funktion der Anzahl von Hell-Dunkel-Veränderungen (also der Anzahl der Streifen) innerhalb eines bestimmten räumlichen Abschnitts (Abbildung 4.3). Jeder komplexe visuelle Reiz läßt sich durch eine Reihe solcher Intensitätsvariationen – einige mit höherer Frequenz (mehr Streifen), andere mit niedrigerer (weniger Streifen) – darstellen. Die ankommende visuelle Information wird im Gehirn in diskrete neuronale Signale zerlegt, die diese Intensitätsveränderungen repräsentieren. Eine solche Verarbeitung, so glaubt man, erfolgt durch „Kanäle" oder Filter, die für jeweils unterschiedliche Frequenzen empfindlich sind; der Ausgang dieser Kanäle spiegelt die Menge der Ortsfrequenzen eines Reizes wider. Zu den Faktoren, die den Anteil höherer Ortsfrequenzen relativ zu den niedrigen Frequenzen vermindern, gehören Vergrößerung

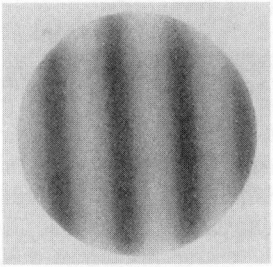  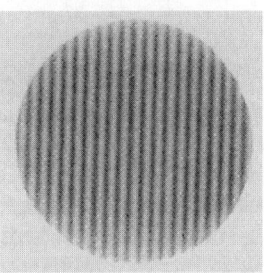

4.3 Drei mittels Sinuswellen erzeugte Streifenmuster, die das Konzept der Ortsfrequenzen illustrieren. Die Frequenz nimmt von links nach rechts zu. (Nach R. Sekuler und R. Blake, *Perception* (New York: McGraw-Hill, 1994).)

des Reizes, des Abstands zum Fixationspunkt sowie des Grades der Verschwommenheit, außerdem eine Verringerung der Helligkeit und der Darbietungsdauer.

Sergent hat nun behauptet, die rechte Hemisphäre sei für niedrigere Ortsfrequenzen sensitiver, während die linke empfindlicher auf hohe Frequenzen reagiere. Demnach könne man das beobachtete Muster der Gehirnasymmetrie beeinflussen, indem man die Ortsfrequenzkomponenten eines Stimulus variiert. Sergent war überdies der Ansicht, daß die beiden Hemisphären gleichwertig sind, was ihre Leistungsfähigkeit bei der Verarbeitung von Ortsfrequenzen auf sensorischem Niveau betrifft – Unterschiede zwischen den Hemisphären treten erst in einem späteren Stadium der kognitiven Verarbeitung auf. Daher werden Reize wie Gesichter oder Buchstaben möglicherweise in Abhängigkeit von ihren Ortsfrequenzmerkmalen effizienter von der einen oder anderen Hemisphäre verarbeitet.

Ein kürzlich veröffentlichter Überblick über zehn Jahre Ortsfrequenzforschung im Hinblick auf die Hemisphärenasymmetrie stützt im allgemeinen das Modell als Erklärung eines breiten Datenspektrums, darunter auch aktuelle EEG-Untersuchungen der Ortsfrequenz.[12] Die Autoren kommen jedoch zu dem Schluß, daß die Daten sowohl in frühen perzeptorischen als auch in späteren kognitiven Verarbeitungsebenen auf die Existenz einer Hemisphärenasymmetrie hinweisen, wobei sich das Muster der Asymmetrie in den beiden Stadien unterscheidet. In den frühen Stadien ist die rechte Hemisphäre im ganzen Bereich der Ortsfrequenzen überlegen, während sich in späteren Stadien ein linkshemisphärischer Vorteil für hohe Ortsfrequenzen und ein rechtshemisphärischer Vorteil für niedrige Ortsfrequenzen ergibt.

Daher, argumentieren die Autoren, verändert sich die relative Aktivierung der beiden Hemisphären im Verlauf der Reizverarbeitung, was eine dynamische Sicht der Asymmetrie stützt. Wieviel das Ortsfrequenzmodell letztendlich zur Erklärung der Hemisphärenunterschiede beitragen kann, bleibt abzuwarten. Sicherlich hat es die Aufmerksamkeit jedoch auf wichtige Aspekte der Reizverarbeitung gelenkt, die lange vernachlässigt worden sind, darunter auch die Vorstellung, daß die beiden Hemisphären bei unterschiedlichen Verarbeitungsabschnitten unterschiedlich stark beteiligt sein könnten.

Was messen Verhaltensexperimente tatsächlich?

Ein großer Teil der gegenwärtigen Theorien über die Eigenarten des rechten und linken Gehirns bei normalen Versuchspersonen beruht auf Untersuchungen mit tachistoskopischer und dichotischer Reizdarbietung. Etliche der Hemisphärenunterschiede, die man mit diesen Techniken bei normalen Versuchspersonen aufdeckte, stimmen auffallend gut mit den Befunden überein, die mehrere Generationen von Neurologen und Neuropsychologen aus der klinischen Arbeit mit Hirngeschädigten zusammengetragen haben. Verschiedene wichtige Fragen zu diesen Techniken sind jedoch noch ungeklärt.[13]

Ein Vergleich zwischen den Ergebnissen des Wada-Tests und von Verhaltensexperimenten

Ein kritischer Punkt ist die Tatsache, daß Verhaltensexperimente die Häufigkeit linkshemisphärischer Sprache bei Rechtshändern, wie man sie mit dem Wada-Test festgestellt hat, meist unterschätzen. In den Verhaltensuntersuchungen zeigen im allgemeinen etwa 80 Prozent der rechtshändigen Versuchspersonen bei Sprachreizen einen Vorteil für die rechte Gesichtsfeldhälfte oder für das rechte Ohr; die Tests mit Natriumamobarbital deuten dagegen darauf hin, daß mehr als 95 Prozent der Rechtshänder linkshemisphärische Sprache haben. Wie kommt es zu dieser Diskrepanz?

Möglicherweise liefern die Tests kein reines Maß der Hirnasymmetrie, und ihre Ergebnisse werden, was Größe und Richtung der Asymmetrien betrifft, von anderen Faktoren beeinflußt. Vielleicht spielen dabei auch individuelle Unterschiede in den Nervenbahnen, die Augen und Ohren mit dem Gehirn verbinden, eine Rolle; so könnten einige Personen weniger Hinweise auf eine Asymmetrie zeigen, aber nicht, weil ihre Gehirnorganisation anders wäre, sondern wegen Variationen in den Bahnen, die die Information ins Gehirn übermitteln.

Unterschiede in den Aufgaben selbst können das Ergebnis ebenfalls in einer Weise beeinflussen, die wir noch nicht verstehen. Denken Sie beispielsweise an die Untersuchung, in der Patienten, deren Sprachzentrum zuvor mit dem Natriumamobarbitaltest bestimmt worden waren, im dichotischen Hörtest Wortpaare angeboten wurden, die sich nur im ersten Konsonanten unterschieden (wie *coat*/*goat* [Mantel/Ziege] oder *pig*/*dig* [Schwein/graben]). Die Reize waren so gewählt, daß die beiden Wörter eines Paares verschmolzen und die Versuchspersonen im allgemeinen nur einen einzigen Stimulus pro Versuchsdurchgang hören und wiedergeben – entweder denjenigen für das rechte oder für das linke Ohr. 95 Prozent der Versuchspersonen, die im Wada-Test eine links- oder rechtshemisphärische Repräsentation von Sprache gezeigt hatten, wiesen einen Vorteil für das linke beziehungsweise rechte Ohr auf. (Bei Versuchspersonen mit bilateraler Sprachrepräsentation war das Verhältnis zwischen denjenigen mit Vorteilen für das rechte und denjenigen mit Vorteilen für das linke Ohr in etwa ausgeglichen.) Dieser Prozentsatz liegt viel höher als das, was man in stärker standardisierten dichotischen Testsituationen, in denen keine Fusion auftritt, gewöhnlich findet.[14]

Wir sollten darauf hinweisen, daß der Unterschied zwischen den Ergebnissen der Wada-Tests und denen der Verhaltensexperimente auch dadurch bedingt sein könnte, daß beide verschiedene Aspekte der Asymmetrie messen. Der Wada-Test wird benutzt, um diejenige Hemisphäre zu bestimmen, die das Sprechen kontrolliert. Mit tachistoskopischen und dichotischen Aufgaben, die viel eher Wahrnehmungs- als Produktionstests sind, werden vielleicht Funktionen angesprochen, die weniger stark lateralisiert sind.*

Aufmerksamkeitszuwendung als Beitrag zur Hemisphärenasymmetrie

Die Strategien, die Versuchspersonen bei solchen Aufgaben anwenden, könnten die Leistung ebenfalls wesentlich beeinflussen. Beim dichotischen Hören beispielsweise können Versuchspersonen ihre Aufmerksamkeit willentlich mehr auf den Reiz im rechten oder mehr auf den im linken Ohr richten. Falls die Reize für das linke Ohr wegen der Hemisphärenasymmetrie benachteiligt sind, entschließen sich manche Versuchspersonen möglicherweise, stärker auf das „schwächere" Ohr zu achten, so daß eine geringere Überlegenheit des rechten Ohres zustande käme als sonst. Andere Versuchspersonen könnten dagegen bei jedem Durchgang dem deutlicheren Reiz mehr Aufmerksamkeit widmen und gar nicht versuchen, beide zu erkennen. Solche Personen würden eine größere Überlegenheit für das rechte Ohr aufweisen als erwartet. M. P. Bryden hat überzeugend dargestellt, wie wichtig der Einfluß der Aufmerksamkeit auf das dichotische Hören ist. Dennoch kam auch er zu dem Schluß, daß bei Betrachtung einer größeren Anzahl von Untersuchungen die jeweils erwarteten Ohrasymmetrien zutage treten, selbst wenn die Untersucher Faktoren wie Aufmerksamkeit kontrollieren.[15] Ähnliche Argumente hat Bryden hinsichtlich der Untersuchung und Interpretation von Gesichtsfeldasymmetrien vorgebracht.[16] Nach Brydens Ansicht kann eine Verlagerung der Aufmerksamkeit Asymmetrien zwar nicht vollständig erklären, trägt aber möglicherweise zur beobachteten Variabilität bei.

Marcel Kinsbourne hat einen anderen Ansatz gewählt, um die Bedeutung der Aufmerksamkeit in Verhaltensexperimenten zur Hemisphärenasymmetrie zu erklären; er vermutet, daß Asymmetrien, wie man sie bei dichotischer und tachistoskopischer Darbietung findet, verdeckte Verlagerungen der Aufmerksamkeit nach einer Seite des räumlichen Umfeldes widerspiegeln, die durch die Aktivierung einer Hemisphäre bewirkt werden.[17] Nach seiner Ansicht wird die Hemisphäre, die auf eine bestimmte Aufgabe spezialisiert ist, immer dann aktiviert oder „vorgewärmt", wenn der Versuchsperson entsprechendes Material dargeboten wird. Dieser Aktivierungs- oder Vorwärmeffekt (*priming*) könne anschließend – so meint Kinsbourne weiter – auf die Zentren übergreifen, die die Aufmerksamkeit für das gegenüberliegende räumliche Umfeld kontrollieren.

Kinsbourne und seine Mitarbeiter konnten zeigen, daß bei Tests, die normalerweise keine Asymmetrie zwischen den Gesichtsfeldhälften ergeben, ein Vorteil für die rechte Seite auftrat, wenn die Versuchspersonen eine kurze Liste von Wörtern subvokal vor sich hin sprechen sollten, während sie lateralisiert dargebotene Reize betrachteten. Das Wiederholen der Wörter, so nimmt man an, aktiviert die linke Hemisphäre und bewirkt eine Verlagerung der Aufmerksamkeitsrichtung zur rechten Seite, was zu einer besseren Leistung in dieser Gesichtsfeldhälfte führt.

---

* Mit den Begriffen lateralisiert und Lateralisierung beschreibt man sowohl die experimentelle Beschränkung von Information auf eine Hemisphäre als auch – wie hier – die Aufteilung von Funktionen auf die beiden Hemisphären.

In ähnlicher Weise wird aus dem Vorteil für das rechte Ohr hinsichtlich der Schnelligkeit der Reaktion auf gewisse dichotisch dargebotene Silben ein leichter Vorteil für das linke Ohr, wenn die Versuchsperson eine kurze Melodie, die unmittelbar vor der Darbietung des Silbenpaares gespielt wird, mit einer zweiten, direkt danach präsentierten Melodie vergleichen muß. Ausgehend vom Aufmerksamkeitsmodell ließe sich annehmen, daß die musikalischen Reize die rechte Hemisphäre „vorwärmten" und die daraus resultierende Aufmerksamkeitsverschiebung zum linken Ohr den gewöhnlich bei Sprache auftretenden Wechsel zum rechten Ohr verhinderte.

Etliche Untersuchungen stützen die Aktivations-Orientierungs-Hypothese (eine andere Bezeichnung für das Aufmerksamkeitsmodell), aber nur wenige Forscher halten dieses Modell für ausreichend, um die bei Tests mit lateralisierten Reizen gefundenen Asymmetrien umfassend zu erklären.[18]

Zuverlässigkeit bei wiederholten Tests

Ein weiteres Problem, das auch für die beiden gerade diskutierten Fälle zutrifft, besteht darin, daß wiederholtes Testen derselben Versuchspersonen nicht immer zu denselben Ergebnissen führt. Ein Test ist in dem Maße zuverlässig, in dem wiederholte Testdurchläufe zu ähnlichen Resultaten führen. Einigen Untersuchungen zufolge ist die Zuverlässigkeit von dichotischen Hörtests und tachistoskopischen Tests geringer, als man erwarten könnte.[19] Beispielsweise zeigten einige Probanden, die beim ersten dichotischen Hörtest einen Vorteil für das rechte Ohr aufwiesen, eine Woche später eine Verlagerung zum linken Ohr. Man darf annehmen, daß die Gehirnorganisation eines Individuums ein stabiles Merkmal ist, das sich im Laufe der Zeit nicht verändert. Anzeichen von Variabilität bei einem Individuum könnten darauf hindeuten, daß Lateralitätstests Funktionen – wie die Bildung von Strategien, die zur Lösung von Aufgaben eingesetzt werden – messen, die sich innerhalb relativ kurzer Zeit verlagern können.

Was sagen uns die Tests über das Wesen der Asymmetrien?

Sind Hemisphärenunterschiede absolut oder relativ? Bedeutet ein Leistungsunterschied zwischen den Gesichtsfeldhälften, daß nur eine Hemisphäre die jeweilige Aufgabe lösen kann? Oder spiegelt sich darin wider, daß die eine Gehirnhälfte die Aufgabe lediglich besser auszuführen vermag als die andere? All diese Fragen wie auch viele andere, die in eine ähnliche Richtung zielen, sind für unser Verständnis der Hemisphärenasymmetrie wichtig. Wir haben in diesem Kapitel zwei Modelle der Hemisphärenfunktion diskutiert: das Modell des direkten Zugriffs, demzufolge jede Hemisphäre unabhängig von ihrer Spezialisierung die Reize verarbeitet, die ihr dargeboten werden, und das Modell der Weiterleitung über den Balken, demzufolge die auf eine bestimmte Aufgabe spezialisierte Hemisphäre diejenige ist, die die entsprechenden Reize verarbeitet. Es gibt jedoch noch eine andere Möglichkeit – die eines interhemisphärischen Wechselspiels bei der Durchführung einer bestimmten Aufgabe. Dieses Wechselspiel könnte verschiedene Formen annehmen, doch in jedem Fall würde jede Hemisphäre zum Endergebnis beitragen.

Tests für Modelle zur Hemisphärenfunktion

Wie kann man zwischen diesen Modellen differenzieren? Eran Zaidel hat entscheidend dazu beigetragen, die logisch-theoretischen Grundlagen zu schaffen, um zwischen den verschiedenen Möglichkeiten zu entscheiden.[20] Er weist beispielsweise darauf hin, daß ein Vergleich der Verarbeitungsleistung von Split-Brain-Patienten und gesunden Versuchspersonen bei ein und derselben Aufgabe helfen könnte, zwischen dem Modell des direkten Zugriffs und dem Modell der Weiterleitung über den Balken zu unterscheiden. Wenn die Aufgabe eine Weiterleitung über den Balken erfordert, ist bei einem Split-Brain-Patienten im Vergleich zu gesunden Versuchspersonen eine sehr starke Asymmetrie zu erwarten, da eine Informationsübermittlung via Balken nicht möglich ist. Eine Aufgabe hingegen, die nach dem Modell des direkten Zugriffs durchgeführt wird – bei der also die Hemisphäre, die als erste die Reizinformation erhält, für die Verarbeitung verantwortlich ist –, sollte bei einem Split-Brain-Patienten eine Asymmetrie vergleichbar der hervorrufen, die man bei gesunden Versuchspersonen findet (wobei man natürlich davon ausgeht, daß der Split-Brain-Patient Gelegenheit hat, nichtverbal zu antworten).

Ein weiterer Ansatz, um zwischen den beiden Modellen zu unterscheiden, basiert auf dem „Verarbeitungs-Dissoziations"-Kriterium. Zaidel schlägt dazu vor, eine Reizdimension zu variieren, die vom Transfer via Balken nicht betroffen ist. Bei einem Experiment mit verbalen Reizen ließe sich diese Anforderung erfüllen, indem man die Reizwörter innerhalb einer Dimension konkret-abstrakt variiert, denn es gibt keinen Grund anzunehmen, daß sich Wörter, die sich in ihrem Abstraktionsgrad unterscheiden, auch darin unterscheiden, wie effizient sie via Balken übermittelt werden. Falls das Experiment Gesichtsfeldunterschiede ergäbe, die innerhalb dieser Dimension variierten, dann, so argumentiert Zaidel, würde das darauf hindeuten, daß die beiden Hemisphären die an sie gerichteten Stimuli unterschiedlich verarbeiten und damit das Modell des direkten Zugangs stützen.

Weiterhin kann man die Hand variieren, die bei einer Aufgabe zur Messung der Reaktionsgeschwindigkeit benutzt wird – in der einen Hälfte der Versuchsdurchgänge sollten die Antworten mit der linken Hand, in der anderen Hälfte mit der rechten Hand gegeben werden. Im einfachsten Fall sollte sich nach dem Modell des direkten Zugangs eine schnellere Verarbeitungsleistung ergeben, wenn die Versuchsperson mit der Hand reagiert, die von derjenigen Hemisphäre kontrolliert wird, der der Stimulus dargeboten wird (das heißt, linke Gesichtsfeldhälfte, linke Hand sollten schneller sein als linke Gesichtsfeldhälfte, rechte Hand; rechte Gesichtsfeldhälfte, rechte Hand sollten schneller sein als rechte Gesichtsfeldhälfte, linke Hand). Erfolgt die Verarbeitung hingegen nach dem Modell der Weiterleitung über den Balken, sollte sich eine raschere Antwort für die Hand ergeben, die der Hemisphäre gegenüberliegt, der der Reiz dargeboten wurde, weil diese Hand weitgehend von der Hemisphäre kontrolliert wird, die die Aufgabe bearbeitet.

Auf der Basis der gerade diskutierten Kriterien würde man die Identifizierung von Konsonant-Vokal-Silben beim dichotischen Hörtest als Aufgabe klassifizieren, die nach dem Weiterleitungsmodell bearbeitet wird. Im Gegensatz dazu scheinen einige lexikalische Entscheidungsaufgaben, bei denen einzelne konkrete englische Wörter oder Nichtwörter allein in der linken oder rechten Gesichtsfeldhälfte dargeboten werden, um als „Wort" oder „Nichtwort" klassifiziert zu werden, Aufgaben zu sein, die von jeder Hemisphäre bearbeitet werden können und damit dem Modell des direkten Zugriffs folgen.

Zaidel ist jedoch der Meinung, daß die meisten Aufgaben wahrscheinlich eine interhemisphärische Kooperation oder Wechselbeziehung erfordern. Marie Banish hat auf die verschiedenen Formen hingewiesen, die diese Wechselbeziehungen annehmen können und sie innerhalb eines Kontinuums konzeptionalisiert. Dabei reicht die Bandbreite von einer Situation, in der beiden Hemisphären Information dargeboten wird, aber nur eine Hemisphäre die Kontrolle der Verarbeitung übernimmt, über eine Situation, in der keine Hemisphäre dominiert, aber beide zu verschiedenen Aspekten der Verarbeitung beitragen, bis zu einer Situation, in der beide Hemisphären in einer Weise reagieren, die sich aus dem, was wir über die Verarbeitung von Information wissen, die einer Hemisphäre allein dargeboten wird, überhaupt nicht voraussagen läßt.[21]

Als Beispiel für die Art von Verhaltensexperimenten, mit denen interhemisphärische Wechselbeziehungen untersucht worden sind, können die Arbeiten dienen, mit denen die Form der Wechselbeziehung untersucht wurde, bei der eine Hemisphäre die Kontrolle der Informationsverarbeitung übernimmt.

Metakontrolle

Jerre Levy und Colwyn Trevarthen unterschieden in ihren Arbeiten mit Split-Brain-Patienten (Kapitel 2) zwischen der Fähigkeit der jeweiligen Hemisphäre, eine bestimmte Aufgabe auszuführen, und dem Ausmaß der Kontrolle, die sie bei der Aufgabenbearbeitung und auf das Verhalten ausübt. Die Forscher zeigten, daß diejenige Hemisphäre, die im Rahmen der Aufgabe die Kontrolle übernimmt, nicht unbedingt auch die größere Fähigkeit zu deren Bearbeitung besitzt. Für den neuronalen Mechanismus, der bestimmt, welche Gehirnhälfte die Kontrolle innehat, verwendeten sie den Begriff Metakontrolle.

Das Konzept der Metakontrolle ist nach Ansicht von Joseph Hellige für das Verständnis von Prozessen im gesunden Gehirn von besonderer Bedeutung.[22] In vielen Situationen sind beide Hemisphären in der Lage, die Aufgabe, zumindest bis zu einem gewissen Grade, auszuführen, aber sie tun es auf verschiedene Art und Weise. Wenn beiden Gehirnhälften die gleiche Information zur Verfügung steht, was entscheidet dann, wie die Information verarbeitet wird?

Hellige ist dieses Problem experimentell angegangen, indem er Aufgaben gewählt hat, die von beiden Hemisphären, wenn auch in qualitativ unterschiedlicher Weise, gelöst werden können. Er und seine Mitarbeiter boten die Reize auf dreierlei Weise dar: in der rechten Gesichtsfeldhälfte (linke Hemisphäre), in der linken Gesichtsfeldhälfte (rechte Hemisphäre) und bilateral (in beiden Gesichtsfeldhälften gleichzeitig). Vergleicht man die in den Versuchsdurchgängen mit bilateraler Präsentation erzielten Leistungen mit den Ergebnissen jener Versuchsreihen, in denen man die Reize nur einer Hemisphäre darbot, dann sollte – so die Annahme von Hellige – erkennbar werden, ob das qualitative Muster der Ergebnisse von bilateralen Durchgängen einem der Muster ähnelt, die sich unter den beiden anderen Bedingungen ergeben.

Wie sich in mehreren solchen Studien zeigte, war der Verarbeitungsmodus in bilateralen Durchgängen tatsächlich mit einem der beiden Modi identisch, die sich bei einseitiger hemisphärischer Präsentation beobachten ließen, nicht aber mit den anderen. Darüber hinaus deckte sich die Verarbeitungsweise bei bilateraler Darbietung nicht immer mit dem Arbeitsmodus derjenigen Hemisphäre, die man als geeigneter für diese Aufgabe identifiziert hatte. Diese Befunde erinnern an die Split-Brain-Untersuchungen von Levy und Trevarthen. Es traten aber auch individuelle Unterschiede zwischen den Versuchspersonen zutage. Insgesamt zeigten 75 bis 85 Prozent aller rechtshändigen Versuchspersonen über alle Studien hinweg ein einheitliches Ergebnismuster. Bei den übrigen 15 bis 25 Prozent ergab sich in den bilateralen Durchgängen ein Arbeitsmuster, das genau demjenigen der anderen Hemisphäre entsprach. Ob diese Differenzen bedeutungsvolle Unterschiede in der „Metakontrolle" widerspiegeln, ist im Augenblick noch unklar. Hellige schreibt: »Die kognitiven Neuropsychologen stehen der wichtigen Herausforderung gegenüber zu erklären, wie sich in einem Gehirn, das aus einer Vielzahl von verarbeitenden Untereinheiten [Subsystemen] besteht, eine einheitliche Informationsverarbeitung entwickelt. Die linke und die rechte Großhirnhälfte lassen sich als zwei sehr allgemeine Subsysteme mit unterschiedlichen Verarbeitungseigenschaften und Voreinstellungen charakterisieren. Ein besseres Verständnis der interhemisphärischen Wechselbeziehung und der Bedingungen der Metakontrolle kann auch wichtige Hinweise darauf liefern, wie eine einheitliche Informationsverarbeitung zustande kommt.«[23]

Kriterien zum Testen interhemisphärischer Wechselbeziehungen

Banish hat darauf hingewiesen, daß zwei Bedingungen erforderlich sind, um die Präsenz interhemisphärischer Wechselbeziehungen zu testen. Erstens muß das Experiment zwei ihrem Typ nach verschiedene Versuchsdurchgänge umfassen – einen, in dem den beiden Hemisphären gleichzeitig unterschiedliche Information dargeboten wird (bilaterale oder beidhemisphärische Bedingung), und eine unilaterale (einhemisphärische) Kontrollbedingung, in der dieselbe Information einer Hemisphäre dargeboten wird. Zweitens muß ein Aspekt der Aufgabe in der einhemisphärischen Variante zu Ergebnissen führen, die sich von denjenigen der bilateralen Variante unterscheiden. Banish illustriert dies mit folgendem Beispiel.

Man stelle sich vor, daß Frauen Männern darin überlegen sind zu entscheiden, ob Formen, die mit der linken und der rechten Hand – ohne sie zu sehen – nur erfühlt werden, dieselben sind. Obwohl man versucht sein könnte, den Schluß zu ziehen, diese Daten stützten die Vorstellung, Frauen verfügten über einen besseren interhemisphärischen Transfer als Männer, wäre dies voreilig, weil keine geeigneten Kontrollen eingebaut wurden. Beispielsweise wäre es möglich, daß die Handflächen von Frauen empfindlicher sind als diejenigen von Männern; das könnte den beobachteten Unterschied zwischen Männern und Frauen unabhängig von irgendwelchen interhemisphärischen Transferleistungen erklären. Nur durch das Einschalten einer einhemisphärischen Kontrolle – in diesem Fall dadurch, daß man einer Hand beide Formen präsentiert – wäre es möglich zu beurteilen, ob sich irgendein Unterschied zwischen Männern und Frauen auf die interhemisphärische Verarbeitung als solche zurückführen ließe. Erst dann wären nach Banish Rückschlüsse auf einen interhemisphärischen Transfer zulässig.[24]

Untersuchungen mit verhaltensbiologischen Techniken haben sehr wichtige Fragen aufgeworfen, was das Wesen der hemisphärischen Spezialisierung und Wechselbeziehung angeht, wenn auch nicht gelöst. Der Rolle des Corpus callosum, die wir bereits kurz in Kapitel 2 angesprochen haben, wird auch in neureren Verhaltensuntersuchungen dank des wachsenden Interesses an interhemisphärischen Wechselbeziehungen viel Aufmerksamkeit geschenkt. In Kapitel 10 werden wir die Rolle des Corpus callosum bei der Gehirnentwicklung besprechen und auch, wie Verhaltensuntersuchungen dazu beitragen können, Vorstellungen über die Rolle des Corpus callosum im gesunden Gehirn zu entwickeln.

Läßt sich das Ausmaß der Asymmetrie messen?

Eine weitere Frage, die für Verhaltensexperimente theoretische Bedeutung hat, ist, ob das Ausmaß der Asymmetrie, das man im Test bei verschiedenen Versuchspersonen feststellt, etwas über den Grad der Lateralisierung gewisser Funktionen bei den einzelnen Personen aussagt. Können uns individuelle Unterschiede im Ausmaß der Asymmetrie etwas darüber sagen, inwieweit sich die Verarbeitungsleistung eines Individuums auf eine Hemisphäre beschränkt? Ist nun eine Versuchsperson mit einer ausgeprägten Überlegenheit des rechten Ohres stärker lateralisiert – das heißt stärker abhängig von der Verarbeitung in einer bestimmten Hemisphäre – als eine mit einer geringen?

Aus Leistungswerten von Verhaltenstests Lateralisierungsmaße zu berechnen, ist ein wichtiges und komplexes Problem. Bei Tests, in denen die Prozentzahl richtiger Antworten die abhängige Variable ist, benutzen einige Forscher Differenzwerte (links minus rechts oder einen ähnlichen Algorithmus) als Index der Lateralisierung. Solche Werte sind jedoch nicht unabhängig von der Gesamtleistung. Nach Meinung einiger Wissenschaftler sollte ein Lateralitätsmaß aber nicht davon abhängen, wie gut eine Versuchsperson insgesamt abschneidet; andere argumentieren, daß die Gesamtleistung selbst mit der Lateralisierung in Beziehung stehen könnte. Die Frage, welche Meßwerte die Lateralisierung am besten widerspiegeln und was solche Meßwerte über das zugrundeliegende Muster der Asymmetrie aussagen, gehört zu den vielen Problemen, die bisher noch ungelöst sind.[25]

Muß es nur eine einzige Dichotomie geben?

Schließlich sind, wie bereits erwähnt, beträchtliche Anstrengungen unternommen worden, das Wesen der Unterschiede zwischen den Hemisphären zu charakterisieren. Implizit in diesem Ansatz steckt die Vorstellung, daß sich alle Hemisphärenunterschiede auf eine einzige, grundlegende Dichotomie zurückführen lassen, beispielsweise auf ein Begriffspaar wie analytisch/holistisch. Untersuchungen, die nicht zu dem „passen", was eine bestimmte Dichotomie vorhersagt, stellen ein Problem für sie dar und können zu einer Neuformulierung oder Neubewertung dieser Dichotomie führen.

Nach Ansicht von Joseph Hellige könnte dieser Ansatz jedoch grundsätzlich fehlerhaft sein; man sollte die Möglichkeit in Betracht ziehen, daß spezifische Verarbeitungskomponenten oder Module auf einer Seite des Gehirns lateralisiert werden können – unabhängig von der anderen Seite oder sogar nach einem völlig anderen Organisationsprinzip, das nicht zu einem übersichtlichen Klassifikationsschema führt.[26] Forscher werden zweifellos auch weiterhin nach demjenigen Organisationsprinzip suchen, das die größte Datenmenge am besten erklärt, und es ist dasjenige, das – gleich welcher Form – wahrscheinlich auf Dauer bestehen wird. Hellige erinnert uns zu Recht daran, daß wir noch weit davon entfernt sind, dieses Schlüsselproblem gelöst zu haben.

Teil III

Händigkeit, Geschlecht und Gehirn

5. Das Rätsel der Linkshändigkeit

Die überwiegende Mehrheit der Menschen benutzt zum Schreiben und für andere wohlkoordinierte einhändige Tätigkeiten fast ausschließlich die rechte Hand. Aufgrund kulturvergleichender Studien nimmt man an, daß etwa 90 Prozent aller Menschen Rechtshänder sind. Verschiedene indirekte Belege lassen vermuten, daß dies schon in prähistorischer Zeit so war.[1] Höhlenmalereien und Zeichnungen in ägyptischen Gräbern zeigen häufig Personen bei Arbeiten, die sie typischerweise mit der rechten Hand ausführen, und Untersuchungen an altsteinzeitlichen Waffen und Werkzeugen deuten darauf hin, daß diese mit und für die rechte Hand hergestellt worden sind.

Eine Analyse von Handumrißzeichnungen, die vermutlich von Cro-Magnon-Menschen angefertigt wurden, zeigte, daß über 80 Prozent dieser Zeichnungen eine linke Hand darstellten. Wenn man davon ausgeht, daß die Künstler ihre eigene Hand als Schablone benutzt haben, weist auch dieser Befund auf eine starke Bevorzugung der rechten Hand bei Geschicklichkeit erfordernden Tätigkeiten hin. Eine Untersuchung von 1 180 Kunstwerken aus einer Zeitspanne von 5 000 Jahren (von 3000 vor Christus bis 1950) hat gezeigt, daß in Darstellungen vom Gebrauch der rechten und linken Hand keine signifikanten Veränderungen oder Trends über die Zeit festzustellen sind; die Linkshändigkeit liegt im Durchschnitt bei sieben bis acht Prozent. Der vielleicht originellste Beleg für eine Präferenz der rechten Hand bei frühen Menschen stammt aus einer Analyse fossiler Pavianschädel, die Knochenbrüche aufwiesen. Aus der Lage der Frakturen schloß man, daß die Verletzungen durch Keulenschläge mit der rechten Hand verursacht wurden.

Warum sind eigentlich die meisten Menschen rechtshändig? Oder umgekehrt, warum benutzt ein bestimmter Prozentsatz der Bevölkerung die linke Hand, obwohl doch ein subtiler, manchmal auch offener sozialer Druck besteht, sich dem Händigkeitsmuster der Mehrheit anzupassen? Wir haben bereits in früheren Kapiteln erwähnt, daß die Händigkeit in einer komplexen Beziehung zu der Verteilung von Funktionen zwischen dem linken und dem rechten Gehirn steht. Jede Analyse der Hirnasymmetrie, die Vollständigkeit anstrebt, muß sich mit diesem Problem befassen. Welche Faktoren bestimmen die Händigkeit? Worin unterscheiden sich Rechts- und Linkshänder?

Wir werden in diesem Kapitel moderne Theorien erörtern, die Unterschiede in der Händigkeit erklären wollen, und uns mit Studien beschäftigen, die entworfen wurden, um mögliche Unterschiede zwischen Rechts- und Linkshändern zu untersuchen. Um aber den historischen Kontext für die neueren Arbeiten herzustellen, beginnen wir mit einer kurzen Übersicht über ältere Ideen.

Historische Anmerkungen zur Linkshändigkeit

Ist es etwas Schlimmes, linkshändig zu sein?*

Das amerikanische Wörterbuch *Webster's Third International Dictionary* gibt für das Adjektiv linkshändig (*left-handed*) unter anderem die folgenden Definitionen an:

a) gekennzeichnet durch Unbeholfenheit oder Ungeschicklichkeit: linkisch
b) abweichendes oder ungerichtetes Verhalten zeigend: schief, unbeabsichtigt
c) (veraltet) zu übelwollendem Intrigieren neigend: sinister, hinterhältig.

Im Englischen werden Linkshänder oft als *sinistrals* (siehe Fußnote) bezeichnet, und in *Roget's Thesaurus* ist „linkshändig" das Synonym für „ungeschickt". Auch in anderen Sprachen haben die Begriffe „links" und „linkshändig" fast immer eine herabsetzende Bedeutung – von „ungeschickt" über „linkisch" bis hin zu „böse". So bedeutet das französische *gauche* gleichzeitig „unbeholfen"; *mancino* im Italienischen heißt sowohl „links" als auch „trügerisch" oder „falsch". Die spanische Wendung *no ser zurdo* bedeutet „sehr clever sein", aber die wörtliche Übersetzung lautet „nicht linkshändig sein". Man könnte noch viele weitere Beispiele anführen.

Wie wir von Anthropologen wissen, sind in vielen verschiedenen Kulturen mit „rechts" und „links" ganz bestimmte symbolische Assoziationen verknüpft.[2] So sehen die Einheimischen in Marokko das unwillkürliche Zucken eines Augenlids als bedeutsam an. Ein Zucken des rechten Lids kündigt für sie die Rückkehr eines Familienmitglieds oder eine andere gute Nachricht an, während ein linksseitiges Zucken eine Warnung vor einem bevorstehenden Todesfall in der Familie ist. Bei den Maori in Neuseeland, gilt ein Körperzittern im Schlaf als Zeichen dafür, daß ein Geist den Körper ergriffen hat. Ein rechtsseitiges Zucken soll Glück bringen, ein linksseitiges hingegen Unglück oder gar den Tod.

Auch in der Bibel spiegelt sich die Voreingenommenheit gegen die linke Hand beziehungsweise die linke Seite wider.[3] Ein besonders eindrucksvolles Beispiel aus dem neuen Testament ist die Darstellung des Jüngsten Gerichts bei Matthäus 25, Verse 31 bis 34, 41 und 46 (hier zitiert nach der Bibelausgabe des Herder-Verlages, 1966):

> »Und er wird die Schafe zu seiner Rechten stellen, die Böcke aber zu seiner Linken.
>
> Dann wird der König zu denen auf seiner Rechten sprechen: Kommt, ihr Gesegneten meines Vaters, nehmt das Reich in Besitz, das euch seit Grundlegung der Welt bereitet ist.
>
> Alsdann wird er auch zu denen auf der Linken sprechen: Hinweg von mir, Verfluchte, in das ewige Feuer, das dem Teufel und seinen Engeln bereitet ist.
>
> Und sie werden hingehen, diese in ewige Pein, die Gerechten aber in das ewige Leben.«

---

* Anmerkung des Herausgebers: Im englischen Original wird in der Überschrift *Is There Anything Sinister About Being Left-Handed?* auf die Doppelbedeutung des Wortes *sinister* a) „links", b) „unheilvoll", „finster", „schlimm" angespielt, die auch für das zugrundeliegende lateinische Wort gilt. Das deutsche Adverb „links" ist vom mittelhochdeutschen *linc* abgeleitet; dieses entspricht dem älteren schwedischen Wort *linka* und dem altindischen *langa*, die beide soviel wie „lahm" bedeuteten. Ferner haben wir im Deutschen nicht nur den Gegensatz von „link" und „recht", sondern – wie im Text auch für andere Sprachen beschrieben – abgeleitete, meist negativ belegte Ausdrücke wie „link sein", „linkisch sein" oder „zwei linke Hände haben".

5. Das Rätsel der Linkshändigkeit

Michael Barsley, Autor des Buches *Left-Handed People*, hat behauptet, daß die Verkündigung des Jüngsten Gerichts mehr »als jede andere Äußerung für die Festigung des Vorurteils gegenüber Linkshändern verantwortlich ist und daß sich dieses Vorurteil über Jahrhunderte erhalten hat und von Inquisitoren, Richtern, Soldaten, Künstlern, Lehrern, Erziehern und Eltern übernommen wurde als Beispiel schlechthin für die die Assoziation von linkshändigen Menschen mit Bösartigkeit und mit dem Teufel«.[4] Ob Barsley nun recht hat oder nicht – unstreitig ist, daß die Verknüpfung von „links" mit „schlecht" eine lange Geschichte aufweist. Worin liegt der Ursprung dieser Voreingenommenheit? Hier können wir nur spekulieren.

Der kürzlich verstorbene Carl Sagan hat in seinem Buch über die Evolution der Intelligenz, *Die Drachen von Eden*, eine Möglichkeit aufgezeigt.[5] Er weist darauf hin, daß in vorindustriellen Gesellschaften heute wie in der Vergangenheit die linke Hand zum Abwischen nach dem Stuhlgang benutzt wurde. Ein solcher Gebrauch der Hand ist sowohl unästhetisch als auch potentiell gefährlich, da so Krankheiten übertragen werden können; diese Nachteile lassen sich jedoch reduzieren, wenn man zum Essen und Grüßen ausschließlich die andere Hand verwendet. Rechtshänder würden also Aktivitäten wie essen oder Waffen schleudern mit der rechten Hand ausführen und die Toilettenhygiene der linken Hand überlassen. Nach Sagan wurde die linke Hand auf diese Weise mit Ausscheidungsfunktionen verknüpft, die in menschlichen Kulturen traditionell mit negativen Assoziationen beladen sind. Damit war die Verbindung von „links" mit „schlecht" geschaffen. Diese Erklärung geht davon aus, daß der Mensch für Tätigkeiten, die eine motorische Feinkontrolle erfordern, von vornherein die rechte Hand bevorzugt. Die Grundlage dieser Präferenz müssen wir jedoch noch klären. Spekulationen zu diesem Problem gibt es im Überfluß, doch wir können hoffen, daß die Frage mit Hilfe der modernen Wissenschaft eines Tages befriedigend beantwortet werden kann.

Händigkeitstheorien des 19. Jahrhunderts

Wir wollen zunächst einige Vorstellungen betrachten, die im 19. Jahrhundert zur Erklärung der Händigkeit vorgeschlagen worden sind. Eine populäre Theorie bezog sich auf die Lage der inneren Organe. (Anmerkung des Herausgebers: Die folgende Erklärung dieser Theorie weicht – um den Sachverhalt zu präzisieren – vom Originaltext ab.) Sie geht auf den schottischen Wissenschaftler Buchanan zurück, der überzeugt war, daß sich die Händigkeit im Kindesalter mit dem Beginn des Laufens entwickele: »... wegen der größeren Kapazität der rechten Lunge ... dehnt sich die rechte Seite des Brustkorbes weiter aus als die linke, was zu einer größeren Bewegung der unteren Rippen führt, die ihrerseits die Leber mitbewegen. Das hohe Gewicht der Leber bewirkt bei ihrer Bewegung nach rechts einen Verlagerung des Schwerpunktes in die gleiche Richtung ... die [dadurch notwendige] Verlagerung des Gleichgewichts zur linken Seite erlaubt eine freiere Bewegung des rechten Beines und des rechten Armes.«[5a] Diese Konzeption erklärt allerdings nicht, warum manche Leute linkshändig sind, es sei denn, man nimmt eine Umkehrung in der Orientierung ihrer Eingeweide an.

Auch sozialevolutionäre Erklärungen waren im 19. Jahrhundert populär. Von den verschiedenen Variationen über dieses Grundthema ist die Schwert-und-Schild-Theorie[6] die bekannteste. Sie wird dem englischen Essayisten und Historiker Thomas Carlyle und anderen zugeschrieben. Dieser Theorie zufolge hielten Soldaten ihren Schild meist in der linken Hand, um im Kampf ihr Herz zu schützen, und benutzten die rechte, um die Waffen zu halten. Folglich gewann in Jahrtausenden bewaffneter Konflikte die rechte Hand an Geschicklichkeit und wurde zunehmend auch für andere einhändig ausgeführte Tätigkeiten benutzt. Doch wieder fehlt eine Erklärung, warum es auch Linkshänder gibt oder warum die meisten Menschen offenbar schon vor der Erfindung des Schildes rechtshändig waren.

Gegen Ende des 19. Jahrhunderts entwickelte sich das Konzept der zerebralen Dominanz* und mit ihm eine weitere Theorie der Händigkeit. Der schottische Anatom D. J. Cunningham faßte diese 1902 in einem Vortrag wie folgt zusammen: »Rechtshändigkeit beruht auf einer vererbten funktionellen Überlegenheit des linken Gehirns. Linkshirnigkeit ist nicht das Ergebnis, sondern wurde im Laufe der Evolution zur Ursache der Rechtshändigkeit.«[7] So wie die Theorie hier formuliert ist, würde sie nur schwerlich das Vorkommen linkshemisphärischer Sprache bei etwa 70 Prozent aller Linkshänder erklären können. Außerdem sagt sie nichts über die Ursachen für die vererbte funktionelle Überlegenheit des linken Gehirns.[8]

Von der Schwierigkeit, die Händigkeit zu bestimmen

Bevor wir auf modernere Theorien der Händigkeit eingehen, ist es zunächst einmal wichtig zu erläutern, wie man die Händigkeit überhaupt feststellt. Man könnte annehmen, der beste Weg, um herauszufinden, ob eine bestimmte Person Links- oder Rechtshänder ist, bestehe darin, sie einfach zu fragen. Unglücklicherweise funktioniert diese direkte Methode nicht immer. Nur wenige Leute benutzen ausschließlich ein und dieselbe Hand für alle unimanuellen (einhändig ausgeführten) Tätigkeiten, und eine einfache Selbstklassifikation zeigt nicht an, wie die Befragten diese verschiedenen Tätigkeiten beurteilen. Eine weitere Möglichkeit besteht darin, Leute zu fragen, welche Hand sie bei ganz bestimmten Aktivitäten benutzen. Davon ausgehend kann der Untersucher dann eine nach Tätigkeiten gleich gewichtete Handpräferenz ermitteln.

Ein häufig verwendeter Fragebogen zur Messung der Handbevorzugung wurde an der University of Edinburgh entwickelt. Man bittet die Befragten anzugeben, welche Hand sie bei den folgenden Tätigkeiten bevorzugen: Schreiben, Zeichnen, Werfen, Schneiden mit einer Schere, Zähneputzen, Schneiden mit einem Messer (ohne Gabel), Benutzen eines Löffels, Führen eines Besens (obere Hand), Halten eines Streichholzes (während des Anzündens), Öffnen eines Kastendeckels. Die Auswertung des Fragebogens liefert einen Lateralitätsquotienten, der von −100 für extreme Linkshändigkeit über Null für gleiche Benutzung beider Hände bis zu +100 für extreme Rechtshändigkeit reicht.

In einer Untersuchung an über 1 000 Studenten der ersten Semester der University of Edinburgh zeigte sich bei den meisten der Befragten eine durchgängige

---

* Anmerkung des Herausgebers: Das Konzept der zerebralen Dominanz wurde gegen Ende des 19. Jahrhunderts populärer, entstanden aber ist es schon früher, und zwar im Zusammenhang mit der Diskussion über Geisteskrankheiten und Dualität des Gehirns. Am bekanntesten sind die entsprechenden Auslassungen des britischen Arztes Arthur Ladbroke Wigan (*A New View of Insanity: Duality of Mind* (London: Longman, Brown, Green & Longmans, 1844).)

Bevorzugung einer Hand; nur wenige wiesen keine Präferenz auf.[9] Allerdings waren die Präferenzen bei den Rechtshändern deutlicher ausgeprägt als bei jenen, die die linke Hand bevorzugten. Das heißt, die Verteilung der positiven Lateralitätsquotienten unterschied sich von der der negativen Quotienten. Die positiven Werte drängten sich am oberen Ende der Skala, während die negativen Werte über ihre gesamte Spanne eher gleich verteilt waren. Aufgrund solcher Ergebnisse sprechen einige Forscher lieber von Rechts- und Nicht-Rechtshändern statt von Rechts- und Linkshändern.

Die Art und Weise, in der man Versuchspersonen in unterschiedliche Händigkeitsgruppen einteilt, ist für die Ergebnisse von Studien, bei denen Händigkeit eine Variable darstellt, entscheidend. Bei den meisten Untersuchungen, in denen Fragebögen verwendet werden, versucht man, die Testpersonen nach ihren erzielten Werten in Gruppen einzuteilen. Schwierigkeiten ergeben sich jedoch daraus, daß Händigkeit keiner einfachen Alles-oder-Nichts-Dimension entspricht; Trennlinien zwischen den einzelnen Händigkeitsgruppen müssen also aufgrund einer wohl meist willkürlichen Entscheidung gezogen werden.

Andere Studien versuchen, dieses Problem zu umgehen, indem sie die getesteten Personen nicht nach einem Gesamtwert in Gruppen einteilen, sondern statt dessen die individuellen Händigkeitswerte verwenden. Bei jedem dieser Ansätze können sich jedoch mit verschiedenen Fragebögen unterschiedliche Klassifizierungen für ein und dieselbe Personengruppe ergeben. So gesehen, sollte es nicht überraschen, wenn Experimente, in denen der Einfluß der Händigkeit untersucht wird, manchmal zu widersprüchlichen Ergebnissen kommen. Die Unterschiede in den Methoden der Klassifizierung der Versuchspersonen mögen einige oder gar alle derartigen Widersprüche erklären.

Was entscheidet über die Händigkeit?

Ist die Händigkeit – so wie Augenfarbe, Blutgruppe oder Körperbau – genetisch festgelegt? Entscheiden Umwelteinflüsse über die Handpräferenz? Oder spielen, wie so oft bei komplexen menschlichen Verhaltensweisen, beide, genetische und Umwelteinflüsse, eine Rolle? Die Wahrscheinlichkeit, daß zwei rechtshändige Eltern ein linkshändiges Kind bekommen, liegt bei neun Prozent. Sie steigt auf 19 Prozent, wenn ein Elternteil linkshändig ist, und auf 26 Prozent, wenn beide Eltern Linkshänder sind.[10] Im Vergleich zu Personen mit zwei rechtshändigen Eltern nimmt die Wahrscheinlichkeit für Personen mit einem linkshändigen Elternteil, linkshändig zu sein, um den Faktor 2,3 zu, für diejenigen mit zwei linkshändigen Eltern sogar um den Faktor 3,4.*

Die Interpretation dieser Befunde ist jedoch insofern problematisch, als auch Umwelteinflüsse für die gefundenen Unterschiede verantwortlich sein könnten.

---

*In der Literatur finden sich unterschiedliche Angaben bezüglich der Linkshändigkeit der Kinder in Abhängigkeit von der Händigkeit ihrer Eltern. Ein Gesamtvergleich durch S. Coren (*The Left-Handed Syndrome* (New York: Vinage Books, 1993)) ergab etwa neun bis zehn Prozent Linkshändigkeit, wenn beide Elternteile Rechtshänder sind, und nur eine geringfügige Erhöhung, wenn der Vater Linkshänder ist. Bei einer linkshändigen Mutter verdoppelt sich die Linkshändigkeit (also ungefähr 20 Prozent). Bei zwei linkshändigen Elternteilen ergeben sich im Schnitt 35 Prozent Linkshändigkeit bei den Nachkommen.

Zwei linkshändige Eltern können einem Kind genausogut spezifische Gene mitgeben wie unterschiedliche Erfahrungen vermitteln, die für die Festlegung der Händigkeit relevant sind. Anlage (Gene) und Umwelt (Erfahrungen) sind in den Zahlen so miteinander verquickt, daß es unmöglich ist, die Beiträge dieser beiden Faktorenkomplexe voneinander zu trennen. In den folgenden Abschnitten werden wir eine ganze Reihe verschiedener Vorstellungen diskutieren, in denen es darum geht, wie die Händigkeit festgelegt wird, darunter auch solche, die Faktoren berücksichtigen, die im Laufe der pränatalen Entwicklung und zum Zeitpunkt der Geburt eine Rolle spielen könnten.

Die Umwelttheorie

Robert Collins, der eine extreme „Umweltposition" vertritt, behauptet, Händigkeit werde durch kulturelle Neigungen und die jeweilige Ausrichtung der Umwelt von einer Generation auf die nächste übertragen. Seine Schlüsse beruhen größtenteils auf seinen Untersuchungen zur Pfotenpräferenz bei Mäusen, die zeigten, daß einzelne Mäuse stets eine bestimmte Pfote bevorzugen, wenn sie nach Futter in einer Glasröhre greifen. Die Präferenzen unterliegen keiner genetischen Selektion: Es ist nicht möglich, über mehrere Generationen „rechtspfotige" Mäuse zu züchten, indem man Individuen paart, die die rechte Pfote bevorzugen. Die Nachkommen solcher Tiere zeigen dieselbe Verteilung der Pfotenpräferenz wie Mäuse im allgemeinen: 50 Prozent bevorzugen die linke Pfote, 50 Prozent die rechte. Collins hat außerdem gezeigt, daß junge Mäuse, die noch keine Präferenz für irgendeine Pfote haben, überwiegend „rechtspfötig" werden, wenn man die Glasröhre so auf der rechten Seite des Käfigs plaziert, daß sie leichter mit der rechten als mit der linken Pfote zu erreichen ist.[11]

Auf den Menschen übertragen wäre Rechtshändigkeit demnach eine erlernte Antwort auf eine rechtshändige Welt, und Linkshändigkeit tritt auf, wenn dieser Lernvorgang aufgrund eines körperlichen Defekts, fehlerhafter Erziehung, emotionaler Probleme oder dergleichen nicht stattgefunden hat. Ein Umweltmodell der Händigkeit muß jedoch begründen können, wieso in allen untersuchten Kulturen und in allen Zeitperioden, für die es Belege gibt, eine Bevorzugung der rechten Hand gefunden wurde. Es bliebe also zu klären, warum es keine Umweltbedingungen gibt, die die linke Hand begünstigen.

Genetische Modelle

Ein genetisches Modell der Händigkeit läßt sich überprüfen, indem man spezifische Aussagen darüber macht, wie die Händigkeit von Generation zu Generation weitergegeben werden müßte, falls genetische Faktoren wirksam wären. Verschiedene Modelle führen zu unterschiedlichen Vorhersagen über die tatsächlichen Zahlenverhältnisse. Eine gute Übereinstimmung zwischen den Prognosen eines bestimmten genetischen Modells und den gefundenen Daten würde den Schluß nahelegen, daß genetische Faktoren für den überwiegenden Teil der Variation der Handpräferenz beim Menschen verantwortlich sind.

Eines der ältesten genetischen Modelle der Händigkeit ging davon aus, daß die Bevorzugung einer Hand auf der Wirkung eines einzelnen Gens beruht, das in zwei Varianten, sogenannten Allelen, vorliegt. Das Allel R sollte dominant und mit dem Merkmal Rechtshändigkeit verbunden sein, das zweite, rezessive Allel l mit dem Merkmal Linkshändigkeit. Ein Individuum, das von beiden Eltern das R-Allel erbt, wäre ebenso rechtshändig wie jemand, der den Genotyp Rl hat (R von einem Elternteil, l vom anderen). Linkshänder wären diejenigen Individuen, die von beiden Elternteilen ein l-Allel geerbt haben.

Dieses Modell vermag allerdings nicht zu erklären, wieso nur 26 beziehungsweise 35 Prozent der Nachkommen von zwei linkshändigen Eltern linkshändig sind. Es sagt vielmehr voraus, daß alle Nachkommen solcher Eltern einzig und allein das l-Allel an ihren Nachwuchs weitergeben können. Man hat versucht, dieses Modell zu retten, indem man das Konzept der unvollständigen Penetranz (*variable penetrance*) einführte. Unvollständige Penetranz bedeutet, daß nicht alle Individuen mit demselben Genotyp diesen auch auf dieselbe Weise ausprägen. Im vorliegenden Fall nahm man an, daß einige Individuen mit dem Rl-Genotyp linkshändig sind. Diese Linkshänder könnten dann ein R-Allel an ihre Nachkommen weitergeben. Dennoch bleibt die Übereinstimmung des Modells mit den tatsächlichen Befunden unbefriedigend.

Marion Annett von der University of Hull in England hat ein anderes genetisches Modell der Händigkeit entwickelt.[12] Ihrer Hypothese zufolge gibt es kein Gen, das als solches direkt Links- und Rechtshändigkeit bestimmt, jedoch ein dominantes Gen rs^+, das dafür verantwortlich ist, daß sich die Sprache in der linken Hemisphäre entwickelt; dies wiederum erhöht die Wahrscheinlichkeit, daß die rechte Hand größere Fertigkeiten besitzt. Annett hat ihre Theorie als *right shift*-Theorie („Rechtsverschiebungstheorie") bezeichnet. Die rezessive Form des postulierten Gens (rs^-) soll Annett zufolge das Fehlen der systematischen Verschiebung nach einer Seite bewirken, und zwar sowohl für die Sprache wie auch für die Händigkeit.

Bei rs^--Typen würden dann zufällige Faktoren unabhängig voneinander die Lateralisierung der Sprache und Händigkeit beeinflussen.

Wenn beide Allele in der Bevölkerung gleich häufig vorkämen und ihre Kombination bei der Fortpflanzung zufällig erfolgte, dann ergäbe sich folgende Verteilung: 50 Prozent rs^{+-}, 25 Prozent rs^{++} und 25 Prozent rs^{--}. Die Personen der ersten beiden Gruppen würden die Rechtsverschiebung zeigen (linkshemisphärische Sprache und Rechtshändigkeit). In der Gruppe rs^{--} hingegen gäbe es keinerlei Rechtsverschiebung, und nach Ansicht von Annett würden hier die Umwelteinflüsse die Handbevorzugung bestimmen. Ohne irgendwelche Umwelteinflüsse sollte man bei diesen 25 Prozent erwarten, daß jeweils etwa die Hälfte rechtshändig und die andere Hälfte linkshändig ist. Die aufgrund von Annetts Modell vorhergesagten Prozent Linkshänder kommen den Daten über die Linkshändigkeit in der allgemeinen Bevölkerung sehr nahe.

Obwohl über die Beziehung zwischen Händigkeit und kognitiven Fähigkeiten später noch mehr zu sagen ist, sollte doch schon erwähnt werden, daß Annett einen solchen Zusammenhang explizit postuliert. Sie glaubt, daß der Genotyp rs^{++} zu schlechteren Leistungen mit der linken Hand und räumlichen Problemen führt, während Personen mit rs^{--} eine Anfälligkeit für Leseschwierigkeiten zeigen sollten. Der Genotyp rs^{+-} sei, so meint Annett, optimal und gewährleiste darüber hinaus, daß sowohl rs^+ als auch rs^- in der Population fortbestehen.

Händigkeit, Hormone und Immunsystem

In den frühen achtziger Jahren wurde erstmals die Behauptung aufgestellt, zwischen der Händigkeit und dem körpereigenen Immunsystem bestehe ein Zusammenhang – eine Idee, die seitdem von großem Interesse, aber auch von einigen Kontroversen begleitet wurde. Sie geht auf den Neurologen Norman Geschwind zurück, der auf einer wissenschaftlichen Tagung empfahl, bei der Untersuchung der Genetik der Dyslexie* nicht nur die Häufigkeit von Lese- und Buchstabierproblemen bei den Verwandten der Dyslexiepatienten zu untersuchen, sondern auch andere Störungen zu berücksichtigen, die in diesen Familien gehäuft auftreten. Unter den Zuhörern saßen neben Psychologen und Neurologen auch viele Eltern von Kindern mit Lese- und Rechtschreibschwächen; einige berichteten Geschwind anschließend über Immunstörungen und Migräne in ihren Familien. Diese informellen Berichte wurden anschließend in einer Reihe von Untersuchungen bestätigt, die einen unerwarteten Zusammenhang zwischen Linkshändigkeit und vermuteten Störungen des Immunsystems, wie Migräne, Allergien, Schilddrüsenproblemen und anderen, erbrachte.

Aufgrund dieser Beobachtungen entwickelten Geschwind und der Neurologe Albert Galaburda eine weitreichende Theorie der Lateralisierung, derzufolge ein gemeinsamer Faktor, das männliche Sexualhormon Testosteron, sowohl für Linkshändigkeit als auch für eine Anfälligkeit für Immunerkrankungen verantwortlich ist.[13] Geschwind und Galaburda stellten die Hypothese auf, daß Testosteron beim Fetus das Wachstum bestimmter Teile der linken Hemisphäre verlangsamt, so daß sich die entsprechenden Bereiche auf der rechten Seite, relativ gesehen, schneller entwickeln. Daher kommt es, so argumentieren sie, bei Männern zu einer stärkeren Verschiebung in Richtung einer rechtshemisphärischen Beteiligung an Händigkeit und Sprache; somit sind bei ihnen auch höherentwickelte rechtshemisphärische Fertigkeiten wahrscheinlicher. Überdies könnte die Verzögerung der linkshemisphärischen Entwicklung in einigen Fällen zu einer andauernden entwicklungsbedingten Lernbehinderung führen, die bei Männern häufiger auftritt als bei Frauen.

Nach Meinung von Geschwind und Galaburda beeinflußt Testosteron nicht nur die Entwicklung der linken Hemisphäre, sondern kann gleichzeitig auch einen störenden Einfluß auf die Entwicklung des Immunsystems ausüben und so die Anfälligkeit für spätere Immunerkrankungen erhöhen. So also könnte Testosteron für den scheinbaren Zusammenhang zwischen Linkshändigkeit und Immunstörungen verantwortlich sein.

Die Vorstellungen von Geschwind und Galaburda sind faszinierend und führen zu einer ganzen Reihe interessanter Schlußfolgerungen. So weisen die beiden Wissenschaftler darauf hin, daß die durch Testosteron bewirkte relativ schnellere Entwicklung der rechten Hemisphäre in manchen Fällen auch zu besonderen Fähigkeiten führen kann. Zum Beispiel zeigen einige autistische Personen außergewöhnlich hohe künstlerische Fertigkeiten (siehe hierzu auch Kapitel 11). Die Auswirkungen des Testosterons auf die linke Hemisphäre würden die Beeinträchtigungen erklären, unter denen diese Personen leiden, während die damit einherge-

---

* Mit dem Begriff Dyslexie bezeichnet man Lese- und Buchstabierschwierigkeiten, die ohne primär sensorische Beeinträchtigungen auftreten; im deutschsprachigen Bereich wird die Lese- und Rechtschreibschwäche häufig auch Legasthenie genannt. Wir werden in Kapitel 11 noch ausführlicher darauf eingehen.

hende verstärkte Entwicklung der rechten Gehirnhälfte die Grundlage für jene isolierten überragenden Leistungen bildet.

Ein derartiger Mechanismus könnte sogar für spezifische Formen besonderer Leistungsfähigkeit verantwortlich sein, die man bei Personen ohne kognitive Defizite findet. In einer Untersuchung an einer größeren Gruppe von Kindern (überwiegend Jungen) mit mathematischer Begabung fand man fünfmal so viele Kinder mit Allergien und doppelt so viele Linkshänder wie im Bevölkerungsmittel.[14] Kann die Testosteronhypothese auch das erklären? Geschwind und Galaburda hielten dies vorläufig durchaus für möglich: Je nach Zeitpunkt und Höhe des Testosteronspiegels während der intrauterinen Entwicklung könnten die negativen Auswirkungen einer Verlangsamung der linkshemisphärischen Entwicklung vermieden werden, gleichzeitig aber die Vorteile einer rechtshemisphärischen Förderung zum Tragen kommen.

Das Geschwind-Galaburda-Modell hat weitreichende Konsequenzen; es ist auf großes Interesse gestoßen und hat zu weiteren Forschungen geführt. M. P. Bryden, Ian McManus und Barbara Bulman-Fleming haben sich die enorme Mühe gemacht, die Literatur über das Geschwind-Galaburda-Modell durchzusehen, die sich in den zehn Jahren, seitdem es vorgeschlagen wurde, angesammelt hat. Sie kamen zu dem Schluß, daß die Daten das Modell in seiner strengen Form nicht stützen.[15] Zum Beispiel weisen sie auf Unstimmigkeiten bei der vom Modell postulierten Beziehung zwischen Händigkeit und Immunstörungen hin. Die Daten zeigen, daß einige Störungen, wie Allergien, Asthma und Kolitis bei Linkshändern häufiger auftreten, während andere Autoimmunerkrankungen, wie Arthritis und Myasthenia gravis, das umgekehrte Muster zeigen; sie sind bei Rechtshändern häufiger. Die Autoren schlossen auch, daß andere Prognosen, die aus dem Modell folgen, wie die Beziehung zwischen atypischer Lateralisierung und Begabung, von den vorliegenden Daten im allgemeinen nicht gestützt werden.

Brain and Language, eine der wichtigsten Fachzeitschriften auf dem Gebiet der kognitiven Neurowissenschaften, widmete dieser Literaturübersicht und den Entgegnungen von Kritikern und Befürwortern der dargelegten Ansichten eine ganze Ausgabe. Wenn man diese Artikel liest, wird deutlich, daß die wissenschaftliche Gemeinschaft in der Frage der Nützlichkeit des Geschwind-Galaburda-Modells geteilter Meinung ist. Nur wenige Wissenschaftler würden die Behauptung ablehnen, daß die strenge Form des Modells von den Daten nicht gestützt wird – zu viele Voraussagen, die das Modell ausdrücklich trifft, lassen sich nicht empirisch belegen. Ebenso offensichtlich ist jedoch, daß einige unerwartete Phänomene, die vom Modell vorhergesagt wurden, empirisch bestätigt wurden und noch immer auf eine Erklärung warten.

Geburtsstreß und Linkshändigkeit

Der Anteil von Linkshändern liegt bei Zwillingen zwischen 15 und 18 Prozent und damit ungefähr doppelt so hoch wie bei einzeln Geborenen.[16] Zwillinge zeigen zudem unverhältnismäßig oft neurologische und andere Störungen, die vermutlich auf Schäden infolge der Enge in der Gebärmutter während der vorgeburtlichen Entwicklung zurückzuführen sind. Es liegt daher nahe anzunehmen, daß auch das gehäufte Auftreten von Linkshändigkeit bei Zwillingen zumindest teilweise durch diese Faktoren bedingt wird.[17]

Paul Bakan und seine Kollegen haben diese Hypothese auf Nichtzwillinge ausgedehnt und nehmen an, daß Linkshändigkeit grundsätzlich pathologisch bedingt ist und im wesentlichen durch Geburtstraumata oder Streß während der Geburt verursacht wird.[18] Sie sehen in ihr die Folge motorischer Funktionsstörungen der linken Hemisphäre, die auf eine verminderte Sauerstoffversorgung vor oder während der Geburt (perinatale Hypoxie) zurückgehen. Nach Bakan kommt Linkshändigkeit in bestimmten Familien gehäuft vor, weil bei diesen – erblich bedingt – häufiger schwierige Geburten oder Schwangerschaftsprobleme auftreten, und nicht etwa, weil die Händigkeit als solche genetisch festgelegt ist.

Die Ergebnisse von Untersuchungen, die für Bakans Hypothese relevant sind, ergeben kein einheitliches Bild. Allerdings beruhen all diese Untersuchungen auf Befunden, die im nachhinein erhoben worden waren. Das heißt, die Information darüber, ob ein Geburtsstreß vorhanden gewesen war oder nicht, erhielt man erst viele Jahre später durch die subjektiven Schilderungen der Mütter oder der untersuchten Personen. Um die Fehler, die mit solchen retrospektiven Berichten verbunden sind, zu verringern, führte Murray Schwartz eine (prospektive) Längsschnittstudie durch. Diese unterzog Kinder ab dem Alter von zwei Jahren einer Beobachtung und stützte sich, um den Grad des Geburtsstresses einzuschätzen, neben den Berichten der Mütter auch auf Krankenhausunterlagen.[19] Das sogenannte Apgar-Schema ist ein einfaches System, um den Zustand von Neugeborenen festzuhalten: Ein niedriger Apgar-Index kann beispielsweise eine Hypoxie (einen Sauerstoffmangel) und mögliche neurologische Anomalien widerspiegeln. Von allen Streßeinflüssen, Risikofaktoren und Komplikationen, die Schwartz untersuchte, zeigte lediglich ein Kriterium – nämlich der Apgar-Index, der eine Minute nach der Geburt erhoben wurde – eine Beziehung zur späteren Linkshändigkeit, die häufiger mit niedrigeren Apgar-Indizes einherging. Auf keinen Fall stützen die Befunde Bakans ursprüngliche Hypothese, nach der jede Linkshändigkeit eine Folge von Geburtsstreß sein soll.

Andere Untersucher haben weniger extreme Ansichten zur Rolle krankhafter Veränderungen vertreten. Paul Satz zum Beispiel äußerte zwar die Vermutung, daß bei Personengruppen mit bestimmten Erkrankungen pathologische Faktoren durchaus entscheidend zum erhöhten Anteil von Linkshändern beitragen und sie auch einen Teil der Linkshändigkeit in der Gesamtpopulation bestimmen.[20] Alle übrigen Linkshänder jedoch sind seiner Meinung nach „natürliche" Linkshänder, deren Händigkeit genetisch festgelegt ist.

Satz und seine Kollegen interessierten sich auch für andere Veränderungen – von ihnen als pathologische Linkshändigkeit (PLH) zusammengefaßt –, die bei Personen auftreten können, die aufgrund einer frühen Hirnschädigung zu Linkshändern wurden. Eine dieser Veränderungen ist der Wechsel in der hemisphärischen Spezialisierung für die Sprache. Bei Linkshändern mit einer frühkindlichen Hirnschädigung ist die Wahrscheinlichkeit, daß die Sprache rechtshemisphärisch kontrolliert wird, dreimal so groß wie bei Linkshändern ohne frühe Hirnschädigung. Eine andere Komponente des PLH-Syndroms ist nach Satz die Beeinträchtigung visuell-räumlicher Fähigkeiten, weil sich bei einer frühen Verletzung der linken Hemisphäre sprachliche Funktionen zur rechten Gehirnhälfte verlagern könnten, wo sie dann die visuell-räumlichen Funktionen, die sich dort eigentlich entwickeln sollten, beeinträchtigen oder verdrängen. Eine dritte Komponente des PLH-Syndroms besteht darin, daß sich die rechte Seite des Körpers nicht voll entwickelt. Satz und seine Mitarbeiter führten hierzu ihre Untersuchungen an, die zeigten, daß Epilepsiepatienten, deren Anfälle vor Vollendung des zweiten Lebensjahres begonnen hatten, einen kürzeren rechten Fuß aufwiesen, wenn die Läsion in der linken Hemisphäre lokalisiert war, und einen kürzeren linken Fuß, wenn es sich um rechtsseitige Hirnschäden handelte.

Insgesamt erscheinen die vorhandenen Belege ausreichend, um die Annahme zu stützen, daß Linkshändigkeit zum Teil durch krankhafte Veränderungen bedingt ist, wenn auch nur wenige Forscher so weit gehen würden zu behaupten, daß sich Linkshändigkeit allein oder überwiegend dadurch erklären lasse.

Wie hängen Händigkeit und Sprachlateralität zusammen?

Worin unterscheidet sich die Gehirnorganisation bei Linkshändern und Rechtshändern? Sowohl klinische Studien als auch Verhaltensuntersuchungen an gesunden Personen haben zur Beantwortung dieser Frage beigetragen. Bei Untersuchungen mit dem bereits in Kapitel 1 beschriebenen Wada-Test zeigte sich, daß bei über 95 Prozent der Rechtshänder und bei 70 Prozent der Linkshänder die Sprache in der linken Hemisphäre lokalisiert war. Bei den übrigen 30 Prozent fand man meist Hinweise auf eine beidseitige Repräsentation der Sprache.[21] Man könnte aus diesen Zahlen folgern, daß sich die meisten Linkshänder hinsichtlich der Sprachrepräsentation nicht von Rechtshändern unterscheiden.

Andere klinische Befunde lassen jedoch auf eine kompliziertere Situation schließen. Mehreren Studien zufolge ist bei einer Aphasie durch Schlaganfall die Prognose bei Linkshändern sehr viel günstiger als bei Rechtshändern.[22] Viele Forscher vermuten, daß die Erholung von einer schweren Schädigung der Hemisphäre, die die Sprache kontrolliert, davon abhängt, inwieweit deren Funktionen von der anderen, nicht geschädigten Hemisphäre übernommen werden können. Wenn das stimmt, liegt die Annahme nahe, daß die Sprachfunktionen bei mehr Linkshändern, als durch den Wada-Test ermittelt wurden, bilateral repräsentiert sind. Bei Linkshändern, deren Sprache überwiegend von einer Hemisphäre gesteuert wird, könnte die andere Gehirnhälfte in viel stärkerem Ausmaß als bei Rechtshändern in „Reserve" stehen.

Insgesamt bestätigen Verhaltensstudien mit normalen Versuchspersonen dieses komplexe Bild. Bei Untersuchungen, in denen man mit dichotischem Hören und tachistoskopisch lateralisierter Darbietung die Leistungen von Rechts- und Linkshändern vergleicht, ergeben sich bei Linkshändern weniger Hinweise auf Asymmetrien.[23] Generell läßt sich sagen, daß jede Asymmetrie, die man bei Rechtshändern findet, bei Linkshändern schwächer ausgeprägt ist oder gar umgekehrt vorliegt. Wenn man Befunde von einzelnen Versuchspersonen betrachtet, stellt man fest, daß linkshändige Versuchspersonen geringere Asymmetrien zeigen als rechtshändige, auch wenn es einige Linkshänder mit starker Links- oder Rechtsüberlegenheit gibt. Damit passen diese Befunde sehr gut zu den klinischen Beobachtungen, die auf eine größere Bilateralität bei Linkshändern hinweisen.

Die Rolle der familiären Linkshändigkeit

Die Beziehung zwischen zerebraler Asymmetrie und Linkshändigkeit scheint also komplizierter zu sein, als die Ergebnisse der Wada-Tests erwarten lassen. Aufgrund anderer klinischer Arbeiten nahm man an, ein Teil der Variabilität zwischen Linkshändern ließe sich erklären, wenn man bestimmt, ob die Verwandten ersten Grades eines Linkshänders (also seine Eltern, Geschwister oder Kinder) ebenfalls linkshändig sind. Linkshänder, bei denen man familiäre Linkshändigkeit (Linkshänder in der unmittelbaren Verwandtschaft) feststellte, zeigten etwa genauso häufig Sprachstörungen infolge einer Schädigung der rechten Hemisphäre wie infolge einer Schädigung der linken Gehirnhälfte. Bei Linkshändern ohne familiäre Linkshändigkeit traten nach rechtshemisphärischen Läsionen fast nie Sprachstörungen auf. Klinische Daten deuten auch darauf hin, daß sich Links- und Rechtshänder mit familiärer Linkshändigkeit besser von einer Aphasie erholen. Die klinischen Daten stimmen jedoch nicht völlig überein, was diese Effekte der familiären Linkshändigkeit angeht.[24]

Untersuchungen an normalen Versuchspersonen haben sich mit dem Einfluß der familiären Linkshändigkeit auf die Leistung in Lateralitätstests beschäftigt. Etliche Befunde sprechen dafür, daß Linkshänder mit linkshändigen Verwandten sich von solchen ohne familiäre Linkshändigkeit unterscheiden. Unglücklicherweise stimmen die Ergebnisse der Studien in ihrer Aussage über die Art der Verschiedenheit nicht überein.[25]

Handhaltung

Jerre Levy und MaryLou Reid haben eine weitere Variable – die Handhaltung – identifiziert, die ihrer Ansicht nach helfen könnte, Linkshänder auf der Basis ihrer Hirnorganisation in verschiedene Gruppen einzuteilen.[26] Einige Linkshänder schreiben mit invertierter Handhaltung: Die Schreibhand ist so angewinkelt, daß Feder oder Bleistift über der Schreiblinie geführt werden. Andere Linkshänder halten – genau wie fast alle Rechtshänder – ihre Schreibgeräte so, daß die Hand unterhalb der Schreiblinie liegt.

Levy und Reid vertraten die Auffassung, die invertierte Handhaltung bedeute, daß die Sprachhemisphäre ipsilateral zur bevorzugten Hand liegt. Demnach müßte die Sprache eines Linkshänders mit invertierter Schreibhaltung von der linken Hemisphäre kontrolliert werden. Und die eines Rechtshänders mit invertierter Schreibhaltung (solche Personen sind selten) wäre rechtshemisphärisch gesteuert. Die Sprache von nichtinvertiert Schreibenden schließlich würde von der Hemisphäre kontrolliert, die der bevorzugten Hand gegenüberliegt. Diese Sichtweise steht im Widerspruch zu der gängigen Meinung, nach der die Handhaltung einfach eine Sache der Übung ist.

Die Forscher gründeten ihre Annahmen auf Befunde aus tachistoskopischen Experimenten. Leider bieten andere Untersuchungen, darunter klinische Studien, ein anderes Bild. Insgesamt gibt es noch zu viele Widersprüche in den Befunden, als daß man daraus schließen könnte, die Schreibhaltung sei ein nützlicher Indikator der Gehirnasymmetrie.[27]

Ist Füßigkeit ein besseres Maß für Asymmetrie?

Die Händigkeit ist die wohl vertrauteste Asymmetrie des Menschen, doch die meisten von uns haben auch ein bevorzugtes Auge, ein bevorzugtes Ohr und einen bevorzugten Fuß. Je nachdem, was gemessen wird, kann sich die Bevorzugung eines Auges darauf beziehen, daß dieses Auge in einem Standardsehtest zur Ermittlung der Sehschärfe die bessere Leistung erbringt oder daß die Versuchsperson mit eben diesem Auge durch ein Teleskop schaut oder ein Ziel anvisiert. Die Ohrpräferenz läßt sich entweder durch Hörschärfetests definieren, in denen man ermittelt, welches Ohr empfindlicher ist, oder danach, welches Ohr gewählt wird, wenn die Versuchsperson jeweils nur ein Ohr benutzen kann, zum Beispiel, wenn sie sich eine Armbanduhr ans Ohr hält, um das Ticken zu hören. Mit Füßigkeit beschreibt man die Bevorzugung eines Fußes bei bestimmten Tätigkeiten, etwa beim Wegschießen eines Balles oder beim Ergreifen eines kleinen Gegenstands mit den Zehen.

Experimentelle Ergebnisse lassen kaum eine Beziehung zwischen Augen- beziehungsweise Ohrpräferenz und Hemisphärenasymmetrie erkennen.[28] Dieser Befund ist bei näherer Betrachtung durchaus nicht überraschend, da das visuelle und auditive System so aufgebaut sind, daß eine Präferenz für das rechte oder linke Auge oder Ohr unter normalen Bedingungen nicht einfach eine Hemisphärenpräferenz widerspiegelt. Bei der Füßigkeit liegen die Dinge jedoch anders. Eine neuere Untersuchung deutet darauf hin, daß Füßigkeit möglicherweise tatsächlich ein besserer Indikator für Sprachlateralisierung ist als Händigkeit.

Dieser überraschende Befund ergab sich aus einer Untersuchung von Lorin Elias und M. P. Bryden.[29] Mit Hilfe von Fragebögen, in denen die Probanden über ihre Händigkeit und Füßigkeit Auskunft gaben, stellten die Forscher eine Stichprobe zusammen, in der gleich viele rechts- und linkshändige Männer und Frauen sowie gleich viele Probanden mit ungekreuzten (rechtshändig/rechtsfüßig und linkshändig/linksfüßig) beziehungsweise gekreuzten (rechtshändig/linksfüßig und linkshändig/rechtsfüßig) lateralen Präferenzen in jeder Füßigkeitsgruppe waren. Anschließend wurde jede Versuchsperson einem dichotischen Hörtest unterzogen – der zuvor eine hohe Korrelation mit der Sprachlateralisierung gezeigt hatte –, um die sprachbegabte Hemisphäre zu bestimmen. Wie die Ergebnisse zeigten, war Füßigkeit ein viel besserer Indikator für Sprachlateralisierung als Händigkeit.

Insgesamt zeigten linksfüßige Versuchspersonen einen nicht signifikanten Vorteil für das linke Ohr, rechtsfüßige hingegen einen signifikanten Vorteil für das rechte Ohr. Als man dieselben Versuchspersonen jedoch auf der Basis der Händigkeit allein klassifizierte, unterschieden sich die Linkshänder im Muster der Ohrasymmetrie nicht von den Rechtshändern. Zu ähnlichen Ergebnissen kamen andere Forscher. Nach Ansicht von Lainy Day und Peter MacNeilage ist Fußpräferenz ein Indikator für eine habituelle Asymmetrie hinsichtlich der Körperhaltung – wenn man einen Fuß benutzt, um zu treten oder aufzustampfen, muß der andere Fuß zeitweilig das gesamte Körpergewicht tragen.[30] Sie betonen somit die Beziehung zwischen Haltungsasymmetrie und hemisphärischer Spezialisierung für Sprache im Gegensatz zu einer Beziehung zur manuellen Asymmetrie (Händigkeit). Bei den meisten Menschen, so haben sie beobachtetet, sind Haltungsasymmetrien und manuelle Asymmetrien homolateral (das heißt auf der selben Seite); daher ist Händigkeit ein nützlicher Indikator der Hemisphärenasymmetrie. In denjenigen Fällen, in denen beide Parameter jedoch nicht homolateral sind, wird die

Bedeutung der Haltungsasymmetrien deutlich, und Füßigkeit wird zu einem besseren Indikator als Händigkeit.

Händigkeit und kognitive Fähigkeiten

Unterscheiden sich Rechts- und Linkshänder noch in anderen Dingen als in der Hirnorganisation? Die Suche nach einem Zusammenhang zwischen Händigkeit und Gehirnasymmetrie brachte viele Forscher dazu, die Konsequenzen dieser Beziehung auch für andere Funktionen zu überprüfen. Vom Pathologiemodell der Linkshändigkeit ausgehend, könnte man vorhersagen, daß eine leichte frühkindliche Hirnschädigung bei verschiedenen Tests höherer geistiger Funktionen leistungsmindernd wirken wird. Das Geschwind-Galaburda-Modell sagt eine Überrepräsentation von Linkshändern in Populationen mit Lernstörungen und mit besonderer intellektueller Begabung voraus. Inwieweit stützen die Daten diese Voraussagen?

Kognitive Defizite bei Linkshändern?

In Untersuchungen, bei denen die Leistungen von Rechts- und Linkshändern in Tests kognitiver, das heißt höherer geistiger Funktionen verglichen wurden, haben sich nur wenige Hinweise auf geringere Leistungen bei Linkshändern ergeben.[31] Ungeachtet dieser recht mageren Sammlung empirischer Befunde zu Leistungsunterschieden zwischen Rechts- und Linkshändern ist die Verknüpfung von Linkshändigkeit mit Leistungsschwächen erhalten geblieben. Das beruht höchstwahrscheinlich darauf, daß unter geistig Behinderten und Personen mit Lesestörungen besonders viele Linkshänder vorkommen. Diese Beziehung legt nahe, daß ein Teil der Linkshändigkeit in diesen Gruppen, die durch Leistungsdefizite gekennzeichnet sind, pathologischen Ursprungs ist.[32] Dieselbe Schädigung, die die geistige Behinderung hervorrief, könnte auch für den Wechsel von der Rechts- zur Linkshändigkeit verantwortlich sein. Daraus folgt allerdings nicht, daß eine ähnliche Beziehung zwischen Linkshändigkeit und Leistungsschwächen auch für Personengruppen außerhalb des klinischen Bereichs gilt.

Eine andere Wechselbeziehung zwischen Händigkeit und kognitiven Funktionen wird von Levy angenommen.[33] Ihr war aufgefallen, daß viele Linkshänder zusätzlich zu der linkshemisphärischen offenbar auch eine gewisse rechtshemisphärische Sprachfähigkeit aufweisen. Daraus ergab sich für Levy die Frage, welche Konsequenzen dies für die visuell-räumlichen Funktionen hat, die bei Rechtshändern normalerweise von der rechten Hemisphäre kontrolliert werden. Sie nahm an, daß Sprache und visuell-räumliche Funktionen jeweils um das in einer Hemisphäre verfügbare neuronale „Substrat" konkurrieren und im vorliegenden Fall die Sprachfunktionen auf Kosten anderer Funktionen vorherrschen würden. Die Sprache würde die visuell-räumlichen Zentren gewissermaßen verdrängen. Daher – so sagte sie voraus – sollten Linkshänder bei visuell-räumlichen Aufgaben schlechter abschneiden als Rechtshänder, bei sprachlichen Tests jedoch etwa gleich gut. Levys Hypothese stößt weiterhin auf Interesse, wenn die empirische Untermauerung auch recht gemischt ist.

Auch Leonardo war ein „Linkser"

Im Gegensatz zu den gerade diskutierten Vorstellungen haben einige Forscher die Vermutung geäußert, die stärker ausgeprägte bilaterale Verteilung der Sprachfunktionen, die offenbar für Linkshänder typisch ist, könne herausragende Fähigkeiten ermöglichen. Ein Argument war, daß eine intensivere Wechselwirkung zwischen sprachlichen und nichtsprachlichen Funktionen, wie sie durch die Präsenz beider in der gleichen Hemisphäre möglich sei, die Kreativität fördere. Verfechter dieser Vorstellung weisen gerne darauf hin, daß sowohl Leonardo da Vinci als auch Benjamin Franklin und Michelangelo Linkshänder waren.

Vereinzelt wurde tatsächlich über besondere Leistungen von Linkshändern berichtet; diese Arbeiten zeichnen jedoch auch kein klareres Bild als jene, die auf ein Defizit bei Linkshändern hindeuten.[34] Eine mögliche Ausnahme bilden die Forschungsergebnisse im Hinblick auf mathematische Fähigkeiten, die wir in Kapitel 6 im Zusammenhang mit Geschlechtsunterschieden diskutieren werden. Sie zeigen eindeutig, daß bei mathematisch Begabten Linkshändigkeit häufiger ist als gewöhnlich.

Es ist zweifellos interessant, daß Linkshändigkeit unter Künstlern sehr viel häufiger vorkommt als in der Gesamtpopulation. So waren bei einer Untersuchung, in der College-Studenten mit weniger als zwei Jahren Kunstunterricht mit Studenten verglichen wurden, die Kunst als Hauptfach studierten, 20 Prozent der „Künstler" linkshändig, von den „Nichtkünstlern" jedoch bloß sieben Prozent. Gemischte Händigkeit trat bei 27 Prozent der Künstler und bei lediglich 15 Prozent der Nichtkünstler auf.[35] Die Bedeutung dieser Befunde ist unklar. Natürlich werfen sie für Levys Modell der kognitiven Defizite bei Linkshändern Probleme auf, es sei denn, man nimmt an, ein Defizit in visuell-räumlichen Fähigkeiten komme nur bei einer Untergruppe der Linkshänder vor. Eine andere Interpretation ist die, daß das Interesse an und die praktische Erfahrung mit Kunst als solche zum stärkeren Gebrauch der linken Hand führen.

So stehen jedem Hinweis auf Defizite bei Linkshändern Belege positiver Besonderheiten entgegen; es ist jedoch offensichtlich, daß Unterschiede zwischen den kognitiven Fähigkeiten von Linkshändern und denen von Rechtshändern im allgemeinen sehr klein und von geringer praktischer Bedeutung sind. Auch ist die Variation zwischen den Individuen innerhalb einer Gruppe weitaus größer als der statistische Unterschied zwischen den Gruppen. Dieses Problem statistischer Unterschiede in den kognitiven Leistungen und der Händigkeit wird jedoch sicherlich weiterverfolgt werden, da es für Theorien zur Gehirnvariabilität und zu zerebraler Organisation von Bedeutung ist.

Die Kontroverse über die Lebensdauer

In diesem Kapitel haben wir grundlegende Probleme der Händigkeit behandelt. Im wesentlichen ging es dabei um ihre Entstehung, ihren Zusammenhang mit menschlichen Fähigkeiten und ihre Beziehung zur funktionellen Hemisphärenasymmetrie. Vor kurzem haben die Psychologen Stanley Coren und Diane Halpern eine Reihe kontrovers diskutierter Befunde vorgelegt, die darauf hindeuten, daß Linkshänder, weil sie in einer Welt leben, die primär von und für Rechtshänder entworfen ist, leichter in Unfälle verwickelt werden, was sich negativ auf ihre Lebenserwartung auswirken könnte.[36]

Coren war zunächst verblüfft, in seinen eigenen Daten zu entdecken, daß der Anteil der Linkshändigkeit von 13 Prozent bei 20jährigen auf weniger als ein Prozent bei 80jährigen abnimmt. Waren diese Unterschiede real, und wenn ja, was bedeuteten sie? Coren und seine Kollegin Diane Halpern begannen dem nachzugehen und sammelten Informationen über die Händigkeit kürzlich verstorbener Personen, indem sie Angehörige befragten, die aber über das Ziel der Untersuchung nicht informiert waren. Sie fanden, daß Frauen im Durchschnitt fast sechs Jahre länger leben als Männer; ein viel größerer Unterschied ergab sich jedoch als Funktion der Händigkeit: Das mittlere Todesalter der Rechtshänder betrug 75,34 Jahre, das der Linkshänder 66,20 Jahre.

Wir haben in diesem Kapitel bereits einige Indizien dafür diskutiert, daß ein Teil der Linkshändigkeit pathologischen Ursprungs ist. Vielleicht rufen die pathologischen Faktoren, die Linkshändigkeit erzeugen, zugleich andere Bedingungen hervor, die die Sterblichkeit beeinflussen. Coren und Halpern ziehen eine mögliche Rolle dieser Einflußgrößen durchaus in Betracht, schlagen aber eine weitere Erklärung vor – eine höhere Unfallrate bei Linkshändern. In der Studie, die auf der Befragung der Angehörigen beruhte, hatten die Forscher auch nach der Todesursache gefragt; sie stellten für Linkshänder ein sechsfach höheres Risiko als für Rechtshänder fest, an den Folgen eines Unfalls zu sterben.

Die Arbeiten von Coren und Halpern zur Beziehung zwischen Linkshändigkeit und Mortalität sind sehr umstritten, und einige Forscher haben behauptet, ihre Daten seien mit systematischen Fehlern behaftet.[37] So sehen der Psychologe Kenneth Hugdahl und andere die Altersunterschiede zum Zeitpunkt des Todes von Links- und Rechtshändern als Artefakt an, in dem sich der Zusammenhang zwischen dem Alter und der Inzidenz von Linkshändigkeit in der Bevölkerung als Ergebnis kultureller Zwänge widerspiegelt.[38]

Nach dieser Auslegung der Daten sind die Unterschiede in der Linkshändigkeit zwischen jungen und alten Leuten auf eine Veränderung der sozialen Normen zurückzuführen. Die älteren Menschen waren wahrscheinlich einem stärkeren Druck ausgesetzt, von der Benutzung der linken zur Benutzung der rechten Hand überzugehen, was zu einer geringeren Anzahl von Linkshändern bei der älteren Bevölkerung führt. Es gibt also unter den älteren Personen nicht etwa deshalb relativ gesehen weniger Linkshänder, weil sie früher sterben (Eliminationshypothese), sondern weil die älteren Menschen in ihrer Kindheit eher dazu gezwungen wurden, die rechte Hand zu gebrauchen (Modifikationshypothese).

Ein Wechsel in der Handbenutzung scheint aber die Verteilung der Händigkeit über das Alter nicht vollkommen erklären zu können, und so bleibt die Frage nach einer möglichen Beziehung von Händigkeit und Mortalität von unverändert großem Interesse.[39] Coren richtet sein Augenmerk inzwischen weiterhin auf Daten, die zeigen, daß Linkshänder eher unfallbezogene Verletzungen erleiden als Rechtshänder – seiner Meinung nach eine Folge der Tatsache, daß Linkshänder mit Werkzeugen, Geräten und Verkehrsmustern umgehen müssen, die für die Sicherheit und Bequemlichkeit von Rechtshändern entworfen sind. In seiner neuesten Untersuchung geht es darum, ob sich die Wahrscheinlichkeit von Skelettverletzungen der Art, wie sie aus Unfällen resultieren, bei Links- und Rechtshändern unterscheidet.[40] Die Befunde, die auf einer großen Stichprobe junger Erwachsener basieren, stützen die Hypothese, daß Linkshändigkeit ein Individuum für solche Verletzungen anfällig macht. Nach Corens Ansicht könnte eine Spalte für Händigkeit auf Unfallmeldeformularen helfen, unfallträchtige Gefahrenzonen für Linkshänder im Arbeitsumfeld zu entdecken und so umzugestalten, daß Links- und Rechtshänder gleichermaßen sicher damit umgehen können.

6. Geschlechtsunterschiede in Kognition und Gehirnasymmetrie

Stellen wir uns einmal das folgende einfache Experiment vor. In einer Testserie werden die Versuchspersonen aufgefordert, in Gedanken das Alphabet durchzugehen und alle die Buchstaben zu zählen, die den Laut „e" enthalten (einschließlich des „e" selbst). In einer zweiten Serie bittet man die Probanden, die Buchstaben zu zählen, die bei Großschreibung eine Rundung enthalten. In beiden Fällen müssen die Personen die Aufgaben vollständig „im Kopf" lösen; sie dürfen weder schreiben, noch die Buchstaben laut aussprechen. Die Teilnehmer werden gebeten, so rasch wie möglich zu zählen, da die Ergebnisse außer nach Richtigkeit auch nach Schnelligkeit bewertet werden.

Welche Aufgabe ist schwieriger – gleiche Klänge oder runde Formen zu zählen? Die Antwort hängt bei einer solchen Untersuchung davon ab, ob Männer oder Frauen getestet werden. Männer sind beim Formtest genauer und etwas schneller, Frauen schneiden beim Klangtest besser ab.[1]

Diese Studie ist eine von vielen, die für bestimmte menschliche Fähigkeiten – hier für sprachliche und räumliche – Unterschiede zwischen den Geschlechtern aufzeigen.[2] Etliche Ergebnisse lassen vermuten, daß Frauen Männern bei zahlreichen Fertigkeiten, die den Gebrauch von Sprache erfordern – etwa Sprachflüssigkeit, Schnelligkeit der Artikulation und Grammatik –, überlegen sind. Frauen sind zumeist auch schneller als Männer, wenn es um Aufgaben geht, bei denen es auf Wahrnehmungsgeschwindigkeit (beispielsweise die Fähigkeit, identische Elemente zu entdecken), manuelle Genauigkeit und Rechnen ankommt. Männer dagegen zeigen durchschnittlich bessere Leistungen bei räumlichen Aufgaben, beispielsweise bei Labyrinthversuchen, beim Zusammenlegen von Bildern und beim Würfeltest, beim Drehen von Figuren in der Vorstellung sowie bei Aufgaben zur mechanischen Geschicklichkeit. Darüber hinaus schneiden Männer beim mathematischen Denken und beim Orientieren nach einer Karte besser ab als Frauen. Schließlich sind Männer auch noch genauer beim Werfen und Fangen. In Abbildung 6.1 sind einige dieser Unterschiede dargestellt.

Faszinierend ist dabei, daß die Kategorien der Fertigkeiten, in denen sich die Geschlechter unterscheiden, in etwa die gleichen sind, nach denen sich die Funktionen der Hemisphären aufteilen lassen. Hängen Geschlechtsunterschiede in den kognitiven Fähigkeiten also in irgendeiner Weise mit Geschlechtsunterschieden in der Gehirnorganisation zusammen? Gibt es zwischen Männern und Frauen Unterschiede in der Hemisphärenasymmetrie? In diesem Kapitel werden wir einen Überblick über die interessanten und häufig widersprüchlichen Befunde geben, die es zu Geschlechtsunterschieden in der Gehirnorganisation und ihrer möglichen Beziehung zu kognitiven Funktionen gibt.

Probleme, bei deren Lösung Frauen im Vorteil sind:

Tests der sogenannten Wahrnehmungsgeschwindigkeit, bei denen Bildpaare rasch zu erkennen sind – hier gilt es, das Gegenstück des links abgebildeten Hauses zu finden:

Aufgaben wie die, sich zu erinnern, ob einzelne Gegenstände in einem Ensemble verschoben oder daraus entfernt würden:

Tests der Ideen- und Wortflüssigkeit, bei denen die Probanden etwa Gegenstände derselben Farbe oder Wörter mit demselben Anfangsbuchstaben aufzählen sollen:

Tests der feinmotorischen Koordination – etwa das Einstecken von Stiften in die Löcher eines Brettes:

Rechenaufgaben:

77	$14 \times 3 - 17 + 52$
43	$2(15+3) + 12 - \frac{15}{3}$

Probleme, bei deren Lösung Männer im Vorteil sind:

Bestimmte Aufgaben zum räumlichen Vorstellungsvermögen und zur mentalen Rotation wie die, dieses dreidimensionale Objekt in der Vorstellung zu drehen,

oder zu bestimmen, in welcher Position die Löcher in einem gefalteten Blatt nach dem Aufklappen liegen:

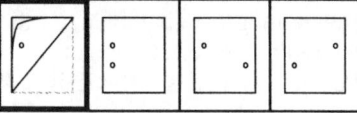

Tätigkeiten, die den Einsatz von zielgerichteten motorischen Fertigkeiten erfordern, wie beispielsweise das Werfen und Auffangen von Gegenständen:

Auffinden einfacher Formen wie der links gezeigten in einer Vielzahl überlagerter Strukturen:

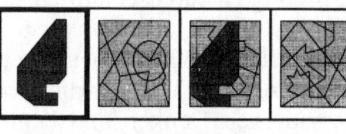

Mathematisches Schlußfolgern:

1100	Wenn nur 60 Prozent aller Setzlinge angehen, wie viele muß man pflanzen, um 660 Bäume zu erhalten?

6.1 Verbale und räumliche Aufgaben, bei denen sich Geschlechtsunterschiede in den Leistungen zeigen. (Aus D. Kimura, „Weibliches und männliches Gehirn", *Spektrum der Wissenschaft* 11 (1992): 104–113.)

Hinweise auf Geschlechtsunterschiede in der Gehirnasymmetrie

Einige klinische Befunde

Wenn die Gehirnhälften von Männern und Frauen verschieden organisiert sind, dann sollte es auch Hinweise darauf geben, daß sich Hirnschädigungen bei beiden Geschlechtern unterschiedlich auswirken. Herbert Lansdell von den National Institutes of Health der USA (NIH) war einer der ersten, der bemerkte, daß die Schädigung einer Gehirnhälfte für Männer und Frauen offenbar unterschiedliche Folgen hat.[3] Lansdell interessierte sich dafür, wie sich die Entfernung eines Teils des Temporallappens einer Hemisphäre (zur Linderung von epileptischen Anfällen) bei Patienten auswirkte. Aufgrund zahlreicher älterer Untersuchungen erwartete er nach einer Operation an der rechten Gehirnhälfte ein größeres Leistungsdefizit bei visuell-räumlichen Aufgaben und nach einem Eingriff an der linken Hemisphäre ein größeres Defizit bei sprachlichen Aufgaben. Seine Vorhersagen wurden bestätigt – allerdings nur bei männlichen Patienten. Dieses unerwartete Ergebnis ließ Lansdell vermuten, daß einige der physiologischen Mechanismen, die visuell-räumlichen und sprachlichen Fähigkeiten zugrunde liegen, sich bei Frauen zwischen rechter und linker Hemisphäre überlappen, bei Männern aber in entgegengesetzten Hemisphären lokalisiert sind.

Spätere Arbeiten führten zum selben Schluß. Die Psychologin Jeannette McGlone berichtete beispielsweise über Versuche mit 85 rechtshändigen Erwachsenen mit Schädigungen der linken oder rechten Gehirnhälfte.[4] Die meisten hatten einen Schlaganfall erlitten, es waren aber auch einige Tumorpatienten darunter. Jedem wurde eine Reihe psychologischer Tests vorgelegt – darunter der Wechsler-Intelligenztest für Erwachsene (WAIS) und ein Aphasietest, um festzustellen, ob das dabei zutage tretende Muster sprachlicher und nichtsprachlicher Defizite sowohl vom Geschlecht als auch von der Seite der Hirnschädigung abhing.

Die Ergebnisse bezüglich der Sprachbeeinträchtigung waren eindrucksvoll. Aphasie als Folge einer Schädigung der linken Hemisphäre trat bei Männern dreimal so oft auf wie bei Frauen. Selbst wenn man alle Patienten mit den Zeichen einer Aphasie von der Analyse ausschloß, waren unter den übrigen Patienten Defizite in höheren sprachlichen Fertigkeiten bei Männern häufiger und gravierender.

Dagegen gab es bei den nichtsprachlichen Untertests des WAIS insgesamt keine signifikanten Leistungsunterschiede, die auf dem Geschlecht oder der Seite der Schädigung beruhten. Wenn jedoch die Leistungen in den nichtsprachlichen Tests mit denen in den sprachlichen verglichen wurden, traten die Unterschiede bezüglich Geschlecht und Läsionsseite wieder zutage. Als Maß nimmt man hier die Differenz zwischen den IQ-Werten, die im nichtsprachlichen Testteil und im sprachlichen Teil ermittelt wurden. Bei Männern beeinträchtigte eine linkshemisphärische Schädigung den sprachlichen IQ mehr als den nichtsprachlichen; ein rechtshemisphärischer Schaden verminderte die nichtsprachlichen Leistungen relativ zu den sprachlichen. Bei Frauen zeigte sich kein Effekt der Läsionsseite: Ihre sprachlichen und nichtsprachlichen IQ-Werte waren bei einer Schädigung der linken beziehungsweise der rechten Gehirnhälfte nicht signifikant verschieden. Auch diese Befunde stützen Lansdells Spekulation, daß sprachliche wie räumliche Fähigkeiten bei Frauen stärker bilateral repräsentiert sind.

Sind Geschlechtsunterschiede schon immer vorhanden gewesen?

Wie lassen sich diese Ergebnisse damit vereinbaren, daß man zuvor in hundert Jahren klinischer Forschung zur Hemisphärenasymmetrie keine Geschlechtsunterschiede gefunden hat? Eine Erklärung liegt darin, daß viele der älteren Untersuchungen fast ausschließlich an männlichen Patientenpopulationen vorgenommen worden sind. Eingehend untersucht hat man beispielsweise Patienten von Versorgungskrankenhäusern für Armeeangehörige, und das waren fast ausschließlich Männer. Viele Forschungsprojekte wurden auch mit Patienten durchgeführt, die an einer kriegsbedingten Hirnschädigung litten – ebenfalls ganz überwiegend Männer. Eine „schiefe" Verteilung wiesen auch Patientengruppen auf, die sich einer Operation am Temporallappen unterziehen mußten. Solche Eingriffe werden meist zur Linderung von Epilepsien vorgenommen – einer Krankheit, die bei Männern sehr viel häufiger vorkommt.

Noch ein anderer wichtiger Faktor könnte erklären, warum in früheren Arbeiten keine Geschlechtsunterschiede festgestellt wurden: Man hat einfach nicht danach gesucht. Was die Auswirkung einseitiger Hirnschäden betrifft, sind die Unterschiede zwischen Patienten (sogar innerhalb eines Geschlechts) außerordentlich groß. Eine Schädigung der linken Hemisphäre führt bei manchen Rechtshändern zu einer erheblichen Störung der sprachlichen Fähigkeiten, während sich bei anderen eine vergleichbare Schädigung kaum auswirkt. Diese Variabilität in den Folgen von Hirnschäden, die innerhalb der Gruppe der Männer beziehungsweise der Frauen auftritt, erschwert es, Unterschiede zwischen den Geschlechtern zu finden – sofern man nicht in einer ausreichend großen Population von Versuchspersonen gezielt danach sucht.

Aufgrund solcher Überlegungen haben James Inglis und J. S. Lawson den interessanten Versuch unternommen, eine Anzahl älterer Arbeiten – Studien über die Auswirkungen von einseitigen Hirnschädigungen auf verbale und räumliche Fertigkeiten, in denen man nicht nach Unterschieden zwischen Männern und Frauen gefahndet hatte – einer erneuten Analyse zu unterziehen.[5] Die beiden Forscher sagten zu Beginn ihrer Untersuchung voraus, daß diejenigen Arbeiten, die über signifikante verbale und räumliche Defizite in Gruppen mit jeweils links- und rechtsseitigen Hirnverletzungen berichteten, auf Befunden von Patientengruppen mit einem deutlich größeren Anteil von Männern beruhen würden. An Studien, in denen man kein entsprechendes Defizitmuster gefunden hatte, sollten mehr weibliche Patienten beteiligt gewesen sein, denn – so das Argument von Inglis und Lawson – die geringeren Lateralitätseffekte bei Frauen würden die bei den Männern gefundenen stärkeren Asymmetrien verdecken. Die Analyse bestätigte diese Hypothesen und erbrachte damit einen weiteren Hinweis auf die Bedeutung von Geschlechtsunterschieden in der Erforschung von Hirnschädigungen und Gehirnasymmetrien.

Unterschiede in der Hirnanatomie

In Kapitel 3 haben wir einige der Befunde erörtert, die auf anatomische Unterschiede zwischen den Hemisphären hinweisen. Das steigende Interesse an Geschlechtsunterschieden in der Lateralisierung regte auch Untersuchungen an, die klären sollten, ob sich das Geschlecht auf diese Asymmetrien auswirkt; inzwischen liegen einige Ergebnisse vor, die dies bestätigen.

In einer sehr umfassende Untersuchung über Gehirnasymmetrie wurden *post mortem*-Messungen an Gehirnen durchgeführt und das Verhältnis zwischen der Größe des rechten und des linken Planum temporale bestimmt.[6] Insgesamt war dieses Verhältnis kleiner als eins, das heißt, die Fläche auf der linken Seite war größer. Die Individuen, bei denen die Verhältnisse umgekehrt lagen, waren in der Mehrzahl Frauen. Wenn man annimmt, daß eine solche Umkehrung eine größere funktionelle Bilateralität widerspiegelt, stimmen diese an menschlichen Gehirnen gewonnenen Ergebnisse mit den anderen bisher vorgestellten Befunden überein: Frauen scheinen schwächer lateralisiert zu sein.

Eine neuere kernspintomographische Untersuchung erbrachte ähnliche Resultate – das linke Planum temporale war bei Männern durchschnittlich um 38 Prozent größer; bei Frauen fand man hingegen keine Asymmetrie.[7] In einer anderen Arbeit ging es um Messungen der Lateralfurche (auch Sylvische Furche genannt).[8] Wie sich herausstellte, war der horizontale Abschnitt der Lateralfurche bei beiden Geschlechtern in der linken Hemisphäre größer als in der rechten, doch bei Männer war er noch größer als bei Frauen. In der rechten Hemisphäre ließ sich kein Unterschied feststellen. Obgleich einige Untersuchungen keine Hinweise auf Geschlechtsunterschiede in der Gehirnasymmetrie erbrachten, deuten die Befunde insgesamt darauf hin, daß es in den Regionen, die für Sprache und Sprechen wichtig sind, Geschlechtsunterschiede in der Gehirnanatomie gibt.[9]

Das Corpus callosum ist eine weitere Gehirnregion, die in jüngster Zeit intensiv auf anatomische Geschlechtsunterschiede untersucht worden ist. Einer Studie zufolge, in der die Neuroanatomin Laura Allen und der Neuroendokrinologe Roger Gorski von der University of California in Los Angeles die Gehirne von 146 normalen Versuchspersonen mit einem bildgebenden Verfahren untersucht hatten, weist die Form des Corpus callosum eindrucksvolle Unterschiede zwischen den Geschlechtern auf.[10] Zwar ließen sich keine signifikanten Größenunterschiede als Funktion des Geschlechts ausmachen, doch war der Querschnitt des Splenium (des hinteren Fünftels des Corpus callosum) bei Frauen birnen- oder zwiebelförmig, beim Mann hingegen eher röhrenartig. Es ist nicht bekannt, ob diese Formunterschiede irgendeine Beziehung zu Geschlechtsunterschieden in der Anzahl oder relativen Verteilung von Nervenfasern aufweisen.

Auch die Neuroanatomin Sandra Witelson hat das Corpus callosum im Hinblick auf Geschlechtsunterschiede untersucht; die ausgedehnte Studie wurde 1977 begonnen, um die Beziehung zwischen Struktur und Funktion bei kognitiv normalen Erwachsenen zu erforschen.[11] Die untersuchten Gehirne stammten von Menschen, die unter metastasierenden Tumoren litten und sich bereit erklärt hatten, an verschiedenen Tests teilzunehmen und ihr Gehirn im Falle ihres Todes für eine Autopsie zur Verfügung zu stellen.

Wie Witelson fand, sind Corpus callosum und Splenium bei Männern und Frauen ähnlich groß, wenn man die Daten entsprechend dem Gehirngewicht korrigiert. Diese Korrektur ist wichtig, weil Männer im Mittel größer sind als Frauen und auch entsprechend größere Gehirne besitzen. Sie entdeckte jedoch, daß der Isthmus, eine schmale Region direkt vor dem Splenium, bei Frauen, relativ gesehen, größer ist. Sie fand weiterhin, daß die Größe des Corpus callosum bei Männern mit zunehmendem Alter abnimmt, jedoch nicht bei Frauen; überdies variiert seine Größe bei Männern mit der Händigkeit, bei Frauen hingegen nicht. Obgleich die Bedeutung dieser Geschlechtsunterschiede noch unklar ist, ist dieses Beziehungsmuster so interessant, daß es zweifellos weiter untersucht werden wird.

Witelson hat über weitere Befunde berichtet, die für geschlechtsspezifische Unterschiede in der Gehirnstruktur sprechen; in einer neueren Veröffentlichung geht es um Unterschiede in der Neuronendichte (Anzahl der Neuronen pro Volumeneinheit) in einer bestimmten Region des auditiven Assoziationscortex.[12] In den Gehirnen von fünf Männern und vier Frauen, alles Rechtshändern, lag die Anzahl der Neuronen pro Volumeneinheit bei Frauen um elf Prozent höher, ohne daß die Werte zwischen den Geschlechtern überlappten. Dies bedeutet, Frauen wiesen in dieser Gehirnregion eine höhere Neuronendichte auf. Obwohl Witelson wegen der kleinen Stichprobe vorsichtig argumentiert, sind diese Befunde ihrer Meinung nach ein erster Schritt zum Auffinden der zellulären Basis, die den bekannten, aber noch wenig verstandenen Geschlechtsunterschieden in der Gehirnstruktur zugrunde liegen. Möglicherweise hängen die Unterschiede in der neuronalen Dichte, die sie gefunden hat, auch mit der Art zusammen, wie die corticalen Neuronen verknüpft sind, und möglicherweise haben diese Dichteunterschiede Konsequenzen für das Verhalten.

Geschlechtsunterschiede in kognitiven Funktionen: Verbindungen zur Gehirnasymmetrie

Die Existenz von Geschlechtsunterschieden in gewissen kognitiven Funktionen wie auch in der Gehirnanatomie hat Forscher angeregt, nach Hinweisen zu suchen, die die Existenz von funktionellen Asymmetrien belegen, in denen sich Männer und Frauen unterscheiden.

Neue Befunde mittels bildgebender Verfahren

Eine neuere und häufig zitierte Untersuchung von Bennett und Sally Shaywitz und Kollegen hat unterschiedliche Aktivitätsmuster im Gehirn von Männern und Frauen bei einer kognitiven Aufgabe demonstriert.[13] Mittels funktioneller Kernspintomographie wurden Durchblutungsveränderungen im Gehirn von 19 Männern und 19 Frauen gemessen, die alle mehreren Testserien unterzogen wurden, darunter auch einer Aufgabenreihe, bei der die Probanden entscheiden sollten, ob zwei Buchstabenreihen dasselbe Muster von klein- und großgeschriebenen Buchstaben enthielten (beispielsweise erschien oben BtbT und unten BtbT) sowie einer anderen Reihe, in der es darum ging zu entscheiden, ob paarweise visuell dargebotene Nonsense-Wörter sich reimten (beispielsweise GOOZ oben und REWS unten). In beiden Fällen antworteten die Probanden durch Knopfdruck, um anzuzeigen, daß ein Paar zusammenpaßte. Keine Antwort war erforderlich, wenn die Reize nicht denselben Wechsel von Groß- und Kleinbuchstaben aufwiesen oder sich nicht reimten.

Durch Vergleich des Blutflußmusters in der zweiten Testreihe mit demjenigen in der ersten Testreihe berechneten die Forscher das spezifische Muster der Gehirnaktivität, das aus der Verarbeitung von Sprachlauten bei der Reimaufgabe resultierte. Bei allen 19 getesteten Männern ergab sich eine Zunahme der Durchblutung im linkshemisphärischen Gyrus frontalis inferior. Bei 11 der getesteten Frauen erhöhte sich die Durchblutung in dieser Region auf beiden Seiten etwa gleichmäßig, während acht Frauen eine tendenziell gesteigerte Aktivität auf der linken Seite zeigten – wenn sie auch geringer war als bei den Männern. Unter anderen Versuchsbedingungen, bei denen es um Wiedererkennen oder Wortverständnis ging, ergaben sich hingegen keine Geschlechtsunterschiede, was darauf hindeutet, daß sich der Unterschied im Durchblutungsmuster bei Männern und Frauen auf die Verarbeitung phonologischer Information beschränkte. Es fanden sich auch keine geschlechtsspezifischen Unterschiede in Abhängigkeit von der Genauigkeit bei der Bearbeitung der Aufgaben. Die Forscher zogen den Schluß, daß die Gehirnaktivität bei Männern während phonologischer Verarbeitungsprozesse in der Region des linken Gyrus frontalis inferior lateralisiert ist, wohingegen Frauen ein anderes Muster zeigen; bei ihnen sind offenbar mehr diffuse neuronale Systeme beteiligt, die beide Hemisphären involvieren.

Der Ansatz in Shaywitz' Studie wird zweifellos auf andere Komponenten der Sprachverarbeitung wie auch andere kognitive Aufgaben ausgedehnt werden. Die Prämisse, man könne eine Region des Gehirns isolieren, die für eine spezifische kognitive Verarbeitungsleistung verantwortlich ist, indem man eine Kontrollbedingung subtrahiert, ist jedoch nicht allgemein akzeptiert. Die Ergebnisse sind auf alle Fälle höchst interessant, und zweifellos werden andere Ansätze zur Anwendung kommen, um diese geschlechtsspezifischen Muster der Gehirnaktivität weiter zu erforschen.

Belege aus Verhaltensexperimenten

Eine Reihe von Forschern hat mögliche geschlechtsspezifische Unterschiede mit traditionellen Verhaltensexperimenten zur Lateralität untersucht, sei es als Hauptziel der Untersuchung oder als eher zufälliges Nebenprodukt. Die Ergebnisse waren höchst variabel, wobei ein großer Teil im Hinblick auf Lateralitätswerte keine signifikanten Unterschiede zwischen Männern und Frauen ergab. Ein großer Teil dieser Untersuchungen ist in jüngerer Zeit nochmals analysiert worden; die Autoren dieser drei Analysen vertreten die Ansicht, daß die Untersuchungen trotz einer beträchtliche Variation insgesamt den Schluß zulassen, daß vieles auf eine stärker ausgeprägte funktionelle Lateralität bei Männern hinweist.[14]

So analysierte Daniel Voyer beispielsweise insgesamt 396 Vergleiche von Lateralitätseffekten bei Männern und Frauen aus 266 Untersuchungen.[15] Bei den dort angewandten Techniken handelte es sich vorwiegend um dichotische Hörtests und tachistoskopische Experimente mit einer Reihe sprachlicher und nichtsprachlicher Reize. Aus der Metaanalyse des Datenmaterials – hierbei werden die Ergebnisse einer großen Zahl von Experimenten gleichzeitig betrachtet – schloß Voyer, daß die Daten die Existenz von Geschlechtsunterschieden hinsichtlich der Lateralität stützen; dies gilt insbesondere für die stärker ausgeprägte Lateralität bei Männern.

Sind Lateralitätsunterschiede wirklich echte Geschlechtsunterschiede?

Viele Untersuchungen haben Hinweise auf Geschlechtsunterschiede in der Lateralität erbracht, andere konnten jedoch nichts derartiges finden. Dies gilt inbesondere für Verhaltensexperimente, aber auch für neuroanatomische Untersuchungen sowie Untersuchungen mittels bildgebender Verfahren. Darauf ist zurückzuführen, daß manche Wissenschaftler die Echtheit von Geschlechtsunterschieden anzweifeln. Nach Ansicht mancher wird dieses Forschungsgebiet durch eine gewisse „Einseitigkeit" der Veröffentlichungen von Ergebnissen belastet.

Die meisten Forscher veröffentlichen viel lieber Ergebnisse, die Unterschiede zwischen Gruppen zeigen, als solche, die keine Unterschiede demonstrieren. Auch die Herausgeber wissenschaftlicher Zeitschriften sind viel eher dazu geneigt, Studien mit „positiven" Ergebnissen anzunehmen. Kritiker vermuten, daß Fachzeitschriften eine nicht repräsentative Auswahl der durchgeführten Untersuchungen enthalten, weil die meisten Arbeiten mit negativen Ergebnissen nie veröffentlicht werden. Man hat diese Situation auch schon als „Schubladen-Problem" bezeichnet.

Diejenigen, die Geschlechtsunterschiede in der Lateralität für real halten, weisen diese Kritik mit dem Gegenargument zurück, daß Arbeiten, die keine statistisch signifikanten Belege für Geschlechtsunterschiede erbringen, wahrscheinlich nicht empfindlich genug dafür sind. Sie betonen, die Variabilität in der Lateralität sei schon bei einem Geschlecht enorm hoch und mache es äußerst schwierig, bestehende Unterschiede zwischen den Geschlechtern, wenn sie sehr gering sind, aufzudecken.

Gibt es Geschlechtsunterschiede in der Verteilung von sprachlichen und räumlichen Funktionen zwischen den Hemisphären? Viele der in den vorhergehenden Abschnitten erwähnten Befunde lassen einen solchen Schluß zu. Eine Fülle von Belegen deutet darauf hin, daß Männer häufig für sprachliche und räumliche Fähigkeiten stärker lateralisiert sind, während Frauen zu einer eher bilateralen Repräsentation beider Arten von Funktionen neigen. Aber wie steht es mit der oben erwähnten Einseitigkeit in der Berichterstattung? Gibt es nicht auch Arbeiten (die wir teilweise überhaupt nicht kennen, weil sie nicht veröffentlicht sind), in denen sich diese besagten Geschlechtsunterschiede nicht nachweisen ließen?

Unsere Durchsicht der Literatur über die Lateralisierung hat uns einen gesunden Respekt vor dem „Schubladen-Problem" und dem wissenschaftlichen Chaos, das es hervorrufen kann, eingeflößt. Doch die Häufigkeit von Berichten über Geschlechtsunterschiede in der zerebralen Organisation wie auch die Übereinstimmung zwischen ihnen lassen uns trotzdem an die Existenz solcher Unterschiede glauben, zumindest als Arbeitshypothese. Unserer Meinung nach spricht als gewichtigstes Argument dafür, daß die mit ganz verschiedenen Methoden (klinischen Arbeiten, dichotischem Hören, tachistoskopischer Darbietung und Elektrophysiologie) erzielten Ergebnisse alle in dieselbe Richtung weisen: Frauen sind offensichtlich weniger stark lateralisiert als Männer. Eine Übersicht über Arbeiten, die eine solche Folgerung nicht stützen, zeigt, daß hier in den meisten Fällen kein Unterschied zwischen den Geschlechtern gefunden wurde. Nur sehr selten weist eine Untersuchung auf einen Geschlechtsunterschied in anderer Richtung hin, also auf eine stärkere Lateralisierung bei Frauen. Diese Übereinstimmung legt nahe, daß es tatsächlich Unterschiede gibt, die allerdings gering sind und daher leicht durch die individuelle Variabilität oder andere nicht kontrollierte Faktoren überdeckt werden können.

Der Ursprung der Geschlechtsunterschiede

Wenn man davon ausgeht, daß es tatsächlich Geschlechtsunterschiede in der Lateraliät gibt, fragt man sich natürlich, wie solche Unterschiede entstanden sein mögen. Dabei gehen die Spekulationen in zwei Richtungen: Erstens gibt es einige Hypothesen über den Ursprung von Geschlechtsunterschieden in der Kognition und zweitens einige Vorstellungen über die Gehirnorganisation, die ihnen zugrunde liegen könnte.

Einige Wissenschaftler haben eine evolutionäre Grundlage für Geschlechtsunterschiede bei kognitiven Fähigkeiten postuliert.[16] Nach der Jäger-und-Sammler-Theorie war im Verlauf der menschlichen Evolution der Mann derjenige, der jagte und die Gruppe auf ihren Wanderungen führte – eine Aufgabe, die zu einem Selektionsdruck auf Fertigkeiten wie Orientierungsfähigkeit und geistige Verarbeitung der dazu nötigen räumlichen Informationen führte. Frauen hingegen waren nach dieser Theorie primär Sammlerinnen, suchten Nahrung in der Nähe der Heimatbasis und entwickelten eine größere Sensibilität für kleine Veränderungen bei Kindern und im direkten familiären Umfeld. Die Überlegenheit von Frauen bei vielen verbalen Aufgaben paßt gut zu dieser Analyse, wenn man annimmt, daß Sprache im Zusammenhang mit ihrer Rolle als Nahrungssammlerinnen zu einem wertvollem Kommunikationswerkzeug wurde.

Aber wie könnten diese Unterschiede im kognitiven Funktionieren mit der Lateralität zusammenhängen? Jerre Levy hat ein Modell der neuronalen Struktur entwickelt, demzufolge die „optimale" Gehirnorganisation von den speziellen Fertigkeiten abhängt, auf die ein Selektionsdruck ausgeübt wird.[17] Sie nimmt an, eine größere Bilateralität der Funktion könne die von Frauen benötigten Fertigkeiten fördern, weil diese Fertigkeiten eine Verknüpfung hemisphärischer Spezialisierungen voraussetzen, die am besten durch ihre Repräsentation in jeder der Hemisphären (bei gleichzeitiger guter interhemisphärischer Kommunikation) zu erreichen ist. Im Gegensatz dazu ist eine striktere Trennung von Funktionen erforderlich, um den hohen Grad an visuell-räumlichen Fertigkeiten zu erzielen, den die Männer für die Jagd benötigten. Die Hypothese von der kognitiven Verdrängung, die wir kurz in Kapitel 5 angeschnitten haben, besagt, daß zwei oder mehr kognitive Funktionen, die hauptsächlich von ein und derselben Hemisphäre kontrolliert werden, um das vorhandene Hirngewebe konkurrieren. Falls, wie angenommen, verbale Fertigkeiten räumliche Fähigkeiten verdrängen, wenn sich beide den gleichen „neuronalen Raum" teilen müssen, würde eine optimale neuronale Anordnung, um ein hohes Niveau räumlicher Fähigkeiten sicherzustellen, auf eine getrennte Repräsentation der räumlichen und verbalen Funktionen in jeweils einer Hemisphäre hinauslaufen.

Hormone und kognitive Funktionen

In Kapitel 5 haben wir eine Theorie von Geschwind und Galaburda diskutiert, nach der ein Zusammenhang zwischen dem vorgeburtlichen Testosteronspiegel und der Gehirnorganisation existiert, der zu einem bestimmten Händigkeitsmuster führt.[18] Obgleich diese Theorie heftig umstritten ist, hat sie die Forschung dazu angeregt, sich mit der Frage nach Unterschieden in der Gehirnorganisation von Männern und Frauen zu beschäftigen.

Es gibt sehr viele Belege für die tiefgreifenden Einflüsse, die Sexualhormone auf die Entwicklung des Körpers und des Verhaltens von Säugetieren ausüben. Welche Auswirkungen sie auf die Gehirnorganisation und die kognitiven Funktionen des Menschen haben, ist weit weniger bekannt.[19] Zum besseren Verständnis der folgenden Diskussion sollten wir anmerken, daß Sexualhormone bei den Männern von den Hoden (Testes), bei den Frauen von den Eierstöcken (Ovarien) und bei beiden Geschlechtern von den Nebennieren ins Blut freigesetzt werden. Männer und Frauen produzieren sowohl männliche als auch weibliche Hormone, allerdings in Verhältnissen und Konzentrationen, die für beide Geschlechter und über die verschiedenen Lebensphasen hinweg unterschiedlich sind. Bei Frauen sind die Konzentrationen der weiblichen Hormone, der Östrogene und des Progesterons, höher, bei Männern die der männlichen Hormone, der sogenannten Androgene (etwa Testosteron).

Im frühen Lebensalter bestimmen die Wirkungen von Sexualhormonen die Geschlechtsdifferenzierung. Produzieren die Hoden eines genetisch männlichen Organismus keine Androgene oder ist die Wirkung dieser Hormone in dem sich entwickelnden Gewebe blockiert, so kommt es zu einer weiblichen Entwicklung des Organismus. Die Sexualhormone bewirken in den frühen Lebensphasen auch die Organisation von geschlechtsspezifischem Verhalten. Wenn man einem Nager mit sich normal entwickelnden männlichen Geschlechtsorganen kurz nach der Geburt Androgene entzieht, dann zeigt er im Erwachsenenalter stärker ausgeprägtes weibliches und schwächeres männliches Sexualverhalten. Der gegenteilige Effekt läßt sich ebenfalls nachweisen: Verabreicht man einem weiblichen Organismus unmittelbar nach der Geburt Androgene, so trägt das Verhalten im Erwachsenenalter eher männliche Züge. In diesem Abschnitt wollen wir einen Überblick über einige Befunde geben, die auf eine wichtige Rolle der Geschlechtshormone bei der menschlichen Kognition im Laufe der Entwicklung wie im späteren Leben hindeuten.[20]

Auswirkungen vorgeburtlicher Hormone

Untersuchungen bei Kindern, die unter einem adrenogenitalen Syndrom (AGS) leiden, das genetisch bedingt, also angeboren ist und mit einer Vergrößerung der Nebennierenrinde einhergeht, haben gezeigt, daß frühe hormonelle Einwirkungen kognitive Veränderungen bewirken.[21] Bei dieser Erkrankung produzieren die Nebennieren des Fetus ab dem dritten Schwangerschaftsmonat abnorm hohe Androgenmengen. Wie sich herausgestellt hat, lassen sich die Auswirkungen einer frühen Androgenexposition später in Verhaltensunterschieden zwischen AGS-Mädchen und ihren nicht betroffenen Schwestern nachweisen, selbst wenn die Hormonbalance wieder auf den Normalwert zurückgekehrt ist. Ein derartiger

Unterschied ist ein gesteigertes räumliches Vorstellungsvermögen bei AGS-Mädchen.

Eine andere Untersuchung beschäftigte sich mit dem Zusammenhang zwischen vorgeburtlichen Sexualhormonen und kognitiven Funktionen bei zehn männlichen Personen, deren Mütter während der Schwangerschaft Diäthylstilböstrol (DES) eingenommen hatten.[22] DES ist ein synthetisches Östrogen, das in den fünfziger Jahren häufig therapeutisch zur Vermeidung von Fehlgeburten eingesetzt wurde, sich aber später als unwirksam erwies. Die Kontrollgruppe bestand aus zehn männlichen Geschwistern, die nicht unter den Einfluß von DES geraten waren. Die DES-exponierten Personen zeigten im Wechsler-Intelligenztest bei den räumlichen Aufgaben niedrigere Leistungen als ihre nichtexponierten Brüder, beispielsweise hinsichtlich der Zeit, die sie benötigten, um fehlende Teile eines Bildes zu finden oder ein Puzzle zu vervollständigen. Obwohl sich die Leistung insgesamt und auch der Intelligenzquotient zwischen den Gruppen nicht unterschieden, waren die Forscherinnen der Meinung, daß der Einfluß von DES *in utero* auf subtile Weise Einfluß darauf nimmt, wie diese Männer die Lösung von räumlichen Aufgaben angehen.

Hormonspiegel im Erwachsenenalter

Doreen Kimura und ihre Kollegen haben eine Reihe von Untersuchungen durchgeführt, in denen es um den Zusammenhang zwischen natürlichem Hormonspiegel und kognitiver Leistung ging.[23] Mehrere Studien befassen sich mit der Beziehung von Testosteronspiegel und den Testwerten bei räumlichen Aufgaben, und zwar sowohl zwischen den Geschlechtern als auch innerhalb eines Geschlechts. Im allgemeinen schneiden Frauen mit einem überdurchschnittlich hohen Testosteronspiegel bei räumlichen Tests besser ab, wohingegen es bei den Männern diejenigen mit für Männer eher niedrigem Testosteronwert sind. Demnach korrespondiert ein überlegenes räumliches Vorstellungsvermögen möglicherweise mit einem optimalen Testosteronniveau, das höchstwahrscheinlich im unteren männlichen Normbereich liegt.[24]

Wie andere Arbeiten gezeigt haben, ändern sich die Leistungen von Frauen bei bestimmten Aufgaben im Laufe des Menstruationszyklus.[25] Die Forscherinnen wählten Aufgaben, die normalerweise die größten Geschlechtsunterschiede aufweisen, beispielsweise Aufgaben zur Artikulationsgeschwindigkeit und räumliche Tests. Sie stellten fest, daß Frauen in der Zyklusmitte (wenn die Östrogene ihr höchstes Niveau erreicht haben) in der Geschwindigkeit, mit der sie einen Zungenbrecher wiederholen konnten, bei einem Test zur Sprachflüssigkeit und bei einer manuellen Geschicklichkeitsaufgabe signifikant bessere Leistungen erzielten als während der Menstruation (wenn die Hormonspiegel niedrig sind). In den räumlichen Aufgaben erbrachten sie jedoch während der Zyklusphase, die durch niedrige Hormonwerte gekennzeichnet ist, die besseren Leistungen. Eine Kontrollgruppe nichtmenstruierender Frauen, bei denen eine Hormonsubstitutionstherapie durchgeführt wurde, zeigte das gleiche Muster an Leistungsunterschieden, wohingegen sich bei einer weiteren Kontrollgruppe ohne Hormonsubstitutionstherapie keine solchen Unterschiede fanden.

Tägliche Schwankungen des Testosteronspiegels bei Männern haben nachweislich ebenfalls einen Einfluß auf räumliche Fähigkeiten. Insgesamt schneiden

Männer bei räumlichen Aufgaben morgens, wenn der Testosteronspiegel am höchsten ist, schlechter ab als später am Tag.[26] Es gibt auch Berichte über jahreszeitliche Schwankungen der räumlichen Fähigkeiten bei Männern, wobei im Frühjahr – wenn der Testosteronspiegel niedriger ist – bessere Leistungen gemessen wurden.[27]

Sexuelle Orientierung und Gehirnasymmetrie

Die sexuelle Orientierung ist die neueste biologische Variable, die mit der Hemisphärenasymmetrie in Verbindung gebracht wird. Die Faktoren, die für die Bevorzugung des eigenen Geschlechts verantwortlich sind, sind zwar noch unbekannt, doch liegen genügend Hinweise dafür vor, daß sie biologischer und vielleicht neurohormoneller Natur sind. Wir haben gerade besprochen, wie das hormonell vermittelte biologische Geschlecht mit kognitiven Fähigkeiten und Gehirnorganisation verknüpft ist. In diesem Abschnitt beschäftigen wir uns mit Daten, die auf einen ähnlichen Zusammenhang als Funktion der sexuellen Orientierung hindeuten.

Bisher liegen zu diesem Thema nur wenige anatomische Untersuchungen vor. Doch eine Studie, in der die Größe des Corpus callosum gemessen wurde, ergab, daß die Querschnittsfläche der vorderen Kommissur bei homosexuellen Männern größer ist als bei heterosexuellen.[28] Einiges deutet darauf hin, daß sich beide Gruppen in der Verteilung der Handpräferenzen ebenfalls unterscheiden.[29] Die Daten lassen auf eine höhere Verbreitung nichtdurchgängiger Rechtshändigkeit (definiert als Bevorzugung der linken Hand bei mindestens einer von zwölf manuellen Aufgaben) unter homosexuellen Männern und Frauen als im Bevölkerungsdurchschnitt schließen.

Im Hinblick auf kognitive Fähigkeiten sind die Daten jedoch widersprüchlich. Mehreren Veröffentlichungen zufolge zeigen homosexuelle Männer geringere räumliche Fähigkeiten als heterosexuelle Männer, doch in einer neueren Untersuchung mit einem wesentlich größeren Stichprobenumfang als in allen früheren Untersuchungen fand sich kein signifikanter Zusammenhang zwischen sexueller Orientierung und räumlichen Fähigkeiten oder Händigkeit.[30] Die Autoren schließen, daß eine eventuelle Verbindung zwischen sexueller Orientierung und räumlichen Fähigkeiten oder Händigkeit wahrscheinlich weniger eng und schwieriger aufzudecken ist, als frühere Untersuchungen vermuten ließen.

Deutlichere Auswirkungen der sexuellen Orientierung auf räumliche Fähigkeiten zeigten sich bei Aufgaben, bei denen es darum ging, gezielt zu werfen. In einer Untersuchung von Jay Hall und Doreen Kimura wiesen heterosexuelle Männer eine höhere Trefferquote als homosexuelle Männer auf.[31] Die Leistungen homosexueller Männer unterschieden sich nicht von denjenigen heterosexueller Frauen. Ein Fingerfertigkeitstest, der Frauen begünstigt, erbrachte keine Unterschiede zwischen hetero- und homosexuellen Männern. Hall und Kimura vermuten, daß homosexuelle Männer entweder ein männertypisches oder ein frauentypisches Muster zeigen können, je nachdem, welche Funktion man untersucht.

Über die Beziehung zwischen sexueller Orientierung, Kognition und Gehirnorganisation bleibt noch viel zu lernen. Da homo- und heterosexuelle Männer etwa den gleichen Hormonspiegel im Blut aufweisen, muß jede Erklärung, die auf Hormonen basiert, nach Unterschieden in früheren Lebensabschnitten suchen.

Mathematische Begabung: Geschlecht, Händigkeit und Immunstörungen

Die mathematische Begabung ist eines der neuesten Interessengebiete von Neuropsychologen, die sich mit möglichen biologischen Grundlagen der Kognition beschäftigen. Mathematisches Talent beziehungsweise mathematische Begabung wurde definiert als eine schon im frühen Alter erkennbare Fähigkeit, auf hohem Niveau mathematisch denken zu können. Eines der auffälligsten Merkmale mathematisch Hochbegabter ist, daß unter ihnen sehr viel mehr männliche als weibliche Personen zu finden sind.

Unter Verwendung des Mathematikteils eines Tests (Scholastic Aptitude Test, SAT-M), der in den USA für die Zulassung zum College absolviert werden muß, beurteilten Camilla Benbow und Julian Stanley die mathematische Begabung einer großen Gruppe hochintelligenter Siebtkläßler. Jungen und Mädchen waren gleich häufig vertreten.[32] Den Ergebnissen ihrer Studie zufolge betrug das Verhältnis von Jungen zu Mädchen für diejenigen, die im SAT-M 500 Punkte erzielt hatten, 2:1; bei 600 Punkten stieg das Verhältnis auf 4:1; und bei denen, die 700 Punkte geschafft hatten, erreichte es 13:1.*

Zur Erklärung dieser Befunde sind genetische wie auch Umwelteinflüsse geltend gemacht worden. Benbow argumentiert, daß die Daten, die eine sozioökonomische Erklärung stützen, wie andere Kurswahl in der Schule, Sozialverhalten und Geschlechtsstereotypien, recht schwach und biologische Ansätze wahrscheinlich fruchtbarer sind. Auf der Suche nach Erklärungen für diesen Geschlechtsunterschied hat Benbow auch die Händigkeit als eine mögliche Variable untersucht. Als sie die Auswahl ihrer Probanden auf die Schüler mit der allerhöchsten Punktzahl beschränkte, fand sie, daß – per Fragebogen ermittelte – Linkshändigkeit bei dieser Gruppe doppelt so häufig war wie in der Normalpopulation. Außerdem stellte sie fest, daß etwa 50 Prozent dieser extrem frühentwickelten Schüler entweder linkshändig, beidhändig oder aber rechtshändig mit linkshändigen Familienmitgliedern waren. Benbow zufolge stützen diese Befunde die Annahme, daß nicht eine größere Spezialisierung der Hemisphären, sondern Bilateralität mit extremer mathematischer Leistungsfähigkeit verknüpft ist.

Die Häufigkeit von Allergien war in dieser Personengruppe ebenfalls sehr hoch: Über 50 Prozent der außerordentlich früh gereiften Schüler litten unter Allergien – doppelt so viele wie in der allgemeinen Bevölkerung. Benbow brachte sowohl die Allergiedaten als auch die Händigkeitsbefunde mit der Theorie von Geschwind und Galaburda in Verbindung, der zufolge höhere Testosteronspiegel *in utero* die Entwicklung der linken Hemisphäre verlangsamen und gleichzeitig die Entwicklung des Immunsystems beeinflussen.

In neuerer Zeit haben Benbow und ihre Kollegen die Gehirnaktivität von hochintelligenten und normal intelligenten jungen Männern und Frauen elektroenzephalographisch abgeleitet, und zwar unter zwei Versuchsbedingungen: mit Wortpaaren und Gesichtschimären.[33] Beim Aufgabenteil mit den Wortpaaren wurden die Probanden aufgefordert zu entscheiden, welches der beiden Wörter, beispielsweise „sich übergeben" oder „lächeln", das angenehmere Gefühl vermittle, während sie bei den beiden Gesichtschimären beurteilen sollten, welches der beiden Gesichter glücklicher wirke. Wenn eine Gesichtschimäre aus einer lächelnden

---

* Ein Wert von 600 im SAT-M entspricht dem 78. Perzentil in der Verteilung der männlichen Zwölftkläßler und ein Ergebnis von 700 dem 95. Perzentil.

und einer neutralen Hälfte zusammengesetzt ist, so erscheint die Zusammenstellung „linke Hälfte lächelnd/rechte Hälfte neutral" (jeweils vom Betrachter aus gesehen), wie frühere Untersuchungen ergaben, subjektiv glücklicher als ihr Spiegelbild. Dieses Ergebnis ist mit einer höheren Aktivität in der rechten Hemisphäre in Zusammenhang gebracht worden, obwohl die Reize visuell frei zugänglich dargeboten werden.

Die Resultate ergaben zwischen den hochintelligenten und den normal intelligenten Probanden einen interessanten Unterschied im Muster der Gehirnaktivität. Bei der Wortaufgabe aktivierten die Hochintelligenten frontale Regionen in höherem Maße als die Kontrollpersonen, die eher temporale Bereiche aktivierten. Das galt für männliche wie für weibliche Versuchspersonen. Beim Test mit den Gesichtschimären beobachtete man jedoch ein zerebrales Aktivitätsmuster, das ausschließlich bei hochintelligenten Männern auftrat. Wenn sie beurteilen sollten, welche der beiden Gesichtschimären glücklicher wirkte, zeigten hochintelligente Männer eine signifikante Hemmung der linkshemisphärischen elektrischen Aktivität. Die Autoren interpretieren das Ergebnis als Entkopplungsmuster, das der rechten Hemisphäre erlaubt, eine vorherrschende Rolle bei der Analyse der zusammengesetzten Gesichter auf ihren affektiven Inhalt hin zu spielen. Sie spekulieren weiter, daß eine solche Hemmung eine unerwünschte Interaktion zwischen den corticalen Bereichen in der rechten Hemisphäre und anderen Gehirnregionen unterdrücken könnte. Weibliche Versuchspersonen beider Gruppen waren bei der Gesichterverarbeitung stärker bilateral orientiert.

Insgesamt bezeichneten die hochintelligenten Versuchspersonen, insbesondere die Männer, eher das Gesicht „linke Hälfte lächelnd/rechte Hälfte neutral" als das glücklichere, was wiederum auf eine höhere rechtshemisphärische Aktivierung bei dieser Aufgabe hindeutet. Der Grad der rechtshemisphärischen Beteiligung bei der Chimärenaufgabe erwies sich zudem bei den hochintelligenten Männern und Frauen als Indikator für ihre Intelligenz im allgemeinen und für ihre nichtverbale Intelligenz im besonderen.

Diese Daten liefern daher einen interessanten Einblick in die Art und Weise, wie sich die Muster der Gehirnaktivität bei intellektuell besonders begabten Menschen von denjenigen mit durchschnittlicher Begabung unterscheiden. Obgleich Benbow und ihre Kollegen weiterhin davon ausgehen, daß diese geschlechtsbezogenen Muster corticaler Aktivität aus einer hohen vorgeburtlichen Testosteronexposition resultieren, liefern die Daten selbst dafür keinerlei unabhängige Unterstützung. Es wird noch sehr viel mehr Forschungsarbeit notwendig sein, um die Grundlagen der mathematischen Begabung zu verstehen.

Die Bedeutung der Geschlechtsunterschiede

Von einem theoretischen Standpunkt aus betrachtet, sind Geschlechtsunterschiede in der Organisation des Gehirns von großer Bedeutung. Wenn es solche Unterschiede tatsächlich gibt, welchen evolutionären Vorteil haben (oder hatten) sie dann? Welcher Zusammenhang besteht zwischen Hirnorganisation und Ausprägungen höherer geistiger Funktionen? Beeinflussen geschlechtsspezifische Unterschiede in der Erziehung die Hirnasymmetrie? Dies sind nur einige wichtige Fragen, die noch unbeantwortet sind.

Besonders interessant ist die Frage, wie bestimmte Fähigkeiten und das Ausmaß der Lateralisierung zusammenhängen. Führt eine stärkere Lateralisierung einer Funktion zu höheren Leistungen in dieser Funktion? Sind die räumlichen Fähigkeiten von Männern besser als die von Frauen, weil Männer sich anscheinend bei der Verarbeitung räumlicher Informationen mehr auf eine Hemisphäre verlassen? Natürlich gibt es rein logisch keinen Grund zu erwarten, daß eine stärkere Lateralisierung notwendigerweise zu größeren Fähigkeiten führt. Tatsächlich müßte man sogar das Gegenteil annehmen, um die größeren verbalen Fähigkeiten von Frauen erklären zu können. Denn klinischen Befunden und Verhaltenstests zufolge scheinen bei Frauen Sprachfunktionen weniger lateralisiert zu sein, und doch sind sie als Gruppe den Männern in sprachlichen Fertigkeiten überlegen. Und wie wir gerade gesehen haben, könnte mathematische Begabung ebenfalls mit einer größeren Bilateralität einhergehen.

Möglicherweise bestehen für verschiedene Aufgaben unterschiedliche Beziehungen zwischen Lateralisierung und Leistungsfähigkeit. Wenn das zutrifft, wäre es faszinierend zu erfahren, warum das Gehirn sich für die Optimierung verschiedener Fähigkeiten so unterschiedlich organisiert. Zur Zeit können wir über den Zusammenhang zwischen Lateralisierung und Fähigkeiten nur spekulieren. Gehen wir beispielsweise einmal davon aus, daß beim Menschen komplexe visuell-räumliche Fertigkeiten der Entwicklung der Sprache vorausgegangen sind (was eine vernünftige Annahme ist). Man könnte dann spekulieren, daß sich bei Männern nur die linke Gehirnhälfte mit Sprache beschäftigte und somit die visuell-räumlichen Funktionen in der rechten Hemisphäre quasi unbehelligt blieben. Bei den Frauen hingegen wurde Sprache in beiden Gehirnhälften ausgebildet, was zur Einengung der hochspezialisierten visuell-räumlichen Fähigkeiten führte. Falls dies tatsächlich so stattgefunden haben sollte, wäre „mehr Lateralisierung" besser für visuell-räumliche Funktionen und „weniger Lateralisierung" besser für die Sprache.

Die Psychologin Diane Halpern hat eine Alternative für die Konzeptionalisierung der Geschlechtsunterschiede bei kognitiven Fähigkeiten vorgeschlagen, die das Wesen solcher Unterschiede möglicherweise nicht nur besser beschreibt, sondern auch zum besseren Verstehen der Gehirnmechanismen beitragen könnte, die ihnen zugrunde liegen.[34] Statt sich auf den Typ der anstehenden Aufgabe zu konzentrieren (beispielsweise sprachlich oder räumlich), schlägt Halpers ein Verarbeitungsmodell vor, bei dem kognitive Aufgaben im Hinblick darauf analysiert werden, was die Versuchsperson tut, um die Aufgabe zu lösen. Halpers sagt danach voraus, daß Frauen eine überlegene Verarbeitungsleistung bei Aufgaben zeigen werden, die einen raschen Zugriff auf und einen raschen Abruf von Information verlangen, Männer hingegen eine bessere Leistung, wenn es um die Aufrechterhaltung und Handhabung einer mentalen Repräsentation geht. Die Ergebnisse ihrer Voruntersuchungen zur Testung dieser Hypothese sind ermutigend und deuten darauf hin, daß dieses neue Konzept der Geschlechtsunterschiede in der Kognition einer Vielzahl von Daten Rechnung tragen könnte.

Wenn die meisten Forscher auch zustimmen würden, daß theoretische Fragen der Art, wie wir sie gerade diskutiert haben, wichtig sind, herrscht zweifellos weniger Übereinstimmung, was die praktische Bedeutung von Geschlechtsunterschieden in Gehirnorganisation und kognitiven Funktionen angeht. Es besteht auch die gewiß nicht grundlose Sorge, daß Daten über Geschlechtsunterschiede in der Kognition mißbraucht und in schädlicher Weise politisiert werden könnten.

In diesem Zusammenhang ist wesentlich, sich daran zu erinnern, daß Geschlechtsunterschiede bei höheren geistigen Fähigkeiten gewöhnlich im Bereich von einem Viertel einer Standardabweichung liegen. Mit anderen Worten, bei der Verteilung von Fähigkeiten existiert ein großer Überlappungsbereich zwischen Männern und Frauen. Einige Frauen verfügen über bessere räumliche Fähigkeiten als die meisten Männer, während einige Männer über bessere sprachliche Fähigkeiten verfügen als die meisten Frauen. Sich des Ausmaßes der Überlappung der Fähigkeiten bewußt zu sein, sollte jeden Gedanken daran zügeln, das Geschlecht als Hauptkriterium bei der Entscheidung über Bildungs- und Karrieremöglichkeiten einzusetzen. Der Bedarf an Lehrplänen und Lehrmethoden, die besser auf individuelle Fähigkeiten eingehen, ist unbestritten. Ebenso unbestritten ist, daß sich weder Geschlecht noch Händigkeit noch irgendeine andere Variable oder eine einfache Kombination von Variablen als Königsweg zur Bewertung solcher Fähigkeiten eignen. Diane Halpern faßt die Situation so zusammen:

»Wissen über individuelle und gruppenspezifische Unterschiede im Hinblick darauf, wie Menschen denken, lernen und sich erinnern, ist wesentlich, um die menschliche Kognition zu verstehen und Bildungsprogramme und Theorien zu entwickeln, die kognitive Schwächen identifizieren und kognitive Stärken besser ausnutzen können. Der wirkliche Feind ist der potentielle Mißbrauch des Wissens, nicht das Wissen selbst.«[35]

Teil IV

Von der Klinik ins Labor

Die Integration von Neuropsychologie
und bildgebenden Verfahren

7. Sprache, Willkürbewegung und Wahrnehmung

Neuropsychologie heute

Im ersten Kapitel haben wir aus historischer Sicht beleuchtet, wie sich aus Erkenntnissen an hirngeschädigten Patienten das Konzept der Gehirnasymmetrien entwickelt hat. In diesem Kapitel erörtern wir nun, welche weiteren Einblicke in die Hirnfunktion dadurch gewonnen wurden, daß man die Auswirkungen verschiedener Schädigungen der zerebralen Hemisphären untersucht hat. Solche Untersuchungen gehören in den Bereich der klinischen Neuropsychologie. Bevor die Computertomographie (CT) und andere bildgebende Verfahren zur Darstellung des Gehirns aufkamen, haben sich Neuropsychologen meist auf ihre klinischen Erfahrungen verlassen, um bei Patienten mit verschiedenartigen Funktions- oder Verhaltensstörungen den Ort der Schädigung zu beschreiben. Das gilt in gewissem Maße auch noch für die heutige Neuropsychologie, wenn neurologische und physiologische Untersuchungsmethoden keine eindeutigen Befunde erbringen. Doch liegt das Schwergewicht des neuropsychologischen Ansatzes auf der umfassenden Erhebung jeglicher geistigen Beeinträchtigung und Verhaltensstörung, die zusammen mit Hinweisen auf eine Hirnschädigung auftreten; dies dient zwar meist klinischen Zwecken, führt oft aber auch zu theoretischen Erkenntnissen.

Die moderne Neuropsychologie bemüht sich, die Bedingungen zu analysieren, unter denen psychische Prozesse zusammenbrechen, um damit unser Wissen über diese Prozesse selbst zu erweitern. Manchmal erweist sich dabei ein Verhalten, das man vorher für einen einheitlichen geistigen Prozeß gehalten hat, als komplizierte Wechselbeziehung; ein andermal entdeckt man dagegen, daß vermeintlich getrennte geistige Aktivitäten den gleichen Gehirnmechanismen entspringen. Gedächtnis, Sprache und Emotionen gehören zu den psychischen Prozessen, die neuropsychologisch untersucht wurden.

Klinische Informationen über Hirnschäden müssen sehr vorsichtig interpretiert werden. Neuropsychologen, die die Beziehungen zwischen Gehirn und Verhalten anhand von Hirnschädigungen erforschen, sind auf krankheits- oder unfallbedingte Läsionen angewiesen oder auf solche, die aus chirurgischen Eingriffen resultieren. Diese sind in der Regel nicht gerade ideal für die Beantwortung bestimmter Fragen, die ein Forscher angehen möchte. Läsionen wie etwa jene, die durch einen Schlaganfall verursacht werden, respektieren keine anatomischen Grenzen. Eine solche Läsion kann einen Gehirnbereich zerstören, der an einem bestimmten psychischen Prozeß beteiligt ist, oder Bezirke abtrennen, die zu diesem Prozeß beitragen, oder auch beides zugleich bewirken.

Es gibt noch weitere Probleme, die eindeutige Aussagen erschweren. In Kapitel 1 sprachen wir bereits von der Tendenz des Gehirns, seine Funktion so gut wie möglich an eine Schädigung anzupassen. Vor hundert Jahren hat der Neurologe John Hughlings Jackson darauf hingewiesen, daß sich im gestörten Verhalten nach einer Hirnläsion das Funktionieren des verbliebenen Hirngewebes widerspiegelt. Das noch erhaltene Gewebe kann die Schädigung kompensieren und so das Defizit verringern. Manchmal reagiert es jedoch auch umgekehrt und arbeitet schlechter, wodurch sich die Defizite noch verstärken – eine Situation, die, wie man vermutet, primär durch Diaschisis hervorgerufen wird; damit bezeichnet man die Auswirkungen, die eine Läsion auf entferntere Hirnregionen ausüben kann.

Kognitive Neuropsychologie

Mit dem Aufkommen der kognitiven Psychologie (siehe Kapitel 1) haben die oben erwähnten Probleme nicht an Bedeutung verloren. Sie sind jedoch direkter mit den Annahmen verknüpft worden, die dem kognitiven neuropsychologischen Ansatz zugrunde liegen. In Kapitel 1 haben wir eine davon bereits kurz beschrieben, nämlich die der „Modularität" geistiger Prozesse. Ihr zufolge stellen geistige Vorgänge jeweils das Ergebnis der koordinierten Aktivität vieler verschiedener „Module" dar, von denen jedes unabhängig von den Funktionen der anderen seine eigene Art der Verarbeitung durchführt.

Mit dem Ansatz, den kognitive Neuropsychologen verfolgen, sind gleichzeitig einige andere Annahmen verbunden[1], darunter auch die folgenden:

- *Neurologische Spezifität oder Isomorphismus*: die Annahme, daß die Organisation des Geistes mit der Gehirnorganisation übereinstimmt;
- *Transparenz*: die Annahme, daß es möglich ist, aufgrund der Leistung nach einer Hirnschädigung festzustellen, welche Funktion des Systems gestört ist;
- *Subtraktionsprinzip (beziehungsweise Additivitätshypothese)*: die Annahme, daß die Leistung nach einer Hirnschädigung den vorherigen Zustand des intakten kognitiven Apparats, abzüglich der beschädigten Systeme, widerspiegelt und das ausgereifte Gehirn keine neuen Module ausbildet.

Die beiden ersten Annahmen sind überwiegend Teil aller – älteren und gegenwärtigen – neuropsychologischen Ansätze, die anstreben, aufgrund von Hirnschädigungen die Beziehungen zwischen Gehirn und Verhalten aufzudecken. Was die dritte Annahme betrifft, so geht die kognitive Neuropsychologie etwas direkter darauf ein, wie eine Hirnschädigung die hypothetische moduläre Organisation des Gehirns beeinflußt. In sehr strenger Auslegung besagt die Subtraktionsannahme, daß eine Hirnschädigung die normalen Funktionen derjenigen Module, die nicht direkt betroffen sind, unbeeinträchtigt läßt; daher zeigt sich in der Leistung nach der Hirnschädigung die normale Arbeitsweise aller unbeschädigten Module.

Diese letzte Feststellung ist mit ziemlicher Sicherheit eine starke Vereinfachung, weil wohl zumindest ein Teil des ungeschädigten Gehirns einige seiner normalen Funktionsweisen verändern dürfte. Die meisten kognitiven Neuropsychologen stimmen dem auch zu, doch betonen sie nachdrücklich, es sei nicht entscheidend, daß alte Module für neue Aufgaben eingesetzt werden, sondern daß nach einer Beschädigung des Gehirns keine neuen Module entstehen.[2] Falls nämlich das Gehirn nach einer Verletzung wirklich in der Lage wäre, seine Struktur neu zu organisieren und neue Module zu bilden, dann dürfte es ihrer Meinung nach unmöglich sein, aus den klinischen Abweichungen viel über die normalen Gehirnfunktionen zu lernen. Doch alles spricht dafür, daß einmal eingetretene neuronale Zerstörungen meist von Dauer sind und Kompensation wie auch Erholung von Veränderungen in den verschonten Gehirnbereichen abhängen. Man darf also mit einiger Sicherheit annehmen, daß ein geschädigtes Gehirn nur mit den schon zuvor vorhandenen Modulen auskommt. Mit zunehmender Erholung und der Entwicklung neuer Strategien könnten diese jedoch im Laufe der Zeit ihre Funktionsweise verändern.

Das Modularitätskonzept wird nicht von allen Neuropsychologen akzeptiert und wird ständig modifiziert. Wir werden auf einige dieser revidierten Anschauungen später noch zurückkommen, darunter auch auf eine Unterscheidung zwischen modulären und „zentralen" Prozessen, wenn wir in Kapitel 8 über das Gedächtnis sprechen. Einige Neuropsychologen sprechen nicht von „modulär", um irgendeine Funktion zu kennzeichnen, sondern ziehen es vor, zerebrale Organisation und Hemisphärenunterschiede mit Hilfe einer subtileren Gradientenverschiebung hinsichtlich der Spezialisierung zu beschreiben.[3] Andere Neuropsychologen legen besonderen Wert auf Datenverarbeitungstechniken und Computermodellierung – beides Ansätze, die von einem starken „Konnektionismus" im Gehirn ausgehen und letztlich einigen Annahmen des Modularitätskonzepts zuwiderlaufen.[4] Der Einsatz von Parallelverarbeitungsmodellen (PDP-Modellen) ist ein Beispiel, das wir noch in Kapitel 13 diskutieren werden. Trotz dieser Fragen, Veränderungen und Herausforderungen ist das Konzept der Modularität jedoch weiterhin nützlich – ein wohldefiniertes Modell, das eine erste Bewertung der Frage erlaubt, was im Gehirn kompartimentiert ist und was nicht.

Eine Erörterung neuropsychologischer Störungen umschließt viele Konzepte und Definitionen, die im Laufe der Jahre von angesehenen Forschern entwickelt worden sind. Wir möchten hier nicht die gesamte Entwicklung nachvollziehen, sondern vielmehr bestimmte weitgehend abgesicherte Konzepte vorstellen und neuere Studien ausführlicher zitieren.* Wir wollen einige der allgemeineren Konzepte zur Beziehung zwischen Gehirnstruktur und Funktion, die aus der Untersuchung von Hirnverletzungen und Untersuchungen der normalen Gehirnaktivität mit bildgebenden Verfahren entwickelt wurden, kurz diskutieren und uns dabei darauf konzentrieren, wie aktuelle neuropsychologische Forschungsergebnisse unser Verständnis für das, was die einzelnen Hemisphären leisten, erweitert haben.

Sprach- und Sprechstörungen

Sprache ist eine komplexe Fertigkeit mit vielen Facetten; dazu gehören die Bildung von Lauten, ausgefeilte Regelsysteme und die Existenz großer Mengen an Informationen über Bedeutung und Wichtigkeit sprachlicher Elemente. In der Linguistik, der formalen Sprachwissenschaft, sind viele Konzepte entwickelt worden, die sich mit der Struktur von Sprache befassen und auf alle Sprachen zutreffen.

Linguisten haben vier wesentliche Sprachaspekte definiert: neben der Phonologie, die sich mit der Produktion und der Verarbeitung von Lauten befaßt, die Syntax, also die Grammatik mit den vielfältigen Regeln der Wortstellung und der Formenbildung, die Semantik, bei der es um die Wort- und Satzbedeutungen geht,

---

* Der weiter interessierte Leser sei auf einige der hervorragenden Bücher zur allgemeinen klinischen Neuropsychologie verwiesen.[5]

und schließlich die Pragmatik, zu der Aspekte wie die Intonation beim Sprechen (die Sprachmelodie) sowie die praktische Bedeutung und der Kontext gehören.

Unter dem Begriff Aphasie faßt man eine große Gruppe von Störungen des Sprechens und Verstehens zusammen, die auf Hirnschädigungen beruhen. Wir werden im folgenden eine Übersicht über die wichtigsten Kategorien der Aphasie geben und dabei jeweils berücksichtigen, wie sie durch die Schädigung verschiedener Gehirnbezirke entstanden sind und in welchem Maße sie die Organisation von Sprachprozessen erhellen. Die Aphasieforschung liefert außerdem klassische Beispiele für theoretische Kontroversen, wie sie oft entstehen, wenn man versucht, die Beziehung zwischen Gehirn und Verhalten dadurch zu bestimmen, daß man aufgrund klinischer Befunde psychologische Theorien formuliert.

Aphasien

Die beiden wichtigsten Kategorien der Aphasie sind die motorische (expressive) Aphasie und die sensorische (rezeptive) Aphasie; allerdings stimmen nicht alle Forscher dieser Unterscheidung zu.

Die motorische, expressive oder Broca-Aphasie ist eine Störung, die in erster Linie das Sprechen des Patienten betrifft; sein Verständnis der Sprache anderer bleibt relativ intakt. Dieser Typ der Aphasie hängt mit Schäden jener frontolateralen Regionen der linken Hemisphäre zusammen, die das Sprechen kontrollieren – insbesondere mit dem als Brocasches Areal bekannten Gebiet. Das in Abbildung 7.1 dargestellte Areal liegt direkt vor dem primären motorischen Bereich für die Sprechmuskulatur (Lippen, Zunge, Kiefer, Kehlkopf und so weiter). Diese Be-

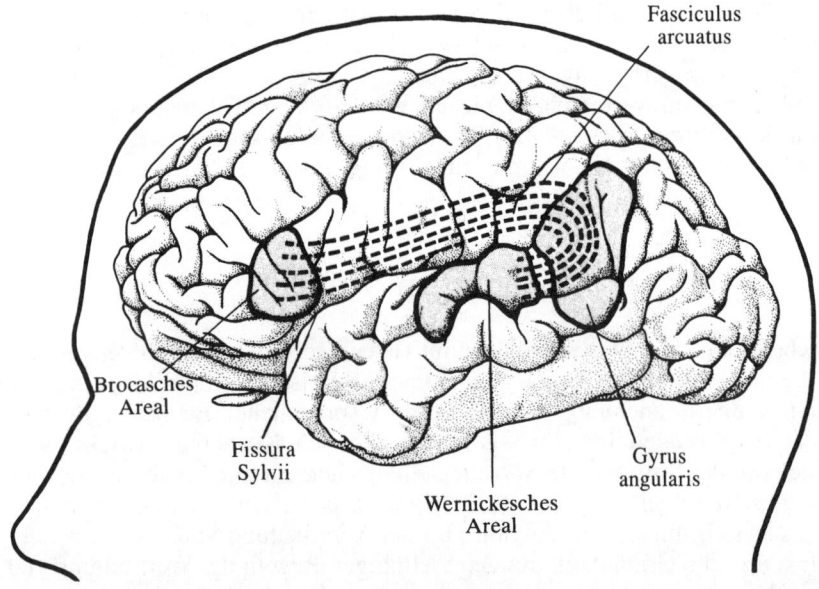

7.1 Die hier hervorgehobenen Bezirke der linken Hemisphäre des Menschen hängen mit dem Sprechen und dem Sprachverständnis zusammen. Der Fasciculus arcuatus ist ein Bündel von Nervenfasern unterhalb des Cortex, die Brocasches und Wernickesches Areal miteinander verbinden. (Nach N. Geschwind, „Language and the Brain", *Scientific American* (1972). Alle Rechte vorbehalten.)

reiche der Sprechmotorik sind aber bei der klassischen Broca-Aphasie nicht betroffen; es tritt also keine Lähmung des Sprechapparats auf.*

Ein Patient mit einer Broca-Aphasie spricht sehr wenig. Wenn er es versucht, redet er stockend – er hat Schwierigkeiten, die Wörter herauszubringen. Kleine grammatische Elemente der Sprache (Artikel und Partikeln beispielsweise) sowie korrekte Beugungsformen fehlen. Diese Art zu sprechen, wird oft als Telegrammstil oder als Agrammatismus bezeichnet. Ein solcher Patient könnte ein Bild, auf dem eine Frau beim Spülen, ein überfließendes Becken und Kinder zu sehen sind, die eine Plätzchendose zu erreichen versuchen und dabei mit einem Hocker umfallen, etwa wie folgt beschreiben: „Spüle... Wasser... J... Junge... Junge fallen... klettern..." In schweren Fällen sind die Patienten oft nur noch imstande, ein oder zwei Wörter zu sprechen, die sie dann bei jedem Versuch, etwas zu beschreiben, dauernd wiederholen.

Wenn ein Patient ein Wort sagen kann, ist die Aussprache gewöhnlich einigermaßen gut. Es fällt den Patienten aber übermäßig schwer, Dinge zu benennen; kleine Hilfen erweisen sich jedoch als sehr effektiv. Dies rechtfertigt die Ansicht, daß das Defizit nicht einfach auf der Ebene der Artikulation zu suchen ist. Die meisten Personen mit Broca-Aphasie verstehen gesprochene oder geschriebene Sprache offenbar, so daß das Problem eher auf der Stufe der motorischen Sprachäußerung als im Verständnis liegt. Die Patienten sind sich anscheinend auch der meisten ihrer Fehler bewußt. Einige Forscher haben jedoch behauptet, das Sprachverständnis sei bei diesen Aphasikern gar nicht so intakt, wie viele glauben. Sobald die syntaktische Struktur eines Satzes komplexer ist, kommt es zu schwerwiegenden Verständnisschwierigkeiten. Die Patienten sind offenbar nicht in der Lage, die von komplexen grammatischen Strukturen übermittelte Information zu verwerten.

Die sensorische, rezeptive oder Wernicke-Aphasie ist eine Störung, bei der der Patient allgemein große Schwierigkeiten hat, Sprache zu verstehen. Sie hängt mit Schäden des Wernickeschen Areals, der hinteren Region der ersten Schläfenwindung (siehe Abbildung 7.1), zusammen. Ein Patient mit rezeptiver Aphasie spricht zwar sehr viel flüssiger als einer mit expressiver Aphasie, aber die Äußerungen können – je nach Ausmaß der Schädigung – etwas merkwürdig bis vollkommen unsinnig erscheinen. Solche Patienten verwenden oft unpassende Wörter (Paraphasien) oder solche, die es gar nicht gibt (Neologismen). Bei manchen Patienten hört sich das Gesprochene wie totales „Kauderwelsch" an („semantischer Jargon"), wenngleich Rhythmus und Fluß der Sprache erhalten zu sein scheinen. Auf die Frage, wie es ihm gehe, antwortete ein Patient beispielsweise so: »I felt worse because I can no longer keep in mind from the mind of the minds to keep me from mind and up to the ear which can be to find among ourselves.«[6] (Zur Verdeutlichung sei hier noch ein deutschsprachiges Beispiel für vorwiegend semantische Paraphasien eines Patienten mit Wernicke-Aphasie angeführt; dieser beantwortete eine Frage nach seinem Befinden wie folgt: »Ja, das kann ich Ihnen sagen, daß ich Beschwerden habe. Na ich muß mal anders... ich glaube man sollte bei Null beginnen und nicht bei oben. Es ist so: Gegenüber früher möcht ich erst einmal sagen über den ganz großen Beginn erst mal als ich ankam ist es natürlich ganz entschie-

---

* Eine Beeinträchtigung der Aussprache (wie undeutliches Sprechen), die auf Lähmungen der Sprechmuskulatur beruht, nennt man Dysarthrie.

den... eh... ein Unterschied... heute besser als früher wollen gar nicht drüber debattieren.«[6a]

In schweren Fällen weist die Sprache nicht einmal wortähnliche Strukturen auf. Sie kann überwiegend aus bedeutungslosen Äußerungen („phonematischer Jargon") bestehen und dennoch flüssig klingen wie bei dem folgenden englischen Wortwechsel (Einwürfe des Untersuchers sind in eckigen Klammern vermerkt):

> Untersucher: How did you get sick?
> Patient: Eeh, oh, malaty? Eeeh, favility? Abelabla tay kare. Abelabla tay to po stay here. [stay here?] Aberdar yeste day. [yesterday?] and then abedeyes dee, aaah, yes dee, ye ship, yeste dey es dalababela. Abla desee, abla detoasy, abla ley e porephee, tee arabek. Abla get sik? [get sick?].[7]

Phonematische Paraphasien zeigt auch die nachstehende deutschsprachige Wortfolge, die ein Patient mit Wernicke-Aphasie auf die Frage nach dem Beginn seiner Krankheit hervorbrachte: »Ja ich bin ... ich war unter... und bin eh im jui dui unter geworden und bin zusammengegamen und war weg... aus aus... twass dann... und dann bin ich auch gekommen und so bin ich auch schon da.« Oft scheint den Patienten nicht bewußt zu sein, daß ihre Sprache gestört oder gar sinnlos ist, und sie reden, als ob alles in Ordnung wäre.*

Auch Lesen und Schreiben sind vergleichbar beeinträchtigt. Wenn man aphasischen Patienten ein Buch zu lesen gibt, führen manche Sprechbewegungen wie beim lauten Lesen aus, produzieren dabei aber nur Kauderwelsch. Einige Forscher glauben, das Defizit der Wernicke-Aphasie sei auf eine Zerstörung sprachlicher oder semantischer Gedächtnisspeicher zurückzuführen. Dies unterscheidet sich von dem Defekt in syntaktischen und artikulatorischen Mechanismen, der der Broca-Aphasie zugrunde liegt.[8]

Jenseits der Unterscheidung von rezeptiv und expressiv

Auch wenn nahezu rein expressive oder rein rezeptive Aphasieformen vorkommen, bedeutet die Unterteilung der Aphasie in diese zwei Typen eine Kategorisierung, die gewöhnlich nicht so scharf zu treffen ist. Patienten weisen oft Symptome auf, die man beiden Arten der Aphasie zuschreiben kann, und einige Forscher meinen, die Einteilung sei zu künstlich und spiegele nicht wider, wie die Sprache im Gehirn wirklich organisiert ist. Wir werden uns später mit einigen dieser Kritikpunkte auseinandersetzen, wollen jedoch zunächst noch einige andere Kategorien der Aphasie betrachten. Außer der Unterscheidung von expressiv und rezeptiv haben Wissenschaftler – mit Blick auf die Art der Hirnschädigungen wie auch auf die Muster der sprachlichen Defizite – noch weitere Formen der Aphasie beschrieben. Einige dieser Kategorisierungen sind umstritten, aber viele Neuropsychologen und Sprachpathologen behaupten, daß sie wirklich unterschiedlichen, immer wieder auftretenden klinischen Syndromen entsprechen.

Wernicke beschrieb neben der sensorischen, rezeptiven Aphasie, die nach ihm benannt ist, noch eine andere Aphasieform, von der er annahm, sie entstehe durch eine Läsion, die die neuronalen Verbindungen zwischen dem Zentrum für die

---

* Anmerkung des Herausgebers: Die Patienten sind sogar häufig in ihrem Redefluß kaum zu stoppen, was diesem Verhalten die Bezeichnung Logorrhoe eingebracht hat.

Sprachproduktion (dem Brocaschen Areal) und dem für das Sprachverständnis zuständigen Wernickeschen Areal zerstört. Diese Aphasie, die er Leitungsaphasie nannte, ist durch die Unfähigkeit des Patienten charakterisiert, etwas Gehörtes laut zu wiederholen. Darüber hinaus kommt bei spontanen Sprachäußerungen oft ein flüssiges, aber unsinniges Kauderwelsch heraus – wie bei der Wernicke-Aphasie; anders als bei dieser ist jedoch das Verständnis von gesprochener und geschriebener Sprache weitgehend ungestört.

Man kann diese Symptome erklären, indem man eine Trennung der rezeptiven von den expressiven Sprachzentren des Gehirns annimmt. Tatsächlich ist in solchen Fällen von einer Schädigung des Fasciculus arcuatus berichtet worden, jener Faserverbindung, die Brocasches und Wernickesches Areal miteinander verbindet (siehe Abbildung 7.1).[9] Stuart Dimond hat die These aufgestellt, der Fasciculus arcuatus sei – zusammen mit einigen subcorticalen Strukturen (der Thalamusregion) – an der Integration von „Input"- und „Output"-Aspekten der Sprache beteiligt.[10] Außerdem mutmaßte er, daß diese Bahnen und die durch sie verbundenen Strukturen als Speicher für Sprachinformationen dienen und möglicherweise als Sprachgenerator wirken.

Das anatomische Modell der Leitungsaphasie wurde von Norman Geschwind weiter ausgearbeitet, um verschiedene andere Symptomkombinationen, die man bei aphasischen Patienten beobachtet hatte, erklären zu können.[11] Die transcorticalen Aphasien beruhen demzufolge auf Läsionen, die zwar die Sprachzentren selbst und die sie verbindenden Nervenfasern aussparen, aber auf verschiedene Weise diese Bezirke vom Rest des Gehirns abtrennen. Je nachdem, ob die Hirnschädigung das Wernickesche Areal (transcorticale sensorische Aphasie), das Brocasche Areal (transcorticale motorische Aphasie) oder beide (transcorticale gemischte Aphasie) isoliert, treten unterschiedlich stark ausgeprägte Verständnisprobleme oder Schwierigkeiten beim spontanen Sprechen auf. Die Patienten vermögen jedoch etwas, das man ihnen vorspricht, recht gut zu wiederholen. In extremen Fällen sprechen transcorticale Aphasiker alles nach, was sie hören; man bezeichnet das als Echolalie. Daß Nachsprechen ungestört möglich ist, unterscheidet die transcorticalen Aphasien von der Broca-, der Wernicke- und der Leitungsaphasie. Abschließend seien noch einige weitere Aphasietypen erwähnt:

Worttaubheit entsteht durch Läsionen, die das Wernickesche Areal vom auditiven „Input" abtrennen. Das Verständnis ist nur bei gesprochenen Wörtern gestört, die Fähigkeit, nichtverbales akustisches Material zu hören und zu erkennen, dagegen im allgemeinen nicht beeinträchtigt. Das Verständnis von geschriebenem Text ist normal, ebenso der sprachliche und schriftliche Ausdruck, obwohl das Sprechen der Patienten gelegentlich darunter leidet, daß ihnen die Rückmeldung durch die eigene Sprache fehlt.

Die anomische oder amnestische Aphasie ist durch Schwierigkeiten beim Benennen von Objekten gekennzeichnet. Obwohl solche Probleme bei den meisten Aphasikern auftreten, entsteht eine „reinere", isolierte Form dieser Aphasie durch eine Schädigung, die auf die corticale Region an der Kreuzung von Temporal-, Parietal- und Okzipitallappen – einen Bereich, den man Gyrus angularis nennt – beschränkt ist (siehe Abbildung 7.1). Ein rein anomischer Patient versteht normal gut und kann bei spontanen Unterhaltungen auch fast normal sprechen. Wenn er jedoch mit bestimmten Gegenständen zu tun hat oder ein Wort oder einen Namen zu finden versucht, um eine Person oder ein Objekt zu benennen, versagt der Patient kläglich. Man hat angenommen, diese Störung beruhe auf einer Unterbrechung von Verbindungen, welche zwischen verschiedenen sensorischen Modalitäten (und daher auch verschiedenen Regionen des Gehirns) vermittelt, die am Vorgang des Benennens beteiligt sind.

Mit globaler Aphasie bezeichnet man schwere Schädigungen aller Sprachfunktionen. Hierbei sind sowohl Verständnis als auch Produktion von Sprache fehlerhaft oder fallen ganz aus. Man kann versuchen, eine Kommunikation über ein Symbolsystem – beispielsweise mit Plastikzeichen, die für Wörter stehen – herzustellen, aber sogar das ist sehr schwierig und manchmal erfolglos. Eine globale Aphasie entsteht durch eine ausgedehnte Schädigung der linken Hemisphäre, bei der die meisten Bezirke betroffen sind, die bei der Sprache vermutlich eine Rolle spielen.

Theoretische Fragen bei der Klassifikation von Aphasien

Die Auffassung, daß für einzelne Aspekte der Sprachverarbeitung verschiedene Zentren existieren, ist als Lokalisations-Verbindungs-Konzept (*localizationist-connectionist view*) bezeichnet worden. (Manchmal spricht man auch vom Lokalisations-Assoziations-Konzept, da die meisten modernen Ansätze, die Funktionen bestimmten Bezirken des Gehirns zuschreiben, zugleich die Wechselwirkungen zwischen diesen Bezirken bei jeder komplexen geistigen Aktivität betonen.) Mit ihm ließen sich die verschiedenen Sprachstörungen kategorisieren, die man in der Klinik vorfand, und außerdem bis zu einem gewissen Grade vorhersagen, welche Art von Störung als Folge bestimmter Hirnschädigungen zu erwarten war. Die Diagnostik der Sprachstörungen eines Patienten anhand der Aphasieklassifikationen läßt sich auch umgekehrt dazu verwenden vorherzusagen, wo die jeweilige Schädigung liegen könnte.

Der Lokalisationsansatz ist allerdings von Forschern kritisiert worden, welche die damit verbundene „Flußdiagramm"-Vorstellung vom menschlichen Gehirn und von der Organisation der Sprache für zu vereinfachend halten und dem Lokalisationskonzept vorwerfen, es gehe zu sehr von unabhängigen Komponenten oder Depots aus, die neuronal miteinander verdrahtet sein sollen.[12] Diese Kritik läßt sich bis zu den ganzheitlichen (holistischen) Konzepten der Hirnfunktion des 19. Jahrhunderts zurückverfolgen, als Neurologen wie Jackson behaupteten, jede Aphasie gehe mit einem gestörten Sprachverständnis einher – das heißt, ihnen allen liege eine sensorische Aphasie zugrunde.

Kognitive Neuropsychologen halten die Idee von unabhängigen Komponenten an sich gar nicht für so falsch; sie betonen aber, daß wir unsere Vorstellungen von dem, was Komponenten oder „Module" eigentlich sind, ändern müßten.[13] Die meisten Neuropsychologen stimmen jedoch darin überein, daß die tatsächliche Situation dynamischer ist, als von der traditionellen konnektionistischen Sichtweise her angenommen wird, und jede Sprachfunktion gleichzeitige Wechselwirkungen vieler Bezirke umfaßt. Die erwähnten Belege für eine Störung des Sprachverständnisses bei Patienten mit Broca-Aphasie stützen diese Kritik; gleiches gilt für einen großen Teil der heutigen Hirnforschung mit bildgebenden Verfahren.

Sprachuntersuchungen mit bildgebenden Verfahren

Funktionelle bildgebende Verfahren haben im allgemeinen Sprachbefunde, die auf klinischen Daten basierten, nicht widerlegt, sondern bestätigt und erweitert. Wir haben in Kapitel 3 Blutflußmessungen und neue PET-Verfahren erwähnt, die sprachbezogene Aspekte der Gehirnaktivität buchstäblich sichtbar machen können. Die mehrstufige Subtraktionstechnik, die Marcus Raichle, Michael Posner und Kollegen in ihren PET-Studien angewandt haben, isolierte die zerebrale Aktivität, die mit verschiedenen Stadien der Sprachverarbeitung korrespondiert, und demonstrierte damit die wichtige Rolle des linken Temporallappens und anderer linkshemisphärischer Strukturen, die von klinischen Studien vorhergesagt worden war. In einem ihrer Experimente innerhalb dieser Studie wurde während einer semantischen Analyse Gehirnaktivität im linken Frontallappen lokalisiert, und zwar dann, wenn Probanden auf Substantive mit passenden Verben antworteten[14] (Farbtafel 11).

Bei fMRI-Untersuchungen von sprachbezogener versus nichtsprachbezogener auditiver Verarbeitung kamen Jeffrey Binder und Kollegen zu Ergebnissen, die sich von den PET-Untersuchungen der Gruppe um Posner und Raichle unterschieden.[15] Bei einem Experiment mit einer semantischen Überwachungsaufgabe hörten die Probanden Tiernamen von einem Tonband, und sie sollten immer dann reagieren, wenn ein Tier 1) in den Vereinigten Staaten heimisch ist und 2) dem Menschen als Haustier, zur Bekleidung oder zur Ernährung dient. Die Vergleichsaufgabe bestand darin zu entscheiden, ob in Tonfolgen zweimal ein bestimmter Ton auftrat; sie diente als Kontrolle für einfache akustische Stimulation sowie für verschiedene aufmerksamkeitsbezogene und linguistische Funktionen. Beide Versuchsbedingungen wechselten in derselben fMRI-Sitzung miteinander ab. Eine Subtraktion der Aktivierung während der Kontrollaufgabe von jener während der semantischen Überwachungsaufgabe enthüllte Aktivität in der Frontalregion des Cortex wie auch im hinteren Assoziationscortex (siehe Anatomie in Abbildung 7.2) der linken Hemisphäre bei der semantischen Überwachung (Farbtafel 12).

Die frühere PET-Forschung hat, wie bereits erwähnt, auf eine fast exklusive linksfrontale Lokalisation der semantischen Verarbeitung hingedeutet. Die Autoren der fMRI-Untersuchung haben nun argumentiert, daß die Ergebnisse der PET-Untersuchungen weder mit klinischen Daten noch mit zahlreichen Läsionsuntersuchungen übereinstimmen, die wesentliche semantische Wissensdefizite nach posterioren temporalen und tempero-parietalen Läsionen der linken Hemisphäre ergeben haben, noch mit ihren eigenen Befunden. Sie zitierten Untersuchungen, die darauf hindeuteten, daß die frontalen Areale als „exekutive" Komponente des Sprachsystems dienen, das den Zugang zu semantischen Gedächtnisspeichern in hinteren Bereich des Gehirns erleichtert.* Die Frontalregionen seien möglicherweise kontinuierlicher aktiv als die weiter hinten gelegenen Informationsspeicherregionen, vermuten die Autoren weiter, so daß sie bei Untersuchungen des intakten Gehirns mit funktionellen bildgebenden Verfahren leichter sichtbar werden.[16]

Obgleich das Argument für eine Beteiligung frontaler wie auch posteriorer Areale bei der semantischen Verarbeitung korrekt sein mag und beide bildgebenden Untersuchungen höhere Sprachebenen zu isolieren trachteten, die eine seman-

---

* Diese Fragen, die sich auf Gedächtnisprozesse beziehen, werden in Kapitel 8 ausführlicher diskutiert.

146   Teil IV: Von der Klinik ins Labor

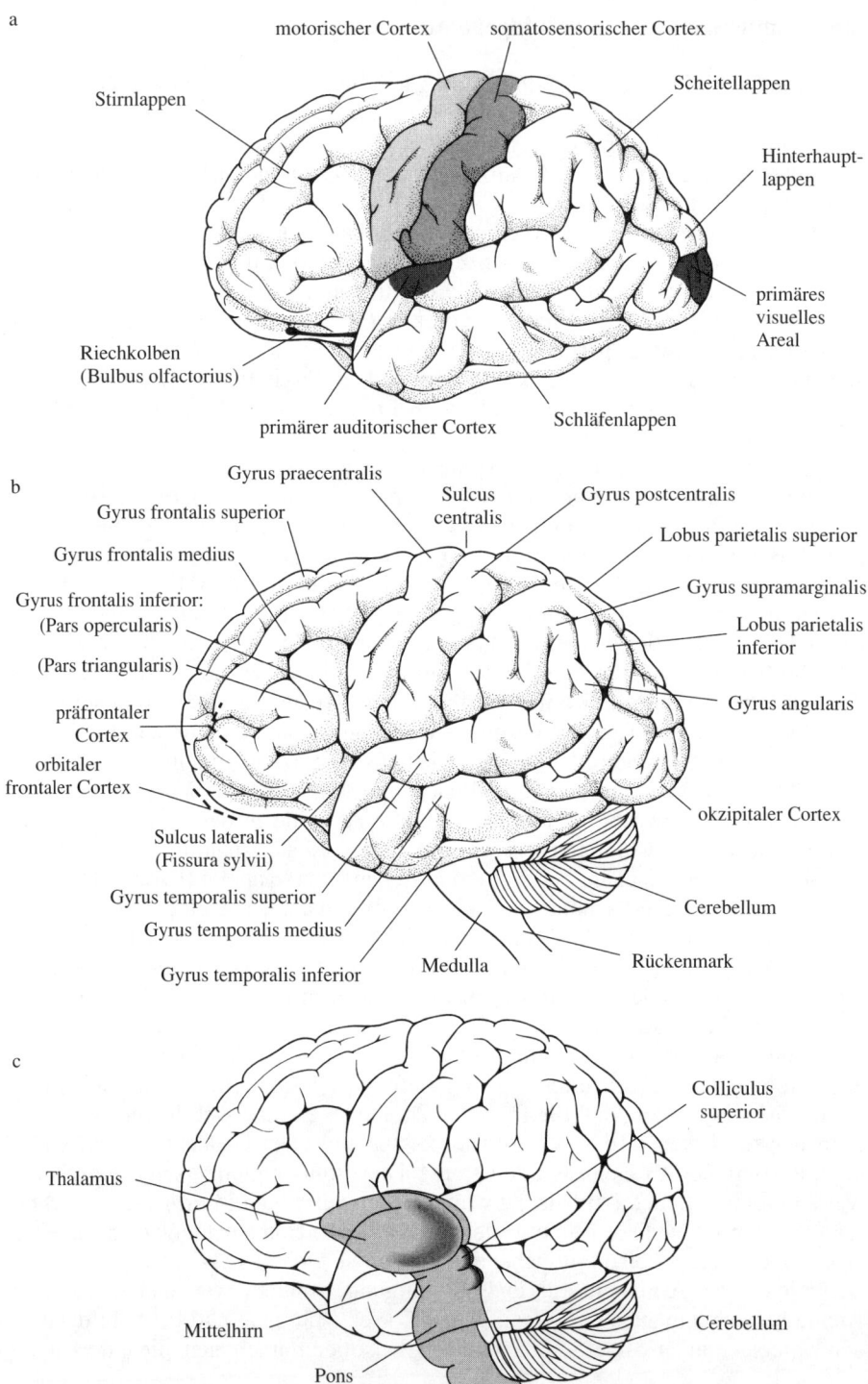

tische Verarbeitung beinhalten, untersuchten sie nicht die gleichen Prozesse. Man kann beispielsweise argumentieren, daß die reine Tonkontrollaufgabe in der fMRI-Untersuchung keine echte Kontrolle für eine phonologische Analyse darstellte; daher sind in den Ergebnissen dieser Untersuchung phonologische und semantische Aspekte der Sprachverarbeitung stärker kombiniert, als es in der PET-Untersuchung der Fall war. Gleichzeitig machen die Ergebnisse der fMRI-Untersuchung mehr Sinn, wenn man sie im Zusammenhang mit den klinischen Daten sieht. Solche Probleme treten bei der Interpretation von Untersuchungen mit funktionellen bildgebenden Verfahren und bei Versuchen, neue Befunde mit der älteren klinischen Literatur in Einklang zu bringen, immer wieder auf. Die angesprochenen Unstimmigkeiten oder Kontroversen erscheinen oft lösbar, wenn man in Zukunft der Versuchsplanung und den konzeptionellen Unterschieden mehr Aufmerksamkeit schenkt.

Die rätselhafte Rolle des Brocaschen Areals

Mehrere Untersuchungen des Gehirns mit bildgebenden Verfahren haben ein erstaunliches Maß an Aktivität im Brocaschen Areal bei Aufgaben angezeigt, in denen es auf den ersten Blick primär um Sprachwahrnehmung und Sprachverständnis, nicht um Sprachproduktion geht. Letzteres wäre nach traditionellerer Sichtweise die Rolle dieser Region bei der Sprache.[17] In einigen Untersuchungen wurde bei Aufgaben, in denen es darum ging, Sprachlaute (wie „br" versus „pr") voneinander zu unterscheiden, sowie bei Konsonant-Vokal-Silben-Diskriminierung und Reimaufgaben Aktivität im Brocaschen Areal festgestellt.

In einer PET-Untersuchung wurde versucht, einerseits die zerebralen Strukturen zu identifizieren, die mit der phonologischen Verarbeitung korrespondieren, indem man Probanden das Auftreten verschiedener Phoneme in Pseudowörtern registrieren ließ, andererseits diejenigen Strukturen, die mit der lexikalisch-semantischen Verarbeitung korrespondieren, indem man die Probanden konkrete Substantive nach ihrer Bedeutung bewerten ließ. Bei der Kontrollaufgabe ging es um das Registrieren von Tonhöhenveränderungen. Wie die Forscher berichteten, führte die phonologische Verarbeitung zu einer Aktivierung des linken Gyrus temporalis superior und Teilen des Wernickeschen Areals sowie zu einer gewissen Aktivierung des Brocaschen Areals. Die lexikalisch-semantische Verarbeitung hingegen führte – zusätzlich zu denjenigen Arealen, die durch die phonologische Verarbeitung allein aktiviert wurden – zu einer Aktivierung im mittleren und unteren linken Schläfenlappenbereich, im unteren Scheitellappenbereich und oberen präfrontalen Bereich.[18] (Abbildung 7.2 soll dem Leser helfen, einige der hier erwähnten anatomischen Regionen zu identifizieren.) Eine andere PET-Untersuchung kam zu dem Ergebnis, das Brocasche Areal werde bei der lexikalischen Untersuchung von Einzelwörtern aktiviert, eine phonologische Verarbeitung aktiviere den Gyrus tem-

◄
7.2 Wichtige neuroanatomische Strukturen. a) Primäre motorische und sensorische Areale des Gehirns. Die übrigen Areale (unschattiert) werden oft als „Assoziationscortex" bezeichnet. b) Wichtige Orientierungsmarken auf der Oberfläche von Großhirn (Cortex cerebri), Kleinhirn (Cerebellum) und Hirnstammes (Seitenansicht). c) Tiefer gelegene Gehirnstrukturen. Die Basalganglien (Nucleus caudatus, Putamen, Globus pallidus), die den Thalamus umgeben, sind hier nicht abgebildet.

poralis medius und eine semantische oder begriffliche Verarbeitung das Wernickesche Areal (den linken Gyrus temporalis superior).[19]

Trotz einiger Unstimmigkeiten, welcher Aspekt der Sprachwahrnehmung genau das Brocasche Areal am stärksten aktiviert, spricht die Anzahl der Untersuchungen, die von einer Beteiligung des Brocaschen Areals berichten, für die motorische Theorie der Sprachperzeption, nach der am Wahrnehmen von Sprache dasselbe zerebrale System beteiligt ist, das auch zur Produktion von Sprache dient. Wir werden diese Vorstellung noch ausführlicher diskutieren, wenn wir in Kapitel 13 verschiedene Modelle zur Erklärung von Hemisphärenasymmetrien betrachten. Die von Richard Frackowiak geleitete PET-Gruppe hat zahlreiche Untersuchungen zur Sprach- und Gedächtnisfunktion durchgeführt und geschlossen, daß das Brocasche Areal eine wichtige Rolle im phonologischen Verarbeitungsstadium der Sprachwahrnehmung spielt, gemeinsam mit einem Areal im unteren parietalen Cortex, das als „phonologischer Speicher" oder als Verwahrungsort von Gedächtnisinhalten dient, die mit dem phonologischen Code in Beziehung stehen.[20]

Sätze und Geschichten: Darstellung mit bildgebenden Verfahren

In einer PET-Untersuchung zur Sprachverarbeitung auf der Ebene von Sätzen ließen B. M. Mazoyer und seine Kollegen Probanden, deren Muttersprache Französisch war, eine Geschichte in Französisch anhören, eine in einer Fremdsprache (Tamil), eine Liste französischer Wörter, eine französische Geschichte, in der jedes bedeutungstragende Wort durch ein Pseudowort ersetzt war, und eine französische Geschichte, in der jedes bedeutungstragende Wort durch ein grammatikalisch passendes, aber semantisch unpassendes Wort ersetzt war (semantische Anomaliebedingung). Die fremdsprachige Geschichte, so argumentierten die Forscher, würde lediglich zu einer auditiven Verarbeitung führen, die französischen Wortlisten nur zu einer auditiven, phonologischen und lexikalischen Verarbeitung, Pseudowortsätze zu einer auditiven, phonologischen, prosodischen und syntaktischen Verarbeitung, und allein die Geschichte in gutem Französisch würde eine semantische oder begriffliche Verarbeitung erfordern.

Trotz dieses heroischen Versuchs, Bedingungen zu schaffen, mit deren Hilfe sich bei geeigneter Subtraktion viele Stadien der Satzverarbeitung identifizieren und separieren lassen sollten, gelang es in der Untersuchung nicht, für mehrere dieser Stadien, einschließlich der syntaktischen Verarbeitung, eine konsistente regionale Gehirnaktivität nachzuweisen. Die Forscher zogen den Schluß, daß das ausgedehnte Netzwerk von Arealen in der linken Hemisphäre, welches durch sinnvolles Material aktiviert wird, mit den in den Läsionsuntersuchungen identifizierten Arealen übereinstimme, jedoch bei sprachähnlichem, aber sinnlosem Reizmaterial kaum in Erscheinung trete.[21]

Dennoch schlossen sie weiter, daß das Brocasche Areal bei der lexikalischen Verarbeitung von einzelnen Wörtern aktiviert worden sei, daß die phonologische Verarbeitung den Gyrus temporalis medius und daß die semantische oder begriffliche Verarbeitung das Wernickesche Areal (den linken Gyrus temporalis superior) aktiviert habe. Überdies postulierten die Forscher zwei verschiedene Gedächtnisfunktionen für den linken und den rechten temporalen Pol (Vorderspitze des Temporallappens). Nach Subtraktion der lexikalischen und der phonologischen Komponente bei kontinuierlicher Sprache war die im linken temporalen Pol verbliebene Aktivität, offenbar mit dem linguistischen Inhalt assoziiert, die Aktivität im rechten Schläfenpol hingegen mit prosodischen und pragmatischen Aspekten.

Nicht zuletzt, weil es ihnen nicht gelungen war, eine Gehirnaktivität nachzuweisen, die konsistent mit einigen der vorgeschlagenen Stadien der Sprachverarbeitung assoziiert werden konnte, wiesen die Autoren das serielle Modell der Sprachelautverarbeitung zurück, dem zufolge individuelle spezialisierte Hirnregionen sukzessive aktiviert werden, um die phonologischen, lexikalischen, semantischen und anderen Aspekte des Reizes zu verarbeiten. Statt dessen schlugen sie vor, daß es ein koordiniertes Netzwerk von Arealen gibt, die parallel arbeiten und von denen jedes auf einen Aspekt der Sprachverarbeitung spezialisiert ist.

Eine neuere PET-Untersuchung konnte eine konsistente Aktivierung finden, die mit syntaktisch komplexen Sätzen – im Vergleich zu weniger komplexen Sätzen – korrespondierte. Bei dieser Studie wurde das Verständnis für mehrere verschiedene Satzstrukturen verglichen, darunter auch zentral eingebettete Relativsätze („Der Saft, den das Kind verschüttete, befleckte den Teppich") versus sogenannte rechtsverzweigende Relativsätze („Das Kind verschüttete den Saft, der den Teppich befleckte"). Dabei stellte sich heraus, daß die zerebrale Durchblutung in der Nachbarschaft des Brocaschen Areals (insbesondere im Pars opercularis) bei der Beurteilung des Sinngehalts (semantische Plausibilität) syntaktisch komplexerer Sätze größer war als bei einfacheren Sätzen. Die Forscher postulierten, diese Aktivierung stehe mit der größeren Gedächtnisbelastung in Beziehung, die mit der Verarbeitung eingebetteter Sätze einhergeht.[22]

Wie stark verteilt ist lexikalisches Wissen?

Zahlreiche PET-Untersuchungen von Hanna und Antonio Damasio und Kollegen haben gezeigt, daß der Abruf verschiedener Wortklassen von verschiedenen Teilen der linken Hemisphäre vermittelt werden kann. Die Damasios haben sich besonders dafür interessiert, welche neuronalen Strukturen aktiv werden, wenn ein Wort, das eine Person oder ein Objekt beschreibt, abgerufen und entweder stumm verbalisiert oder laut ausgesprochen (vokalisiert) wird, das heißt, »wenn ein Begriff aus dem Lexikon einer bestimmten Sprache abgerufen und explizit im Gehirn repräsentiert wird«.[23] Zwar sind sie auch der Ansicht, daß die traditionellen Sprachareale rund um die Lateralfurche (darunter auch das Brocasche und das Wernickesche Areal) eine wichtige Rolle bei der Rekonstruktion und der phonemischen Darbietung von Wortformen spielen, doch sie meinen, daß zusätzliche neuronale Orte in vielen Regionen des Gehirns das begriffliche Wissen unterstützen und die allgemeine Lage dieser Orte von separaten Begriffskategorien abhängt. Sie stützten ihre Behauptung auf Untersuchungen von 127 Patienten mit diskreten Läsionen in verschiedenen Teilen der beiden Hemisphären, bei denen es um die Benennung visuell dargebotener Begriffe ging, wie auch auf eine PET-Untersuchung, in der dieselben Aufgaben von gesunden Probanden durchgeführt wurden.

Bei der Aufgabe in den klinischen Studien sollten 327 visuell dargebotene Objekte benannt werden, die drei Wortgruppen repräsentierten: 1) ganz bestimmte Personen (Photographien bekannter Leute), 2) Tiere und 3) Werkzeuge. Damit sollte der Abruf von Wörtern getestet werden, die Dinge beschreiben, welche zu drei verschiedenen begrifflichen Kategorien gehören. Die Tier- und die Werkzeugkategorie waren beide unspezifische, grundlegende Objektkategorien, das heißt, sie stellten keine Beispiele für ein bestimmtes, vertrautes Tier dar, wie es bei den menschlichen Gesichtern der Fall war. Aus der klinischen Untersuchung ergab sich eine Aufspaltung der verschiedenen Abrufkategorien, die vom Läsionsort innerhalb des linken Temporallappens abhing: Ein fehlerhafter Abruf von Wörtern für Personen war mit Schädigungen korreliert, die sich um den linken Schläfenlappenpol konzentrierten, ein falscher Abruf von Wörtern für Tiere war mit einer Schädigung der unteren Schläfenregion und ein anomaler Abruf von Wörtern für Werkzeuge mit einer Schädigung in weiter hinten gelegenen Abschnitten der unteren Schläfenregion korreliert, die sich bis zum Übergang zwischen Okzipital- und Parietallappen erstreckte. Obgleich es einige Beispiele für Kombinationsdefekte, wie „Personen/Tiere" oder „Tiere/Werkzeuge" gab, fanden sich kaum Beispiele für einen kombinierten „Personen/Werkzeuge"-Defekt – ein Ergebnis, das die größere anatomische Trennung dieser beiden Klassen belegt, die von den Läsionsdaten angedeutet wurde.[24]

PET-Untersuchungen gesunder Versuchspersonen stützten die klinischen Daten in jeder Hinsicht und zeigten die stärkste Durchblutungszunahme und damit die stärkste Aktivierung in den drei separaten Regionen der linken Hemisphäre bei Benennungstests, die die oben erwähnten drei Objektkategorien umfaßten. Die Personenbenennungsaufgabe aktivierte zudem den rechten Schläfenlappenpol – ein Ergebnis, das aufgrund anderer Hinweise auf eine rechtshemisphärische Rolle bei der Gesichtererkennung nicht unerwartet war. Die Autoren vermuten, daß diese Aktivierung eine Folge der Schwierigkeiten ist, Wiedererkennen und Benennungsprozesse bei normalen Versuchspersonen voneinander zu trennen. Die Damasios spekulieren, daß die in diesen Untersuchungen identifizierten linken Schläfenlappenregionen eine „intermediäre" („vermittelnde") Rolle beim lexikalischen Abruf spielen und dazu dienen, den Zugang zu den Wissensrepräsentationen zu erleichtern, an denen verschiedene sensorische Modalitäten und neuronale Netzwerke überall in beiden Hemisphären beteiligt sind. (Wir werden ein verwandtes Thema, die Vorstellung von zerebralen „Konvergenzzonen", in Kapitel 8 diskutieren). In Einklang mit dieser These einer intermediären Rolle derjenigen temporalen Regionen, die in der Damasio-Untersuchung identifiziert wurden, zeigen Vorstudien zum Konzeptabruf, in denen ähnliche Begriffskategorien wie in diesem Experiment verwandt wurden, daß die zerebralen Regionen, die am engsten mit zweien dieser Kategorien assoziiert sind, in der rechten Hemisphäre liegen.[25]

Subcorticale Sprache

Der Neurologe Jason Brown hat, was den Zusammenhang zwischen Gehirn und Sprache betrifft, eine Alternative zur üblichen Lokalisationstheorie vorgeschlagen. Aufbauend auf der Arbeit verschiedener früherer Theoretiker, betrachtet er das Gehirn als in evolutionären Schichten organisiert, die durch das Reifungswachstum verändert werden.[26] Sprechen und Sprache gehen im Brocaschen und Wernickeschen Areal gleichermaßen aus primitiveren linguistischen Ebenen, die darunter liegen, hervor. Demzufolge durchtrennen Läsionen im Cortex nicht so sehr den corticalen Informationsfluß, welcher für Sprache notwendig ist, sondern zwingen vielmehr das Sprachsystem, auf einer primitiveren, vorläufigen Stufe zu arbeiten.

Unterstützt wird eine solche hierarchische Sicht der Sprachorganisation durch Befunde, die zeigen, daß gewisse subcorticale Strukturen, insbesondere der Thalamus, eine wichtige Rolle bei der Sprache spielen.

Subcorticale Aphasie: Die Rolle des Thalamus

Läsionen von tiefer im Gehirn gelegenen Strukturen, vor allem solche des Thalamus, können zu Sprachstörungen führen. Der Thalamus ist ebenfalls in eine rechte und eine linke Hälfte geteilt. Von Schädigungen des linken Thalamus weiß man, daß sie die Sprachflüssigkeit beeinträchtigen und Wortfindungsstörungen sowie Perseverationstendenzen (mehrmalige Wiederholung desselben Lautes oder Wortes) hervorrufen.[27] Wie wir schon bei der Darstellung der Leitungsaphasie erwähnt haben, gibt es Vermutungen, daß der Thalamus als Integrationszentrum für vordere und hintere corticale Sprachbezirke dient.

Der Neurochirurg George Ojemann, der bei bestimmten Hirnoperationen elektrische Stimulationen durchführte, hat über die Effekte von Thalamusreizungen berichtet. Das Verfahren, das er benutzte, ähnelt im Prinzip der corticalen Stimulation, die in Kapitel 1 beschrieben wurde. Bei einer Reizung des linken Thalamus geriet das Sprechen gewöhnlich ins Stocken, oder es kam zu Benennungsstörungen, wobei der Patient häufig mehrmals die Anfangssilbe des Wortes wiederholte, das er aussprechen wollte. Ojemann berichtete ferner, daß die Sprache insgesamt langsamer, undeutlich und verzerrt herauskam. Seiner Ansicht nach erfüllt der Thalamus beim Sprechen zwei grundlegende Funktionen: Einerseits übt er eine aktivierende Wirkung aus, um die Aufmerksamkeit auf sprachliche Informationen in der Umgebung zu richten, und hilft beim korrekten Abruf verbaler Informationen aus dem sprachlichen Gedächtnis; andererseits kontrolliert er zumindest teilweise einige der körperlichen Grundfunktionen beziehungsweise Organe des Sprechens wie Atmung und Sprechmuskulatur.[28]

Linksseitige Hemisphärektomie

Eine Hemisphärektomie, also die Entfernung einer Hälfte des Gehirns, ist eine selten durchgeführte Operation und umfaßt trotz ihres Namens gewöhnlich nur die Entfernung des Cortex einer Hemisphäre. Sie wird manchmal an Säuglingen vorgenommen, die unter schweren zerebralen Geburtsschäden leiden. Wegen ihres geringen Alters genesen solche Kinder oft und entwickeln sich nach der Operation meist bemerkenswert gut. Wir werden in Kapitel 10 noch näher auf Hemisphärektomien bei Kindern eingehen.

Bei Erwachsenen wird eine Hemisphärektomie äußerst selten durchgeführt, meist, um eine Krebsgeschwulst zu entfernen. Wegen der schwerwiegenden Folgen wird diese Operation selten auf der sprachdominanten Seite durchgeführt. Wenn aber linksseitige Hemisphärektomien vorgenommen werden, bieten sie den Forschern die Möglichkeit, Funktionen der isolierten rechten Hemisphäre zu untersuchen. Der Neuropsychologe Aaron Smith und andere haben solche Patienten eingehend untersucht.[29] Einige der Patienten machten beachtliche Genesungsfortschritte, obwohl ihre Sprachfunktionen anfangs stark beeinträchtigt waren. Sie konnten schließlich sogar kurze, grammatikalisch einigermaßen korrekte Sätze bilden. Die meisten linksseitig hemisphärektomierten Patienten zeigen ein überraschend gut ausgeprägtes Sprachverständnis, auch wenn spontanes Sprechen, Lesen und Schreiben schwer gestört bleiben.

Ein Fall, der für unser Verständnis der Wechselwirkungen beider Hemisphären bei einer Schädigung der einen Gehirnhälfte sehr wichtig ist, betraf einen Patienten, dem der größte Teil seiner geschädigten rechten Hemisphäre operativ entfernt worden war.[30] Die Sprache dieses Patienten war nach der Operation besser als vorher! Das läßt vermuten, daß die geschädigte rechte Hemisphäre zuvor die Fähigkeiten der linken behinderte. Höchstwahrscheinlich umfaßt die normale Kommunikation zwischen den Hemisphären auch zahlreiche hemmende Signale, die dazu dienen, Funktionen zu koordinieren und unnötige Verdoppelungen oder gegenseitigen Wettstreit zu vermeiden. Wenn eine Hemisphäre geschädigt ist, können ihre inhibitorischen Wirkungen auf die andere krankhaft werden oder zumindest einer Wiederherstellung der Funktionen nicht förderlich sein. Je mehr dies zutrifft, desto schwieriger sind die Effekte umschriebener Hirnschäden zu interpretieren. Möglicherweise könnte aber auch die Klärung der pathologischen Hemmung Chirurgen eine Entscheidungsgrundlage dafür liefern, wann zerstörtes Hirngewebe aus therapeutischen Gründen entfernt werden sollte.

Lesen und Schreiben

Störungen des Lesens und Schreibens kommen bei einigen Arten der Aphasie vor, insbesondere bei solchen, die auf Läsionen hinterer Gehirnbezirke zurückgehen. Bereits erwähnt haben wir, daß einige Patienten mit Wernicke-Aphasie zwar in gewisser Weise so tun, als ob sie lesen, dabei aber nur Kauderwelsch hervorbringen. Lesen und Schreiben können allerdings auch allein gestört sein; das heißt, ein Lese- oder ein Schreibdefizit kann nach einer Hirnschädigung als vorrangiges Problem auftreten, während Sprechen und Verstehen relativ gut erhalten sind.*

Die meisten Lese- und Schreibstörungen treten auf, wenn entweder der linke Gyrus angularis direkt oder die angrenzenden Bezirke geschädigt sind. Wie wir schon bei der Besprechung der anomischen Aphasie erwähnt haben, liegt der Gyrus angularis da, wo Parietal-, Temporal- und Okzipitallappen zusammenkommen: Man vermutet, daß er die in diesen Regionen verarbeiteten somatosensorischen, auditiven und visuellen Informationen integriert. Diese zentrale Position in der Nähe der wichtigsten sensorischen und Sprachverständnissysteme des Gehirns läßt den linken Gyrus angularis als äußerst wichtig für Lesen und Schreiben erscheinen.

Untersucher haben die Lese- und Schreibstörungen in zwei Hauptkategorien unterteilt: Alexie mit Agraphie (Lese- und Schreibunfähigkeit) und Alexie ohne Agraphie (Verlust der Lesefähigkeit bei erhaltener Schreibfähigkeit). Erstere schließt fast immer eine Zerstörung des Gyrus angularis ein. Neben den Schwierigkeiten beim Lesen und Schreiben treten dabei oft auch aphasische Defizite wie Wortfindungsstörungen und Schwierigkeiten beim Benennen auf. Alexie ohne Agraphie ist ein wirklich erstaunliches Phänomen, denn ein Patient mit dieser

---

* Wir möchten darauf hinweisen, daß unsere Erörterung der Schreib- und Lesestörungen hier nur solche betrifft, die infolge einer Schädigung erworben wurden, nachdem die Fähigkeiten bereits entwickelt waren. Auf einige Entwicklungsstörungen bei Kindern gehen wir in Kapitel 11 ein.

Störung kann zwar einen Satz richtig schreiben – sowohl spontan als auch nach Diktat –, aber wenn man ihm das Geschriebene zeigt, vermag er es nicht zu lesen.

Alexie ohne Agraphie hat man als „Diskonnektion" oder „Abtrennung" bestimmter, für die visuelle Verarbeitung zuständiger Gehirnbezirke vom Gyrus angularis interpretiert. Sie scheint bei Läsionen aufzutreten, die den linken Okzipitallappen und einen Teil der Nervenbahnen betreffen, die das Corpus callosum bilden. Die Läsion des Balkens trennt den intakten rechten Okzipitallappen vom linken Gyrus angularis ab, so daß, wenn überhaupt, nur noch wenig visuelle Information zu den Sprachverarbeitungsarealen gelangen kann.[31] Daher ist ein solcher Patient nicht imstande zu lesen, obwohl er sehen kann. Die Schreibfähigkeit bleibt erhalten, da der Gyrus angularis intakt ist und Schreiben auch mit geringer visueller Rückmeldung ablaufen kann.

In einer weiteren, umstritteneren Form der Alexie, der sogenannten tiefen Dyslexie, kommen wahrscheinlich gewisse rechtshemisphärische Lesefähigkeiten zum Ausdruck.[32] (Die Natur rechtshemisphärischer sprachlicher Fertigkeiten wird im nächsten Abschnitt besprochen.) Wenn man beispielsweise alexische (alektische) Patienten mit linkshemisphärischem Schaden bittet, das geschriebene Wort „Tisch" laut zu lesen, sagen manche „Stuhl". Diese Fehlerart bezeichnet man als paralexisch (paralektisch); sie umfaßt eine falsche Antwort, die aber mit dem Zielwort doch in einem sinnvollen Zusammenhang steht.* Zur Erklärung hat man vorgeschlagen, bei solchen Patienten hätten Hirnschäden die normalen Lesemechanismen der linken Hemisphäre völlig ausgeschaltet. Dank ihrer begrenzten semantischen Fähigkeiten verstehe die rechte Hemisphäre das Wort und übermittle einige Informationen über dessen Bedeutung zur linken Gehirnhälfte. Diese Hemisphäre wiederum löse die Artikulierung eines Wortes mit verwandter Bedeutung aus, da sie nicht genau „wisse", welches Wort die rechte Hemisphäre gesehen hat. Die von der rechten Gehirnhälfte übertragene semantische Information reiche nicht aus, um zwischen Synonymen oder eng verwandten Wörtern zu unterscheiden, und so produziere die sprechende linke Hemisphäre semantische Paralexien.

Zu den Belegen für diese Theorie gehört, daß bei Leseversuchen paralexische Reaktionen meist nur bei konkreten Wörtern wie Substantiven, die Gegenstände bezeichnen, auftreten, kaum aber bei abstrakten Begriffen. Wie wir gleich sehen werden, deuten einige Befunde darauf hin, daß das – wenn auch beschränkte – Sprachverständnis der rechten Hemisphäre vor allem konkrete Wörter umfaßt.

Sprache und die rechte Gehirnhälfte

Die semantische Verarbeitung, also das Verstehen von Wortbedeutungen, ist bei einer Schädigung der hinteren Regionen der linken Hemisphäre – wie beispielsweise bei der Wernicke-Aphasie – schwerwiegend gestört. Bei rechtshemisphärischen Läsionen läßt sich keine vergleichbare Beeinträchtigung beobachten. Jedoch hat man – wie in Kapitel 2 bei der Erörterung der Split-Brain-Patienten erwähnt – nachgewiesen, daß auch die rechte Hemisphäre durchaus einige Wörter verstehen

---

* Anmerkung des Herausgebers: Es handelt sich hier um eine semantische Paralexie. Solche Paralexien sehen einige Forscher als Kennzeichen der tiefen Dyslexie an. Ähnlich wie bei den Paraphasien gibt es auch phonologische oder phonematische Paralexien.

kann, insbesondere Substantive, die Gegenstände bezeichnen. Untersuchungen mit normalen Versuchspersonen weisen darauf hin, daß das Ausmaß, in dem Wortbedeutungen von der rechten Hemisphäre verstanden werden, davon abhängt, wie konkret (im Gegensatz zu abstrakt) sie sind.[33] Daher scheint das richtige Verständnis von Wörtern wie „Gerechtigkeit", „Harmonie" und „Haß" fast ausschließlich auf linkshemisphärischer Verarbeitung zu beruhen, während Substantive wie „Tisch", „Auto" und „Krankenhaus" auch die rechte Hemisphäre versteht.

Die Fähigkeit der rechten Gehirnhälfte, bestimmte Wörter zu verstehen, trägt jedoch wahrscheinlich nicht viel zu unseren Sprechfertigkeiten und unserem Sprachverständnis bei, da die linke Hemisphäre dasselbe und noch mehr kann. Aber könnte die rechte Hemisphäre nicht einen ganz spezifischen Beitrag zu unserer sprachlichen Kommunikationsfähigkeit leisten? Diese Frage ist – aufgrund von Beobachtungen an vielen Patienten und etlichen Untersuchungen mit normalen Versuchspersonen – wohl zu bejahen.

Wir haben die mehrstufigen PET-Untersuchungen der Sprachorganisation, die Ende der achtziger Jahre unter Leitung von Michael Posner und Marcus Raichle durchgeführt wurden, bereits teilweise in Kapitel 3 beschrieben. In der letzten Stufe dieser Untersuchungen ging es um den Zugang zu inhaltlicher Bedeutung: Die Probanden sollten passend zu jedem Substantiv, das sie hörten oder lasen, an ein Verb denken und es aussprechen. Dabei wurde ein Durchblutungsscan aufgenommen, von dem die Aktivierung, welche sich auf der vorangegangenen Stufe des Experiments (lautes Aussprechen der Substantive) ergeben hatte, „subtrahiert" wurde. Die zerebrale Aktivität, die mit den resultierenden Bildern korrespondierte, repräsentierte den Forschern und der Logik der Subtraktion zufolge die reine geistige Aktivität, die mit dem Zugriff auf inhaltliche Bedeutung einhergeht. Wie sich herausstellte, betraf die Zunahme der Durchblutung allein die linke Hemisphäre, und zwar zumeist in frontalen Bereichen.[34] Wir haben bereits früher eine fMRI-Studie erwähnt, die bei einer etwas anderen, aber dennoch „semantischen" Aufgabe ebenfalls eine Aktivierung im hinteren Bereich der linken Hemisphäre beschrieben hatte. Eine weitere fMRI-Untersuchung, in der versucht wurde, die Aufgaben der PET-Untersuchung zu wiederholen, fand, daß bei semantischen Aufgaben frontale Bezirke sowohl der rechten als auch der linken Hemisphäre aktiviert waren.[35]

Eine unabhängige und völlig andere, tachistoskopische Untersuchung, die etwa um die gleiche Zeit durchgeführt wurde, kann vielleicht erklären helfen, wann eine semantische Aufgabe die rechte Hemisphäre aktiviert. Atsuko Nakagawa untersuchte die Auswirkungen verschiedener vorbereitender („vorwärmender") semantischer Hinweise (*primes*), die von sehr starken bis zu sehr schwachen Assoziationen reichten, auf das folgende Erkennen von Wörtern, die in der linken oder rechten Gesichtsfeldhälfte dargeboten wurden. Das englische Wort *pound* („hämmern", „schlagen") beispielsweise wäre ein geläufiger oder starker assoziativer Reiz für *hammer* („Hammer"), das Wort *drop* („fallen lassen") hingegen ein sehr schwacher. Die Untersuchung ergab hinsichtlich der Verwertung dieser vorbereitenden Hinweise für beide Hemisphären sehr unterschiedliche Muster. Die linkshemisphärische Verarbeitungsleistung ließ sich lediglich durch starke, geläufige Assoziationen steigern, während die rechte Hemisphäre selbst von den schwächsten Assoziationen profitierte.[36] Posner hat spekuliert, daß die unilaterale linksfrontale Aktivierung, die in seinen ursprünglichen PET-Untersuchungen auftrat, wenn Verben produziert werden mußten, darauf zurückzuführen ist, daß die

Versuchspersonen sehr wenig Zeit hatten, sehr konzentriert waren und auf jedes dargebotene Substantiv mit sehr gängigen Verbassoziationen antworteten. Die fMRI-Untersuchung hingegen bot die Wörter mit geringerer Geschwindigkeit an; das erlaubte den Versuchspersonen, zumindest zeitweilig auf weniger geläufige Assoziationen zurückzugreifen, was zu einer rechts- wie auch linkshemisphärischen frontalen Aktivierung führte.[37] Obgleich sich der Unterschied zwischen diesen Untersuchungen auch anders erklären läßt, paßt diese Interpretation gut zu anderen Befunden, die darauf hindeuten, daß eine rechtshemisphärische Dominanz für weniger wörtliche, stärker metaphorisch geprägte Aspekte von Wortbedeutungen und Sprache existiert.

Intonation

Zur sprachlichen Kommunikation gehören zahlreiche subtile Nuancen, die keine direkten Bestandteile von Struktur und Inhalt der Sätze sind. Tonfall und emotionaler Ausdruck der Sprache spielen offensichtlich eine wichtige Rolle in der verbalen Verständigung.

Viele linkshemisphärisch geschädigte Aphasiker vermögen zwischen verschiedenen Absichten einer Äußerung zu unterscheiden und können trotz ihrer Schwierigkeiten mit dem sprachlichen „Output" die richtigen Intonationsmuster verwenden, um etwa eine Feststellung (im Gegensatz zu einer Frage) zu formulieren.[38] Patienten mit einer rechtshemisphärischen Schädigung sprechen dagegen oft mit wenig differenzierter Tonhöhe; sie haben auch Schwierigkeiten, die emotionale Tönung in der Sprache anderer zu beurteilen.[39] Von rechtshemisphärisch geschädigten Patienten weiß man, daß sie ihren Äußerungen gewissermaßen noch Zusätze in Klammern hinzufügen, um ihre Gefühle stärker zu betonen – zum Beispiel: „Ich bin wütend (und das meine ich ernst)."[40] Sie tun dies, wenn sie bemerken, daß ihre Sprache nicht ausdrucksvoll oder emotional genug ist, um die erwünschte Wirkung zu erzielen.

Der Neurologe Elliot Ross hat ein Modell entwickelt, dem zufolge Läsionen der verschiedenen rechtshemisphärischen Bereiche die Rhythmik und Intonation der Sprache (Prosodie) in ähnlicher Weise stören, wie linkshemisphärische Läsionen dies bezüglich syntaktischer und semantischer Aspekte tun. Nach Ross' Ansicht gibt es deshalb eine „Leitungsaprosodie", eine „transcorticale sensorische Aprosodie" und so weiter.[41] Dieses Modell wird zwar durch die allgemeinen Hinweise auf die Bedeutung der rechten Hemisphäre für die Intonation teilweise gestützt, bleibt aber hinsichtlich feinerer Unterscheidungen rechtshemisphärischer Sprachstörungen umstritten.

Die melodische Intonationstherapie

Da bei aphasischen Patienten die Fähigkeit zu singen und richtig zu intonieren oft gut erhalten ist (vergleiche Kapitel 1), hat man dies therapeutisch ausgenutzt, um solchen Patienten mit Hilfe des Gesangs Sätze beizubringen. Das als melodische Intonationstherapie bezeichnete Programm war bei manchen Patienten erfolgreich, die ein recht gutes Sprachverständnis zeigten, aber Probleme mit der Sprachproduktion hatten (wie bei der Broca-Aphasie). Man baut zunächst Wortfolgen in ein

Lied ein, dessen Melodie dann schrittweise immer weniger betont wird, bis der Patient den Satz schließlich aussprechen kann, ohne zu singen. Man nimmt an, die intakte rechte Hemisphäre lerne auf diese Art die Sätze und entwickle somit größere Fähigkeiten zur Sprachproduktion, die das Defizit der linken Hemisphäre bis zu einem gewissen Grad kompensieren. Die Wissenschaftler, die das Programm entworfen haben, führen an, daß einige Aphasiker, die nach einem Schlaganfall mehr als ein Jahr lang keine sinnvollen sprachlichen Äußerungen hervorgebracht hatten, schon nach ein bis zwei Monaten Therapie in der Lage gewesen seien, kurze, sinnvolle Gespräche zu führen.[42]

Metaphern und Humor

Es gibt noch verschiedene andere sprachbezogene Fähigkeiten, an denen die rechte Hemisphäre offenbar beteiligt ist. Dies äußert sich in bestimmten Defiziten, die man bei rechtshemisphärisch verletzten, nicht aber bei aphasischen (linkshemisphärisch geschädigten) Patienten findet. Beispielsweise tendieren rechtshemisphärisch geschädigte Patienten dazu, Wörter, Geschichten und Cartoons übertrieben wörtlich zu verstehen. Wenn sie die Wahl haben, interpretieren sie metaphorische Wendungen („alter Hut") und Redensarten („Wer den Pfennig nicht ehrt, ist des Talers nicht wert") eher wörtlich als im übertragenen Sinne. Sie fügen auch häufig einer Folge von Einzelbildern eines Cartoons ein absolut unpassendes Ende hinzu, so als ob der Humor in einem überraschenden Schluß bestünde.[43]

Wieder sehen wir, daß die rechte Hemisphäre wichtige Beiträge zur sprachlichen Kommunikation leistet. Zusätzlich zu der bereits diskutierten Fähigkeit, Sprache zu verstehen, steuert sie als echte Ergänzung der linkshemisphärischen Sprachfertigkeit und Sprachverarbeitung einige zwar subtilere, aber zweifellos wichtige Kommunikationsfähigkeiten bei. Emotionale Intonation, bestimmte metaphorische Aspekte und einige Merkmale des Humors beruhen offenbar auf rechtshemisphärischen Fähigkeiten. Inwieweit die rechte Hemisphäre weitere Sprachfunktionen bereichert, bleibt noch zu klären.

Die Rolle der rechten Hemisphäre bei der Erholung von einer Aphasie

Eine teilweise oder vollständige Genesung von schwerwiegenden Behinderungen, wie sie nach einem Schlaganfall oder einer Kopfverletzung auftreten, ist keine Seltenheit. Nach den vorliegenden Berichten erfolgt die deutlichste Erholung in den ersten sechs bis zwölf Monaten, wobei eine Reihe von Faktoren, beispielsweise das Alter des Patienten oder Ursache und Schweregrad der ursprünglichen Symptome, eine Rolle spielen. Die Tatsache, daß eine solche Besserung stattfindet, wirft etliche Fragen zu den dafür verantwortlichen Mechanismen und zur Plastizität des Zentralnervensystems auf.

Eine der Hypothesen, die erklären sollen, wie Sprache nach linkshemisphärischen Läsionen wiedererlangt werden kann, geht davon aus, daß sich Teile der intakten rechten Hemisphäre stärker an den sprachlichen Prozessen beteiligen. Wernicke war wahrscheinlich der erste, der diese bis heute von den Forschern in Betracht gezogene Erklärung vorschlug. Die Hypothese wird durch verschiedene Argumente gestützt. Gegen Ende des 19. Jahrhunderts beobachtete man, daß Patienten, die sich von einer Aphasie nach einer linkshemisphärischen Verletzung erholt hatten, einen Rückfall erlitten, wenn eine weitere Schädigung in der rechten Hemisphäre hinzukam.[44]

Die Befunde von Marcel Kinsbourne deuten in eine ähnliche Richtung: Er untersuchte, wie sich bei drei Patienten, die von einer Aphasie nach linkshemisphärischen Läsionen genesen waren, die Injektion von Barbituraten in die Halsschlagadern (Wada-Test) auswirkte.[45] Wie sich herausstellte, verschlechterte sich die Sprache nach Injektionen in die linke Halsschlagader (Arteria carotis) nicht, nach Injektionen in die rechte wurde die Sprache aber bei zwei der drei Patienten blockiert.

In einigen neueren Untersuchungen des Erholungsprozesses hat man direktere physiologische Maße der Hirnaktivität verwendet. In einer Studie fand man mit der Technik der testreizbedingten Potentiale bei Patienten, die von einer Aphasie genesen waren, eine Beteiligung der rechten Hemisphäre an sprachlichen Aufgaben, die über das normale Maß hinausging.[46] Einige Hirndurchblutungsuntersuchungen sprechen ebenfalls für eine gesteigerte Mitwirkung der rechten Hemisphäre am Erholungsprozeß nach einer Aphasie.[47] Verwandte Themen wurden auch in Kapitel 2 in unserer Diskussion über die Sprachfähigkeiten der abgetrennten rechten Hemisphäre bei Split-Brain-Patienten bemerkt.

Ein anderer möglicher Mechanismus der funktionellen Erholung hat etwas mit der Auflösung der „Diaschisis" zu tun. Wir erwähnten die Diaschisis bereits kurz, als wir davon sprachen, wie Gehirngewebe, das durch eine Verletzung oder einen Schlaganfall gar nicht direkt betroffen wurde, dennoch negativ reagieren beziehungsweise schlechter funktionieren kann. Dies erklärt man sich damit, daß die Verletzung neuronale Bahnen und Informationswege zerstört, über die die betreffenden Gebiete normalerweise angeregt werden. Funktionelle bildgebende Verfahren haben kürzlich gezeigt, daß das bei einigen Schlaganfallpatienten für Bereiche außerhalb der geschädigten Gehirnregion tatsächlich der Fall ist. Manche dieser Bezirke zeigen trotz angemessener Blutversorgung eine unterdurchschnittliche Aktivierung. Somit könnte Diaschisis nicht nur einige der Leistungsdefizite der Patienten unmittelbar nach dem Schlaganfall erklären, sondern auch die Verminderung dieser Leistungseinbußen, wenn sich der nicht primär geschädigte Gehirnbereich erholt.[48] Farbtafel 13 zeigt SPECT-Scan-Bilder der zerebralen Durchblutung eines aphasischen Patienten einen Monat nach einem linkshemisphärischen Schlaganfall und ein Jahr später, als der Patient sich deutlich erholt hatte.

Die zwei Modelle – das von der Auflösung der Diaschisis und das von der Übernahme von neuen Funktionen durch die intakte Hirnhälfte – konkurrieren miteinander, schließen sich aber als Erklärungen der funktionellen Erholung nicht notwendigerweise aus. In vielen Fällen geschieht wahrscheinlich beides.

Störungen der Willkürbewegungen

Unsere alltäglichen Aktivitäten umfassen viele Bewegungen, die nahezu automatisch ablaufen. Wir führen zahlreiche komplizierte Tätigkeiten aus, ohne über ihren Ablauf nachdenken zu müssen – etwa, wenn wir einen Füller ergreifen, aus einer Tasse trinken oder Parfüm auftragen. Komplexe erlernte Bewegungsmuster sind sowohl räumlich als auch zeitlich geordnet und in ineinandergreifende Einzelsequenzen gegliedert, die durch Erfahrung festgelegt werden. Als Apraxie bezeichnet man die Unfähigkeit, gewisse erlernte oder zweckgerichtete Bewegungen auszuführen, ohne daß eine Lähmung oder ein Verlust der Sinneswahrnehmung vorliegt. Diese Bewegungsstörungen können in verschiedenen, im folgenden beschriebenen Formen auftreten.

Die kinetische (oder motorische) Apraxie kommt meist bei Läsionen im prämotorischen Bereich des Frontallappens jener Hemisphäre vor, die der beeinträchtigten Körperseite gegenüberliegt. Diese Form der Apraxie beeinträchtigt die feineren Bewegungen der rechten oder linken oberen Extremität – beispielsweise die Fähigkeit, einen Füller richtig zu halten oder einen Brief in einen Umschlag zu stecken. Man kann die kinetische Apraxie als Zusammenbruch jenes Programms oder „Gedächtnisses" verstehen, das die zur Ausführung elementarer Handlungen notwendigen motorischen Abläufe speichert.

Die ideomotorische Apraxie beruht gewöhnlich auf einer Schädigung des Parietallappens der linken (dominanten) Hemisphäre, scheint aber das Verhalten beidseitig zu beeinflussen. Die Patienten können viele komplexe Handlungen nicht auf Befehl ausführen, obwohl sie spontan in entsprechenden Situationen durchaus dazu in der Lage sind. Die Schwierigkeit wird besonders auffällig, wenn man einen solchen Patienten zur Pantomime auffordert – wenn er beispielsweise so tun soll, als putze er sich die Zähne. Wenn er die entsprechenden Gegenstände im richtigen Kontext erhält, verbessert sich seine Leistung meist erheblich. Die Störung liegt also anscheinend hauptsächlich im willentlichen Abruf einer Handlung, nicht in der Ausführung selbst. Daher hält man hier – anders als bei der kinetischen (motorischen) Apraxie – nicht das motorische Gedächtnis für Handlungen für gestört. Viele führen die ideomotorische Apraxie vielmehr darauf zurück, daß Nervenbahnen zwischen den Zentren für die sprachliche Formulierung einer motorischen Handlung und den für die Ausführung zuständigen motorischen Bezirken im Frontallappen unterbrochen sind.*

Die ideatorische Apraxie besteht im Unvermögen, Handlungen in die richtige Reihenfolge zu bringen oder bestimmte Gegenstände korrekt zu benutzen. Die Patienten wissen offenbar, wie man die einzelnen Bewegungen ausführt – um beispielsweise ein Streichholz anzuzünden –, machen es aber trotzdem falsch. Wenn man ihnen etwa eine Kerze und eine Streichholzschachtel gibt, kann es sein, daß sie die Kerzenspitze über die Reibfläche ziehen. Manchmal werden komplexe Bewegungsfolgen in der falschen Reihenfolge ausgeführt – beispielsweise, wenn ein Patient schon mit Schreibbewegungen anfängt, bevor er überhaupt den Füllfederhalter in die Hand genommen hat.

Oft ist bei diesen Patienten offenbar die Einschätzung des eigenen Verhaltens gestört, so daß man schon vorgeschlagen hat, diese Apraxie als eine Form der Agnosie anzusehen. Der Ort der Schädigung bei derartigen Störungen ist umstrit-

---

* Anmerkung des Herausgebers: Die Erklärung der ideomotorischen Apraxie als Diskonnektionsstörung mit unterbrochener Verbindung zwischen sprachlichen und motorischen Regionen ist insofern unbefriedigend, als die meisten Patienten auch nicht in der Lage sind, Bewegungen zu imitieren, die ihnen vom Untersucher (ohne sprachliche Beschreibung) vorgemacht werden. Außerdem können bei verbaler Aufforderung, bestimmte Bewegungen auszuführen, auch Patienten mit Broca- oder amnestischer Aphasie (also mit intaktem Sprachverständnis) eine ideomotorische Apraxie zeigen. Einseitige Apraxien der linken Hand dagegen sind häufig Diskonnektionsstörungen im oben beschriebenen Sinne. Hier unterbricht eine Verletzung des Balkens die Verbindung zwischen sprachlichen Bereichen der linken Hemisphäre und motorischen Gebieten der rechten.

ten. Nach der klassischen Auffassung entsteht die ideatorische Apraxie durch Läsionen des Parietallappens der linken (dominanten) Hemisphäre. Sie tritt jedoch auch nach diffuser bilateraler Schädigung auf, wie sie etwa einer Unterbrechung der Sauerstoffzufuhr zum Gehirn (Anoxie) folgt.

Bei der konstruktiven Apraxie ist die Fähigkeit gestört, Bilder zu zeichnen beziehungsweise abzuzeichnen und Formen zusammenzusetzen. Obwohl grundlegende visuelle und motorische Funktionen intakt sind, liegt offenbar ein Verlust der visuellen Orientierung vor, oder die Fähigkeit, sich bestimmte Manipulationen vorzustellen, ist beeinträchtigt. Zur konstruktiven Apraxie kommt es bei bestimmten Schäden des okzipitalen und parietalen Cortex, die womöglich die sie verbindenden Nervenleitungen betreffen.

Beeinträchtigungen, die von verschiedenen Forschern als konstruktive Apraxie bezeichnet werden, treten anscheinend bei links- wie rechtshemisphärischen Läsionen gleich häufig auf. Neuere Übersichten zeigen, daß es in der Qualität der Leistung bei konstruktiven Tests charakteristische Unterschiede zwischen rechts- und linkshemisphärisch geschädigten Patienten gibt.[49] Bei geschädigter linker Hemisphäre zeichnen die Patienten beispielsweise Bilder, bei denen zwar die Gesamtgestalt der Dinge erhalten ist, aber oft Einzelheiten fehlen; dies stützt die Ansicht, daß die rechte Hemisphäre allgemeine räumliche Beziehungen besser wahrnimmt. Wenn dagegen die rechte Hemisphäre geschädigt ist, enthalten die Zeichnungen der Patienten zwar viele richtige Einzelheiten, doch der Gesamtzusammenhang geht verloren; Proportionen und räumliche Beziehungen sind oft sehr schlecht wiedergegeben.

Die Rolle der Hemisphären bei apraktischen Störungen

Wie oben bereits erwähnt, umfaßt die ideomotorische Apraxie – und vielleicht auch die ideatorische – häufiger Läsionen der linken Hemisphäre als der rechten. Dem anatomischen Modell der ideomotorischen Apraxie zufolge beruht diese Störung darauf, daß die posterioren Hirnbezirke für die sprachliche Formulierung einer Handlung von jenen Bezirken der Frontallappen abgetrennt sind, die die motorische Reaktion hervorrufen.

Aphasische Patienten haben häufig auch eine Apraxie, aber die Tatsache, daß beide Störungen durchaus unabhängig voneinander auftreten können, läßt vermuten, daß apraktische Störungen ein motorisches Gedächtnis betreffen, das in manchen Fällen vom Sprachsystem getrennt sein kann. Es ist trotzdem interessant, darüber zu spekulieren, ob nicht für die Produktion von Sprache und für die Produktion feinmotorischer Bewegungen der Gliedmaßen ähnliche Mechanismen erforderlich sind. Eine neuere PET-Untersuchung liefert einige weitere Hinweise, die in diese Richtung deuten.

In der Untersuchung wurden PET-Scans von Probanden, die eine Bewegung eines Fingers der rechten Hand vorbereiteten und ausführten, mit Scans der Probanden verglichen, die lediglich die entsprechende Bewegung ausführten. In beiden Fällen sahen die Probanden auf dem Bildschirm die Zeichnung einer rechten Hand. Die Bedingung „nur ausführen" war eine einfache Reaktionszeitaufgabe, bei der einer der Fingernägel auf der Zeichnung kurz markiert wurde und ein kurzer Ton erklang. Die Probanden sollten möglichst rasch mit einer Bewegung desselben Fingers ihrer eigenen Hand reagieren. Die Zeitintervalle zwischen den

Reizen und dem markierten Finger variierten, so daß die Probanden die nächste Bewegung, die sie ausführen sollten, nicht vorhersehen konnten.

Bei der Bedingung „vorbereiten und ausführen" wurden die Probanden, nachdem einer der Fingernägel kurz markiert worden war, aufgefordert, sich darauf vorzubereiten, den bezeichneten Finger ihrer rechten Hand zu bewegen, die Bewegung aber noch nicht auszuführen. Drei Sekunden später befahl ein kurzer Ton den Probanden, denjenigen Finger zu bewegen, auf dessen Bewegung sie sich vorbereitet hatten. Die Zeitintervalle zwischen den Versuchen waren konstant, so daß die Probanden den Zeitpunkt der nächsten Bewegung vorhersehen und die richtige Fingerbewegung vorbereiten konnten. Beim Vergleich der beiden Versuchsbedingungen (durch Subtraktion der Gehirnaktivierung bei „nur ausführen" von dem Muster bei „vorbereiten und ausführen") zeigte sich eine Aktivierung im unteren Bereich des linken Parietallappens sowie eine unerwartete Aktivierung in einem Teil des Brocaschen Areals. Die Forscher schlossen daraus, daß das Brocasche Areal nicht nur auf motorische sprachliche Funktionen spezialisiert ist, sondern möglicherweise auf die mentale Planung einfacher Bewegungen.[50] Wir werden auf die Ähnlichkeit in den Mechanismen, die erforderlich sind, um Sprache zu produzieren, und denjenigen, die nötig sind, um feinmotorische Bewegungen zu erzeugen, in Kapitel 13 zurückkommen.

Bei der konstruktiven Apraxie handelt es sich, wie wir gesehen haben, offenbar nicht um eine einheitliche Störung, sondern um mehrere verschiedene, die entweder eine Hemisphäre oder beide zugleich betreffen. Der Neuropsychologe Arthur Benton hat zwischen verschiedenen Arten von visuellen Defiziten unterschieden, was auch die konstruktive Apraxie in einem neuen Licht erscheinen läßt.[51] Er trennt visuell-konstruktive, visuell-perzeptive und visuell-räumliche Defizite und behauptet, die rechte Hemisphäre sei an den beiden letztgenannten Störungen stärker beteiligt. An visuell-konstruktiven Aufgaben – hierher gehören das Legen von Würfelmustern und das Zeichnen von Figuren – sind gewöhnlich beide Hemisphären beteiligt, wenn auch auf verschiedene Weise, wie wir in der kurzen Erörterung der konstruktiven Apraxie bereits dargelegt haben. Bei visuell-perzeptiven Aufgaben, die das visuelle Herauslösen einer Figur aus einem komplexen Hintergrund, das Erkennen deformierter Objekte und das Unterscheiden von Gesichtern umfassen, spielt die rechte Hemisphäre eine wichtigere Rolle als die linke. Für visuell-räumliche Aufgaben schließlich, wo es um die Beurteilung von Tiefe, die Orientierung von Linien und den Vergleich einfacher Muster geht, ist die rechte Hemisphäre nahezu allein verantwortlich.

Die Darstellung vorgestellter Bewegungen mittels bildgebender Verfahren

Der Neurophysiologe Per Roland hat in früheren PET-Untersuchungen gezeigt, daß einfache Fingerbewegungen zu einer Durchblutungszunahme führen, die sich auf die kontralaterale sensomotorische Handregion (in den Arealen S1 und M1 in Abbildung 7.3) beschränkt. Im Gegensatz dazu rufen komplizierte Fingersequenzbewegungen eine erhöhte Aktivität im supplementär-motorischen Areal (SMA, Abbildung 7.3) und beidseitig im prämotorischen Areal (PMA, Abbildung 7.3) hervor, und zwar zusätzlich zum kontralateralen sensomotorischen Handareal, das bei einfachen Bewegungen aktiviert wird. Eine Darstellung der komplexen Fingeraufgabe mittels bildgebender Verfahren ergab Blutstromveränderungen innerhalb

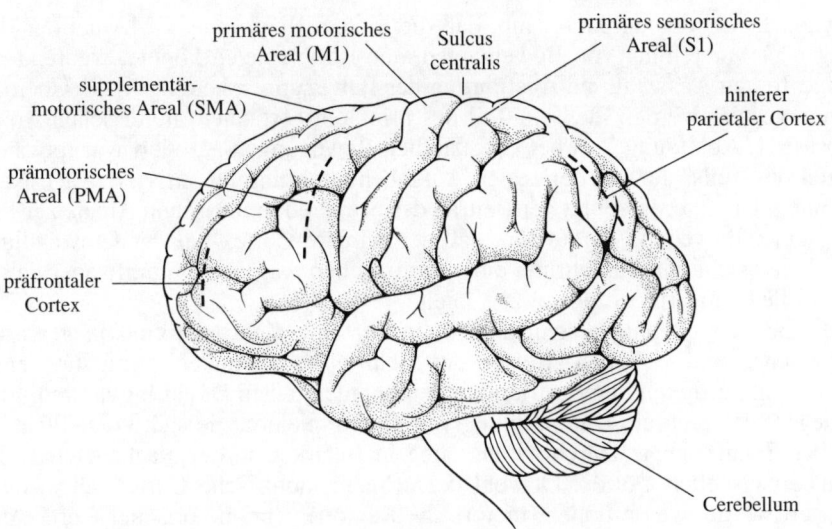

7.3 Gehirnregionen, die an der Planung und Ausführung von Willkürbewegungen beteiligt sind.

des SMA, aber nicht innerhalb des primären sensomotorischen Cortex. Roland hält das SMA daher für ein übergeordnetes „supramotorisches" Zentrum, das an der Erzeugung und Programmierung von komplexen Bewegungen beteiligt ist.[52] Diese Ansicht wird durch Patienten mit Läsionen des SMA gestützt, die unter einer bilateralen ideomotorischen Apraxie im Hinblick auf Extremitätenbewegungen leiden.[53]

Rolands Vorschlag wird auch von fMRI-Studien gestützt, in denen einfache motorische und komplexe motorische Aufgaben sowie vorgestellte motorische Aufgaben verglichen wurden.[54] Die Aufgaben umfaßten einfaches Fingerklopfen, komplexe Fingerklopfsequenzen (beispielsweise bedeutete eine 2431-Sequenz für die Versuchsperson, zuerst mit dem Mittelfinger, dann mit dem Kleinfinger, anschließend mit dem Ringfinger und schließlich dem Zeigefinger zu klopfen) und die vorgestellte Durchführung der komplexen Aufgabe für eine spezielle Vier-Finger-Sequenz. Die einfache Aufgabe führte lediglich zu der erwarteten kontralateralen hemisphärischen Aktivierung, während die komplexen Aufgaben eine gewisse zusätzliche Aktivierung des SMA, eine bilaterale Aktivierung des prämotorischen Cortex und sogar eine gewisse ipsilaterale Aktivierung des primären sensomotorischen Cortex erbrachten, das heißt auf derselben Seite wie die Fingerbewegung. Diese Befunde stimmten mit Rolands hierarchischem Modell der willkürlichen motorischen Kontrolle überein, in dem das SMA und der prämotorische Cortex bei komplexen sequentiellen motorischen Handlungen stärker beteiligt sind als bei einfachen. Bei vorgestellten komplexen Bewegungen traten die größten Veränderungen im SMA auf, was nach Ansicht der Autoren die Empfindlichkeit der Technik für höhere geistige Verarbeitungsprozesse in Abwesenheit motorischer Aktivität demonstriert.

Mehrere andere PET- und fMRI-Untersuchungen haben diese Befunde bestätigt und erweitert. Untersuchungen an Probanden, die abwechselnd eine Reihe von Bewegungen durchführten oder über die Durchführung derselben Bewegungen nur

„nachdachten", deuten darauf hin, daß die hintere Region des SMA bei der Planung oder Vorstellung von Bewegungen eine Rolle spielen könnte, während der übrige Teil an Auswahl und Ausführung der Bewegungen beteiligt ist.[55] Überdies konnte gezeigt werden, daß ein Teil des primären corticalen motorischen Areals selbst (M1, Abbildung 7.3) bei vorgestellten Bewegungen aktiviert war (etwa ein Drittel des Teils, der bei der realen Aufgabendurchführung aktiviert war). Nach Meinung der Autoren deutet der Beitrag des primären motorischen Areals zur Planung einer Bewegung darauf hin, daß der primäre Cortex bei der Umwandlung von der Absicht zur Ausführung einer motorischen Aufgabe eingreift oder daß er eine Rolle beim Erinnerungsprozeß spielt.[56]

In einer der ersten Untersuchungen, in der eine Gehirnaktivität in gewissen motorischen und visuellen Arealen des Gehirns bei mentaler Stimulation einer komplexen Fertigkeit demonstriert werden konnte, maßen David Ingvar und seine Kollegen die zerebrale Durchblutung von Tennisspielern, die sich vorstellten, sie spielten Tennis.[57] Die Durchblutung stieg in Bezirken in der Nachbarschaft des primären visuellen Cortex. Obwohl der primäre motorische Cortex selbst nicht aktiviert wurde, waren höhere motorische Regionen (prämotorischer Cortex und SMA), die vermutlich an der Einleitung und Planung motorischer Sequenzen beteiligt sind, bei der vorgestellten Bewegungsaktivität aktiv, ebenso höhere visuelle Areale. Dieser hochinteressante Befund hat zu vielen Nachfolgeexperimenten geführt und erinnert an neue Überlegungen, daß viele komplexe, sogar abstrakte geistige Verarbeitungsprozesse anscheinend eine Aktivierung von zerebralen Strukturen erfordern, die an grundlegenderen motorischen, sensorischen und an Wahrnehmungsprozessen beteiligt sind.

Darstellung von Asymmetrien bei der motorischen Aktivierung mit bildgebenden Verfahren

Eine Asymmetrie in der von links- beziehungsweise rechtshändigen Bewegungen induzierten Aktivierung wurde bereits vor Jahren von Forschern beobachtet, die die Hirndurchblutung mit der Xenon-133-Methode maßen: Der Einsatz der nichtdominanten (linken) Hand führte zu einer signifikanten Zunahme des Blutstroms im rechten motorischen Cortex, beim Einsatz der dominanten (rechten) Hand hingegen war die Zunahme in der linken Hemisphäre kaum meßbar. Man erklärte dieses Ergebnis damit, daß die Bewegung der dominanten Hand höchst automatisch sei, der Gebrauch der rechten Hand hingegen mehr Planung erfordere.[58] Diese Asymmetrie im Ausmaß der Aktivierung des primären sensomotorischen Cortex bei Fingerbewegungen der dominanten und der nichtdominanten Hand ist mit neueren Techniken bestätigt worden.[59] Zusätzlich zeigte eine jüngere fMRI-Untersuchung das Ausmaß der Aktivierung von Hemisphärenbezirken ipsilateral zu der Hand, die die Bewegung ausführt: Neben der sehr deutlichen Aktivierung des kontralateralen primären motorischen Cortex (M1) bei den Fingerbewegungen jeder Hand führten linkshändige Fingerbewegungen zu einer gewissen Aktivierung des primären sensomotorischen Cortex in der ipsilateralen (linken) Hemisphäre. Die Untersuchung deutet darauf hin, daß die Bewegung der nichtdominanten Hand komplexer ist als die der dominanten Hand und zusätzlich zu den kontralateralen Arealen die Beteiligung von ipsilateralen motorischen Cortexarealen erfordert.[60]

Eine neuere PET-Untersuchung testete die Auswirkungen von links- und rechtsseitigen Thalamusläsionen auf die Aktivität des Glucosestoffwechsels in beiden Hemisphären bei zwei Patienten, bei denen diese Läsionen zu einer Beeinträchtigung der visuell-räumlichen Bewegungskontrolle geführt hatten. Der Patient mit der rechtsseitigen Thalamusläsion zeigte beim Greifen nach Objekten eine deutliche Beeinträchtigung, die sich auf beide Hände in beiden Gesichtsfeldern bezog, während sich die entsprechende Beeinträchtigung des Patienten mit einer ähnlichen Läsion im linken Thalamus stärker auf die rechte Hand und die rechte Raumseite beschränkte. Eine Scananalyse zeigte, daß die metabolische Aktivität bei beiden Patienten in einem großen Bereich außerhalb der Läsion reduziert war, der Patient mit der rechtsseitigen Läsion aber zudem eine reduzierte Aktivität in einigen Bereichen der intakten Hemisphäre aufwies. Die Forscher vermuten, daß die visuell-räumliche motorische Kontrolle auf der rechten Seite lateralisiert ist und Läsionen von Teilen des rechten Thalamus möglicherweise zu signifikanten bilateralen hemisphärischen Effekten führen, und zwar sowohl hinsichtlich der regionalen Stoffwechselaktivität als auch im Hinblick auf die motorische Funktion.[61]

Eine andere PET-Untersuchung berichtete von einer Hemisphärenasymmetrie beim Lernen neuer Handbewegungssequenzen. Zusätzlich zu einer Aktivierung des primären und des supplementär-motorischen Areals ergab die Untersuchung beim Erlernen einer Handbewegungsfolge in der Anfangsphase eine erhöhte Aktivität im präfrontalen Cortex und in der rechten medialen Schläfenlappenregion. Die erhöhte Aktivität im Frontalbereich und in der rechten Schläfenlappenregion verschwand, nachdem die Bewegungen „in Fleisch und Blut" übergegangen waren.[62]

Wahrnehmungsstörungen

Unsere Wechselwirkung mit der Außenwelt ist von intakten Sinnes- und Wahrnehmungsprozessen in den beiden Hemisphären abhängig. Uns allen ist klar, daß die Zerstörung peripherer Sinnesorgane wie der Augen oder der Ohren letztlich die Nutzung der jeweiligen Sinnesmodalität ausschließt. Auf ähnliche Weise führen auch schwere Schädigungen der Gehirnbezirke, die neuronale Information direkt von einem Sinnesorgan erhalten, zu Blindheit und Taubheit. Es gibt jedoch noch viele andere, subtilere Beeinträchtigungen unserer Wahrnehmungssysteme – solche, die zu Symptomen führen wie dem, daß man nicht versteht, was man sieht. Wir werden im folgenden darstellen, wie einige dieser Störungen von Wissenschaftlern kategorisiert worden sind und was wir über die Arbeitsweise des rechten und linken Gehirns daraus gelernt haben.

Agnosie

Mit dem Begriff Agnosie beschreibt man gewöhnlich eine Unfähigkeit, etwas wiederzuerkennen, die weder auf einer Beeinträchtigung des sensorischen „Inputs" beruht noch auf einer Benennungsstörung, wie sie bei Aphasien auftritt.* Agnosti-

---

* Die Unfähigkeit darf auch nicht – wie etwa bei der Demenz – an einer allgemeinen geistigen Beeinträchtigung liegen.

sche Menschen können beispielsweise nicht sagen, was sie gerade anschauen, obwohl sich nachweisen läßt, daß sie fähig sind, das Objekt zu sehen, und sie auch keine Schwierigkeiten hätten, es zu benennen, wenn sie es in der Hand hielten. Definitionen der Agnosie kranken daran, daß sie nicht sorgfältig genug zwischen einem Sinnesverlust und einem Verlust des Wiedererkennens auf „höherer Ebene" unterscheiden können – weil eine klare Differenzierung tatsächlich nicht möglich ist. Meistenteils basiert die Zuordnung auf einigen der Unterschiede, die man bei Patienten mit verschiedenen Formen von Wahrnehmungsproblemen in der Praxis beobachtet hat.

Als visuelle Objektagnosie gilt – wie bereits erwähnt – die Unfähigkeit, Dinge zu erkennen, sofern diese nicht auf mangelnde Sehschärfe oder eine allgemeine geistige oder sprachliche Beeinträchtigung zurückzuführen ist. Gewisse Fälle von gemischten Sinnes- und Wahrnehmungsverlusten sind ebenfalls als Agnosie bezeichnet worden. Es ist oft schwer zu entscheiden, ob es sich bei einem visuellen Defizit um ein Problem allein der Sinnesorgane oder um eines der Wahrnehmung auf höherer Ebene handelt. Die meisten Fälle liegen irgendwo dazwischen. Schwere Objektagnosien treten überwiegend nach beidseitiger Schädigung parieto-okzipitaler Gehirnbezirke auf oder wenn zugleich sowohl diese Bereiche in der linken, dominanten Hemisphäre als auch die interhemisphärischen Verbindungen geschädigt sind. Im letztgenannten Fall wird vermutlich durch die Abtrennung der noch intakten Areale für die visuelle Verarbeitung von den Sprachzentren der linken Hemisphäre eine bilaterale Schädigung vorgetäuscht. Ein Patient mit visueller Agnosie kann noch imstande sein, Dinge taktil zu erkennen, oft aber führen ausgedehnte parietale Schäden zu Schwierigkeiten in beiden Modalitäten.

Oft wird zwischen einer assoziativen Objektagnosie und einer apperzeptiven Objektagnosie unterschieden. Bei einer assoziativen Agnosie vermag der Patient die Form (oder Gestalt) sowie Details eines Objekts wahrzunehmen, was man daran erkennen kann, daß er zum Beispiel in der Lage ist, eine Zeichnung zu kopieren. Und dennoch erweist er sich als unfähig, Gegenstände zu erkennen oder zu benennen. Bei einer apperzeptiven Agnosie ist es dem Patienten nicht nur unmöglich, einen Gegenstand zu erkennen, er zeigt außerdem Schwierigkeiten bei der Formwahrnehmung und beim Abzeichnen. Im Licht dieser Definition erscheint die apperzeptive Agnosie als eine grundlegendere Wahrnehmungsbeeinträchtigung, beispielsweise der visuellen Wahrnehmung, während die assoziative Agnosie offenbar ein Defizit auf einer späteren Stufe der Objektwahrnehmung darstellt.

Bei akustischer Agnosie vermag ein Patient trotz seines unbeeinträchtigten Gehörs nicht zu erkennen oder zu unterscheiden, was er hört. Dabei kann es sich um musikalische Klänge oder um vertraute Geräusche wie das Klingeln eines Telefons oder das Fließen von Wasser handeln. Der Ausfall ist manchmal nur auf Sprachreize beschränkt, aber eine solche als Worttaubheit bezeichnete Agnosie wird gewöhnlich als Form der Aphasie angesehen, wie wir weiter oben in diesem Kapitel schon erwähnt haben. Die akustische Agnosie hängt mit der Zerstörung von Bereichen des Temporallappens der linken, dominanten Hemisphäre zusammen; allerdings sind bei bilateraler Schädigung die Ausfälle schwerwiegender.

Astereognosie bezeichnet den Zusammenbruch der taktilen Formerkennung (der Stereognosie). Der Patient kann vertraute Objekte nicht durch Berühren oder Abtasten erkennen, obwohl die Tastempfindung der Hände normal zu sein scheint. Diese Störung tritt gewöhnlich bei einer Schädigung jener Bereiche des Parietallappens auf, die an die somatosensorischen Projektionsfelder angrenzen. Man nimmt an, daß ein solcher Schaden mit taktil-kinästhetischen Gedächtnisinhalten interferiert, die im Laufe der Jahre erworben und gespeichert worden sind und zusammengenommen die Wahrnehmung von Form, Größe und Struktur ausmachen.

Die Rolle der rechten und der linken Hemisphäre bei der Wahrnehmung

Von den Agnosien, die wir gerade beschrieben haben, entsteht nur die Astereognosie allein durch rechtshemisphärische Läsionen. Neuere klinische Befunde wie auch solche, die auf funktionellen bildgebenden Verfahren beruhen, lassen auf interessante Unterschiede zwischen den Beiträgen beider Hemisphären zur Wahrnehmung schließen. Einige dieser Erkenntnisse entstammen Untersuchungen an Patienten mit einer selektiven Agnosie für Gesichter.

Prosopagnosie Wir können ein vertrautes Gesicht meist sofort erkennen – trotz der ungeheuren Zahl von Gesichtsausdrücken und Haltungen im Raum, die es annehmen kann; wir vermögen es sogar von Hunderten ähnlicher Gesichter in einer Menschenmenge zu unterscheiden. Patienten mit Prosopagnosie sind nicht in der Lage, das Gesicht ihnen bekannter Personen wiederzuerkennen, und manchmal haben sie sogar Schwierigkeiten, ihr eigenes Gesicht im Spiegel zu erkennen. Es fällt ihnen jedoch keineswegs schwer zu erkennen, daß es sich um ein Gesicht handelt. Nachdem man ursprünglich angenommen hatte, die Prosopagnosie beruhe auf einem rechtshemisphärischen Defizit, stellte man später fest, daß an prosopagnostischen Symptomen Läsionen in beiden Hemisphären beteiligt sind.

Arthur Benton hat etwas Licht in die Kontroverse gebracht, indem er zwei Formen der Unfähigkeit zur Gesichtererkennung unterschied.[63] Die eine ist die Agnosie für vertraute Gesichter, die eigentliche Prosopagnosie; bei der anderen haben die Betroffenen Schwierigkeiten, unbekannte Gesichter zu unterscheiden oder sich neue Gesichter zu merken. Benton behauptete, daß die eigentliche Prosopagnosie hauptsächlich auf rechtshemisphärischen Defiziten beruht, aber auch die linke Hemisphäre betrifft. Die parieto-okzipitalen Regionen beider Hemisphären müssen einen Schaden erleiden, damit sich dieses Defizit klar ausbildet. Andererseits kann das fehlerhafte Unterscheiden neuer (unvertrauter) Gesichter – eine sehr viel häufigere Störung – allein durch posteriore Schäden der rechten Hemisphäre hervorgerufen werden.

Diese Differenzierungen werfen natürlich die Frage auf, ob es für das Unterscheiden von Gesichtern spezialisierte Mechanismen gibt und welche Beziehung sie zu anderen rechtshemisphärischen Fähigkeiten haben könnten. Man hat oft spekuliert, daß Gesichter deshalb so schnell erkannt werden, weil dieser Vorgang auf einer globalen oder holistischen Analyse beruht und nicht auf der Einzelverarbeitung verschiedener Merkmale (*feature-by-feature processing*).

PET-Studien zur Gesichtererkennung Justine Sergent benutzte PET-Messungen der zerebralen Durchblutung, um die Gehirnaktivität zu identifizieren, die mit dem Erkennen von Gesichtern einhergeht.[64] Dazu wurde eine Gesichtererkennungsaufgabe mit einer Testbedingung verglichen, bei der Gesichter nach einem anderen Merkmal, dem Geschlecht, kategorisiert werden sollten. Das ist eine Aufgabe, die normalerweise auch Patienten mit einer Gesichtererkennungsstörung, einer sogenannten Prosopagnosie, ausführen können. Unter zwei weiteren Versuchsbedingungen sollten die Versuchspersonen das eine Mal einfache Muster, das andere Mal vertraute Gegenstände anschauen; dazu kam eine Kontrollbedingung, bei der lediglich der Bildschirm fixiert werden sollte.

Verglichen mit der Kontrollbedingung zeigten sich beim Betrachten einfacher Muster Durchblutungsänderungen im primären visuellen Cortex des Hinterhauptlappens beider Hemisphären. Unter den experimentellen Bedingungen änderte sich der Aktivitätsgrad des primären visuellen Cortex bei allen fünf experimentellen Aufgaben nicht.

Beim Kategorisieren der Gesichter nach Geschlecht ergab sich eine rechtshemisphärische Aktivierung in den hinteren Regionen gerade außerhalb des visuellen Cortex. Die Gesichtererkennungsaufgabe führte unter anderem zu einer zusätzlichen Aktivierung in Bereichen des rechten Temporallappens, die sich tief in den Lappen hinein, in Richtung des Hippocampus, erstreckte. Während der Gegenstandserkennung kam es zu einer zerebralen Aktivierung im linken hinteren Teil des temporalen Cortex, ohne daß die rechtshemisphärischen Gebiete, die bei der Gesichtererkennung spezifische Reaktionen gezeigt hatten, daran beteiligt waren (Farbtafel 14).

Sergents Untersuchung lieferte somit den ersten bei gesunden Personen gewonnenen Beleg für eine wichtige Rolle zentraler temporaler Regionen der rechten Hemisphäre beim Erkennen von Gesichtern. Da es widersprüchliche Befunde und unterschiedliche Meinungen über die Beteiligung der linken Hemisphäre am Gesichtererkennen gibt, haben sie und ihre Kollegen eine weitere Studie durchgeführt, bei der Gesichter lateralisiert in der rechten und linken Gesichtsfeldhälfte dargeboten wurden. Sie fanden nur bei der ersten Präsentation eines jeden Gesichts in einer Gesichtsfeldhälfte einen rechtshemisphärischen Vorteil. Sobald die Versuchspersonen die Gesichter kannten, ergab sich bei dieser Aufgabe ein linkshemisphärischer Vorteil. Die Untersucher schlossen daraus, daß die widersprüchlichen Hinweise auf eine Rolle der linken Hemisphäre beim Erkennen von Gesichtern auf Befunden beruhten, die in künstlichen experimentellen Studien erhoben worden waren, bei denen die wiederholte Präsentation der Testreize zu einer übermäßigen Gewöhnung geführt habe.[65] Das normale, tagtägliche Erkennen von Gesichtern, so behaupten sie, sei im wesentlichen auf die rechte Hirnhälfte angewiesen, so wie es die PET-Befunde zeigten. Diese Befunde stimmen eindeutig mit der These Bentons überein, daß Hemisphärenunterschiede in der Verarbeitung von Gesichtern auf einer Unterscheidung von bekannt und unbekannt beruhen.

Eines der überraschenderen Ergebnisse dieser Untersuchung war das Ausmaß, in dem die unterschiedlichen Gehirnbereiche, die bei der Objekterkennung und der Gesichteridentifizierung aktiviert werden, voneinander getrennt sind. Der Cortex scheint so organisiert zu sein, daß er eine Dissoziation von Gegenständen und Gesichtern vornimmt und wahrscheinlich verschiedene Regionen – und womöglich auch unterschiedliche Strategien und physiologische Mechanismen – nutzt, um Informationen zu verarbeiten, die wir Menschen diesen beiden Arten von visuellen Reizen entnehmen können.

Diese Beobachtungen stehen mit klinischen neuropsychologischen Befunden in Einklang, die visuelle Objektagnosien meist mit linkshemisphärischen Läsionen in Verbindung bringen. Ließen sich also die Rolle der linken und der rechten Hemisphäre in der visuellen Wahrnehmung dahingehend charakterisieren, daß die eine Objekte erkennt und die andere unbekannte Gesichter analysiert? Wie aus anderen Befunden hervorgeht, vereinfacht eine solche Sichtweise die Dinge zu sehr und

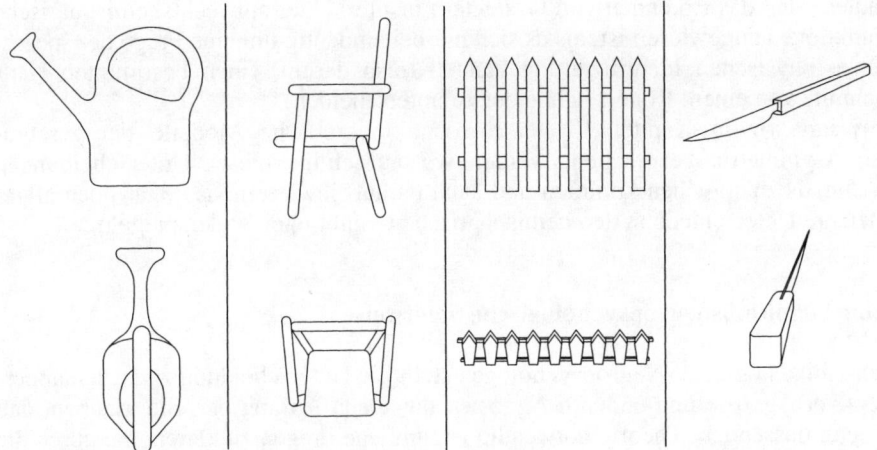

7.4 Gewöhnliche versus ungewöhnliche Ansichten von Objekten. Einigen Agnosiepatienten fällt es schwer, Objekte zu erkennen, die aus einer atypischen Perspektive zu sehen sind.

sagt außerdem nichts über die allgemeinen Prinzipien der hemisphärischen Spezialisierung aus, die den oben geschilderten Unterschieden zugrunde liegen.

Neue Ansichten zur visuellen Agnosie Eine neuere Untersuchung fand bei prosopagnostischen Patienten, von denen keiner im Bereich des linken Okzipitallappens verletzt war, daß sie allesamt Schwierigkeiten hatten, Gegenstände zu erkennen, wenn diese aus einer ungewöhnlichen Perspektive gezeigt wurden – beispielsweise wenn ein Eimer oder ein Hut von oben zu sehen war. Aber die Patienten vermochten die gleichen Gegenstände ohne weiteres zu erkennen, wenn sie in einer typischeren Ansicht dargestellt waren.[66] Diese Befunde ließen vermuten, daß der Beitrag der rechten Hemisphäre zur Objekterkennung besonders dann an Bedeutung gewinnt, wenn Wahrnehmungsoperationen ausgeführt werden müssen, bei denen Korrekturen, Transformationen oder Rotationen des Reizes eine Rolle spielen.

Ähnliche Beobachtungen liegen den Kategorien der visuellen Agnosie zugrunde, die der Neuropsychologe Elkonon Goldberg vorgeschlagen hat.[67] Goldberg kennzeichnete die apperzeptive Agnosie als den Verlust der Fähigkeit, einen Gegenstand als jeweils identisch wiederzuerkennen, wenn er unter verschiedenen Bedingungen gesehen wird.* Der Patient hat nicht unbedingt Probleme zu erkennen, um welchen Gegenstand es sich handelt (zum Beispiel kann er sagen, daß es ein Hut ist), aber er kann ihn nicht als denselben „Hut" identifizieren, wenn er ihn in einer anderen räumlichen Stellung oder aus einem anderen Blickwinkel sieht (Abbildung 7.4).

Im Gegensatz dazu ist bei einer typischen, durch linkshemisphärische Läsionen bedingten visuellen Agnosie die Fähigkeit gestört, die Zugehörigkeit eines Gegenstands zu einer bestimmten übergeordneten Kategorie zu erkennen. Goldberg ver-

---

* Wie bereits früher erwähnt wurde, hat man den Begriff der apperzeptiven Agnosie auch verwendet, um die Störung eines frühen, eher sensorischen Stadiums der Objekterkennung zu beschreiben, das noch vor der Bedeutungsgebung und dem Verständnis angesiedelt wird.

mutete, daß das Erkennen von Gesichtern insofern eher auf rechtshemisphärische Funktionen angewiesen ist, als es sich hierbei eindeutig um eine Frage der spezifischen physischen Identifizierung handelt (also darum, einen bestimmten Hans Schmitz von einem Robert Schneider zu unterscheiden).[68]

Wenn wir in Kapitel 13 verschiedene theoretische Modelle der zerebralen Asymmetrie besprechen, werden wir auf einige dieser Unterscheidungen nochmals zu sprechen kommen und auch darauf, inwiefern sie sogar noch allgemeinere Unterschiede in den hemisphärischen Funktionen widerspiegeln.

Eine kognitionsneuropsychologische Sichtweise

Für einige kognitive Neuropsychologen stellt die Unterscheidung zwischen apperzeptiver Agnosie und anderen Agnosien nur einen Anfang dar. Sie glauben, daß eine umfassendere Theorie notwendig ist, um jene Fragen zu klären, die durch die neueren Untersuchungen zur Agnosie aufgeworfen wurden. Sie haben beispielsweise auf weitere Bedingungen hingewiesen, unter denen die Objekterkennung versagen kann. Ein Patient etwa vermag die Form eines Gegenstands nicht richtig zu erkennen. Ein anderer kann zwar die Form ohne Probleme wahrnehmen, aber er ist nicht in der Lage, eine Repräsentation eines Gegenstands aufzubauen, in der dessen spezifischen und globalen Merkmale integriert sind. Wieder ein anderer Patient kann den gesehenen Gegenstand erkennen und vielleicht sogar durch Gesten seine Benutzung andeuten, aber unfähig sein, ihn verbal zu identifizieren. Demnach sind komplexe Fähigkeiten, wie die Objekterkennung, anscheinend als eine Anzahl voneinander trennbarer funktioneller Komponenten oder Module organisiert, die alle jeweils selektiv gestört sein können.[69]

Kognitive Neuropsychologen haben ein Modell der Objektagnosie konstruiert, das die erwähnten Probleme agnostischer Patienten auf etwas andere Weise erklärt. Man stellt sich vor, daß das visuelle Erkennen von Gegenständen eine Folge von drei Repräsentationsformen durchläuft: 1) eine initiale Repräsentation, auch *primal sketch* („Ur-Skizze") genannt, in der Helligkeitsunterschiede und die zweidimensionale Geometrie eines Gegenstands festgehalten werden; 2) eine „betrachterzentrierte Repräsentation" (*viewer-centered representation*), in der die räumliche Plazierung der Oberflächen eines Gegenstands, so wie der Betrachter sie von seinem Standpunkt aus sieht, intern generiert wird (diese Repräsentation läßt sich nicht verallgemeinern, da sie das Objekt nur aus der Sicht des Beobachters beschreibt – man bezeichnet sie auch als „2 ½-dimensionale Skizze"*; 3) eine „objektzentrierte Repräsentation" (*object-centered representation*), also eine wirkliche dreidimensionale Darstellung des Gegenstands.[70]

Die Objekterkennung kommt dadurch zustande, daß die betrachterzentrierten und die objektbezogenen Repräsentationen mit gespeicherten Strukturbeschreibungen von bekannten Objekten verglichen werden. Wenn die visuelle Repräsentation eines gesehenen Gegenstands mit den gespeicherten Strukturbeschreibungen bekannter Objekte übereinstimmt, ergibt sich ein Zugang zu der semantischen Repräsentation des Gegenstands, also zu seiner „Bedeutung".

---

* Anmerkung des Herausgebers: Im Gegensatz zu einer „dreidimensionalen Skizze" würde bei der Rotation der betrachterbezogenen Repräsentation die vorher nicht sichtbare Rückseite fehlen.

Im Falle einer Agnosie, bei der der Patient schwere Beeinträchtigungen in der Formwahrnehmung zeigt und unfähig ist, einen gesehenen Gegenstand abzuzeichnen, wäre demnach die Erzeugung einer betrachterbezogenen Repräsentation gestört. Patienten, die Probleme haben, Gegenstände zu erkennen, die sie aus einem ungewöhnlichen Blickwinkel sehen, hätten Störungen in der objektzentrierten Repräsentation (siehe Abbildung 7.4). Eine solche Beeinträchtigung im Aufbau der objektbezogenen Repräsentation würde aber nicht verhindern, daß ein Gegenstand erkannt wird, wenn er in einer gewöhnlichen oder prototypischen Ansicht zu sehen ist, weil das unabhängige betrachterzentrierte Repräsentationsmodul noch intakt wäre.[71]

Der letztgenannte Fall einer beschädigten objektzentrierten Repräsentation entspricht im wesentlichen der Situation, die Goldberg als apperzeptive Agnosie beschrieben und mit rechtshemisphärischen Schädigungen in Verbindung gebracht hat. Der erstgenannte Fall einer Störung der betrachterbezogenen Repräsentation ist eine schwerwiegendere Beeinträchtigung, bei der die visuellen Funktionen des Patienten auf einer früheren und grundlegenderen Stufe gestört sind; dies ist der Zustand, den man traditionell als apperzeptive Agnosie bezeichnet und der nicht spezifisch mit einer Schädigung ausschließlich der einen oder anderen Hemisphäre in Verbindung gebracht wird.

Es ist interessant festzustellen, wie ein großer Teil der modernen neuropsychologischen Forschung – trotz einiger Unterschiede im Ansatz und sogar in den Definitionen – zu ähnlichen Unterscheidungen bezüglich der Organisation von Gehirnfunktionen kommt. Im Zuge weiterführender Arbeiten, darunter solcher, die einer stärker modulären Sicht der Gehirnorganisation verpflichtet sind, dürfen wir neue Unterscheidungen und eine gewisse Neuorganisation der Fragen erwarten sowie hoffentlich auch neue und genaue Ergebnisse über die zerebralen Prozesse, die an der Wahrnehmung beteiligt sind.

Weil es zwischen den Gehirnsystemen, die bei der Wahrnehmung zum Tragen kommen, und denen, die an der Gedächtnisspeicherung beteiligt sind, eine enge Beziehung gibt, werden wir uns dem Thema der Wahrnehmung nochmals zuwenden, wenn wir im nächsten Kapitel über Amnesien und das menschliche Gedächtnis diskutieren. Ein immer wiederkehrendes, aktuelles Thema im Zusammenhang mit der funktionellen Neuroanatomie höherer kognitiver Verarbeitungsprozesse, ob es nun um Sprachwahrnehmung, visuelle Wahrnehmung von Objekten oder Abruf von Gedächtnisinhalten geht, ist, daß der Wahrnehmungs- oder Gedächtnisprozeß domänenspezifische corticale Strukturen aktiviert, die eng mit denen verwandt sind, die anfangs an der Wahrnehmung und Identifizierung dieser Ereignisse beteiligt waren.

Bildhafte Vorstellung

Bildhafte Vorstellung erfordert die Fähigkeit, Objekte oder visuelle Szenen ohne direkten sensorischen „Input" in der Vorstellung wiederaufleben zu lassen. Das Interesse an den Gehirnmechanismen, die der bildhaften Vorstellung zugrunde liegen, ist in letzter Zeit stark gestiegen, da uns die modernen bildgebenden Verfahren Methoden an die Hand gegeben haben, die Gehirnaktivität bei geistigen

Verarbeitungsprozessen zu untersuchen, die man früher nur durch Introspektion oder indirekte Labortests geistiger Manipulationen untersuchen konnte.

Eine der ersten Fragen, die sich die Forscher gestellt haben, ist, ob an der bildhaften Vorstellung dieselben Mechanismen beteiligt sind wie an der visuellen Wahrnehmung. Teilweise geht das Interesse an dieser Frage auf eine langjährige Debatte über das Wesen geistiger Bilder zurück. Sind geistige Bilder wirklich „veranschaulichende Repräsentationen", die im Gehirn irgendwie räumlich kodiert sind, beispielsweise als eine Anordnung aktiver Zellen mit Zwischenräumen, die auf irgendeine Weise die physischen Abstände des Bildes kodiert? Oder sind geistige Bilder eher wie Sprache und bestehen aus „propositionalen Repräsentationen", die einfach einige oder alle Beziehungen zwischen Punkten oder Objekten im Bild spezifizieren, wie in „Der Ball liegt oben auf dem Tisch in der äußeren rechten Ecke"?

Wie die „reale" visuelle Information vom Auge zu höheren visuellen Verarbeitungszentren im Gehirn fließt, ist für Forscher wichtig, die die zerebralen Mechanismen „vorgestellter" visueller Information verstehen wollen. Es ist wohlbekannt, daß die primären visuellen Areale in den Okzipitallappen in sehr geordneter Weise „Input" von der Netzhaut des Auges erhalten – es handelt sich um eine Punkt-zu-Punkt-Zuordnung oder „Kartierung" jeder Region der Retina im primären visuellen Cortexareal V1. Daher führt ein Reizmuster auf der Retina des Auges in Area V1 zu einer neuronalen Aktivierung nach dem gleichen geometrischen Muster. Der physische Erhalt des ursprünglichen räumlichen Aktivitätsmusters setzt sich durch mehrere Stufen der visuellen Verarbeitung hindurch fort, wobei das Muster in höheren visuellen Arealen weniger deutlich wird und im übergeordneten Assoziationscortex schließlich verschwindet.

Gibt es bei geistiger Vorstellung Aktivität im primären visuellen Cortex, die mit dem Aktivitätsmuster korrespondiert, das auftritt, wenn die Versuchspersonen den Gegenstand wirklich sehen? Hinweise, die dafür sprechen, stammen von Patienten, bei denen das Entfernen von Teilen des primären visuellen Cortex zu einer Verringerung des Sehwinkels aller Szene führte, die der Patient sich vorstellen konnte.[72] Hinweise auf Aktivität in Area V1 bei bildlicher Vorstellung ist auch in einigen PET-Studien gefunden worden[73], doch die Befunde sind in mancher Hinsicht widersprüchlich.

Stephen Kosslyn, eine der führenden Persönlichkeiten auf dem Gebiet der visuellen Wahrnehmung und bildhaften Vorstellung, behauptet, daß die Area V1 bei mehreren Arten von geistiger Vorstellung aktiviert wird. Dies ergaben PET-Studien, die er mit Kollegen durchführte, ebenso wie mehrere SPECT-Untersuchungen einer österreichischen Gruppe, bei der die Probanden Sätze wie „Eine Pampelmuse ist größer als eine Orange" beurteilen mußten.[74] Der Physiologe Per Roland und seine Kollegen vom Karolinska-Institut in Stockholm, die seit vielen Jahren PET-Untersuchungen der visuell-räumlichen und motorisch-bezogenen zerebralen Aktivität durchführen, beharren darauf, daß nur höhere visuelle Areale in der temporo-okzipitalen und parieto-okzipitalen Region bei der bildlichen Vorstellung aktiv sind. Sie konnten in keinem Fall feststellen, daß die Area V1 ohne sensorischen Input aktiviert worden wäre.[75]

Obwohl hinsichtlich des primären corticalen Projektionsareals der Augen keine Übereinstimmung herrscht, stimmen die meisten Forscher darin überein, daß einige Bereiche des Gehirns, die an der visuellen Wahrnehmung beteiligt sind, bei der bildlichen Vorstellung Aktivität zeigen; das gilt insbesondere für die höheren visuellen Verarbeitungszentren, die dort liegen, wo die okzipitalen, parietalen und temporalen Regionen zusammentreffen. Es ist interessant, wenn auch vielleicht nicht völlig überraschend, bei bildlicher Vorstellung Aktivität in zerebralen Arealen zu finden, die normalerweise an der visuellen Wahrnehmung beteiligt sind.

Bildliches Vorstellen und die Hemisphären

Die Rolle, die die beiden Hemisphären bei mentalen Vorstellungen spielen, ist ebenfalls ein kontroverses Thema. Obwohl der visuelle, vermutlich nichtverbale Charakter dieser Vorstellungen eine stärkere Beteiligung der rechten Hemisphäre nahelegen könnte, sind die Befunde im Hinblick auf eine Lateralisation derartiger Prozesse weit komplexer. Die überwiegende Mehrheit der klinischen Befunde spricht für eine größere Inzidenz von Vorstellungsstörungen nach linkshemisphärischen Schädigungen.[76] Die Psychologin Martha Farah hat starke Hinweise auf eine linkshemisphärische Rolle bei mentalen Vorstellungen präsentiert, darunter Untersuchungen mit einem Split-Brain-Patienten: Sie bot ihm in der rechten oder der linken Gesichtsfeldhälfte Großbuchstaben an und bat ihn zu entscheiden, ob die zugehörigen Kleinbuchstaben hoch oder niedrig sind; das gelang ihm nur, wenn der Reiz – der Großbuchstabe – der linken Hemisphäre dargeboten wurde.[77] Neuere Untersuchungen mit hirngeschädigten Patienten ergaben, daß die Fähigkeit, ein mentales Bild eines zuvor präsentierten Objekts zu erzeugen, am stärksten durch Schädigung im hinteren Bereich der linken Hemisphäre gestört wird.[78] Eine Reihe von Untersuchungen mit bildgebenden Verfahren, darunter PET- und SPECT-Messungen der Hirndurchblutung, haben bei Experimenten, in denen es um mental erzeugte Bilder, um Wanderungen und Handbewegungen „im Kopf" ging, eine stärkere Aktivierung linkshemisphärischer Regionen, insbesondere der linken temporo-okzipitalen Region, ergeben.[79]

Es ist jedoch deutlich geworden, daß Aufgaben zur bildlichen Vorstellung höchst unterschiedlich sind, daß bei den meisten zahlreiche Komponenten oder Stufen der Verarbeitung beteiligt sind und daß – zumindest unter einigen Versuchsbedingungen – die rechte Hemisphäre daran beteiligt ist. Stephen Kosslyn hat experimentelle Befunde vorgelegt, die zeigen, daß bildhafte Vorstellung kein einheitlicher geistiger Prozeß ist, sondern ein Kollektiv aus mindestens vier separaten „Teilfähigkeiten": mentale Bilderzeugung, Bilderhaltung, Bildabtastung und Bildtransformation.[80] Nach seiner Ansicht werden mentale Bilder durch das Anordnen von Teilen aufgebaut, wozu zwei verschiedene Prozesse benutzt werden können. Ein Prozeß stützt sich bei der Anordnung dieser Teile auf gespeicherte Beschreibungen; in diesem Fall arbeitet die linke Hemisphäre effizienter. Der andere Prozeß macht sich gespeicherte Erinnerungen von präzisen Entfernungen und Positionen („metrische Beziehungen") zunutze, um die Teile anzuordnen; dabei ist die rechte Hemisphäre überlegen.[81] In einem Experiment, das dieses Modell stützt, konnten Versuchspersonen, die eingangs Beschreibungen auswendig gelernt hatten, wie Teile visuell angeordnet waren, das zusammengesetzte Muster später genauer wiedergeben, wenn ihnen die Hinweisreize in der rechten Gesichtsfeldhälfte (linke Hemisphäre) dargeboten wurden. Wenn Versuchspersonen hingegen einzelne Segmente auf einem Bildschirm memorierten und sie mental zu einem einzelnen Muster „zusammenfügen" sollten, konnten sie später die Bilder genauer wiedergeben, wenn die Hinweisreize in der linken Gesichtsfeldhälfte (rechte Hemisphäre) dargeboten wurden.[82]

Die Anforderungen an die hemisphärische Verarbeitung werden sogar noch komplexer, wenn von den Probanden verschiedene Manipulationen der mentalen Bilder gefordert werden. Wie in Kapitel 3 erwähnt, haben Experimente im Zusammenhang mit bildgebenden Verfahren, bei denen es um mentale Rotation und andere komplexe Objektmanipulationen „vor dem geistigen Auge" ging, eine wesentliche rechtshemisphärische Beteiligung ergeben.[83]

8. Aufmerksamkeit, Gedächtnis, Musik und Emotion

Das Neglektsyndrom

Ein Patient in einem Rehabilitationskrankenhaus wacht morgens auf und fängt an, sich zu rasieren. Als er den Rasierapparat zurücklegt und zum Frühstück geht, sieht man, daß er nur die rechte Seite seines Gesichtes rasiert hat. Während des Frühstücks sucht der Patient angestrengt seine Kaffeetasse, bis ihn jemand darauf aufmerksam macht, daß sie direkt links von seinem Teller steht. Beim Mittagessen läßt er das Essen auf der linken Seite des Tellers unberührt, bittet aber um einen Nachschlag – nur um darauf hingewiesen zu werden, daß er noch etwas auf seinem Teller hat. Wenn man ihn auffordert, eine Uhr zu zeichnen, zeichnet er zwar richtig einen Kreis, ordnet aber dann alle Ziffern in der rechten Hälfte des Kreises an. Soll er eine Person darstellen, zeichnet er nur die rechte Körperhälfte und läßt den linken Arm und das linke Bein weg. Wenn man ihn auf die Zeichnungen anspricht, sagt er, daß sie seiner Meinung nach in Ordnung sind.

Dieses Phänomen, das als Neglektsyndrom oder halbseitige Vernachlässigung (Hemineglekt) bekannt ist, kann man bei Schlaganfallpatienten oder Unfallopfern beobachten, die ausgedehnte Schäden in den hinteren (parietalen oder parieto-okzipitalen) Bezirken der rechten Hemisphäre erlitten haben.[1]

Manchmal tritt ein Neglekt auch nach einer ähnlichen Schädigung der linken Hemisphäre auf, allerdings sehr viel seltener, in abgeschwächter Form und auch nicht nur auf die kontralaterale rechte Seite beschränkt. Wenn man einen Patienten mit einem typischen linksseitigen Hemineglekt beobachtet, gewinnt man den Eindruck, daß er sich so benimmt, als ob der ganze Raum links von ihm und manchmal auch seine eigene linke Körperhälfte gar nicht existierten.* Abbildung 8.1 zeigt Zeichnungen eines Patienten mit Hemineglekt.

Schon lange hat dieses Syndrom etliche Fragen aufgeworfen: Wie kommt es zu einer solch eklatanten Vernachlässigung einer Hälfte des Raumes? Inwieweit hängt sie mit einer Schädigung des Sehsystems zusammen? Warum zeigen Patienten mit einer rechtshemisphärischen Schädigung sehr viel häufiger dauerhafte Neglektsymptome als Patienten mit vergleichbaren Läsionen der linken Hemisphäre? Genaue Antworten stehen noch aus, aber das Phänomen der halbseitigen Vernachlässigung liefert uns einige wertvolle Hinweise auf die Arbeitsbeziehung zwischen rechtem und linkem Gehirn.

Viele Patienten mit Neglekt sind – obwohl sie es selbst vielleicht anfangs gar nicht bemerken – blind für die linke Gesichtsfeldhälfte. Da die Information aus diesem Teil des Gesichtsfeldes zunächst einmal in der Sehrinde der rechten

---

* Wir werden eine extremere Form dieser Störung, bei der der Patient seine Behinderung leugnet, in Kapitel 14 diskutieren.

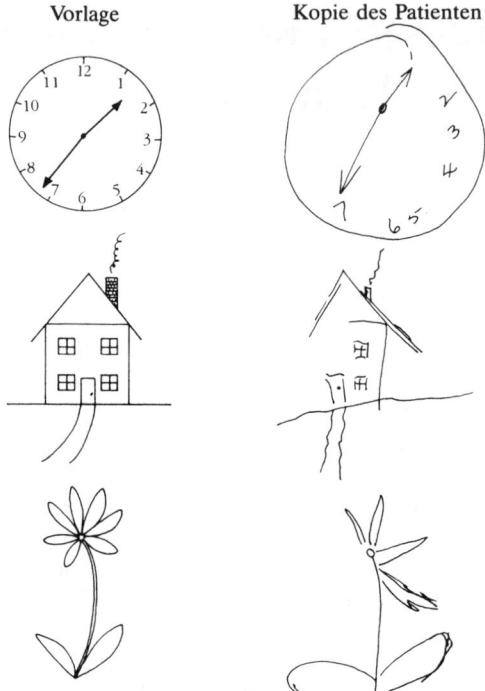

8.1 Zeichnungen eines Patienten mit Hemineglekt (halbseitiger Vernachlässigung). Der Patient, der einen Schlaganfall in der hinteren Region der rechten Hemisphäre erlitten hatte, wurde gebeten, die links gezeigten Vorlagen abzumalen. Man beachte die eindeutige Vernachlässigung der linken Seite in den drei Zeichnungen, die für viele solcher Patienten typisch sind.

Hemisphäre verarbeitet wird, kann eine Schädigung dieses Bezirks eine Hemianopsie (wörtlich „Halbblindheit") hervorrufen: Der Patient vermag dann Dinge links vom Fixationspunkt nicht wahrzunehmen. Diese halbseitige Blindheit allein kann jedoch die spezifische Unaufmerksamkeit von Neglektpatienten nicht erklären.

Es gibt viele Beispiele für Patienten, die zwar für eine Gesichtsfeldhälfte blind sind, aber trotzdem keine Vernächlässigung dieser Seite des Raumes zeigen. Patienten, bei denen ein Schaden auf den Sehnerv oder die primäre Sehrinde der einen oder anderen Hemisphäre beschränkt ist, kompensieren ihre halbseitige Blindheit normalerweise durch Augen- und Kopfbewegungen. Auch linkshemisphärisch geschädigte Patienten, die blind für die rechte Gesichtsfeldhälfte sind, zeigen selten jene Art von dauerhaftem funktionellen Neglekt einer Raumhälfte, wie sie bei rechtshemisphärisch verletzten Patienten auftritt.

Darüber hinaus sind einige Neglektpatienten überhaupt nicht halbseitig blind. In Testsituationen können sie einfache visuelle Reize, die nur in der linken Gesichtsfeldhälfte dargeboten werden, genau wiedergeben. Wenn jedoch Reize in beiden Gesichtsfeldhälften gleichzeitig erscheinen – sei es im Experiment oder in Alltagssituationen –, berichten die Patienten nur über die rechts zu sehenden Dinge. Von der rechten Gesichtsfeldhälfte einfließende Information, die die gesunde linke Hemisphäre erreicht, scheint die Fähigkeit des Gehirns zu beeinträchtigen, die Information zu verarbeiten, die gleichzeitig von der linken Gesichtsfeldhälfte zur geschädigten rechten Hemisphäre gelangt. Die linke Hälfte eines Reizes wird so durch die rechte „ausgelöscht" (Extinktion); die Patienten können aber die linke Hälfte eines Musters deutlich wahrnehmen, wenn sie allein dargeboten wird.* Die Extinktion bei solchen Patienten erklärt zumindest teilweise, warum Neglektpatienten die linke Seite ihrer Umgebung vernachlässigen.

Was geschieht mit der ausgelöschten Information der linken Gesichtsfeldhälfte? Geht sie wirklich verloren? Oder ist sie im Nervensystem zwar erhalten, aber dem Bewußtsein nicht zugänglich? Diese Fragen sind mit verschiedenen Ansätzen erforscht worden. Einige Wissenschaftler fanden heraus, daß Patienten unter gewissen Umständen sogar dann angeben können, was sie in der linken Gesichtsfeldhälfte gesehen haben, wenn gleichzeitig auch rechts ein Reiz dargeboten wurde. Müssen sie zwischen mehreren Möglichkeiten wählen, schneiden sie dabei viel besser ab, als nach dem Zufall zu erwarten wäre, auch wenn ihnen möglicherweise nie bewußt wird, daß sie das Muster in der linken Gesichtsfeldhälfte tatsächlich gesehen haben.[2]

Im Rahmen eines etwas anderen Untersuchungsansatzes zeigten Patienten, die bei Darbietung von zwei verschiedenen Mustern den Reiz in der linken Gesichtsfeldhälfte gewöhnlich nicht wahrnahmen, keine solchen Extinktionseffekte, wenn man ein einzelnes großes Muster darbot, das sich auf beide Gesichtsfeldhälften erstreckte, obwohl die rechte Hälfte der Zeichnung allein ihnen nicht genügend Information bot, um sie zu erkennen.[3]

Informationen in der linken Gesichtsfeldhälfte werden offensichtlich nicht im gleichen Umfang verarbeitet wie die in der rechten Gesichtsfeldhälfte. Dennoch stehen sie anscheinend auf einem vorbewußten Niveau zur Verfügung. Einige Wissenschaftler haben spekuliert, der Neglekt sei im Grunde das Ergebnis eingeschränkter visueller Fähigkeiten (aufgrund der rechtshemisphärischen Schädigung), verbunden mit einer Neigung der linken Hemisphäre, das, was sie sieht, zu erklären. Es gibt hierzu Parallelen in den Arbeiten mit Split-Brain-Patienten, in denen sich zeigte, daß die linke Hemisphäre teilweise gezeichnete Vorlagen oft „komplettiert", wenn sie berichten soll, was sie bei einer tachistoskopischen Darbietung gesehen hat. Sie erfindet sogar (falsche) verbale Beschreibungen zu dem, was in der linken Gesichtsfeldhälfte dargeboten wurde.

Man hat noch andere Erklärungen für den asymmetrischen Charakter des Neglektsyndroms vorgeschlagen. So könnten Mechanismen, die die selektive Aufmerksamkeit oder sogar die Erregung kontrollieren, rechtshemisphärisch lateralisiert sein. Eine andere Möglichkeit besteht darin, daß die rechte Hemisphäre allgemein in der räumlichen Orientierung geschickter ist und daß die linke Gehirnhälfte ohne die rechte räumliche Beziehungen daher nur schlecht verarbeitet.

Aufmerksamkeitstheorien des Neglektsyndroms postulieren eine Asymmetrie des Ausmaßes, in dem jede Hemisphäre die Orientierung auf Reize im extrapersonalen Raum lenkt, das heißt auf Ereignisse, die außerhalb des Körpers stattfinden. Marcel Kinsbourne vermutet, daß jede Hemisphäre ein gerichtetes Aufmerksamkeitsfeld besitzt, das in den jeweils kontralateralen Raum hineinreicht und außerdem die andere Hemisphäre hemmen kann. Die Richtungstendenzen der Hemisphären seien einander entgegengesetzt, aber nicht von gleicher Stärke; die linke

---

* Anmerkung des Herausgebers: Je nach theoretischer Überzeugung wird dieses Phänomen als „hemianopische Aufmerksamkeitsschwäche" oder als „Extinktion" bezeichnet.

Hemisphäre habe einen stärkeren Einfluß auf die Richtung (zur rechten Raumseite hin).[4] Die extreme Vernächlässigung linksseitiger Ereignisse ergibt sich nach rechtshemisphärischen Hirnschädigungen, weil das normale Übergewicht der linken Hemisphäre in der Richtungsweisung zum rechten visuellen Raum noch verstärkt wird.

Kenneth Heilman hat eine andere Erklärung auf der Basis von Aufmerksamkeitsprozessen vorgeschlagen.[5] Seiner Meinung nach lenkt die linke Hemisphäre die Aufmerksamkeit in die kontralaterale Richtung (das heißt nach rechts), aber die rechte ist in der Lage, die Aufmerksamkeit sowohl auf den kontralateralen als auch auf den ipsilateralen Raum zu richten. Der Beleg für dieses Modell besteht in einer eindrucksvollen Sammlung von Befunden aus der EEG-Literatur, aus Studien zur Hirndurchblutung sowie anderen physiologischen Experimenten, die eine Aktivierung in der rechten Parietalregion bei Aufgaben zeigen, in denen Orientierung oder Aufmerksamkeit auf Geschehnisse zu richten waren, die sowohl im linken als auch im rechten Raum stattfanden. Der linksseitige räumliche Neglekt tritt dieser Ansicht nach deshalb auf, weil rechtsseitige parietale Schädigungen lediglich die Aufmerksamkeitslenkungsmechanismen der linken Hemisphäre intakt lassen, diese aber die Aufmerksamkeit nur auf die rechte Seite des Raumes richten.

PET-Studien der Hirndurchblutung während Verschiebung der Aufmerksamkeit bei normalen Versuchspersonen haben starke Indizien für dieses Modell erbracht. In einer solchen Studie lief eine Reihe von Kästen über einen Bildschirm, den die Versuchspersonen fixierten. Die Versuchspersonen sollten auf einen Zielreiz antworten, der in einem der Kästen aufblitzte.[6] Während sie ihre zentrale Fixation beibehielten, wurden sie nun aufgefordert, ihre Aufmerksamkeit zu verlagern und verdeckt den Zielreiz zu verfolgen, der im rechten oder linken Gesichtsfeld von Kasten zu Kasten (von rechts nach links oder von links nach rechts) wanderte. In der Kontrollsituation wurden die Versuchspersonen gebeten, lediglich die Fixation aufrechtzuerhalten und jedwede Verschiebung des Zielreizes zu ignorieren.

Eine Analyse der PET-Ergebnisse erbrachte, daß die Verschiebung der Aufmerksamkeit unabhängig vom Gesichtsfeld den rechten Parietallappen aktiviert, der linke Parietallappen aber nur dann aktiviert wird, wenn das rechte Gesichtsfeld betroffen ist. Weiterhin ließen sich zwei separate Aktivierungsbereiche innerhalb des oberen Parietallappens unterscheiden, wobei der eine während Aufmerksamkeitsverlagerung im linken Gesichtsfeld eine erhöhte Durchblutung zeigte. Der Psychologe Michael Posner, der dieses Experiment entworfen hatte, bemerkte dazu, daß nicht bekannt ist, ob diese Trennung eine allgemeine Eigenschaft der rechtshemisphärischen Organisation oder eine spezifische Eigenschaft der Mechanismen ist, die bei Aufmerksamkeitsverschiebungen eine Rolle spielen.[7]

Mit Experimenten zum visuellen Suchen und der taktilen Erkundung fanden Sandra Weintraub und Marcel Mesulam heraus, daß viele rechtshemisphärisch geschädigte Patienten nicht nur die linke Raumhälfte vernachlässigen, sondern auch einen signifikanten Neglekt für Reize in der rechten Raumhälfte zeigen – sie übersehen erheblich mehr Stimuli auf der Seite ipsilateral zur Läsion als linkshemisphärisch geschädigte Patienten. Weintraub und Mesulam glauben, daß diese Befunde die entscheidende Unterstützung für ihr Modell liefern, dem zufolge die rechte Hemisphäre an der Verteilung der Aufmerksamkeit innerhalb beider Raumhälften beteiligt ist.[8]

Unsere Diskussion zur Hemianopsie und zur Extinktion betonte die Sinnes- und Wahrnehmungskomponenten des Neglekts. Die anderen, gerade besprochenen

Studien und Modelle streichen die Rolle von Aufmerksamkeit und explorativen Faktoren heraus, die sich etwa durch visuelle Suchaufgaben und Tests zur manuellen Erkundung untersuchen lassen. Einige Forscher haben die Meinung geäußert, daß man nicht alle Ausprägungen des Neglekts und vielleicht noch nicht einmal den eigentlichen Kern des Problems erfasse, wenn man das Syndrom aus der Sicht der Wahrnehmung betrachtet, selbst wenn man die Aufmerksamkeit einbezieht.[9] Die folgende Beobachtung soll diesen Standpunkt verdeutlichen.

Ein italienischer Neglektpatient wurde gebeten, sich vorzustellen, er käme von der Nordseite her auf einen bekannten Mailänder Platz, die Piazza del Duomo, und dann zu beschreiben, was er sehe. Der Platz war dem Patienten vor seinem Schlaganfall sehr vertraut. Nach und nach beschrieb er alle Gebäude auf der Westseite – also gewissermaßen die zu seiner Rechten –, ohne irgendwelche Bauten der Ostseite zu erwähnen. Man bat ihn dann, sich nun vorzustellen, er betrete den Platz von Süden her, und erneut zu schildern, was er sehe. Jetzt beschrieb er alle Gebäude auf der Ostseite.

Diese Geschichte legt die Vermutung nahe, daß das Neglektsyndrom von den sensorischen Vorgängen unabhängig sein kann, da es sogar das Abrufen von Bildern aus dem Gedächtnis beeinträchtigt. Ist der Neglekt nun eine Aufmerksamkeitsstörung oder eine Beeinträchtigung höherer Wahrnehmungsprozesse? Bisher gibt es darauf noch keine endgültige Antwort, doch könnten sich zusätzliche Erkenntnisse aus neueren Untersuchungen über das Gedächtnis und seine Beziehung zur Wahrnehmung ergeben, die wir im nächsten Abschnitt besprechen werden.

Amnesie und die Lokalisation des Gedächtnisses

In Konzepten zur Lokalisation von Funktionen im Gehirn gibt es schon seit langem die Vorstellung, daß für menschliche Erinnerungen spezifische Speicherplätze existieren. Seit Jahrzehnten sucht man nach dem Engramm („Gedächtnisspur"), der Speichereinheit des Gedächtnisses. Karl Lashley hat nach umfangreichen Experimenten mit Ratten, deren Gehirn systematisch – nach Ort und Größe unterschieden – Läsionen zugefügt worden waren, die These aufgestellt, daß es entscheidend von der Menge entfernten Cortexgewebes abhängt, wie stark das Gedächtnis gestört wird (Prinzip der Massenwirkung), nicht aber von der Lage der Läsion; demnach wären alle Bezirke des Cortex gleich wichtig für das Gedächtnis (Prinzip der Äquipotentialität).[10] Lashley war es nicht gelungen, durch die Entfernung von kleinen Gehirngewebestücken in irgendeinem von vielen Cortexbereichen die Leistung von Ratten bei erlernten Aufgaben signifikant zu reduzieren. Doch immer, wenn er an einer beliebigen Stelle einen größeren Teil des Cortex zerstörte, beeinträchtigte er damit die Erinnerung der Ratte an das zuvor Gelernte erheblich.

Klinische Befunde an Menschen haben im Laufe der Jahre Belege dafür geliefert, daß das, was wir vage Gedächtnis nennen, oder bestimmte Aspekte davon im Gehirn teils diffus, teils umgrenzt organisiert sind. Aus den Hirnstimulationsuntersuchungen von Wilder Penfield und seinen Mitarbeitern, von denen wir einige in Kapitel 1 beschrieben haben, sind Schlüsse auf die Lokalisation des Langzeitgedächtnisses gezogen worden.[11] Bei der elektrischen Reizung bestimmter Stellen des Temporallappens, einschließlich des Hippocampus und der Amygdala in der Tiefe des Lappens (Abbildung 8.2), erzielten sie interessante Reaktionen. Die Patienten berichteten manchmal von visuellen oder auditiven Erinnerungen und beschrieben diese als sehr lebendig – so als ob sie alles noch einmal erlebten. Die chirurgische Entfernung der ganzen Region schien jedoch keinerlei Erinnerungen auszulöschen. Diese und andere Befunde führten zu der Annahme, daß eine Gedächtnisstörung nach einer Hirnschädigung bestimmter Bezirke im allgemeinen weniger auf die Entfernung lokalisierbarer Engramme zurückzuführen ist als vielmehr auf eine Interferenz mit einem Teil der Mechanismen oder Schritte, die am Aufbau oder Abruf von Erinnerungen beteiligt sind.

Die meisten neurologischen Störungen, die höhere geistige Funktionen beeinträchtigen, wirken sich auch auf das Gedächtnis aus. Ein diffuser neurologischer Schaden, wie er zum Beispiel oft bei unfallbedingten Kopfverletzungen vorkommt, führt charakteristischerweise zu auffälligen Gedächtnisstörungen. Der Gedächtnisverlust in diesen und vielen anderen Fällen umfaßt eine Amnesie für Ereignisse vor dem Unfall (retrograde Amnesie) und den Verlust der Fähigkeit, neue Gedächtnisinhalte abzuspeichern (anterograde Amnesie). Die retrograde Amnesie bessert sich gewöhnlich in geordneter Weise: Die ältesten Erinnerungen kommen zuerst wieder. Beide Formen von Gedächtnisverlust klingen im Laufe der Genesung typischerweise gleichzeitig ab. Am Ende ist offenbar nur noch das Abrufen gewisser Ereignisse direkt nach dem Unfall nicht mehr möglich.

Auch die Alzheimersche Krankheit, die meist ältere Menschen befällt, führt zu einer auffallenden Gedächtnisstörung. Bei dieser Erkrankung kommt es zu einer Degeneration von Nervengewebe mit besonders starken Zerfallserscheinungen im hinteren Bereich der Temporallappen.[12] Obwohl die „senilen" Symptome dieses Leidens die meisten geistigen Funktionen betreffen, sind Defizite in Orientierung und Erinnerungsfähigkeit die hervorstechendsten Störungen. Bei Alzheimer-Patienten bleiben gewöhnlich die älteren Erinnerungen – an Ereignisse und Menschen, denen die Betroffenen früh in ihrem Leben begegnet sind – bis in späte Stadien der Krankheit erhalten.

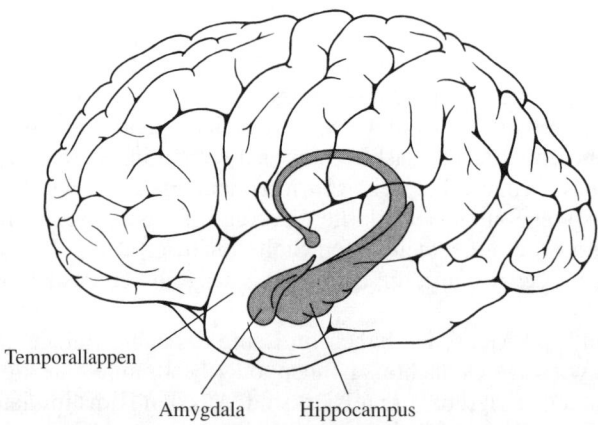

8.2 Bestimmte Gedächtnisprozesse scheinen mit Strukturen auf der (medialen) Innenfläche der Temporallappen wie dem Hippocampus und der Amygdala verknüpft zu sein.

Isolierte Gedächtnisstörungen

Neben dem Gedächnisverlust, der häufig mit neurologischen Störungen einhergeht, die auch andere Funktionen betreffen, kommt es gelegentlich zu auffälligen Beeinträchtigungen des Gedächtnisses, die isoliert, also weitgehend ohne andere Defizite in höheren geistigen Funktionen, auftreten. Solche isolierten Gedächtnisstörungen hängen mit der Schädigung relativ spezifischer Gehirnbereiche, insbesondere der Temporallappen, des Hippocampus und verschiedener anderer Strukturen zusammen, die tiefer im Gehirn liegen (siehe Abbildung 8.2). Patienten, bei denen diese Strukturen geschädigt sind, können bei oberflächlicher Beobachtung ganz unauffällig wirken und auch intellektuell normal leistungsfähig sein. Ihre Störung liegt hauptsächlich im Erwerben und Behalten von neuen Gedächtnisinhalten.

Bei den meisten amnestischen Syndromen gibt es keinen überzeugenden Hinweis auf eine echte Auslöschung des Langzeitgedächtnisses. Wenn ältere Gedächtnisinhalte beeinträchtigt sind, so liegt die Störung einigen Belegen zufolge anscheinend im Abruf dieser Inhalte, da die meisten von ihnen im Laufe der Genesung des Patienten wiederkehren. Auch Gedächtnisstützen und Teilinformationen können amnestischen Patienten helfen, viele Erinnerungen zurückzugewinnen.

Wie man das Gedächtnis aufteilt

Man geht davon aus, daß den beiden Grundformen der Gedächtnisrepräsentation, dem Kurzzeitgedächtnis und dem Langzeitgedächtnis, unterschiedliche physiologische Prozesse zugrunde liegen. Im Kurzzeitgedächtnis können Materialien nur für kurze Zeiträume aufbewahrt werden, und die Informationsmenge, die sich speichern läßt, ist äußerst begrenzt.[13] Hierzu gehört beispielsweise, sich eine Telefonnummer für einige Sekunden zu merken. Man ist sich der Information im Kurzzeitgedächtnis auch immer sehr bewußt. Dinge, die sich im Langzeitgedächtnis befinden, werden dagegen über lange Zeiträume gespeichert und können sehr große Informationsmengen darstellen. Normalerweise sind wir uns dieser Inhalte weder bewußt, noch beschäftigen wir uns aktiv mit ihnen, es sei denn, sie werden aktiviert und dann (wahrscheinlich) wieder in das Kurzzeitgedächtnis zurückgebracht.

Um zu beschreiben, was wohl während der meisten geistigen Aufgaben stattfindet, hat man das Konzept des Arbeitsgedächtnisses vorgeschlagen. Leistungen wie Kopfrechnen, Lesen, Problemlösen und Schlußfolgern allgemein setzen allesamt nicht nur eine Form der vorübergehenden Speicherung voraus, sondern auch eine Wechselwirkung zwischen kurzfristig behaltenen Informationen und einem größeren Umfang an gespeichertem Wissen.[14] Das Arbeitsgedächtnis entspricht also den aktivierten Materialien im Langzeitgedächtnis, den Inhalten im Kurzzeitgedächtnis und den Entscheidungsprozessen, die festlegen, welche Informationen aktiviert werden. An dem entscheidungsfindenden System, das selektiv Inhalte des Langzeitgedächtnisses aktiviert und die erforderlichen Informationen zur Bewältigung einer Aufgabe ins Kurzzeitgedächtnis ein- und wiederauswechselt, sind vermutlich die Frontallappen beteiligt.

PET-Untersuchungen der Hirndurchblutung haben in erster Näherung corticale Bezirke identifiziert, die möglicherweise das verbale und das visuell-räumliche

Kurzzeit-Arbeitsgedächtnissystem ausmachen.[15] Während einer Kurzzeitgedächtnisaufgabe mit Buchstaben wurden PET-Scans durchgeführt und mit denen bei einer gleichartigen nichtverbalen Aufgabe verglichen. Zu den aktivierten Regionen gehörten das Brocasche Areal und der linke untere (inferiore) Parietallappen. Indem die Forscher diese Ergebnisse mit einer Reimaufgabe verglichen, die keine Anforderungen an das Gedächtnis stellte und bei der lediglich das Brocasche Areal aktiviert wurde, identifizierten sie den linken unteren Bereich des Parietallappens als „phonologischen Speicher" oder Gedächtnisareal. Beim Test des visuell-räumlichen Gedächtnisses wurden Scans durchgeführt, während die Versuchspersonen Strichzeichnungen memorierten, und anschließend mit Scans während einer Kontrollaufgabe verglichen. Bei diesen „visuell-räumlichen Notizblock"-Operationen wurden vorwiegend rechtshemisphärische Strukturen aktiviert, einschließlich des rechten okzipitalen, parietalen und präfrontalen Cortex. Die Subtraktion einer anderen Kontrollbedingung, die keine Anforderungen an das Gedächtnis stellte, ließ die Forscher den Schluß ziehen, daß der „Arbeitsspeicher" des visuell-räumlichen Kurzzeitgedächtnisses im Bereich des rechten Gyrus angularis liegt. (Wir werden auf einen Teil dieser Befunde noch zurückkommen, wenn wir später in diesem Kapitel falsche Erinnerungen diskutieren.)

Die Konstellationen von verlorenen und erhaltenen Gedächtnisfunktionen, die sich bei Hirngeschädigten beobachten lassen, haben die Forscher dazu bewogen, Gedächtnisprozesse noch weiter in unterschiedlicher Weise „aufzuteilen", so beispielsweise in episodisch versus semantisch, explizit versus implizit, bewußt versus unbewußt und deklarativ versus nichtdeklarativ. Diese Unterscheidungen stehen nicht notwendigerweise in Konflikt miteinander, aber sie betonen jeweils etwas andere Aspekte des Gedächtnisses. Die meisten wurden entwickelt, um bestimmten Dissoziationen (Aufspaltungen) von typischerweise betroffenen Gedächtnisfunktionen (dem ersten Begriff in jedem Gegensatzpaar) und erhaltenen Funktionen (dem zweiten Begriff), wie man sie bei der überwiegenden Zahl der amnestischen Patienten beobachtet, Rechnung zu tragen. Ein großer Teil der neuropsychologischen Forschung wurde darauf verwendet, derartige Unterscheidungen zu bestätigen oder zu widerlegen.

Episodisches versus semantisches Gedächtnis: Neocortex- versus Hippocampusläsionen Viele Gedächtnisforscher stimmen darin überein, daß sich zwei Formen des Langzeitgedächtnisses unterscheiden lassen: ein episodisches und ein semantisches. Das episodische Gedächtnis speichert Informationen über bestimmte Ereignisse im Kontext mit anderen Ereignissen im Leben einer Person – etwa die Erinnerung, im ersten Schuljahr das Fußballspielen erlernt zu haben. Das semantische Gedächtnis betrifft unser ständiges Wissen über die Welt; es umfaßt vorrangig Tatsachen, Konzepte, Regeln und Bedeutungen.* Man nimmt an, daß es die Information enthält, die für das Wiedererkennen bei der Wahrnehmung und für komplexe motorische Fertigkeiten wie Sprechen, Klavierspielen oder Tippen notwendig sind.

---

* In diesem Kontext ist der Begriff semantisch weiter gefaßt als in der Linguistik, wo er sich nur auf Wortbedeutungen bezieht. Das semantische Gedächtnis umfaßt ein allgemeineres Wissen über die Bedeutungen, das auch die Verarbeitung von Wahrnehmungen, motorische Fertigkeiten und andere Informationen zum „Wie" und „Was" einschließt.

Das semantische Gedächtnis scheint größtenteils durch die Großhirnrinde unterstützt zu werden. Wenn – wie bei bestimmten Aphasien – Information über Wortbedeutungen verloren geht oder wenn bei gewissen Agnosien Gegenstände nicht wiedererkannt werden, läßt sich das als Ausfall semantischer Gedächtnisinhalte interpretieren, der auf Schädigungen der Sprachregionen beziehungsweise der Wahrnehmungsregionen des Gehirns beruht. Folglich kann der Gedächtnisverlust bei Verletzungen neocorticaler Bezirke recht spezifisch sein, wie im Falle der Wernicke-Aphasie, bei der eine Schädigung des linken Temporallappens offenbar das sprachliche Wissen beeinträchtigt.

Im Gegensatz zur Rolle des Neocortex beim semantischen Gedächtnis haben der (archicorticale) Hippocampus und die mit ihm zusammenhängenden Strukturen vermutlich vorrangig mit dem episodischen Gedächtnis zu tun, denn bilaterale Hippocampusläsionen (die in Verbindung mit tiefliegenden Schädigungen der Temporallappenmitte auftreten) rufen schwere Ausfälle bezüglich neuer episodischer Information hervor.[16] Patienten mit solchen Schäden vergessen Dinge des täglichen Lebens sehr schnell: wo sie sich gerade befinden, was sie mittags gegessen haben, wo sie ihr Scheckbuch hingesteckt oder ob sie überhaupt einen Scheck ausgestellt haben. Ihre verbalen Fähigkeiten sind jedoch oft weitestgehend intakt, und sie können normale Gespräche führen – zumindest über Ereignisse, die vor ihrer Erkrankung aufgetreten sind. Wie sich gezeigt hat, vermögen die Patienten auch neue Fertigkeiten, beispielsweise ein neues Kartenspiel, zu erlernen, wenn die Zerstörung mehr oder weniger auf den Hippocampus beschränkt ist. Werden sie später getestet, sind sie durchaus in der Lage, die Regeln anzuwenden und richtig zu spielen – jedoch ohne sich daran erinnern zu können, wann sie das Spiel gelernt haben.

Explizites versus implizites Gedächtnis Direkte oder explizite Gedächtnistests fördern bei amnestischen Patienten meist massive Defizite im bewußten Erinnern von Ereignissen, Gesichtern, neuen Fakten und so weiter zutage. Wenn man die Leistungen dieser Patienten jedoch sorgfältig untersucht, stellt sich gewöhnlich heraus, daß früher dargebotene Informationen dennoch einige dauerhafte, wenn auch unbewußte Auswirkungen auf das Verhalten des Patienten haben.

Implizite Gedächtnistests stellen keinen ausdrücklichen Bezug zur Vergangenheit beziehungsweise zu früher dargebotenem Material her. Sie versuchen vielmehr aus der Leistung zu erschließen, ob es Hinweise auf eine Erinnerung an einen Gegenstand oder auf irgendwelche Übungseffekte gibt. So könnte man einem Patienten, der sich in einem Testdurchgang an keines der zuvor angegebenen Wörter zu erinnern vermochte, anschließend Wortteile wie etwa „Du___", vorgeben und ihn bitten, Wortendigungen dazu zu produzieren. Amnestische Patienten werden dann häufig Endigungen wählen, die ein Wort ergeben, das eine Beziehung zu einem der Wörter hat, die ihnen im vorangegangenen Test präsentiert worden waren, an die sie sich aber nicht erinnern konnten. So könnte ein Patient zum Beispiel mit „Dusche" antworten, statt den Wortanfang durch andere, gleich wahrscheinliche Endigungen zu ergänzen, weil er vorher mit dem Wort „Bad" konfrontiert worden war.

Diesen Effekt nennt man „semantisches Priming"*, weil die Bedeutungen oder die Kategorien der zuvor dargebotenen Informationen die Wahl in den nachfolgenden Tests beeinflussen. Andere Formen des Priming werden ebenfalls oft untersucht, darunter auch eine einfache Art, bei der die Priming-Reize im Grunde schon die Wörter darstellen, die sich später zur Ergänzung der vorgegebenen Wortteile eignen. So präsentiert man beispielsweise das Wort „Dusche" und später dann den Wortteil „Du___".

Implizite Formen des Gedächtnisses kommen auch in der Fähigkeit eines Patienten zum Ausdruck, eine bestimmte sensomotorische Leistung zu erbringen oder ein Spiel zu spielen, nachdem er dies bei einer vorhergehenden Sitzung gelernt hat. Und dies, obwohl sich der Patient, wie bereits erwähnt, womöglich gar nicht daran erinnern kann, daß eine solche Sitzung jemals stattgefunden hat. Andere neuropsychologische Störungen, wie Neglekt und Aphasie, sind ebenfalls mit Blick auf eine mögliche Differenzierung von expliziten versus impliziten Tests unter die Lupe genommen worden. Da die Unterscheidung zwischen implizit und explizit über die verschiedensten Störungen hinweg ähnliche Befunde ergibt, sieht man hierin mittlerweile einen Hinweis auf ein generelles Organisationsprinzip des Gehirns. Viele Forscher sind der Meinung, daß explizites und implizites Testen im Grunde jeweils bewußte und unbewußte Gehirnprozesse aufdecken.

Bewußtes versus unbewußtes Gedächtnis: moduläre versus zentrale Prozesse
Meist beschreibt man heutzutage Amnesie nur noch als Störung des bewußten Erinnerns vorher erworbener Information und nicht mehr als allgemeinen Verlust des Gedächtnisses. Die Ebene, auf der die Gehirnfunktionen dieser Patienten geschädigt sind, läßt sich am besten ermitteln, indem man die Störungen sorgfältig analysiert und dabei Beeinträchtigungen unbewußter versus bewußter Stufen der Aufgabenverarbeitung unterscheidet.

Der Neuropsychologe Morris Moscovitch hat eine Gedächtnistheorie ausgearbeitet, die die Unterscheidung von bewußt und unbewußt miteinschließt. Moscovitch differenziert zwischen modulären und zentralen Prozessen im Gehirn. Moduläre Prozesse bezieht er dabei eher auf automatische und oft elementare Stadien von Funktionsabläufen im Gehirn. Die eigentlichen Prozesse können dabei durchaus ziemlich kompliziert sein; sie sind aber „oberflächlich" in dem Sinne, daß sie Verarbeitungsstufen darstellen, die automatisch und ohne bewußte Anstrengung oder Veränderung ablaufen. Die Module operieren ausschließlich innerhalb eines Bereichs (beispielsweise im Bereich der visuellen Aufnahme), befassen sich mit einer begrenzten Form von Information und liefern ein Ergebnis, das der bewußten Beeinflussung nicht zugänglich ist.[17]

Im Falle des Gedächtnisses sollen die Eingangsstufen der verschiedenen sensorischen Modalitäten durch multiple Module repräsentiert sein. Diese Eingangsmodule werden durch Stimulation modifiziert: Spezifische Aspekte von Ereignissen bilden in den Eingangsmodulen eine Art „Spur", indem sie als Reaktion auf die Stimulation Veränderungen in den neuronalen Schaltkreisen hervorrufen.

---

* Anmerkung des Herausgebers: Wörtlich „semantische Zündung" oder „semantische Anregung"; im Deutschen spricht man auch von „assoziativer Aktivierung". Obschon dieser Begriff hier sehr gut paßt, werden wir im folgenden die mittlerweile gängige Bezeichnung Priming beibehalten. Man findet inzwischen Beschreibungen mehrerer Formen von Priming, für die es noch keine einheitlichen und unmißverständlichen deutschen Bezeichnungen gibt.

Organisation und Arbeitsweise des Hippocampus, dessen Beschädigung, wie erwähnt, von sehr großer Bedeutung für die Erzeugung von amnestischen Störungen ist, sollen modulär sein. Der hippocampale Abrufprozeß erfolgt automatisch und führt zu der oft beschriebenen Erfahrung einer Erinnerung, die einem urplötzlich in den Sinn kommt, wenn man einen Hinweisreiz erhalten hat. Zu dem Prozeß, der zu dieser plötzlichen Erinnerung führt, haben wir größtenteils keinen bewußten Zugang, noch nehmen wir ihn bewußt wahr. (Die Tatsache, daß hierbei keine bewußte Strategie oder Veränderung beteiligt ist, ist ein Grund dafür, daß Moscovitch das hippocampale System als modulär, mit „oberflächlichem" Verarbeitungsergebnis, betrachtet.)

Die meisten Aufgaben jedoch, darunter auch das wirkliche Erinnern von vergangenen Ereignissen, erfordern bewußte Strategien und Beurteilungen. An diesen sollen die „zentralen Systeme" des Gehirns beteiligt sein, insbesondere die Frontallappen. Moscovitch behauptet, daß Patienten mit Frontalhirnläsionen auf dramatische Weise zeigen, wie das Gedächtnis arbeiten würde, wenn ihm nur die „oberflächlichen" Ergebnisse des hippocampalen Systems zur Verfügung stünden. Solche Patienten scheinen ausgiebig zu konfabulieren, da die Geschichten, die sie produzieren, keinen zeitlichen oder räumlichen Zusammenhang aufweisen. Doch sind ihre Geschichten keine reinen Erfindungen; sie erwecken lediglich diesen Eindruck, da sie oft völlig zusammenhanglos sind, das heißt nicht erkennen lassen, wann oder wo die betreffenden Ereignisse stattgefunden haben, und ihre Reihenfolge durcheinander geraten ist.[18]

Viele Untersucher stimmen darin überein, daß den Frontallappen eine entscheidende Funktion bei der Steuerung von Prozessen des bewußten Gedächtnisabrufs zukommt. Beispielsweise haben wir bereits erwähnt, daß man vermutet, der frontale Cortex kontrolliere, was an Informationen aus dem Langzeitgedächtnis in das Kurzzeitgedächtnis gebracht wird, um das Arbeitsgedächtnis zu bilden.[19] Ob nun die Gedächtnisfunktionen der Frontallappen moduläre Prozesse darstellen oder nicht, ist teilweise eine Frage der Definition; dies sollte zu klären sein, sobald die kognitiven Neuropsychologen ihre Ansätze und Vorstellungen auf der Basis neuer experimenteller Ergebnisse verbessert haben.

Hemisphärenunterschiede beim Gedächtnis

Seit vielen Jahren existieren wissenschaftliche Berichte, denen zufolge es Hemisphärenunterschiede in der Art der Gedächtnisverluste nach Läsionen des linken beziehungsweise des rechten Temporallappens gibt. Die deutlichsten derartigen Asymmetrien hat man bei Patienten beobachtet, denen ein Temporallappen herausoperiert worden war; diese einseitige Lobektomie diente der Entfernung von Tumoren oder von Gewebe, das als verantwortlich für epileptische Anfälle galt. Nach temporaler Lobektomie auf der linken (für Sprache dominanten) Seite hatten die Patienten Schwierigkeiten, sprachliches Material zu erlernen und zu behalten. Dieses Defizit äußerte sich unabhängig davon, ob das Material visuell oder auditiv dargeboten wurde, und trat sowohl bei Gedächtnistests auf, in denen es um einen direkten Abruf ging, als auch bei solchen, die mit Wiedererkennungsaufgaben arbeiteten.[20]

Eine rechtsseitige Temporallappenentfernung führte bei visueller wie auditiver Darbietung zu Schwierigkeiten mit nichtsprachlichem Material. (Zu „nichtsprachlichem Material" gehören Reize, die schwer zu benennen oder sprachlich schwer zu speichern sind, beispielsweise abstrakte Muster.) Darüber hinaus konnte gezeigt werden, daß Patienten nach rechtsseitiger temporaler Lobektomie Schwierigkeiten beim Labyrinthlernen haben, und zwar bei visuellen wie taktilen Labyrinthaufgaben.

Gedächtnisausfälle, die auf lateralisierten Läsionen wie der Entfernung eines Temporallappens beruhen, betreffen also anscheinend den Verlust bestimmter semantischer Gedächtnisfähigkeiten. Sie treten allerdings oft zusammen mit Beeinträchtigungen der Kontextinformation (der episodischen Information) auf, die vom Hippocampus abhängt, da diese Struktur des Temporallappens ebenfalls geschädigt sein kann.

Untersuchungen mit Split-Brain-Patienten stützen die bei Läsionsstudien gefundenen Belege für Hemisphärenunterschiede in den Gedächtnisprozessen. Wie in Kapitel 2 erwähnt, hat das Durchtrennen des Corpus callosum bei gewöhnlichen Tests anscheinend kaum eine Wirkung auf das Gedächtnis der Patienten. Wenn man jedoch die Hemisphären einzeln prüft, zeigt sich, daß von der linken Hemisphäre vorrangig sprachliche, von der rechten insbesondere visuell-räumliche Information behalten wird. So zeigten Untersuchungen zur Hirndurchblutung im Verlauf einer Wiedererkennungsaufgabe, bei der visuell-räumliche Information verarbeitet werden mußte, eine höhere Aktivierung des rechten Temporallappens.[21] Diese Unterschiede sind natürlich aufgrund der (bereits in früheren Kapiteln diskutierten) Befunden darüber, mit welchen Reizen jede der beiden Hemisphären am besten umgehen kann, zu erwarten.

Andere Untersuchungen, die aus dem Blickwinkel der kognitiven Neuropsychologie durchgeführt wurden, haben ebenfalls Asymmetrien bezüglich der Wirkungen von hemisphärischen Läsionen auf das Gedächtnis aufgezeigt. Zum Beispiel kommt es nach Schädigung der unteren (inferioren) Region des linken hinteren Parietallappens anscheinend zu einer selektiven Beeinträchtigung der kurzzeitigen phonologischen Speicherung.[22] Das visuell-räumliche Kurzzeitgedächtnis hingegen war speziell durch Läsionen in bestimmten Bereichen des hinteren Teiles der rechten Hemisphäre betroffen.[23] Weitere Befunde, die für ein neueres Modell der Gedächtnisfunktion von Bedeutung sind, werden im nächsten Abschnitt dargestellt.

Stufen der Gedächtnisbildung und die Hemisphären: Untersuchungen mit bildgebenden Verfahren

Die weiter oben aufgeführte Liste möglicher Unterteilungen des Gedächtnisses enthielt auch die Unterscheidung zwischen deklarativ und nichtdeklarativ. Dieses Klassifikationsschema ist ein Versuch, die ältere Dichotomie von episodisch versus semantisch zu modifizieren, denn diese kann offenbar nicht immer alle Formen des Gedächtniseinbruchs erklären. Deklarative Gedächtnisinhalte sind Erinnerungen an spezifische Fakten und Ereignisse, also praktisch explizites Gedächtnis. Das deklarative Gedächtnis umfaßt demnach das gesamte episodische Gedächtnis, schließt aber auch einiges an semantischem Wissen im Sinne von Erinnerungen an Gesichter, Wörter, Gegenstände und so weiter ein. Dem nichtdeklarativen Gedächtnis liegen die Reiz-Reaktions-Gewohnheiten (konditionierte Reaktionen, englisch *habits*) sowie die verschiedenen motorischen und kognitiven Fertigkeiten zugrunde, die im wesentlichen automatisiert wurden. Es sind eigentlich Inhalte des impliziten Gedächtnisses, die sich durch implizite Testtechniken nachweisen lassen, beispielsweise durch jene, die man benutzt, um die indirekten Auswirkungen von Testdurchgängen auf nachfolgende Sitzungen zu untersuchen. Unbewußte motorische Fertigkeiten und Effekte des Priming sind Beispiele hierfür.

Der Neuropsychologe Larry Squire und seine Kollegen, die die Unterscheidung von deklarativ versus nichtdeklarativ verfechten, haben kürzlich eine PET-Studie bei normalen Versuchspersonen in verschiedenen Stadien der Gedächtnisprüfung durchgeführt. Nach Squire weisen die Ergebnisse dieser Untersuchung zusammen mit denen aus verwandten elektrophysiologischen Studien darauf hin, daß deklarative und nichtdeklarative Gedächtnisinhalte mit neuronalen Aktivitäten in unterschiedlichen Hirnregionen und verschiedenen Hemisphären assoziiert sind.

Die PET-Studie lieferte einen direkten Beleg für die wichtige Rolle, die der rechte posteriore Cortex – und zwar der Bereich, der knapp außerhalb des primären visuellen (striären) Cortex liegt – beim Wort-Priming spielt. Das Priming wurde dadurch gemessen, daß man die Versuchspersonen Wörter beurteilen („mag ich" beziehungsweise „mag ich nicht") und anschließend eine Wortteilergänzungsaufgabe durchführen ließ, bei der sie zur Ergänzung Wörter aus dem vorangegangenen Untersuchungsabschnitt benutzen konnten.[24] Die Hirndurchblutung in einer Region des rechten extrastriären Cortex war während der Wortteilergänzungsaufgabe nach Priming signifikant niedriger als während der Kontrollbedingung, in der Wortteile ohne vorheriges Priming ergänzt werden mußten.

Eine Erklärung der reduzierten Aktivität während des Priming besagt, daß für eine gewisse Zeitdauer nach Präsentation des Wahrnehmungsreizes weniger neuronale Aktivität für die Bearbeitung des gleichen Stimulus benötigt wird. Squire schlug vor, daß dies eine physiologische oder neuronale Konsequenz des psychologischen Hauptmerkmals des Priming sei – demnach wären weniger Informationen erforderlich, um einen Reiz wahrzunehmen und zu identifizieren, wenn er zum zweiten Mal dargeboten wird.

Die Untersucher maßen auch das explizite Gedächtnis, indem sie Wortteile als Hinweisreize für die Reproduktion zuvor dargebotener Wörter verwendeten. Sie fanden dabei eine Aktivierung in den rechten hippocampalen Regionen. Darüber hinaus war der gesamte Anstieg in der Hirndurchblutung unter dieser Reproduktionsbedingung mit Reizvorgabe signifikant größer als während des Priming. In dieser Untersuchung führte die Erinnerungsaufgabe also zu einer Aktivierung, die sich von dem Priming-Experiment deutlich unterschied.

Squire ist der Meinung, daß diese Studien die Vorstellung von multiplen Gedächtnisformen stützen und auch die Annahme belegen, daß deklaratives und nichtdeklaratives Gedächtnis tatsächlich mit verschiedenen und voneinander getrennten neuronalen Prozessen assoziiert sind. Er ist davon überzeugt, daß die Effekte des Priming auf Funktionen des rechten posteriB C orten Cortex beruhen, die noch vor einer Analyse der Bedeutung in Aktion treten. An späteren Stadien des Gedächtnisprozesses sind dann der Hippocampus und weiter verteilte corticale Areale beteiligt. Diese bewirken das eigentliche bewußte Erinnern – der Gedächtnisgegenstand wird deklarativ erinnert, das heißt in bezug auf seine Bedeutung und auf den Zusammenhang, in dem er dargeboten wurde.

Obgleich viele Gedächtnisforscher diese Befunde lieber als Gedächtnisunterscheidung im Sinne von explizit versus implizit interpretieren, haben sich Squires Befunde offenbar grundsätzlich bestätigt. Mehrere neuere PET-Untersuchungen an

Versuchspersonen, die eine Wortteilergänzungsaufgabe durchführten, haben im wesentlichen bestätigt, daß die Durchblutung im rechten posterioren Cortex bei zuvor gelernten (*primed*) Wörtern geringer war als bei zuvor nicht gelernten Wörtern.[25]

Elektrophysiologische Studien zu ereigniskorrelierten Potentialen (EPs, nach dem englischen *event related potentials* auch ERPs) bei gesunden Versuchspersonen deuten ebenfalls darauf hin, daß für deklaratives und nichtdeklaratives Gedächtnis unterschiedliche Gehirnsysteme zuständig sind.[26] Ereigniskorrelierte Potentiale im Zusammenhang mit deklarativem Gedächtnis (Reproduzieren oder Wiedererkennen von Wörtern) zeigten eine andere Amplitude, Latenz sowie Verteilung über dem Kopf als EPs auf Priming (Wortteilergänzungen oder identifizierende Wahrnehmung). In einer Untersuchung trat das größte EP beim Erinnern nach einer Latenz von 500 bis 800 Millisekunden auf, während das EP beim Priming nach einer Latenz von 400 bis 500 Millisekunden am stärksten ausgeprägt war. Das Priming-EP hatte die höheren Amplituden über den posterioren Ableitungsorten. Eine neuere Studie befaßt sich mit dem zeitlichen Verlauf der corticalen Aktivierung während Wortteilergänzungsaufgaben, wobei EPs von einer sehr dichten, 64-kanaligen Elektrodenanordnung abgeleitet wurden. Nach Ansicht der Forscher bestätigten ihre Ergebnisse die PET-Befunde nicht nur, sondern deuteten auch darauf hin, daß die reduzierte rechtshemisphärische Aktivität tatsächlich das Resultat einer effizienteren Input-Verarbeitung des Wortteils war (*bottom-up*-Verarbeitung) und nicht aus einer allgemein reduzierten Schwierigkeit der kognitiven Verarbeitungsprozesse resultierte, die notwendig sind, um das Zielwort zu generieren (*top-down*-Verarbeitung).[27]

Alles in allem ergeben sich aus den PET- und EP-Experimenten Indizien dafür, daß der posteriore Bereich der rechten Hemisphäre beim Gedächtnis unter Priming-Bedingungen eine Rolle spielt. Die Vorstellung, daß Vorinformationen das Ausmaß neurologischer Aktivität reduzieren können, die an der Verarbeitung eines Zielreizes beteiligt sind, ist ein attraktives allgemeines Modell für Priming.

Der Versuch, sich zu erinnern, und das tatsächliche Erinnern

In einer Folgeuntersuchung zur Reproduktion mit Reizvorgabe (explizites Gedächtnis) legten R. L. Buckner und Kollegen Versuchspersonen dreibuchstabige Wortanfänge vor und forderten sie auf, sich an zuvor gelernte Wörter zu erinnern, die entweder akustisch oder in einer anderen Schrift vorgegeben worden waren. Die Forscher fanden weder unter der einen noch unter der anderen Bedingung einen Beleg für eine hippocampale Aktivierung, doch unter beiden Bedingungen kam es zu einer erhöhten Durchblutung von Arealen im präfrontalen Cortex.

Der Psychologe Daniel Schacter hat vermutet, daß die frontalen Aktivierungen, die in PET-Untersuchungen zum expliziten Wiedererkennen häufig beobachtet wurden, mit dem Bemühen in Beziehung stehen, sich an kürzlich gelernte Begriffe zu erinnern. Seiner Ansicht nach deuten Untersuchungen, in denen man keine erhöhte Durchblutung des Hippocampus nachweisen konnte, darauf hin, daß der Versuch, sich an ein vergangenes Ereignis zu erinnern, allein nicht ausreicht, um den Hippocampus zu aktivieren – der Gedächtnisinhalt muß auch erfolgreich abgerufen werden. Um das „Bemühen, sich zu erinnern" vom „tatsächlichen Erinnern" zu trennen, führte Schacter ein Experiment durch.[28] Eine Versuchsbedingung wurde so ausgewählt, daß in einem späteren Gedächtnistest ein hohes Reproduktionsniveau gewährleistet war: Mehrfach wurden 20 Wörter präsentiert, und die Versuchspersonen wurden aufgefordert, die Anzahl der mit jedem Wort assoziierten Bedeutungen zu zählen. Die andere Versuchsbedingung war so ausgelegt, daß in einem späteren Test ein niedriges Reproduktionsniveau zu erwarten war: Eine Liste von 20 Wörtern wurde nur einmal dargeboten, und die Versuchspersonen wurden aufgefordert, ein einfaches nichtsemantisches Urteil über jedes Wort abzugeben.

Im Verlauf zweier sich anschließender Testsitzungen wurden PET-Untersuchungen durchgeführt. In einer der Testsitzungen sollten die Versuchspersonen dreibuchstabige Wortteile vervollständigen, die sich mit Wörtern aus der Versuchsbedingung „niedrige Reproduktion" ergänzen ließen; in der anderen waren die Wortteile so gewählt, daß sie sich mit Wörtern aus der Versuchsbedingung „hohe Reproduktion" ergänzen ließen. In letzterem Fall lag die Erfolgsquote, wie zu erwarten, deutlich höher. Anschließend wurden die Scans subtrahiert – gemäß der Prämisse, daß die Gehirnregionen, die spezifisch mit dem bewußten Erinnern eines Wortes verknüpft sind, beim Vergleich „hohe Reproduktions- minus niedrige Reproduktionsbedingung" eine deutliche Durchblutungszunahme zeigen sollten, wohingegen die Regionen, die spezifisch mit dem Bemühen assoziiert sind, sich ein kürzlich gelerntes Wort ins Gedächtnis zu rufen, eine Durchblutungszunahme beim Vergleich „niedrige Reproduktions- minus hohe Reproduktionsbedingung" eine Durchblutungszunahme aufweisen sollten. Wie sich herausstellte, war das Bemühen, sich an Zielworte zu erinnern, mit einer Durchblutungszunahme in linksseitigen Frontalregionen verbunden, während die bewußte Erinnerung an gelernte Wörter in beiden Hemisphären mit einer gesteigerten Durchblutung der Hippocampusformation einherging.

Auf den ersten Blick scheinen diese Befunde nicht zu dem von Moscovitch vorgeschlagenen Modell zu passen, in dem die hippocampalen Prozesse als unbewußt und automatisch bezeichnet werden. Tatsächlich stützen Schacters Ergebnisse jedoch die von Moscovitch vorgeschlagene Rolle für die Frontallappen wie auch für den Hippocampus; die Frontallappen haben Anteil am bewußten Bemühen, Gedächtnisinhalte abzurufen, und der Hippocampus liefert die Erinnerung, sobald der richtige Hinweisreiz erfolgt. Schacters PET-Untersuchung hat gezeigt, daß eine Erinnerung auch wirklich erfolgreich abgerufen werden muß, damit der Hippocampus aktiviert wird; ein Versuch allein reicht nicht aus. Moscovitch benutzt den Begriff „bewußt", um darauf hinzuweisen, daß sich die Person, die sich um den Abruf einer Erinnerung bemüht, dessen bewußt ist, während Schacter diesen Begriff verwendet, um das tatsächliche Erinnern selbst anzusprechen.

Hemisphärische Asymmetrien beim Enkodieren und Erinnern

Aufgrund der Ergebnisse mehrerer PET-Studien hat der Psychologe Endel Tulving ein funktionelles neuroanatomisches Modell der Enkodierung und des Abrufs des episodischen Gedächtnisses vorgeschlagen, in dem rechter und linker präfrontaler Cortex verschiedene Rollen spielen. Eine PET-Studie von Shitij Kapur und Kollegen konzentrierte sich auf die episodische Gedächtnisenkodierung. Während Probanden mit einer „oberflächlicheren" oder einer „tiefergehenden" Enkodierungsaktivität beschäftigt waren, wurde ihre zerebrale Durchblutung gemessen.[29] Eine oberflächliche Enkodierung bestand aus einer einfachen Wiederholung angebotener Substantive; die tiefergehende Enkodierung versuchte man dadurch zu erreichen, daß man die Versuchspersonen aufforderte zu entscheiden, ob das Substantiv ein lebendes oder ein unbelebtes Objekt darstellte; das Wort wurde also mit einer gewissen semantischen Information ausgestattet. Im Vergleich zur oberflächlichen Enkodierung wurde die tiefe Enkodierung von einer deutlichen linksseitigen präfrontalen Aktivierung begleitet und führte zu einer höheren Wiedererkennungsleistung des Reizmaterials. Die präfrontale Aktivierung war asymmetrisch: Die Enkodierungsbedingungen zeigten in rechtsseitigen präfrontalen Bereichen keinen signifikanten Unterschied.

In einer anderen PET-Studie ging es um den Abruf aus dem episodischen Gedächtnis.[30] Die Probanden hörten entweder neue Sätze oder vergleichbare Sätze, die sie am Tag zuvor gelernt hatten. Alle anderen Bedingungen wurden konstant gehalten. Die Probanden erkannten die „alten" Sätze ohne Schwierigkeiten, und ihr Wiedererkennen ging mit einer Durchblutungssteigerung in verschiedenen Hirnorten einher, darunter auch dorsolateralen präfrontalen Hirnregionen (das heißt oben seitlich-vorn im Frontallappen) in der rechten Hemisphäre. Auf der Basis dieser und mehrerer anderen Studien hat Tulving ein sogenanntes HERA-Modell (von *hemispheric encoding/retrieval asymmetry*) des episodischen Gedächtnisses vorgeschlagen. Diesem Modell zufolge sind der linke und der rechte präfrontale Lappen Teil eines ausgedehnten neuronalen Netzwerks, das der episodischen Erinnerung dient, doch jede Hemisphäre spielt eine andere Rolle innerhalb dieses Netzwerks. Die linken präfrontalen Cortexregionen spielen eine größere Rolle beim Abruf von Information aus dem semantischen Gedächtnis und bei der gleichzeitigen Enkodierung neuer Aspekte der abgerufenen Information in das episodische Gedächtnis. Die rechten präfrontalen Cortexregionen hingegen spielen beim Zugriff auf das episodische Gedächtnis eine Rolle.

Indizien für eine ähnliche hemisphärische Gedächtnisasymmetrie in bezug auf Gegenstände stammen aus anderen neueren PET-Studien. Eine Studie, in der die funktionelle Anatomie des Gedächtnisses für Objektlokalisation untersucht wurde, enthüllte einen interessanten hemisphärischen Effekt hinsichtlich der Beziehung von Enkodierung versus Wiedererkennen.[31] Während normale Freiwillige die Orte von acht Objekten auf einem Computerschirm enkodierten (memorierten) und anschließend zu erinnern versuchten, wurde ihre Hirndurchblutung gemessen. Unter Kontrollbedingungen, die darauf abzielten, das Gedächtnis für die Objektlokalisation in seine Komponenten zu zerlegen, wurden die Probanden aufgefordert, acht verschiedene Orte, die von identischen weißen Boxen auf dem Schirm repräsentiert wurden, lediglich zu enkodieren und zu erinnern. Bei der Analyse der Daten fanden die Forscher eine erhöhte Durchblutung in der rechten Hippocampusregion, wenn sie die einfache Bedingung „Ort erinnern" von der komplexeren Bedingung „Objekt/Ort erinnern" subtrahierten. Wenn sie hingegen die einfache Bedingung „Ort enkodieren" von der komplexeren Bedingung „Objekt/Ort enkodieren" abzogen, ließen sich in der Hippocampusregion keine Veränderungen beobachten; dafür kam es zu einer bilateralen Aktivierung in den Frontallappen (Gyrus fusiformis anterior). Überdies stellten sie fest, daß die beiden Enkodierungsbedingungen verstärkt linkshemisphärische Regionen aktivierten, die beiden Abrufbedingungen hingegen rechtshemisphärische Regionen.

Die Forscher wiesen darauf hin, daß ihre Ergebnisse mit visuellen Stimuli hinsichtlich der Asymmetrien in der frontalen Aktivität Endel Tulvings und Timothy

Shallices Modellen von der Enkodierung und Abruf verbalen Materials folgen.[32] Wenn man in der gerade diskutierten Studie die Bedingung „Objekt/Ort erinnern" von der Bedingung „Objekt/Ort enkodieren" abzog, beobachtete man nur in der linken Hemisphäre signifikante Veränderungen der Durchblutung. Im Gegensatz dazu erbrachte die umgekehrte Subtraktion (Erinnern minus Enkodieren) nur in der rechten Hemisphäre signifikante Aktivitätsherde.

Wenn man einen Teil der mit funktionellen bildgebenden Verfahren gewonnenen Daten über Gedächtnis überblickt, wird deutlich, daß sich die Einteilungen, Unterscheidungen und Abstufungen, die in der Gedächtnisforschung Anwendung finden, durch verschiedene Untersuchungen und insbesondere verschiedene Technologien (zum Beispiel PET und Elektrophysiologie) überzeugend belegen lassen. Funktionelle bildgebende Verfahren haben einige der Befunde über das Gedächtnis bestätigt, die auf klinischen und neuropsychologischen Daten basierten. Gehirnuntersuchungen mit diesen modernen Verfahren liefern den Forschern zudem neue und andersartige Informationen, zum Beispiel darüber, wie Priming-Effekte und die verschiedenen Stufen der Gedächtnisenkodierung und des Abrufs lateralisiert sein könnten.

Gedächtnis und Wahrnehmung: Die neue Synthese

In den sechziger Jahren entdeckten die Physiologen David Hubel und Torsten Wiesel, daß viele Neuronen im visuellen Cortex nur auf außerordentlich spezifische Merkmale von optischen Reizen reagieren, beispielsweise auf eine bestimmte räumliche Orientierung einer Linie. Außerdem fanden sie heraus, daß diese Neuronen hierarchisch organisiert sind und der Grad der Spezifität ihrer Reaktionen immer mehr zunimmt. Dies führte dann zu der Ansicht einer geradlinig, in einer Richtung verlaufenden Informationsverarbeitung bei der Wahrnehmung und sogar bei Gehirnfunktionen im allgemeinen. Dieser Sichtweise zufolge suchen sich die „frühen" oder auf „niedrigerem Niveau" funktionierenden sensorischen Neuronen die relevanten Details aus einer Unzahl von Daten heraus, die die reale Welt bietet. Eine Zusammenfassung wird dann zu Neuronen eines „höheren Niveaus" gesandt. Im Zuge dieser hierarchischen Verarbeitung wird die Information verfeinert und integriert. Das fertige Produkt, das dann im Gedächtnis gespeichert wird, besteht gewissermaßen aus einem „Destillat, das aber dennoch das Wesen einer Erfahrung vollständig beinhaltet" – so etwas wie ein fertiger Spielfilm.[33]

Diese Sicht der Dinge mag vielleicht die früheste Phase in der Analyse sensorischer Daten korrekt beschreiben, birgt aber ansonsten viele Probleme. Eines besteht darin, daß hier die Kunst des Wahrnehmens gewissermaßen einem „Homunculus" („Menschlein") zugewiesen wird, das den fertigen Film betrachtet. Eine andere Schwierigkeit ergibt sich daraus, daß unsere geistige Bibliothek unmögliche Ausmaße annähme, wenn jede Erfahrung individuell in ihrer Gesamtheit kodiert und separat gespeichert würde.

Es gibt eine alternative Vorstellung: Statt jedes mögliche Bild in höheren Gehirnzentren zu speichern, versucht das Gehirn, die Bilder zu rekonstruieren, indem es sensorische Fragmente zu unterschiedlichen Mustern reaktiviert. Die zur Zeit gängigen Konzepte betonen die enge Beziehung zwischen dem Ort der Speicherung und dem Ort, an dem die verarbeitenden Systeme das zu lernende Material wahrnehmen, bearbeiten und analysieren.[34] Die Beiträge einer Gehirnregion zum

Gedächtnis sind gewöhnlich eng mit den nichtmnemonischen (gedächtnisunabhängigen) Funktionen verbunden.[35] So beeinträchtigen beispielsweise Läsionen des inferioren posterioren temporalen Cortex – einer Region, die für die visuelle Diskrimination von Bedeutung ist – visuelles Erkennen und assoziatives Gedächtnis.[36] Schädigungen des superioren temporalen Cortex, also eines Gebiets, das für die auditive Diskrimination wichtig ist, führt zu Verlusten im auditiven Erkennen.[37]

In einer Reihe von PET-Studien wurde versucht darzustellen, wie stark der sensorische Cortex während des Vorstellens und des Erinnerns aktiviert wird. Und in der Tat verzeichnete man signifikante Zunahmen in der Aktivität von Hirnregionen, die ausschließlich sensorischen Funktionen zugeordnet worden waren.[38] Man hatte Versuchspersonen gebeten, sich mit geschlossenen Augen bestimmte Ereignisse bildhaft vorzustellen. Eine gesteigerte Hirndurchblutung fand sich nicht nur in Assoziationsgebieten (wo Verarbeitungen auf höherem Niveau vermutet werden), sondern auch im primären sensorischen Cortex. Diese Befunde stützen die Ansicht, daß das Erinnern von Ereignissen auch eine gewisse Aktivität derjenigen Hirnregionen voraussetzt, die an der ursprünglichen sensorischen Analyse und Wahrnehmung dieser Geschehnisse beteiligt waren.

Konvergenzzonen der Wahrnehmung und das Gedächtnis

Der Neurologe Antonio Damasio hat die oben beschriebene Überlegung weiter ausgeführt und die Existenz einer besonderen Form der hierarchischen Cortexorganisation vorgeschlagen, die sich für die Rekonstruktion von Gedächtnisinhalten effizient nutzen ließe. Statt eine Gedächtnisrepräsentation eines individuellen Gegenstandes abzuspeichern, würden in bestimmten Regionen bestimmte Konstellationen aus denjenigen Details zusammengestellt, die erforderlich sind, um einen Gegenstand von einem anderen zu unterscheiden. Für solche Regionen schlug Damasio den Begriff Konvergenzzonen vor. Im Falle der Prosopagnosie, so vermutet er, hätten die Patienten die Konvergenzzonen für jedes einzigartige visuelle Bild (von einem Gesicht und, in vielen Fällen, von bestimmten Automarken) verloren. Zonen auf niedrigerem Niveau, die eine geringere Anzahl von Merkmalen miteinander verbinden, um beispielsweise ein Gesicht als solches (und nicht als einen Hut) zu erkennen, blieben unverändert, ebenso wie solche auf höherem Niveau, die verschiedenste Merkmale wie Gang, Stimme, Gesicht und Namen miteinander verknüpfen. Geschädigt wären Zonen auf mittlerem Niveau, die ein Gesicht (oder ein Auto) von einem anderen unterscheiden.[39]

Auf der Basis von Hirnläsionsbefunden bei vielen Patienten kommt Damasio zu dem Schluß, daß sich ähnliche Hierarchien von Konvergenzzonen über den zerebralen Cortex hinweg erstrecken – Konvergenzzonen für allgemeines Wissen, die ihrerseits in Konvergenzzonen für spezifisches Wissen einmünden. Die Konvergenzzonen speichern nur Informationen, die für die Verbindung von Wissensfragmenten benötigt werden, nicht die Fragmente selbst. Diese Fragmente – zum Beispiel die Farbe der Augen und die Form der Nasenflügel – bleiben in den verschiedenen sensorischen Cortexarealen verstreut. Um ein Bild zu erinnern, müssen die Konvergenzzonen die verschiedenen Fragmente reaktivieren. Damasio weist darauf hin, daß sich mit Hilfe dieser Idee die fließende Wandelbarkeit geistiger Bilder mit der begrenzten Speicherkapazität des Gehirns in Einklang bringen läßt.

Wahre und falsche Erinnerungen

Ungenauigkeiten beim Erinnern, Gedächtnisverzerrungen und Illusionen sind in der psychologischen Literatur sowohl im Hinblick auf normale Versuchspersonen als auch auf hirngeschädigte Patienten häufige Themen. Die moderne Analyse von Gedächtnisverzerrungen wird gewöhnlich auf Bartlett zurückgeführt, einen britischen Psychologen, der sich zu Beginn der dreißiger Jahre damit beschäftigte, wie Leute manchmal Geschichten, die sie kurz zuvor gehört haben, falsch erinnern.[40] Dieses Thema hat nicht nur für das Wesen der Erinnerung, sondern auch für die Praxis, wie die Identifizierung durch Augenzeugen, weitreichende Folgen. Daniel Schacter und seine Kollegen an der Harvard University und am Massachusetts General Hospital berichteten kürzlich von einem interessanten Unterschied in ihren PET-Studien zum wirklichkeitsgetreuen („richtigen") versus eingebildeten („falschen") Erinnern.[41] Unter einer Versuchsbedingung wurden die Probanden aufgefordert, sich eine Wortliste einzuprägen, die ihnen vorgelesen wurde. Anschließend wurde ihre Hirndurchblutung gemessen, als sie einer anderen Wortliste zuhörten, von der sie alle Wörter als „alt" identifizieren sollten, die sie bereits zuvor gehört hatten. Unter einer anderen Versuchsbedingung enthielt die zweite Liste Wörter, die semantisch mit Begriffen auf der ersten Liste verwandt waren: beispielsweise „Bonbon" und „Schokolade" auf der ersten Liste, „süß" auf der zweiten. Wie zuvor wurden die Probanden aufgefordert, nur auf diejenigen Wörter mit „alt" zu antworten, die sie zuvor schon einmal gehört hatten.

Obgleich die PET-Bilder viele Ähnlichkeiten zwischen der Gehirnaktivität während wahrheitsgetreuer versus eingebildeter Erinnerung zeigten, gab es einige interessante Unterschiede zwischen beiden Durchblutungsmustern. Wahrheitsgetreues wie auch eingebildetes Wiedererkennen war, wie nach früheren Untersuchungen zum episodischen Gedächtnis zu erwarten, mit einer linksseitigen hippocampo-medialen temporalen Aktivierung verbunden. Wahrheitsgetreues Wiedererkennen zeichnete sich durch eine zusätzliche Durchblutungszunahme in der linken tempo-parietalen Region (linker Gyrus angularis) aus, die zuvor am Behalten von auditiv-phonologischer Information beteiligt war, das heißt in derselben Region, die bei PET-Studien des verbalen Kurzzeitgedächtnisses identifiziert wurde.[42] Beim falschen Erinnern ergab sich hingegen ein größeres Maß an frontaler Aktivität. Darin, spekulierten die Forscher, könnte sich das Bemühen der Probanden widergespiegelt haben, zu einem Urteil über das Gefühl der Vertrautheit zu gelangen, das von den falschen Zielbegriffen induziert wurde. Sie mußten einen Konflikt zwischen zwei einander entgegengesetzten Tendenzen lösen: ein Wort „alt" zu nennen, weil sie das Gefühl hatten, das Wort sei bereits genannt worden, oder es als „neu" zu bezeichnen, weil sie keine „Spur" der aktuellen phonologischen Verarbeitung finden konnten.* Zusätzliche klinische Belege für diese Hypothese stammen aus der Untersuchung eines Patienten, der einen Schlaganfall im rechten Frontallappen erlitten hatte und eine außerordentlich hohe Rate falscher Erinnerungen für jedweden Reiz zeigte, der von seiner Bedeutung her dem ihm zuvor präsentierten Material ähnelte.[43]

Es ist natürlich interessant, daß einer der Hauptunterschiede zwischen wahrheitsgetreuer und illusorischer Erinnerung in dieser Studie die Präsenz von Akti-

---

* Man beachte, daß die Rolle der Frontallappen der von Moscovitch (Referenz 17 und 18) vorgeschlagenen entspricht und bereits früher in diesem Kapitel diskutiert worden ist.

vität in einer Region betraf, die mit der ursprünglichen phonologischen Verarbeitung des Wortreizes verknüpft ist. Diese Befunde stützen in ihrer Tendenz die allgemeine Vorstellung, die wir bereits diskutiert haben: daß beim Erinnern viele derjenigen Schritte wiederholt werden müssen, die an der Wahrnehmung beteiligt waren. Natürlich fragt man sich, ob Untersuchungen mit bildgebenden Verfahren wie diese jemals dazu dienen könnten, Zeugenaussagen in Fällen zu bestätigen oder in Frage zu stellen, wo die Länge der verflossenen Zeit das tatsächliche Ereignis hat verblassen lassen. Wenn dies auch ein faszinierender Gedanke ist, so sind die Variablen bei weitem zu zahlreich und gegenwärtige Techniken zu stark von multiplen Probandenanalysen abhängig, als daß diese Idee bald in der Realität umgesetzt werden könnte. Was wäre außerdem, wie Schacter in einem Interview über seine Studie grübelte, wenn das Gedächtnis für sensorische Einzelheiten verblaßt und man genau wie unter der Versuchsbedingung „falsches Erinnern" im PET-Experiment nur das Wesentliche dessen behält, was passiert ist.

Musik und die Hemisphären

Im ersten Kapitel haben wir einige Belege für die Rolle der rechten Hemisphäre im Bereich der Musik angeführt. Bei Patienten mit linkshemisphärischem Schlaganfall, der ihr Sprechen beeinträchtigte, war das Singen oft nicht gestört. Umgekehrt führte ein Schlaganfall in der rechten Hemisphäre häufig zu einem Verlust der musikalischen Fähigkeiten, während das Sprechen erhalten blieb.

Ältere Forschungsergebnisse entsprachen der Vorstellung, daß die meisten Aspekte der Musikwahrnehmung rechtshemisphärische Funktionen sind. Bei Epilepsiepatienten, denen zur Entfernung anfallsauslösenden Gewebes der linke oder rechte Temporallappen herausgenommen wurde, hat man vor und nach der Operation die musikalischen Fähigkeiten getestet. Dabei zeigte sich, daß bei Tests zu Melodie, Lautstärke, Tondauer und Klangfarbe signifikant mehr Fehler auftraten, wenn die rechte Hemisphäre entfernt worden war. Bei Entfernung der linken Hemisphäre blieb die Leistung unverändert. Die Fähigkeit zu singen wurde auch bei Patienten untersucht, deren rechte Hemisphäre im Rahmen eines Wada-Tests vorübergehend betäubt war. Das Singen erwies sich als stark gestört, und obwohl rhythmische Elemente erhalten waren, reduzierte sich die Melodie auf die Wiederholung eines Tones.[44]

Berichte über andere klinische Fälle weisen jedoch darauf hin, daß die Dominanz der rechten Hemisphäre im Bereich der Musik nicht immer vollständig ist. Weitere Untersuchungen mit der Natriumamobarbital-Technik lassen ein komplexeres Bild erkennen: Wie erwartet, behindert eine rechtsseitige Injektion das Singen, doch kommt es auch nach linksseitiger Injektion zu einer Interferenz, die allerdings weniger stark ausgeprägt ist.[45] In einem Überblick über die Literatur zur musikalischen Wahrnehmung nach Hirnschädigungen zeigte Robert Zatorre, daß die Ausfälle nach rechtsseitigen Schädigungen am beständigsten die Verarbeitung von Tonhöhenmustern und von Klangfarbenunterschieden betreffen.[46] Linksseitige Schäden bewirken Probleme beim Benennen und Erkennen bekannter Melodien, unabhängig davon, ob gleichzeitig eine aphasische Behinderung besteht oder nicht.

So waren bei manchen Musikern nach einem linkshemisphärischen Schlaganfall zumindest einige dieser Fähigkeiten nachweislich beeinträchtigt. Der Komponist Maurice Ravel (1875–1937) erlitt auf dem Gipfel seiner Karriere einen Schlaganfall (vermutlich in der linken Hemisphäre) und entwickelte eine Wernicke-Aphasie. Viele seiner musikalischen Fähigkeiten blieben intakt. Er konnte Melodien erkennen und bemerkte sogar kleinste Fehler bei musikalischen Aufführungen. Außerdem hörte er auch weiterhin sehr genau heraus, wie gut ein Klavier gestimmt war. Doch im Gegensatz zu diesen erhaltenen Fertigkeiten erlebte Ravel einen beträchtlichen Verlust in der Fähigkeit, einzelne Töne zu erkennen (zu benennen) und Noten zu lesen. Er konnte auch nicht länger Klavier spielen oder Musikstücke schreiben, nicht einmal per Diktat.

Einige Neuropsychologen haben argumentiert, daß es bei der zerebralen Dichotomie hinsichtlich der musikalischen Expertise um eine linkshemisphärische Vermittlung „lokaler" Informationsverarbeitung in Melodien beziehungsweise um eine rechtshemisphärische Überlegenheit auf einem „globalen" Niveau geht.[47] Eine Studie zur Melodieverarbeitung bei Patienten mit rechtsseitigen und linksseitigen Hirnschädigungen ergab Belege für hemisphärische Dissoziationen bei der Verarbeitung von Tonhöhe und Rhythmus, doch mit einigen Einschränkungen: Obwohl die rechte Hemisphäre an der Verarbeitung der Tonhöhe – besonders von melodischen Konturen – beteiligt war, spielte die linke eine Rolle, wenn spezifische (lokale) Hinweisreize von Bedeutung waren – beispielsweise im Hinblick auf die Struktur musikalischer Intervalle. Eine Verarbeitung zeitlicher oder rhythmischer Variationen begünstigte anscheinend die linke Hemisphäre, es sei denn, globale Hinweise waren relevant.[48] Daher überlagerte die Dichotomie „lokal-global" anscheinend die Unterscheidung zwischen rechte Hemisphäre–Tonlage versus linke Hemisphäre–Rhythmik. Dieses Ergebnis wird auch durch die Fallstudie eines Musikers mit rechtshemisphärischer temporo-parietaler Schädigung gestützt. Der Patient hatte Probleme, Musik als emotional oder intellektuell bedeutungsvoll zu interpretieren, obwohl er weiterhin die Fähigkeit besaß, einzelne Elemente, wie Rhythmus, Melodie und Harmonie, zu verarbeiten.[49]

Alles in allem deuten die Befunde über Musik und Hemisphären jedoch darauf hin, daß manche musikalischen Fähigkeiten nicht ausschließlich in der rechten Hemisphäre lokalisiert sind, so wie auch nicht alle Sprachkomponenten eine gleichartige linkshemisphärische Lateralisierung aufweisen. Bei bestimmten Aspekten der Musikverarbeitung, die die Beurteilung von Dauer, Zeitstruktur, Reihenfolge und Rhythmus erfordern, ist charakteristischerweise die linke Hemisphäre stärker einbezogen, während die rechte eher an der Beurteilung von Klangfarbe und Lautstärke sowie am Gedächtnis für Töne und am Wiedererkennen von Melodien mitwirkt.

Die Module von Musikern: Erkenntnisse aus PET-Studien der Hirndurchblutung

Justine Sergent vom Montreal Neurological Institute führte vor einiger Zeit eine ehrgeizige PET-Untersuchung durch, bei der sie die Hirndurchblutung bei zehn klassisch ausgebildeten Musikern registrierte.[50] In der experimentellen Hauptbedingung sahen die Probanden auf einem Fernsehmonitor die Noten eines wenig bekannten Stückes, das jeder von ihnen mit der rechten Hand auf einer Klaviatur spielen mußte. Die Versuchspersonen hörten dabei, was sie spielten. Zusätzlich wurden PET-Scans unter sechs anderen „Kontrollbedingungen" erstellt; beispielsweise mußten die Probanden einfach den erhellten Bildschirm fixieren, sich Tonleitern anhören, mit der rechten Hand Tonleitern auf der Klaviatur spielen, bei Darbietung eines Punktes auf dem Bildschirm mit einer einfachen Handbewegung reagieren, vorgegebene Noten lesen sowie vom Band vorgespielten Noten zuhören.

Die PET-Scans des Gehirns wurden für jede Bedingung über alle Versuchspersonen hinweg gemittelt und dann jeweils paarweise (Aufgabe minus Kontrolle) miteinander verglichen, um die Teiloperationen der sukzessiv komplexer werdenden Aufgaben zu isolieren. Jede der drei Komponenten der experimentellen Hauptbedingung (Spielen, Hören, Lesen) aktivierte ein spezifisches Cortexareal. Beim Hören der Tonleitern fand sich eine Aktivierung im auditiven Cortex beider Hemisphären (wie man es bei akustischen Reizen auch vermuten würde) und in der superioren Temporalregion der linken Hemisphäre, gleichgültig, ob die Tonleitern den Versuchspersonen nur vorgespielt oder von ihnen selbst produziert wurden. Wenn die Probanden ein Musikstück hörten, ergab sich eine Aktivierung der gleichen Areale, aber zusätzlich zeigte sich auch eine Aktivität im rechten superioren Temporalcortex; somit erfolgte eine bilaterale Aktivierung, die beim einfachen Anhören von Tonleitern nicht festgestellt worden war.

Das Lesen der Noten aktivierte den visuellen Cortex in beiden Okzipitallappen (wie man es bei optischen Reizen erwarten würde), aber dabei wurden jene zusätzlichen Areale, die beim Verarbeiten von Wörtern angeregt werden, nicht miteinbezogen. Statt dessen zeichnete sich ein Bereich am Übergang zwischen linkem Okzipital- und Parietallappen ab. Sergent erklärt dies damit, daß man die relevante Information für das Lesen von Noten – im Gegensatz zum Lesen von Wörtern – dadurch erhält, daß man die räumliche Plazierung der Noten auf den Notenlinien analysiert (diese hat ja einen direkten Bezug zu den Tonhöhenintervallen).

Beim gleichzeitigen Notenlesen und Hören der entsprechenden Musik erfahren Bereiche in den unteren Parietallappen beider Hemisphären eine Aktivierung, was nicht der Fall ist, wenn man jede der beiden Bedingungen für sich allein untersucht. Sergent vermutet, daß hier eine Kartierung erfolgt, bei der der musikalischen Notation die entsprechenden Töne oder Melodien zugeordnet werden. Eine ähnliche Projektion von visuell nach auditiv führt der Parietalcortex beim Lesen von Wörtern durch, zwar nicht in der gleichen, wohl aber in einer benachbarten Region.*

Bei Durchführung der experimentellen Hauptaufgabe zeigten sich schließlich noch zwei weitere Regionen aktiviert. Eine davon befand sich in den superioren Parietallappen beider Hemisphären. Diese Aktivität soll die Umsetzung der Notenschrift in visuell kontrollierte Fingerstellungen bei der Ausführung des Musikstückes repräsentieren. Die andere aktivierte bezog den Bereich im linken Frontallappen unmittelbar oberhalb des Brocaschen Areals ein. Da das Brocasche Areal eine entscheidende Rolle bei der Organisation der motorischen Sequenzen spielt, die der Sprachproduktion zugrunde liegen, ist Sergent der Meinung, daß die benachbarte Region eine ähnliche Funktion beim Spielen auf der Tastatur hat. Diese Studie zeigt, daß das Lesen und Spielen von Noten Hirnrindenareale aktiviert,

---

* Hier geht man vom Läsionsort bei Patienten mit Alexie ohne Agraphie aus (Kapitel 7).

die sich von denen, die ähnliche verbale Operationen unterstützen, unterscheiden, ihnen aber benachbart sind. Sergent zufolge erklärt dieses Ergebnis, warum einige Musiker, die eine linkshemisphärische Schädigung mit Aphasie erlitten haben, auch in ihren musikalischen Fertigkeiten beeinträchtigt sind. Die Untersucherin weist ferner darauf hin, daß diese Befunde mit einer modulären Sichtweise der Gehirnorganisation übereinstimmen und die einzigartigen Fähigkeiten spezifischer zerebraler Regionen betonen. Darüber hinaus stehen die Ergebnisse mit der Vorstellung von einer verteilten zerebralen Organisation im Einklang. Diese sei deshalb notwendig, weil es sich bei musikalischen Leistungen und den meisten anderen Formen des menschlichen Ausdrucks um vielfältige Prozesse handelt.

Belege für zerebrale Reorganisation bei Musikern

Zwei neuere Studien mit Musikern haben interessante Belege für entwicklungs- und erfahrungsbedingte Veränderungen geliefert, die die Gehirnorganisation betreffen: im einen Fall wurde die Hirndurchblutung bei Fingerbewegungen registriert, im anderen das Corpus callosum kernspintomographisch vermessen.

Mittels Magnetenzephalographie (MEG) wurde in der einen Studie die corticale Antwort auf Fingerstimulation der linken und der rechten Hand bei neun Musikern gemessen, die Saiteninstrumente spielten (Geiger, Cellisten und ein Gitarrist), und mit derjenigen von Kontrollpersonen verglichen, die keine Musiker waren. Nach Ansicht der Forscher sollten Geiger und andere Saiteninstrumentspieler ein gutes Modell für die Effekte liefern, die unterschiedliche sensomotorische Inputs auf die beiden Seiten des Gehirns ausüben. Beim Üben oder Vorspielen sind der zweite bis fünfte Finger der linken Hand ständig damit beschäftigt, die Saiten zu greifen – eine Aufgabe, die eine beträchtliche Fingerfertigkeit erfordert und die sensorische Stimulation verstärkt. Eine Analyse der magnetischen Quelle (Dipolmoment) während der experimentellen taktilen Stimulation zeigte, daß die Antwort im primären sensorischen Cortex bei den Musikern verschoben und für die linke Hand größer war als bei den Kontrollpersonen.

Diese Antwortverschiebung von der Fingerregion zu der Region hin, die gewöhnlich die Handfläche repräsentiert, sowie die Zunahme der Signalstärke spiegeln, so die Interpretation, eine für Musiker typische Zunahme der gesamten corticalen Repräsentation ihrer linken Finger wider. Zudem fand man eine Korrelation zwischen diesen Veränderungen und dem Alter, in dem die Saiteninstrumentspieler ihr Instrument zu erlernen begannen: Je früher sie zu üben begonnen hatten, desto größer waren die Veränderungen im Cortex. Daraus zogen die Forscher den Schluß, daß sich das corticale Territorium der linken Hand bei Saiteninstrumentalisten ausdehnt und seine Größe vom Alter abhängt, in dem sie zu spielen anfangen.[51]

In der anderen Studie wurden 30 Berufsmusiker (Vertreter der klassischen Musik, entweder Tasten- oder Saiteninstrumentspieler oder beides) mit den Scans von 30 Kontrollpersonen verglichen, die keine Musiker waren, den Musikern aber im Hinblick auf Alter, Geschlecht und Händigkeit entsprachen. (Die Musiker beschrieben sich alle als rechtshändig, wiesen aber bei formalen Tests zur motorischen Geschicklichkeit eine größere Beidhändigkeit auf als die Kontrollpersonen.) Die Analyse der kernspintomographischen Scans ergab, daß die vordere Hälfte des Corpus callosum, gemessen in der Sagittalebene zwischen den Hemisphären, bei

Musikern signifikant größer war. Dieser Unterschied ging fast ausschließlich auf die Untergruppe von Musikern zurück, die bereits vor ihrem siebten Lebensjahr mit ihrem musikalischen Training begonnen hatten. Die Forscher sehen darin einen Hinweis auf einen Unterschied in der interhemisphärischen Kommunikation bei Musikern und Kontrollpersonen, denn anatomische Untersuchungen haben Indizien für eine positive Korrelation zwischen Größe des Corpus callosum und der Anzahl der hindurchziehenden Nervenbahnen erbracht. Sie vermuten aufgrund der Daten überdies Unterschiede in der hemisphärischen Symmetrie der sensomotorischen Areale. Ihre Ergebnisse stützen die Ansicht, daß sich Reifungsveränderungen im Corpus callosum bis in die späte Kindheit erstrecken.[52]

Alles in allem liefern diese beiden Studien zwar nur vorläufige, doch recht überzeugende Hinweise auf entwicklungs- und erfahrungsbedingte Veränderungen der Gehirnorganisation in einem vergleichsweise makroskopischen Bereich. Wie Gottfried Schlaug, der Hauptautor der kernspintomographischen Studie, vermutet, könnte sich die Untersuchung von Musikern als besonders vielversprechend erweisen, um Beziehungen zwischen Gehirnstruktur und Verhalten aufzudecken.

Emotionen

Gefühle sind beim Menschen mit vielerlei seelischen Zuständen, Reaktionen und Einstellungen verbunden. Einige von ihnen stehen über die beteiligten Gehirnmechanismen zueinander in Beziehung, andere nicht. Informationen über Emotionen spiegeln sich im Gesichtsausdruck wie auch in weniger auffälligen körperlichen Zeichen wider. Gefühle kann man direkt sprachlich äußern oder auch im Tonfall zum Ausdruck bringen. Wie bei anderen Untersuchungen des Zusammenhangs zwischen Gehirn und Verhalten hängt die Antwort auf die Frage, wo und wie emotionale Prozesse im Gehirn ablaufen, stark davon ab, welche Aspekte emotionalen Verhaltens man erforscht.

Emotionstheorien

Um Emotionen zu erklären, hat man drei wichtige Theorien vorgeschlagen[53]:

Rückmeldung körperlicher Zustände Nach der James-Lange-Theorie rufen emotionsauslösende Reize körperliche Veränderungen (in den Muskeln und Eingeweiden) hervor, und das Erleben dieser Veränderungen soll im wesentlichen die Emotion sein. Das „komische Gefühl in der Magengegend", das mit Angst und aufregenden Situationen einhergeht, oder die mit einem „Adrenalinstoß" verbundenen Empfindungen im Oberkörper, die im Zusammenhang mit Gefahr und Furcht auftreten, seien solche körperlichen Veränderungen, deren Wahrnehmung wir als emotionale Zustände interpretieren.

Obwohl diese Theorie seit ungefähr 100 Jahren kursiert und von vielen Psychologen ins Lächerliche gezogen oder zumindest abgelehnt worden ist, zeigen einige neuere Untersuchungen, daß sich durchaus verschiedene körperliche Reaktionen mit unterschiedlichen Emotionen in Verbindung bringen lassen.[54] Auch können bestimmte Pharmaka, die nur im Körper wirken (und nicht ins Gehirn gelangen)

Angst und Furcht bei Menschen und Tieren verringern.[55] Darüber hinaus gibt es Hinweise dafür, daß Patienten mit sehr hoch sitzenden Rückenmarksverletzungen, die die Verbindung zwischen Gehirn und einem großen Teil des Körpers unterbrechen (Querschnittslähmungen), emotionale Zustände weniger intensiv erleben als Patienten mit Läsionen tiefer gelegener Rückenmarksabschnitte.[56]

Diese „somatische" Theorie liefert wohl kein allumfassendes Modell der Emotionen, doch zeigt sie einen wichtigen, oft übersehenen Aspekt des emotionalen Erlebens auf. Der Neurologe Antonio Damasio hat kürzlich in seinem Buch *Descartes' Error* eindringlich auf die große Bedeutung von Körper und körperlichem Empfinden für das emotionale Empfinden hingewiesen.[57]

Kognitive Erregung Die Theorien der kognitiven Erregung nach Marañon und Schachter gehen davon aus, daß ein kognitiver Zustand mit der Erregung interagieren muß, um eine Emotion zu erzeugen. Der Psychologe Stanley Schachter glaubte die James-Lange-Theorie von der körperlichen Rückmeldung widerlegt zu haben, nachdem er gezeigt hatte, daß eine pharmakologisch induzierte körperliche Erregung allein noch keinen emotionalen Zustand hervorruft. In Schachters Experiment schrieben die Versuchspersonen dem gleichen (durch eine Adrenalininjektion hervorgerufenen) Erregungszustand unterschiedliche Emotionen zu, je nachdem, in welchem mentalen Zustand sie sich gerade befanden. Dieser Zustand wurde dadurch manipuliert, daß man die Vesuchspersonen unterschiedlich auf das Experiment vorbereitete.[58]

Diese oft zitierte Untersuchung ist in neuerer Zeit kritisiert worden, vor allem wegen der sehr weitgehenden, verallgemeinernden Schlußfolgerungen. Diese seien aufgrund des sehr beschränkten methodischen Vorgehens, beispielsweise der Verwendung nur eines einzigen Pharmakons, nicht gerechtfertigt.[59] Dennoch sind viele Neuropsychologen der Meinung, daß die Theorie der kognitiven Erregung mit den Auswirkungen links- und rechtshemisphärischer Schädigungen auf die Emotionen, die in der Klinik zu beobachten sind, gut übereinstimmen.

Zentrale Emotionstheorien Den zentralen Theorien zufolge sind Emotionen und subjektive Gefühle ausschließlich auf Aktivitäten des Zentralnervensystems zurückzuführen, also allein auf Funktionen des Gehirns und nicht auf Veränderungen im Körper. Cannon sprach im Jahre 1927 dem Thalamus, einer Struktur in der Tiefe des Gehirns, eine entscheidende Bedeutung zu. Er meinte, vom Thalamus gingen Signale aus, die nicht nur für das emotionale Verhalten wichtig seien, sondern beim Erreichen des Cortex auch das subjektive emotionale Erleben hervorriefen. Seit Cannons Zeiten haben andere „zentralistische" Emotionstheorien zunächst den Hypothalamus, eine andere subcorticale Struktur, zum Hauptorgan der Emotion gemacht und später dann einen umfangreichen Regelkreis zugrunde gelegt, an dem Hypothalamus, Thalamus, Hippocampus und Cortex beteiligt sind.

Höchstwahrscheinlich wird eine umfassende Theorie der Emotionen und der emotionalen Erfahrungen einerseits die Funktion zentraler Hirnstrukturen berücksichtigen müssen und andererseits zu bewerten haben, in welchem Umfang unsere emotionalen Erfahrungen von körperlichen Zuständen abhängen. Selbstverständlich werden auch die Körperreaktionen, die die James-Lange-Theorie so betont, vom Gehirn bestimmt, doch scheint dies automatisch, fast unmittelbar, zu erfolgen. Demnach unterliegen sowohl die kognitive Bewertung als auch die körperlichen Veränderungen, die mit einer emotionsauslösenden Situation einhergehen, der Steuerung durch das Gehirn. Daraus ergeben sich nun folgende Fragen: Was kommt zuerst, die körperliche Veränderung oder die kognitive Bewertung? Welche relative Bedeutung kommt jeweils dem einen und dem anderen zu? Und sind für die emotionsbedingten Veränderungen, seien sie nun körperlich oder kognitiv, spezifische Hirnregionen zuständig? Die meiste Forschung auf dem Gebiet der Hemisphärenunterschiede in bezug auf Emotionen hat sich mit dieser letzten Frage beschäftigt. Dabei suchte man einfach nach Unterschieden jeglicher Art, die mit links- beziehungsweise rechtshemisphärischen Schädigungen einhergehen, oder nach Hinweisen auf Asymmetrien im emotionalen Ausdruck oder in der emotionalen Wahrnehmung bei gesunden Versuchspersonen.

Emotionale Veränderungen nach Hemisphärenverletzungen

In mehreren Studien ist das emotionale Verhalten von Patienten, die einseitige Hirnschäden erlitten hatten, untersucht worden. Von linkshemisphärisch geschädigten Patienten wird berichtet, daß sie Gefühle von Verzweiflung, Hoffnungslosigkeit und Wut zum Ausdruck bringen (oft als Katastrophenreaktion oder als dysphorische Reaktion bezeichnet), während eine rechtshemisphärische Schädigung mit einer indifferent-euphorischen Reaktion einhergeht, bei der die Krankheitssymptome heruntergespielt werden und emotionale Gelassenheit sowie gehobene Stimmung vorherrschen. In einer vielzitierten Untersuchung ist beispielsweise die Häufigkeit von Katastrophen- und Indifferenzreaktionen bei 150 Patienten mit unilateralen Hirnläsionen verglichen worden. Von den Patienten mit linkshemisphärischen Läsionen zeigten 62 Prozent die Katastrophenreaktion, von den rechtshemisphärisch geschädigten aber nur zehn Prozent. Die Indifferenzreaktion trat hingegen bei 38 Prozent der Patienten mit rechtshemisphärischen Läsionen und nur bei elf Prozent derjenigen mit linksseitigen Schäden auf.[60]

Extreme emotionale Reaktionen sind auch nach einseitiger Injektion von Natriumamobarbital (Natrium-Amytal) in die Arteria carotis (Wada-Test) festgestellt worden. Einige Forscher beobachteten nach linksseitigen Injektionen dysphorische Reaktionen, die oft von Weinen begleitet waren.[61] Indifferent-euphorische Reaktionen traten bei signifikant weniger Patienten auf. Ein Forscher hat die Katastrophenreaktion so beschrieben: »... der Patient wirkt, besonders wenn er angesprochen wird, verzweifelt und bringt ein Gefühl der Schuld, der Nichtigkeit und der Unwürdigkeit zum Ausdruck und macht sich Sorgen über seine Zukunft oder über die seiner Angehörigen ...« Nach rechtsseitiger Injektion traten dagegen häufiger indifferent-euphorische Reaktionen auf als dysphorische, wobei die Patienten manchmal in schallendes Gelächter ausbrachen, wenn die Wirkung des Natrium-Amytals nachließ. Der gleiche Forscher beschrieb die Indifferenzreaktion als »eine völlig gegensätzliche emotionale Reaktion, eine Euphorie, die in manchen Fällen sogar die Intensität einer manischen Reaktion haben kann. Der Patient erscheint völlig unbesorgt, lächelt und lacht und bringt in der Mimik wie auch in Worten beträchtliche Lebendigkeit und Wohlgefühl zum Ausdruck.«[62]

Obwohl nicht alle Forscher zu derart konsistenten Ergebnissen gelangt sind, lassen die Befunde, die wir gerade zusammenfassend dargestellt haben, doch den

Schluß zu, daß sich die beiden Seiten des Gehirns bezüglich der von ihnen unterstützten emotionalen Zustände unterscheiden. Diese Interpretation wirft allerdings zwei Schwierigkeiten auf, mit denen wir uns hier beschäftigen müssen. Erstens könnten die im Zusammenhang mit Verletzungen sowohl der linken wie der rechten Gehirnhälfte beschriebenen emotionalen Veränderungen gar nicht darauf beruhen, daß jene Hirnfunktionen, die den Emotionen zugrunde liegen, beeinträchtigt wurden. Vielleicht stellen sie einfach eine Reaktion der Patienten auf die hirnverletzungsbedingten Leistungseinbußen dar. Eine Katastrophenreaktion infolge einer linkshemisphärischen Verletzung oder Betäubung wäre dann als Reaktion auf das Erlebnis zu verstehen, plötzlich nicht mehr sprechen zu können, und brächte nicht etwa eine Lateralisierung der Gefühle selbst zum Ausdruck. Auch wenn sich für die euphorischen Reaktionen nach rechtshemisphärischen Läsionen nicht ohne weiteres eine vergleichbare Erklärung anbietet, ist es durchaus möglich, daß dysphorische wie euphorische Reaktionen sekundäre Begleiterscheinungen anderer Beeinträchtigungen sind und nicht die unmittelbare Folge von Veränderungen lateralisierter Mechanismen, die die Grundlage der Gefühle bilden.

Die zweite Schwierigkeit betrifft die Beziehung zwischen den beiden Seiten des Gehirns und den hier diskutierten emotionalen Zuständen. Beispielsweise kann die Schädigung einer Gehirnseite emotionale Reaktionen durch ihre Auswirkungen auf eben diese Hemisphäre auslösen; möglicherweise wird aber auch die kontralaterale Seite beeinflußt – etwa weil ein Hirnbereich zerstört wurde, der normalerweise bestimmte Aktivitäten der anderen Hemisphäre hemmt. Wenn man das Wesen der Hemisphärenasymmetrien im emotionalen Bereich verstehen will, ist es wichtig zu ergründen, welche der beiden Möglichkeiten zutrifft.

Der Psychologe Harold Sackheim und seine Kollegen betrachteten Fälle von pathologischem, zwanghaftem Lachen und Weinen, in denen Patienten spontane, unkontrollierbare emotionale Verhaltensäußerungen zeigen, die in keinem Zusammenhang mit irgendwelchen objektivierbaren Ereignissen stehen.[63] Ihre Übersicht ergab, daß Patienten mit Zwangslachen dreimal so häufig rechtshemisphärische Läsionen erlitten hatten wie linkshemisphärische, während Zwangsweinen mehr als doppelt so oft in Verbindung mit linksseitigen Hirnschädigungen auftrat. Sackheim argumentiert, daß pathologisches Lachen und Weinen häufig vor allen anderen Beeinträchtigungen auftreten; oft stellten sie die ersten Anzeichen einer Hirnschädigung dar. Somit scheinen diese Befunde die Hypothese zu stützen, daß die beiden Seiten des Gehirns in unterschiedlicher Weise positiven und negativen Gefühlszuständen als Grundlage dienen.

Anschließend untersuchte Sackheim Fälle von unkontrollierten emotionalen Ausbrüchen in Form von Lach- und Weinanfällen, die manchmal mit epileptischen Anfällen einhergehen. Bei 91 Patienten mit Lachanfällen war die Wahrscheinlichkeit eines linksseitigen Herdes (Focus) der epileptischen Aktivität doppelt so groß wie die eines rechtsseitigen. Die Zahl der Patienten, die unter Weinanfällen litten, war sehr viel geringer. In den sechs untersuchten Fällen war die Beziehung zur Lage des Herdes weniger eindeutig. Bei vier Patienten vermutete man einen rechtsseitigen Focus, bei einem weiteren einen Herd auf der linken Seite; beim letzten schließlich konnte man sich nicht einigen, von welcher Seite die Anfälle ausgingen.

In Fällen von hirnverletzungsbedingtem pathologischem Lachen lagen vorwiegend rechtsseitige Läsionen vor. Im Falle des epilepsieverursachten unkontrollierbaren Lachens dagegen war der Focus der Krampfanfälle häufiger links als rechts lokalisiert. In einem ähnlichen Gegensatz standen die Befunde bei den wenigen Patienten mit hirnverletzungsbedingtem pathologischem Weinen beziehungsweise mit epileptischen Weinkrämpfen.

Obwohl diese Ergebnisse auf den ersten Blick widersprüchlich erscheinen könnten, sind sie in Wirklichkeit durchaus folgerichtig, denn epileptische Krampfanfälle hängen mit der Übererregbarkeit der Gehirnregionen im Bereich des Focus zusammen, während bei Läsionen Gehirngewebe zerstört und damit funktionsuntüchtig wird. Die Befunde lassen also den Schluß zu, daß unkontrollierbare Ausbrüche von Lachen entweder auf der Erregung innerhalb der linken Gehirnhälfte (wie bei der Epilepsie) oder auf der Ausschaltung eines hemmenden (inhibitorischen) Einflusses aufgrund einer rechtshemisphärischen Läsion (wie im Falle von Hirnverletzungen) beruhen. Die Folgerungen bezüglich des unkontrollierbaren Weinens müssen wegen der geringen Anzahl der Fälle noch als vorläufig betrachtet werden. Die vorliegenden Befunde passen jedoch zu der Vorstellung, daß zwanghaftes Weinen von einer Erregung innerhalb der rechten Gehirnhälfte herrührt oder durch die fehlende Hemmung der rechten Hemisphäre infolge einer linkshemisphärischen Verletzung zustande kommt.

Die Idee einer Enthemmung, wie sie hier vertreten wird, setzt voraus, daß die beiden Hälften des Gehirns bezüglich des Gefühlsausdrucks gewöhnlich einen inhibitorischen Einfluß aufeinander ausüben, der einen normalen, ausgeglichenen Zustand ohne unkontrollierbare emotionale Ausbrüche gewährleistet. Im Falle einer einseitigen Verletzung wird diese Form der gegenseitigen Inhibition beeinträchtigt, und die geschädigte Seite vermag ihr Gegenstück nicht mehr im gleichen Maße zu hemmen; die andere Hemisphäre wird somit enthemmt.

Dem Modell einer hemisphärischen Kontrolle der Emotionen zufolge, das sich aus dieser Übersicht ergibt, unterstützt die linke Seite des Gehirns gewöhnlich positive Emotionen, während die rechte Hemisphäre typischerweise für negative Emotionen zuständig ist. Das Modell stellt eine nützliche Arbeitshypothese dar, mit deren Hilfe sich ein Großteil der oben erwähnten Befunde erklären läßt. Es ist aber längst noch nicht vollständig und allgemein anerkannt.

Die Wahrnehmung und der Ausdruck von Gefühlen

Klinische Befunde Wie bereits bei der Erörterung der Sprachstörungen erwähnt, lassen einige klinische Befunde vermuten, daß die rechte Hemisphäre bei der Verarbeitung emotionaler Information eine wichtige Rolle spielt. Kenneth Heilman und seine Mitarbeiter berichten beispielsweise, daß Patienten mit einer Schädigung der rechten Gehirnhälfte mehr Schwierigkeiten haben als linkshemisphärisch geschädigte, die emotionale Botschaft zu erfassen, die beim Sprechen durch den Tonfall vermittelt wird.[64]

Die Patienten betrachteten Bilder von vier Gesichtern – einem glücklichen, einem traurigen, einem wütenden und einem gleichgültigen – und hörten dabei Sätze, die mit verschiedenem Ausdruck vorgelesen wurden. Die Sätze selbst waren neutral und ohne emotionalen Inhalt; die emotionale Information lag allein in der Art, wie der Versuchsleiter die Sätze las. Die Aufgabe der Versuchsperson bestand darin, auf das Gesicht zu zeigen, das der Stimmung, die der Sprecher bei jedem Versuchsdurchgang zum Ausdruck brachte, am besten entsprach. Aphasische Patienten, darunter sogar einer mit einer globalen Aphasie, vermochten das recht gut

– oft sogar fehlerlos. Dagegen hatten Patienten mit rechtshemisphärischen Schäden größte Schwierigkeiten bei diesem Test.

Eine andere Untersuchung war darauf angelegt, die Frage zu klären, ob dieses Versagen rechtshemisphärisch geschädigter Patienten auf der Unfähigkeit beruht, den emotionalen Ausdruck zu erkennen – also auf einem Wegfall der Wahrnehmung –, oder darauf, daß ihnen die Bedeutung verschiedener Emotionen nicht mehr klar ist – das wäre dann ein kognitiver Ausfall. Die Forscher ließen Patienten mit rechtshemisphärischen Schäden zwischen paarweise angebotenen Sätzen unterscheiden, die denselben Wortlaut hatten, aber entweder im gleichen oder in verschiedenem Tonfall gesprochen waren. Die Patienten brauchten die Emotionen nicht zu identifizieren, sondern sollten lediglich sagen, ob die Sätze gleich oder verschieden klangen.

Wie in der vorangegangenen Heilmanschen Arbeit schnitten auch hier die rechtshemisphärisch geschädigten Patienten schlechter ab als aphasische Kontrollpatienten. Ihre Leistung entsprach jedoch der der Vergleichsgruppe, wenn man testete, ob sie die Emotion erkennen konnten, die durch den Inhalt einer Geschichte übermittelt wurde. Man hat diese Ergebnisse dahingehend interpretiert, daß rechtshemisphärisch geschädigte Patienten nicht die Vorstellung oder das Verständnis verschiedener Emotionen verloren haben, sondern daß es ihnen vielmehr schwerfällt, die üblichen Hinweisreize für Gefühle wahrzunehmen.[65]

Neuere Untersuchungen haben im allgemeinen (wenn auch nicht einhellig) die Vorstellung unterstützt, daß rechtshemisphärische Schädigungen die Wahrnehmung von Emotionen stärker behindern als linkshemisphärische Verletzungen. In einer Studie fand man heraus, daß Patienten mit rechtsseitigen Hirnschäden bei Aufgaben, in denen sie emotionale Wörter unterscheiden und erkennen mußten, signifikant schlechter abschnitten als bei vergleichbaren Aufgaben mit nichtemotionalen Wörtern.[66] Diese Dissoziation ließ sich weder bei linkshemisphärisch geschädigten Patienten noch bei gesunden Kontrollversuchspersonen nachweisen. Doch ergab eine andere Studie neueren Datums, die das Verständnis für den emotionalen Tonfall (Prosodie) untersuchte, mit dem unterschiedliche Sprachreize dargeboten wurden, daß links- und rechtshemisphärisch geschädigte Patienten gleichermaßen beeinträchtigt waren.[67]

Joan Borod hat in ihrem kürzlich erschienen Überblicksartikel zur Emotionsforschung darauf hingewiesen, daß sich viele scheinbar miteinander unvereinbare Befunde in der Literatur erklären lassen, wenn man näher analysiert, welcher „Verarbeitungsmodus" (Ausdruck oder Wahrnehmung), welcher „Kommunikationskanal" (Gesicht, Tonfall oder Wortwahl) und welche „emotionale Qualität" (positiv oder negativ) untersucht worden ist.[68] Sie behauptet, die Forschungsergebnisse zeigten insgesamt gesehen, daß die rechte Hemisphäre dominiert, wenn es um die emotionale Wahrnehmung von Gesichtsausdrücken und von lexikalischen Informationen (das heißt von emotionalem Vokabular) geht, und zwar unabhängig davon, ob es sich um positive oder negative Emotionen handelt. Was die Untersuchungen des emotionalen Ausdrucks betrifft, ist die Situation komplizierter, wobei es oft eine wichtige Rolle spielt, ob es sich um positive oder negative Aspekte einer Emotion handelt und ob die Kommunikation per Gesichtsausdruck erfolgt oder nicht. Im großen und ganzen, so Borod, stützen die Studien zur Produktion einer angemessenen sprachlichen Betonung (Prosodie) die Annahme, daß die rechte Hemisphäre sowohl für den positiven wie den negativen emotionalen Ausdruck dominant ist. Welche Schlüsse man jedoch bezüglich der Hirnregionen zieht, die emotionale Gesichtsausdrücke steuern, hängt, wie wir noch sehen werden, eher davon ab, ob man positive oder negative Emotionen untersucht.

Verhaltensuntersuchungen an gesunden Versuchspersonen Auch Arbeiten mit gesunden Probanden belegen, wie wichtig die rechte Hemisphäre für die Wahrnehmung von Emotionen ist. In einer Studie, die sich mit möglichen Asymmetrien im Ausdruck von Gefühlen befaßte, schnitt man Photographien von Gesichtern und deren spiegelbildliche Umkehrungen in der Mitte entzwei und setzte aus jeweils zwei linken und zwei rechten Hälften neue Bilder zusammen.[69] Versuchspersonen sollten anschließend bei einer Serie solcher Bilder, die sich hinsichtlich der gezeigten Gefühle unterschieden, die Intensität des emotionalen Ausdrucks beurteilen. Abbildung 8.3 zeigt ein solches Gesicht und die daraus neu zusammengesetzten Bilder.

Den Beurteilungen der Probanden zufolge kamen in Gesichtern, die aus zwei linken Hälften zusammengesetzt waren, Gefühle stärker zum Ausdruck als in solchen aus zwei rechten Hälften. Die Forscher verweisen darauf, daß Gesichtsmuskeln vorwiegend über kontralaterale Nervenbahnen kontrolliert werden, und sahen in ihren Ergebnissen einen Beleg für eine stärkere Beteiligung der rechten Hemisphäre an der Erzeugung des emotionalen Ausdrucks. Mehrere Folgeuntersuchungen erbrachten insgesamt weitgehend ähnliche Resultate.

Widersprüche treten jedoch auf, wenn man Gesichtsausdrücke in positive und negative Kategorien einteilt. Einige Forscher haben im Asymmetriemuster Unterschiede zwischen positiven und negativen Gefühlen festgestellt. Joan Borod und ihre Mitarbeiter fanden beispielsweise heraus, daß negative Gesichtsausdrücke durchgängig und signifikant linksseitig, positive dagegen nicht systematisch lateralisiert waren.[70] In anderen Arbeiten sind linksseitige Effekte allerdings unter bestimmten Umständen sowohl für positive als auch für negative Reize gefunden worden.[71] Und wieder andere Untersuchungen berichten über unterschiedliche Gesichtsasymmetrien als Reaktion auf positive und negative emotionale Erregung: Positive Reize führten zu auffälligeren Veränderungen der rechten Gesichtshälfte, während die negativen Reize stärkere linksseitige Gesichtsausdrücke zur Folge hatten.[72]

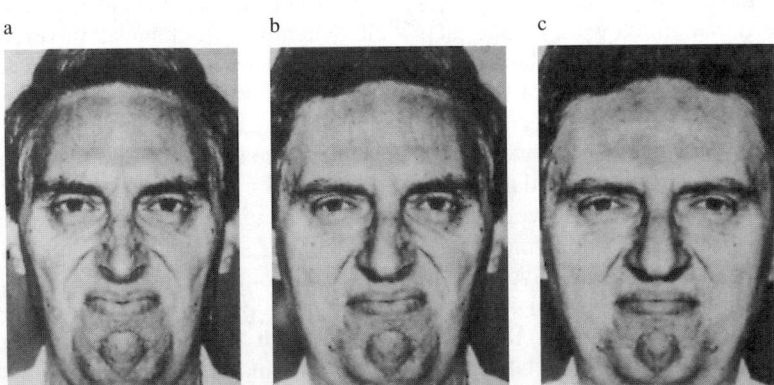

8.3 Vergleich der Intenstät des Gesichtsausdrucks bei zusammengesetzten Gesichtern: a) Bildmontage aus zwei linken Gesichtshälften, b) Originalgesicht, c) Montage aus zwei rechten Gesichtshälften. (Aus H. Sackheim, „Emotions Are Expressed More Intensely on the Left Side of the Face", *Science* 202 (1978): 434, Abb. 1. American Association for the Advancement of Science.)

Eine Ansicht, die auf physiologischen Messungen beruht Der Elektrophysiologe Richard Davidson hat argumentiert, daß viele offensichtliche Diskrepanzen in der Literatur auf mangelnde Berücksichtigung der „Mehrkomponentennatur der Emotion" zurückgehen – daß einige Forscher bei der Planung und Interpretation ihrer Experimente nicht einmal zwischen der Wahrnehmung emotionaler Information und der Produktion von Emotion differenzieren.[73] Davidson betont die Notwendigkeit, sich mit Organisationsunterschieden innerhalb einer Hemisphäre zu befassen, wenn man verallgemeinernde Schlüsse über die Rolle einer jeden Hemisphäre bei der Emotion zieht.

Seiner Meinung nach deuten elektrophysiologische Studien alles in allem darauf hin, daß die vorderen Bereiche der beiden Hemisphären unterschiedlich auf Erfahrungen positiver und negativer Emotionen spezialisiert sind, wobei die linke Frontalregion stärker bei positiver, annäherungsorientierter Emotion, die rechte Frontalregion hingegen bei negativer, rückzugsorientierter Emotion aktiviert wird.[74] Diese Situation entspricht nach Davidson nicht dem Muster der Lateralisation bei der Wahrnehmung von Emotion; darauf sind anscheinend – ganz unabhängig von der Wertigkeit der wahrgenommenen Emotion – die posterioren Regionen der rechten Hemisphäre spezialisiert.

Weiterhin argumentiert Davidson, daß viele Forscher weder zwischen gestellten emotionalen Ausdrücken und spontanen Ausdrücken unterscheiden, noch verifizieren, ob ein Laborreiz die intendierte Emotion, die er bewirken soll, auch wirklich auslöst. Schließlich schreibt er viele Widersprüchlichkeiten in Berichten über emotionale Konsequenzen einseitiger Hirnschädigungen der Tatsache zu, daß Läsionen nur die Wahrscheinlichkeit beeinflussen, mit der gewisse emotionale Zustände als Reaktion auf Umweltfaktoren auftreten – damit es zu der unangemessenen oder verstärkten emotionalen Antwort beziehungsweise Stimmung kommt, muß die geeignete umweltbedingte Herausforderung eintreten.

Davidsons aktuelle Arbeit deutet darauf hin, daß individuelle Unterschiede in frontalen elektrophysiologischen Asymmetrien sowohl die Stimmungsdisposition als auch die Reaktivität auf emotionsinduzierende Reize vorhersagen können. Anhand quantitativer EEG-Messungen der frontalen Gehirnaktivität bei normalen Probanden via Kopfhautelektroden war es anscheinend möglich, Veränderungen in deren emotionaler Reaktion auf emotional positiv und negativ gestimmte Filmclips vorherzusagen. Höhere linksseitige präfrontale Aktivitätsniveaus im Grundzustand korrespondierten mit einer intensiveren positiveren Reaktion auf ein emotional positiven Filmstück, höhere rechtsseitige präfrontale Aktivitätsniveaus hingegen waren mit einer intensiveren negativeren Reaktion auf ein negatives Filmstück verbunden.[75] Allgemeine Disposition und Stimmung sind offenbar ebenfalls mit dem Grundzustand der präfrontalen elektrophysiologischen Aktivität verknüpft: Linksseitig aktivierte Versuchspersonen berichteten über stärkere positive und geringere negative Effekte als die rechtsseitig aktivierten.[76]

Davidson vermutet, daß die Aktivität in der linken präfrontalen Region Teil eines Mechanismus sein könnte, der negative Effekte hemmt. Versuchspersonen mit einer stärkeren linksseitigen elektrophysiologischen Aktivität erzielten höhere Resultate bei Persönlichkeitswerten, die die Tendenz widerspiegeln, negative Effekte zu minimalisieren.[77] Unterstützt wird dies auch von PET-Studien, die darauf hindeuten, daß die Amygdala, die bei einigen emotionalen und psychiatrischen Erkrankungen eine Rolle spielt, von der präfrontalen Aktivität gehemmt wird. Depressive Patienten zeigen eine negative Korrelation zwischen linksseitiger präfrontaler Durchblutung und der Durchblutung der Amygdala.[78] Eine PET-Studie des Glucosestoffwechsels berichtete ebenfalls über eine ähnliche negative Korrelation zwischen linksseitigem präfrontalen Stoffwechsel und dem Amygdalastoffwechsel.[79]

Abschließende Bemerkungen: Gibt es im Bereich der Emotion eine Dominanz der rechten Hemisphäre?

Alles in allem scheint einiges dafür zu sprechen, daß die rechte Hemisphäre stärker als die linke daran beteiligt ist, emotionale Informationen zu verarbeiten oder wahrzunehmen. Es sieht auch so aus, als sei sie stärker an einigen Aspekten der Produktion des emotionalen Ausdrucksverhalten beteiligt, doch diese Frage wird kontroverser diskutiert, wobei beträchtliche Belege für eine linkshemisphärische Rolle bei positiven, annäherungsorientierten Emotionen sprechen, wie von Davidson vorgeschlagen. Über den Grund für eine dominante rechtshemisphärische Rolle läßt sich nur spekulieren.

Joan Borod hat vorgeschlagen, daß »an der emotionalen Verarbeitung Strategien und Funktionen beteiligt sind, bei denen die rechte Hemisphäre überlegen ist: Strategien, die als nichtsprachlich, synthetisch, integrativ, holistisch und gestalthaft bezeichnet werden, und Funktionen, zu denen Musterwahrnehmung, visuell-räumliche Organisation und visuelle Vorstellung zählen«.[80] Howard Gardner meinte, die entscheidende Funktion der rechten Hemisphäre bei der emotionalen Verarbeitung sei im Grunde eine räumliche; das heißt, die rechte Hemisphäre spreche besonders auf Beziehungen zwischen den Emotionen an, was es ihr ermögliche, zu bestimmen, welches Verhalten in einer gegebenen Situation angebracht sei.[81]

Kenneth Heilman hat als Erklärung vorgeschlagen, daß die rechte Hemisphäre in engerem Kontakt zu den subcorticalen Systemen steht, die für Erregung und intentionales Verhalten von Bedeutung sind.[82] Ihm zufolge steht die Theorie der kognitiven Erregung (die er als Selbstattributionsmodell der Emotionen bezeichnet) durchaus im Einklang mit dem Befund, daß Patienten mit rechtshemisphärischen Schädigungen zu Affektnivellierung und linkshemisphärisch Erkrankte zu depressiven und Katastrophenreaktionen neigen. Da rechtshemisphärisch geschädigte Patienten Schwierigkeiten haben, die sprachliche Betonung zu deuten und emotionale Gesichtsausdrücke zu verstehen, könnten diese Probleme sie auch daran hindern, die richtigen kognitiven Zustände zu entwickeln, die notwendig sind, um die körperlichen Erregungen, die in ihnen ausgelöst werden, zu deuten und mit ihnen umzugehen. Wenn zudem noch Hinweise zutreffen, nach denen rechtshemisphärische Verletzungen die Erregung selbst vermindern, würde dies die Situation weiter verschlimmern.[83]

Umgekehrt sollten Patienten mit linksseitigen Hirnschäden keine Schwierigkeiten haben, Betonung und Gesichtsausdrücke oder ihre eigenen körperlichen Zustände richtig zu interpretieren. Darüber hinaus sollte ihre Erregung aufgrund der wegfallenden linkshemisphärischen Kontrolle und der damit verbundenen Enthemmung des rechtshemisphärischen Aktivierungsmechanismus ansteigen und sie somit anfälliger für Katastrophenreaktionen machen.

So interessant diese Spekulationen auch sein mögen, so wichtig ist es, sich daran zu erinnern, daß über die Lateralität der Emotion noch längst nicht entschieden ist – die zuvor besprochenen Befunde, die auf eine spezielle Rolle der linken Hemisphäre hinweisen, sind nur ein Beispiel hierfür. Die rechte Hemisphäre als für Emotionen spezialisiert zu bezeichnen, wäre eindeutig eine grobe Vereinfachung unseres Wissens über hemisphärische Asymmetrien und über das, was wir Emotion nennen. Noch komplexer wird das Bild durch Befunde, die in Kapitel 11 besprochen werden und die mögliche Beziehung zwischen Hemisphärenunterschieden und psychopathologischen Störungen betreffen. Von der künftigen Forschung (vielleicht auch von einer Neukonzeption des Untersuchungsgegenstands) erhoffen wir uns Hinweise darauf, wie dies alles zusammenpassen soll.

Teil V

Die Evolution und Entwicklung der Asymmetrie

9. Asymmetrien bei Tieren: Die Suche nach den biologischen Ursprüngen

Wenn man die wissenschaftliche Erforschung der Hemisphärenasymmetrie mit den Beobachtungen von Broca beginnen läßt, dann ist dieses Forschungsgebiet mittlerweile ungefähr 130 Jahre alt. Während des größten Teils dieser Zeit haben die Untersucher das lateral asymmetrische Gehirn als den Endpunkt einer evolutionären und fortschreitenden Entwicklung betrachtet. Man glaubte, daß nur Menschen, aber keine anderen Tiere, und nur ältere Kinder sowie Erwachsene, aber keine Säuglinge, lateralisierte Gehirne besäßen. In den letzten 25 Jahren haben neuere Befunde diese Annahmen jedoch in Frage gestellt und unser Verständnis von der Gehirnlateralität und ihrer Bedeutung wesentlich erweitert.

Die Evolution von Merkmalen und Eigenschaften in den verschiedenen Arten wird als Phylogenese (Stammesgeschichte) bezeichnet. Demgegenüber versteht man unter Ontogenese die Entwicklung eines einzelnen Organismus. In diesem Kapitel werden wir uns zunächst mit der Phylogenese von Asymmetrien beschäftigen und prüfen, ob es bei Tieren Hinweise auf ähnliche laterale Asymmetrien wie beim Menschen gibt. Der Erkundung von Asymmetrien bei Tieren liegt die Annahme zugrunde, daß Lateralität ein echtes biologisches Merkmal ist, das sich auf ähnliche Weise untersuchen läßt wie andere biologische Phänomene, also beispielsweise wie das Farbensehen oder die Verdauung. Durch das Studium anderer Arten sollte man also eventuell Vorläufer der menschlichen Lateralität entdecken können.

Wenn die Forschung zeigen könnte, daß es auch bei Tieren Hemisphärenasymmetrien gibt, würde dies zweifellos zu einem besseren Verständnis von Ursprung und Bedeutung der Asymmetrie beim Menschen beitragen. Manche Wissenschaftler haben zum Beispiel behauptet, die Gehirnasymmetrie sei eng mit höheren sprachlichen Fähigkeiten verknüpft. Die Existenz von Hemisphärenunterschieden bei nichtsprechenden Lebewesen wäre ein Indiz dafür, daß diese Ansicht nicht richtig ist, und möglicherweise könnten die gefundenen Asymmetrien dann den Schlüssel zur evolutionären Grundlage der Gehirnasymmetrie liefern. Andererseits würde ein überzeugender Beweis, daß sogar die evolutionär engsten Verwandten des Menschen keine Asymmetrien aufweisen, dafür sprechen, daß die Gehirnasymmetrie für die Art *Homo sapiens* einzigartig ist und vielleicht tatsächlich direkt mit der Sprachfähigkeit zusammenhängt.

Asymmetrie bei Vögeln: Was wir vom Vogelgehirn lernen können

Eine der ersten und interessantesten Asymmetrien bei Tieren wurde an recht unvermuteter Stelle entdeckt – der Gesangsproduktion von Singvögeln. Um diese Ergebnisse richtig einschätzen zu können, müssen wir allerdings kurz abschweifen und uns ansehen, wie der Vogelgesang entsteht.

Der Stimmapparat der Vögel besteht im wesentlichen aus der Syrinx, einer lauterzeugenden Struktur am Übergang der Luftröhre in die beiden Hauptbronchien, die über wie Blasebälge wirkende Luftsäcke betrieben wird. Lage und Spannung der Gewebefalten und Membranen in der Syrinx bestimmen die Frequenz und die Amplitude der produzierten Laute. Die Syrinx ist in eine linke und eine rechte Hälfte geteilt, die unabhängig voneinander durch den linken beziehungsweise rechten Nervus hypoglossus kontrolliert werden.*

Fernando Nottebohm und seine Mitarbeiter konnten zeigen, daß sich bei erwachsenen Buchfinken und Kanarienvögeln der Gesang auf eindrucksvolle Weise verändert, wenn man den linken Hypoglossus durchtrennt.[1] Die meisten Gesangskomponenten verschwinden und werden entweder durch Pausen oder durch schlecht modulierte Töne ersetzt. Wird dagegen der rechte Hypoglossus durchschnitten, wirkt sich dies nur minimal auf den Gesang aus, der weitgehend ungestört bleibt.

In weiteren Arbeiten stellte sich heraus, daß der rechte Hypoglossus bis zu einem gewissen Grad die Kontrolle über den Gesang erlangen kann, und zwar in Abhängigkeit von dem Alter, in dem sein Gegenstück auf der linken Seite durchtrennt wird. Kanarienvögel, bei denen man den linken Hypoglossus innerhalb der ersten zwei Wochen nach dem Schlüpfen zerstört, entwickeln einen Gesang von normaler Komplexität, der vollständig durch den rechten Hypoglossus gesteuert wird. Auch bei Vögeln, die bei der Operation ausgewachsen sind, zeigt sich insofern eine gewisse Plastizität, als sie einen neuen Gesang unter der Kontrolle des rechten Hypoglossus erlernen können; das Endergebnis ist allerdings weniger vollkommen als bei ungeschädigten Kanarienvögeln.

Die Asymmetrien in der Kontrolle des Vogelgesangs scheinen sich bis in die höchsten Lautgebungszentren des Gehirns zu erstrecken. Untersuchungen zeigen, daß Schädigungen der linken oder rechten Hemisphäre zu Ergebnissen ähnlich denen nach Durchtrennen des linken oder rechten Hypoglossus führen.[2] Man hat bei Singvögeln auch Hemisphärenunterschiede in der auditiven Gesangsdiskrimination gefunden.[3]

Die Ähnlichkeiten zwischen den Asymmetrien beim Vogelgesang und bei der menschlichen Sprache erscheinen auf den ersten Blick verblüffend. Doch die Distanz in der phylogenetischen Beziehung zwischen Vögeln und Menschen sowie einige physiologische Daten, die darauf hindeuten, daß periphere Asymmetrien einige der Befunde zum Vogelgesang erklären könnten, lassen es geraten erscheinen, bei der Interpretation vorsichtig zu sein.[4] Die gefundenen Asymmetrien bleiben jedoch faszinierend und werden zweifellos zu weiteren Forschungen nach den Ursachen führen.

---

* Die Kontrolle der Syrinx erfolgt gleichseitig, das heißt ipsilateral und nicht – wie aufgrund unserer bisherigen Beschreibungen erwartet werden könnte – kontralateral.

Andere Beispiele für Gehirnasymmetrie bei Vögeln sind nicht weniger faszinierend. Vögel sind als Versuchstiere für Experimente mit lateralisierten visuellen Reizen ausgezeichnet geeignet, weil der Sehnerv eines jeden Auges fast vollständig via optisches Chiasma auf die andere Seite hinüberwechselt. Daher werden Reize, die einem Auge angeboten werden, fast ausschließlich in die kontralaterale Hemisphäre projiziert. Dem Vogelhirn fehlt auch das große Corpus callosum, das die beiden Hemisphären des Säugerhirns miteinander verbindet, was die Menge des interhemisphärischen Informationstransfers auf höheren Verarbeitungsebenen einschränkt.

Bei Tauben wie auch bei Hühnern hat sich gezeigt, daß das visuelle Diskriminationslernen rascher vonstatten geht, wenn das rechte Auge benutzt wird.[5] Das rechte Auge und damit die linke Hemisphäre ist anscheinend auf das Kategorisieren von Objekten (beispielsweise Futter versus Nicht-Futter), das System linkes Auge/rechte Hemisphäre hingegen auf die Verarbeitung von neuer und topographischer (den Reizort betreffender) Information spezialisiert. Diese Asymmetrien hängen von der Lichtexposition des sich entwickelnden Hühnerembryos zu einem kritischen Zeitpunkt ab. Der Hühnerembryo ist gewöhnlich so im Ei orientiert, daß sein rechtes Auge von Licht stimuliert werden kann – das linke Auge ist in der Regel verdeckt. Vögel, die im Dunkeln ausgebrütet wurden, zeigen nicht die gerade beschriebenen typischen Muster der hemisphärischen Asymmetrie. Dieses Phänomen läßt vermuten, daß die Entwicklung von Asymmetrien bei Hühnern eine Folge von genetischen wie auch von Umweltfaktoren ist.

Wie überzeugend diese Ergebnisse auch sein mögen – jede ernsthafte Diskussion um die Existenz tierischer Asymmetrien als Vorläufer für menschliche Asymmetrien setzt voraus, daß es gelingt, Asymmetrien bei Säugern, insbesondere bei nichtmenschlichen Primaten, zu demonstrieren.

Pfotenpräferenz: Vorläufer der Händigkeit?

Wie in Kapitel 5 erwähnt, ist das offensichtlichste Zeichen der Lateralisierung beim Menschen die Händigkeit. Forscher haben deshalb untersucht, ob auch Tiere eine Pfote oder ein Bein bevorzugt gebrauchen – was auf eine Gehirnasymmetrie hindeuten würde –, und fanden tatsächlich bei vielen Arten solche Präferenzen.[6] Katzen etwa benutzen bei Aufgaben, in denen sie nach einem Gegenstand greifen sollen, charakteristischerweise eine bestimmte Pfote. Selbst Mäuse bevorzugen beständig eine Pfote, wenn sie in Tests jeweils nur mit einer Extremität nach Futter greifen können.

Obwohl das Muster der Pfotenbevorzugung bei einem einzelnen Tier durchaus Ähnlichkeiten mit der Handpräferenz beim Menschen aufweist, gibt es doch einen wesentlichen Unterschied. Bei Katzen, Affen und Mäusen bevorzugen etwa 50 Prozent die rechte Pfote und 50 Prozent die linke. Das unterscheidet sich auffallend von der Aufteilung beim Menschen – 90 Prozent Rechtshändigkeit, zehn Prozent Linkshändigkeit.

Angesichts der 50:50-Verteilung bei Tieren haben einige Forscher behauptet, Pfotenpräferenzen seien eine Folge von Zufallsfaktoren. Nach dieser Hypothese wird es vom Zufall bestimmt, welche Pfote ein Tier in seinem Leben zuerst benutzt. Der Zuwachs an Geschicklichkeit, der sich aus der ersten praktischen

Erfahrung ergibt, steigert dann die Wahrscheinlichkeit, daß dieselbe Pfote wieder eingesetzt wird. Die Tatsache, daß es nicht gelang, selektiv Mäuse mit einer Präferenz für die rechte oder linke Pfote zu züchten, spricht dafür, daß solche Präferenzen nicht genetisch determiniert sind.

Handbevorzugung bei Primaten

Bis vor kurzem berichteten die meisten Übersichtsarbeiten zur Pfotenbevorzugung bei Tieren, daß es bei Affen auf Populationsebene keine Präferenz der einen oder anderen Extremität gibt. Dieses Fazit warf insbesondere für eine evolutionäre Betrachtungsweise der Asymmetrie Probleme auf, da man doch bei den stammesgeschichtlich nächsten Verwandten des Menschen Hinweise auf eine Asymmetrie erwarten sollte.

Peter McNeilage, Michael Studdert-Kennedy und Björn Lindblom haben die Diskussion hierzu wieder eröffnet.[7] Sie behaupteten, die wenig schlüssigen Befunde zur Handbevorzugung bei nichtmenschlichen Primaten seien dadurch zustande gekommen, daß die Aufgaben unangemessen und die Tiere zu jung gewesen seien, um beständige Präferenzen nachweisen zu können. Mit Blick auf diese Faktoren unterzogen die Autoren die vorhandenen Befunde einer erneuten Analyse und stellten eine linkshändige Spezialisierung bei visuell kontrollierten Bewegungen (das heißt Greifbewegungen) und eine rechtshändige Spezialisierung für Manipulationen und beidhändige Koordination fest. Sie folgerten, daß »die linkshändigen wie die rechtshändigen Bevorzugungsmuster, die man bei nichtmenschlichen Primaten beobachtet hatte, Vorläufer der menschlichen Spezialisierung sein könnten. Allerdings scheinen Affen und Menschen durch einen evolutionären Fortschritt voneinander getrennt worden zu sein, bei dem die Fähigkeit, auf die Umwelt einzuwirken (einschließlich der Nutzung der beidhändigen Koordination und der weitgehenden Bevorzugung der rechten Hand), derart an Bedeutung gewann, daß nun die rechte Hand der linken den Rang abgelaufen hat, und dies sogar bei den visuell kontrollierten Bewegungen.«[8] Diese Analyse der Autoren hat zahlreiche heftige Diskussionen ausgelöst, zugleich aber auch ein gesteigertes Interesse am Handgebrauch der Primaten hervorgerufen.

Joel Fagot und Jacques Vauclair haben das umfangreiche Datenmaterial hinsichtlich der Handlateralisation bei nichtmenschlichen Primaten durchgesehen und den Schluß gezogen, daß man differenzieren muß zwischen Händigkeit, die durch einen konsequenten lateralisierten Gebrauch bei vertrauten und stark geübten Aufgaben definiert ist, und einer „Handspezialisierung", die den lateralisierten Handgebrauch bei neuartigen und relativ komplexen Aufgaben betrifft.[9] Sie sagten daher voraus, daß Verhaltensweisen, die sich als „Händigkeit" bezeichnen ließen, gewöhnlich eine symmetrische Handbevorzugung zeigen (je nach Tier entweder rechts- oder linkshändig), während Verhaltensweisen, die für eine „Handspezialisierung" typisch sind, in der Primatengruppe insgesamt eine asymmetrische Verteilung der Handpräferenzen zeigen. Diese Handspezialisierung ist es, die nach Ansicht der Autoren am meisten dazu beitragen dürfte, die Evolution der Lateralität beim Menschen verstehen zu helfen.

Fagots und Vauclairs eigene Forschungen mit einer Gruppe von zehn Gorillas und sechs Pavianen stützten diese Schlußfolgerungen.[10] Während es keine Gruppenpräferenzen bei einfachen Greifaufgaben gab, zeigte sich eine signifikante

Präferenz für die linke Hand bei allen Aufgaben, in denen es um die Manipulation eines horizontalen oder vertikalen Schiebefensters ging, wobei fast alle Tiere bevorzugt die linke Hand verwendeten. Wenn die Daten auch zu der Hypothese einer linkshändigen Spezialisierung bei visuell gesteuerten Bewegungen passen, merken Vauclair und Fagot doch einschränkend an, daß weitere Untersuchungen der kognitiv und motorisch komplexen Handspezialisierungsaufgaben notwendig sind, um zu entscheiden, wie die Handspezialisierung bei diesen Tieren mit der hemisphärischen Asymmetrie verknüpft ist.

Split-Brain-Forschung mit Tieren

In vielen Arbeiten hat man untersucht, welche Arten von Verhaltensdefiziten auftreten, wenn man bei Primaten bestimmte Gehirnstrukturen chirurgisch schädigt. Im allgemeinen sind Defizite infolge einseitiger Schädigungen (unilateraler Läsionen) weniger schwerwiegend als solche, die auf bilaterale Gehirnverletzungen folgen, und zwar unabhängig davon, auf welcher Seite sich die Läsion befindet. Einige dieser Untersuchungen haben jedoch eine größere Beeinträchtigung ergeben, wenn die Läsion in der Hemisphäre erfolgt, die der bevorzugten Hand gegenüberliegt; andere zeigen keine Beziehung zur Handpräferenz.[11]

Was unterscheidet nun jene Untersuchungen, die Auswirkungen einseitiger Läsionen feststellten, von denen, die keine solchen Effekte fanden? Eine Variable, die möglicherweise von entscheidender Bedeutung sein könnte, ist die Art der zu verarbeitenden Reize beziehungsweise die Art der Aufgabe. Einige Studien haben Stimuli verwendet, mit denen sich wahrscheinlich auch beim Menschen keine Asymmetrie nachweisen lassen dürften. Warum sollte man dann eine bei Primaten finden? Um die Hypothese einer Hemisphärenspezialisierung bei Primaten zufriedenstellend zu testen, müssen Aufgaben verwendet werden, die komplex genug sind, um etwaige bei diesen Tieren vorhandene Gehirnasymmetrien aufzudecken.

Im Grunde ist die Split-Brain-Forschung auch für die Untersuchung der Hemisphärenspezialisierung bei Tieren ideal. Die Durchtrennung der Faserbündel, welche die Hemisphären verbinden, erlaubt es, die Fähigkeiten beider Gehirnhälften getrennt zu untersuchen. Abgesehen von den möglichen funktionellen Hemisphärenunterschieden – dem eigentlichen Gegenstand der Forschung – sind beide Gehirnhälften genetisch identisch und waren denselben Umwelteinflüssen ausgesetzt.

Im Gegensatz zur Forschung mit menschlichen Patienten, die sich notwendigerweise auf Personen mit (gewöhnlich langjähriger) Epilepsie beschränkt, werden Tierversuche mit gesunden Individuen durchgeführt, die zwei intakte Hemisphären besitzen. Wenn man dabei Unterschiede findet, lassen sich diese natürlich viel eindeutiger interpretieren. Außerdem umgeht die Split-Brain-Forschung jene Probleme, die sich ergeben, wenn man aus den Auswirkungen von Schädigungen in spezifischen Gehirngebieten auf die Funktion dieser Gebiete schließt.

Wie bei Läsionsstudien sind jedoch die meisten Aufgaben, mit denen man Asymmetrien bei Split-Brain-Tieren untersucht, recht einfach und ähneln nur wenig jenen Reizen und Aufgaben, die beim Menschen Asymmetrien erkennen lassen. Daher ist es kaum überraschend, daß es Forschern früher nicht gelungen ist, Hemisphärenunterschiede eindeutig nachzuweisen. Untersuchungen, in denen komplexere Aufgaben eingesetzt wurden, haben jedoch zu interessanten Resultaten geführt.[12] Der Psychobiologe Charles Hamilton hat Rhesusaffen mit Reizen wie Balken mit unterschiedlicher Ausrichtung (Orientierung) und Bilder von verschiedenen Gesichtsausdrücken oder identischen Gesichtern (hier von Affen) getestet. Geometrische Muster, von denen keine Seitenunterschiede zu erwarten waren, dienten als Kontrollreize. Da bei den Affen die zerebralen Kommissurenbahnen und die Sehnervenkreuzung (Chiasma opticum) vollständig durchtrennt worden waren, ließen sich die Stimuli jeweils nur einer Hemisphäre darbieten, indem man sie dem ipsilateralen Auge präsentierte. Den Affen war beigebracht worden, zwischen zwei Reizen zu unterscheiden, das heißt immer dann zu reagieren, wenn sie den einen der beiden Stimuli sahen, nicht aber, wenn der andere dargeboten wurde.

Wie erwartet lieferten die geometrischen Muster keine Hinweise auf eine Asymmetrie; sie wurden von beiden Hemisphären gleich gut gelernt. Räumliche Diskriminationen führte jedoch die linke Hemisphäre wesentlich besser aus, wohingegen die rechte Hemisphäre besser Gesichter zu unterscheiden vermochte. Darüber hinaus erbrachte eine Analyse der Befunde von den 25 Affen, die sowohl die Balkenorientierungs- als auch die Gesichterdiskriminationsaufgabe erlernt hatten, einen überzeugenden Beleg für die komplementäre Spezialisierung: Von diesen 25 Tieren zeigten 16 bei der Balkenorientierungsaufgabe höhere Diskriminationsleistungen mit der linken Hemisphäre, während sie mit der rechten die Gesichteraufgabe besser lösten. Dieses Ergebnis schließt aus, daß mögliche unerkannte asymmetrische Einwirkungen während der Operation oder während der Tests die Leistungsasymmetrien künstlich hervorgerufen haben könnten.

Neuere Untersuchungen mit Rhesusaffen lassen vermuten, daß Lateralitätseffekte analog zu den Befunden beim Menschen durch die Art und Weise bestimmt werden, in der ein Reiz verarbeitet wird.[13] Bei einer Aufgabe mußten zwei Split-Brain-Affen entscheiden, welches der beiden gleichzeitig präsentierten Gitter (visuelle Muster aus alternierenden hellen und dunklen Balken) horizontal orientiert war. Bei der anderen Aufgabe mußte jeder Affe entscheiden, ob sich zwei nacheinander präsentierte Gitter in der Orientierung unterschieden oder nicht. Beide Affen zeigten eine linkshemisphärische Überlegenheit bei der Unterscheidungsaufgabe, aber keine durchgängige Asymmetrie bei der Orientierungsaufgabe. Da die Reize und die Form der Antwort unter beiden Versuchsbedingungen dieselben waren, schlossen die Forscher, daß die gefundene Asymmetrie mit hemisphärischen Unterschieden bei höheren kognitiven Prozessen zusammenhängt und nicht etwa mit einer frühen visuellen oder motorischen Verarbeitung. Wenn diese Befunde wegen der kleinen Stichprobe auch erst als vorläufig angesehen werden müssen, so untermauern sie doch ein allgemeines Muster, das auf Asymmetrien bei Primaten hindeutet, die zum Teil den bei Menschen gefundenen ähnlich sind.

Anatomische Asymmetrien bei Primaten

Aus anatomischen Studien läßt sich schließen, daß es möglicherweise bei einigen nichtmenschlichen Primaten im Temporallappengebiet strukturelle Asymmetrien zwischen den Hemisphären gibt, die denen im menschlichen Gehirn ähneln. In einer Untersuchung fand man bei Menschen und in geringerem Ausmaß auch bei Schimpansen Asymmetrien zugunsten der linken Hemisphäre; bei den Rhesusaffen dagegen unterschieden sich die beiden Gehirnhälften nicht wesentlich.[14]

In einer anderen Arbeit, in der die Gehirne mehrerer verschiedener Primaten untersucht wurden, kam man zu einem ähnlichen Schluß. Von 28 Großen Menschenaffen aus der Familie der Pongidae (Orang-Utans, Schimpansen und Gorillas) zeigten 16 eine Asymmetrie zugunsten der linken Hemisphäre; bei einem war das Ergebnis umgekehrt. Im Gegensatz dazu wiesen von 41 Affen und Kleinen Menschenaffen (Gibbons) nur drei eine wesentliche Asymmetrie auf.[15] Andere Forscher untersuchten anstelle der Gehirngröße die Schädelgröße. Dabei wurden bei drei Unterarten von Gorillas die rechte und die linke Seite des Schädels vermessen; Anzeichen für eine Asymmetrie gab es nur beim Berggorilla, nicht aber bei den anderen beiden Unterarten.[16]

Es ist verlockend, Vermutungen darüber anzustellen, ob diese Asymmetrien mit der Fähigkeit von Menschenaffen, insbesondere von Schimpansen, zusammenhängen, eine Sprache zu erlernen. Wie man gezeigt hat, sind Schimpansen in der Lage, mehrere Wörter, etwas Grammatik und sogar einige abstrakte Konzepte zu lernen, wenn sie dazu eine Zeichensprache verwenden oder mit Plastiksymbolen hantieren. Nach Meinung einiger Forscher spiegeln die anatomischen Asymmetrien bei den Großen Menschenaffen die Tatsache wider, daß sie eine „vorsprachliche" Entwicklungsstufe erreicht haben, auf der ihre Denkmuster denen der Menschen durchaus ähnlich, wenn auch viel primitiver sind.

Natürlich muß man sich hier im klaren darüber sein, daß wir bei Tieren bisher keinerlei Befunde über den Zusammenhang zwischen anatomischen Asymmetrien und echten funktionellen Asymmetrien haben, wie sie beim Menschen beispielsweise für die Sprache existieren. Im Grunde genommen ist nicht einmal für den Menschen die Verbindung zwischen anatomischen und funktionellen Asymmetrien überzeugend belegt. Möglicherweise hängen Asymmetrien im Gehirn von Primaten und Ratten nicht mit Verhaltensasymmetrien zusammen – so wie auch die Asymmetrien im menschlichen Gehirn durchaus von Verhaltensunterschieden unabhängig sein können. Dem Interesse an anatomischen Asymmetrien liegt jedoch vor allem die noch unbewiesene Annahme zugrunde, daß eine solche Beziehung letztlich nachzuweisen sein wird.

Neurochemische Asymmetrien

Weitere Belege dafür, daß die Ratte ein geeignetes Versuchstier sein könnte, um Gehirnasymmetrien zu erforschen, sind den Arbeiten von Stanley Glick und seinen Kollegen von der Mount Sinai School of Medicine zu entnehmen.[17] Sie fanden heraus, daß Ratten sich in der Nacht drehen oder im Kreis laufen und einzelne Tiere dabei eine bestimmte Richtung bevorzugen. Einige ziehen es vor, sich nach links zu bewegen, andere laufen ständig nur nach rechts. Diese Bevorzugung scheint schon sehr früh angelegt zu sein – anhand der Richtung, in die neugeborene Ratten ihren Schwanz krümmen, kann man vorhersagen, zu welcher Seite sie sich später bevorzugt wenden werden.

Glick zeigte, daß die für eine Ratte charakteristische Bevorzugung einer Drehrichtung mit einem chemischen Ungleichgewicht in einer Region des Gehirns zusammenhängt, die man als nigrostriatale Bahn bezeichnet und die an der Koordination von Bewegungen beteiligt ist. Die Forscher stellten fest, daß die Konzentration von Dopamin – einem chemischen Transmitter, der von den Neuronen der nigrostriatalen Bahn abgesondert wird und die Drehbewegungen hervorruft – auf derjenigen Seite des Gehirns, die der bevorzugten Drehrichtung gegenüberliegt, um ungefähr 15 Prozent erhöht ist.

In neuerer Zeit haben andere Forscher eine Verbindung zwischen hemisphärischen Unterschieden im Dopaminspiegel und Pfotenpräferenz bei Mäusen gefunden.[18] Mäuse, welche die linke Pfote bevorzugen, weisen in der Regel in den linkshemisphärischen Gehirnarealen, die mit Fressen assoziiert sind, einen höheren Dopaminspiegel auf, während sich bei Mäusen, die die rechte Pfote bevorzugen, höhere Dopaminkonzentrationern in der rechten Hemisphäre nachweisen ließen.

Obwohl die Beziehung – falls es sie gibt – zwischen neurochemischen Asymmetrien im Zusammenhang mit der Pfotenpräferenz und denjenigen, die mit Bewegungsasymmetrien verbunden sind, noch näher bestimmt werden muß, lassen diese Phänomene darauf schließen, daß Untersuchungen an Ratten Funktionen und Mechanismen der Gehirnasymmetrie aufzeigen können, die auch für den Menschen gelten. Ernst Mach zog diese Möglichkeit schon vor mehr als einem Jahrhundert in Betracht:

> »Der Gedanke, daß die Unterscheidung von rechts und links auf einer Asymmetrie, und in letzter Linie möglicher Weise auf einer chemischen Verschiedenheit beruhe, verfolgt mich seit meiner Jugend; ich habe denselben bei Gelegenheit meiner ersten Vorlesungen schon ausgesprochen (1861) ... Desorientierte Menschen und Thiere bewegen sich ausnahmslos nahezu in Kreisen ... Guldberg sieht hierin auch eine teleologische Einrichtung zum Wiederfinden der pflegebedürftigen Jungen.«[19]*

Verhaltenstests

Die Suche nach Asymmetrien bei Tieren hat in vielerlei Hinsicht eine ähnliche Entwicklung genommen wie die Lateralitätsforschung beim Menschen. Ein wesentlicher Unterschied besteht jedoch in der Bedeutung, die dabei den Verhaltensstudien zukommt. Untersuchungen zum Verhalten stellen einen großen Teil der Literatur über die Lateralität beim Menschen dar, doch bis auf die Arbeiten zur Pfotenpräferenz gab es bis vor kurzem nur sehr wenige Studien, die den Hemisphärenunterschieden bei Tieren mit diesem Ansatz nachgegangen sind.**

In einer solchen Untersuchung brachte man japanischen Rotgesichtsmakaken bei, zwischen zwei verschiedenen Lautäußerungen zu unterscheiden, die von Art-

---

* Anmerkung des Herausgebers: Mach weist aber im weiteren darauf hin, daß das Kreislaufen sowohl nach rechts wie auch nach links erfolgt; der zitierte Satz lautet vollständig: »Desorientierte Menschen und Thiere bewegen sich ausnahmslos nahezu in Kreisen, deren Radien nach der Species variiren, während der Mittelpunkt, je nach dem Individuum und der Species, bald auf der rechten, bald auf der linken Seite des die Kreisbahn durchlaufenden Individuums liegt.«
** Anmerkung des Herausgebers: Siehe aber unter anderem W. Ludwig, *Das Rechts-Links-Problem im Tierreich und beim Menschen* (Berlin: Springer, 1932); der Autor berichtet in diesem Buch über eine Vielzahl von Verhaltensuntersuchungen an den verschiedensten Tierarten.

genossen produziert worden waren. Man bot die aufgezeichneten Laute in zufälliger Reihenfolge dem linken oder dem rechten Ohr der Tiere dar. Die Forscher stellten bei allen fünf untersuchten Affen fest, daß die Tiere bessere Leistungen zeigten, wenn man die Laute dem rechten Ohr präsentierte. Von fünf Affen anderer Arten wies nur einer eine Ohrasymmetrie auf, wenn man die Lautäußerungen der Rotgesichtsmakaken darbot.[20] Wenn wir davon ausgehen, daß Töne, die man dem rechten Ohr präsentiert, bevorzugt in die linke Hemisphäre übertragen werden, deuten diese Ergebnisse darauf hin, daß bei japanischen Rotgesichtsmakaken eine Hemisphärenasymmetrie für die Verarbeitung der Lautäußerungen von Artgenossen vorliegt.

William Hopkins und seine Kollegen verfolgten bei der Untersuchung von sprachtrainierten Schimpansen einen anderen Ansatz.[21] Ihre Versuchstiere – eine kleine Gruppe von Schimpansen – waren während der letzten zwölf bis 18 Jahre darauf trainiert worden, eine künstliche Sprache auf der Basis visuell-geometrischer Symbole zu gebrauchen. Die Testaufgabe bestand für die Tiere darin, eine Reaktionstaste gedrückt zu halten, bis sie einen Hinweisreiz erhielten, auf den hin sie dann reagieren sollten. Bei jedem Versuchsdurchgang wurde ein geometrisches Symbol als Warnreiz in die linke oder rechte Gesichtsfeldhälfte projiziert. Dieses Symbol hatte manchmal eine Bedeutung, manchmal keine, war den Tieren aber auf jeden Fall bekannt. Der Warnreiz sollte einen Priming-Effekt haben und diejenige Hemisphäre, die diesen Stimulus präsentiert bekam, in eine erhöhte Reaktionsbereitschaft versetzen. Die Ergebnisse zeigten einen Vorteil für bedeutungsvolle Priming-Stimuli, die in der rechten Gesichtsfeldhälfte dargeboten wurden. Hopkins schloß daraus, daß

> »... die Daten darauf hinweisen, daß die Art und Weise, in der diese Schimpansen Symbole wahrnehmen, welche eine funktionelle Bedeutung angenommen haben, mit dem vergleichbar ist, was man bei menschlichen Versuchspersonen während der Verarbeitung von Wörtern beobachten kann. Weitere Untersuchungen, die sich traditioneller lateralisierter Wiedererkennungs- und Gedächtnisparadigmen bedienen, sollten sich als hilfreich erweisen, die Beziehung zwischen den einfachen Priming-Effekten und anderen höheren corticalen Prozessen zu bestimmen.«[22]

Einige Studien, die Asymmetrien via EEG-Ableitungen untersuchen, sind auch mit Tieren durchgeführt worden. Richard Davidson und seine Kollegen haben ihre Versuche auf frühere Befunde an Menschen aufgebaut, die vermuten lassen, daß Valium (Diazepam), ein Tranquilizer, einen asymmetrischen Effekt auf die Aktivität der Frontallappen ausübt und eine Rolle bei individuellen Unterschieden im Angstempfinden spielt.[23] Sie leiteten bei neun jeweiligen Rhesusaffen vor und nach Valiuminjektion EEGs von der Kopfhaut ab. Als Maß für Ängstlichkeit wurde bei separaten Gelegenheiten die Zeitlänge gemessen, in der ein Affenkind in Gegenwart eines erwachsenen Mannes in angespannter Körperhaltung ohne Lautäußerung oder Kopfbewegung verharrte (das heißt quasi „erstarrte"). Die Affen zeigten nach einer Valiuminjektion eine linksseitige frontale Aktivierung, deren Stärke eng mit dem Niveau der Ängstlichkeit korreliert war, das die Tiere zuvor gezeigt hatten. Bei den Tieren, die länger wie erstarrt verharrten, änderte sich nach einer Valiuminjektion auch die frontale Aktivierung stärker. Diese Daten sind deshalb besonders interessant, weil sie ein verhaltensbiologisches Korrelat – Ängstlichkeit – einer elektrophysiologisch gemessenen Hemisphärenasymmetrie demonstrieren.

Die theoretische Bedeutung von Asymmetrien bei Tieren

Die vergleichende Forschung mit nichtmenschlichen Arten kann uns vielleicht helfen, zwei grundsätzliche Fragen zur Gehirnlateralisierung zu beantworten: Warum gibt es überhaupt Asymmetrien? Und warum sind solche Asymmetrien im allgemeinen gleich ausgerichtet – weshalb also ist etwa die Sprache gewöhnlich in der linken und nicht in der rechten Hemisphäre repräsentiert?

Die Befunde, die wir betrachtet haben, deuten darauf hin, daß anatomische, neurochemische und/oder Verhaltensasymmetrien in einem breiten Spektrum von Tierarten vorhanden sind. Allerdings bleibt noch viel zu tun, um die Existenz dieser Asymmetrien wirklich abzusichern und um herauszufinden, in welcher Beziehung sie zur Lateralität beim Menschen stehen. Norman Geschwind, einer derjenigen Forscher, denen es in besonderem Maße zu verdanken ist, daß den biologischen Grundlagen der Lateralität gegenwärtig wieder vermehrt Aufmerksamkeit geschenkt wird, hat zur vergleichenden Asymmetrieforschung bei Tieren einige weitreichende Spekulationen angestellt.[24]

Seiner Ansicht nach wird die verbreitete Meinung, Menschen besäßen bestimmte vollkommen einzigartige Charakteristika wie Sprache und hochentwickelte künstlerische sowie musikalische Fähigkeiten, um so mehr in Frage gestellt werden, je mehr wir über Asymmetrien bei Tieren lernen. Geschwind interessierte sich besonders für die wissenschaftliche Diskussion der letzten Jahre über die Frage, ob man Schimpansen eine „echte" Sprache beibringen kann. Schimpansen sind erfolgreich darauf trainiert worden, eine Zeichensprache als Kommunikationsmittel zu verwenden, aber bis heute gibt es keine Einigung darüber, ob dies Sprache in dem Sinne darstellt, wie Menschen sie benutzen.

Geschwind schlug ein hypothetisches Experiment vor, das helfen sollte, dieses Problem zu lösen. Seiner Meinung nach könnte man den Mechanismus der „Sprache" von Schimpansen dem der menschlichen Sprache gleichsetzen, wenn bei Schimpansen eine linksseitige Läsion in Gehirnregionen, die den menschlichen Sprachzentren entsprechen, zu Defiziten führen würde; allerdings dürfe eine beidseitige Läsion in anderen Bereichen des Gehirns keine Beeinträchtigungen dieser (zeichensprachlichen) Leistung nach sich ziehen. Sollten jedoch diese Fertigkeiten des Schimpansen bei beidseitigen Läsionen in Gehirnbereichen, die nicht als homolog zu den menschlichen Sprachzentren aufgefaßt werden, beeinträchtigt sein, während sie bei linksseitigen Läsionen intakt blieben, dann wäre das ein Befund, der gegen die linguistische Natur der Leistungen des Schimpansen sprechen würde.

Wir stimmen mit Geschwind darin überein, daß ein „positives" Ergebnis dieses hypothetischen Experiments ein gewichtiger indirekter Hinweis auf die linguistische Natur der Leistungen des Schimpansen wäre. Wir bezweifeln jedoch, daß die Möglichkeit, die Sprache der Schimpansen in gleicher Weise wie die des Menschen als linguistisch anzuerkennen, notwendigerweise ausgeschlossen wäre, falls man bei Schimpansen keine Hemisphärenasymmetrie der Art nachweisen könnte, wie man sie beim Menschen findet.

Die Tatsache, daß man Asymmetrien auch bei Tieren findet, die keine sprachlichen Fähigkeiten zu besitzen scheinen, würde seine Argumentation nicht schwächen, meinte Geschwind. Vielleicht gebe es eine Vorform der Sprache, die nichts mit der Kommunikation zwischen Individuen zu tun hat, dem einzelnen Tier aber sehr wohl von Nutzen sei. Geschwind konstatierte:

9. Asymmetrien bei Tieren: Die Suche nach den biologischen Ursprüngen

> »Es ist leicht vorstellbar, daß eine solche interne Kodierungsmethode schon sehr früh im Verlauf der Evolution aufgetreten sein könnte und von einzelnen nichtmenschlichen Tieren verwendet wurde. Die Fähigkeit zu kommunizieren, ist zwar von großer Bedeutung, sie könnte aber eine spätere „technische" Entwicklung darstellen, die es ermöglichte, den Kode von einem Individuum zum anderen zu übertragen; der entscheidende Schritt der Entwicklung eines internen Kodes hat möglicherweise viel früher stattgefunden.«[25]

Obwohl es sich hier nur um spekulative Vorstellungen handelt, stehen sie doch stellvertretend für die Probleme, die Neurowissenschaftler, welche die Lateralisierung verstehen wollen, jetzt angehen. Indem die Forscher die Untersuchung der Asymmetrien über den Menschen hinaus ausgedehnt haben, sind sie den Antworten näher gekommen. Einige dieser Antworten mögen überraschend sein. Eine kürzlich erschienene Arbeit berichtet über Gliedmaßenasymmetrie bei zwei Krötenarten. Die Autoren ziehen ohne Zögern den Schluß, daß »Pfotigkeit und motorische Asymmetrien, wie man sie in natürlichen Krötenpopulationen findet, einen Vorläufer der Händigkeit bei höheren Vertebraten darstellen könnten und damit zu unserem Verständnis der Gehirnevolution beitragen«.[26]

Im nächsten Kapitel wenden wir uns einem anderen Thema zu, das für ein Verständnis der Lateralität von entscheidender Bedeutung ist – der Ontogenese oder Entwicklung der Asymmetrie beim Menschen.

10. Die Entwicklung der Asymmetrie beim Menschen

Das Gehirn eines Neugeborenen wiegt nur etwa ein Viertel soviel wie das eines Erwachsenen. Doch bis zum Ende des zweiten Lebensjahres hat das Gehirn des Kindes seine Masse verdreifacht und fast seine volle Größe erreicht. Diese eindrucksvolle Vergrößerung geht mit ebenso eindrucksvollen Veränderungen in den Fähigkeiten des Kindes einher. Im Alter von zwei Jahren hat ein durchschnittliches Kind bereits zu sprechen angefangen und entwickelt nach und nach viele der höheren geistigen Funktionen, die für den Menschen charakteristisch sind.

Uns geht es in den folgenden Abschnitten um die Frage, wie und zu welchem Zeitpunkt sich in diese morphologischen und funktionellen Veränderungen während der Kindheit jene grundlegenden Unterschiede zwischen linker und rechter Gehirnhälfte einfügen, die man beim Erwachsenen vorfindet. Entstehen die Asymmetrien, während sich das Kind entwickelt, oder sind sie bereits bei der Geburt oder sogar schon vorher vorhanden? Welche Rolle spielen genetische Faktoren und Umweltbedingungen bei der Ausprägung der Asymmetrie? Kann sich das Muster der Asymmetrie verändern, und – wenn ja – welche Faktoren setzen dem Grenzen?

Diese grundsätzlichen Fragen stehen im Mittelpunkt zahlreicher Forschungsarbeiten, die nach sehr unterschiedlichen Methoden vorgehen. Die Antworten sollten entscheidend dazu beitragen können, Sprachstörungen bei Kindern und Erwachsenen besser zu verstehen, und vielleicht verhelfen sie den Forschern auch zu einem tieferen Verständnis anderer Probleme, die man mit der Aufteilung der Funktionen zwischen den Hemisphären in Zusammenhang gebracht hat.

Hirnschädigung im Kindesalter: Lateralität und Plastizität

Der Wissenschaftler, der vielleicht am meisten für das gegenwärtige Interesse an der Entwicklung der Lateralisierung getan hat, ist der vor einigen Jahren verstorbene Psychologe Eric Lenneberg von der Cornell University. Mitte der sechziger Jahre faßte Lenneberg etliche Befunde zu dieser Frage zusammen und kam zu dem Schluß, daß die Lateralisierung der Funktionen im Gehirn sich allmählich entwickelt, aber bis zur Pubertät abgeschlossen ist.[1] Seine Untersuchungen deuteten auch darauf hin, daß die Pubertät einen kritischen Wendepunkt in der Fähigkeit markiert, allein dadurch neue Sprachen akzentfrei zu lernen, daß man ihnen „ausgesetzt" ist. Lenneberg hielt es nicht für einen bloßen Zufall, daß sowohl die Lateralisierung als auch diese Fähigkeit zum Spracherwerb mit der Pubertät festgelegt zu sein scheinen. Er sah das eine als biologische Grundlage des anderen an.

Lenneberg stützte sich bei seinen Schlußfolgerungen über den zeitlichen Verlauf der Lateralisierung weitgehend auf klinische Befunde, die der Neurologe L. S. Basser erhoben hatte.[2] Basser berichtete über eine Gruppe von 72 Kindern, die alle vor dem Ende des zweiten Lebensjahres eine Hirnschädigung erlitten hatten: Etwa die Hälfte jener Kinder begann im üblichen Alter zu sprechen, während es bei den übrigen zu leichten Verzögerungen kam. Dies war unabhängig davon, ob die Schäden in der linken oder in der rechten Gehirnhälfte aufgetreten waren, was vermuten ließ, daß die Hemisphärenasymmetrie für Sprache bis zum Alter von zwei Jahren noch nicht genau festgelegt ist. Bei einer anderen Gruppe von Kindern, bei denen die Hirnschädigung nach dem Beginn der Sprachentwicklung und vor dem zehnten Lebensjahr erfolgte, zeigten sich dagegen Hemisphärenunterschiede. Hier führte eine Verletzung auf der linken Seite in 85 Prozent der Fälle zu Sprachstörungen, eine rechtsseitige aber nur in 45 Prozent.

Trotz dieser deutlichen Links-Rechts-Effekte unterscheidet sich jedoch das Muster der Störungen von dem, das man bei jugendlichen und erwachsenen Rechtshändern mit Hirnverletzungen findet. Bei diesen folgt einer Verletzung der rechten Gehirnhälfte nur sehr selten eine Aphasie; nach einer Schädigung der linken Hemisphäre tritt sie dagegen sogar noch häufiger auf. Aufgrund dieser Befunde zog Lenneberg den Schluß, daß die Lateralisierung zur Zeit des Spracherwerbs beginnt, aber erst mit der Pubertät abgeschlossen ist.

Neuere Überlegungen zur Lateralisierung bis zur Pubertät

Lennebergs Interpretation der Befunde blieb nicht unwidersprochen. Eine sorgfältige Überprüfung der Befunde von Basser ergab, daß in den meisten Fällen, in denen eine rechtshemisphärische Schädigung in der Kindheit zu einer Aphasie führte, in Wirklichkeit die rechte und die linke Gehirnhälfte betroffen waren.[3] Wenn das stimmt, unterscheiden sich die bei Kindern und die bei Erwachsenen gefundenen Häufigkeiten von Aphasien nach links- beziehungsweise rechtshemisphärischer Schädigung gar nicht voneinander und sind mit der Hypothese vereinbar, daß Lateralität bereits bei der Geburt ausgebildet ist.

Weitere Befunde stützen diese Interpretation. So berichteten Bryan Woods und Hans Lucas Teuber über 65 Kinder, die eine einseitige Hemisphärenverletzung erlitten hatten, als sie bereits sprechen konnten.[4] Woods und Teuber fanden heraus, daß sich unter den 34 Kindern mit linkshemisphärischen Läsionen 25 befanden, die anfangs aphasisch waren, während es bei den Kindern mit Schädigungen der rechten Gehirnhälfte (darunter zwei Linkshänder) nur vier von 31 waren.

Nach einem Überblick über die frühere Literatur stellten die Autoren fest, daß sich die Häufigkeit, mit der bei Kindern nach einer rechtshemisphärischen Verletzung Aphasien auftraten, auffallend verändert hatte: Bei Untersuchungen, die nach dem Jahre 1941 begonnen wurden, war nämlich ein deutlicher Rückgang zu beobachten. Die Autoren führen diese Veränderung über die Zeit teilweise auf den Gebrauch von Antibiotika zurück, der dazu geführt hat, daß bei Kindern Aphasie- und Hemiplegiefälle, die auf Komplikationen bei Scharlach und anderen Krankheiten zurückgehen, weitestgehend ausgeschaltet wurden. Frühere Untersuchungen hatten gezeigt, daß diese Infektionen in schweren und unbehandelten Fällen örtlich begrenzte Hirnläsionen sowie unspezifische Hirnschädigungen in beiden Hemisphären hervorrufen können. Ein Kind, das infolge einer solchen Infektion linksseitig gelähmt war und eine Aphasie aufwies, wäre wohl als rechtshemisphärisch geschädigt eingestuft worden, obwohl sehr wahrscheinlich die linke Gehirnhälfte gleichermaßen betroffen war. Die Forscher schlossen daraus, daß man die Häufigkeit von Aphasien nach rechtshemisphärischen Verletzungen bei Kindern weit überschätzt hatte und die Befunde im ganzen gesehen eher dafür sprechen, daß das bei Erwachsenen gefundene Muster der Sprachfunktionen im wesentlichen schon bald nach der Geburt ausgebildet ist.

Klinische Belege deuten sogar darauf hin, daß die Hemisphärenspezialisierung für die Sprache bereits bei der Geburt existiert und sich nicht erst im Laufe der Zeit entwickelt. Diese Schlußfolgerung stellt keineswegs in Frage, was wir über jene Fähigkeit der rechten Gehirnhälfte wissen, nach sehr frühen Schädigungen der linken Hemisphäre Sprachfunktionen zu übernehmen. Was die Genesung von einer Aphasie angeht, sind eindrucksvolle Unterschiede zwischen Kindern und Erwachsenen unbestritten; mit den theoretischen Folgen dieses Befundes werden wir uns später in diesem Kapitel befassen.

Die Entfernung einer Gehirnhälfte: Hemisphärektomie in der Kindheit

Gelegentlich ist es medizinisch notwendig, daß Ärzte eine der beiden Gehirnhälften weitgehend entfernen. In Kapitel 7 haben wir einige Folgen der Hemisphärektomie bei Erwachsenen besprochen. Die Operation wird manchmal auch in früher Kindheit ausgeführt, wenn die Gefahr besteht, daß eine ausgedehnte Schädigung der einen Hemisphäre auch die unbeschädigte Seite in ihrer Funktion beeinträchtigt.*

Erwachsene Patienten, denen die rechte Gehirnhälfte entfernt wurde, sind sprachlich typischerweise wenig oder gar nicht beeinträchtigt, während die Entfernung der linken Hemisphäre im allgemeinen zu einer ausgeprägten Aphasie führt, die sich mit der Zeit nur geringfügig bessert. Bei Kindern hängt die Schwere der Störung direkt mit dem Alter des Kindes zum Zeitpunkt des Eingriffs zusammen; die Prognose, also die Chance, daß die Sprache sich wieder erholt, steht in umgekehrtem Verhältnis zum Alter. Viele Ergebnisse deuten darauf hin, daß keine Zeichen lateralisierter Defizite bei höheren geistigen Funktionen im Erwachsenenalter zurückbleiben, wenn der chirurgische Eingriff früh genug in der Kindheit erfolgt. Demnach ist die verbleibende Hemisphäre, sei es die rechte oder die linke, vermutlich in der Lage, die Funktionen der entfernten Hemisphäre zu übernehmen.[5]

Aus den Befunden lassen sich mindestens zwei verschiedene theoretische Schlüsse ziehen. Zum einen wäre es möglich, daß in Fällen, in denen die Hemisphärektomie schon früh vorgenommen wird, überhaupt kein Wechsel der

---

* Anmerkung des Herausgebers: Über die Auswirkungen einer Hemisphärektomie im Kindesalter gibt es im deutschsprachigen Bereich einige interessante, hier nicht erwähnte Arbeiten. Im Vordergrund stehen dabei die allgemeinen gesundheitlichen und psychischen Veränderungen, die trotz aller Risiken einen so schweren Eingriff gerechtfertigt erscheinen lassen. Genannt seien hier zwei Aufsätze: H. Stutte, „Zur Psychopathologie hemisphärektomierter Kinder", *Jahrbuch für Jugendpsychiatrie und ihre Grenzgebiete* 4 (1965): 85–97; H. W. Pia, „Die Hemisphärektomie in der Behandlung der cerebralen Kinderlähmung", *Deutsche Zeitschrift für Nervenheilkunde* 181 (1960): 359.

Funktionen stattfinden muß, weil es im frühen Säuglingsalter noch keine Lateralisierung von Funktionen gibt. Eine zweite Interpretation lautet, daß Hemisphärenunterschiede in der frühen Kindheit zwar schon vorhanden sind, daß aber das junge Gehirn noch enorme Fähigkeiten besitzt, sich neu zu organisieren, wenn spezifische Bereiche geschädigt sind. Untersuchungen über die Fähigkeit von Patienten mit links- oder rechtsseitiger Hemisphärektomie deuten darauf hin, daß von den beiden Möglichkeiten wohl eher die letztere zutrifft, die die „Plastizität" des Gehirns betont.

Maureen Dennis und Harry Whitaker untersuchten drei neun- bis zehnjährige Kinder, bei denen im Alter von fünf Monaten eine Hemisphärektomie durchgeführt worden war.[6] Bei einem Kind handelte es sich um eine rechtsseitige Hemisphärektomie; bei den beiden anderen war die linke Gehirnhälfte entfernt worden. Es zeigte sich, daß alle drei Kinder Sprachlaute normal unterscheiden und aussprechen konnten. Sie schnitten auch gleich gut ab, wenn sie Wörter produzieren und unterscheiden sollten. Wesentliche Unterschiede bezüglich der entfernten Hemisphäre traten jedoch in Untersuchungen zutage, in denen die syntaktischen Fähigkeiten der Patienten getestet wurden – also ihr Umgang mit den Regeln, nach denen Wörter zu grammatikalisch richtigen Sätzen zusammengesetzt werden. Man forderte beispielsweise jedes Kind auf zu beurteilen, ob die folgenden Sätze annehmbar oder falsch waren (aufgrund der syntaktischen Eigenheiten der englischen Sprache bleiben sie hier unübersetzt):

1. I paid the money by the man.
2. I was paid the money to the lady.
3. I was paid the money by the boy.

Der Patient mit rechtsseitiger Hemisphärektomie gab zutreffend an, daß die Sätze 1 und 2 grammatikalisch falsch sind und daß nur Satz 3 annehmbar ist. Die beiden anderen Patienten trafen diese Unterscheidung nicht.

Die Forscher folgern daraus, daß bei den Patienten mit linksseitiger Hemisphärektomie die rechte Gehirnhälfte die Bedeutung von Passivsätzen nicht richtig versteht. Nach weiteren Tests kamen sie zu dem Schluß, daß es sich bei dem Defizit der rechten Hemisphäre eher um ein organisatorisches, analytisches und syntaktisches Problem handelt als um eines, das in den begrifflichen oder semantischen Aspekten der Sprache wurzelt. Die Ergebnisse lassen vermuten, daß der Plastizität des kindlichen Gehirns Grenzen gesetzt sind und Hemisphärenasymmetrien bereits sehr früh vorhanden sind. Dennis' und Whitakers Schlußfolgerungen sind allerdings nicht unwidersprochen geblieben; es wurde eingewandt, daß die Fehler, die von den Patienten mit der linksseitigen Hemisphärektomie gemacht wurden, typisch für die Art Fehler sind, wie sie junge Leute mit niedriger oder sogar durchschnittlicher Intelligenz machen, die sich keinem hirnchirurgischen Eingriff unterzogen haben.[7]

Neuere Untersuchungen haben zusätzliche Belege für die Auswirkungen einer Hemisphärektomie im Kindesalter geliefert.[8] Dabei wurden neun Patienten im Alter zwischen sieben und 24 Jahren untersucht. Fünf von ihnen hatten sich einer linksseitigen, vier einer rechtsseitigen Hemisphärektomie unterziehen müssen; alle hatten zuvor normal sprechen gelernt. Nach Intelligenztests wiesen die meisten von ihnen IQ-Werte im Grenzbereich zwischen normaler Intelligenz und geistiger Behinderung auf. Das nach den IQ-Tests geschätzte geistige Alter eines jeden

Patienten diente den Forschern als Grundlage, um zu entscheiden, ob diese bei einer Reihe von Sprachtests schlechter abschnitten, als nach dem allgemeinen Kognitionsniveau des Patienten zu erwarten gewesen wäre.

Die Ergebnisse zeigten, daß vier von fünf der linksseitig hemisphärektomierten Patienten relativ zu ihrem kognitiven Niveau syntaktische Verständnisdefizite aufwiesen, hingegen nur einer von vier der rechtsseitig hemisphärektomierten Patienten. Ein ähnliches Ergebnismuster fand sich bei einer Aufgabe, bei der Sprachlaute verarbeitet werden mußten (beispielsweise sollte zwischen „ba" und „da" unterschieden werden). Keine Unterschiede ergaben sich zwischen den beiden hemisphärektomierten Gruppen und normalen Kindern bei der Sprachproduktion. Diese Ergebnisse legen den Schluß nahe, daß die rechte Hemisphäre nach früher Entfernung der linken Hemisphäre besser in der Lage ist, die Kontrolle der Sprachproduktion zu übernehmen als die syntaktische Verarbeitung oder die Sprachlautverarbeitung.

Es ist durchaus möglich, daß irgendwann einmal Befunde eindeutig belegen, daß die Plastizität des Gehirns begrenzt ist. Aber wie auch immer sich diese Grenzen darstellen mögen, die Plastizität spielt ohne Zweifel eine große Rolle – beispielsweise bei Kindern, die sich nach einer Schädigung der linken Hemisphäre oft in bemerkenswerter Weise von ihrer Aphasie erholen. Die Fähigkeit des Gehirns, seine Funktion verhältnismäßig schnell neu anzupassen, macht es schwierig, ein System, in dem eine Lateralisierung nicht oder nur in Ansätzen existiert, von einem zu unterscheiden, das zwar eine umfassende Lateralisierung aufweist, in dem aber bei einer einseitigen Schädigung eine schnelle Kompensation möglich ist. Nur mit sehr empfindlichen Tests, mit denen sich feine Leistungsunterschiede erfassen lassen, können wir diese Alternativen nach und nach entwirren.

Die Suche nach den Anfängen der Lateralität

Klinische Befunde über die Auswirkungen einer frühen Hirnschädigung auf die Sprachfunktionen haben entscheidend zu unserer heutigen Vorstellung von der Entwicklung der Asymmetrie beigetragen. Wie bereits zuvor in diesem Kapitel erwähnt, unterscheiden sich die Effekte frühkindlicher unilateraler Hirnschädigungen dramatisch von den Folgen, die derartige Schädigungen im späteren Leben mit sich bringen. Sprachstörungen nach Schädigung der linken Hemisphäre sind in der Regel um so weniger schwerwiegend und von kürzerer Dauer, je jünger das Individuum zum Zeitpunkt der Verletzung ist. Heißt dies, daß die Lateralisierung mit zunehmendem Alter ausgeprägter oder vollständiger wird? Das ist sicherlich eine mögliche Erklärung, doch nach einer anderen Interpretation dieser Befunde ist die Asymmetrie bereits bei der Geburt vorhanden, die Plastizität des Gehirns nimmt mit zunehmendem Alter jedoch ab; das heißt, wenn der Mensch älter wird, verliert die rechte Hemisphäre die Fähigkeit, die Sprachkontrolle zu übernehmen. In diesem Abschnitt werden wir Befunde aus verschiedenen Quellen diskutieren, die uns helfen sollen zu entscheiden, welche dieser beiden Erklärungen den klinischen Daten am besten Rechnung trägt.

Anatomische Gehirnasymmetrien bei Säuglingen

Bereits früh im Leben vorhandene anatomische Asymmetrien zwischen den Hemisphären ähnlich denjenigen im erwachsenen Gehirn wären mit der Vorstellung vereinbar, daß die funktionelle hemisphärische Asymmetrie schon zum Zeitpunkt der Geburt ausgebildet ist. Der Neurologe Albert Galaburda hat die Daten auf diesem Gebiet überprüft und zitiert mehrere Untersuchungen, die die Präsenz allgemeiner anatomischer Asymmetrien in der Großhirnrinde vor der Geburt zeigen, wie auch Studien, die Asymmetrien im Gehirn von Neugeborenen demonstrieren.[9] Er stellte fest, daß sich die Grobanatomie des Gehirns – im Gegensatz zur Gesamtgröße und zur Formation der Fissuren im Cortex – nach der Geburt nicht signifikant verändert; daher ist nicht zu erwarten, daß sich die anatomischen Asymmetrien, die man zum Zeitpunkt der Geburt findet, im Verlauf der Entwicklung verändern. Die Asymmetrien, die man im fetalen und neugeborenen Gehirn beobachtet, sind tatsächlich dieselben wie diejenigen, die man im Gehirn von Erwachsenen findet.

Wie bereits in Kapitel 3 erwähnt, wissen wir jedoch nicht genau, welche Beziehung zwischen anatomischer und funktioneller Asymmetrie herrscht. Bildet erstere die strukturelle Grundlage für letztere? Wenn ja, sind dann immer funktionelle Unterschiede zwischen den Hemisphären vorhanden, wenn wir anatomische Unterschiede finden? Wir werden die Befunde zur anatomischen Asymmetrie erst dann sicher auslegen können, wenn uns weitere Informationen helfen, derartige Fragen zu beantworten. Bis dahin bleiben die Belege zwar durchaus suggestiv und eindrucksvoll, lassen aber die Frage, ob eine funktionelle Lateralisierung bereits bei der Geburt besteht, weiterhin offen.

Evozierte Potentiale bei Säuglingen

Da elektrophysiologische Ableitungen keinerlei willkürliche Reaktion der Versuchsperson erfordern und es keinerlei Nebenwirkungen gibt, ist dieses Verfahren hervorragend dazu geeignet, Hemisphärenasymmetrien bei Säuglingen zu untersuchen. In einer der ersten Untersuchungen dieser Art leitete der Psychologe Dennis Molfese evozierten Potential (EPs) auf sprachliche und nichtsprachliche Reize aus der Schläfenregion von zehn Säuglingen zwischen einer Woche und zehn Monaten, elf Kindern zwischen vier und elf Jahren und zehn Erwachsenen zwischen 23 und 29 Jahren ab.[10]

Insgesamt fand Molfese, daß die Amplitude der EPs auf Sprachreize bei 27 der 31 getesteten Probanden auf der linken Seite größer war als auf der rechten. Bei nichtsprachlichen Lauten hingegen war die Amplitude der rechtshemisphärischen Antwort größer als die linkshemisphärische (30 von 31 Versuchspersonen beziehungsweise 29 von 31 Versuchspersonen in Abhängigkeit davon, ob der Reiz ein Geräusch oder ein Klavierakkord war). Der Anteil der Personen, die dieses lateralisierte Antwortmuster zeigten, war für jede Altersstufe derselbe; demnach waren Hemisphärenunterschiede der Art, wie man sie bei Erwachsenen findet, bereits bei sehr jungen Säuglingen und Kindern vorhanden. Die Asymmetrien waren tatsächlich bei Säuglingen sogar am stärksten ausgeprägt und nahmen mit zunehmendem Alter der untersuchten Probanden ab. Um dieses überraschende Ergebnis zu erklären, vermutete Molfese, daß die Verringerung der EP-Asymmetrie mit zunehmendem Alter möglicherweise eine Folge des Reifungsprozesses der zerebralen Kommissuren ist, die die Hemisphären miteinander verbinden.

In einer Langzeitstudie, die auf früheren Arbeiten aufbaut, haben Dennis und Victoria Molfese versucht, eine Beziehung zwischen dem EP-Muster eines Kindes beim Anhören ähnlicher Sprachlaute, wie „ba", „da" und „ga", und dessen späteren sprachlichen und kognitiven Leistungen herzustellen.[11] Interessanterweise fanden sie, daß sich anhand der EP-Muster, die kurz nach der Geburt im Alter von 36 Stunden abgeleitet wurden, die Leistung desselben Kindes im Verbalteil des Stanford-Binet-Intelligenztests fünf Jahre später vorhersagen ließ. Es waren jedoch evozierte Potentiale aus beiden Hemisphären nötig, um diese Voraussage zu treffen, was die Vorstellung stützt, daß Verarbeitungsprozesse in beiden Gehirnhemisphären für die spätere sprachliche Entwicklung wichtig sind.

Nach Meinung der Forscher könnten durch Sprachreize evozierte Potentiale bei der frühen Identifizierung von Kindern mit potentiellen Sprachproblemen helfen und damit eine erfolgreiche Intervention zum frühestmöglichen Zeitpunkt ermöglichen. Wir werden in Kapitel 11 sehen, wie Beeinträchtigungen in der Verarbeitung temporaler Information bei einer Vielzahl sprachbezogener Lernstörungen eine Rolle spielen.

Die Entwicklung des dichotischen Hörens

Eine Reihe von Untersuchungen haben sich mit dem Ausmaß der Ohrasymmetrie beim dichotischen Hören beschäftigt, um herauszufinden, ob sich Veränderungen in Abhängigkeit vom Alter nachweisen lassen. Zwar trifft man in diesen Studien auf einige Widersprüche, doch alles in allem deuten die Daten darauf hin, daß eine auditive Lateralität bereits recht früh auftritt und im Verlauf von Kindheit und Erwachsenalter weder zu- noch abnimmt.[12] Der Standardtest zum dichotischen Hören, in dem die Versuchspersonen wiederholen, was sie gehört haben, ist schon mit Dreijährigen durchgeführt worden, und man findet in der Regel eine Überlegenheit des rechten Ohres. Um dichotisches Hören bei Säuglingen zu testen, benötigt man jedoch eine andere Form der Antwort.

In einer Untersuchung, die mit der sogenannten *high amplitude sucking procedure* arbeitete, lernten durchschnittlich vier Tage alte Babys zunächst, an einem Schnuller zu saugen, damit ihnen ein Konsonant-Vokal-Silbenpaar dichotisch dargeboten wurde.[13] Jedesmal wenn die Säuglinge mit einer vorher festgelegten Stärke saugten, hörten sie dieselben Wörter – bis die anhaltende Reduktion der Saugrate eine Habituation oder Gewöhnung an das dichotische Reizpaar anzeige. In dieser Phase wurde dann entweder der Reiz im linken oder im rechten Ohr abgewandelt, und der Versuchsleiter zeichnete die Veränderungen in der Saugrate des Kindes auf. Unter einer anderen Versuchsbedingung wurde ebenso vorgegangen, nur bestanden die Reize in diesem Fall aus jeweils zwei Tönen von vier verschiedenen Instrumenten (Klavier, Violine, Flöte oder Oboe).

Da Säuglinge ihre Saugrate gewöhnlich erhöhen, wenn ein neuartiger Reiz dargeboten wird, suchten die Forscher nach Veränderungen der Saugrate, die mit dem Ohr variierten, dem der veränderte Stimulus geboten wurde. Sie fanden, daß eine Veränderung des Sprachreizes eine tendenziell stärkere Reaktion hervorrief, wenn sie im rechten Ohr auftrat, während eine Veränderung im musikalischen Reiz zu einer tendenziell stärkeren Reaktion führte, wenn sie im linken Ohr auftrat. Dieses

Ergebnis war statistisch signifikant, obwohl sich die Ohrüberlegenheiten für Musik- beziehungsweise Sprachreize, separat betrachtet, nicht signifikant unterschieden. Überraschend an dieser Studie ist das Alter, in dem sich bereits Belege für eine komplementäre Spezialisierung beobachten lassen, und die Ergebnisse sind mit der Hypothese vereinbar, daß die hemisphärische Asymmetrie schon bei der Geburt vorhanden ist.

Die Rolle des Corpus callosum in der Entwicklung

Das Gehirn der meisten Säugetiere einschließlich des Menschen ist bei der Geburt noch weitgehend unterentwickelt. Die strukturellen und funktionellen Reifungsprozesse laufen größtenteils im Säuglingsalter und während der frühen Kindheit ab. Neben der sichtbaren Größenzunahme finden dramatische Veränderungen auf mikroskopischem Niveau statt. Die Verbindungen zwischen den Neuronen vermehren sich in den ersten Jahren enorm und verändern sich vermutlich während des ganzen Lebens. Außerdem werden isolierende, fetthaltige Hüllen aus Myelin um die Nervenfasern gelegt, die dadurch elektrische Impulse effektiver weiterleiten können. Das Corpus callosum, der größte Nervenfasertrakt im Gehirn, und andere zerebrale Kommissuren sind in diese rasche Entwicklung einbezogen.

Das Corpus callosum ist bei der Geburt zwar vorhanden, erscheint aber in einem Querschnitt unverhältnismäßig klein, wenn man das Gehirn eines Neugeborenen mit dem eines Erwachsenen vergleicht. Abbildung 10.1 zeigt, wie sich die Größe des Corpus callosum und anderer Gehirnkommissuren beim Menschen im Laufe von drei Entwicklungsstufen verändert. Das rascheste Wachstum findet während der Fetalentwicklung statt. Doch auch im Zeitraum zwischen Geburt und der Vollendung des zweiten Lebensjahres wächst das Corpus callosum noch rapide, wobei sich die Größe annähernd verdoppelt und so mit einem Corpus callosum am unteren Ende der Erwachsenenbandbreite vergleichbar ist. Eine neuere kernspintomographische Untersuchung hat gezeigt, daß das Corpus callosum bis ins dritte Lebensjahrzehnt weiterwächst und seine Maximalgröße im Alter von ungefähr 25 Jahren erreicht.[14]

Gegenwärtig verstehen wir noch nicht ganz, welche Rolle der Balken bei höheren kognitiven Funktionen spielt; sie ist ohne Zweifel komplex und variiert möglicherweise in Abhängigkeit von der gestellten Aufgabe und anderen Bedingungen. Ein Modell der Balkenfunktion geht davon aus, daß das Corpus callosum primär exzitatorische Funktion hat; zu seinen Aufgaben gehört demnach das Generieren von Aktivierung in beiden Hemisphären wie auch das Aufteilen von Information zwischen den Hemisphären. Nach einem anderen Modell wirkt das Corpus callosum primär inhibitorisch und dient dazu, eine unabhängige Verarbeitung in beiden Hemisphären und die Trennung zwischen ihnen zu gewährleisten, indem es eine der Hemisphären hemmt, wenn die andere mit einer Aufgabe beschäftigt ist, auf die sie spezialisiert ist.

Diese beiden Modelle führen zu verschiedenen Vorhersagen, was die Lateralität der Funktion und das Ausmaß der Hemisphärenverknüpfung durch das Corpus callosum angeht. Nach dem exzitatorischen Modell sollte eine erhöhte Konnektivität – die vermutlich mit einem größeren Balken einhergeht – mit einer verminderten Asymmetrie verbunden sein, da ein interhemisphärisches Informations-

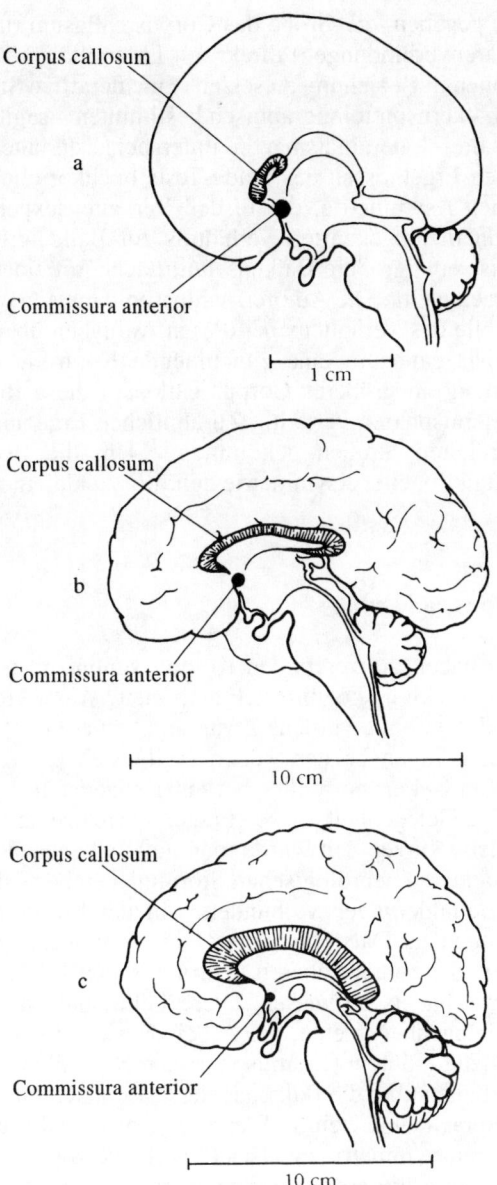

10.1 Drei Entwicklungsstadien des Corpus callosum und der Commissura anterior beim Menschen: a) beim Fetus (16 Wochen), b) bei der Geburt (40 Wochen) und c) beim Erwachsenen. (Aus C. B. Trevarthen, „Cerebral Embryology and the Split Brain", in *Hemisphere Disconnection and cerebral Function*, Hrsg. M. Kinsbourne und L. Smith (Springfield, Ill.: Charles C. Thomas, 1974).)

sharing und eine interhemisphärische Aktivierung tendenziell zu einer Maskierung hemisphärischer Unterschiede führen würden. Das inhibitorische Modell hingegen führt zur entgegengesetzten Aussage – eine größere Konnektivität sollte mit einer erhöhten Asymmetrie der Funktion einhergehen.[15]

Es hat Versuche gegeben, die Größe des Corpus callosum (und damit das Ausmaß der Hemisphärenverbindungen) direkt mit Lateralitätsmessungen bei einzelnen Versuchspersonen in Beziehung zu setzen. Eine derartige Studie hat die Beziehung zwischen der – kernspintomographisch bestimmten – sagittalen Schnittfläche des Balkens und drei Lateralitätsmaßen untersucht, darunter ein dichotischer Hörtest, der mit den Ergebnissen des Wada-Tests hochkorreliert war.[16] Der Grad der hemisphärischen Asymmetrie, die in den Verhaltensexperimenten gefunden wurde, stand in einem umgekehrten Verhältnis zur Balkengröße; so korrespondierte beispielsweise eine größere Balkenschnittfläche mit einer geringeren Überlegenheit für das rechte Ohr. Die Autoren schlossen daraus: »Wenn eine Seite des Gehirns die Kontrolle des Verhaltens bei diesen Aufgaben übernimmt, favorisiert ein kleineres Corpus callosum eine zunehmende Kontrolle der spezialisierten Hemisphäre, während ein größeres Corpus callosum diese Rolle gleichmäßiger zwischen beiden Hemisphären verteilt.« Zu ähnlichen Ergebnissen waren einige, aber nicht alle früheren Studien gekommen.[17] Um die Beziehung zwischen Balkengröße und funktioneller Asymmetrie definitiv zu klären, sind weitere Untersuchungen nötig.

Agenesie des Corpus callosum

Welche Bedeutung haben die zerebralen Kommissurenbahnen für die Lateralität und die normale Entwicklung kognitiver Funktionen? Was würde passieren, wenn sie bei der Geburt durchtrennt würden? Zwar sind keinerlei Fälle von Split-Brain-Operationen bei Säuglingen bekannt, doch ergibt sich bei Kindern, denen das Corpus callosum von Geburt an fehlt – bei einer sogenannten Agenesie des Balkens –, die einmalige Gelegenheit, diesen Fragen nachzugehen.

Noch bis vor relativ kurzer Zeit wurde man auf Balkenagenesien nur aufmerksam, wenn sie mit anderen neurologischen Störungen einhergingen, und oft waren sie mit geistigen Behinderungen verbunden. Mit der Einführung nichtinvasiver bildgebender Verfahren zur Darstellung des Gehirns entdeckte man auch Personen mit Balkenagenesie, die keine gröberen neurologischen Funktionsstörungen, wie Epilepsie oder Hirnschäden, aufwiesen. Diese Fälle sind von großem Interesse, weil sie uns die Gelegenheit bieten, die Arbeitsweise eines Gehirns zu untersuchen, das sich ohne die größte interhemisphärische Nervenbahn entwickelt hat.

Die frühesten Arbeiten über die Balkenagenesie richteten ihr Augenmerk auf die Organisation von Sprache und Gehirn. Wenn das Corpus callosum in der Entwicklung der Hemisphärenasymmetrie eine wichtige Rolle spielt, indem es beispielsweise die gleichzeitige Aktivierung vergleichbarer Regionen der anderen Gehirnhälfte hemmt, dann sollte man erwarten, daß Sprachfunktionen bei Personen, die keinen Balken besitzen, beidseitig repräsentiert sind. Das hat sich aber als unzutreffend erwiesen. Bei den meisten Menschen mit Balkenagenesie findet man nicht nur eine deutliche Handbevorzugung sowie geringe, aber zuverlässig nachweisbare Asymmetrien beim dichotischen Hören und in Tests zur Gesichtsfeldasymmetrie, sondern auch (bei Anwendung des Wada-Tests) linkshemisphärische Sprache – mit anderen Worten: dasselbe Muster wie bei Menschen mit intaktem Balken.[18]

Andere Ergebnisse deuten darauf hin, daß Menschen, die ohne Balken geboren werden, zwar normale kognitive Fähigkeiten haben können, wenn auch meist im unteren Bereich dessen, was noch als normal gilt. Sie zeigen im sprachlichen und im sogenannten Handlungsteil von Intelligenztests vergleichbare Leistungen; es ergaben sich auch keine Hinweise auf die typischen Diskonnektionssymptome, wie man sie nach chirurgischer Durchtrennung der zerebralen Kommissuren findet. Beispielsweise erbringen Menschen ohne Balken gute Leistungen, wenn es um das Wiedererkennen von Material geht, das einseitig der einen oder anderen Hemisphäre präsentiert wird, und sie zeigen keinerlei Beeinträchtigung bei Aufgaben, die einen Vergleich zwischen beiden Gesichtsfeldern erfordern.[19]

Trotz dieses allgemeinen Eindrucks von Normalität haben neuere Arbeiten bei Menschen, denen das Corpus callosum fehlt, gewisse subtile Defizite festgestellt.[20] Maryse Lassonde, Hannelore Sauerwein und Franco Lepore haben die Leistungen von Probanden mit einer vollständigen Balkenagenesie mit denjenigen von normalen Versuchspersonen verglichen. Sie fanden in der erstgenannten Gruppe Beeinträchtigungen bei Aufgaben, die einen interhemisphärischen Transfer von motorischen und visuell-räumlichen Fertigkeiten verlangten, sowie bei einigen Aufgaben, die eine Integration von visueller und taktiler Information über beide Körperseiten erforderten.

Christine Temple und Joanne Isley haben bei einer kleinen Anzahl normal intelligenter Kinder ohne Corpus callosum subtile kognitive Defizite gefunden.[21] Obwohl die Kinder keine deutlichen Beeinträchtigungen aufwiesen – ihre Sprache war deutlich und gut ausgeprägt, und ihre allgemeinen sprachlichen Leistungen waren normal –, zeigten sie Defizite bei Aufgaben, in denen es um Reimproduktion oder Reimerkennen ging, so bei einer Aufgabe, in der sie in einer Minute möglichst viele Wörter sagen sollten, die sich auf ein vorgegebenes Wort reimten. Im Vergleich zu normalen Kindern hatten Kinder ohne Balken auch beim lauten Lesen von Nichtwörtern (also von Buchstabenketten, die den orthographischen Regeln der Sprache zwar genügen, aber keine Bedeutung haben, wie etwa „gip" oder „sutter") Schwierigkeiten. Die Forscherinnen schlossen daraus, daß die allgemeine sprachliche Entwicklung dieser Kinder mit Balkenagenesie zwar normal verlaufen kann, die lautsprachliche Verarbeitung jedoch ein beständiges Defizit aufweist. Die Kinder mit Balkenagenesie legten auch bei bestimmten visuellen konstruktiven Fertigkeiten, die eine koordinierte Abfolge von Bewegungen erforderten, Defizite an den Tag, beispielsweise, wenn sie Puzzleteile zu einem abstrakten Muster zusammensetzen sollten. Abschließend zogen Temple und Isley den Schluß, daß »die Ergebnisse auf eine Anzahl selektiver kognitiver Bereiche hinweisen, für die das Corpus callosum eine maßgebliche Rolle spielt, um normale Leistungen zu erreichen. Die Ergebnisse zeigen ferner, daß Untersuchungen an Personen ohne Corpus callosum nützliche Hinweise auf die Art der modulären Teilkomponenten von kognitiven Fertigkeiten liefern, wobei sich diese Komponenten verhältnismäßig unabhängig voneinander entwickeln können.«[22]

Die augenscheinliche weitgehende Normalität von Menschen mit einer Agenesie des Corpus callosum deutet zum einen darauf hin, wie nichtcallosale Kommissurenbahnen das Fehlen des Balkens auszugleichen vermögen. Zum anderen könnte uns die Existenz ganz spezieller Defizite helfen, die Rolle zu verstehen, die das Corpus callosum bei der Entwicklung kognitiver Funktionen spielt. Beides zusammengenommen könnte uns helfen zu verstehen, wie das Gehirn organisiert ist.

Die Rolle von Anlage und Umwelt bei der Ausprägung von Asymmetrien

Anlage

Viele der in diesem Kapitel vorgestellten Arbeiten lassen darauf schließen, daß Hemisphärenasymmetrien in irgendeiner Form schon bei der Geburt oder kurz danach vorhanden sind. Je geringer das Alter ist, in dem man bereits Asymmetrien entdeckt, desto sicherer können wir sein, daß sie zur biologischen Ausstattung des Organismus gehören und von Erfahrungen unabhängig sind. Auch Asymmetrien, die später in Erscheinung treten, können Teil der biologischen Ausstattung eines Organismus sein. Vielleicht bestimmen genetische Faktoren, daß diese Asymmetrien erst in späteren Entwicklungsstadien auftreten.

Man hat verschiedene genetische Modelle entworfen, die die Hemisphärenasymmetrien erklären sollen. Einige von ihnen haben wir bereits in Kapitel 5 im Zusammenhang mit der Diskussion der Händigkeit vorgestellt. Vor kurzem haben einige Forscher erstmals auch andere – nicht im strengen Sinne genetische – Möglichkeiten in Betracht gezogen, wie Lateralitätsmuster vererbt werden könnten.

Aus Untersuchungen wissen wir, daß das Zell- oder Cytoplasma – jene in allen Zellen einschließlich der weiblichen Eizelle enthaltene Flüssigkeit – bei einigen Arten bestimmte Merkmale von den Eltern auf die Nachkommen übertragen kann. Eine solche „cytoplasmatische Vererbung" ist für den Menschen als mögliche Grundlage der Übertragung der Asymmetrie von den Eltern auf ihre Kinder vorgeschlagen worden.

Michael Corballis und Michael Morgan haben die Hypothese aufgestellt, daß während der Embryonalentwicklung ein cytoplasmatischer Gradient wirksam sei, der die Entwicklung der linken Körperseite begünstige.[23] Dieser Gradient sei, so ihre Annahme, für die physiologischen Asymmetrien bei Menschen und Tieren verantwortlich und diese wiederum für die beobachteten funktionellen Asymmetrien.

Warum nun sind einige Menschen linkshändig, und warum ist die Sprache bei manchen in der rechten Hemisphäre oder vielleicht sogar in beiden Gehirnhälften repräsentiert? Corballis und Morgan meinen, daß einigen Individuen dieser hypothetische Gradient fehle und daß in solchen Fällen Umweltfaktoren eine Hauptrolle dabei spielen, welches Lateralitätsmuster sich ausprägt.

Die Vorstellungen von Corballis und Morgan sind faszinierend und ein Versuch, die menschliche Handbevorzugung und Hemisphärenasymmetrie in einen allgemeineren biologischen Zusammenhang zu stellen. Sie betrachten den Gradienten, der die schnellere Entwicklung der linken Seite fördert, als etwas Grundlegendes, das viele Arten miteinander teilen; Händigkeit und Sprachlateralisation seien einfach artspezifische Konsequenzen dieses Gradienten. Kritiker dieser Auffassung verweisen jedoch auf Beispiele bei Mensch und Tier, in denen sich offenbar die rechte Körperseite bevorzugt entwickelt.[24] (Siehe hierzu auch die in der Fußnote auf Seite 216 erwähnte Literaturstelle.)

Umwelt

Was läßt sich zur Rolle sagen, die Erfahrungen oder Umweltfaktoren bei der Festlegung von Hemisphärenasymmetrien spielen? Auf der einen Seite haben wir gesehen, daß es zu einer dramatischen Neuorganisation lateralisierter Funktionen kommen kann, wenn eine Gehirnhälfte frühzeitig geschädigt wird. Die Tatsache, daß Menschen, denen in früher Kindheit die linke Hemisphäre entfernt wurde, Sprachfertigkeiten in der rechten Gehirnhälfte entwickeln, ist nur einer der Belege für die enorme Plastizität des Gehirns. Doch ist die Kompensation nach einer frühzeitigen Entfernung einer Hemisphäre nicht vollständig. Mit empfindlichen Tests lassen sich Sprachausfälle aufdecken, was darauf hindeutet, daß der Grundplan für die Asymmetrie bereits sehr früh im Leben feststeht und seine Spuren noch erhalten bleiben, auch wenn eine Schädigung eine Umorganisation des Gehirns auslöst. Bei unserer Diskussion der Linkshändigkeit haben wir erwähnt, daß einige Forscher jede Linkshändigkeit (und wahrscheinlich jegliche rechtshemisphärische oder bilaterale Sprachkontrolle) als Folge einer – sei es noch so geringen – Hirnverletzung deuten. Wir haben auch über Geschwinds und Galaburdas Vorstellungen geprochen, was den Einfluß des pränatalen Testosteronspiegels auf das sich entwickelnde Gehirn angeht. In diesem Abschnitt werden wir eine weitere Umweltvariable diskutieren – wie Qualität und Quantität sprachlicher Kontakte die Entwicklung der Lateralisierung beeinflussen können.

Sprachliche Kontakte Gewisse Hinweise darauf, daß sich frühe Umwelteinflüsse auf die Asymmetrie auswirken, ergaben sich aus der Untersuchung eines jungen Mädchens namens Genie, das elfeinhalb Jahre lang unter extremem sozialem Erfahrungsentzug gelebt hatte. Genie wurde entdeckt, als sie 13 ½ Jahre alt war; bis dahin hatte sie den größten Teil ihres Lebens beinahe völlig isoliert verbracht und war stets bestraft worden, wenn sie irgendein Geräusch von sich gab. Zwei Jahre nach ihrer Befreiung hatte sie, so wurde berichtet, langsame, aber stetige Fortschritte beim Spracherwerb gemacht.[25]

Uns interessiert hier insbesondere, wie Genie bei zwei Tests zum dichotischen Hören abschnitt. Der eine umfaßte gebräuchliche Wörter, der andere alltägliche Umweltgeräusche. Genie konnte jeden dieser Reize richtig identifizieren, wenn jeweils nur ein Ohr getestet wurde. Bot man jedoch die Wörter dichotisch dar, zeigte sich bei Genie ein extremer Vorteil für das linke Ohr für gebräuchliche Wörter, bei den Umweltgeräuschen hingegen eine leichte Überlegenheit des linken Ohres.[26]

Aufgrund dieser Ergebnisse ist anzunehmen, daß bei Genie die rechte Gehirnhälfte sowohl die sprachlichen als auch die nichtsprachlichen Reize verarbeitet. Die Forscher, die mit ihr gearbeitet haben, mutmaßten, daß Genies linke Hemisphäre möglicherweise vor der Isolierung schon begonnen hatte, eine Sprache zu lernen, daß sie aber später – nach jahrelangem Nichtgebrauch – nicht mehr in der Lage war, ihre ursprüngliche Funktion zu erfüllen. Als Genie zum zweitenmal sprechen lernte, übernahm die rechte Hemisphäre die Kontrolle, vermutlich weil sie ihre Funktionen trotz der Gefangenschaft (durch visuell-räumliche Prozesse) ausgeübt hatte.

Das Problem bei einer Einzelfallstudie dieser Art ist, daß wir keine Möglichkeit haben zu erfahren, welches Asymmetriemuster sich in Genies Gehirn entwickelt hätte, wenn ihr eine normale Kindheit vergönnt gewesen wäre. Vielleicht wäre ihre rechte Hemisphäre ohnehin auf sprachliche und nichtsprachliche Reize spezialisiert gewesen. Dennoch sind die Ergebnisse hochinteressant, insbesondere im Hinblick auf Arbeiten, die sich mit der Hemisphärenasymmetrie bei taub geborenen Menschen befassen.

Gregory Hickok, Ursula Bellugi und Edward Klima untersuchten die linguistischen Fähigkeiten von 23 Taubstummen, die eine einseitige Hirnschädigung erlitten hatten – 13 eine linkshemisphärische und zehn eine rechtshemisphärische Schädigung.[27] Alle benutzten die Amerikanische Gebärdensprache (American Sign Language, ASL) und wurden beim Gebrauch der Gebärdensprache hinsichtlich verschiedener Aspekte des Sprachgebrauchs getestet: Sprachproduktion, Sprachverständnis, Benennen und Wiederholen. Dabei schnitten linkshemisphärisch verletzte Taubstumme bei allen Tests signifikant schlechter ab als solche mit rechtshemisphärischen Läsionen. Im Gegensatz dazu waren rechtshemisphärisch geschädigte taubstumme Patienten im visuell-räumlichen Bereich schwer gestört, während die linkshemisphärisch verletzten Patienten auf diesem Gebiet gute Leistungen erzielten.

Die Autoren zogen hieraus den Schluß, daß sich die neuronale Organisation der Gebärdensprache hinsichtlich der Hemisphärenasymmetrie nicht von der gesprochenen Sprache unterscheidet. Diese Befunde machen deutlich, daß Hören und Sprechen für die Hemisphärenspezialisierung nicht notwendig sind. Sie zeigen weiterhin, daß die Hemisphären taub geborener ASL-Benutzer für die Verarbeitung einer auf Zeichen basierenden Sprache sowie für nichtsprachliche räumliche Prozesse unterschiedlich spezialisiert sind, obgleich die Gebärdensprache räumlich-manipulative Aspekte besitzt.

Das zweisprachige Gehirn Verändert sich das Hirnorganisationsmuster, wenn man zwei Sprachen erlernt? Diese Frage ist derzeit Gegenstand vieler Kontroversen.[28] Etliche Untersuchungen kamen zu dem Schluß, daß bei einer zweisprachigen Person die linke Hemisphäre sowohl bei der Verarbeitung der Muttersprache als auch bei der Zweitsprache dominiert. Anderen Arbeiten zufolge ist jedoch bei bilingualen Menschen die linksseitige Lateralisierung für Sprache schwächer ausgeprägt; in wieder anderen stellte man bei „Zweisprachlern" eine unterschiedliche Hemisphärenasymmetrie für die Sprachen fest. Klinische Befunde liefern jedoch keine Hinweise darauf, daß die Asymmetrie bei zweisprachigen Patienten für eine oder beide Sprachen vermindert ist. Eine gekreuzte Aphasie, bei der eine Läsion ipsilateral zur bevorzugten Hand mit aphasischen Störungen auftritt, ist bei zweisprachigen Patienten nicht häufiger als bei einsprachigen. Die Ergebnisse von Wada-Tests ergaben ein ähnliches Bild – Behinderungen in beiden Sprachen stellten sich jeweils nur nach linksseitigen Betäubungen ein.

Eine neuere PET-Untersuchung hat sich direkt mit der Frage der corticalen Sprachrepräsentation bei Zweisprachlern beschäftigt; sie untersuchten die Worterzeugung bei Probanden, deren Muttersprache Englisch war, die aber auch fließend Französisch sprachen.[29] Den Versuchspersonen wurden verschiedene Wörter in Englisch dargeboten, und man forderte sie auf, ein Wort mit ähnlicher Bedeutung, ein Reimwort und eine Übersetzung ins Französische zu finden. Die Synonym- und die Übersetzungsaufgabe wurden auch in Französisch durchgeführt. Die PET-Ergebnisse zeigten die stärkste Durchblutungssteigerung für alle Aufgaben – unabhängig davon, ob sie in Englisch oder Französisch durchgeführt worden waren – in Teilen der linken Hemisphäre. Unter keiner Versuchsbedingung wurde eine rechtshemisphärische Aktivierung beobachtet. Die Autoren ziehen mit gebührender Vorsicht den Schluß, daß die mit diesen Aufgaben und den gegenwärtig verfügbaren Methoden zur Messung corticaler Aktivierung gefundenen Daten keinen Hinweis dafür liefern, daß eine später im Leben erlernte Sprache anders als die Muttersprache repräsentiert ist.

In weiteren Studien mit bilingualen Versuchspersonen wurden funktionelle kernspintomographische Verfahren eingesetzt, um zu untersuchen, wie mehrere Sprachen im Gehirn repräsentiert sind.[30] Die getesteten Versuchspersonen wurden angewiesen, „im Kopf" Sätze zu bilden, die Ereignisse des Vortages beschrieben; direkt vor jedem fMRI-Scan wurde ihnen mitgeteilt, welche Sprache sie benutzen sollten, um diese internen Sätze zu generieren. Aus den Befunden schlossen die Forscher, daß im Erwachsenenalter erlernte Fremdsprachen innerhalb der sprachsensitiven Regionen (Brocasches Areal) im Frontallappen räumlich getrennt von der Muttersprache repräsentiert werden, Muttersprache und früh erworbene Fremdsprachen hingegen eher in gemeinsamen frontalen corticalen Regionen. Eine Beziehung zwischen der Aktivität in den sprachsensitiven Regionen des Temporallappens (Wernickesches Areal) und dem Alter, in dem die Fremdsprache erlernt wurde, ließ sich nicht nachweisen. Die Autoren vermuten, daß ihre Befunde, die denjenigen aus der gerade besprochenen PET-Untersuchung widersprechen, möglicherweise das größere Auflösungsvermögen der fMRI-Technik wie auch Unterschiede widerspiegeln, die sich auf das durchschnittliche Alter des Fremdsprachenerwerbs in beiden Studien zurückführen lassen. Das Durchschnittsalter beim ersten Fremdsprachenkontakt betrug in der PET-Studie 7,3 Jahre und lag damit unter dem der zweisprachigen Versuchspersonen in der fMRI-Untersuchung. Nach Meinung der Autoren der fMRI-Studie könnte die PET-Studie mit ihren Daten für den frühen Erwerb einer Fremdsprache vereinbar sein.

Um besser zu verstehen, wie mehrere Sprachen im Gehirn repräsentiert werden, sind weitere Untersuchungen mit den Methoden der kognitiven Neurowissenschaften nötig.

Einige theoretische Probleme

Obwohl die Forscher von einer endgültigen Antwort auf die in diesem Kapitel aufgeworfenen Fragen noch weit entfernt sind, zeichnet sich in den Befunden doch ein gewisses Grundmuster ab. Von großer theoretischer Bedeutung sind jene Beobachtungen, die darauf hindeuten, daß Hemisphärenunterschiede schon bei der Geburt vorhanden sind. Im Widerspruch dazu scheinen klinische Befunde zu stehen, die zeigen, daß die Folgen sehr früh erlittener einseitiger Hirnverletzungen von der Verletzungsseite unabhängig sind. Diese Ergebnisse lassen sich jedoch mit dem Konzept der schon bei der Geburt vorhandenen Lateralität in Einklang bringen, wenn man die Plastizität des Gehirns berücksichtigt, dank derer das junge Gehirn die Auswirkungen einer einseitigen Schädigung kompensieren kann. In diesem Zusammenhang haben wir betont, wie wichtig Tests sind, die sehr empfindlich auf kleinste Störungen ansprechen und mit denen es möglich sein sollte, zwischen dem Ergebnis einer schädigungsbedingten Umorganisation und einer von Anfang an fehlenden Lateralisierung zu unterscheiden (vorausgesetzt, die Umorganisation ist nicht in jeder Hinsicht perfekt).

Die Forschungsarbeiten, die sich mit der zeitlichen Entwicklung der Lateralisierung und mit den Faktoren beschäftigen, die sie beeinflussen, gestalten sich aus mehreren Gründen schwierig. Ein großes Problem bei der Untersuchung der Faktoren, die an der Lateralisierung beteiligt sind, liegt in der allgemeinen Schwierigkeit, Fragen nach dem Verhältnis von Anlage und Umwelt beim Menschen zu klären. Die Umweltauswirkungen, die wir untersuchen können, sind äußerst begrenzt, und genetische Modelle lassen sich häufig nicht angemessen überprüfen. Zudem sind unsere Lateralitätsmaße alles andere als vollkommen, und viele Tests reagieren offenbar auf andere Faktoren als die Gehirnlateralität. Wir stehen hier vor einer großen Herausforderung, und einfache Lösungen wird es nicht geben. Doch immer mehr Forscher erkennen, wie wichtig solche entwicklungsbezogenen Themen sind und mit welcher Sorgfalt man sie angehen muß, so daß wir in Zukunft weitere Antworten erwarten können.

Teil VI

Pathologie und Asymmetrie

11. Die Rolle der Asymmetrie bei Entwicklungsstörungen und psychiatrischen Erkrankungen

Die Hemisphärenforschung hat sich auf viele Bereiche ausgewirkt, in denen es um die Untersuchung von Funktionen und Fehlfunktionen beim Menschen geht. Im ersten, sechsten und siebten Kapitel haben wir die klinischen Symptome erörtert, die nach Schädigungen der rechten oder linken Gehirnhälfte auftreten. In diesem Kapitel werden wir uns mit einigen anderen Störungen und Beeinträchtigungen des menschlichen Verhaltens beschäftigen, die mit der Aufteilung der Funktionen zwischen den Hemisphären zusammenhängen. Sie werden als Entwicklungsstörungen angesehen, weil sie sich im allgemeinen in der Kindheit manifestieren. Es handelt sich dabei weniger um Folgeerscheinungen offensichtlicher physischer Schädigungen; vielmehr vermutet man, daß diese Behinderungen aus subtilen Funktionsstörungen in der linken oder der rechten Gehirnhälfte oder auch in der Beziehung zwischen beiden Hemisphären resultieren.

Ist Stottern darauf zurückzuführen, daß die beiden Hemisphären eines anomal schwach lateralisierten Individuums um die Kontrolle über das Sprechen wetteifern? Neigt ein Kind mit unvollständiger Lateralisierung zu Lesestörungen, obwohl es ansonsten normal intelligent ist? Warum sprechen – um ein Beispiel aus der Psychiatrie zu nennen – Depressionen anscheinend besser auf eine rechtshemisphärische als auf eine linkshemisphärische Elektroschocktherapie an? Dies sind einige der Fragen, denen Forscher nachgegangen sind, um festzustellen, welche Rolle das linke und das rechte Gehirn bei krankhaften Prozessen spielen. In diesem Kapitel wollen wir Daten aus verschiedenen Quellen diskutieren, die etwas mit diesen Fragen zu tun haben.

Lernstörungen: Gibt es eine Verbindung zur Hemisphärenasymmetrie?

Lernstörung (*learning disability*) ist ein Überbegriff für eine breite Palette von schulischen Schwierigkeiten trotz angemessener Intelligenz. Schätzungen zufolge weisen zwischen zehn und 15 Prozent aller schulpflichtigen Kinder in Nordamerika und Europa Anzeichen für Lernschwierigkeiten in der einen oder anderen Form auf. Dyslexie ist der derzeit gängige Begriff für die häufigste und am besten untersuchte Form einer Lernstörung – eine schwere Beeinträchtigung in der Entwicklung der Lesefähigkeit, die in keinem Verhältnis zur allgemeinen Intelligenz und zum Bildungsniveau der Person steht.[1] Dyslexie ist unter Kindern im Schulalter weit verbreitet und betrifft zwischen zwei und acht Prozent von ihnen.*

Generell geht man davon aus, daß bei der Dyslexie das Entziffern, also das fehlerfreie Lesen der Wörter, und nicht das Leseverständnis an sich betroffen ist. Ein im Lesematerial vorhandener Zusammenhang kann dyslektischen Personen helfen, bestimmte Wörter zu entschlüsseln, die sie nur mit Mühe lesen könnten, wenn sie allein dargeboten würden. Mit der Zeit verbessern sich viele der dyslektischen Kinder und zeigen keine offensichtlichen Probleme mehr beim Lesen. Doch fördern neuropsychologische Tests häufig subtile Defizite in der phonologischen Kodierung zutage – also in der Fähigkeit, einzelne Phoneme (Sprachlaute) in Wörtern zu identifizieren und die phonologischen Regeln (Laut-Symbol-Zuordnungen) der englischen Sprache anzuwenden. So kann beispielsweise die Fähigkeit eingeschränkt sein, Nichtwörter zu lesen, bei denen die phonologischen Regeln angewendet werden müssen, während das Lesen bekannter Wörter keine Probleme bereitet. Auch das Buchstabieren kann beeinträchtigt sein. Neuere Befunde weisen darauf hin, daß die Dyslexie eine starke genetische Komponente besitzt. Rund 35 bis 40 Prozent der Söhne eines dyslektischen Elternteils weisen selbst eine Dyslexie auf; von den Töchtern sind es 17 bis 18 Prozent. Bei Jungen mit einem betroffenen Elternteil erhöht sich also die Wahrscheinlichkeit, an Dyslexie zu leiden, um das Fünf- bis Siebenfache, während das Risiko bei den Mädchen um das Zehn- bis Zwölffache steigt.[2]

Einer der ersten, die eine Verbindung zwischen Gehirnasymmetrie und Lesestörungen sahen, war der Arzt Samuel T. Orton. Er arbeitete während der ersten Jahrzehnte dieses Jahrhunderts mit Kindern, die unter Lese- und Schreibschwächen litten. Im Verlauf seiner Tätigkeit bemerkte er, daß diese Kinder manchmal in Spiegelschrift schrieben, wobei sie sowohl die Orientierung der Einzelbuchstaben als auch die Abfolge der Buchstaben im Wort umkehrten. So wurde etwa das Wort *cat* (englisch für „Katze") wie ƚɒɔ geschrieben – als ob man *cat* im Spiegel lese. Entsprechend kehrten die Kinder auch beim Lesen oft Buchstabenfolgen um und sagten beispielsweise *was* statt *saw* (ein deutsches Pendant wäre „ein" statt „nie"). Orton beobachtete, daß die Kinder, die solche spiegelbildlichen Umkehrungen beim Lesen und Schreiben produzierten, häufig keine stabile Präferenz für eine Hand hatten. Er interpretierte dies als Zeichen einer unvollständigen zerebralen Dominanz. Das gemeinsame Auftreten von Lesestörungen und unvollständiger Dominanz veranlaßte ihn anzunehmen, daß zwischen beiden eine Beziehung bestehe.[3]

Da die beiden Seiten des Gehirns in bezug auf die Mittellinie symmetrisch sind, nahm Orton an, jede visuelle Information über die Außenwelt sei rechts und links in spiegelbildlicher Form repräsentiert. Orton behauptete nun, die in der dominanten Hemisphäre repräsentierte Information weise die richtige Orientierung auf, während sie in der nichtdominanten Hemisphäre in spiegelbildlicher Form vorliege. Ohne ausreichend entwickelte zerebrale Dominanz führten die beiden Repräsentationen zu Verwirrung beim Lesen und Schreiben.

---

* Mit dem Begriff Dyslexie beschreibt man Lese- und Buchstabierschwierigkeiten, die ohne primäre sensorische Beeinträchtigung auftreten; man sollte in diesem Fall eigentlich von Entwicklungsdyslexie (*developmental dyslexia*) sprechen, da der Begriff Dyslexie für die Bearbeitung der Beeinträchtigungen einer bereits erworbenen Lesefertigkeit reserviert ist. Im deutschsprachigen Bereich wird eine entwicklungsbedingte Lese- und Rechtschreibschwäche häufig auch als Legasthenie bezeichnet.

Ortons Vorstellungen darüber, wie in den Hemisphären Informationen in spiegelbildlicher Form abgelegt werden, haben sich als falsch erwiesen. Doch seine Grundannahme, daß Lesestörungen mit der Hemisphärenasymmetrie zusammenhängen könnten, wird auch heute noch intensiv untersucht. In Kapitel 5 haben wir Norman Geschwinds und Albert Galaburdas umstrittene Vorstellungen diskutiert, denen zufolge Dyslexie, Linkshändigkeit und andere Bedingungen mit den unterschiedlichen Einflüssen zusammenhängen, die Testosteron während der vorgeburtlichen Entwicklung auf die beiden Hemisphären ausübt. Das ist nur eine Möglichkeit, wie Lernstörungen mit Anomalien in der Gehirnasymmetrie verknüpft sein können.

Verhaltensphysiologische und anatomische Belege für eine atypische Gehirnasymmetrie

Zahlreiche Verhaltensexperimente, die sowohl mit dichotischen Hörtests als auch mit tachistoskopischen Gesichtsfeldstudien durchgeführt wurden, haben sich mit der funktionellen Lateralität von Kindern mit Leseschwierigkeiten beschäftigt. Dabei wurden diese Kinder in Tests, mit denen sich bei unauffälligen Kindern und Erwachsenen regelmäßig laterale Asymmetrien nachweisen lassen, mit normal lesenden Kindern verglichen. M. P. Bryden führt in einer Überblicksarbeit 51 solcher Studien an.[4] 30 von ihnen behaupteten, schlechte Leser seien weniger stark lateralisiert als gute Leser. In 14 Untersuchungen fanden sich keine Unterschiede, und sieben berichteten, schlechte Leser besäßen eine stärker ausgeprägte Lateralität.

In unserer Diskussion der Verhaltensuntersuchungen in Kapitel 4 führten wir mehrere Variablen an, wie beispielsweise Aufmerksamkeitsstrategien, die die Ergebnisse von dichotischen und anderen Tests – unabhängig von einer Hemisphärenasymmetrie – beeinflussen können. Bryden räumt zwar ein, daß es notwendig sei, jene Faktoren, die derartige Unterschiede zwischen den verschiedenen Studien hervorrufen können, besser zu kontrollieren, beschließt seinen Artikel aber dennoch mit der Feststellung, daß »die Gerüchte über einen Zusammenhang zwischen Lesestörungen und Lateralität zumindest etwas Wahres enthalten. Zwar hat man im Laufe der Zeit fast alle möglichen Ergebnisse gewonnen, doch scheint das allgemeine Muster darauf hinauszulaufen, daß schwache Leser für rezeptive Sprachfunktionen weniger stark lateralisiert sind als gute Leser.«[5]

Es gibt mehrere Berichte über anatomische Befunde, die auf eine Beziehung zwischen Gehirnasymmetrie und Dyslexie hinweisen. Am häufigsten werden die Untersuchungen von Albert Galaburda und Mitarbeitern zitiert; sie sezierten die Gehirne von sieben dyslektischen Erwachsenen, die zumeist bei Unfällen ums Leben gekommen waren. Bei den vier Männern fanden sie jeweils eine ungewöhnliche Symmetrie des Planum temporale.[6] Im Gegensatz hierzu führten wir in Kapitel 3 Belege dafür an, daß das Planum bei 65 bis 75 Prozent der Allgemeinbevölkerung auf der linken Seite größer ist. Auch unter dem Mikroskop offenbarten die vier Gehirne eine große Zahl neuronaler Anomalien in der linken perisylvischen Region. Von diesen neuroanatomischen Anomalien vermutet man, daß sie während des zweiten Trimesters der Fetalentwicklung auftreten, wenn die Nervenzellen im sich entwickelnden Gehirn zu ihren Bestimmungsorten wandern. Bei der Untersuchung der drei weiblichen Gehirne zeigten sich ebenfalls stark symmetrische Plana und deplazierte Neuronen.[7] Die Symmetrie war nicht auf eine geringere Größe des linken Planum zurückzuführen, sondern darauf, daß das rechte Planum temporale vergrößert war.

Personen mit Dyslexie sind neuerdings auch mittels Magnetresonanzverfahren untersucht worden. Autopsien gegenüber besitzen derartige Verfahren den Vorteil, daß man größere Gruppen von Personen studieren und diese darüber hinaus noch verschiedenen Sprachtests unterziehen kann. In einer kernspintomographischen Studie rekonstruierten und vermaßen Jan Petter Larsen und Mitarbeiter das Planum temporale von 19 dyslektischen Achtkläßlern und von Kontrollpersonen.[8] 70 Prozent der Dyslektiker zeigten eine Planumsymmetrie, aber nur 30 Prozent der Kontrollpersonen. Die Größe des Corpus callosum wurde ebenfalls kernspintomographisch bestimmt. Eine Untersuchung, in der die relative Größe der sagittalen Schnittfläche des Balken gemessen wurde, ergab, daß Dyslektikerinnen den größten Balken, Dyslektiker den nächstgrößeren und normal lesende Kontrollpersonen den kleinsten Balken aufwiesen.[9] Beim hinteren Abschnitt des Corpus callosum, dem Splenium, folgten die Größenverhältnisse demselben Muster. Daher könnten Größenveränderungen des Corpus callosum für Dyslektiker typisch sein. Der mögliche Zusammenhang zwischen Balkengröße und funktioneller Asymmetrie wurde in Kapitel 10 besprochen.

Nicht alle Untersuchungen haben jedoch zu denselben Ergebnissen geführt. In einer neueren Überblicksarbeit über diese Untersuchungen wird spekuliert, ob Variablen wie Geschlecht, Alter und Händigkeit der untersuchten Personen für Widersprüche in den Studien verantwortlich sein könnten, falls bei der Auswahl der Kontrollpersonen in dieser Hinsicht nicht sorgfältig auf eine Übereinstimmung mit den Dyslektikern geachtet wurde.[10] Die Gehirngröße könnte ebenfalls ein wichtiger Faktor sein, den man in Rechnung ziehen muß, wenn man verschiedene Gruppen vergleicht, weil die Größe einer Hirnregion häufig mit der Größe anderer Regionen korreliert ist. Weitere Forschung ist nötig, um herauszufinden, ob eine sorgfältige Kontrolle dieser Variablen die Unterschiede in Gehirnasymmetrie und Balkengröße, die man beim Vergleich von lerngestörten und normalen Populationen beobachtet hat, eliminieren kann, oder ob man weiterhin solche Unterschiede findet.

Einen etwas anderen Ansatz zum Thema Asymmetrie und Lesefähigkeit wählten Christina Leonard und ihre Kollegen.[11] Statt sich Asymmetriemuster bei lesegestörten und normalen Probanden anzusehen, interessierten sie sich dafür, ob es eine Beziehung zwischen Asymmetrien im Planum temporale und sprachlichen Fertigkeiten normaler Kinder geben könnte. Sie wiesen nach, daß sich die Leistungen von Kindern zwischen fünf und neun Jahren in einem Test, in dem farbige Blöcke manipuliert werden mußten, die Phoneme symbolisierten, anhand einer kernspintomographisch gemessenen anatomischen Asymmetrie des auditorischen Assoziationscortex vorhersagen ließen. Die Beziehung, die sie beobachteten, verschwand jedoch bei älteren, im Lesen geübten Kindern.

Vielleicht, spekulieren die Autoren, »ist die Beziehung zwischen phonemischen Fähigkeiten und Planumasymmetrie in der Frühentwicklung stark, wird aber mit zunehmendem Einfluß kultureller Kräfte, die sich auf die Entwicklung der Lese- und Schreibfähigkeit konzentrieren, schwächer«.[12] Wenn auch noch keineswegs schlüssig, deuten diese Befunde doch darauf hin, daß Bemühungen, verschiedene Messungen der Gehirnanatomie mit verhaltensbiologischen Messungen in Beziehung zu setzen, zu sehr aufschlußreichen Ergebnissen führen können.

Neue Vorstellungen über Lernstörungen

Neuere Untersuchungen von Nina Kraus und ihren Kollegen legen den Schluß nahe, daß Kinder mit Lernstörungen Beeinträchtigungen auf einem sehr fundamentalen auditorischen Niveau zeigen – so bei der Fähigkeit, zwischen dem Klang ähnlicher Phoneme zu unterscheiden.[13] Sie leiteten mit Kopfhautelektroden die elektrische Aktivität vom Gehirn von Kindern ab, die sich ein Video ansahen, während gleichzeitig Lautfolgen wie „da, da, da, da" oder „da, da, da, ga" leise im rechten Ohr dargeboten wurden. Die Kinder wurden nicht angehalten, diese Laute zu beachten und ignorierten sie höchstwahrscheinlich, während sie sich auf die Tonspur des Videos konzentrierten.

Frühere Untersuchungen hatten gezeigt, daß sich die elektrische Aktivität des Gehirns deutlich verändert, wenn in einer Folge wiederholter Reize ein physikalisch andersartiger Reiz auftritt; das gilt selbst für Säuglinge oder Schlafende. Kraus und ihre Kollegen fanden nun, daß sich die zerebrale Aktivität von normalen Kindern, die keine Schwierigkeiten hatten, „da" von „ga" zu unterscheiden, in der erwarteten Weise abrupt veränderte, wenn „ga" auf die Wiederholungen der Silbe „da" folgte. Bei den Kindern, denen es schwer fiel, die Laute zu unterscheiden, ergab sich jedoch keine Veränderung der elektrischen Aktivität. Die Forscher zogen daraus den Schluß, daß die Gehirne normaler Kinder die Unterscheidung zwischen ähnlichen Sprachlauten bereits treffen, bevor die Kinder sie überhaupt bewußt wahrnehmen, während Gehirne von lerngestörten Kindern dies nicht tun.

Diese Befunde passen gut zu früheren Arbeiten von Paula Tallal, die nachgewiesen hat, daß es Kinder mit sprachbezogenen Lernbehinderungen sehr schwer fällt, in dem, was sie hören, einige kurze phonetische Elemente zu identifizieren. In jüngster Zeit hat Tallal ihre Untersuchungen in Zusammenarbeit mit Michael Merzenich und anderen ausgeweitet, um herauszufinden, ob derart beeinträchtigte Kinder von fünf bis zehn Jahren nach einem Spezialtraining Verbesserungen bei der Identifizierung solcher Sprachlaute zeigen.[14]

Unter einer Versuchsbedingung hörten Kinder Silbenpaare, die sich in ihrem Anfangsphonem unterscheiden („be" versus „de"). Akustisch unterscheiden sich diese Laute gewöhnlich nur in der Information, die in den ersten 50 Millisekunden der Silbe präsent ist. Bei jedem Versuchsdurchgang wurde das Kind nun aufgefordert anzuzeigen, ob ein vorher angekündigtes (*pre-cued*) „be" oder „de" der ersten oder zweiten präsentierten Silbe entsprach. Das Training bestand darin, dem Kind akustisch modifizierte Silben vorzuspielen, bei denen die Information, die die Silben unterschied, gestreckt oder über einen längeren Zeitraum gedehnt wurden oder wo die Intensität des konsonantischen Anteils der Silbe relativ zur Intensität des Vokals erhöht worden war. Die modifizierten Stimuli wurden im Verlauf des Trainings, das verteilt über 20 Tage acht bis 16 Stunden dauerte, so angepaßt, daß sich die Stimuli, wenn die Kinder sie meisterten, allmählich mehr und mehr den normalen, nicht modifizierten Stimuli näherten.

Tallal und Merzenich konnten nicht nur nachweisen, daß sich nach dem Training die Fähigkeit dieser sprachentwicklungsgestörten Kinder, kurze und schnelle Folgen von Sprachreizen zu erkennen, deutlich verbesserte, sondern auch, daß ihr Sprachverständnis meßbar zunahm. Nach einem Monat täglichen Trainings mit akustisch modifizierter Sprache verbesserten sich die Leistungen der sprachbehinderten Kinder signifikant um fast zwei Jahre, wobei jedes Kind den normalen

Grenzen seines Alters im Hinblick auf Sprachdiskriminierung und Sprachverständnis nahekam oder sie überschritt.

Tallal und ihre Kollegen zogen daraus den Schluß, daß »die meisten dieser Kinder möglicherweise keinen fundamentalen Defekt in der Lernmaschinerie aufweisen, weil sie so rasch diejenigen Fertigkeiten erlernen, die bei ihnen als unterdurchschnittlich entwickelt definiert worden waren«.[15] Sie spekulierten weiter, daß die strukturellen Unterschiede und die Unterschiede in der funktionellen Antwort, die im Gehirn von sprachbehinderten Individuen beobachtet wurde, eine Folge ihrer Lerngeschichte als Kinder sein könnten und nicht etwa auf irreversible zerebrale Defekte zurückzuführen seien. Überdies deute die rasche Verbesserung bei der Sprachverarbeitung nach einem relativ begrenzten und einfachen Training darauf hin, daß die Defizite bei den Kindern ein *bottom-up*-Verarbeitungsproblem widerspiegeln und kein Defizit in der linguistischen Kompetenz *per se*.

Diese faszinierenden Vorstellungen sind auf großes Interesse gestoßen. Sie mahnen auch zur Vorsicht, wenn es um die Interpretation der Beziehung zwischen Aktivitäts- und Gehirnasymmetriemessungen und Lesestörungen geht. Unterschiede in der Gehirnsymmetrie sind nicht unbedingt die Ursache für Lernbehinderungen; beides, so vermuten Tallal und Merzenich, könnte aus Faktoren resultieren, die die Fähigkeit eines Menschen beeinflussen, sich rasch verändernde akustische Information zu verarbeiten.

Die zerebralen Mechanismen, die der Dyslexie zugrunde liegen, sind in jüngerer Zeit auch von Guinevere Eden und Kollegen untersucht worden.[16] Eden baute dabei auf Befunden auf, nach denen Dyslektiker neben Defiziten bei der Verarbeitung von Sprachlauten auch gewisse visuelle Verarbeitungsanomalien zeigen. Deshalb untersuchte sie via funktioneller Kernspintomographie die visuell-motorische Verarbeitung bei sechs erwachsenen männlichen Dyslektikern. Bei keinem der Dyslektiker rief die Präsentation von sich bewegenden Reizen das typische bilaterale aufgabenbezogene Aktivierungsmuster hervor, das man bei normal lesenden Kontrollpersonen beobachtete. Die Präsentation von stationären Mustern hingegen führte in beiden Gruppen zu einer äquivalenten bilateralen Aktivierung.

Die Autoren ziehen daraus den Schluß, daß diese Anomalie des visuellen Systems nur ein Aspekt einer umfassenderen Störung ist, die viele Komponenten aufweist, darunter auch eine mangelhafte Verarbeitung von Sprachlauten. Beide, das Problem mit dem visuellen System und das Sprachlautproblem bei Dyslektikern haben nach Ansicht der Autoren eines gemeinsam: die zeitliche Verarbeitung von Reizeigenschaften. Daher liegen zumindest einigen Formen der Dyslexie möglicherweise Anomalien bei der zeitlichen Verarbeitung und nicht etwa bei Sprachfunktionen an sich zugrunde. Noch viele weitere Untersuchungen sind nötig, um diese Hypothese im Zusammenhang mit den beobachteten Gehirnasymmetrien zu überprüfen.

Bewertung der Befunde

Alles in allem sprechen die eben dargestellten Befunde sehr für einen Zusammenhang zwischen Hirnsymmetrie und Lesestörung, auch wenn sich Unterschiede zwischen den Versuchspersonen und zwischen den durchgeführten Tests zweifellos stark auf die Ergebnisse solcher Arbeiten auswirken. Die Daten sagen uns jedoch *per se* nichts über die Art und Weise dieses Zusammenhangs. Eine Möglichkeit ist, daß die anomalen Muster der zerebralen Organisation, die man gefunden hat, auf irgendeine Weise für die Lesestörungen verantwortlich sind. Wie bereits erwähnt, nahm Orton an, daß eine schwache zerebrale Dominanz die Leseschwäche verursacht.

Aus den bisher vorgestellten Befunden ließe sich ebensogut schließen, daß ein dritter Faktor für die beobachtete Beziehung verantwortlich ist und die beobachteten Unterschiede in der Gehirnorganisation und die Lesefähigkeit überhaupt nicht direkt kausal miteinander verknüpft sind. Wie gerade besprochen, vertreten Paula Tallal und Michael Merzenich diese Ansicht.

Wenn man den Zusammenhang zwischen Gehirnorganisation und Lesefähigkeit betrachtet, sollte man zwei zusätzliche Punkte beachten. Erstens haben die meisten Menschen, die wenige Anzeichen für Asymmetrien (oder sogar eine umgekehrte Asymmetrie) zeigen, keinerlei Probleme mit dem Lesen. Zweitens weisen viele Personen mit solchen Problemen diesen Tests zufolge eine Gehirnorganisation auf, die derjenigen von Menschen ohne Leseschwierigkeiten entspricht. Eine verminderte hemisphärische Asymmetrie ist also weder eine notwendige noch eine hinreichende Bedingung für Leseschwierigkeiten. Diese stellen einen Problemkomplex dar, zu dem vielerlei Faktoren beitragen können. Entsprechend ist die Lateralisierung nur ein Aspekt eines ganzen Netzwerks von Hirnfunktionen, die das neurologische Substrat des Lesens bilden.

Stottern: Ein Wettstreit um die Kontrolle über das Sprechen?

Stottern wird als eine Unterbrechung im Redefluß definiert, die durch willkürliche hörbare oder leise Wiederholungen sowie Verlängerungen in der Laut- und Silbenproduktion gekennzeichnet ist. Es wird geschätzt, daß etwa ein Prozent der Bevölkerung mehr oder minder stark stottert.

Die meisten Leute haben wahrscheinlich schon die Behauptung gehört, es sei unklug von Eltern zu versuchen, ein Kind, das eine natürliche Präferenz für die linke Hand habe, dazu zu zwingen, die rechte Hand zu gebrauchen. Angeblich können solche Bemühungen schwerwiegende Folgen für die allgemeine Anpassung des Kindes haben und unter anderem die Wahrscheinlichkeit erhöhen, daß es später stottert.

Samuel T. Orton, dessen Thesen wir im vorangegangenen Abschnitt diskutiert haben, war maßgeblich daran beteiligt, daß sich diese Idee durchsetzte. Er hielt das Stottern in manchen Fällen für das Ergebnis eines Wettstreits zwischen den Hemisphären um die Kontrolle über das Sprechen. Bei Individuen mit gut ausgeprägter zerebraler Dominanz übernimmt die linke Hemisphäre die Kontrolle, während solche mit schlecht ausgeprägter Dominanz Gefahr laufen, zu Stotterern zu werden. Wenn man ein Kind zwingt, die Hand entgegen seiner natürlichen Präferenz zu wechseln, stört dies möglicherweise den Aufbau der Dominanz und führt zu Stotterproblemen.

Obgleich es wenige Belege für die These gibt, derzufolge sich die Wahrscheinlichkeit, daß ein Kind zu stottern beginnt, erhöht, wenn man es zwingt, die Hände zu wechseln, ist das Bindeglied zwischen Stottern und atypischen Mustern der hemisphärischen Asymmetrie eines, für das es einige, wenn auch keineswegs unstrittige Unterstützung gibt. Als ein Indiz wird manchmal angeführt, daß unter Stotterern Links- und Beidhändigkeit anscheinend häufiger vorkommen als in der allgemeinen Bevölkerung. Andere Arbeiten haben jedoch die Zahlen, die für ein erhöhtes Vorkommen von Linkshändern in dieser Personengruppe sprechen, in Frage gestellt.[17]

In einem anderen interessanten Ansatz hat man sich Stotterern zugewendet, die sich wegen einer anderweitigen neurologischen Erkrankung einem Natriumamobarbital-(Natrium-Amytal-)Test unterziehen mußten. In einer Studie war das Sprechen bei allen vier Patienten – drei Linkshändern und einem Rechtshänder – nach links- und rechtsseitigen Injektionen beeinträchtigt. Dieses Ergebnis steht im Widerspruch zu dem typischen Befund bei Wada-Tests, daß nur nach Injektion auf einer der beiden Seiten (gewöhnlich der linken) eine vorübergehende aphasieähnliche Sprachstörung auftritt. Darüber hinaus endete das Stottern bei jedem der Patienten, nachdem man aus medizinischen Gründen eines der mutmaßlichen Sprachzentren chirurgisch entfernt hatte. Diese Entdeckung ist wahrscheinlich der eindeutigste Beleg für einen Zusammenhang zwischen Stottern und bilateraler Sprachkontrolle. Allerdings vermochte man bei einer nachfolgenden Natriumamobarbital-Untersuchung keine übereinstimmenden Ergebnisse zu erzielen.[18] Die Versuchspersonen dieser Studie waren vier Rechtshänder, von denen lediglich einer Anzeichen einer bilateralen Repräsentation der Sprache aufwies. Daß jedoch überhaupt einer der Rechtshänder bilaterale Sprache zeigte, ist schon bedeutsam, da dies bei normalen Rechtshändern extrem selten vorkommt. Die Natriumamobarbital-Befunde können daher als eine gewisse, wenn auch keineswegs vollständige Bestätigung der Hypothese gelten, daß die Sprache bei Stotterern bilateral repräsentiert ist.

Auch zunehmend raffiniertere bildgebende Verfahren sind eingesetzt worden, um zerebrale Mechanismen im Zusammenhang mit Stottern zu untersuchen. In einer neueren Untersuchung haben Peter Fox, Roger Ingram und seine Kollegen die Hirngesamtaktivierung von zehn rechtshändigen männlichen Stotterern bei drei Aufgaben positronenemissionstomographisch gemessen und mit derjenigen von zehn Kontrollpersonen verglichen; die Aufgaben bestanden darin, einen Absatz laut vorzulesen, einen Absatz gemeinsam mit einer Tonbandstimme laut vorzulesen und mit geschlossenen Augen ruhig zu verharren.[19] Frühere Arbeiten hatten gezeigt, daß das gemeinsame laute Lesen mit anderen oder mit einer Tonbandstimme häufig zu einem dramatischen zeitweiligen Unterdrücken des Stotterns führt.

Wie sich zeigte, war die Gehirnaktivität der Kontrollpersonen während des Alleinlesens in der linken Hemisphäre in dem Areal, das die Sprache kontrolliert, wie auch in den Arealen, die einlaufende akustische Information verarbeiten, höher als in der rechten Hemisphäre. Bei den Stotterern hingegen war die Aktivierung in die korrespondierenden Areale in der rechten Hemisphäre verlagert. Die Stotterer stellten jedoch kein einfaches Spiegelbild der Kontrollpersonen dar. Sie zeigten eine Aktivierung spezifischer motorischer Regionen – einige linksseitig, einige rechtsseitig und einige beidseitig – und zusätzlich dazu eine Aktivierung des Kleinhirns, die doppelt so stark war wie bei den Kontrollpersonen. Eine bei den Kontrollpersonen beobachtete Aktivierung des linken Gyrus temporalis superior, von der man annimmt, daß sie mit der Selbstüberwachung beim Sprechen in Zusammenhang steht, blieb bei den Stotterern aus.

Gemeinsames Lesen (*chorus reading*) verhinderte das Stottern bei der experimentellen Gruppe zeitweilig und reduzierte die beobachteten anomalen Gehirnaktivitätsmuster deutlich. Die Überaktivität des motorischen Systems ging signifikant zurück oder verschwand völlig, und man fand eine gewisse Aktivität im linken oberen Bereich des temporalen Cortex. Das allgemeine Muster einer rechtshemisphärischen Aktivierung blieb jedoch erhalten.

Nach Ansicht der Forscher liefern ihre Daten Belege für drei verschiedene Stottertheorien. Eine übermäßige Aktivität in Arealen, die der motorischen Kontrolle dienen, stützt die These, daß Stottern mit einer Hyperaktivität in spezifischen motorischen Regionen einhergeht, die an der Sprache beteiligt sind. Das Fehlen der Aktivität im oberen Bereich des linken Temporallappens hingegen spricht für die Hypothese, daß Stotterer kein adäquates auditives Feedback erhalten, wenn sie sprechen. Und schließlich paßt die Verschiebung der Aktivierung in die rechte Hemisphäre bei Stotterern zu der Theorie, daß Stotterer anomale Muster der Hemisphärenasymmetrie aufweisen, was zu Hyperaktivität der rechten Hemisphäre bei der Sprachproduktion führt.

Die Studie von Fox und Ingram unterstreicht die Komplexität des Stotterns. Ihren Daten nach ist es unwahrscheinlich, daß sich diese Sprachstörung auf eine einzige Ursache zurückführen läßt; statt dessen sollte man die Möglichkeit in Betracht ziehen, daß zumindest in einigen – wenn nicht in den meisten – Fällen multiple Mechanismen beteiligt sind.

Frühkindlicher Autismus

Autismus zählt zu den verwirrendsten kindlichen Verhaltensstörungen. Die klassischen Symptome des Autismus sind die Unfähigkeit zur normalen sprachlichen Kommunikation, stereotype und zwanghafte Bewegungen sowie soziale Unzugänglichkeit. Gewöhnlich werden erste Anzeichen dieser Störung bereits bemerkt, wenn das Kind noch ein Säugling ist: Solche Babys sind oft nicht empfänglich für die Zuwendung ihrer Eltern und scheinen auf ihre Umgebung nicht zu reagieren. Andere autistische Kinder können sich bis weit in das Kleinkindalter hinein normal entwickeln, bevor sie dann im Sozial-, Sprach- und Spielverhalten Rückschritte machen.

Der Autismus kann nach Schweregrad und Prognose sehr unterschiedlich in Erscheinung treten. Intelligente erwachsene Autisten können durchaus so gut zurechtkommen, daß sie imstande sind, ein relativ unabhängiges Leben zu führen und in einer beschützten Umgebung auch einer festen Tätigkeit nachzugehen. Doch müssen diejenigen mit schwereren Behinderungen lebenslang von ihren Familien, in einem Wohnheim oder von einer entsprechenden Institution betreut werden. In den meisten Fällen bleiben die autistischen Verhaltensauffälligkeiten während des ganzen Lebens erkennbar.[20]

Heute vermutet man die Ursache des Autismus in Fehlfunktionen des Gehirns. Obwohl die Art der funktionellen Störung noch längst nicht geklärt ist, könnte sie nach Ansicht mehrerer Wissenschaftler speziell die linke Hemisphäre betreffen. Die Forscher verweisen zum einen auf das Verhalten autistischer Kinder. Besonders auffällig ist deren Unfähigkeit zum normalen Spracherwerb. Intelligenz als solche scheint kein wesentlicher Faktor zu sein, da sogar geistig schwer behinderte (aber nicht autistische) Kinder ohne besondere Übungsmaßnahmen sprechen lernen.

Im Gegensatz zu ihren geringeren Sprachfertigkeiten weisen autistische Kinder oft erstaunliche künstlerische oder musikalische Fähigkeiten auf oder haben ein außerordentlich gutes Gedächtnis für bestimmte Dinge. Es ist beispielsweise nicht ungewöhnlich, daß ein autistisches Kind genau angeben kann, auf welchen Tag – über mehrere Jahrhunderte hinweg – ein bestimmtes Datum fällt. Auch die Fähigkeit, schwierigste Kopfrechenaufgaben zu lösen, ist belegt. 1977 wurde eine Fallstudie über ein Mädchen mit einem außergewöhnlichen Maltalent veröffentlicht.[21] Dieses Kind, Nadia, konnte schon im Alter von dreieinhalb Jahren naturgetreue Zeichnungen mit beachtlichen Details anfertigen (Abbildung 11.1). Wie es auch für die Fertigkeiten anderer autistischer Kinder gilt, führte Nadia die Zeichnungen schnell und nahezu ohne bewußte Anstrengung aus. Man hat vermutet, daß sich in diesen speziellen Fähigkeiten Beiträge der rechten Hemisphäre widerspiegelten. Nadias Zeichentalent ließ im Laufe der Therapie nach; es ist jedoch nicht festzustellen, ob diese Veränderung eine Folge der Therapie war oder ob sie auch im Zuge der natürlichen Reifung aufgetreten wäre.

Eine begrenzte Anzahl anderweitiger Belege stimmt mit der Hypothese überein, daß beim Autismus anomale Muster der Hemisphärenasymmetrie vorliegen. In einem neueren Übersichtsartikel wurden die Befunde mehrerer Untersuchungen zur Händigkeit bei autistischen Kindern zusammengefaßt; insgesamt waren 52 Prozent der Kinder Linkshänder oder ohne ausgeprägte Handbevorzugung.[22] Autistische Kinder, die eine Handpräferenz entwickelt hatten, zeigten in einer Reihe von kognitiven Aufgaben bessere Leistungen als Kinder mit gemischter Händigkeit. Diese Zahlen deuten – wenn auch nur indirekt – auf Unterschiede in der Hemisphärenasymmetrie zwischen normalen und autistischen Kindern hin. Überdies ergaben Studien, die sich mit der Ohrpräferenz beschäftigten, bei autistischen Patienten, wenn überhaupt, typischerweise einen Vorteil für das linke Ohr; allerdings waren die Ergebnisse nicht sehr überzeugend.[23]

11.1 Pferde gehörten zu Nadias Lieblingsmotiven. Dieses Karussellpferd zeichnete sie, als sie noch keine vier Jahre alt war. (Aus L. Selfe, *Nadia: A Case of Extraordinary Drawing Ability in an Autistic Child* (London: Academic Press, 1977).)

Ein überzeugendes Bild der Beziehung von Autismus und Hemisphärenasymmetrie ergibt sich aus Untersuchungen der elektrischen Aktivität des Gehirns. In einer Studie wurde während verschiedener sprachlicher und visuell-räumlicher Tests die EEG-Aktivität autistischer Kinder mit der von Kontrollversuchspersonen verglichen, die ihnen in Alter und Händigkeit entsprachen. Die Ergebnisse zeigten, daß sich während der räumlichen Tests die Muster der hemisphärischen Aktivierung bei autistischen Kindern und Kontrollpersonen nicht signifikant voneinander unterschieden, die autistischen Kinder aber bei sprachlichen Tests eine stärkere Beteiligung der rechten Hemisphäre aufwiesen.[24] Sieben der zehn autistischen Personen und drei der zehn Kontrollversuchspersonen zeigten eine rechtshemisphärische Dominanz bei der verbalen Aufgabe. In einer nachfolgenden Studie mit autistischen Personen zeichneten die Untersucher die corticalen akustisch evozierten Potentiale über der linken und rechten Hemisphäre auf und fanden bei elf der 17 Probanden Anzeichen einer rechtshemisphärischen Spezialisierung für Sprache, wobei diese mit schlechterer sprachlicher Fähigkeit und einem höheren Grad an Asymmetrie einherging.[25]

Neuere bildgebende Verfahren ermöglichen es, im lebendigen Organismus nach strukturellen und funktionellen Anomalien zu suchen. Insgesamt fanden sich keine statistisch signifikanten anomalen Gehirnasymmetrien im frontalen oder posterioren Bereich, obwohl mehrere Untersuchungen Hinweise auf eine hohe Inzidenz regionaler struktureller Anomalien im Gehirn von Autisten erbrachten.[26] Die subtilen Anomalien, die man findet, sprechen dafür, daß es sich hierbei um Auswirkungen einer gestörten neuronalen Migration im Frühstadium der Entwicklung des Zentralnervensystems, höchstwahrscheinlich in den ersten sechs Monaten der Embryonalentwicklung, handelt.

Eine Studie, in der funktionelle und strukturelle bildgebende Verfahren kombiniert wurden, hat sich mit 13 autistischen Kindern beschäftigt.[27] Sechs dieser Kinder wiesen in den PET-Scans oder in den strukturellen Bildern regionale Anomalien auf. Die PET-Anomalien schlossen Regionen mit einer Stoffwechselhyperaktivität im Bereich des Assoziationscortex ein. Die beobachteten strukturellen Abweichungen deuteten auf eine anomal verlaufende Neuronenwanderung hin, was mit früheren Arbeiten in Einklang steht.

Da man zur erfolgreichen Durchführung der meisten Untersuchungen mit bildgebenden Verfahren auf die Kooperation des Patienten angewiesen ist, haben sich die Studien über autistische Kinder in der Regel auf nur leicht beeinträchtigte Individuen beschränkt, die ruhig im Scanner liegenblieben. In einer neueren SPECT-Studie gelang es jedoch, Kinder mit stärker ausgeprägtem Autismus zu scannen, indem die Forscher sich die Eigenschaft des Tracers Tc-99m HMPAO zunutze machten, einen Aktivierungszustand des Gehirns praktisch „einzufrieren" (siehe Kapitel 3). Den Patienten wurde im wachen Zustand eine Injektion verabreicht; anschließend erhielten sie eine Vollnarkose. Obgleich der Scan unter Narkose durchgeführt wurde, spiegelte die Verteilung des Tracers das Muster ihrer Hirndurchblutung im Wachzustand wider.

Die Studie ergab bei diesen schweren Fällen auffällige Anomalien in der zerebralen Aktivität in temporo-parietalen und frontalen Regionen, obgleich mit kernspintomographischen Scans keine strukturellen Abweichungen festgestellt wurden. Zwar waren die Beeinträchtigungen beidseitig, doch die linke Hemisphäre war in den meisten Fällen stärker betroffen als die rechte.[28] Farbtafel 15 zeigt ein Fallbeispiel.

Auch das Kleinhirn ist in diesem Zusammenhang untersucht worden, weil frühere Studien eine Verkleinerung dieser Struktur sowie einen Verlust von Purkinje-Zellen – Zellen, die Informationen aus der Kleinhirnrinde an andere Hirnstrukturen übermitteln – bei Autisten nachgewiesen haben. All diese Abweichungen von der Norm sind jedoch offenbar beidseitig und symmetrisch ausgeprägt, wenn sich auch nicht alle Befunde replizieren ließen.[29] Würde sich die Existenz zerebellärer Anomalien bestätigen, so könnten sie eine zentrale pathologische Anomalie im Zusammenhang mit Autismus darstellen. Sie könnten aber auch lediglich ein Indiz für zentralere Ereignisse sein, die während der Entwicklung des Nervensystems ablaufen, wenn sich viele Teile des Gehirns ausbilden.

Welche allgemeinen Schlüsse lassen sich nun bezüglich der Rolle einer untypischen funktionellen Hemisphärenasymmetrie beim Autismus ziehen? Das Bild, das sich uns bietet, ist leider alles andere als eindeutig. Die autistische Sprache ist im wesentlichen nicht durch echte Defizite, sondern eher durch eine verzögerte sprachliche Entwicklung charakterisiert. Dies würde das Argument eines linkshemisphärischen Funktionsausfalls schwächen. Darüber hinaus zeigen autistische Kinder Beeinträchtigungen bezüglich der Prosodie (Sprachmelodie), der sozialen Verwendung von Sprache oder der Fähigkeit, den emotionalen Ausdruck sprachlicher Äußerungen zu erkennen. Soweit diese Funktionen bei gesunden Erwachsenen lateralisiert sind, werden sie der rechten, nicht der linken Hemisphäre zugeordnet.

Die neuesten Ergebnisse von Untersuchungen mit bildgebenden Verfahren geben weiteren Anlaß, vorsichtig zu sein. Es ist offensichtlich, daß die autistischen Symptome von Individuum zu Individuum sehr stark variieren – vielleicht gibt es verschiedene Formen des Autismus, mit unterschiedlichen Ätiologien und Ursachen. Die Hypothese einer linkshemisphärischen Dysfunktion kann in Einzelfällen nützlich sein, nicht aber für ganze Gruppen. Höchstwahrscheinlich sind die neurologischen Beeinträchtigungen beim Autismus doch variabler und vielfältiger, als im Modell der linkshemisphärischen Funktionsstörungen angenommen wird. Weitere Untersuchungen, die sich der Methoden der modernen kognitiven Neuropsychologie bedienen, sollten zu einem besseren Verständnis dieser Störung und zu besseren Einteilungen und Unterscheidungen jener Menschen führen, die unter dem Etikett „autistisch" zusammengefaßt werden.

Hemisphärenasymmetrie und psychiatrische Krankheitsformen

Schizophrenie ist eine komplexe Kognitionsstörung, die von ungewöhnlichen Symptomen wie Wahnvorstellungen, Halluzinationen, Sprachdesorganisation und Gefühlsverarmung begleitet wird. Depression ist gekennzeichnet durch eine Störung der Gemütslage, die mit einem tiefen Gefühl der Niedergeschlagenheit einhergeht. Die Symptome, die für Schizophrenie und Depression typisch sind, fügen sich gut in die allgemeinen Konzepte von den Funktionen der rechten und der linken Hemisphäre ein, die wir in den vorangegangenen Kapiteln besprochen haben. Denkstörungen und sprachliche Halluzinationen, die zu den häufigen Symptomen der Schizophrenie zählen, passen zum Bild der linken Hemisphäre als der analytischen, sprachdominanten Hälfte des Gehirns. Die für Depressionen charakteristischen Störungen der Gemütslage stehen in gewissem Einklang mit der Vorstellung, daß die Hemisphären auf verschiedene emotionale Aspekte spezialisiert sind – die linke auf positive, die rechte auf negative Emotionen –, wie wir in Kapitel 8 diskutiert haben.

Einer der ersten Versuche, psychiatrische Krankheitsformen mit einem Modell der Hemisphärenspezialisierung in Verbindung zu bringen, wurde vor ungefähr 25 Jahren von dem Psychiater Pierre Flor-Henry unternommen.[30] Flor-Henry verglich 50 Patienten mit Temporallappenepilepsie, die zusätzlich psychotische Symptome zeigten, mit 50 Fällen ohne psychotische Symptome. Unterteilte man beide Gruppen hinsichtlich der Lokalisation des epileptischen Focus, dann zeigte sich, daß bei schizophrenieartiger Symptomatik häufiger ein linkshemisphärischer und bei Depressionen häufiger ein rechtshemisphärischer Focus vorlag.

Aus den Arbeiten, die zu diesem Themenkomplex vorliegen, sind hauptsächlich zwei Theorien zur hemisphärischen Beteiligung an Psychosen hervorgegangen. Die eine ist die Theorie der Hemisphärenstörung, der zufolge eine der Hirnhälften beeinträchtigt sein soll, und dies womöglich nur sehr geringfügig und auf sehr subtile Art und Weise. Die Psychose wäre dann Folge dieser Störung. Die zweite Theorie, nämlich die des hemisphärischen funktionellen Ungleichgewichts, besagt, daß die normalen interhemisphärischen Funktionen, die durch das Corpus callosum vermittelt werden, gestört sind.[31]

Weitere Arbeiten über die biologische Grundlage von Schizophrenie und Depression legen den Schluß nahe, daß die unterschiedliche Beteiligung der Hemisphären – soweit sie tatsächlich gegeben ist – nur ein Mosaiksteinchen in einem sehr komplexen Bild der Hirnfehlfunktionen darstellt.

Schizophrenie

Neuere Untersuchungen von Patienten mit Schizophrenie deuten auf unerwartete allgemeine Anomalien in der Gehirnstruktur hin, so auf eine Vergrößerung der Ventrikel (Kammern im Gehirn, die Zerebrospinalflüssigkeit enhalten) und eine diffuse Verringerung der grauen Substanz, wie auch – zumindest in einigen Berichten – auf das Fehlen der erwarteten Asymmetrie im Planum temporale.[32] Befunde, die mit bildgebenden Verfahren gewonnen wurden, ergeben ein ähnliches allgemeines Anomaliemuster. In der Regel bleibt bei den Patienten die normale aufgabenbezogene, anatomisch spezifische Erhöhung der Stoffwechselaktivität aus. Bei Aufgaben beispielsweise, die bei gesunden Probanden zu einer Frontallappenaktivierung führen, zeigen schizophrene Probanden eine Stoffwechselunterfunktion im Frontallappen. Ähnliches gilt für Aufgaben, an denen der Temporallappen oder motorische Regionen beteiligt sind. Die hirnphysiologischen Anomalien bei der Schizophrenie sind daher offenbar ziemlich breit gestreut und subtil. Wo man lateralisierte Defizite beobachtet hat, betreffen sie häufig die linke Hemisphäre. Einige Studien haben jedoch auch Defizite in der rechten Hemisphäre von Schizophrenen gefunden; daraufhin sind Modelle entwickelt worden, in denen ein Zusammenhang zwischen Untertypen der Schizophrenie und entsprechenden hemisphärischen Fehlfunktionen hergestellt wird.[33]

Mehr und mehr Befunde sprechen für eine wichtige Rolle des Neurotransmitters Dopamin bei der Schizophrenie.[34] Einer der stärksten Hinweise in diese Richtung stammt aus Studien über die Wirkung antipsychotischer Pharmaka, von denen bekannt ist, daß sie die Wirkung von Dopamin blockieren. Überdies induzieren Substanzen wie Kokain und Amphetamin, die die Wirkung von Dopamin erhöhen, psychotische Symptome, die sich buchstäblich nicht von bestimmten Schizophrenieformen unterscheiden lassen. Die aktuelle theoretische Diskussion konzentriert sich auf die Möglichkeit, daß die Ursache der Schizophrenie eine Überempfindlichkeit der Dopaminrezeptoren im Gehirn der Betroffenen ist und nicht etwa ein Dopaminüberschuß als solcher. Die technischen Weiterentwicklungen bildgebender Verfahren ermöglichen den Forschern heute, die Funktion von Neurotransmitterrezeptoren im Gehirn zu messen. Diese Techniken sollten für zukünftige Untersuchungen der zerebralen Mechanismen, die der Schizophrenie – und, wie wir gleich sehen werden, der Depression – zugrunde liegen, außerordentlich wertvoll sein.

Depression

Daten aus verschiedenen Quellen deuten auf eine spezielle Rolle der rechten Hemisphäre bei Depressionen hin. Die klinische Forschung hat gezeigt, daß der Einsatz einseitiger Elektroschocks (*electroconvulsive shock*, ECS), wie man sie gelegentlich zur Linderung von Depressionen einsetzt, effektiver ist, wenn man sie rechtshemisphärisch statt linkshemisphärisch anwendet. EEG-Studien an depressiven Patienten haben ganz allgemein eine größere Aktivität in rechten als in linken Frontalregionen gefunden, und PET-Studien haben Belege für einen verringerten Energiestoffwechsel in der linken Hemisphäre depressiver Patienten erbracht.[35]

Neurotransmitter spielen vermutlich ebenfalls eine große Rolle bei Depressionen.[36] Die Rolle von Neurotransmittern bei Depressionen wurde offensichtlich, als man beobachtete, daß Patienten, die den Wirkstoff Reserpin gegen Bluthochdruck erhielten, häufig schwere Depressionen entwickelten. Die Hauptwirkung von Reserpin besteht darin, den Dopamin- und den Noradrenalinspeicher zu entleeren, was zu der Hypothese führte, daß der Dopamin- und der Noradrenalinspiegel bei Depression möglicherweise erniedrigt sind. Obgleich zahlreiche Antidepressiva ihre Effekte durch ihre Wirkung auf diese Neurotransmitter entfalten, haben wir über den Zusammenhang zwischen neurochemischer Funktionsstörung und Depression und der Möglichkeit einer unterschiedlich starken Hemisphärenbeteiligung noch viel zu lernen.

Einige theoretische Überlegungen

Obwohl eine ganze Reihe der Belege, die wir aufgeführt haben, für eine gewisse Beteiligung der Hirnasymmetrie bei psychiatrischen Störungen spricht, ist jeder Einzelbefund für sich genommen nicht sonderlich überzeugend, insbesondere im Hinblick auf die Komplexität der Befunde. Wie die Lesestörung und das Stottern haben wahrscheinlich auch psychiatrische Erkrankungen mehrere verschiedene Ursachen, von denen viele die gleichen allgemeinen Symptome hervorrufen können. Möglicherweise sind Störungen der normalen Hirnasymmetrie oder der normalen hemisphärischen Interaktion an einigen, aber nicht an allen Formen von

Schizophrenie und Depression beteiligt. In den Fällen, in denen Asymmetrie eine Rolle spielt, könnte diese Rolle je nach Art der untersuchten Störung variieren. Eine sorgfältige Einteilung der Patienten und die neuen Verfahren zur Hirnaktivitätsmessung sollten sich als besonders wertvoll erweisen, wenn man sich mit der möglichen Bedeutung der Gehirnlateralität in der Psychopathologie beschäftigt.

Schlußfolgerungen für eine Behandlung

Die in diesem Kapitel berücksichtigten Entwicklungsstörungen und psychiatrischen Erkrankungen sind vielfältig; sie reichen vom Stottern bis zur Schizophrenie. In jedem Fall hat man die eine oder andere Form von anomaler Lateralität angenommen, wenn auch nicht ohne Widerspruch nachweisen können. Bevor man versucht, die Forschungsergebnisse auf die Behandlung von Patienten mit derartigen Störungen anzuwenden, muß man sicher sein, daß die Befunde auf solidem Fundament stehen. Und was am wichtigsten ist, jede Behandlung muß – unabhängig von jedwedem behaupteten neurologischen Ansatz – nachweislich effektiv sein. Illustrieren läßt sich dieser Punkt am Erziehungsprogramm für zurückgebliebene und hirngeschädigte Kinder, das vor über 30 Jahren von dem Physiotherapeuten Glen Doman und dem pädagogischen Psychologen Carl Delacato entwickelt wurde.[37]

Das von ihnen vorgeschlagene Behandlungsprogramm, das sogenannte *patterning* (etwa „Musterentwicklung"), beruht auf der Annahme, daß sich die normale corticale Dominanz in mehreren Stufen entwickelt. Das Programm wird individuell auf jedes Kind abgestimmt, je nachdem, welches „neurologische Organisationsniveau" es erreicht hat, ohne irgendwelche Entwicklungsstufen ausgelassen zu haben. Kinder, die noch nicht gehen können, müssen die meiste Zeit auf dem Boden, vor allem mit Krabbeln, verbringen. Ein Team aus Therapeuten, Eltern und freiwilligen Helfern wechselt sich darin ab, den Kopf und die Gliedmaßen eines Kindes zu stimulieren und zu bewegen, wenn es die notwendigen Bewegungen nicht allein durchführen kann. Weitere Techniken, die man bei bestimmten Kindern anwendet, bestehen darin, den Gebrauch eines Armes einzuschränken, ein Auge zu bedecken oder Singen und Musikhören zu verbieten. Mit diesem Ansatz soll eine vollständige corticale Dominanz entwickelt werden, die sich nicht nur auf die Sprache, sondern auch auf die Dominanz von Auge, Hand und Fuß erstreckt.

Die Methode von Doman und Delacato ist zwar weiterhin in Gebrauch und wird von den Domanschen Institutes for the Achievement of Human Potential in Philadelphia propagiert, ist aber aus vielerlei Gründen heftig kritisiert worden.[38] Erstens weiß man inzwischen, daß viele der Annahmen, auf die sie sich stützt, falsch sind. Beispielsweise ist, wie wir in Kapitel 10 gesehen haben, die Hemisphärenasymmetrie höchstwahrscheinlich schon von Geburt an vorhanden und entwickelt sich nicht erst mit der Zeit. Außerdem ist es unwahrscheinlich, daß sich eine dominante linke Hemisphäre ausbildet, wenn das linke Auge abgedeckt wird und musikalische Aktivitäten unterbunden werden. Kritiker verweisen auch darauf, daß man die Methode in einer Weise propagiert hat, die es Eltern kaum erlaubte, die Behandlung zurückzuweisen, ohne daß dies ihre Zulänglichkeit als Eltern in Zweifel gezogen hätte. Weiterhin seien unbewiesene Erfolgsbehauptungen aufgestellt worden, die sogar so weit gingen zu behaupten, daß man normale Kinder zu überlegenen machen könne. Die American Academy of Pediatrics (Amerikanische Akademie für Kinderheilkunde) betont in einer Stellungnahme zum *patterning*, daß diese Methode »keine speziellen Vorzüge hat, die Behauptungen ihrer Befürworter ungeprüft und die Anforderungen an die Familien so groß sind, daß sie sich in einigen Fällen negativ auswirken könnte«.[39] *Patterning* erfüllt die zwei Kriterien nicht, die wir eingangs erwähnt haben – einen Ansatz, der sich klar aus dem ergibt, was wir über das Gehirn wissen, und, was noch wichtiger ist, Beweise, daß die Methode wirklich effektiv ist.

Wir haben mehrfach betont, wie wichtig es ist, sich klarzumachen, daß viele Krankheitsformen wahrscheinlich mehr als eine Ursache haben. Anzunehmen, ähnliche Symptome beruhten immer auf gleichen Ursachen, hieße, die Komplexität der Beziehung zwischen menschlichem Gehirn und Verhalten unzulässig zu vereinfachen. Eine lateralisierte Fehlfunktion kann zwar bei einigen, muß aber nicht bei allen Formen einer Erkrankung beteiligt sein. Es ist auch wichtig, sich im klaren darüber zu sein, daß lateralisierte Fehlfunktionen allein möglicherweise nicht ausreichen, um eine bestimmte Störung hervorzurufen; damit eine Beeinträchtigung entstehen kann, müssen gleichzeitig noch andere Faktoren wirksam werden. Wir haben darauf hingewiesen, daß die Lateralitätsmuster, die man bei normalen Versuchspersonen beobachtet, eine große Spannbreite aufweisen; daher ist anzunehmen, daß bestimmte Ausprägungen der Lateralität für sich genommen nicht genügen, um bestimmte Defizite entstehen zu lassen.

Teil VII

Hypothesen und Spekulationen jenseits der harten Daten

12. Versuche einer Anwendung des Asymmetriekonzepts: Lateralität, Erziehung und Kultur

Wie wir gesehen haben, gibt es Anzeichen dafür, daß nach einer operativen Trennung der beiden Hemisphären die Lern- und Erinnerungsfähigkeit sowohl in der linken als auch in der rechten Gehirnhälfte erhalten bleiben kann. Jede Hemisphäre eines Split-Brain-Patienten ist imstande, unabhängig von der anderen zu empfinden, wahrzunehmen und vielleicht sogar Begriffe zu bilden. Außerdem liefern praktisch alle Methoden zur Erforschung von Hemisphärenprozessen – einschließlich der Untersuchung gesunder Personen – Befunde, die für die Existenz von Hemisphärenunterschieden sprechen. Bereits in früheren Kapiteln haben wir erörtert, wie schwer sich die Forscher tun, diese Unterschiede zu charakterisieren. Einige Forscher zogen eine Grenzlinie zwischen verbal und nichtverbal. Andere argumentierten, daß sich die Gehirnhälften darin unterschieden, wie sie allgemein Informationen verarbeiteten.

Das rasch anwachsende Wissen über die Natur der Hemisphärenasymmetrie hat selbstverständlich auch Spekulationen darüber angeregt, wie sich diese Asymmetrie auf das Verhalten im täglichen Leben auswirkt. Entspricht die Spezialisierung, die man in den Hemisphären normaler Individuen gefunden hat, bestimmten Denkweisen? Stützen sich einige Menschen mehr auf die linke Gehirnseite, andere mehr auf die rechte? Betonen die Erziehungssysteme der westlichen Zivilisation das sogenannte linkshemisphärische Denken und vernachlässigen dabei vielleicht die Leistungsfähigkeit der rechten Gehirnhälfte? Diese und andere allgemein wichtigen Fragen haben sich aus den Entdeckungen ergeben, die in den bisherigen Kapiteln erörtert worden sind. Mit einigen davon wollen wir uns in diesem Kapitel beschäftigen.

Zwei Gehirnhälften, zwei Denkstile?

Seit den ersten Split-Brain-Operationen sind die Prozesse in der linken und der rechten Gehirnhälfte mit einer ständig wachsenden Zahl begrifflicher Etiketten versehen worden. Man kann die am häufigsten genannten Charakteristika in fünf annähernd hierarchisch geordnete Hauptgruppen unterteilen. Jede Kennzeichnung auf einer bestimmten Ebene schließt normalerweise die über ihr stehenden Merkmale mit ein und geht darüber hinaus:

linke Hemisphäre	rechte Hemisphäre
verbal	nichtverbal, visuell-räumlich
sequentiell, zeitlich, digital	gleichzeitig, räumlich, analog
logisch, analytisch	ganzheitlich, synthetisch
rational	intuitiv
westliches Denken	östliches Denken

Die Bezeichnungen am oberen Ende der Liste fußen offensichtlich auf experimentellen Befunden; die anderen erscheinen eher spekulativ. Die Unterscheidung zwischen sprachlich und nichtsprachlich etwa war die erste, die sich aus der Split-Brain-Forschung und aus Verhaltensuntersuchungen mit gesunden Menschen ergab. In der Unterscheidung zwischen sequentiell (oder seriell) und gleichzeitig (parallel) spiegelt sich jenes verbreitete, wenn auch nicht allgemein akzeptierte, theoretische Modell wider, dem zufolge die linke Hemisphäre bevorzugt schnelle zeitliche Veränderungen verarbeitet und Reize auf ihre Einzelheiten und Merkmale hin analysiert, während die rechte Gehirnhälfte sich eher mit simultanen Beziehungen und mit den globalen Eigenschaften von Reizmustern beschäftigt.

Viele Forscher, die sich mit solchen spekulativen Fragen befaßten, haben versucht, noch über diese Unterscheidungen hinauszugehen. Eine weithin akzeptierte Ansicht über die Hemisphärenunterschiede ist die, daß die linke Gehirnhälfte auf logische, analytische Weise und die rechte auf ganzheitliche, synthetische Weise arbeitet.

Wenn man einmal anfängt, mit solchen Bezeichnungen die Wirkungsweise der Hemisphären zu beschreiben, tauchen mehrere Fragen auf. Handelt es sich hierbei einfach um griffige Beschreibungen der Art, wie die Hemisphären Informationen verarbeiten? Oder deuten sie an, daß sich die Gehirnhälften in ihrem Denkstil unterscheiden? Lassen sich die spezialisierten Funktionen der linken und rechten Hemisphäre gar als vollkommen unterschiedliche Denkweisen interpretieren?

In der Geschichte haben Philosophen und Geistesforscher die intellektuellen Fähigkeiten des Menschen vielfach in zwei Klassen eingeteilt. Nehmen Sie etwa das folgende Zitat eines Yogaphilosophen, der im Jahre 1910 schrieb:

> »Der Intellekt ist ein Organ, welches sich aus mehreren Gruppen von Funktionen zusammensetzt, die man wiederum in zwei Hauptklassen einteilen kann – die Funktionen und Fähigkeiten der rechten Seite und die Funktionen und Fähigkeiten der linken. Die Fähigkeiten der rechten Seite sind umfassend, kreativ und synthetisch, die Fähigkeiten der linken kritisch und analytisch ... Die linke Seite beschränkt sich auf die bestätigte Wahrheit, die rechte bemächtigt sich dessen, was noch unsicher oder nicht bestätigt ist. Beide sind wesentlich für die Vollständigkeit der menschlichen Vernunft. Diese wichtigen Funktionen des Menschen müssen alle auf ihren höchsten und besten Leistungsstand gebracht werden, wenn man ein Kind nicht unvollständig oder einseitig erziehen will.«[1]

Auch viele westliche Denker haben über die geistige Organisation gesprochen, als wäre sie in zwei Teile geteilt. Beispiele dafür sind die Dichotomien rational/intuitiv, explizit/implizit, analytisch/synthetisch, abstrakt/konkret und objektiv/subjektiv.

Warum gibt es so viele Zweiteilungen? Bezeichnen sie wirklich spezifische, getrennte Qualitäten, oder beschreiben sie lediglich die extremen Pole eines kontinuierlichen Verhaltensspektrums? Mit anderen Worten: Haben wir es mit Alles-oder-Nichts-Unterschieden zu tun, oder gibt es dazwischen Abstufungen? Manche Autoren haben auf der ersten Auffassung bestanden, weil diese – so behaupten sie – am ehesten den neuroanatomischen Gegebenheiten entspreche, nämlich der Existenz einer linken und einer rechten Gehirnhälfte, die beide unabhängig voneinander arbeiten können. Andere meinen hingegen, daß die Formulierung von Dichotomien oder Gegensätzen sich lediglich als praktisch erweist, um komplexe Verhältnisse überschaubar zu machen.

In seinem einflußreichen Buch *The Psychology of Consciousness* („Die Psychologie des Bewußtseins") stellte der Psychologe Robert Ornstein die Hypothese auf, daß der westliche Mensch nur die Hälfte seines Gehirns und folglich auch nur die Hälfte seiner geistigen Fähigkeiten nutzt.[2] Seiner Meinung nach hat die Betonung der Sprache und des logischen Denkens in den westlichen Gesellschaften dafür gesorgt, daß die linke Gehirnhälfte sehr gut trainiert ist. Weiter argumentierte er, daß im Westen die Funktionen der rechten Hemisphäre einen vernachlässigten Teil der menschlichen Fähigkeiten und des menschlichen Intellekts bilden und daß diese Funktionen in den Kulturen, der Mystik und den Religionen des Ostens besser entwickelt sind. Kurz gesagt, Ornstein setzte die linke Hemisphäre mit der Denkweise des technologischen, rationalen Westens gleich und die rechte Gehirnhälfte mit dem Denkstil des intuitiven, mystischen Ostens. Ornsteins Ansichten haben viele seltsame Behauptungen und Fehlinterpretationen nach sich gezogen. So ist von manchem die linke Gehirnhälfte schlicht mit den Übeln der modernen Gesellschaft gleichgesetzt worden.[3]

Wie wir gesehen haben, gibt es verschiedene Vorstellungen von der Art der Hemisphärenunterschiede. Ausgehend von der Unterscheidung zwischen sprachlich und nichtsprachlich führte die Entwicklung zu immer abstrakteren Konzepten der Beziehung zwischen geistiger Funktion und den Hemisphären. Im Verlauf dieses Prozesses haben sich die Vorstellungen über Hemisphärenunterschiede immer weiter von den grundlegenden Forschungsbefunden entfernt. Einige Wissenschaftler zeigten sich über diese Entwicklung beunruhigt, weil die Grenze zwischen Tatsache und Mutmaßung oft verschwimmt. Mit Blick auf die Lawine von Populärliteratur, die durch die spekulativsten Ansichten losgetreten wurde, ist der Begriff Dichotomanie geprägt worden. Ein Forscher hat dazu bemerkt:

»Man gewöhnt sich langsam an den Anblick: Eine künstlerische Wiedergabe der beiden Gehirnhälften springt dem Leser – häufig vom Titelblatt einer Illustrierten – direkt ins Auge. Quer über die linke Hemisphäre sind (wahrscheinlich ganz in schwarz und grau) Begriffe wie „logisch", „analytisch" und „westliche Vernunft" gedruckt. Über der rechten Gehirnhälfte finden sich in helleren Tönen (in einem kräftigen Orange oder in Königspurpur) die Wörter „intuitiv", „künstlerisch" oder „östliches Bewußtsein". Bedauerlicherweise sagen die Bilder mehr über die derzeit gängige populärwissenschaftliche Mode als über das Gehirn aus.«[4]

Lateralität

Die Vorstellung, daß die beiden Hemisphären auf unterschiedliche Denkweisen spezialisiert sind, hat zum Konzept der Lateralität („Hemisphärizität")* geführt – zu dem Gedanken, daß sich ein bestimmter Mensch mehr auf die eine Denkweise oder Hemisphäre verläßt als auf die andere. Man nimmt an, daß diese unterschiedliche Nutzung sich im „kognitiven Stil" des Individuums widerspiegelt – in seinen speziellen Präferenzen und seiner Art, Probleme zu lösen. Die Tendenz, verbal oder analytisch an ein Problem heranzugehen, gilt als ein Hinweis auf linksseitige Lateralität; dagegen gelten Menschen, die Informationen eher ganzheitlich oder auf räumliche Weise verarbeiten, als rechtshemisphärisch.

Man hat verschiedentlich behauptet, die Lateralität betreffe außer dem Denken nicht nur die Wahrnehmung, sondern dehne sich auf alle möglichen Dimensionen von Intellekt und Persönlichkeit aus. Vor einigen Jahren erschien in einer bekannten Zeitschrift eine Karikatur, die einen sehr feinen Country-Club zeigte, vor dessen Tür ein kleines Schild mit der Aufschrift „Nur für Linkshemisphärische" angebracht war. Die Vorstellung, die Unterschiede zwischen den Menschen könnten damit zusammenhängen, daß sie jeweils ihre beiden Hemisphären unterschiedlich intensiv nutzen, hat viel Anklang gefunden und die Phantasie der Massenmedien angeregt.

Es gibt etliche Papier-und-Bleistift-Tests, mit denen man angeblich die individuelle Ausprägung der Hemisphärenasymmetrie bestimmen kann. Wer einen dieser Lateralitätsfragebögen ausfüllt und ihn (häufig gegen Zahlung einer beträchtlichen Gebühr) auswerten läßt, erfährt schließlich, welche Gehirnhälfte sie beziehungsweise er bevorzugt, versichern die Entwickler dieser Tests. Dies wiederum, so versprechen sie, ließe sich bei der Berufs- und Partnerwahl oder in jeder anderen Wahlsituation nutzen, in der eine Lateralitätsübereinstimmung wünschenswert sein könnte.

Insbesondere Manager bilden eine Zielgruppe als potentielle Nutzer solcher Fragebögen. Angeblich lassen sich mit den Erkenntnissen, die man aufgrund der Ergebnisse gewinnt, die Produktivität der Angestellten steigern und individuelle wie organisatorische Probleme lösen. Eine ganze Industrie hat sich um die Berater entwickelt, die Trainingsseminare für Unternehmen anbieten, in denen sie die Entwicklung neuer Marktstrategien und Verkaufstechniken wie auch höhere Leistungen und zufriedene Mitarbeiter verheißen – und dies alles auf der Grundlage der „Lateralität".[5] Abbildung 12.1 illustriert diesen Punkt sehr schön.

Ein solcher Fragebogen, der genauer analysiert worden ist – von Personen, die nicht zu seinen Entwicklern gehörten –, heißt *Your Style of Learning and Thinking* (SOLAT; „Ihr Lern- und Denkstil").[6] Der von dem pädagogischen Psychologen E. P. Torrance und seinen Kollegen zu Forschungszwecken entwickelte SOLAT-Fragebogen umfaßt 36 Fragen mit jeweils drei Antwortmöglichkeiten. Eine davon soll auf linkshemisphärische Spezialisierung hinweisen (beispielsweise „nicht gut im Erinnern von Gesichtern" oder „gehemmt im Ausdruck von Gefühlen und Emotionen"), eine andere auf rechtshemisphärische Spezialisierung (beispielsweise „nicht gut im Erinnern von Namen" oder „fähig, Gefühle und Emotionen

---

* Anmerkung des Herausgebers: Das hier im Englischen verwendete *hemisphericity* als individuell typische Ausprägung von lateralisierten Funktionen bezeichnet man im deutschen Sprachgebrauch als Lateralität.

12.1 Dogbert, der Managementberater. (DILBERT, Wiedergabe mit freundlicher Erlaubnis von UFS, Inc.)

uneingeschränkt auszudrücken") und eine dritte schließlich auf einen „integrativen" Stil (beispielsweise „gleich gut im Erinnern von Namen und Gesichtern" oder „kontrolliert im Ausdruck von Gefühlen und Emotionen").[7]

Bei näherer Betrachtung dieses Fragebogens zeigt sich, daß seine Ergebnisse hoch mit denen von Tests zur Messung der Kreativität korrelieren. Angesichts der Logik, die solchen Tests zugrunde liegt, ist dies nicht überraschend. Als die „nichtverbale" Hemisphäre wird die rechte Gehirnhälfte für die Intuition verantwortlich gemacht, die wiederum als entscheidende Voraussetzung für Kreativität angesehen wird. Folgt man dieser Argumentation, dann würde ein Test, der die Kreativität mißt, den Anteil der rechtshemisphärischen Beteiligung widerspiegeln und somit auch die Lateralität. Eine Studie, in der die Beziehung zwischen den Testergebnissen, die eine Gruppe hirnverletzter Patienten beim SOLAT erzielte, und der Seite der Verletzung untersucht wurde, ließ keinen Zusammenhang erkennen; das deutet darauf hin, daß der Fragebogen für Faktoren, die mit Hemisphärenunterschieden korrespondieren, nicht empfindlich ist.[8]

Einen ähnlichen Ansatz verfolgte Ned Herrmann, als er das Herrmann Brain Dominance Instrument (HBDI) entwickelte.[9] Seinen Reklamebroschüren zufolge ist das HBDI ein »umfassender, computeranalysierter, wissenschaftlich entwickelter Fragebogen, der den Weltstandard für die Identifizierung der Hirndominanz darstellt«. In seinem neuen Buch *The Whole Brain Business Book* behauptet Herrmann, daß »die linkes Gehirn/rechtes Gehirn-Dichotomie, die allgemein von den Medien verbreitet wird, zu vereinfachend und unvollständig ist, um als Modell zu dienen, auf dem man eine zuverlässige und stichhaltige Bewertung der Gehirndominanz aufbauen könnte«.[10] Statt dessen bietet er eine *whole brain technology* (etwa: „ganzheitliche Gehirntechnologie") an, die nicht nur die Großhirnrinde, sondern auch das limbische System – eine Gruppe von Hirnstrukturen, die bei Emotion und Motivation eine Rolle spielen – berücksichtigt. Da sowohl der Cortex als auch das limbische System eine linke und eine rechte Seite haben, führt dieser Ansatz dazu, daß Herrmann vier Quadranten oder Typen geistiger Präferenz postuliert: analytisch/logisch, organisiert/detailliert, zwischenmenschlich/expressiv und phantasievoll/konzeptionell. Seine Technik zu verstehen und anzuwenden, sei, so verspricht er, der Schlüssel zu strategischem Erfolg, Produktivität und Kreativität im Berufs- wie im Privatleben.

Ein weiteres kürzlich erschienenes Buch behauptet, ein Verständnis der Lateralität sei der Schlüssel zu erfolgreichen persönlichen Beziehungen.[11] Der Autor stellt fest: »Es geht nicht nur darum, ob man männlich oder weiblich ist, sondern darum, wie man gelernt hat, gewisse Gehirnfunktionen auszuüben, die im Laufe der Zeit in bestimmten Mustern fixiert werden. Anders „verschaltet" zu sein als der Partner bringt für Paare Probleme mit sich. Das ist die Wurzel so vieler Streitpunkte ...« Um dem Leser zu helfen, seine „Gehirnpräferenz" verstehen zu lernen, bietet ihm der Autor einen Fragebogen mit 35 Aussagenpaaren an. Der Leser muß nun lediglich entscheiden, welche der beiden Aussagen eines jeden Paares ihn besser beschreibt, zum Beispiel A: „Man sagt mir nach, ich sei zu ernsthaft, ich müsse lockerer werden" versus B: „Man sagt mir nach, ich zöge voreilige Schlüsse". A-Antworten schlagen natürlich als Punkte für eine Dominanz der linken Hemisphäre zu Buche, B-Antworten hingegen werden als Hinweis auf eine rechtshemisphärische Dominanz gedeutet. Anhand eines Punkteschlüssels kann sich der Leser anschließend als extrem beziehungsweise tendenziell links- oder rechtshemisphärisch oder als ausgeglichen links/rechtshemisphärisch einstufen. Mit diesem Wissen wie auch mit entsprechendem Wissen über die Gehirnpräferenz des Partners ausgestattet ist der Leser dann imstande, so heißt es, seine Partnerbeziehung in einem neuen Lichte zu sehen und zu verstehen.

Wie sollen wir diese vielfältigen und eindrucksvollen Behauptungen hinsichtlich dramatischer beruflicher und privater Verbesserungen einschätzen, die aus einem Verständnis der Lateralität – wie sie mit Hilfe von Fragebögen gemessen wird – erwachsen sollen? Wenn wir die Ansprüche prüfen wollen, müssen wir unterscheiden zwischen dem möglichen Nutzen der Ergebnisse und den Aussagen, die die Fragebögen selbst betreffen. Die Leiter von Unternehmen können durchaus davon profitieren, über ihren eigenen kognitiven Stil nachzudenken und darüber, wie sich Arbeitsanforderungen und Fähigkeiten der Mitarbeiter besser in Einklang bringen lassen. Sie sollten ja am ehesten in der Lage sein zu beurteilen, ob eine bestimmte Methode zu größerer Produktivität und erhöhter Zufriedenheit der Mitarbeiter führt. Ebenso könnte eine neue Sicht einer Beziehung bei Schwierigkeiten in der Partnerschaft durchaus von Nutzen sein, insbesondere dann, wenn es Kommunikationsprobleme gibt. Wir wollen uns hier auf die grundlegendere Behauptung konzentrieren, diese Fragebögen, die als Hilfe für persönliche und berufliche Wandlungen angepriesen werden, würden etwas messen, das man als Lateralität bezeichnet.

Ein Hauptproblem dieser Ansprüche besteht in dem Mangel an wissenschaftlichen Belegen für eine Verbindung zwischen Kreativität und rechter Hemisphäre, ganz zu schweigen von Beweisen für eine Beziehung zwischen dem Ausprägungsgrad der Kreativität und dem Ausmaß einer rechtshemisphärischen Nutzung des Gehirns. Ehe man die Idee einer individuellen Lateralität wirklich richtig beurteilen kann, benötigt man ein gutes Maß für die unterschiedliche Aktivität der beiden Hemisphären. Es gibt etliche mögliche Kandidaten für einen solchen Indikator – beispielsweise bildgebende Verfahren –, aber jedes dieser Maße ist mit Problemen verbunden, die seine Verwendung zur Bestimmung der Hemisphärenaktivität bei einer einzelnen Person einschränken. Irgendwann einmal könnten sich diese Methoden durchaus als nützlich erweisen, um zu untersuchen, ob sich tatsächlich jeder von uns mehr auf die eine als auf die andere seiner beiden Hemisphären stützt. Doch sollten die Ergebnisse positiv sein, bliebe immer noch abzuwarten, wie effektiv die Ergebnisse von Papier-und-Bleistift-Tests diese unterschiedliche Hemisphärenaktivität widerspiegeln. Im Augenblick bleibt die Existenz der Lateralität eine zwar interessante, aber grundsätzlich unbewiesene Hypothese, und

Techniken, die von sich behaupten, sie fußten auf dem Konzept der Lateralität, stehen auf unsicherem Grund.

Erziehung und die Hemisphären

Die These, daß die beiden Hemisphären auf unterschiedliche Denkweisen spezialisiert sind, hat natürlich zu Fragen nach den Folgen für die Erziehung geführt. Fördert ein Grundschulprogramm, das auf Lesen, Schreiben und Rechnen beschränkt ist, hauptsächlich eine Hemisphäre und läßt die andere Hälfte der individuellen Möglichkeiten ungeschult? Ist unser gesamtes Erziehungssystem einseitig gegen die Entwicklung rechtshemisphärischer Fähigkeiten ausgerichtet?

Joseph Bogen, einer der Pioniere der Kommissurotomie, ist besonders vehement dafür eingetreten, daß in unseren Schulen ein „appositionelles Denken" entwickelt wird.[12] John Hughlings Jackson hatte im 19. Jahrhundert den Begriff propositionell eingeführt, um die Dominanz der linken Hemisphäre beim Sprechen, Schreiben, Rechnen und ähnlichen Aufgaben zu charakterisieren (in dem Sinne, daß sie in Propositionen, also in „Aussagen", denke). Als Gegensatz dazu prägt Bogen den Begriff appositionell, um die Informationsverarbeitung in der rechten Hemisphäre bei Rechtshändern mit deutlicher Lateralisierung zu kennzeichnen.

Nach Bogens Ansicht hat die Gesellschaft die Propositionalität auf Kosten der Appositionalität überbetont. Intelligenztests etwa sind auf propositionelle, linkshemisphärische Fähigkeiten ausgerichtet. Ihre Anwendung wird durch den Anspruch gerechtfertigt, daß sie ein Maß für den zukünftigen Erfolg eines Menschen in einer Gesellschaft liefern, die Erfolg sehr oft nach finanziellen Gesichtspunkten und nach Kriterien der Produktivität mißt. Bogen argumentiert, daß solche Maße sehr beschränkt sind und künstlerische Kreativität wie auch andere schwer quantifizierbare rechtshemisphärische Fertigkeiten außer acht lassen.

Der Gedanke, daß unser Erziehungssystem eine Hälfte – genauer gesagt, die linke Hälfte – auf Kosten der anderen Hälfte unserer geistigen Fähigkeiten bevorzugt, hat sich in zunehmendem Maße in erziehungswissenschaftlichen Zeitschriften, in Anleitungen zur Selbsthilfe und in vielfältigen anderen Veröffentlichungen niedergeschlagen. Die Artikel enthalten gewöhnlich eine zusammenfassende Darstellung der Befunde zur Lateralität und dazu die persönliche Interpretation des Autors, was diese Befunde zu bedeuten haben. Einige enden mit dem Rat, »das rechtshemisphärische Denken anzukurbeln« oder »die rechte Gehirnhälfte zu trainieren«.[13]

Die Hauptaufgabe der linken Gehirnhälfte wird in diesen Artikeln häufig darin gesehen, die Wirklichkeit logisch abzubilden und mit der Außenwelt zu kommunizieren. Auch Denken, Lesen, Schreiben, Rechnen und Zeiterlebnis werden normalerweise der linken Hemisphäre zugeschrieben. Als Aufgabe der rechten Gehirnhälfte gilt dagegen das Verständnis von Mustern und komplexen Beziehungen, die nicht präzise definiert werden können und vielleicht nicht logisch sind. Die Qualitäten der rechten Hemisphäre, so stellt mancher Autor fest, sind unabdingbar für schöpferische Erkenntnis, aber meistens nur ungenügend entwickelt.

Folgender Artikel über mathematische Erziehung liefert ein gutes Beispiel für diese Ansicht:

»Die unterschiedlichen Funktionen der rechten und der linken Gehirnhemisphäre erfordern unterschiedliche Erziehungsansätze. Da Schulen sich so sehr auf Sprache und verbale Verarbeitung konzentriert haben, haben sie versäumt, die rechte Gehirnseite angemessen anzuregen, und damit häufig Schüler mit einer Dominanz der rechten Hemisphäre benachteiligt. Viele Schüler bevorzugen einen rechtshemisphärischen (intuitiven) Denkstil und haben in der Schule Schwierigkeiten gehabt, weil ihr Denkstil nicht an einen typisch linkshemisphärischen oder auf Logik basierenden Denkstil angepaßt war.«[14]

An Lehrer aller Schulstufen erging der Aufruf, ihre Schüler zu einer stärkeren Nutzung des rechten Gehirns anzuregen. Man empfahl ihnen eine ganze Palette von Maßnahmen, unter anderem das *show and tell* („Zeigen und Erzählen") zu betonen, um beide Gehirnhälften zu stimulieren, häufiger Zeichnungen und Graphiken zu verwenden, um „linkshirnige" Texte aufzubessern, mehr Zeit mit dem Hören von Musik oder dem Betrachten von Kunst zu verbringen sowie verstärkt das Fernsehen als ein „rechtshirniges Input-System" zu nutzen.[15]

Das vermehrte Fernsehen einmal ausgenommen, gibt es nichts, was gegen diese Vorschläge zu sagen wäre. Die meisten Lehrer der Grundstufen verwenden diese Methoden schon seit langem und finden sie wertvoll. Das Problem, das wir dabei sehen, ist der Versuch, diese und andere eher umstrittene Ansätze dadurch zu rechtfertigen, daß man sich auf Erkenntnisse über die beiden Hemisphären des Gehirns beruft.

Unsere Erziehungssysteme mögen Mängel aufweisen und ein breites Spektrum an menschlichen Fähigkeiten einschränken. Wir bezweifeln jedoch, daß Denkstile nach Hemisphären getrennt sind. Es ist sehr wohl möglich, daß an der Bildung neuer Ideen in bestimmten Phasen intuitive Prozesse mitwirken, die unabhängig von analytischen Denkvorgängen oder sprachlichen Auseinandersetzungen ablaufen. Vielleicht können vorläufige Denkschemata, mit denen sich neue Befunde ordnen lassen oder bereits bestehendes Wissen umordnen läßt, sogar ziellosen Phantasien entspringen, in denen eine Verbindung zwischen einem gegenwärtigen und einem vergangenen Ereignis erkennbar wird oder sich entfernte Analogien abzeichnen. Aber handelt es sich hier um Funktionen der rechten Hemisphäre? Wir glauben nicht, daß das so einfach ist, und ganz gewiß gibt es keine schlüssigen Beweise dafür. Selbst Fernsehen, das, wie oben erwähnt, zum vermehrten Gebrauch der rechten Hemisphäre führen soll, aktiviert, wie eine EEG-Studie gezeigt hat, beide Gehirnseiten in etwa gleichem Maße.[16] Es mag schon sein, daß in unserem Erziehungssystem eine Hälfte des Gehirns nicht trainiert oder entwickelt wird; sehr wahrscheinlich werden hier aber Talente beider Hemisphären vernachlässigt.

Von der Theorie zur Praxis: Zeichnen lernen

Bisher haben wir nur Vorstellungen sehr allgemeiner Art zum Thema Erziehung und Hemisphären erörtert. Im folgenden Abschnitt werden wir uns nun mit einem Ansatz beschäftigen, der in seinen Empfehlungen weitaus spezifischer ist.

Betty Edwards, eine kalifornische Kunsterzieherin, hat in ihrem Buch *Garantiert Zeichnen lernen* (im englischen Original unter dem Titel *Drawing on the Right Side of the Brain* erschienen) eine besondere Methode des Zeichenunterrichts vorgestellt.[17] Ihre Grundprämisse ist einfach: Unter normalen Bedingungen ist Zeichnen eine Fähigkeit der rechten Hemisphäre. Wenn diese Gehirnhälfte alleine arbeitet, produziert sie auch bei ungeübten Erwachsenen sehr ansehnliche Zeichnungen. Der Haken ist aber, daß bei den meisten von uns die rechte Hemisphäre nicht die Gelegenheit erhält, ihre Talente zu entfalten. Die verbale, analytische linke Gehirnhälfte (der es an künstlerischer Fähigkeit mangelt) greift ein und stört. Edwards zufolge liegt die Quelle dieser Störung in der natürlichen Neigung, ein Bild oder eine Szene zu benennen und zu analysieren, bevor man sie malt.

Edwards' Unterrichtsmethode zielt darauf ab, das Ausmaß, in dem die linke Hemisphäre am Prozeß des Zeichnens mitwirkt, zu verringern. Bei einer der ersten Übungen sollen die Schüler eine menschliche Figur abzeichnen, die auf dem Kopf steht. Die Überlegung dabei ist einfach: Steht ein Bild auf dem Kopf, ist es nicht mehr so leicht zu erkennen. Es fällt sogar schwer, einzelne Teile zu benennen. Daher kann nach Edwards' Ansicht die rechte Hemisphäre die Kopieraufgabe ohne Störung durch die linke angehen. Wie Edwards ausführt, werden die meisten Erwachsenen angenehm überrascht sein, wenn sie mit ihren Zeichnungen fertig sind und diese dann um 180 Grad drehen.

Die Methode von Edwards umfaßt mehrere Stadien, und wir können ihr an dieser Stelle nicht gerecht werden. Aber kurz gesagt, geht es darum, Bedingungen zu schaffen, die die Wahrscheinlichkeit, daß beim Zeichnen die linke Hemisphäre beteiligt wird, möglichst gering halten. Edwards schlägt als Teil dieses Prozesses vor, die linke Hemisphäre verbal zu beruhigen, daß man sie nicht außer acht gelassen hat und daß nur vorübergehend eine neue Technik ausprobiert werden soll.

Funktioniert Edwards' Methode? Uns sind keine Forschungsarbeiten bekannt, die dieser Frage nachgegangen sind, aber ihr Buch ist voll von Zeichnungen, die ihre erwachsenen Schüler vor und nach der Unterweisung angefertigt haben. Die Unterschiede sind wirklich verblüffend. Falls sie tatsächlich repräsentativ sind, hat Edwards eine taugliche Methode entwickelt, und wir wollen den Erfolg nicht abstreiten. Jedoch möchten wir anmerken, daß wir derzeit keine Möglichkeit haben festzustellen, ob ihr Verfahren aus den von ihr genannten Gründen funktioniert. Allgemein läßt sich sagen, daß es keinen Beweis dafür gibt, daß bei irgendeiner kognitiven Aufgabe lediglich eine der Hemisphären beteiligt ist, und das gilt auch für die Sprache, von der wir wissen, daß sie stark lateralisiert ist. Bei sprachlichen Aufgaben findet man beispielsweise eine stärkere Durchblutung der linken Hemisphäre, aber auch in der rechten ist ein Anstieg zu verzeichnen, wenn auch in etwas geringerem Umfang. Es gibt keinen Grund anzunehmen, daß dies nicht auch beim Zeichnen der Fall ist oder daß die linke Hemisphäre die rechte beim Zeichnen behindert.

Obwohl die Split-Brain-Forschung nachgewiesen hat, daß die linke Hemisphäre der rechten beim Zeichnen bestimmter Muster unterlegen ist, gibt es auch andere Befunde, die zeigen, daß beide Hemisphären, wenn auch in unterschiedlicher Weise, zum Zeichnen beitragen. Bei Patienten mit parietalen Läsionen beispielsweise ist das Zeichnen beeinträchtigt, unabhängig davon, auf welcher Seite sich die Schädigung befindet; die Art der Störung aber variiert je nach der Seite, die betroffen ist. Die linke Hemisphäre ist offenbar eher daran beteiligt, Details und interne Elemente zu identifizieren, während die rechte sich mehr mit Orientierung, räumlicher Plazierung und Dimensionalisierung beschäftigt.[18]

Analysiert man diese Beiträge der beiden Hemisphären zum Zeichnen, so kommt einem der Gedanke, daß sich Edwards' Ergebnisse auf ganz andere Weise erklären lassen. Womöglich bewirkt die Drehung der Vorlage gar keine stärkere

Beteiligung der rechten Hemisphäre, sondern führt vielmehr dazu, daß sich der Zeichner noch mehr auf die Fähigkeiten der linken Hemisphäre verläßt und das Bild in kleinste Teile zerlegt, die er dann Merkmal für Merkmal, Linie für Linie abzeichnet. Diese Auffassung läßt sich überdies durch Befunde des Psychologen Lauren Harris stützen, der zeigen konnte, daß aufrecht dargebotene Gesichter besser erkannt werden, wenn man sie in der linken Gesichtsfeldhälfte (also der rechten Hemisphäre) darbietet, während auf dem Kopf stehende Gesichter besser erkannt werden, wenn man sie in der rechten Gesichtsfeldhälfte (also der linken Hemisphäre) präsentiert.[19]

Dieser Befund stimmt mit der Vorstellung überein, daß die linke Hemisphäre geeigneter ist, den analytischen Merkmal-für-Merkmal-Ansatz zu bewältigen, der dann zum Tragen kommt, wenn ein Gesicht nicht mehr als Gesicht erkennbar ist.

Es bleibt der künftigen Forschung überlassen, nachzuweisen, warum die Methode von Edwards funktioniert.* Vorerst ist festzuhalten, daß der Wert der Methode nicht davon abhängt, auf welchem Mechanismus sie angeblich beruht. Er wird auch durch die Bemühungen um eine neuropsychologische Erklärung nicht größer, ebensowenig wie die Haltbarkeit dieser Erklärung durch den Erfolg der Methode bewiesen werden kann.

Wissenschaft, Kultur und das Corpus callosum

Ausgehend von der Unterscheidung, daß die linke Hemisphäre analytisch und die rechte intuitiv ist, hat der Astronom und Biologe Carl Sagan in einem nächsten Schritt Betrachtungen darüber angestellt, wie sich die beiden Modi wechselseitig beeinflußt haben könnten, um die Leistungen unserer Zivilisation hervorzubringen. In seinem Buch *Die Drachen von Eden* beschreibt er die rechte Hemisphäre als Mustererkenner, der im Verhalten von Menschen wie in Naturereignissen teils reale, teils eingebildete Muster entdeckt. Die rechte Gehirnhälfte ist in ihrer emotionalen Tönung argwöhnisch, denn sie sieht Verschwörungen sowohl dort, wo keine sind, als auch da, wo tatsächlich welche existieren. Sie braucht die linke Hemisphäre, um die Muster, die sie produziert, kritisch zu analysieren und ihren Wahrheitsgehalt zu prüfen:

---

* Anmerkung des Herausgebers: Zwei weitere kritische Kommentare zu dem Buch von Betty Edwards erscheinen angebracht. Zum einen sind die Übungen, die die Autorin zur Aktivierung beziehungsweise zur Unterdrückung rechts- oder linkshemisphärischer Funktionen vorschlägt, wissenschaftlich nie nachgeprüft worden; einige sind nur mit Mühe aus der wissenschaftlichen Literatur über Hemisphärenasymmetrien abzuleiten, andere stehen in deutlichem Widerspruch dazu. Zum anderen sollte man – was den Erfolg der Methode betrifft – auch wissen, daß die Kurse, aus denen die Autorin ihre Beispielzeichnungen bezog, freiwillig besuchte Veranstaltungen waren. Da also ein gewisses Interesse der Kursteilnehmer am Zeichnen vorausgesetzt werden kann, hätte dieser Personenkreis in ähnlichem Ausmaß auch von anderen Kursmethoden profitieren können. Damit soll nicht gesagt werden, daß sich unser Wissen über die Gehirnasymmetrie nicht schon jetzt fruchtbar zur Entwicklung neuer Unterrichtsmethoden einsetzen ließe. Vor einer Propagierung oder gar Kommerzialisierung solcher Methoden sollte aber deren Effektivität nachgewiesen worden sein. Darüber hinaus sind viele Versuche der Untermauerung von Lehrmethoden durch neuropsychologische Befunde häufig blind gegenüber anderen Faktoren, wie motivationalen und lerntheoretischen Gesichtspunkten, deren Auswirkungen auf das Erlernen neuer Fertigkeiten längst bekannt und besser gesichert sind (siehe etwa H. Wiedemann, *Klavierspiel und das rechte Gehirn. Neue Erkenntnisse der Gehirnforschung als Grundlage einer Klavierdidaktik für erwachsene Anfänger* (Regensburg: Bosse, 1985).)

»Man kann nicht entscheiden, ob die von der rechten Hirnhemisphäre erkannten Muster real oder imaginär sind, ohne sie der Prüfung durch die linke Hemisphäre zu unterziehen. Andererseits ist rein kritisches Denken ohne kreative und intuitive Einsichten und ohne die Suche nach neuen Mustern steril und hinfällig. Das Lösen komplexer Probleme unter wechselnden Umständen erfordert die Aktivität beider Hirnhemisphären: Der Weg in die Zukunft führt durch den Balken.«[20]

Sagan fährt fort, daß sich intuitives Denken zweifellos in Situationen bewährt, wo wir auf frühere persönliche oder evolutionäre Erfahrungen zurückgreifen können. »Doch in neuen Bereichen – wie der Natur von nahen Himmelskörpern – muß es seine Grenzen erkennen und bereit sein, sich den Einsichten zu unterwerfen, die das rationale Denken der Natur abringt.«[21] Sagan beschreibt Wissenschaft als auf die Natur angewandtes paranoides Denken, als eine Suche nach Verkettungen in der Natur, nach Zusammenhängen zwischen Befunden:

»Unser Ziel ist es, aus der Natur Muster zu abstrahieren (Denken der rechten Hemisphäre), doch viele angenommene Muster entsprechen nicht den Daten. Folglich müssen alle angenommenen Muster durch das Sieb der kritischen Analyse gefiltert werden (Denken der linken Hemisphäre). Die Suche nach Mustern ohne kritische Analyse und auch bloße Skepsis ohne Suche nach Mustern sind die Antipoden lückenhafter Wissenschaft. Echtes Streben nach Wissen erfordert eben beide Funktionen.«[22]

Sagan zieht den Schluß, daß die bedeutendsten schöpferischen Errungenschaften einer Kultur – Gesetzeswerke und ethische Systeme, Kunst und Musik, Wissenschaft und Technologie – aus der Zusammenarbeit von linker und rechter Hemisphäre hervorgegangen sind. Dem stimmen wir voll zu. Sagan meint weiterhin: »Man ist versucht zu sagen, daß menschliche Kultur die Funktion des Corpus callosum ist.«[23] Das mag richtig sein, nicht so sehr, weil das Corpus callosum „analytisches" mit „intuitivem" Denken verknüpft, sondern weil jede Struktur im Gehirn eine Rolle im menschlichen Verhalten spielt und menschliche Kultur eine Funktion menschlichen Verhaltens ist.

13. Das Wesen der Hemisphärenspezialisierung

Obwohl in vielen Berichten beschrieben worden ist, was jede Hemisphäre kann und was sie nicht kann, weiß man immer noch sehr wenig darüber, warum es überhaupt zur Hemisphärenspezialisierung gekommen ist. Weitgehend ungeklärt sind auch die physischen Mechanismen, die diesen fundamentalen Unterschieden möglicherweise zugrunde liegen. Die Beschäftigung mit dem „Warum" und dem „Wie" sollte uns helfen, die Frage nach dem „Was" der Spezialisierung zu beantworten – eine Frage, mit der wir uns in diesem Buch so häufig befaßt haben. Es ist nicht klar, welche Frage die wichtigere ist oder welche man zuerst beantworten sollte. Aus Erkenntnissen, die die eine betreffen, sollten sich neue Vorstellungen bezüglich der anderen beiden ableiten lassen. Zu einem echten Verständnis der Hemisphärenspezialisierung werden wir zweifellos nur dann gelangen, wenn wir immer bessere Antworten auf jede der drei Fragen miteinander in Beziehung bringen.

In früheren Kapiteln haben wir schon hier und da erwähnt, welche Spekulationen verschiedene Forscher zur Evolution und zu den Mechanismen der Hemisphärenasymmetrie angestellt haben. Im folgenden wollen wir diese Spekulationen zusammenfassen und dabei auch auf einige der neueren Hypothesen über das Wesen der Hemisphärenspezialisierung und der Funktionen des Corpus callosum eingehen.

Beruht die Dominanz der linken Hemisphäre auf motorischen Fertigkeiten?

Warum ist die Hemisphäre, welche die Sprache kontrolliert, auch diejenige, die normalerweise die dominante Hand eines Menschen steuert? Ist das ein Zufall, oder gibt es hier einen tieferen Zusammenhang, der uns etwas darüber verraten könnte, welche Mechanismen sowohl am Sprechen als auch an manuellen Fertigkeiten beteiligt sind? Doreen Kimura und ihre Mitarbeiter haben gezeigt, daß die linke Hemisphäre für gewisse Handbewegungen bestimmend sein kann.[1] Patienten, bei denen diese Hemisphäre geschädigt, die rechte Körperseite aber nicht gelähmt ist, haben manchmal Schwierigkeiten, mit ihrer linken oder rechten Hand eine vorgegebene Folge von Handbewegungen und komplexen Fingerstellungen auszuführen. Kimura sieht diesen Befund in einem Zusammenhang mit Berichten in der klinischen Literatur über Taubstumme, die zusätzlich zu ihrer früher entstandenen Sprech- und Hörunfähigkeit eine linkshemisphärische Schädigung erlitten hatten. Diese Menschen hatten zuvor über Handbewegungen mit anderen kommuniziert, aber nachdem die linke Gehirnhälfte geschädigt war, zeigten sie Störungen in diesen Bewegungen, die den Sprechbehinderungen bei normalen Menschen mit einer solchen Verletzung ähnelten.

Doreen Kimura hat Daten einer großen Zahl von Patienten mit unilateralen Hirnschäden analysiert, und sie kam zu dem Schluß, daß die linke Hemisphäre im Vergleich zur rechten Hemisphäre auf die motorische Kontrolle der oralen wie der manuellen Muskulatur spezialisiert ist, ganz unabhängig davon, ob diese Bewegungen der Kommunikation dienen oder nicht. Sie und ihre Kollegen haben beispielsweise gezeigt, daß Patienten mit geschädigter linker Hemisphäre – sei es im vorderen oder hinteren Bereich – aber ohne Lähmung der rechten Seite, Schwierigkeiten hatten, eine Reihe von Handhaltungen, Armbewegungen und Orientierungen in bezug auf den Körper nachzuahmen. Das war selbst dann der Fall, wenn diese Bewegungen keine Beziehung zu bekannten Gesten oder Bewegungen der Art aufwiesen, die gewöhnlich mit Apraxie assoziiert werden. Rechtshemisphärisch geschädigte Patienten hingegen unterschieden sich kaum von normalen Versuchspersonen.

Beim Reproduzieren von Mundbewegungen, ob sprachbezogen oder nichtsprachbezogen (beispielsweise Blasen und Zähneklappern), zeigten sich nach linkshemisphärischen Schädigungen ähnliche Defizite; allerdings waren anteriore und posteriore Bereiche an der Reproduktion einzelner beziehungsweise multipler Mundbewegungen unterschiedlich stark beteiligt.[2]

Nach Meinung Kimuras und anderer beruht die sprachliche Spezialisierung der linken Hemisphäre nicht so sehr darauf, daß sich symbolische Funktionen in der Evolution asymmetrisch entwickelt haben, sondern eher auf der Evolution bestimmter motorischer Fertigkeiten, die sich zufällig gut zur Kommunikation eignen. Mit anderen Worten, die linke Hemisphäre entwickelte die Sprache nicht deshalb, weil sie zunehmend symbolischer oder analytischer wurde, sondern weil sie sich immer besser an bestimmte Arten motorischer Aktivität anpaßte.

Möglicherweise boten die evolutionären Vorteile, die sich durch die Entwicklung einer manipulatorisch geschickten Hand ergaben, auch noch eine äußerst nützliche Grundlage für ein neuartiges Kommunikationssystem, das sich zunächst auf Gebärden mit der rechten Hand beschränkte, aber später auch die Sprechmuskulatur zu nutzen begann. Als Folge davon erwarb die linke Hemisphäre praktisch das Monopol der Kontrolle über die motorischen Systeme, die am sprachlichen Ausdruck – sei es Sprechen oder Schreiben – beteiligt sind.

Die linke Hemisphäre scheint der rechten auch im Verständnis leicht überlegen zu sein, wenngleich die Unterschiede hier weitaus weniger eindrucksvoll sind als im Falle des Ausdrucks. Wie in Kapitel 4 erwähnt, weisen rechtshändige Versuchspersonen beim dichotischen Hörtest für Silben aus einem Konsonanten und einem Vokal, wie beispielsweise „ba", „da" und „ga", eine Überlegenheit des rechten Ohres auf. Diese Silben unterscheiden sich nur bezüglich der schnellen Frequenzübergänge innerhalb der ersten 50 Millisekunden der Silbe; offenbar vermag also die linke Hemisphäre diese sich schnell verändernde Information besser zu verarbeiten.

Aber beruht die Überlegenheit der linken Hemisphäre lediglich darauf, daß sie in der Lage ist, schnelle Frequenzänderungen in der Sprache aufzuspüren? Es besteht Grund zu der Annahme, daß noch mehr daran beteiligt ist. Wissenschaftler an den Haskins-Laboratorien haben entdeckt, daß die raschen Frequenzänderungen, die das *b* in der Silbe „ba" kennzeichnen, sich von denen unterscheiden, die das *b* in „be" oder „bo" signalisieren. Ähnlich verändert sich auch die akustische

Konfiguration anderer Konsonanten als Funktion des Vokals in der Silbe.³ Abbildung 13.1 zeigt solche Veränderungen für das *d*.

Was haben nun alle diese verschiedenen *b*s oder *d*s gemeinsam, daß unser Wahrnehmungssystem sie als identische Laute erkennen kann? Die Forscher der Haskins-Laboratorien haben darauf hingewiesen, daß sie sich darin ähneln, wie sie produziert werden. Die Ähnlichkeit in der Produktion ist ihrer Meinung nach verantwortlich für die Ähnlichkeit in der Wahrnehmung.

Diese Vorstellung – die motorische Theorie der Sprachwahrnehmung – geht davon aus, daß sich das menschliche Gehirn, um Sprachlaute wahrzunehmen, vorstellt, was es hätte tun müssen, um sie zu produzieren. Sprachforscher haben viel Mühe darauf verwendet zu erklären, warum man so verschieden ausgesprochene Laute so gut verstehen kann. Eine Eigenschaft, die sich bei den unterschiedlichsten Formen eines Lautes offenbar nicht verändert, ist die Art und Weise, wie Kehle, Mund, Lippen und Zunge bei seiner Produktion kontrolliert werden. Die Forscher der Haskins-Laboratorien nehmen an, daß der Hörer bei der Sprachwahrnehmung irgendwie ausfindig macht, wie er dieselben Laute produzieren würde. Obwohl diese Theorie nicht allgemein akzeptiert wird, ist sie für unsere Diskussion doch von Interesse, denn sie deutet darauf hin, daß fein kontrollierte motorische Abläufe möglicherweise einen untrennbaren Teil unseres sprachlichen Kommunikationssystems darstellen, und zwar sowohl hinsichtlich der Produktion als auch der Wahrnehmung.⁴

Einige Studien haben mit Hilfe bildgebender Verfahren überraschende Befunde erbracht, die die motorische Theorie der Sprachwahrnehmung stützen. Mit der Xenon-Inhalationsmethode ließ sich bei gesunden Freiwilligen eine signifikant gesteigerte Hirndurchblutung in der Brocaschen Region nachweisen, wenn diese Personen in einer vom Band vorgespielten Wortserie Wörter ausfindig machen mußten, die einen „br"-Laut enthielten.⁵ In einer PET-Untersuchung, in der die Probanden zu entscheiden hatten, ob Wortsilbenpaare auf die gleichen Konsonanten endeten, zeigte sich ebenfalls ein vermehrter Blutfluß im Brocaschen Areal.⁶ Die Aufgaben verlangten in beiden Studien nur die Wahrnehmung und nicht die Produktion von Sprachlauten. Die Autoren beider Untersuchungen ziehen daher aus ihren Beobachtungen den Schluß, daß die Regionen der Sprachproduktion (einschließlich des Brocaschen Areals) an bestimmten Aspekten der Sprachwahrnehmung aktiv teilhaben.

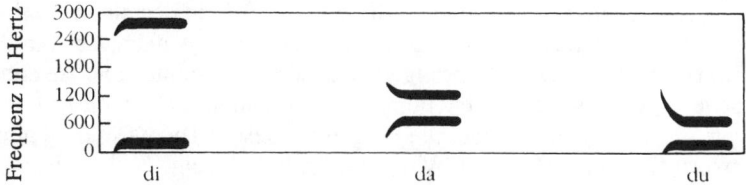

13.1 Idealisiertes Spektrogramm der Lautfrequenzen, die bei den Silben „di", „da" und „du" produziert werden. Jeder Laut besteht aus Luftschwingungen, die hauptsächlich in zwei Frequenzbändern, den sogenannten ersten und zweiten Formanten, konzentriert sind. Um diese Laute erkennen zu können, muß man die schnelle Veränderung zu Beginn der Formanten wahrnehmen. Sogar dieser frühe Abschnitt des Formanten ändert sich, wenn der Vokallaut wechselt, obwohl alle Laute mit *d* beginnen.

Manipulativ-räumliche Aspekte rechtshemisphärischer Fertigkeiten

Wie steht es mit der rechten Hemisphäre? Hat sie sich während jener Zeit verändert, in der die linke Gehirnhälfte ihre motorischen und kommunikativen Fertigkeiten erwarb? Fähigkeiten, die nur der rechten Hemisphäre zuzurechnen sind, bleiben schwer faßbar und schwer zu definieren, obwohl räumliche Fähigkeiten sicher eine große Rolle spielen. So wie die linke Gehirnhälfte die Sprache entwickelte – ein symbolisches System, das über eine einzelne sensorische Modalität hinausgeht –, entwickelten vielleicht Gebiete der rechten Hemisphäre Möglichkeiten, um die zwei- und dreidimensionalen Beziehungen der Außenwelt, die über den Gesichtssinn, den Tastsinn und durch Bewegungen erfaßt werden, abstrakt abzubilden. Zusätzlich zu den räumlichen Aufgaben, die wir in früheren Kapiteln betrachtet haben, scheint auch die Fähigkeit, sich eine komplizierte Route geistig vorzustellen oder den Weg durch ein Labyrinth zu finden, von der rechten Gehirnhälfte abzuhängen. Obgleich man sie gewöhnlich als „räumlicher" als die linke Hemisphäre bezeichnet, läßt sie sich wohl treffender als stärker manipulativ-räumlich kennzeichnen – das heißt, sie besitzt die Fähigkeit, räumliche Muster und Beziehungen zu manipulieren.

Wir haben eben erörtert, wie verbale Fähigkeiten aus den feinmotorischen Fertigkeiten der linken Hemisphäre entstanden sein könnten. Möglicherweise sind die räumlichen Fähigkeiten der rechten Gehirnhälfte also auf eine andere Art motorischer Fertigkeit zurückzuführen: nämlich auf die, räumliche Beziehungen zu manipulieren. Unsere Fähigkeit, im Geiste Landkarten zu entwerfen, Bilder zu drehen und uns mechanische Apparate vorzustellen, mag sehr wohl ein abstraktes, internalisiertes Gegenstück der rechten Gehirnhälfte zu den motorischen Fertigkeiten der linken sein.

Sind diese rechtshemisphärischen Fertigkeiten die Folge einer evolutionären Spezialisierung, die sich in Ergänzung zu den Fähigkeiten in der linken Hemisphäre entwickelte? Oder handelt es sich hier um ältere Fertigkeiten, die einmal bilateral angelegt waren, aber mit dem Aufkommen der Sprache fast völlig aus der linken Gehirnhälfte verdrängt wurden? Wie wir bereits in Kapitel 2 erwähnt haben, vertreten verschiedene Forscher unterschiedliche Ansichten zu diesem Thema. Jerre Levy beispielsweise hat behauptet, die für die Sprache und für die Funktionen der räumlichen Wahrnehmung benötigten kognitiven Prozesse seien unvereinbar und hätten sich daher in verschiedenen Gebieten entwickeln müssen. Aus der Analyse jener Aufgaben und Fragen, die jeweils für die rechte oder die linke Hemisphäre von Split-Brain-Patienten am schwierigsten waren, zog sie den Schluß, daß sich die typisch links- beziehungsweise rechtshemisphärischen Verarbeitungsweisen gegenseitig behindern würden, wenn sie in derselben Gehirnhälfte angesiedelt wären. Derartige Überlegungen mögen zwar Aufschlüsse darüber geben, warum es zu einer Lateralisierung gekommen sein könnte, aber sie entkräften nicht notwendigerweise die Vorstellung, daß es hauptsächlich die linke Hemisphäre war, die sich verändert hat. Die Fragen zu diesem Thema sind nicht einfach zu beantworten. Um sie zu lösen, wird es erforderlich sein, noch weit mehr darüber zu erfahren, was die beiden Hemisphären gemeinsam haben, worin sie sich unterscheiden und welche neuronalen Mechanismen sich hinter den Ähnlichkeiten und Unterschieden verbergen. Doch selbst wenn wir all dies wissen, wird es wahrscheinlich immer noch mehrere gleich plausible Vorstellungen über die Evolution der Hemisphärenspezialisierung geben.

Hinweise auf eine linguistische Grundlage der linkshemisphärischen Spezialisierung

Im Gegensatz zu Kimuras Auffassung, derzufolge die linke Hemisphäre auf bestimmte Kategorien motorischer Aktivität spezialisiert ist, geht ein anderer Ansatz davon aus, daß die Fähigkeit der linken Hemisphäre zum Umgang mit Grammatik und Syntax der Sprache und ihre einzigartige Eignung zur Vermittlung von Sprache den Kern der linkshemisphärischen Spezialisierung bilden. Gestützt wird diese Ansicht durch eine Reihe interessanter Untersuchungen von Forschern des Scripps Institute mit einseitig hirngeschädigten Personen, die in der Benutzung der Amerikanischen Gebärdensprache (ASL) geübt waren. Diese Untersuchungen, die wir in Kapitel 10 im Zusammenhang mit sprachlichen Erfahrungen und Hemisphärenspezialisierung besprochen haben, ergaben, daß eine linkshemisphärische Schädigung den Gebrauch der Gebärdensprache in weit größerem Maße behinderte als eine rechtshemisphärische Schädigung.[7]

Korrelationsanalysen der Produktion von Gebärdensprache versus nichtlinguistische Handbewegungen ergaben bei diesen Patienten jedoch nicht den Zusammenhang, der sich aus Kimuras These hätte ableiten lassen. Die Forscher zogen daraus den Schluß, daß sich zumindest einige Aspekte der Gebärdensprachenstörung nicht allein auf eine Störung der motorischen Kontrolle zurückführen lassen. Daher erwachse die »linkshemisphärische Dominanz für Sprache nicht aus physischen Charakteristika des linguistischen Signals oder aus motorischen Aspekten ihrer Produktion, sondern wird von übergeordneten Eigenschaften des Systems hervorgerufen«.[8] Es bleibe daher weiteren Forschungen vorbehalten, die präzise Natur dieser Eigenschaften zu klären.

Hemisphärenspezialisierung: Neuartiges und Mehrdeutiges

Das Vertraute und das Neue

Zu lernen und neuartige Leistungen zu vollbringen, bedeutet, Situationen nach bestimmten Regeln und Organisationsschemata anzugehen, die schon im Gehirn repräsentiert sind. Mit anderen Worten: Um all das, was sich um uns herum abspielt, zu bewältigen, nutzen wir ein bereits vorhandenes Repertoire ganz unterschiedlicher Möglichkeiten, Ereignisse zu beschreiben und zu strukturieren. Dieses Repertoire der Möglichkeiten eines Gehirns, Informationen zu organisieren und zu verstehen, stellt ein Kontinuum dar, das von der biologisch festgelegten visuellen Mustererkennung durch bestimmte Zellen bis zur Sprache, zur musikalischen Notation und zu kulturbedingten Spielregeln reicht. Die Neuropsychologen Elkhonon Goldberg und Louis Costa bezeichnen solche eingebauten Organisationsschemata als „deskriptive Systeme". Ihrer Meinung nach werden funktionelle Hemisphärenunterschiede durch das Ausmaß bestimmt, in dem die „deskriptiven Systeme" eines Individuums auf eine bestimmte aktuelle Situation anwendbar sind oder nicht. Sie stellen die Hypothese auf, daß die linke Gehirnhälfte immer dann sehr effizient arbeitet, wenn sie auf vertraute Routineabläufe zurückgreifen kann, wie etwa im Falle der motorischen Aspekte der Sprachproduktion. Die rechte Hemisphäre hingegen spiele in jenen Situationen eine vorrangige Rolle, für die augenscheinlich kein deskriptives System zur Verfügung steht – also vor allem in neuartigen Situationen. Das Modell sagt auch einen Wechsel zwischen den Hemisphären für bestimmte Aufgaben voraus, je nachdem, wie effizient die Aufgabe mit der Zeit ausgeübt und somit zur Routine wird.[9]

Das Goldberg-Costa-Modell fußt zum einen darauf, daß man bei gewissen Aufgabenarten Abweichungen von der „erwarteten" Hemisphärenbeteiligung beobachtet hat, zum anderen auf bestimmten neuroanatomischen Überlegungen. Wie bereits in früheren Kapiteln besprochen wurde, fallen weder alle sprachbezogenen Funktionen in den Bereich der linken Hemisphäre noch alle visuell-räumlichen in den der rechten Gehirnhälfte.

»Verschiedene Klassen von Materialien können sich in ihrem Bezug zu den vorhandenen deskriptiven Systemen graduell unterscheiden, so daß sich für ihre Verarbeitung Gradienten der relativen Beteiligung von linker und rechter Hemisphäre ergeben«, meint Goldberg.[10] Als Beispiel erwähnt er, daß das Erkennen von Strichzeichnungen gewöhnlicher Objekte insbesondere durch Läsionen im posterioren (hinteren) Bereich der linken Hemisphäre beeinträchtigt wird, während das Erkennen von photographieartigen Bildern sowohl nach linksseitigen als auch nach rechtshemisphärischen Verletzungen erschwert sein kann. Ferner ist bei den linkshemisphärisch geschädigten Patienten das Erkennen von Strichzeichnungen gravierender gestört als das Erkennen von vollständigen, naturgetreuen Abbildungen.

Dieser Unterschied in der Beteiligung der beiden Gehirnhälften bei der Verarbeitung der zwei Typen von Reizen läßt sich nicht mit sprachlicher Kodierbarkeit in Verbindung bringen – in beiden Fällen handelt es sich um Bilder von bedeutungshaltigen, realen Objekten. Man kann den Unterschied aber aus wahrnehmungspsychologischer Sicht erklären: Strichzeichnungen sind visuelle Modelle einer ganzen Gruppe oder Klasse von realen Objekten, photographisch getreue Bilder hingegen einzigartige Abbildungen von Objekten beziehungsweise Abbildungen von einzigartigen Objekten. Aufgrund der eben beschriebenen Befunde kann man das folgende Beispiel eines Gradienten der visuellen Wahrnehmung konstruieren – von Strichzeichnungen bedeutungshaltiger Objekte am einen Ende der Skala über detaillierte, photographisch exakte Bilder realer Objekte zu sinnfreien Mustern und schließlich zu menschlichen Gesichtern, wobei die Interpretation der Strichzeichnungen am stärksten von der linken Hemisphäre abhängig und das Erkennen der Gesichter am engsten an die rechte Hemisphäre gebunden wäre[11] (Abbildung 13.2).

Des weiteren diskutierten Goldberg und Costa Belege für Unterschiede in der neuroanatomischen Organisation der beiden Hemisphären, die als Erklärung für die zwei grundlegenden Unterschiede in der Verarbeitung in Frage kommen könnten. Die zusammengetragenen Befunde erlauben den Schluß, daß in der linken Hemisphäre wohl die für spezifische sensorische und motorische Funktionen reservierten Gebiete größer sind, während in der rechten charakteristischerweise der „assoziative" (auf höherem Niveau integrierende) Cortex mehr Raum einnimmt.[12] Goldberg und Costa nehmen an, daß die rechte Gehirnhälfte im Vergleich zur linken mehr weiße Substanz besitzt, was auf stärkere Verbindungen zwischen den einzelnen Regionen in dieser Hemisphäre schließen läßt. Sie stützen sich dabei sowohl auf Befunde einer Untersuchung, der zufolge die rechte Hemisphäre aus

13.2 Ein Beispiel für visuelle Reize, die sich auf einem Kontinuum der stärker links- beziehungsweise rechtshemisphärischen Verarbeitung anordnen lassen. (Nach Goldberg und Mitarbeitern.)

mehr Gewebe besteht, als auch auf eine Studie, deren Ergebnisse auf eine Asymmetrie zwischen den beiden Hemisphären im Verhältnis zwischen grauer und weißer Substanz hindeuten.[13] »Demnach scheint in der neuronalen Organisation der rechten Hemisphäre die interregionale Integration vergleichsweise stärker betont zu sein und in der linken die intraregionale Integration.«[14] In Kapitel 1 hatten wir bereits eine ähnliche Schlußfolgerung von Josephine Semmes erwähnt, der zufolge mentale Prozesse in der rechten Hälfte des Gehirns über größere Gewebebereiche verteilt sind als in der linken.

Goldberg und Costa schließen nun, daß aufgrund dieser anatomischen Unterschiede die rechte Hemisphäre besser imstande ist, mit der Komplexität von Informationen umzugehen und vielerlei Darbietungsformen innerhalb einer Aufgabe zu verarbeiten. Die linke Hemisphäre dagegen sei bei Aufgaben überlegen, die eine gezielte Konzentration auf einen einzigen oftmals immer wiederkehrenden Darbietungs- oder Ausführungsmodus verlangten.

Mehrdeutigkeit und die Rolle des linken beziehungsweise rechten Frontallappens (oder „Wie lautet die Frage?")

Elkhonon Goldberg und Kollegen haben sich in neuerer Zeit eingehend mit der Unterscheidung zwischen Neuem und Vertrautem beschäftigt, die wir gerade diskutiert haben. Ihr besonderes Interesse galt dabei Frontallappenasymmetrien bei der Auswahl von Strategien, die entweder von internen (Erinnerungen) oder von externen (außenweltbedingten) Faktoren gesteuert werden. Auf der einen Seite wird schon seit langem vermutet, daß der präfrontale Cortex beider Hemisphären bei der Bewältigung einer neuen, ungewohnten Situation eine Rolle spielt. Auf der anderen Seite nimmt man an, daß der posteriore Assoziationscortex beider Hemisphären kognitive Routinevorgänge und bereits existierende kognitive Repräsentationen speichert. Neben den in früheren Arbeiten postulierten Rollen der rechten und linken Hemisphäre steht die anterior-posterior-Achse des Gehirns daher anscheinend mit der Verarbeitung von Unterschieden in Beziehung, bei denen es um Neues versus Vertrautes geht. Nach Ansicht von Goldberg und Kollegen kommt es in Abhängigkeit vom Lernprozeß in den zerebralen Regionen, die eine Aufgabe kontrollieren, zu einer Verschiebung, die beide Achsen des Gehirns betrifft: von rechtshemisphärischen präfrontalen Cortexbereichen (während der anfänglichen Präsentation einer neuen Aufgabe) zu linkshemisphärischen posterioren Regionen (wenn eine Aufgabe erst einmal zur Routine geworden ist).[15]

Darüber hinaus haben die Forscher Tests entworfen, um den postulierten Beitrag der Frontallappen zur funktionellen Hemisphärenasymmetrie besser überprüfen zu können. Wir interpretieren die meisten Situationen und Probleme im realen Leben auf der Basis unserer persönlichen Geschichte, Bedürfnisse und Motive, das heißt, die meisten realen Situationen sind ihrem Wesen nach „projektiv". In den meisten Labortests kognitiver Funktionen, wo dem Probanden das Problem explizit und unzweideutig dargestellt wird, fehlt dieses Element jedoch völlig. Dieses präzise Definieren des Problems und seiner Umstände ist nach Ansicht von Goldberg und Mitarbeitern aber genau der Grund, warum es in Labortests nicht gelingt, einige wichtige Unterschiede in der hemisphärischen Funktion aufzudecken. Die Forscher haben daher die sogenannte *Cognitive Bias Task* (etwa: „kognitive Präferenzaufgabe") entwickelt, bei der durch bestimmte Zielreize eine Antwortselektion beeinflußt wird, die aber absichtlich mehrdeutig bleibt und Antworten erlaubt, deren Ähnlichkeit mit dem Zielreiz je nach der Präferenz eines jeden Probanden mehr oder minder stark variiert.[16] Ziel des Tests ist es, das Ausmaß zu bestimmen, in dem die Antworten einer jeden Versuchsperson durch den Zielreiz gelenkt werden, das heißt, es geht um „Kontextabhängigkeit" versus „Kontextunabhängigkeit" der Antworten.

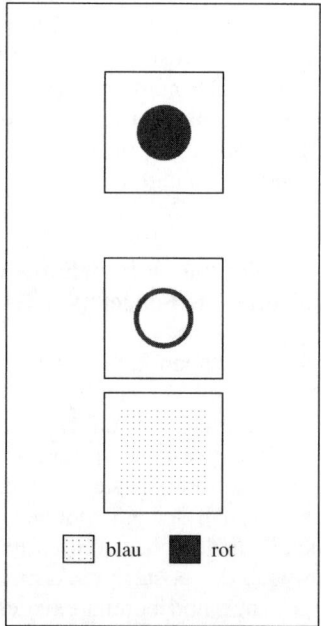

13.3 Beispiel für einen Versuchsdurchgang bei einer sogenannten *Cognitive Bias Task* (etwa: „kognitive Präferenzaufgabe"). Die Aufgabe schließt ein Multiple-Choice-Verfahren ein, das darauf ausgelegt ist, statt einer Leistung (Genauigkeit) die Neigung (Präferenz) eines Probanden zu messen. Die Reize variieren in fünf Dimensionen: Form, Farbe, Anzahl, Größe und Kontur. Zwischen jeweils zwei Reizen wird ein „Ähnlichkeitsindex" berechnet, der von 5 (identisch) bis 0 (in allen fünf Dimensionen verschieden) reicht. Bei jedem Versuchsdurchgang wird ein Zielreiz dargeboten; darunter sind zwei Wahlmöglichkeiten abgebildet. Die Versuchspersonen sehen sich den Zielreiz an und wählen dann von den beiden Wahlmöglichkeiten diejenige aus, die ihnen am besten gefällt. Die Gesamtpunktzahl im Test spiegelt das Ausmaß wider, in dem die Wahl einer Versuchperson von den Zielvorgaben gelenkt wird, das heißt, inwieweit sie „kontextabhängig" ist. (Nach Goldberg et al., 1994.)

Abbildung 13.3 stellt eine Musteraufgabe und Antwortmöglichkeiten vor. Der Einsatz dieses Tests bei Patienten mit Läsionen der linken oder rechten Hemisphäre hat im Hinblick auf Frontallappenschädigungen deutliche Unterschiede ergeben. Bei rechtshändigen Männern führen linksseitige präfrontale Läsionen zu einer extremen Kontextunabhängigkeit, rechtsseitige präfrontale Läsionen hingegen zu einer extremen Kontextabhängigkeit. Die Antworten normaler Kontrollpersonen fallen in die Mitte. Bei rechtshändigen Frauen führen rechts- wie auch linksseitige präfrontale Läsionen zu demselben Effekt wie rechtsseitige präfrontale Läsionen bei Männern – im Vergleich zu Kontrollpersonen sind die Antworten extrem kontextabhängig. Posteriore rechtshemisphärische Läsionen führen bei Frauen zu kontextunabhängigen Antworten ähnlich denen von linksfrontal geschädigten Männern, wenn der Effekt auch schwächer ist.[17]

Diese Befunde wie auch das Modell der frontalen Asymmetrien erfordern weitere Bestätigung und vielleicht auch zusätzliche Interpretation, aber sie stimmen mit anderen Hinweisen überein, die für eine stärkere funktionelle Lateralität bei Männern sprechen. Interessant ist jedenfalls die These, daß es bei Frauen vielleicht deshalb eine größere funktionelle Heterogenität innerhalb einer Hemisphäre gibt, um die relative hemisphärische Symmetrie auszugleichen.

Ein Modell der Balkenfunktionen

In unserer Diskussion über Modelle der funktionellen Asymmetrie der Hemisphären haben wir den Funktionen des Balkens (Corpus callosum) bis jetzt nur geringe Aufmerksamkeit gewidmet. In Kapitel 10 sprachen wir vom Corpus callosum als einer Struktur, die es ermöglicht, daß jede Gehirnhälfte über Informationen, die die jeweils andere Hemisphäre erhält, auf den neuesten Stand gebracht wird, oder die eventuell auch dazu dienen könnte, eine der Hemisphären zu hemmen, während die andere eine bestimmte Aktivität „in die Hand nimmt".

Diese hypothetische Rollenverteilung wirft jedoch einige paradoxe Fragen auf. Falls der Balken tatsächlich getreue Kopien von Information liefert, indem er Informationen von der einen zur anderen Hemisphäre überträgt, warum – so hat Jerre Levy gefragt – benötigen wir den Balken dann überhaupt, »wenn wir doch eigentlich nur unsere Augen zu bewegen bräuchten«.[18] Immerhin kommen die meisten Split-Brain-Patienten, nachdem sie sich von der Operation erholt haben, anscheinend auch ganz gut zurecht. Wenn aber andererseits der Balken nur zur Hemmung dient, um es jeder Hemisphäre zu ermöglichen, unabhängig von der anderen zu funktionieren, warum ist das Corpus callosum dann so komplex und verknüpft in detaillierter Form so viele Regionen des Gehirns miteinander? Wir brauchen ein Modell, das zum einen – wie das „Kopiemodell" – die Notwendigkeit dieser umfassenden Verschaltungen erklärt, zum anderen aber auch erläutert, auf welche Weise diese Verbindungen einzigartige und wirklich nützliche Informationen bereitstellen.

Der Psychologe Norman Cook beschreibt vier mögliche neurophysiologische Funktionen des Corpus callosum; zwei gehen mit einer Verringerung der neuronalen Aktivität (Hemmung, Inhibition) einher und zwei mit einer Steigerung (Erregung, Exzitation) in jeweils der Hemisphäre, die dem Ausgangsort der Aktivität gegenüberliegt.[19] Hemmung wie Erregung können auf einem globalen (diffusen)

Niveau erfolgen und so die gesamte Hemisphäre verlangsamen oder zu größerer Aktivität anregen; sie können aber auch lediglich regional, also nur in spezifischen Gebieten, gewissermaßen topographisch, »von einem Punkt der einen Hemisphäre zu einem Punkt der anderen«, wirksam sein. Somit ergeben sich folgende vier Möglichkeiten: diffuse Erregung, topographische Erregung, diffuse Hemmung und topographische Hemmung. Nach Cooks Ansicht liefert weder das diffuse noch das topographische Erregungsmodell eine befriedigende Erklärung: Eine diffuse Erregung würde bedeuten, daß das Corpus callosum lediglich dazu da sei, die andere Hemisphäre anzuregen oder aufmerksam zu machen, und bei der topographischen Exzitation würden Informationen quasi als Durchschlagskopien zwischen den Hemisphären ausgetauscht. In beiden Fällen würde der Balken im Grunde nur das betonen oder duplizieren, was sich bereits in der anderen Hemisphäre abspielt; Cook meint aber, daß das Corpus callosum mehr leisten müsse als dies.

In ähnlicher Weise verwirft Cook auch die Möglichkeit einer diffusen Hemmung. Seiner Meinung nach ist es absurd anzunehmen, ein solch großes Nervenfaserbündel wäre nur dazu da, eine Hemisphäre abzustellen, während die andere aktiv ist. Außerdem, so argumentiert er, gebe es weder elektrophysiologische noch metabolische Befunde (beispielsweise aus Durchblutungsmessungen), die belegten, daß mit der Aktivierung einer Hemisphäre die Gesamtaktivität in der anderen reduziert würde. Damit bleibt für Cook nur noch das Modell der topographischen Inhibition. Dieses wird von ihm ausführlich diskutiert, vor allem im Hinblick auf die Frage, wie dabei funktionelle Asymmetrien akzentuiert werden.

Um sein Modell zu verstehen, muß man zunächst einmal zwei Annahmen akzeptieren, die durch experimentelle Befunde umfassend gestützt werden. Die erste lautet, daß Erregungs- und Aufmerksamkeitsmechanismen, die in der Tiefe des Gehirns lokalisiert sind, gewöhnlich Bereiche beider Hemisphären gleichermaßen aktivieren. Tatsächlich besteht das Haupterregungssystem des Gehirns, das aufsteigende retikuläre aktivierende System (ARAS), aus subcorticalen Kerngebieten und Bahnen, die bei einer Durchtrennung des Balkens nicht zerteilt werden. Wie bereits in Kapitel 3 erwähnt, zeigen Befunde aus Hirndurchblutungsmessungen, daß beim Anstieg der Stoffwechselrate Regionen beider Gehirnhälften in ähnlicher Weise reagieren – selbst bei der Sprachproduktion. Die zweite Annahme besagt, daß die verwandten Aspekte eines Gedächtnisinhalts im Gehirn in anatomischer, topographischer Nähe zueinander gespeichert sind oder zumindest so, daß der Zugriff auf die verwandten Teilaspekte über benachbarte Neuronen möglich ist.

Cooks Hypothese zufolge unterdrückt die topographische Hemmung über den Balken hinweg genau dasjenige neuronale Aktivitätsmuster in der anderen Hemisphäre, das in der einen seinen Ursprung hat, ermöglicht aber gleichzeitig eine Aktivierung der jeweils angrenzenden Neuronen, in denen komplementäre Information, beispielsweise Aspekte des Kontextes der Originalinformation, repräsentiert sind. Abbildung 13.4 zeigt, wie dies vonstatten gehen könnte.

Während der meisten sprachbezogenen Aktivitäten würde beispielsweise eine Erregung in der linken Hemisphäre die entsprechenden Neuronen in der rechten hemmen, zugleich aber in deren unmittelbarer Umgebung eine kontextbezogene Verarbeitung unterstützen. Die Erregung jener corticalen Neuronen etwa, die in der linken Hemisphäre den Begriff „Katze" repräsentierten, würde zwar „Katze" in der rechten Cortexhälfte inhibieren, jedoch gleichzeitig angrenzende neuronale Verschaltungen aktivieren, die mit dem Begriff „Katze" in Beziehung stehen („Kätzchen, Löwe, Hund" und so weiter). Beim Sprechen des Satzes „Die Katze

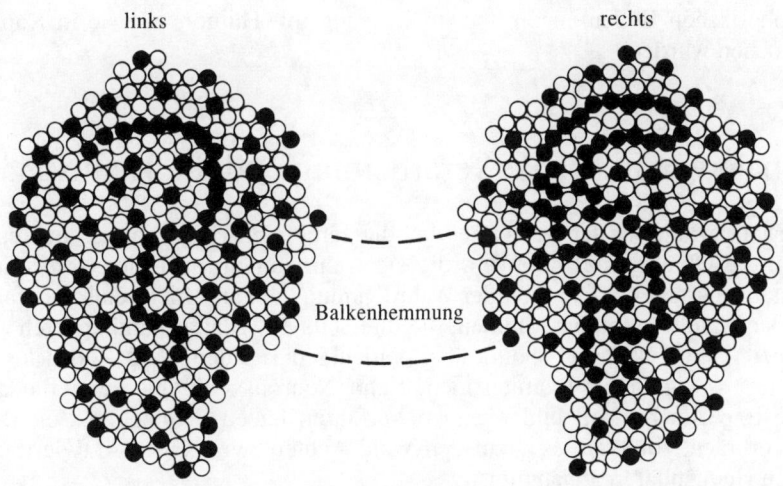

13.4 Ein Beispiel für die vom Corpus callosum vermittelte topographische Hemmung; sie bewirkt, daß in der rechten Hemisphäre die Aktivität jener Gruppierung von Neuronen unterdrückt wird, die der Gruppierung aktiver Zellen in der linken Hemisphäre entspricht. Gleichzeitig kommt es in der rechten Gehirnhälfte zu einer gesteigerten Aktivität in den unmittelbar angrenzenden Neuronen, von denen man annimmt, daß sie verwandte oder kontextbezogene Informationen kodieren. Die ausgefüllten Kreise repräsentieren Neuronen oder Säulen (Kolumnen) von Neuronen, die gerade aktiv sind. (Aus N. D. Cook, „Callosal Inhibition: The Key to the Brain Code", *Behavioral Science* 29 (1984): 102, Abb. 1.)

stürzte sich auf die Maus" würden nicht nur einzelne Wörter verwandte, kontextbezogene Begriffe in der rechen Hemisphäre aktivieren, sondern auch der linkshemisphärische Satz als Ganzes einen rechtshemisphärischen Bedeutungszusammenhang hervorrufen.

Diese komplementären Aspekte aller Inhalte, die verarbeitet werden, sind Cook zufolge das Ergebnis einer „spiegelbildlichen negativen Beziehung" zwischen vergleichbaren Regionen beider Hemisphären, die durch die ständige topographische Hemmung über die zerebralen Kommissurenbahnen geschaffen oder zumindest betont wird. Im Falle der Sprache bedeutete dies, daß die rechte Hemisphäre zu allem, was die linke Hemisphäre explizit von sich gibt, ein allgemeineres Bedeutungsmuster erstellt, in dem die explizite Aussage selbst fehlt. Somit »ermöglicht es eine homotope (gleiche Orte verbindende) Hemmung über den Balken den „beiden Gehirnen", kurzfristig unterschiedliche Perspektiven derselben Information zu haben«, indem in bilateral identischen Gehirnregionen (die beide zuvor von dem allgemeinen Aufmerksamkeitssystem aktiviert wurden) zwei deutlich voneinander verschiedene neuronale Erregungsmuster erzeugt werden.[20]

Sprachbezogene Beispiele illustrieren nach Cook nur eine der Möglichkeiten, wie dieses System funktioniert. Die Vorstellung von komplementären Funktionen vergleichbarer Regionen läßt sich auch auf andere Bereiche ausdehnen; beispielsweise funktioniert die Wahrnehmung einer Figur einerseits und ihres Umfeldes beziehungsweise Hintergrundes andererseits auf ähnliche Weise. Cooks Annahme, daß gleichartige, homotope Regionen beider Hemisphären letztlich für komplementäre Aspekte aktiv werden, läßt sich durch das stützen, was man über subtile Sprach- und kognitive Beeinträchtigungen nach rechtshemisphärischen Schädigungen weiß – über Defizite in der Beurteilung des Kontexts, im Erkennen von metaphorischen Bedeutungen und im Umgang mit Humor, wie sie in Kapitel 7 besprochen wurden.

Globale versus lokale Verarbeitung und die Hemisphären

Es besteht Grund zu der Annahme, daß die zerebralen Hemisphären die Tendenz haben, die Objekte und die Welt, die sie wahrnehmen, nach unterschiedlichem Maßstab zu kodieren. Die Welt der Wahrnehmung läßt sich hierarchisch organisieren: Der Wald besteht aus Bäumen, die ihrerseits aus Blättern und anderen Teilen bestehen. Der Volksmund spottet über denjenigen, der den Wald – oder das „Gesamtbild" – vor lauter Bäumen nicht sieht. Neuropsychologische Befunde und einige Experimente mit bildgebenden Verfahren haben in jüngerer Zeit Belege dafür erbracht, daß dieses „Auf-den-Wald-Achten" von einer Aktivierung der rechten Hemisphären abhängig ist.

In einer Studie wurden hirnverletzte Patienten aufgefordert, durch Knopfdruck anzuzeigen, welcher von zwei möglichen Zielbuchstaben in jedem Versuchsdurchgang präsent war. Als Reize dienten große Buchstaben („globales" Niveau), die aus kleineren Buchstaben („lokales" Niveau) zusammengesetzt waren, wobei die Versuchspersonen nicht wußten, ob der Zielbuchstabe auf globalem oder lokalem Niveau erscheinen würde. Patienten mit rechtshemisphärischen Läsionen des Gyrus temporalis superior hatten selektiv Schwierigkeiten, Buchstaben auf globalem Niveau zu identifizieren, Patienten mit linkshemisphärischen Schädigungen in diesem Gebiet fiel es hingegen selektiv schwer, Buchstaben auf lokalem Niveau zu erkennen.[21] Andere neuropsychologische Untersuchungen deuten ebenfalls darauf hin, daß einseitige Läsionen des temporalen und parietalen Cortex zu unterschiedlichen Aufmerksamkeits- und Wahrnehmungsstörungen führen – ein Ergebnis, das auf eine linkshemisphärische Präferenz für lokale und eine rechtshemisphärische Bevorzugung für globale Verarbeitung hinweist.[22]

Eine neuere PET-Untersuchung hat direkte Belege für eine derartige hemisphärische Asymmetrie bei normalen Versuchspersonen erbracht.[23] Die Forscher benutzten „hierarchisch" organisierte Reize ähnlich denen, die in zwei separaten Experimenten mit hirngeschädigten Patienten eingesetzt wurden. Im ersten Experiment, einer Aufgabe zur selektiven Aufmerksamkeit, wurden die Versuchspersonen aufgefordert, sich in separaten Versuchsblöcken entweder auf den globalen oder lokalen Aspekt der Figuren zu konzentrieren und ihn zu benennen. Die Figuren sind auf Farbtafel 16 abgebildet. Dabei wurden sowohl große als auch kleine Figuren eingesetzt, um mögliche Einflüsse der Reizgröße zu kontrollieren. Diese Experimente ergaben eine asymmetrische Aktivierung der visuellen Areale in den Okzipitallappen: Konzentration auf den globalen Aspekt der Figuren aktivierte den rechten Gyrus lingualis, während lokal gerichtete Aufmerksamkeit den linken inferioren Okzipitalcortex aktivierte. Was die Forscher überraschte, war die Tatsache, daß diese Asymmetrie nicht in den temporo-parietalen Arealen auftrat, wie klinische Studien prognostiziert hatten, sondern im prästriaten visuellen Cortex, einer Region, die an den Frühstadien visueller Verarbeitung beteiligt ist. Sie hatten erwartet, daß der prästriate visuelle Cortex durch die invarianten oder identischen Reize in allen Versuchsdurchgängen symmetrisch aktiviert würde. Nun vermuten sie, daß dieses Ergebnis einen asymmetrischen Effekt auf einem hohen Verarbeitungsniveau demonstriert, der durch den Einfluß der selektiven Aufmerksamkeit auf die Verarbeitung identischer Eingangssignale in primären visuellen Cortexarealen (und damit auf einer frühen Stufe der sensorischen Verarbeitung) bewirkt wird (siehe Farbtafel 17).

Im zweiten Experiment, einer Aufgabe zur geteilten Aufmerksamkeit, erschien ein zuvor ausgewählter Zielbuchstabe entweder auf globalem oder lokalem Niveau (das heißt entweder als Buchstabe, der aus kleineren Buchstaben zusammengesetzt war, oder als einer der kleinen Buchstaben). Die Versuchspersonen wurden aufgefordert zu sagen, auf welchem Niveau der Zielbuchstabe aufgetreten war. Als man die Daten analysierte, zeigte sich, daß die Durchblutungsveränderungen davon abhingen, wie häufig die Aufmerksamkeit zwischen beiden perzeptuellen Niveaus hin- und herwechselte. Die Resultate ergaben, daß die Anzahl der Wechsel von „lokal" auf „global" (und vice versa) mit der temporo-parietalen Aktivierung in der linken und rechten Hemisphäre einherging. Die signifikanteste positive Korrelation ergab sich zwischen der Hirndurchblutung im rechten temporoparietalen Areal und der Zeitspanne, über die die Aufmerksamkeit auf globalem oder lokalem Niveau erhalten blieb (siehe Farbtafel 17). Daraus zogen die Forscher den Schluß, daß beide temporo-parietalen Cortices – aber inbesondere der rechte – die Verteilung beziehungsweise die Aufrechterhaltung der selektiven Aufmerksamkeit in Situationen steuern, in denen die Versuchspersonen nicht im voraus wissen, auf welchem Niveau der relevante Stimulus erscheinen wird.

Einige Forscher vertreten die Ansicht, daß die hemisphärische Spezialisierung für globale versus lokale Analyseniveaus lediglich aus den Hemisphärenunterschieden bei der Kodierung der Ortsfrequenz resultiert, die wir in Kapitel 4 diskutiert haben. Niedrige Ortsfrequenzen übermitteln Information über globale Attribute eines visuellen Stimulus, hohe Ortsfrequenzen hingegen solche über lokale Attribute – ein Unterschied, der möglicherweise zu einigen der rechts- beziehungsweise linkshemisphärischen Vorteile führt, die bei der globalen versus lokalen Verarbeitung beobachtet wurden.

Visuell-räumliche Lateralisierung: Prinzipien kristallisieren sich heraus

Die Psychologen Halle Brown und Stephen Kosslyn haben argumentiert, daß Hemisphärenunterschiede besser durch explizite Regeln erklärt werden können, die sich auf bestimmte psychologische Funktionen anwenden lassen, als durch breite Verallgemeinerungen, wie sie durch einfache Dichotomien wie analytisch versus holistisch beschrieben werden. Sie weisen darauf hin, daß die meisten hemisphärischen Unterschiede vermutlich lediglich gradueller Natur sind, das heißt, beide Hemisphären sind imstande, die meisten Verrechnungsprozesse durchzuführen, und unterscheiden sich weniger in ihren allgemeinen Fähigkeiten als in der relativen Effizienz einzelner Prozesse.

Nach Browns und Kosslyns Ansicht kristallisieren sich gegenwärtig Prinzipien heraus, die die Muster zerebraler Lateralisierung erklären, solange man sich auf spezifische Verarbeitungsarten beschränkt. Das heißt, von Prinzipien, die sich offenbar auf die visuell-räumliche Domäne anwenden lassen, sollte man nicht erwarten, daß sie auch auf die auditive, die linguistische oder andere Funktionsgebiete anwendbar seien.[24] „Globale" versus „lokale" Verarbeitung (oder „Gesamtbild" gegen „Teilaspekt") ist ein Beispiel für eine spezielle Dichotomie, die auf hemisphärische Unterschiede in visuellen und räumlichen Bereichen anwendbar scheint. Für den auditiven Teil der hemisphärischen Organisation könnten andere Prinzipien gelten. So hat die Untersuchung von erfahrenen Musikern beim Erkennen von Melodiekomponenten einen Vorteil für das linke Ohr gefunden, bei allgemeinen Melodiemustern hingegen einen Vorteil für das rechte Ohr – genau das Umgekehrte, was zu erwartet gewesen wäre, wenn die global-lokal-Dichotomie für den auditiven Bereich gegolten hätte.[25]

Brown und Kosslyn haben festgestellt, daß es noch mehrere andere Prinzipien gibt, die sich in bezug auf hemisphärische Asymmetrien bei visuell-räumlichen Funktionen herauskristallisieren. Ihrer Ansicht nach liefern eine Reihe weiterer Befunde Hinweise dafür, daß die rechte Hemisphäre spezifische visuelle Formen besser im Gedächtnis repräsentiert als die linke, die linke Hemisphäre hingegen abstrakte, visuelle Kategorien besser als die rechte; das erinnert an das bereits diskutierte Goldberg-Costa-Modell.

Des weiteren vermuten Brown und Kosslyn, daß es eine Hemisphärenasymmetrie für die Repräsentation spezieller Formen versus räumlicher Beziehungen zwischen Formen gibt. Diese Ansicht fußt teilweise auf Experimenten, die zeigen, daß die rechte Hemisphäre viel besser abschneidet als die linke, wenn es um „metrische Koordinaten" bei räumlichen Beziehungen geht, beispielsweise darum, ob ein Punkt weniger als drei Millimeter von einer Linie oder weiter entfernt ist. Die linke Hemisphäre hingegen verarbeitet „kategoreale" räumliche Beziehungen, zum Beispiel, ob sich ein Punkt über oder unter einer Linie befindet, effizienter als die rechte Hemisphäre.

Diese Asymmetrien mögen auf den ersten Blick inkonsistent erscheinen. Warum ist die rechte Hemisphäre bei der Analyse von Teil-gesamt-Beziehungen (und niedrigen Ortsfrequenzen) auf globalem Niveau überlegen, die linke hingegen im Umgang mit globaleren visuellen Kategorien? Beides sind doch anscheinend holistische Prozesse. Diese Frage illustriert genau, warum der Begriff holistisch zu allgemein sein könnte, um ihn auf hemisphärische Asymmetrien anzuwenden. Auf den ersten Blick scheint es auch paradox, daß Komponenten (wie bei den Belegen für eine linkshemisphärische Überlegenheit bei der lokalen oder Teilanalyse) und spezielle Formen (wie bei den Belegen für eine rechtshemisphärische Überlegenheit bei im Gedächtnis gespeicherten speziellen visuellen Formen) in verschiedenen Hemisphären effektiver repräsentiert werden.

Nach Kosslyns Ansicht bieten Computersimulationsmodelle eine Möglichkeit, solche scheinbar widersprüchlichen Befunde miteinander zu verknüpfen. Bevor wir auf dieses Thema zu sprechen kommen, wollen wir uns kurz dem Thema Computersimulation und einem konnektionistischen Modell, dem Modell der parallel-verteilten Informationsverarbeitung (*parallel distributed processing*, kurz PDP) neuronaler Funktionen, zuwenden.

Computersimulation und PDP-Modelle neuronaler Netzwerke

Das PDP-Modell neuronaler Netzwerke

Das PDP-Modell neuronaler Netzwerke hat beim Modellieren verschiedener Möglichkeiten der Informationsspeicherung im Gehirn und bei der Computersimulation anderer Gehirnfunktionen eine wichtige Rolle gespielt. Es wurde von Computertheoretikern entwickelt, die sich dafür interessierten, Formen der Informationskodierung zu untersuchen, die denjenigen vergleichbar sind, in denen das Gehirn mit Information umgeht.[26] Obwohl PDP-Modelle im eigentlichen Sinne keine Alternative zu modularen Modellen darstellen, gehen sie von bestimmten Voraussetzungen aus, die zu einigen Annahmen der Modularität im Widerspruch stehen.

Die wichtigsten Prinzipien einer parallel-verteilten Verarbeitung, die für die neuronale Kodierung Bedeutung haben, sind die folgenden:

Eine verteilte Repräsentation der Information In PDP-Systemen bestehen Repräsentationen aus Aktivitätsmustern, die über eine Vielzahl von Einheiten verteilt sind. Weil die Aktivitätsmuster der Einheiten unterschiedlich sind, können von demselben Satz Einheiten verschiedene Informationsinhalte repräsentiert werden. Inhalte des Langzeitgedächtnisses sind im Muster der Verknüpfungsstärken enkodiert, die innerhalb einer Population von Einheiten verteilt sind.[27]

Abgestufte Informationsverarbeitung In PDP-Systemen erfolgt die Verarbeitung nicht nach dem Alles-oder-Nichts-Prinzip. Repräsentationen können teilweise aktiv sein, beispielsweise durch nur partielle oder unterschwellige Aktivierung einiger Einheiten, die normalerweise aktiv wären. Eine partielle Wissensrepräsentation kann durch die Verknüpfungsstärken repräsentiert sein, sei es, bevor der Lernvorgang abgeschlossen ist oder nach einer teilweisen Schädigung.[28]

Interaktivität Die Einheiten in den PDP-Modellen sind hochgradig vernetzt; daher ist die gegenseitige Beeinflussung unter verschiedenen Teilen des Systems die Regel und nicht etwa die Ausnahme. Dieser Einfluß kann exzitatorisch (erregend) sein, wenn ein Element einer verteilten Repräsentation die übrigen Elemente aktiviert (Mustervervollständigung), oder inhibitorisch (hemmend), wenn verschiedene Repräsentationen miteinander konkurrieren, um aktiv zu werden oder aktiv zu bleiben.[29]*

Wenn wir uns hier auch nicht weiter damit beschäftigen wollen – man hat Computersimulationen eingesetzt, um zu testen, ob sich neurophysiologische Befunde mit PDP-Hypothesen erklären lassen, das heißt, ob sie eine Reihe von Symptomen erklären können, die mit gewissen Hirnschädigungen einhergehen. Die Psychologin Martha Farah hat beispielsweise gezeigt, daß das PDP-Modell den Komplex

---

*Diese Annahme einer Wechselwirkung ist der Teil, der am wenigsten mit der Annahme einer strengen Modularität vereinbar ist, denn wenn die normale Operation irgendeines Systemelements vom Einfluß irgendeines anderen Teils abhängt, arbeitet es möglicherweise nicht normal, nachdem dieser andere Teil geschädigt worden ist.

aus Defiziten und ausgesparten Fähigkeiten bei drei neuropsychologischen Syndromen besser erklären konnte als ein traditionelles Modell, das von einer strengen funktionellen Modularität ausging.[30]

Zwei weitere Konzepte, die aus PDP-Modellen erwuchsen, sind die „verbindende Kodierung" (*conjunctive encoding*) und die „grobe Kodierung" (*coarse encoding*).[31] Die verbindende Kodierung nutzt für jeden Aspekt und jede wichtige Verbindung zwischen den zu speichernden Inhalten jeweils eine separate Gedächtniseinheit oder Gedächtnisspur (beispielsweise eine Verschaltung mehrerer Nervenzellen). Ein solches Kodierungsschema ist zwar überaus spezifisch, aber ihm gehen letztlich schnell die zur Verfügung stehenden Einheiten aus. Bei der groben Kodierung ist jede einzelne Gedächtniseinheit breiter angelegt, so daß die von ihr repräsentierten Eigenschaften und Kennzeichen verschieden weit mit denen anderer Einheiten überlappen. Jedes Teil oder Merkmal eines visuell dargebotenen Gegenstandes zum Beispiel wird folglich durch die Aktivität einer Gruppe von Einheiten wiedergegeben, in deren überlappende Repräsentationszonen es fällt. Ein System zur groben Kodierung arbeitet zwar effizient und ziemlich flexibel, hat aber auch seine Grenzen und bricht zusammen, wenn es eine große Anzahl sehr ähnlicher, gleichzeitig stattfindender Ereignisse kodieren soll.

Benutzen die Hemisphären unterschiedliche neuronale Schaltkreise?

Die psychologische Plausibilität von parallel-verteilter Verarbeitung wird kontrovers diskutiert, insbesondere im Hinblick darauf, ob sie Phänomene wie Sprache und Denken angemessen beschreibt. Sie könnte jedoch als Modell für viele neuronale Funktionen nützlich sein. Nach Ansicht mehrerer Forscher scheinen sich die PDP-Konzepte der „verbindenden Kodierung" und der „groben Kodierung" auf viele der bei der hemisphärischen Verarbeitung beobachteten Unterschiede anwenden zu lassen.

Der Psychologe S. H. Woodward postulierte eine Beziehung zwischen zwei unterschiedlichen Formen der neuronalen Verschaltung und den spezialisierten Funktionen der beiden Gehirnhemisphären. Woodward, der einige Konzepte der parallel-verteilten Verarbeitung und eine Reihe grundlegender neurophysiologischer Befunde zusammenbrachte, nahm an, daß die linkshemisphärische Verarbeitung vor allem auf enge Verbindungen zwischen vertikalen Säulen von Neuronen angewiesen sei, während die Verarbeitung in der rechten Gehirnhälfte von schwächeren und längeren horizontalen Verbindungen abhänge.[32] Abbildung 13.5 veranschaulicht die deutlichen horizontalen und vertikalen Dimensionen, die in den Hauptschichten corticaler Neuronen und ihrer Verbindungen erkennbar sind. Sowohl die vertikalen als auch die horizontalen Verschaltungen sind von den Neurophysiologen sehr ausführlich untersucht worden, und es gibt keinerlei schlüssigen Beleg für irgendwelche Unterschiede zwischen den beiden Hemisphären, was die Art dieser Vernetzung betrifft. Unterschiede könnten allerdings darin bestehen, wie die beiden Hemisphären diesen oder jenen Typ der Verschaltung nutzen. Woodward verwies auf die verblüffenden Parallelen zwischen den Modellen der verbindenden und der groben Kodierung der PDP-Theorie und den Verarbeitungsmöglichkeiten, die horizontale und vertikale neuronale Schaltkreise bieten.

Idealisiert man Hemisphärenunterschiede in dieser Weise, dann sollten in der linken Hemisphäre eng verkoppelte, nichtüberlappende Verbindungen zwischen

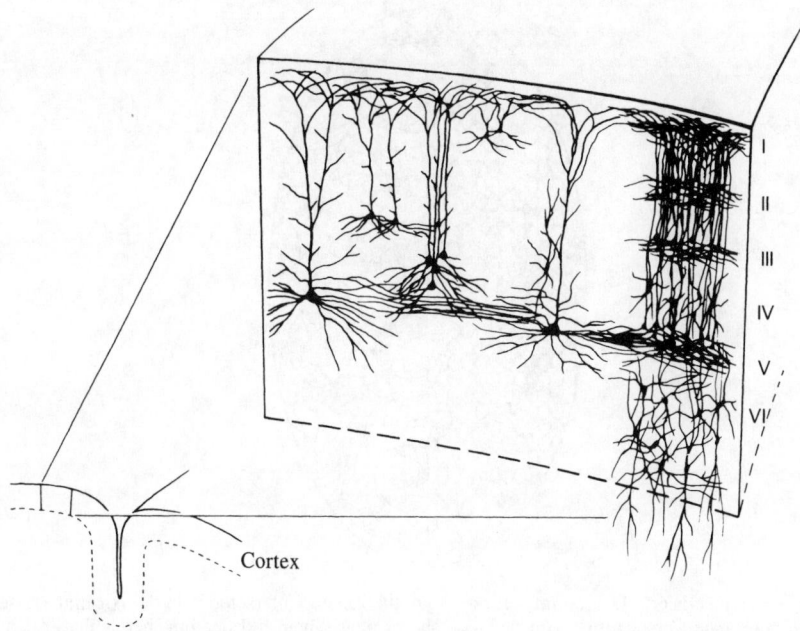

13.5 Ein Querschnitt durch einen Teil der Großhirnrinde, in dem die markante horizontale und vertikale Ausrichtung von Gruppen corticaler Neuronen und ihrer Verbindungselemente schematisch dargestellt ist. Die Verbindungselemente bestehen aus Axonen und Dendriten, vorwiegend solchen von Pyramidenzellen. Die Zahlen kennzeichnen die wichtigsten corticalen Laminae oder Schichten. (Nach Scheibel, Davies, Lindsay und Scheibel, „Basilar Dendritic Bundles of Giant Pyramidal Cells", *Experimental Neurology* 42 (1974): 309, Abb. 1.)

benachbarten vertikal ausgerichteten Zellsäulen dominieren (wie auf der linken Seite in Abbildung 13.6 schematisch dargestellt). Eine solche säulenartige (kolumnäre) Organisation wäre von Vorteil, wenn es geringe Unterschiede, wie sie etwa bei der sprachlichen Artikulation oder bei feinmotorischen Bewegungen eine Rolle spielen, präzise zu kodieren gilt. Demgegenüber wäre die Anatomie der rechten Gehirnhälfte von überlappenden horizontalen Verbindungen beherrscht, die jeweils größere Entfernungen überbrücken und außerdem schwächer und weniger präzise kodieren als die engen vertikalen Neuronensäulen in der linken Hemisphäre (schematisch auf der rechten Seite von Abbildung 13.6 dargestellt). Das Kodierungspotential eines derartigen strukturellen Aufbaus ähnelt dem des funktionellen Systems der groben Kodierung und ist anscheinend eher für diffusere und sich weniger wiederholende Informationen geeignet. Die Effizienz der groben Kodierung nimmt zu, wenn die Merkmale eines Reizes weiter gestreut und sehr verschiedenartig sind. »Diese Charakteristika entsprechen klassischen Vorstellungen von der rechten Hemisphäre als derjenigen, die Überragendes leistet, wenn es darauf ankommt, räumlich und zeitlich verteilte Merkmale zu integrieren und Reizmaterialien in ihrer „Ganzheit und Kontinuität" zu repräsentieren.«[33]

Stephen Kosslyn hat PDP-Modelle und ähnliche anatomische Analogien herangezogen und argumentiert, daß die hemisphärischen Unterschiede bei der visuell-räumlichen Verarbeitung das Ergebnis der Verarbeitung des Output von Neuronen mit unterschiedlich großen rezeptiven Feldern sind.[34] Er benutzte Computer-

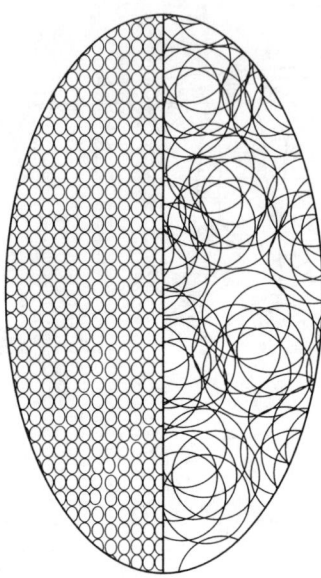

13.6 Dieses idealisierte Diagramm stellt die hypothetischen Unterschiede in der Art und Weise dar, wie die neuronale Verschaltung von der rechtshemisphärischen und der linkshemisphärischen Verarbeitung benutzt wird. Auf der linken Seite sind es überwiegend eng gekoppelte, nichtüberlappende Verschaltungen zwischen benachbarten, vertikal angeordneten Zellgruppen, die eine wichtige Rolle spielen. Auf der rechten Seite herrschen horizontal angeordnete axonale Verbindungen vor, und die Zellgruppen überlappen über weite Bereiche in ihren Verschaltungen; diese sind „schwächer" als die vertikalen Verschaltungen, auf die sich die linke Seite überwiegend stützt. (Verändert nach Woodward, 1988.)

modellierung auf PDP-Basis, um zu zeigen, daß sich die Überlegenheit der linken Hemisphäre erklären läßt, wenn sie überwiegend den Output von Neuronen mit relativ kleinen rezeptiven Feldern verarbeitet (wie auf der linken Seite von Abbildung 13.6 schematisch dargestellt), während die Überlegenheit der rechten Hemisphäre besser mit der Verarbeitung von relativ großen, überlappenden rezeptiven Feldern vereinbar ist (rechte Seite von Abbildung 13.6). Beispielsweise zeigte Kosslyn, daß kategoreale räumliche Beziehungen, wie diejenigen, die wir bereits im Hinblick auf linkshemisphärische Überlegenheit diskutiert haben, effektiver verrechnet werden können, wenn der Input durch einen Satz kleiner, relativ wenig überlappender rezeptiver Felder gefiltert wird, die es ermöglichen, Lücken im Raum – wie diejenigen über oder unter einem Referenzpunkt – zu entwerfen. Im Gegensatz dazu können metrische Raumbeziehungen, wie wir sie zuvor für eine rechtshemisphärische Überlegenheit diskutiert haben, besser verrechnet werden, wenn der Input durch große, stark überlappende rezeptive Felder gefiltert wird, die den Einsatz der „groben Kodierung" fördern. Diese Modelle sind auch vereinbar mit den Ortsfrequenzbefunden – größere rezeptive Felder kodieren niedrigere Ortsfrequenzen effektiver (wobei die rechte Hemisphäre überlegen ist), kleinere rezeptive Felder hingegen höhere Ortsfrequenzen (wobei die linke Hemisphäre überlegen ist).

Es ist unwahrscheinlich, daß diese Hemisphärenunterschiede bei der Kodierung auf „fest verdrahteten" anatomischen Variationen beruhen. Da die vertikalen und horizontalen anatomischen Strukturen anscheinend nicht lateralisiert sind, müssen die Unterschiede zwischen den Hemisphären aus dem physiologischen Gebrauch erwachsen und nicht etwa aus den anatomischen Gegebenheiten als solchen.

Wie Neurophysiologen gezeigt haben, führen Aktivitäten innerhalb einer Hemisphäre gewöhnlich zu einer Unterdrückung oder Hemmung horizontaler Verbindungen; außerdem scheinen lokale corticale Muster von vertikalen Verschaltungen dominiert zu sein. Erst dann, wenn die Informationen über den Balken in die rechte Hemisphäre eingegangen sind, läßt sich der horizontale grobkodierende Modus verstärkt zur Verarbeitung und Speicherung nutzen[35], spekulieren einige Forscher, doch die biologische Realität solcher Hypothesen muß sich erst noch erweisen.

Einige Bemerkungen über Modelle, Reduktionismus und Erklärungsebenen

Beschreibungsebenen

Wir haben im Zusammenhang mit der sensorisch-perzeptuellen Funktion sowohl die *bottom-up-* als auch die *top-down-*Verarbeitung erwähnt. In diesem Zusammenhang bezieht sich *bottom-up* darauf, wie grundlegende Verarbeitungsprozesse auf der Eingabeebene zu übergeordneten Funktionen führen, und *top-down* darauf, wie mentale Verarbeitungsprozesse höherer Ordnung auf der Basis von Faktoren, beispielsweise früheren Erfahrungen, Erwartungen und Kontext, die Basisoperationen einbinden oder modifizieren könnten. Diese Zweiteilung führt zu einem allgemeineren Thema – nämlich, welche Ebene des Gehirns und/oder einer geistigen Funktion man untersucht, um zu einem „Verständnis des Gehirns" zu gelangen.

Die meisten Forscher in den Neuro- und den kognitiven Wissenschaften sind sich bewußt, daß es zahlreiche Beschreibungsebenen für die Operationen des Nervensystems gibt, von „Molekülen bis zu Gedanken" oder von „Neuronen bis zur Psyche", und daß eines unserer Ziele eine vollständige Beschreibung des Nervensystems auf all diesen Ebenen ist. Es gibt jedoch Meinungsverschiedenheiten darüber, wie sich diese vollständige Beschreibung erreichen läßt, und manchmal auch darüber, welche Ebenen wichtiger sind.[36]

Ein Ansatz besteht darin, mit den elementarsten Beschreibungsebenen zu beginnen, wie mit der Biophysik von Neuronen; dabei geht man davon aus, daß man höhere Organisationsebenen nicht verstehen kann, wenn man nicht genau weiß, was denn da eigentlich organisiert wird. Diesen Ansatz bezeichnet man häufig als *bottom-up-*Ansatz – eine Anspielung auf die Vorstellung, daß man einen komplexen Prozeß via seiner Grundprozesse analysiert. Man spricht in diesem Zusammenhang auch oft von einem reduktionistischen Ansatz, der auf der Annahme basiert, daß sich jede komplexe, höhere Funktion erklären läßt, indem man sie auf ihre Komponenten „reduziert". Der Erfolg reduktionistischer Ansätze auf vielen wissenschaftlichen Gebieten, besonders in der Physik und der Chemie, hat viele Wissenschaftler zu der Überzeugung gebracht, dies sei der einzige Weg, natürliche Phänomene zu erklären und manipulieren zu lernen. Andere vertreten jedoch die Ansicht, daß der reduktionistische Ansatz nicht ausreicht um die Gehirnfunktion

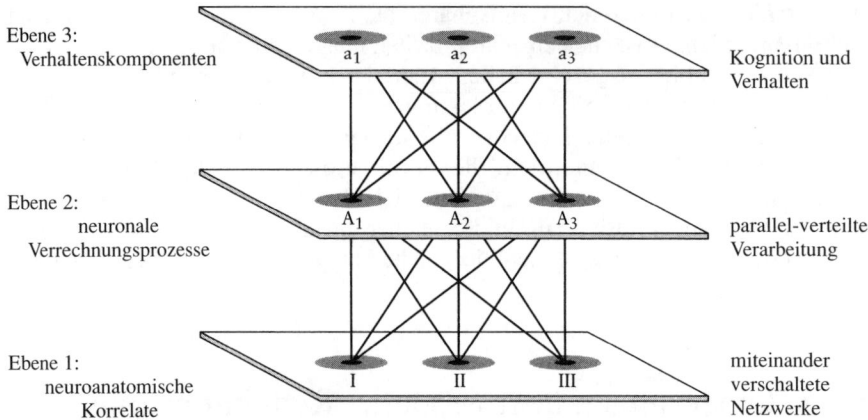

13.7 Schematische Darstellung der Wechselbeziehungen zwischen anatomischen, rechnerischen und Verhaltensebenen. (Nach M. Mesulam, 1990.)

und insbesondere die Beziehung zwischen Gehirnaktivität und geistigen Prozessen zu erklären.

Ein alternativer Ansatz, der häufig als *top-down*-Ansatz bezeichnet wird, besteht darin, mit höheren Funktionen des Nervensystems zu beginnen und zu untersuchen, welche Vorschriften sie den untergeordneten Prozessen auferlegen, damit diese zu den übergeordneten Prozessen führen. Es wird argumentiert, daß wir das, was auf untergeordneten Ebenen abläuft, besser verstehen können, wenn wir wissen, welchen übergeordneten Funktionen es dient. Daher arbeiten sich kognitive Neurowissenschaftler stetig vorwärts und untersuchen Wahrnehmung, Gedächtnis und so weiter, ohne dabei abzustreiten, daß unser Verständnis der elementareren Beschreibungsebenen noch alles andere als vollständig ist.

Abbildung 13.7 illustriert ein Beispiel für drei Beschreibungsebenen, wie sie von dem Neurologen Marcel Mesulam vorgeschlagen worden sind, und zeigt einige der Wechselbeziehungen zwischen anatomischen, rechnerischen und Verhaltensebenen.[37] Dieses Schema ist nur eine grobe Annäherung, aber dennoch vermittelt es etwas vom Geist, den viele kognitive Neurowissenschaftler bei ihrem Ansatz in der Hirnforschung vertreten. Es sollte auch zur Vorsicht mahnen, wenn es darum geht, Daten und Erklärungen von einer Beschreibungsebene auf eine andere zu übertragen.

Eine Kritik der funktionalistischen Kognitionswissenschaften

Der Nobelpreisträger Gerald Edelman hat den weitverbreiteten funktionalistischen Ansatz der Kognitionswissenschaften kritisiert und insistiert, daß sich geistige Funktionen durch theoretische Konstrukte, die auf kognitiver Psychologie und Computermodellierung basieren, nicht angemessen untersuchen lassen – statt dessen müßten sie in der realen Biologie des Gehirns und in der Gehirnevolution wurzeln. Um es mit den im vorangegangenen Abschnitt diskutierten Begriffen auszudrücken, betont Edelman also die Wichtigkeit des *bottom-up*-Ansatzes, wenn es um die Erforschung von Gehirn und Verhalten geht. »Ermutigt durch eine offensichtliche Interessenskonvergenz haben einige Wissenschaftler auf das Konzept der mentalen Repräsentationen und auf einen Satz von Annahmen gebaut, die man zusammengenommen als funktionalistische Position bezeichnet. Aus der Sicht der Funktionalisten richten sich Menschen in ihrem Verhalten nach einem Wissensfundus, der aus symbolischen mentalen Repräsentationen aufgebaut ist. Kognition besteht demnach aus der Manipulation dieser Symbole. Psychologische Phänomene werden mit Hilfe funktionaler Prozesse beschrieben.«[38]

Diese Funktionen oder Verrechnungsprozesse erfordern das Operieren mit Repräsentationen oder das Manipulieren von Symbolen, und sie sind der Annahmen nach weitgehend unabhängig von Variationen in der Struktur des Nervensystems, insbesondere von entwicklungsbedingten individuellen Variationen. Zu diesem funktionalistischen Ansatz gehören nach Edelman Computeranalogien, in denen das Gehirn (oder genauer, der Geist) wie ein Computer arbeitet und die Welt einem Computerband gleicht. Tatsächlich geht der funktionalistische Ansatz zum Gehirn von der Annahme aus, die Welt sei so geordnet, daß empfangene Signale mittels logischem Denken „gelesen" werden können.

Edelman betont, daß man bei einer Beschreibung des Geistes nicht „frei" – ohne eine detaillierte biologische Beschreibung des Gehirns – vorgehen kann. Überdies ignorierten viele Kognitionswissenschaftler Befunde, nach denen die Art und Weise, in der Mensch und Tier Objekte und Ereignisse kategorisieren, überhaupt keine Ähnlichkeit mit Logik oder Verrechnung aufweist. Das menschliche Gedächtnis beispielsweise »greift auf einen reichen Schatz an Vorwissen zurück, das durch die dürre Sprache der Computerwissenschaften – „Speicher", „Abruf", „Input", „Output"- nicht adäquat repräsentiert werden kann«.[39]

Edelmans eigene Arbeiten bieten eine Alternative, die auf einer Theorie der neuronalen Gruppenselektion basiert. Darin resultiert die Objekterkennung beispielsweise aus einem selektiven „Passen" sensorischer Ereignisse auf ein bereits existierendes und vielfältiges Repertoire neuronaler Muster, die sich im Verlauf der Entwicklung eines Organismus ausgebildet haben. (Diese Sichtweise vermeidet nach Edelmans Ansicht jeden Anklang an einen expliziten Informationstransfer vom „instruktiven" Typ auf den Organismus.) Obgleich seine Theorie umstritten ist, sollte man Edelmans Kritik an den Kognitionswissenschaften nicht auf die leichte Schulter nehmen.

Links und rechts in Biologie und Physik

Im 19. Jahrhundert entdeckte der französische Chemiker und Mikrobiologe Louis Pasteur, daß Weinsäuremoleküle in zwei verschiedenen spiegelbildlichen Formen vorkommen können und ein bestimmter Schimmelpilz auf die eine, nicht aber auf die andere Form der Säure einwirken konnte. Das bedeutete, daß der Schimmelpilz tatsächlich imstande war, links und rechts zu unterscheiden! Nach Pasteurs Ansicht konnte dies nur daran liegen, daß die molekulare Struktur des Schimmelpilzes selbst eine grundsätzliche Asymmetrie enthielt. Er schrieb: »Dieses wichtige Kriterium (der molekularen Asymmetrie) macht vielleicht den einzigen exakt definierten Unterschied aus, den man zum gegenwärtigen Zeitpunkt zwischen der Chemie toter und lebender Materie feststellen kann.« Weiterhin spekulierte er, daß »das Leben von asymmetrischen Prozessen beherrscht wird. Ich könnte mir sogar vorstellen, daß alle Lebewesen in ihrer Stuktur, in ihren äußeren Formen ursprünglich Funktionen einer kosmischen Asymmetrie sind.«[40]

Liegen die Ursprünge der Asymmetrie des Menschen und bestimmter anderer Lebensformen tatsächlich in fundamentaleren Aspekten der Natur – in den grundlegenden Kräften, die in Biologie und Physik wirksam sind? Lange Zeit hat man angenommen, daß die Parität bei den Naturkräften gewahrt bleibt. Dieses Konzept aus der Physik besagt ganz allgemein, daß Phänomene unverändert bleiben, wenn sie an einer Ebene reflektiert oder in einem Spiegel gesehen werden; das heißt, daß die natürlichen Wechselwirkungen in der Welt, wenn man sie in einem Spiegel betrachtet, genauso aussehen wie bei direkter Betrachtung. Nur die Gegenwart menschlicher Kunstprodukte (wie der Schrift) oder das Wissen um die genauen Anordnungen in einer Originalszene können Aufschluß darüber geben, ob ein Bild spiegelverkehrt ist oder nicht. Die Gesetze, die im Spiegelbild wirksam sind und die unter anderem regeln, wie Gegenstände sich gegenseitig beeinflussen, scheinen mit jenen identisch zu sein, die das Original beherrschen. Nichtsdestoweniger erwies sich Pasteurs Idee von einer kosmischen Asymmetrie – auch wenn sie aufgrund der wenigen ihm vorliegenden Befunde nicht gerechtfertigt gewesen sein mag – als prophetische Vorwegnahme einiger neuerer Entwicklungen in Biologie und Physik.

Molekularbiologie

Die Entdeckung, daß Desoxyribonucleinsäure (abgekürzt DNS oder DNA, vom englischen *deoxyribonucleic acid*) die Erbsubstanz in den Zellen bildet, und die Aufklärung ihrer spiralförmigen Struktur (Doppelhelix) gelten als überaus wichtige Beiträge zu Biologie und Genetik. In den Doppelsträngen eines DNA-Moleküls sind die genetischen Informationen – Angaben über die Reihenfolge von Aminosäurebausteinen – verschlüsselt. Die beiden langen Stränge winden sich wie Spiralen im Uhrzeigersinn umeinander; daher läßt sich ein DNA-Molekül nicht mit seinem Spiegelbild zur Deckung bringen. Einige Forscher haben spekuliert, daß diese und andere Asymmetrien auf molekularem Niveau der allgemeinen Asymmetrie bei manchen Organismen zugrunde liegen, etwa dem nach links versetzten Herzen und vielleicht auch der Händigkeit und der zerebralen Lateralität beim Menschen. Ihrer Ansicht nach müssen diese gröberen Asymmetrien auf den molekularen Mechanismen beruhen, die die Entwicklung der Struktur des Organismus steuern.[41] Obwohl alle Zellen identische DNA-Moleküle mit der gesamten Information enthalten, die zum Aufbau des vollständigen Organismus notwendig ist, entwickeln sich die Zellen unterschiedlich und bilden verschiedene Gewebearten aus (Muskeln, Knochen, Blut, Nervenzellen und so weiter). Man nimmt an, daß die genetische Information in jeder Zelle beim heranwachsenden Embryo in Wechselbeziehung mit „Positionsinformationen" anderen Ursprungs steht, die den Zelltyp und letztendlich die jeweilige Form und Struktur des Organismus festlegen.[42]

Die Mechanismen, die das Wachstum von Struktur und Gestalt steuern, sind erst unzulänglich bekannt, und die Existenz eines Positionskodes ist nur eine Hypothese. Nach Ansicht der Psychologen Corballis und Beale gehören alle systematischen Unterschiede in der Herausbildung von links und rechts zu diesem Kode, und es sind nicht die Gene, die die Richtung der Asymmetrie verschlüsseln. Sie behaupten, daß der Positionskode selbst eine strukturelle Asymmetrie auf molekularem Niveau enthalten muß. Ob die Asymmetrien zum Ausdruck kommen oder nicht, hängt von der Wechselwirkung zwischen Positions- und genetischen Signalen ab. Wie wir in Kapitel 10 angeführt haben, sind Corballis und Beale der Ansicht, daß bei den meisten Menschen die Händigkeit und die zerebrale Lateralität von einem Links-Rechts-Gradienten beeinflußt werden, der in dem Positionskode enthalten ist und zu Rechtshändigkeit und linkshemisphärischer Sprachkontrolle führt. Bei einer kleinen Minderheit jedoch kommt dieser positionelle Gradient »nicht zum Ausdruck, und die Richtung, in der sich Händigkeit und zerebrale Lateralität entwickeln, wird zufällig und unabhängig festgelegt«.[43]

Parität in der Kernphysik

Wie bereits erwähnt, ist man lange Zeit davon ausgegangen, daß Naturkräfte die Parität erhalten; das heißt, die normalen Wechselbeziehungen in der Welt erlauben in keinerlei Hinsicht eine Definition von links und rechts, die sich daraus ableitet, wie Dinge funktionieren (oder wie Kräfte wirken). Selbst die Ablenkung einer Kompaßnadel durch einen parallel verlaufenden stromführenden Draht könnte man nicht dazu verwenden, rechts und links zu definieren, weil die Festlegung der „Nord"- und „Süd"-Pole der Nadel willkürlich ist. Das Spiegelbild eines Experiments, bei dem eine Kompaßnadel durch einen elektrischen Strom ausgelenkt wird, würde einem Beobachter als völlig normal erscheinen, weil dieser annehmen würde, die Pole seien vertauscht.

Im Jahre 1957 entdeckten jedoch Physiker, daß in einigen Phänomenen der sogenannten schwachen Kernkraft (oder schwachen Wechselwirkung) – nämlich bei radioaktiven Emissionen aus Atomen (Beta-Zerfall) – die Parität verletzt wird. Man konnte zeigen, daß der Kern des Kobalt-60-Atoms Elektronen bevorzugt in eine Richtung aussandte. Die Nord- und Südpole eines magnetischen Feldes ließen sich nunmehr absolut bestimmen, indem man festlegte, daß – wenn in einem Feld Kobalt-60-Kerne hintereinander aufgereiht sind – der Südpol dort ist, wohin die größere Anzahl der Elektronen ausgestoßen wird.[44] Damit wäre es auch möglich, zwischen der Ablenkung einer Kompaßnadel (durch einen stromführenden Draht) in der realen Welt und der Ablenkung in einem Spiegelbild zu unterscheiden.

Das Problem, ob es in den physikalischen Gesetzen des Universums eine grundsätzliche Unterscheidung zwischen links und rechts gibt, bleibt umstritten. Einige Physiker haben auf „tiefergreifende" Prinzipien verwiesen und argumentieren, daß die Parität auch weiterhin erhalten bleibt; sie führen beispielsweise die letztlich willkürliche Definition von „positiver" und „negativer" elektrischer Ladung ins Feld, auf der die Angabe der Fließrichtung des elektrischen Stromes gründet. Selbst die Richtung des Zeitflusses wird als Faktor ins Spiel gebracht, um mitzuhelfen, den Eindruck der vollständigen Symmetrie in den Wechselwirkungen der Natur aufrechtzuerhalten. Trotzdem gewinnt heutzutage die Annahme an Boden, daß – zumindest bei einer tiefergehenden Analyse der physikalischen Wechselwirkungen – tatsächlich natürliche Asymmetrien auftreten.

Bilden diese mehr oder weniger fundamentalen physikalischen Asymmetrien die Grundlage für jene Asymmetrien, die man auf molekularbiologischem Niveau feststellen kann? Auf den ersten Blick erscheint dies unwahrscheinlich, weil nicht klar ist, wie Asymmetrien auf der Ebene der schwachen Wechselwirkungen im

Atom das biochemische Niveau beeinflussen sollten, denn chemische Wechselwirkungen hängen von der elektromagnetischen Kraft ab, die weitaus stärker ist als die mit dem Kernzerfall zusammenhängende. Man vermutet, daß der Einfluß dieser Asymmetrien auf der Ebene der chemischen Wechselwirkungen vernachlässigbar ist, doch einige Theoretiker haben angesichts des Zeitrahmens der biochemischen Evolution auf der Erde spekuliert, daß der Einfluß doch beträchtlich gewesen sein könnte.[45] Überdies spricht einiges dafür, daß auch auf der Ebene elektromagnetischer und damit auch chemischer Wechselwirkungen die Parität nicht erhalten wird.[46]

In einem Überblick über diese und weitere Befunde zu Asymmetrien in der Natur ziehen Corballis und Beale den Schluß, daß »sie uns in der Überzeugung bestärken, daß die systematischen Asymmetrien in Morphologie, Molekularbiologie und subatomaren Wechselwirkungen letztlich miteinander verknüpft sind und daß es doch eine absolute, universelle Unterscheidung zwischen links und rechts gibt«.[47]

14. Leib-Seele, Bewußtsein und die Hemisphären

Seit den Erkenntnissen, die man durch Untersuchungen mit Split-Brain-Patienten gewonnen hat, und anderen Einblicken in das Funktionieren der beiden Gehirnhälften ist über die Folgen der hemisphärischen Asymmetrien spekuliert worden. Das überrascht nicht, denn die Versuchung ist natürlich groß, unsere beiden „Seelen" und die Vielschichtigkeit menschlicher Erfahrung im Lichte der Entdeckungen der Hirnforschung zu erklären. Viele derartige Spekulationen berühren das Wesen des Bewußtseins. Was bedeutet die Lateralitätsforschung für die uralte Frage über die Beziehung zwischen Leib und Seele (oder Gehirn und Geist)? Liefert sie experimentelle Belege für Freuds Konzept des „Unbewußten"? Besitzt jede Hemisphäre eines Split-Brain-Patienten ein eigenes Bewußtsein?

Das Bemühen, das menschliche Bewußtsein zu verstehen, ist älter als die Wissenschaft selbst. Es bildet den Kern des Rätsels um die eigene Identität, das Philosophen, Theologen, Mystiker und jeden beschäftigt hat, der sich die Fragen gestellt hat: „Wer – oder was – bin ich? Wie kommt es, daß ich jetzt hier bin?" Einige zeitgenössische Hirnforscher glauben, sie kämen dank technischer Möglichkeiten, die etwas anscheinend so Unfaßbares einfangen wie Ereignisse in der Phantasie einer Versuchsperson, dem Verständnis des menschlichen Bewußtseins näher oder erführen zumindest, wie aus dem Gehirn subjektive Erfahrung erwächst. Sie hoffen, durch Untersuchen der Gehirnaktivität bei Wahrnehmung, Sprache und Gedächtnis die Organisationsprinzipien zu entdecken, die aller subjektiven Erfahrung zugrunde liegen.

Die Fragen hören an diesem Punkt nicht auf, denn die allgemeine Fragestellung nach der Beziehung zwischen Geist und Gehirn ist eng mit anderen fundamentalen Fragestellungen verknüpft: inwieweit wir einen „freien Willen" haben beziehungsweise unser Leben, unsere Entscheidungen und Handlungen „prädeterminiert" sind, oder inwieweit wir für unsere Taten persönlich verantwortlich sind – „Bin ich schuldig oder ist es mein krankes Gehirn?"

Wir können solchen Themen in einem einzigen Buch nicht gerecht werden, geschweige denn in einem einzigen Kapitel. Statt dessen wollen wir einen kurzen Einblick in einige der faszinierenden, Denkanstöße liefernden Versuche von Psychologen, Neurowissenschaftlern und Philosophen geben, das Bewußtsein zu verstehen, oder vielleicht genauer, in die Fragen, die sich darum drehen, was es bedeuten würde, das Bewußtsein zu verstehen. Wir werden uns natürlich in diesem Zusammenhang stärker auf Fragen konzentrieren, in denen Hemisphärenasymmetrien eine Rolle spielen könnten, doch ohne den breiteren Kontext der Geist-Gehirn-Beziehungen im allgemeinen aus den Augen zu verlieren.

Die Fragen sind vielgestaltig, und ein Diskurs über auch nur ein einziges Thema kann auf mehreren Ebenen ablaufen. Diskussionen über Bewußtsein können besonders verwirrend sein, weil der Begriff von verschiedenen Forschern oft in etwas unterschiedlicher Weise gebraucht wird. Es gibt eine ganze Reihe von Gebieten in der Hirnforschung, wo die dort tätigen Forscher glauben, ihre Daten hätten Implikationen für das Bewußtsein. Dazu gehören Auswirkungen der Split-Brain-Chirurgie, Belege für unbewußte Prozesse bei Patienten mit ungewöhnlichen Syndromen, Verleugnen von Krankheiten oder sogar von gelähmten beziehungsweise fehlenden Gliedmaßen bei gewissen Hirnverletzungen, Konfabulation und Halluzination bei manchen Patienten mit geschädigtem sensorischen Input sowie die Beziehung von Schlaf und Wachbewußtsein. Wir werden einige dieser Befunde wie auch einige der kontroversen Vorstellungen diskutieren, die sich bei dem Versuch herauskristallisiert haben, die Schlußfolgerungen aus dem Bereich von linkem Gehirn und rechtem Gehirn über die Daten hinaus auszudehnen.

Zwei Gehirne, zweifacher Geist?

Vor rund 350 Jahren nahm der bedeutende französische Philosoph René Descartes an, die Zirbeldrüse im Gehirn sei der Sitz des Bewußtseins beziehungsweise der Seele. Seine Schlußfolgerung beruhte auf seinem Glauben an die Einheit des Bewußtseins und darauf, daß die Zirbeldrüse der einzige Teil des Gehirns war, den er finden konnte, der nicht in doppelter Form existierte.

Das Bewußtsein einem bestimmten Körperteil zuzuschreiben, scheint nicht in Descartes' sonstige Auffassungen zu passen, wenn man seine Schriften über das Verhältnis von Leib und Seele betrachtet. Denn obwohl er gewöhnlich die Funktionen von Lebewesen gerne als mechanische Systeme analysierte und sehr an der Anatomie des Menschen interessiert war, glaubte er, es gebe beim Menschen etwas, das nicht auf diese Weise erklärbar sei. Zwar vertrat er die Ansicht, der menschliche Körper sei dem von Tieren ähnlich, er stellte jedoch in Frage, daß die menschliche Seele zu derselben physischen Welt gehören könnte. Die Analyse des eigenen Denkens, so meinte er, könne nicht die Existenz von etwas beweisen, das außerhalb der persönlichen Erfahrung liegt. Descartes kam zu dem Schluß, daß man zwischen dem Geistigen und dem Körperlichen strikt trennen müsse.

Die Annahme, daß der Geist vom Körper unabhängig sei, wurde als Cartesianischer Dualismus bekannt. Einige moderne Skeptiker haben vom „Geist in der Maschine" gesprochen. Die philosophischen Fragestellungen, die sich mit der Beziehung zwischen Körper und Geist befassen, werden allgemein als Leib-Seele-Problem bezeichnet (dem englischen *mind-body problem* entsprechend auch als Körper-Geist-Problem).

Die Ansichten und Theorien der meisten Philosophen und Wissenschaftler über die Beziehung zwischen Geist und Körper lassen sich – wenn auch vereinfacht – in drei Hauptkategorien einordnen: idealistisch, dualistisch oder materialistisch. Nach idealistischer Sichtweise sind Geist, Verstand oder Bewußtsein in gewisser Weise die Ursubstanz des Universums, und diese erschafft das Universum und all das, was wir als physische Dinge wahrnehmen. Diese Vorstellung wird heutzutage zwar nicht von vielen Menschen geteilt, taucht aber in interessanten neuen Formen immer wieder auf.[1] Der dualistische Ansatz wurde ursprünglich von Descartes vertreten, hat sich aber in verschiedenen Versionen bis in unsere Zeit überdauert, so in verschiedenen Antworten auf die Frage, wie geistige und körperliche Prozesse miteinander verknüpft sind. Einige dualistische Theorien sehen beides als streng parallel an („Parallelismus"), während andere Wechselbeziehungen zwischen ihnen postulieren („Interaktionismus"). Die materialistische Weltanschauung ist vielleicht die bekannteste und spiegelt sich in der „Neurophilosophie" vieler Hirnforscher und zeitgenössischer Denker wider, die behaupten, daß sich Geist, Bewußtsein und alle mentalen Ereignisse auf die Aktivität des Nervensystems reduzieren und damit erklären lassen – wenn auch einige Forscher noch den Körper hinzufügen.

Selbst diejenigen, die nicht einsehen mögen, warum es notwendig ist, sich mit formaler Philosophie zu beschäftigen, um eine kognitive Neurowissenschaft zu entwickeln, müssen zwangsläufig „wissenschaftlichere" Fragen über die Beziehung zwischen der externen Welt und internen geistigen Vorgängen stellen. »Wieviel der Welt, wie wir sie begreifen, oder der Struktur unserer Erfahrung und unseres Denkens über sie läßt sich der Wirklichkeit zuschreiben, wieviel den Mechanismen der Wahrnehmung und des Denkens, wieviel wandelbaren Theorien oder Annahmen und wieviel zufälligen menschlichen Absichten, sozialen Strukturen oder Konventionen?«[2] Das wissenschaftliche Studium der Kognition verlangt, daß man allen diesen Fragen ernsthaft Aufmerksamkeit schenkt.

Folgerungen aus der Split-Brain-Forschung

In den letzten 30 Jahren hat die Arbeit mit Split-Brain-Patienten Fragen zur Bedeutung der Split-Brain-Chirurgie für das Leib-Seele-Problem aufgeworfen. Wenn das Messer des Chirurgen eine Teilung des Bewußtseins bewirkt, dann ist die Spaltung des Gehirns eine Spaltung des Geistes. Folglich muß man – so wird weiter argumentiert – auch akzeptieren, daß Geist gleich Gehirn ist, oder wenigstens, daß der Geist aus den Prozessen im Gehirn hervorgeht.

Obwohl man die Prämisse, ein hirnchirurgisch spaltbares Bewußtsein impliziere die Gleichheit von Geist und Gehirn, bestreiten kann, dreht sich die Kontroverse auf diesem Gebiet hauptsächlich darum, inwieweit sich tatsächlich nachweisen läßt, daß in solchen Patienten – wenigstens zeitweise – zwei Bewußtseinsbereiche existieren. Im zweiten Kapitel haben wir darauf hingewiesen, daß diese Frage schon von Gustav Fechner und William McDougall theoretisch erörtert wurde. Fechner nahm an, eine Durchtrennung von Körper und Nervensystem entlang der Mittellinie führe zu einer Verdoppelung des Bewußtseins; McDougall dagegen vertrat die Ansicht, das Bewußtsein werde von einem solchen Eingriff nicht beeinflußt.

Roger Sperry zufolge weisen einige Ergebnisse der Split-Brain-Forschung tatsächlich auf eine Verdoppelung des Bewußtseins bei diesen Patienten hin:

> »Alles, was wir bislang beobachtet haben, deutet darauf hin, daß bei diesen Menschen nach der Operation zwei unabhängige geistige Einheiten existieren, das heißt zwei separate Sphären des Bewußtseins. Was in der rechten Hemisphäre erlebt wird, scheint völlig außerhalb des Erfahrungsbereichs der linken Hemisphäre zu liegen. Diese geistige Dimension ist für Wahrnehmung, Denken, Wollen, Lernen und Gedächtnis nachgewiesen worden.«[3]

Der Eindruck geistiger Einheit bei den Split-Brain-Patienten ist für Sperry eine Illusion, die darauf beruht, daß die beiden Hälften des Gehirns sich an demselben Ort und in der gleichen Situation befinden, dieselben Sinnesorgane benutzen und außerhalb spezieller Laborsituationen dieselben Alltagserfahrungen machen.

Sir John Eccles dagegen – der für seine physiologischen Arbeiten ebenfalls den Nobelpreis erhielt – glaubt nicht, daß ein Split-Brain-Patient einen zweifachen Geist besitzt oder daß die Durchtrennung der Kommissuren in irgendeiner Weise das Bewußtsein spaltet.[4] Seiner Meinung nach kann die rechte Hemisphäre nicht wirklich denken. Er unterscheidet zwischen einer „bloßen Bewußtheit", die die Menschen mit Tieren gemeinsam haben, und der Welt der Sprache, des Denkens und der Kultur, die kennzeichnend für den Menschen und grundlegend für jede Vorstellung von Geist ist.

Nach Eccles' Ansicht geht alles wirklich Menschliche aus der linken Hemisphäre hervor, in der sich die Sprachzentren befinden und die Wechselwirkung zwischen Gehirn und Geist stattfindet. Eine Split-Brain-Patientin, die errötet oder lächelt, wenn ihrer rechten Hemisphäre ein Aktphoto dargeboten wird, kann nicht nur nicht sagen, warum sie so reagiert, sie weiß es wirklich nicht. Die rechte Hemisphäre ist gar nicht in der Lage, dies zu wissen, da nur die linke über Gedanken und Wissen verfügt.

Obwohl derartige Kontroversen stark durch subjektive Definitionen von Bewußtsein durchsetzt sind, hat man doch schon mehrfach versucht, diesen Begriff präziser zu gebrauchen. Eine Möglichkeit besteht darin, ihn operational zu definieren. Eine operationale Definition eines Konzepts ist eine Definition anhand der Methoden, mit denen sich dieses Konzept messen läßt. In diesem Rahmen hat Donald McKay, der sich mit Theorien der künstlichen Intelligenz befaßt, darauf hingewiesen, daß ein „gespaltenes Gehirn" so lange nicht als „gespaltener Geist" gelten darf, wie nicht nachgewiesen ist, daß jede Hälfte ihr eigenes unabhängiges System hat, um Ereignisse zu bewerten, Ziele zu setzen und Prioritäten für die Reaktionen festzulegen.

Ein Experiment zur Klärung dieser Frage haben Joseph LeDoux und Michael Gazzaniga mit ihrem außergewöhnlichen Kommissurotomiepatienten P. S. durchgeführt. Sie machten sich dabei zunutze, daß die sprachlichen Fähigkeiten der rechten Hemisphäre bei P. S. weit größer als üblich waren. Die rechte Gehirnhälfte von P. S. vermochte sich dadurch auszudrücken, daß der Patient zur Erwiderung von Fragen mit der linken Hand Scrabble-Buchstaben aneinanderreihte. LeDoux' und Gazzanigas Absicht war es, jeder Hemisphäre einzeln subjektive Fragen zu stellen und die Ergebnisse zu vergleichen.

Bei jedem Versuchsdurchgang wurde P. S. mündlich eine Frage gestellt. Dabei ersetzte man die Schlüsselwörter jeweils durch das Wort *blank* (englisch für „Lücke", „Leerraum"). Der fehlende Begriff oder die fehlenden Begriffe wurden dann entweder in der linken Gesichtsfeldhälfte (der rechten Hemisphäre) oder in der rechten Gesichtsfeldhälfte (der linken Hemisphäre) visuell dargeboten. Die Fragen lauteten etwa „Wer (*sind Sie*)?", „Buchstabieren Sie bitte die Bezeichnung für Ihr liebstes (*Hobby*)!" und „Was ist (*morgen*)?". Die kursiv gedruckten Begriffe sind die Schlüsselwörter, die jeweils in den Gesichtsfeldhälften aufblitzten. Immer wenn man sie der rechten Hemisphäre darbot, sollte die Versuchsperson ihre Antwort mit Hilfe der Scrabble-Buchstaben geben.

P. S. wurde auch gebeten, bestimmte Wörter gefühlsmäßig einzustufen, indem er auf eine Zahl zwischen 1 („mag ich sehr") und 5 („mag ich absolut nicht") zeigte. Einige der Wörter wurden wegen ihrer persönlichen Bedeutung für den Patienten ausgewählt. Dazu gehörten „Paul" (sein Name) und „Liz" (der Name seiner Freundin). Man fragte ihn also „Wie sehr mögen Sie...?" und bot ihm dann entweder in der linken oder der rechten Gesichtsfeldhälfte ein Wort dar.

Die Ergebnisse zeigten zweierlei: zum einen, daß die rechte Hemisphäre die Fragen, die ihr gestellt wurden, beantworten konnte, und zum anderen, daß ihre Antworten und Bewertungen sich manchmal von denen der linken Gehirnhälfte unterschieden. Beispielsweise lagen die Beurteilungen der rechten Hemisphäre beim Wortbewertungstest durchgängig näher am „ablehnenden" Ende der Skala als die der linken Hemisphäre. Auf die Frage, welchen Beruf er gerne ausüben würde, antwortete die rechte Hemisphäre „Autorennen" – im Gegensatz zur normalen linkshemisphärischen Aussage, er wolle technischer Zeichner werden.

Zur Frage des doppelten Bewußtseins stellten die Forscher folgendes fest:

> »Bei P. S. hat jede Hemisphäre ein eigenes Selbstbewußtsein, und jede besitzt ihr eigenes System, um aktuelle Ereignisse zu bewerten, zukünftige zu planen, Prioritäten in der Erwiderung festzulegen und persönliche Reaktionen auszulösen. Folglich erscheint es jetzt sinnvoll, die Tatsache, daß doppelte Bewußtseinsmechanismen existieren können, in ihrer praktischen und theoretischen Bedeutung zu berücksichtigen.«[*5]

Zwar ist P. S. wegen seiner großen sprachlichen Fähigkeiten in beiden Hemisphären ein Sonderfall, doch die theoretischen Folgen der Schaffung eines doppelten Bewußtseins in einer Person reichen weit über diesen einen Fall hinaus. LeDoux und Gazzaniga glauben, daß ihre Beobachtungen nicht nur die ältere Vorstellung veranschaulichen, nach der eine Durchtrennung des Gehirns ein Teilen des Geistes bedeuten kann, sondern daß sie darüber hinaus auch »Natur und Ursprung der ausschließlich menschlichen geistigen Fähigkeiten« aufzeigen. Diese sind ihrer Meinung nach von einem aktiven Sprachsystem abhängig:

> »Wenn dieses System fehlt, wie in der rechten Hemisphäre der meisten Split-Brain-Patienten ... arbeitet der Organismus hauptsächlich auf der Stufe von Wahrnehmung und Motorik. Obwohl in solchen Fällen auch gewisse kognitive Fertigkeiten nachweisbar sind, scheint es beim Fehlen linguistischer Differenzierung am Reichtum und an der charakteristischen Flexibilität des menschlichen Verhaltens zu mangeln... Füge einer isolierten Masse nichtsprachlichen Gewebes ein reiches sprachliches System hinzu – wie bei der rechten Hemisphäre von P. S. –, und es entsteht ein Mensch mit der Fähigkeit, zu werten, zu verlangen und Lebenserfahrungen zu überdenken.«[6]

Der Gedanke, Bewußtsein sei von der Sprache oder von Sprachprozessen abhängig, ist durchaus nicht neu. Mehrere Philosophen und Linguisten haben sogenannte „Sprachzugangstheorien" (*verbal access theories*) des Bewußtseins vertreten. Diesen Theorien ist das Konzept gemeinsam, daß die Ereignisse im Gehirn,

---

[*]Der Herausgeber hat bereits seit 1971 vergleichbare Untersuchungen durchgeführt, deren Ergebnisse auf ein Selbstbewußtsein auch in der nichtsprachlichen rechten Hemisphäre von Split-Brain-Patienten hindeuten. Operationalisiert wurde Selbstbewußtsein dabei durch die Messung spezifischer Reaktionen des autonomen Nervensystems auf lateralisierte Darbietungen von Photos des eigenen Gesichts. Während die Reaktionen auf Gesichter von Freunden und Bekannten wie auf andere emotional erregende Reize bei wiederholter Darbietung habituierten, blieb die Reaktion auf das eigene Gesicht erhalten, und zwar nach Präsentation in der rechten Hemisphäre noch deutlicher als nach linkshemisphärischer Darbietung. Siehe dazu: B. Preilowski, G. G. Gray, R. W. Sperry, „An Attempt to Test for Self-Recognition in the Right Hemisphere of ‚Split-Brain' Patients", *Biology Annual Report* 81 (1972). Eine deutschsprachige kurze Darstellung der Resultate und eine Diskussion zum Thema Gehirn und Bewußtsein bietet: B. Preilowski, *Vergleichende Neuropsychologie: Untersuchungen zur Gehirnsymmetrie bei Menschen und Affen* (Konstanz: Universitätsverlag, 1985).

die wir als bewußt erleben, diejenigen sind, die vom Sprachsystem des Gehirns verarbeitet werden.

Sprache, Bewußtsein und die linke Hemisphäre

Anosognosie und die geschichtenerzählende linke Hemisphäre

Wir haben in vorangegangenen Kapiteln diskutiert, wie rechtshemisphärische Läsionen häufig zu einem linksseitigen Neglekt führen. Ein selteneres Syndrom, das auch bei rechtshemisphärischem Schlaganfall auftreten kann, wird als Anosognosie bezeichnet. Typisch für diese Störung ist, daß der Patient jede Behinderung vehement abstreitet. Er behauptet kategorisch, mit der gelähmten linken Körperseite sei alles in Ordnung. Manchmal besteht der Patient sogar darauf, daß der gelähmte linke Arm oder das gelähmte linke Bein gar nicht ihm, sondern jemand anderem gehöre.

Der Neurologe Vilayanur Ramachandran hat einige faszinierende Fallgeschichten über solche Patienten veröffentlicht, deren Bestreiten ihrer Behinderung von Rationalisierungen – wie „Ich leide unter schwerer Arthritis in meiner Schulter, Doktor. Sie wissen, wie schmerzhaft das ist!" –, um zu erklären, warum sich der eine Arm nicht bewegt, bis zu direkten Konfabulationen darüber reichen kann, was der paralysierte Arm gerade tut, wie im folgenden Fall:

Arzt: Können Sie Ihre rechte Hand benutzen?
Patientin: Ja.
Arzt: Können Sie Ihre linke Hand benutzen?
Patientin: Ja.
Arzt: Sind beide Hände gleich kräftig?
Patientin: Ja.
Arzt: Können Sie mit Ihrer rechten Hand auf meine Nase zeigen?
(Die Patientin folgt der Aufforderung.)
Arzt: Können Sie mit Ihrer linken Hand auf meine Nase zeigen?
(Die Hand der Patientin liegt gelähmt vor ihr.)
Arzt: Mrs. D., zeigen Sie auf meine Nase?
Patientin: Ja.
Arzt: Können Sie sehen, wie Ihre Hand auf meine Nase zeigt?
Patientin: Ja, sie befindet sich etwa fünf Zentimeter vor Ihrer Nase.
(Die Hand der Patientin liegt weiterhin gelähmt vor ihr.)

Ramachandran vermutet, daß diese Art von Selbsttäuschung eine stark übersteigerte Form normaler psychologischer Schutzmechanismen ist, die aus gewissen spezialisierten Funktionen der linken Hemisphäre erwachsen. Ein solcher Schutzmechanismus, behauptet er, besteht darin, eine gewisse Folgerichtigkeit in die schwindelerregende Menge von Daten zu bringen, die unser Gehirn überfluten. »In jedem Augenblick, in dem wir wach sind, wird unser Gehirn von einer verwirrenden Vielfalt sensorischer Signale überschwemmt. Sie alle müssen in eine kohärente Perspektive eingebaut werden, die darauf basiert, was uns unsere gespeicherten Erinnerungen über uns selbst und die Welt erzählen. Um zu handeln, muß das Gehirn eine Möglichkeit haben, aus dieser Überfülle von Einzelheiten auszuwählen und sie in ein logisches Glaubenssystem einzuordnen, eine Geschichte, die aus den verfügbaren Hinweisen ein sinnvolles Ganzes schafft.«[7]

Normalerweise, so nimmt Ramachandran an, ist dies ein adaptiver Mechanismus, der verhindert, daß das Gehirn durch die kombinatorische Explosion möglicher Szenarios, die sich aus dem sensorisch verfügbaren Material schaffen ließen, in richtungslose Unentschiedenheit getrieben wird. Die Rolle der linken Hemisphäre besteht darin, ein Modell zu schaffen und, koste es, was es wolle, daran festzuhalten, die der rechten Hemisphäre hingegen, Anomalien zu entdecken. »Wenn die anomale Information eine bestimmte Schwelle erreicht, besteht ihre Aufgabe darin, die linke Hemisphäre dazu zu zwingen, das ganze Modell zu revidieren und von neuem zu beginnen. Die linke Hemisphäre versucht, sich an ihr Modell zu klammern. Die rechte versucht, einen Paradigmawechsel zu erzwingen.«[8] In bestimmten Fällen rechtshemisphärischer Schädigungen ist die Fähigkeit der rechten Hemisphäre beeinträchtigt, Anomalien aufzuspüren, was der linken die Möglichkeit verschafft, frei zu konfabulieren und Dinge ohne irgendwelche Beschränkungen abzustreiten.

Verbale Mechanismen der geistigen Einheit: Hinweise aus der „Split-Brain"-Forschung

Die hypothetische Rolle, die Ramachandran den linkshemisphärischen Mechanismen bei der Anosognosie zuschreibt, erinnert stark an die Erklärung, die Gazzaniga und LeDoux 20 Jahre zuvor für einige ungewöhnliche verbale Rationalisierungen ihres kommissurektomierten Patienten P. S. gegeben haben. P. S. wurden paarweise visuelle Szenen angeboten, die gleichzeitig auf jede Seite eines Fixationspunktes geblitzt wurden. Anschließend wurde er aufgefordert, mit der linken beziehungsweise rechten Hand auf vor ihm liegende Bilder zu deuten, die mit dem in Beziehung standen, was er auf dem Schirm gesehen hatte. Er schnitt dabei sehr gut ab. Wenn der rechten Hemisphäre beispielsweise eine Schneeszene und der linken eine Hühnerkralle präsentiert wurde, reagierte P. S. rasch richtig, indem er aus einer Serie von jeweils vier Karten mit seiner rechten Hand ein Bild eines Hühnchens und mit seiner linken Hand das Bild einer Schaufel auswählte. Von besonderem Interesse war seine verbale Interpretation, als er aufgefordert wurde, seine Kartenwahl zu „erklären". »Ich sah eine Kralle und nahm das Hühnchen, und man muß den Hühnerstall mit einer Schaufel ausmisten«, antwortete er.[9]

Diese Art Antwort trat regelmäßig in jedem Versuchsdurchgang auf. Die verbale linke Hemisphäre identifizierte richtig, warum sie die Antwort herausgesucht hatte, und baute dann ohne Zögern die Antwort der rechten Hemisphäre in diesen Rahmen ein. Während die Forscher genau wußten, warum die rechte Hemisphäre ihre Wahl getroffen hatte, präsentierte P. S.'s linke Hemisphäre etwas als Tatsache, das nur eine Vermutung war.

Gazzaniga und LeDoux sehen in diesen Ergebnissen einen Hinweis darauf, daß die Hauptaufgabe des „verbalen Selbst" darin besteht, eine Realität zu konstruieren, die auf dem aktuellen Verhalten basiert. Sie vermuten, daß verbale Mechanismen nicht immer in den Ursprung unserer Handlungen eingeweiht sind und Handlungen einen Grund zuschreiben können, die ihnen nicht wirklich zugänglich sind: »Es ist so, als ob das verbale Selbst herausschaut und sieht, was die Person gerade tut, und von diesem Wissen ausgehend interpretiert es eine Realität.«[10]

Eine andere Sicht des Sich-eines-Defizits-nicht-bewußt-seins (Sprachzugangstheorien überprüft)

Der Neuropsychologe Elkhonon Goldberg und seine Kollegen haben argumentiert, daß die höhere Rate von Anosognosien – oder der Unfähigkeit, eigene, durch Krankheit bedingte Funktionsausfälle zu erkennen – bei rechtshemisphärischen Läsionen eine allgemeine hemisphärische Asymmetrie beim Selbstbewußtsein widerspiegelt, die man beim normalen Menschen findet.[11] Ihrer Meinung nach sind linkshemisphärisch kontrollierte kognitive Prozesse dem Selbstbewußtsein leichter zugänglich als rechtshemisphärisch kontrollierte, und zwar aus Gründen, die über die natürliche Sprache hinausgehen und grundlegender sind als diejenigen, die von „Sprachzugangs"-Modellen bewußter Prozesse impliziert werden.

Bei der normalen Kognition ist der operationale Inhalt der rechtshemisphärisch kontrollierten Prozesse für Introspektion und Bewußtsein ihrer Meinung nach weniger leicht verfügbar als derjenige der linkshemisphärisch kontrollierten Prozesse, weil die linke Hemisphäre (wie in Kapitel 13 diskutiert) verschiedene gut ausgearbeitete, routinemäßig arbeitende Repräsentationssysteme oder Kodes übermittelt, während die rechte sich nicht auf solche Kodes stützt (und im Umgang mit Neuem überlegen ist). Goldberg und seine Kollegen argumentieren, daß die natürliche Sprache nur ein Beispiel für routinemäßig arbeitende repräsentative Systeme ist, die an der menschlichen Kognition beteiligt sind (und zwar primär innerhalb der linken Hemisphäre). Beispiele für repräsentative Systeme, die nicht auf Sprache basieren, aber dennoch auf einer kulturellen Ebene existieren, sind mathematische Formalismen, musikalische und Tanznotationen sowie Spiele mit speziellen Regeln, wie Schach. Wieder andere Kodes werden dadurch zur Routine, daß ein Individuum ständig einer neuen Kategorie von Reizen oder kognitiven Anforderungen ausgesetzt ist. Diese entwickeln sich idiosynkratisch statt durch kulturelles Lernen.

Goldberg und seine Kollegen vermuten, daß sich Menschen des Inhaltes geistiger Operationen, die sich auf solche eingeschliffenen linkshemisphärischen Kodes stützen, bewußter sind und daher auch ihre Desintegration nach Gehirnschäden bewußter wahrnehmen. Die kognitiven Operationen bei Aufgaben, die rechtshemisphärische Mechanismen involvieren, sind für das Subjekt unter normalen Bedingungen verborgener oder unschärfer (*more fuzzy*), und ihre pathologische Desintegration ist ebenfalls weniger offensichtlich.

Der Ursprung des Bewußtseins und der „Zwei-Kammer-Geist"

Noch vor 3000 Jahren war *Homo sapiens* im Grunde genommen ein Automat, dem sowohl eine Vorstellung von Selbsterfüllung als auch ein Sinn für die Kürze des Lebens fehlten. Die Menschen hörten Stimmen in ihren Köpfen und nannten sie Götter. Diese Götter sagten ihnen, was sie tun und wie sie handeln sollten. Ihr Geist war zweigeteilt: in eine Entscheidungen treffende Exekutive, „Gott" genannt, und einen den Entscheidungen folgenden Teil, den „Menschen". Als das Schreiben und komplexere menschliche Aktivitäten die Autorität dieser akustischen Halluzinationen zu schwächen begannen, brach dieser in zwei Instanzen gegliederte Geist (*bicameral mind*, „Zwei-Kammer-Geist") allmählich zusammen. Die Stimmen der Götter verstummten, und das, was wir Bewußtsein nennen, wurde geboren.

Dies ist die radikale Hypothese des Psychologen Julian Jaynes aus Princeton. Jaynes nimmt an, die Stimmen der Götter seien in der rechten Hemisphäre entstanden und nach Durchlaufen der zerebralen Kommissuren von den auditiven Regionen und Sprachzentren der linken Hemisphäre gehört worden. Vielleicht, so vermutet er, verständigten sich die Mustererkennungs- und Raumverarbeitungssysteme der rechten Hemisphäre in einer primitiven Sprache mit der linken Gehirnhälfte.

Jaynes belegt viele seiner Behauptungen durch Verweise auf die Geschichte und die Literatur des Altertums. Er glaubt, daß beispielsweise in der *Ilias*, dem Homerschen Epos über den Trojanischen Krieg, Menschen beschrieben sind, die kein Bewußtsein hatten. Ohne die Eingebung eines Gottes oder irgendeine Halluzination fingen sie nicht zu kämpfen an, entwarfen sie keine Strategien oder führten sonst irgend etwas aus.

»Diese auditiven und visuellen Halluzinationen, die in jeder neuen Situation auftraten, zeigen uns die Struktur des Zwei-Kammer-Geistes. Achilles hatte, wie alle „Zwei-Kammer-Menschen", einen gespaltenen Geist. Ein Teil – der Entscheidungen fällende Gott-Teil – hatte alle Warnungen der Vergangenheit gespeichert, paßte Dinge in ein Muster ein und teilte dem befolgenden Personen-Teil durch eine akustische Halluzination mit, was dieser zu tun habe.«[12]

Für Jaynes hängt Bewußtsein von sprachlichen Prozessen und vom Aufbau eines inneren, metaphorischen „Ich" ab. Das Bewußtsein ist ein kleinerer Teil unseres geistigen Lebens, als wir angenommen haben. Viele unserer geistigen Aktivitäten sind nicht bewußt, sondern automatisch: Wir denken nicht über sie nach. Aus diesem Grunde sollte es nicht allzu schwer fallen, sich frühe Menschen vorzustellen, die ohne das „Selbst-Bewußtsein", das wir entwickelt haben, durchs Leben gingen. Sie waren möglicherweise nicht fähig, sich selbst gewissermaßen aus der Distanz zu betrachten oder sich vorzustellen, was sie in der Zukunft tun würden.

»Bewußtsein wird auf der Grundlage der Sprache erlernt und an andere weitergegeben. Es ist eher eine kulturelle Schöpfung als eine biologische Notwendigkeit... Wir wissen heute, daß das Gehirn plastischer ist und stärker durch die Umgebung geformt werden kann, als wir bisher angenommen haben... Wir können vermuten, daß die Neurologie des Bewußtseins plastisch genug ist, um vor allem auf der Grundlage von Lernen und Kultur den Wechsel vom Zwei-Kammer-Geist zu einem Bewußtsein zu ermöglichen.«[13]

Um die Theorie von Jaynes gibt es eine heftige Kontroverse; die Idee, die Stimmen der Götter in früheren Zeiten mit einem Stadium der kulturellen Entwicklung der Sprache zu verknüpfen, ist jedoch faszinierend. Neben Jaynes' Standpunkt sind andere Möglichkeiten denkbar, wie die Entwicklung der Sprache für einige der urtümlichen Vorstellungen der Menschen verantwortlich gewesen sein könnte. Statt die Stimmen der Götter mit dem Versuch der rechten Hemisphäre, zur linken zu sprechen, gleichzusetzen, sollten wir vielleicht annehmen, daß die frühen Menschen die innere Sprache, die sich in der linken Hemisphäre entwickelte, falsch interpretierten. Möglicherweise traf es zu Beginn der Evolution der Sprache die Menschen unvorbereitet, daß sie nun mit sich selbst sprechen konnten.

Einige andere Auffassungen von der Bedeutung der Sprache für das bewußte Denken

Jaynes' Hypothese ist eine recht verwegene Version jener Theorien, die Bewußtsein auf dem Hintergrund sprachlicher Mechanismen zu erklären versuchen. In unserer bisherigen Erörterung der spekulativen Schlußfolgerungen, die sich aus der Split-Brain-Forschung ziehen lassen, haben wir mehrere namhafte Wissenschaftler zitiert, die der Meinung sind, daß die linke Hemisphäre für das Bewußtsein zuständig sei, weil sie die dafür notwendigen sprachlichen Fertigkeiten besitze. Doch teilen nicht alle zeitgenössischen Forscher und Theoretiker die Auffassung, daß Sprache eine Vorbedingung für Bewußtsein oder Denken ist.

Francis Galton, der bedeutende Genetiker des 19. Jahrhunderts, schrieb dazu:

> »Beim Schreiben und noch mehr, wenn ich meine Gedanken erklären soll, bereitet es mir ernste Schwierigkeiten, daß ich nicht so leicht in Worten wie auf andere Art denken kann. Es passiert mir oft, daß ich nach harter Arbeit zu Ergebnissen gekommen bin, die mir vollkommen verständlich und befriedigend erscheinen. Wenn ich sie dann sprachlich ausdrücken soll, habe ich das Gefühl, mich auf eine ganz andere intellektuelle Ebene begeben zu müssen. Ich muß meine Gedanken in eine Sprache übersetzen, die mit diesen nicht sonderlich gleichzulaufen scheint. Deshalb verschwende ich eine Unmenge an Zeit damit, passende Worte und Sätze zu finden, und ich bin mir bewußt, daß ich, wenn ich plötzlich über etwas reden muß, nur deshalb häufig obskur erscheine, weil ich verbal ungeschickt bin, und nicht, weil ich keine klare Vorstellung hätte. Das ist eines der kleinen Ärgernisse meines Lebens.«[14]

Auch andere haben die Meinung vertreten, daß Worte und verbale Mechanismen nicht mit Gedanken und Bewußtsein gleichgesetzt werden könnten. Der Mathematiker Hadamard behauptete, daß er keinerlei Worte im Kopf habe, wenn er wirklich denke, und daß jedes gelesene oder gehörte Wort sofort verschwinde, wenn er über es nachdenke.[15] Der Philosoph Schopenhauer hat diese allgemeine Sichtweise sehr kompromißlos zum Ausdruck gebracht, als er schrieb: »Gedanken sterben in dem Moment, in dem sie zu Worten werden.«[16]

Die rechte Hemisphäre und das Unbewußte

Der bekannte Schriftsteller Arthur Koestler hat behauptet, der „kreative Akt" trete gewöhnlich nicht durch bewußte analytische Intention ein. In seinem Buch *Der göttliche Funke* (Originaltitel: *The Act of Creation*) greift Koestler den Gedanken der Inkubationszeit auf: Man schiebt ein Problem für gewisse Zeit beiseite, in der Hoffnung auf eine spätere Einsicht. Überdies vertritt er die Meinung, daß das

Unbewußte maßgeblich daran beteiligt ist, Verbindungen oder Analogien herzustellen.

Viele berühmte Wissenschaftler haben berichtet, wie sie im Traum die Lösung eines Problems gefunden haben. Otto Loewi, der nachwies, daß Nervenimpulse mittels chemischer Botenstoffe übermittelt werden, und dafür 1936 den Nobelpreis für Physiologie oder Medizin erhielt, hat geschildert, wie ihm das entscheidende Experiment in einem schlafähnlichen Zustand eingefallen ist. Die Idee der chemischen Übertragung war ihm schon 17 Jahre früher gekommen, aber er hatte sie „beiseite" gelegt, da er keine Möglichkeit sah, sie zu testen. 15 Jahre später führte er Versuche durch (ohne Bezug zu seiner alten Idee), für die er eine Technik entwickelt hatte, um vom Froschherzen abgesonderte Flüssigkeiten nachzuweisen. Eines Nachts, etwa zwei Jahre später, geschah folgendes:

> »Ich erwachte, knipste das Licht an und notierte auf einem winzigen dünnen Stück Papier einige Bemerkungen. Dann schlief ich wieder ein. Um sechs Uhr morgens fiel mir auf, daß ich in der Nacht etwas äußerst Wichtiges aufgeschrieben hatte, aber ich konnte mein Gekritzel nicht entziffern. In der nächsten Nacht, um drei Uhr, kam mir erneut dieselbe Idee. Es war der Versuchsplan eines Experiments, mit dem ich prüfen konnte, ob die Hypothese der chemischen Übertragung, die ich 17 Jahre vorher geäußert hatte, richtig war oder nicht. Ich stand sofort auf, ging ins Labor und führte entsprechend dem nächtlichen Versuchsplan ein einfaches Experiment am Froschherzen durch.«[17]

In einem Experiment, in dem er die Salzlösung, in der ein stimuliertes Froschherz geschlagen hatte, einem zweiten Froschherzen zuführte, konnte Loewi eindeutig nachweisen, daß Nerven das Herz (und die meisten anderen Gewebe) dadurch beeinflussen, daß sie aus ihren Endigungen chemische Substanzen freisetzen. Nach sorgfältiger Prüfung der Kette von Ereignissen, die zu Loewis Experiment führte, erscheint es völlig ausgeschlossen, daß es sich hier um eine zufällige oder rein intuitive Entdeckung gehandelt hat. Zweifellos baute sie auf jahrelanger harter Arbeit auf. Doch zur Verbindung der zwei entscheidenden Ideen kam es offenbar, als Loewi sich in einem unbewußten oder halbbewußten Zustand befand.

Koestler schreibt dem Unbewußten eine bestimmte Rolle bei Entdeckungen zu und spricht hier von »Denkformen..., die in der Kindheit und bei primitiven Völkern vorherrschend, bei Erwachsenen dagegen normalerweise von Denkmethoden überlagert sind, die rationaler und realistischer sind«. Was die Inkubationszeit angeht (wie die 17 Jahre im Falle Loewis), so spricht Koestler hier von einem „Wegdenken" oder von einer Rebellion gegen Zwänge, die eine »vorübergehende Befreiung von der Tyrannis überpräziser Begriffe, von all den Axiomen und Vorurteilen (bedeutet), die in überreicher Fülle in die Formen gerade unseres spezialisierten Denkens eingebaut sind«.[18]

Die Versuchung, solche Überlegungen unter dem Aspekt der Lateralität neu zu interpretieren, ist offensichtlich groß. Verschiedene Forscher haben den Vorschlag gemacht, daß Träumen in die Zuständigkeit der rechten Hemisphäre fällt. Einige glauben, daß allein die rechte Hemisphäre träumt; andere meinen, daß die rechte Gehirnhälfte sich im Zustand des Träumens freier entfalten kann als gewöhnlich, da die linke Hemisphäre dann nicht dominiert oder störend eingreift. Sigmund Freud, der Vater der Psychoanalyse, vertrat die Ansicht, daß sich die Qualitäten des Unbewußten in der Logik der Träume offenbaren.

Das Freudsche Unbewußte

Haben die Entdeckungen bei Split-Brain-Patienten irgendwelche Konsequenzen für Freuds Theorien? David Galin hält das für möglich. Er glaubt, daß sie die Freudsche Annahme eines Unbewußten neurologisch bestätigen. Galin weist darauf hin, daß die rechtshemisphärische Art zu denken Freuds Beschreibung des „Unbewußten" ähnelt, und sieht eine Parallele zwischen der Funktionsweise der isolierten rechten Hemisphäre und geistigen Prozessen, die unterdrückt, unbewußt und nicht imstande sind, Verhalten direkt zu kontrollieren. Dazu gehören der häufige Gebrauch von Bildern, eine geringere Beteiligung an der Wahrnehmung von zeitlicher Dauer und der Reihenfolge von Ereignissen sowie eine eingeschränkte Sprache, wie sie in Träumen und bei Versprechern vorkommt.

Galin geht davon aus, daß die beiden Hemisphären normalerweise integriert arbeiten, die Kommunikation zwischen ihnen aber zu bestimmten Zeiten blockiert sein kann. Als Ergebnis könnte bei normalen Menschen eine Situation auftreten, die der bei Split-Brain-Patienten ähnelt. Galin beschreibt verschiedene Möglichkeiten, wie die zwei Hemisphären einer normalen Person so arbeiten könnten, als ob sie chirurgisch voneinander getrennt wären. In einem interessanten Beispiel spricht er von einer konfliktbedingten Hemmung der Informationsübermittlung: »Stellen Sie sich vor, wie es auf ein Kind wirkt, wenn seine Mutter sprachlich eine bestimmte Äußerung macht, aber durch ihren Gesichtsausdruck und ihre Körpersprache eine ganz andere: ›Ich tue das, weil ich Dich liebe, mein Schatz‹, lauten die Worte, aber ›Ich hasse Dich und will Dich vernichten‹, sagt das Gesicht.«[19]

Galin glaubt, daß zwar jede Hemisphäre die gleiche Eingangsinformation von den Sinnesorganen erhält, daß aber beide jeweils einen anderen „Input" empfangen, da sich jede nur auf eine der Botschaften konzentriert. Die linke wird die sprachlichen Hinweise beachten, die rechte die nichtsprachlichen. Wenn sie in Konflikt geraten, geht die linke Hemisphäre Galin zufolge möglicherweise dazu über, die Übermittlung der widersprüchlichen Information von der anderen Seite zu unterbinden. In solchen Momenten kommt es zu einer Art Hemisphärentrennung, und die linke Gehirnhälfte beherrscht allein das Bewußtsein. Geistige Vorgänge in der rechten Hemisphäre führen jedoch weiterhin ein Eigenleben und handeln wie das Freudsche Unbewußte als »unabhängiges Reservoir unzugänglicher Denkprozesse«, die unangenehme Gefühle erzeugen können.

Können Hemisphären jeweils ein unabhängiges „Selbst"* sein?

Wenn man tachistoskopisch das Wort *teacup* (englisch für „Teetasse") auf einen Bildschirm projiziert, so daß *tea* links und *cup* rechts vom Fixationspunkt erscheinen, vermag ein Split-Brain-Patient nicht das ganze Wort zu lesen. Er wird statt dessen angeben, das Wort *cup* gesehen zu haben, da die verbale linke Hemisphäre nur das sah, was rechts vom Fixationspunkt (in der rechten Gesichtsfeldhälfte)

---

*Anmerkung des Herausgebers: Im Original wird in diesem Abschnitt jeweils von *selves* gesprochen; im Deutschen fehlt bezeichnenderweise eine Pluralform des Wortes „Selbst".

erschienen war. Die linke Hand des Patienten, die von der stummen rechten Gehirnhälfte kontrolliert wird, wird auf das Wort *tea* deuten, wenn man mehrere Wörter einschließlich *cup* und *teacup* anbietet. Einige Theoretiker glauben, diese Situation stelle ein überzeugendes Argument für die Dualität des Geistes bei Split-Brain-Patienten dar. Roland Puccetti zufolge deuten die Antworten des Patienten darauf hin, daß es in jeder Hemisphäre zu einer echten Wahrnehmungserfahrung gekommen ist. »So scheint es nun, daß das, was in jeder Hemisphäre vor sich geht, nicht nur ein anfängliches Registrieren des visuellen Materials ist, sondern eine – im einen Fall verbale, im anderen manuelle – Wiedergabe dessen, was tatsächlich gesehen wurde.«[20]

Puccetti geht über die Frage hinaus, ob ein Split-Brain-Patient einen zweifachen Geist besitzt, und behauptet, daß sogar bei Menschen ohne derartige Operation ein doppeltes Bewußtsein die normale Situation darstellt. Im gesunden menschlichen Gehirn wird unter denselben experimentellen Bedingungen das Wort *teacup* gleichzeitig in beiden Hemisphären gesehen, wobei jeweils eine Hälfte des Wortes auf direktem Wege in jede Gehirnhälfte gelangt und die andere Hälfte indirekt über das Corpus callosum (siehe unsere Beschreibung des visuellen Systems in Kapitel 2). Warum, so fragt Puccetti, sieht die Versuchsperson dann nicht *teacup teacup*, sondern nur *teacup*, wenn das Bewußtsein doch beide Hemisphären umspannt?

Man könnte nun antworten, die Verdoppelung beträfe bloß die anfängliche sensorische Registrierung des Reizes, die nicht auf einem bewußten Niveau ablaufe; diese doppelten sensorischen Repräsentationen würden in jenem Verarbeitungsprozeß verschmolzen, der dazu führt, daß wir den Reiz „sehen". Puccetti behauptet jedoch, daß jede Hemisphäre normalerweise das gesamte Gesichtsfeld „sieht"; das heißt, beide Gehirnhälften sind sich des Wortes *teacup* bewußt, so wie jede Hemisphäre sich des halben Wortes bewußt ist, wenn das Corpus callosum durchtrennt ist. Die Spaltung des Balkens bewirkt also nicht von sich aus ein geteiltes Bewußtsein, sondern schließt vielmehr nur zwei bestehende Bewußtseinsformen von der Hälfte ihrer normalen visuellen Eingangsinformation (der ipsilateralen Gesichtsfeldhälfte) aus; dadurch kommt dann das getrennte Bewußtsein zum Vorschein. Im gesunden Gehirn hat keine Hemisphäre einen introspektiven Zugang zu den Bewußtseinsinhalten der anderen. Die Verbindungen im Balken leisten dies nicht, meint Puccetti; seiner Ansicht nach sorgen sie vielmehr für die Übertragung grundlegenderer sensorischer Information.

Warum aber diese Verdoppelung der bewußten Erfahrung? Puccetti behauptet – wie andere auch –, daß die Verdoppelung auf der sensorischen Ebene stattfinden muß, daß also jede Gehirnhälfte die Information über das Geschehen an die andere Hälfte weitergeben muß. Gleichzeitig aber, so behauptet er, muß die Bewußtseinseinheit auf eine Hemisphäre begrenzt sein; anderenfalls ergäbe sich eine Verdoppelung des sensorischen Feldes auf einem bewußten Niveau, und dies würde der Verarbeitung eines visuellen Zielreizes entgegenwirken. Folglich gibt es kein Gesamtbewußtsein, das beide Gehirnhälften umspannt.

Warum sind wir uns der beiden getrennten Bewußtseinseinheiten in unserem Kopf nicht bewußt? Warum arbeiten die beiden Gehirnhälften offensichtlich so gut zusammen? Puccetti glaubt, daß das sogenannte Cross-Cueing-Phänomen einen Teil der Antwort liefert. Experimente mit Split-Brain-Patienten haben gezeigt, daß die abgetrennte linke (verbale) Hemisphäre tatsächlich Anspruch auf Material erhebt, das nur der rechten Hemisphäre dargeboten wurde. Wesentlich in diesen

Fällen ist, daß »die verbale Gehirnhälfte darauf besteht, dieses Wissen irgendwo unter der Oberfläche zu besitzen, und zu verstehen gibt, daß kein anderes Bewußtseinszentrum existiert, das über jenes Wissen verfügt«.[21]

Wie Puccetti des weiteren ausführt, kann die Tatsache, daß die rechte Hemisphäre unter solchen experimentellen Bedingungen fortfährt, der sprechenden Gehirnhälfte wie bei einer Scharade gewissenhaft Hinweisreize zu liefern, als Beweis dafür gelten, daß sie bezüglich der Kommunikation mit der Außenwelt meistens eine zweitrangige Rolle neben der linken Hemisphäre spielt. Nach einer Kommissurotomie ändert sich für die stumme rechte Hemisphäre nur wenig.

Wie man sich denken kann, ist Puccettis Hypothese von der Dualität des Bewußtseins im normalen Gehirn von vielen Seiten kritisiert worden. Nichtsdestoweniger liegt hier eine weitere interessante Betrachtungsweise vor, die durch die Split-Brain-Forschung angeregt wurde.

Was für ein „Selbst" ist eine Hemisphäre?

Der Philosoph Daniel Dennett hat sich über die Personifizierung von Teilen des Gehirns mokiert, also darüber, daß man sie als „Wesen" betrachtet und ihnen ein „Ich" oder „Selbst" zuspricht:

> »Wie fühlt man sich so als Rechtshemisphären-Selbst in einem Split-Brain-Patienten? Das ist die natürlichste Frage der Welt, und sie beschwört ein Bild herauf, das einen nicht nur schwindlig macht, sondern auch frösteln läßt: Da bist Du also, gefangen in der rechten Gehirnhälfte eines Körpers, dessen linke Seite Dir sehr vertraut ist und die Du auch immer noch kontrollierst, dessen rechte Seite Dir nun aber so fern geworden ist wie der Körper eines Fremden, der Dir über den Weg läuft. Du würdest gern der Welt mitteilen, wie es ist, so zu sein, wie Du bist, aber Du kannst nicht! Da Du Deiner indirekten Telefonverbindungen mit dem Radiosender in der linken Hemisphäre verlustig gegangen bist, bist Du von allen verbalen Kommunikationsmöglichkeiten abgeschnitten. Du tust Dein Bestes, um der Außenwelt zu signalisieren, daß es Dich gibt, indem Du Deine Hälfte des Gesichts zu einem einseitigen Stirnrunzeln oder Lächeln verziehst – und manchmal (wenn Du ein Virtuose von einem Rechtshemisphären-Selbst bist), indem Du ein oder zwei Wörter mit der linken Hand kritzelst.«[22]

Dennett weist in der Folge darauf hin, daß diese Phantasieübung schlicht jeglicher Grundlage entbehre, da nach einer Kommissurotomie keine Konstellationen verblieben, die eigenständig und robust genug wären, um einem solchen separaten Selbst Rückhalt zu geben. Die Voraussetzungen, um jene Art erzählerischen Reichtums und jene Unabhängigkeit hervorzubringen, die ein „auf eigenen Füßen stehendes" Selbst ausmachen, seien nicht gegeben:

> »In sorgfältig entworfenen Experimenten reagieren einige Patienten auf eine Zwangslage für kurze Zeit in zwiespältiger Weise, was vorübergehend einen zweiten erzählerischen Schwerpunkt entstehen läßt ... die Lebensdauer dieses zweiten, rudimentären Selbst beträgt höchstenfalls Minuten – nicht viel Zeit, um jene Art von Lebensgeschichte zu schreiben, die für Ichs, die auf eigenen Füßen stehen, so kennzeichnend ist.«[23]

Auch nach Ansicht des Philosophen und Psychologen Daniel N. Robinson von der Georgetown University werden Fragen, die mit der „Einheit des Bewußtseins" zusammenhängen, von den Befunden der Split-Brain-Forschung kaum berührt. Robinson erkennt die wissenschaftliche Bedeutung neuerer Befunde und Theorien zur Lateralität psychischer Prozesse durchaus an. Aber seiner Meinung nach gibt es im Rahmen der Split-Brain-Forschung nur eine konsistente Beobachtung, die für Fragen eines „gespaltenen Selbst" oder eines „doppelten Bewußtseins" als relevant anzusehen ist. Dabei handele es sich um den Zustand des „Erkenntniswiderspruchs" (*epistemic contradiction*) – um die widerstreitenden Wissensangaben, die in manchen Testsituationen von Split-Brain-Patienten gemacht werden. Derselbe Patient mag beispielsweise fast gleichzeitig die Präsenz einer bestimmten Erinnerung bestätigen und leugnen: »Die linke Hand scheint, wie man so schön sagt, nicht zu wissen, was die rechte tut, oder – in der Sprache der modernen Kommentatoren ausgedrückt – das linke Gehirn weiß nicht, was das rechte sagt, weil das rechte Gehirn nicht reden kann.« Robinson meint weiter, daß diese Widersprüche »verwendet werden, um die Ansicht von der fehlenden Einheit oder Vielfältigkeit des Selbst – beziehungsweise von dessen Dualität, weil es eben zwei Hemisphären gibt – zu verteidigen«.[24]

Tatsächlich vermögen Robinson zufolge verschiedenste experimentelle Techniken genau solche Zustände in vollkommen normalen, gesunden Versuchspersonen hervorzurufen. Zum Beispiel „erinnern" sich Versuchspersonen bei Präsentation ganz bestimmter Hinweisreize auf einmal an eine Zahl oder einen Buchstaben, den sie im Anschluß an die ursprüngliche kurze Darbietung neben mehreren anderen nicht wiedererkennen konnten.[25] In gewissen psycho-physikalischen Experimenten reagieren Versuchspersonen auf einen Lichtblitz, von dem sie behaupten, ihn nicht „gesehen" zu haben, genauso schnell wie auf den gleichen Lichtreiz, wenn er allein dargeboten wird.[26] Robinson führt noch weitere Beispiele an, etwa „hysterische" Patienten, die vollkommen unterschiedliche Identitäten annehmen, Schlafwandler, die ziemlich komplexe Handlungen ausführen und sich danach an nichts mehr erinnern, und hypnotisierte Personen, die leugnen, was sie wissen.

> »Für diejenigen, die in solchen Befunden Beweise für die Vielfältigkeit des Selbst sehen, gibt es Belege geradezu im Überfluß; was durch Kommissurotomien hinzukommt, fällt kaum ins Gewicht. Doch für die, die sich der Dualitätshypothese verschrieben haben, sind die Befunde schon zu gut, als daß die Hypothese wahr sein könnte. Übrigens sind Zustände des Erkenntniswiderspruchs nicht auf zwei pro Person beschränkt. Man denke an die *Drei Gesichter der Eva* (deutscher Titel des in den USA erschienenen Romans *Eve's Three Faces*) und die von Binet entdeckten Fälle mit noch mehr Zuständen. Es erübrigt sich wohl zu erwähnen, daß es in keinem dieser Fälle irgendwelche Hinweise auf mehr als zwei Hemisphären gab.«[27]

Das Grundproblem liegt nach Robinson in den Bedeutungen und der synonymen Verwendung von Begriffen wie „Selbst", „Selbstidentität", „persönliche Identität" und „Person". Eine Person ist ein Mensch von oftmals nicht bekannter Identität mit Eigenschaften, die im übrigen Tierreich nicht in gleichem Ausmaß zu finden sind – gewissermaßen eine Sammlung von Eigenschaften, die von vielen Einheiten eines bestimmten Typs geteilt werden. Auf die Frage nach dem „Was" kann man antworten: „Es ist eine Person."

Um herauszufinden, wer diese Person ist, müssen wir über die Attribute, die den Personenstatus ausmachen, hinausgehen und die persönliche Identität feststellen. Wenn wir den Namen, den Beruf, die Anschrift und Einzelheiten aus dem Leben der Person erfragen, dann dürfen wir schließlich davon ausgehen, ihre Identität zu kennen – genauer gesagt, ihre persönliche Identität. Das ist jedoch etwas anderes als die Selbstidentität, denn beispielsweise könnte dieselbe Person unter einer Amnesie leiden und deshalb die von uns festgestellte Identität gar nicht kennen. Dennoch zweifelt der Amnestiker keineswegs an seiner Existenz, und »man muß ihm gewiß ein Selbst zugestehen, ja, er wird das sogar fordern, ob wir es ihm nun zugestehen oder nicht«.[28]

Nach Robinsons Ansicht lassen sich einige der Phänomene, die man bei Split-Brain-Patienten beobachtet hat, sowie die anderen Beispiele für widersprüchliche Wissensbehauptungen vielleicht als Belege für multiple persönliche Identitäten und sogar für multiple Selbstidentitäten ansehen; auf keinen Fall aber seien sie der Beweis für ein multiples Selbst. Und vielleicht sollte man sie, so möchten wir ergänzen, am besten einfach als (in Laborsituationen in Erscheinung tretende) Manifestation jener vielen unbewußten Vorgänge im Kopf einer Person betrachten, welche die Psychologie und die Physiologie über die letzten hundert Jahre hinweg zu dokumentieren versucht haben.

Bewußte versus unbewußte Prozesse in der Klinik

Wissenschaftler interessieren sich in neuerer Zeit zunehmend für die experimentelle Unterscheidung zwischen bewußten und unbewußten Prozessen, die bei bestimmten neuropsychologischen Fallstudien offenbar wird, und für die Implikationen, die sich daraus für das Verständnis der physiologischen Basis des Bewußtseins selbst ergeben könnten. Die Möglichkeit, einige neurophysiologische Aspekte, die verschiedenen Bewußtseinszuständen zugrunde liegen, experimentell zu untersuchen, ergab sich gegen Ende der fünfziger Jahre, als die Entdeckung der raschen Augenbewegungen während verschiedener Schlafphasen große Aufregung hervorrief. Auch die Arbeit mit Split-Brain-Patienten in den sechziger und siebziger Jahren, wie bereits in diesem Kapitel diskutiert, schien Einblick in die Natur des Bewußtseins zu bieten; das galt insbesondere für Experimente, die die Möglichkeit zweier unabhängiger Bewußtseinsströme untersuchten. In neuerer Zeit interessieren sich Forscher besonders dafür, in welchem Ausmaß sich hirngeschädigte Patienten Zugang zu nichtbewußtem oder implizitem Wissen bewahrt haben – und zwar trotz einer profunden Beeinträchtigung des bewußten oder expliziten Wissens. Wir haben in früheren Kapiteln bereits mehrere Beispiele dafür diskutiert, so in Fällen von schwerem Gedächtnisverlust, wo sich zeigen ließ, daß Patienten Aufgaben gelernt haben, sich an den Lernvorgang selbst aber nicht bewußt erinnern konnten. Wir haben auch über Neglektpatienten gesprochen, die bei tachistoskopischen Tests Reize korrekt „erraten", von denen sie behaupten, sie würden sie nicht sehen.

Es gibt weitere klinische Beispiele solcher Spaltungen in bewußte und unbewußte Prozesse. „Blindsehen" ist eines der berühmtesten; es deutet stark darauf hin, daß einige Aspekte visueller Information unbewußt zu Patienten „durchdringen", deren Sehrinde geschädigt ist und die bei formalen Sehtests blind erscheinen.[29] Einige dieser Hinweise ähneln denjenigen, die man mit der Zwangswahlmethode (*forced choice paradigm*) erhält, die wir in der Studie zur visuellen „Extinktion" (Löschung) bei Neglektpatienten erwähnt haben, wo die Patienten, wenn man sie zu wählen zwingt, viel besser abschneiden, als es nach dem Zufallsprinzip zu erwarten wäre, obwohl sie behaupten, nichts gesehen zu haben. Andere Befunde deuten darauf hin, daß die Patienten Informationen über Ort und Bewegung von Objektreizen haben, obwohl sie nicht imstande sind, die Objekte tatsächlich zu identifizieren. Es gibt viele weitere Beispiele für unbewußte Lerneffekte bei Patienten, und selbst bei normalen Versuchspersonen lassen sich unter Laborbedingungen analoge Phänomene demonstrieren.

Was können uns solche Fälle und die offensichtliche Existenz vieler zerebraler Operationen, deren wir uns nicht bewußt sind, über das Bewußtsein im allgemeinen sagen? Darüber gibt es zahlreiche Meinungsverschiedenheiten, doch eine Reihe von Forschern glauben, daß solche Phänomene Gelegenheit bieten, Bewußtseinsaspekte empirisch und unter kontrollierten Laborbedingungen zu studieren. Überdies könnten die neuroanatomischen Strukturen, die bei den Syndromen eine Rolle spielen, als Basis für ein wirklich physiologisches Modell des Bewußtseins dienen.

Stefan Kohler und Morris Moscovitch gelangten bei ihrer kritischen Literaturübersicht über unbewußte visuelle Verarbeitung zu drei Modellen, die unterschiedliche Implikationen für das neuronale Substrat des Bewußtseins haben.[30] Dem *degraded representation model* zufolge werden bewußte wie unbewußte Prozesse von denselben neuronalen Mechanismen vermittelt. Die anderen beiden Modelle gehen hingegen davon aus, daß Bewußtsein von spezifischen neuronalen Substraten abhängt, die sich von denjenigen unterscheiden, welche bei unbewußten Prozessen eine Rolle spielen. Beim *disconnection model* sind neuronale Mechanismen, die an unbewußten Prozessen beteiligt sind, seriell mit denjenigen Mechanismen verbunden, die an bewußten Prozessen beteiligt sind. Überdies nimmt dieses Modell an, daß der neuronale Mechanismus, der die gezielte Aufmerksamkeit steuert, ein zugeordnetes System ist, das allen Domänen dient, das heißt, alle unbewußten Verarbeitungssysteme sind mit einem einzigen bewußten Aufmerksamkeitssystem verbunden. Im Gegensatz dazu schlägt das *distinct knowledge model* für das Bewußtsein eine Parallelverarbeitung über multiple Domänen vor. Das bedeutet, daß jede sensorisch-perzeptuelle Modalität oder Domäne für die unbewußten wie die bewußten Stadien der Verarbeitung ihr eigenes neuronales Substrat hat.

Die beiden letztgenannten Modelle würden Kohler und Moscovitch zufolge die Suche nach der neuronalen Basis des Bewußtseins in verschiedene Richtungen lenken. Nach dem *distinct knowledge model* sollte man im Bereich der vielen Hirnregionen suchen, die an Wahrnehmungsprozessen beteiligt sind, welche zu explizitem Wissen in speziellen Domänen führen. Im Gegensatz dazu lenkt das *disconnection model* die Suche in Richtung auf eine Struktur oder ein derartiges Netzwerk, ohne das Bewußtsein in keiner Domäne existieren kann.

Zwar ist bisher keinem dieser Modelle systematisch nachgegangen worden, doch Kohler und Moscovitch haben einige vorläufige Hypothesen aufgestellt, die auf der Rolle des Hippocampus beim bewußten Erinnern (siehe unsere Diskussion in Kapitel 8) und anderen Daten basieren, denen zufolge das visuelle System des Menschen vermutlich zwei Subsysteme besitzt: eines für die Objektidentifikation (ventraler oder „Was"-Pfad) und ein zweites für Ort und Lenkung visuell gesteuerter Handlungen (dorsaler oder „Wo"-Pfad). Obgleich Verbindungen zwischen diesen beiden visuellen Systemen und dem Hippocampus beim Menschen nicht gut dokumentiert sind, weist der ventrale Pfad bei Affen starke Projektionen zur Hippocampusformation auf, während Projektionen vom dorsalen Pfad zum Hippocampus spärlich sind.

Unter der Voraussetzung, daß dasselbe für Menschen gilt, haben Kohler und Moscovitch vorgeschlagen, diese Situation böte die Gelegenheit, mehrere Vorhersagen im Hinblick auf bewußtes Erinnern genauer zu untersuchen: Sie vermuten, daß nur bewußt (explizit) gelerntes visuelles Wissen zu einem späteren Zeitpunkt erinnert werden kann und daß die für Bewußtsein notwendigen Regionen diejenigen sind, die in die Hippocampusformation projizieren. Beide Forscher betonen jedoch, daß sie nicht behaupteten, die Hippocampusformation sei der Speicher oder das Tor zum Bewußtsein. Statt dessen sehen sie im Hippocampus eine Struktur, die „bewußten Input" braucht, um zu arbeiten, und daher möglicherweise als Zeiger für diejenigen Regionen dienen könnte, die beim Bewußtsein eine Rolle spielen.

Das Bindungsproblem

Eines der häufig diskutierten Geheimnisse der menschlichen Gehirnfunktion betrifft die Art und Weise, wie multiple zerebrale Prozesse zu einer einheitlichen perzeptuellen Erfahrung führen. Wie „verbindet" das Gehirn die Informationsfragmente, die von verschiedenen Objekten und Teilen der Szene wie auch über verschiedene Sinnesorgane einlaufen, zu einem kohärenten Gesamtbild? Mehrere Philosophen, darunter Emanuel Kant und David Hume, haben dieses Problem in der einen oder anderen Form diskutiert. In jüngerer Zeit haben Hirnforscher nach mehr neurobiologisch orientierten Erklärungen gesucht. Eine der Hypothesen besagt, daß es einen Ort im Gehirn geben muß, wo Informationen aus allen anderen Teilen zusammengeführt werden. Nach einer anderen erfolgt die Bindung durch zeitliche Synchronisation oder Timing; die Synchronisation der neuronalen Aktivität über mehrere Regionen hinweg ist es, die Verbindungen herstellt.

Das Modell der elektrischen Synchronisierung

Der Elektrophysiologe Rodolfo Llinas behauptet, daß die Antwort im Timing liegt, und er hat eine kontrovers diskutierte und provokante Theorie entwickelt, die das Bindungsproblem auf der Basis einer Gehirnwellenaktivität mit einer Frequenz von 40 Hertz erklärt.[31] Mittels Magnetenzephalographie (MEG, beschrieben in Kapitel 3) konnte Llinas zeigen, daß alle 0,0125 Sekunden eine 40-Hz-Welle von vorne nach hinten über das Gehirn läuft. Da es im Thalamus Zellen gibt, die mit einem natürlichen Rhythmus von 40 Zyklen pro Sekunde feuern, hält Llinas ihren Feuerrhythmus für die Quelle der rhythmischen Aktivität, die sich von der Cortexoberfläche ableiten läßt.

Der Thalamus dient, wie man weiß, als Hauptrelaisstation für die sensorischen Systeme des Körpers, bevor ihre Signale zu den primären sensorischen Regionen des Cortex weitergeleitet werden. Nach Llinas' These stellt der Thalamus sicher, daß die sensorischen Zellen im Cortex, einschließlich der corticalen Regionen, die verschiedenen sensorischen Modalitäten dienen, derart koordiniert werden, daß der Rhythmus ihrer elektrischen Aktivität bei 40 Zyklen pro Sekunde liegt. Diese ständige elektrophysiologische Sweep-(Durchlauf-) oder Scanning-(Abtast-)Welle könnte das Bindesignal sein, das die Information von Teilen des Cortex, die auditive, visuelle, motorische und andere sensorische Signale handhaben, miteinander verknüpft.

Seiner Ansicht nach erzeugt das Gehirn Bilder auf folgende Weise: Die Impulswelle aus der Region um die intralaminären Kerne des Thalamus fragt einmal alle 0,0125 Sekunden all die sensorischen Regionen ab, die über den Cortex verteilt kartiert sind. Diejenigen Regionen mit aktiven Zellen, die irgendeinen sensorischen Input repräsentieren, werden in denselben Rhythmus wie die Abtastwelle gezwungen und senden eine Salve von Nervenimpulsen zurück zum Thalamus, die alle zeitlich präzis zu einem kohärenten Muster koordiniert sind. Llinas zufolge werden alle in einem bestimmten Zyklus empfangenen kohärenten Muster als einziges Bild wahrgenommen. »Die sensorischen Botschaften von Augen, Ohren, Nase und Tastsinn werden daher verknüpft, aber nicht an einem bestimmten Ort, sondern in einem bestimmten Augenblick.«[32]

Ähnlichkeiten von REM-Schlaf und bewußtem Wachzustand („Das wache Leben eines Menschen ist wie ein Traum, geleitet von den Sinnen")

Llinas hat auch vermutet, daß Veränderungen der Hintergrundoszillation eine interessante Beziehung zwischen Wachzustand und Schlaf aufzeigen, wobei Bewußtsein eigentlich nichts anderes als ein traumähnlicher Zustand ist, der von Sinneseindrücken geleitet wird. Bei der Untersuchung der Unterschiede zwischen Tiefschlaf („Delta"-Schlaf), Schlaf mit raschen Augenbewegungen (REM- oder Traumschlaf) und Wachzustand fand Llinas, daß Wachzustand und REM-Schlaf identisch sind, was die Präsenz der 40-Hz-Oszillationen angeht, sich aber in ihrer elektrischen Antwort auf externe sensorische Stimuli unterscheiden. Sowohl im Wachzustand wie im REM-Zustand erzeugen externe Reize evozierte Potentialantworten. Aber während der REM-Phase wird die rhythmische 40-Hz-Aktivität nicht durch einen externen Stimulus in derselben Weise abrupt „neu gesetzt" (*reset*), wie es bei einer wachen Testperson der Fall ist.

Diese Befunde deuten darauf hin, daß die 40-Hz-Resonanz zwischen Thalamus und Cortex im Wachzustand wie im REM-Schlaf aktiv ist und sehr ähnliche Eigenschaften aufweist. Beide Zustände führen zu kognitiven Erfahrungen, doch der Traumzustand ist, so vermutet Llinas, durch eine gesteigerte Aufmerksamkeit für einen internen Zustand charakterisiert, so daß externe Stimuli ihn nicht stören.

Llinas hat auch eine Hypothese dafür aufgestellt, warum wir träumen; sie basiert teilweise auf der Tatsache, daß man gewöhnlich von aktuellen Ereignissen oder Problemen träumt. Träumen, so vermutet er, ist möglicherweise die notwendige Folge der parallelen Natur neuronaler Organisation. Am Ende eines Tages könnten wir viele Teillösungen für eine bestimmte Frage haben, die uns durch den Kopf geht, bevor wir einschlafen, und beim Träumen „laden" wir sie „herunter" (*download*) und vermeiden dadurch eine Überladung der Schaltkreise mit der Anhäufung einer ständig zunehmenden Zahl von Teillösungen. Gestützt wird seine Ansicht durch die ausgezeichneten Problemlösungen, die einem manchmal „im Schlaf" einfallen, ähnlich wie es Otto Loewi im Hinblick auf seine nächtliche Erleuchtung über die Rolle chemischer Substanzen bei der neuronalen Übertragung beschrieb.

Die Bedeutung von Fragen hinsichtlich der Einheit der perzeptuellen Erfahrung

So faszinierend, wie einige der Fragen (und der vorgeschlagenen Antworten) hinsichtlich der Einheit von perzeptueller und bewußter Erfahrung auch sind, es ist durchaus möglich, daß sie in sich selbst irreführend und ungeeignet sind. Ist es wirklich nötig, sich darüber Gedanken zu machen, „wo" Information im Gehirn zusammengeführt wird, beispielsweise wo die „Bindung" verschiedener sensorischer Ereignisse stattfindet? Schließlich sind wir unser ganzes Gehirn (und unser ganzer Körper); müssen wir uns darum sorgen, wie sensorische Ereignisse innerhalb des Gehirns vereinigt werden? Müssen wir die offensichtliche Einheit der bewußten Erfahrung erklären, indem wir nach einer Gehirnregion suchen, wo verschiedene Ströme der Informationsverarbeitung zu einem kohärenten Ganzen integriert werden? Was das betrifft, müssen wir uns damit beschäftigen, wie oder warum die Existenz zweier Hemisphären bei der Person, deren Gehirn sie bilden, anscheinend nicht zu widerstreitenden Bewußtseinsströmen führt?

Bei einer kleinen Gruppe von Wissenschaftlern und Philosophen entwickelt sich mehr und mehr das Gefühl, daß viele derartige Fragen aus einer falschen Sicht der Art und Weise resultieren, wie sich verschiedene Kategorien mentaler Funktionen zu physiologischen Ereignissen in Beziehung setzen lassen.[33] Dieser Fehler in der Perspektive zeigt sich wahrscheinlich darin am deutlichsten, daß viele Modelle der Informationsverarbeitung im Gehirn anscheinend zum „Homunculus-Problem" führen. Viele Modelle führen unausweichlich zu der Frage, wer oder was es denn ist, der sich die Ergebnisse der vorgeschlagenen Verarbeitungsschritte ansieht – ein „kleiner Mann im Kopf" oder „Homunculus", ein Gnom ähnlich der verzerrten Figur, die oft dazu dient, die disproportionale Repräsentation verschiedener Körperteile im sensomotorischen Cortex des Gehirns zu veranschaulichen? Dieses Problem ist eindeutig ein Ergebnis falscher Fragestellung, oder es beruht darauf, daß wir uns den Operationen des Gehirns in falscher Weise zu nähern versuchen. Die Frage, „wo" etwas stattfindet, hat insofern einem nützlichen Zweck gedient, als daß sie zur Identifizierung vieler funktioneller Lokalisationsprinzipien im Gehirn geführt hat. Aber es ist wahrscheinlich keine geeignete Frage, wenn es um viele der menschlichen Fähigkeiten geht, die wir dem Gehirn zuschreiben.

Hat sich das Leib-Seele-Problem erledigt?

Der aufregende Strom neuer Entdeckungen und Beobachtungen über Beziehungen zwischen Gehirn und Verhalten verleitet manchmal zu der Annahme, wir stünden kurz davor, den Geist (früher auch als Seele betrachtet) oder zumindest einige geistige Funktionen zu „verstehen". Da es überdies oft so leicht ist, Ansätze zu widerlegen, in denen dem Bewußtsein in naiver und simplifizierter Weise bestimmte Strukturen (wie in früheren Zeiten) oder Stufen der Informationsverarbeitung (wie es in neuerer Zeit gelegentlich geschieht) zugeordnet werden, entsteht zunehmend der allgemeine Eindruck, daß philosophische und sogar psychologische Fragen, die sich mit dem Problem auseinandersetzen, ob geistige und physische Ereignisse zueinander in Beziehung stehen, unsinnig seien und an ihre Stelle eine neue „Neurophilosophie" trete, die davon ausgeht, daß geistige Vorgänge neurophysischen Prozessen vollständig zugeordnet werden können.

Tatsache aber ist, daß es noch wichtige konzeptionelle und philosophische Probleme zu bearbeiten gibt, wenn man die physischen Vorgänge, die „kognitiven Handlungen" zugrunde liegen, aufdecken und erklären will. Diese Schwierigkeiten lassen sich weder damit abtun, daß man sich darüber lustig macht, welche Funktion Descartes der Zirbeldrüse zuschreibt, noch dadurch, daß man John Eccles' Ansichten darüber ablehnt, wo in der Physiologie das „Bewußtsein" die Szene betrete. Unglücklicherweise hat die relative Leichtigkeit, mit der sich einige Versuche zum Thema Bewußtsein angreifen ließen, gleichzeitig zu einer Trivialisierung der ernsten Fragen zur Gehirn-Geist-„Identität" geführt. Wir haben in Kapitel 3 bereits darauf hingewiesen, daß das physiologische Korrelat eines geistigen Vorgangs nicht identisch mit diesem Vorgang ist. Unser geistiges Leben wird sich unter Umständen niemals durch äußerliche physiologische Messungen erklären lassen – nicht, weil es nicht aus der Gehirnaktivität entsteht, sondern weil das, was wir innerlich erleben, durch diskret meßbare Prozesse nicht erklärbar ist. Vielleicht lassen sich spezifische sensorische Aspekte von Erfahrungen mit spezifischen physischen Vorgängen in einen kausalen Zusammenhang bringen. Aber das bewußte Erleben als Ganzes besitzt womöglich zeitliche und mechanistische Hintergrundcharakteristika, die sich von der Zeit, der Struktur und den Prozessen, die wir zu messen versuchen, vollkommen unterscheiden.

Aber werden wir „es" jemals messen? Der Arzt und Schriftsteller Jonathan Miller formulierte es kürzlich so:

»In der Tat ist die Methode, die uns das Bewußtsein näher gebracht hat, so vollkommen verschieden von derjenigen, durch die wir uns mit Gehirnen vertraut machen, daß ich, wie es auch der Philosoph Colin McGinn tut, vermute, daß wir, obwohl wir uns auf nichts anderes als das Gehirn zu besinnen brauchen – keine Magie, die die Naturgesetze außer Kraft setzt –, die Verknüpfung zwischen beiden wohl niemals vollständig verstehen werden.«[34]

Und Miller schließt:

»Es gibt offensichtlich noch viel mehr über die Beziehung zwischen Gehirn und Geist zu lernen, und es wird Jahre, vielleicht Jahrhunderte dauern, bis wir zu dem gelangen, was Professor McGinn so mutig als *cognitive closure* (als „kognitives Schlußwort") bezeichnet hat. Die Tatsache, daß diese Forschung dazu bestimmt ist, eine asymptotische Kurve zu beschreiben, die der Grenze immer näher kommt, ohne sie jemals zu erreichen, schließt die Notwendigkeit, daß wir ihr folgen, nicht aus.«[35]

Schlußbemerkung

Damals, als die erste Auflage von *Left Brain, Right Brain* geschrieben wurde, war die populäre Darstellung der Schlußfolgerungen aus der zerebralen Lateralitätsforschung fast zu einem kulturellen (oder eher kontrakulturellen) Phänomen geworden. Neue Befunde aus der Hirnforschung wurden weit über das hinaus interpretiert, was sich mit dem Datenmaterial rechtfertigen ließ. Einige Leute deuteten die Befunde so, als demonstrierten sie die Existenz ungenützter geistiger Ressourcen und böten eine Erklärung für kulturelle und individuelle kognitive Unterschiede, für veränderte Bewußtseinszustände, für Kreativität und vieles mehr. Die Grenze zwischen Wissenschaft und Spekulation wurde allzu häufig verwischt, und die meisten Leser hatten kaum eine Möglichkeit, die notwendige Unterscheidung zwischen beiden zu treffen. Mit *Left Brain, Right Brain* wollten wir diesem Mißstand abhelfen, Fakten von Spekulationen trennen, zeigen, daß die Übertreibung populärer Berichte die Realität der profunden Asymmetrie in der zerebralen Organisation nicht schmälert und einiges von den wirklichen Fragen, vom Drama und vom Geist der Hirnforschung vermitteln. Beim Schreiben wurden wir uns der Realität der Hemisphärenunterschiede und ihres Potentials, uns zu helfen, die höheren geistigen Funktionen zugrundeliegenden Gehirnmechanismen zu verstehen, deutlicher bewußt als je zuvor.

Wir haben die Erforschung der Hemisphärenasymmetrie als organisatorischen und instruktiven Ansatz benutzt, um den Leser auf eine Reise mitzunehmen, die von der historischen zur zeitgenössischen Forschung über die Beziehung zwischen Gehirn und Verhalten beziehungsweise zwischen Geist und Gehirn führt. Ein Großteil dieser Forschung konzentriert sich jedoch nicht länger ausdrücklich auf Unterschiede zwischen den Hemisphären. Im Laufe der Zeit ist die Betonung der „Lateralität" der Funktion in der Hirnforschung in den Hintergrund getreten, während neue und zunehmend komplexere Fragen über die zerebrale Organisation gestellt und bis zu einem gewissen Grad auch beantwortet werden. Die Asymmetrie der Funktion bleibt oft unausgesprochen, etwas, das man als gegeben annimmt – so sehr, daß ein Wissenschaftler, der seine mit Hilfe von bildgebenden Verfahren gewonnenen Daten auf einem wissenschaftlichen Treffen vorstellt, vielleicht sogar zu erwähnen vergißt, daß ein Großteil der Spracheffekte, über die er berichtet, in der linken Hemisphäre auftraten!

Obwohl der Schwerpunkt derartiger Forschung und dieses Buches in den meisten Fällen sicherlich über eine einfache Suche nach hemisphärischen Unterschieden hinausgeht, bleiben funktionelle Asymmetrien ein fundamentales Prinzip der zerebralen Organisation, das eine zentrale, wenn auch nicht immer explizite Rolle in den kognitiven Neurowissenschaften spielt. Es ist überdies ein Prinzip, das noch immer nicht völlig verstanden und erklärt ist. Die verstorbene Justine Sergent, eine Neuropsychologin, die sich eingehend mit bildgebenden Verfahren beschäftigte, hat die Relevanz der Hemisphärenforschung diskutiert:

„Das Problem der funktionellen Asymmetrie des Gehirns steht im Zentrum neuropsychologischer Forschung am Menschen ... Es stellt ein paradoxes Phänomen dar, das in der Natur einzigartig ist. Logik wie auch Erfahrung sagen uns, daß zwei symmetrische Strukturen aus demselben Gewebe und mit derselben anatomischen Organisation dieselben Eigenschaften und Funktionen haben sollten, wie es bei Augen, Lungen, Nieren oder Ohren der Fall ist. Das gilt jedoch nicht für das Gehirn, und die strukturelle Ähnlichkeit seiner beiden Hauptbestandteile führt nicht zu einer funktionellen Gleichwertigkeit ... Die respektiven Rollen der zerebralen Hemisphären bei der Kontrolle von Kognition und Verhalten zu verstehen und zu spezifizieren, sind unausweichliche Voraussetzungen, um die funktionelle Organisation des Gehirns erklären."[1]

Möglicherweise beruhen einige der grundlegendsten geistigen Fähigkeiten des Menschen darauf, daß die Natur in gewissem Maße eine sehr alte, stabile und erfolgreiche Methode zur Veränderung des Gehirns eingebüßt hat: die bilateralsymmetrische Evolution. Warum so vieles in der Natur eine spiegelsymmetrische Struktur aufweist und warum sich das Gehirn größtenteils spiegelsymmetrisch entwickelt hat, ist eine theoretische Frage, bei deren Beantwortung man weitgehend auf Vermutungen angewiesen bleibt.

Eine Annahme besagt, daß eine doppelt angelegte Struktur weniger verletzungsanfällig ist. Mechanismen auf der einen Seite können leicht Funktionen übernehmen, die auf der anderen verlorengegangen sind, weil beide grundsätzlich dasselbe leisten. Mit der Entwicklung von Asymmetrien ging dieser Vorteil verloren. Dieser Verlust an Redundanz wurde jedoch durch den gesteigerten Überlebenswert der Sprache, des verbesserten räumlichen Vorstellungsvermögens und sonstiger Begabungen wettgemacht, die die integrierte Tätigkeit der asymmetrischen Komponenten beider Hemisphären hervorbringen kann.

Bei der Untersuchung dieser Asymmetrien gehen die Forscher weit über die Frage nach den Unterschieden zwischen den beiden Gehirnhälften hinaus. Sie decken Prinzipien auf, die uns helfen, bessere Fragen darüber zu stellen, wie geistige Funktionen mit Gehirnfunktionen verknüpft sind und was es bedeutet, unser Verhalten mittels physiologischer Prozesse zu „erklären".

In einigen Fällen ist es gelungen, zwischen dem Ort der Gehirnaktivität und der verborgenen geistigen Funktion eine geregelte Beziehung zu entdecken; das ermutigt zu der Annahme, daß die Lokalisation zumindest ein Schritt in die richtige Richtung ist, um die zerebralen Mechanismen hinter den geistigen Fähigkeiten aufzuklären. Forscher haben sich zu Themen wie Bewußtsein, Gefühl und Einheit der Erfahrung geäußert. Darunter mögen einige voreilige Vorstöße gewesen sein, die sich auf unzureichendes Datenmaterial und ungeeignete Definitionen stützen, aber es sind erste Schritte auf dem sicher noch langen Weg, das Gehirn und vielleicht uns selbst zu begreifen.

Quellen

Kapitel 1

[1] A. Harrington, *Medicine, Mind, and the Double Brain* (Princeton, NJ: Princeton University Press, 1987).
[2] W. Gibson, „Pioneers in Localization of Brain Function", *Journal of the American Medical Association* 180 (1962): S. 944–951.
[3] P. Broca (1863), zitiert nach R. J. Joynt, „Paul Pierre Broca: His Contribution to the Knowledge of Aphasia", *Cortex* 1 (1964): S. 206–213.
[4] P. Broca (1964), zitiert nach M. Critchley, *Aphasiology and Other Aspects of Language* (London: Edward Arnold, 1970).
[5] P. Broca (1865), zitiert nach S. Dimond, *The Double Brain* (London: Churchill-Livingstone, 1972).
[6] B. Bramwell, „On Crossed Aphasia", *Lancet* 8 (1899): S. 1473–1479.
[7] J. H. Jackson, *Selected Writings of John Hughlings Jackson*, Hrsg. J. Taylor (New York: Basic Books, 1958).
[8] Ibid.
[9] Ibid.
[10] Ibid.
[11] T. Weisenberg und K. E. McBride, *Aphasia: A Clinical and Psychological Study* (New York: Commonwealth Fund, 1935).
[12] J. D. Bradshaw, *Clinical Neuropsychology: Behavioral and Brain Science* (San Diego: Academic Press, 1995).
[13] O. Dalin (1745), zitiert nach A. L. Benton und R. J. Joynt, „Early Descriptions of Aphasia", *Archives of Neurology* 3 (1960): S. 205–222.
[14] Bradshaw, *Clinical Neuropsychology*.
[15] J. Semmes, „Hemispheric Specialization, a Possible Clue to Mechanism", *Neuropsychologia* 6 (1968): S. 11–26.
[16] W. Penfield und L. Roberts, *Speech and Brain Mechanisms* (Princeton, NJ: Princeton University Press, 1959).
[17] C. A. Mateer, R. L. Rapport und D. D. Polly, „Electrical Stimulation of the Cerebral Cortex in Humans", in *Neuromethods*, Hrsg. A. Boulton, G. Baker und M. Hiscock (Clifton, NJ: Humana Press, 1990).
[18] G. A. Ojemann, „Cortical Stimulation and Recording in Language", in *Localization and Neuroimaging in Neuropsychology: Foundations of Neuropsychology*, Hrsg. A. Kertesz (San Diego: Academic Press, 1994); G. A. Ojemann, „Investigating Language During Awake Neurosurgery", in *Neuroscience, Memory, and Language. Decade of the Brain*, Hrsg. R. D. Broadwell (Washington, DC: US Government Printing Office, 1995).

[19]M. Jones-Gotman, I. Rouleau und P. Snyder, Hrsg., „Special Issue: Clinical and Research Contributions of the Intracarotid Amobarbitol Procedure to Neuropsychology", *Brain and Cognition* 33 (1997): S. 1–132.

[20]T. Rasmussen und B. Milner, „The Role of Early Left-Brain Injury in Determining Lateralization of Cerebral Speech Functions", in *Evolution and Lateralization of the Brain*, Hrsg. S. Dimond und D. Blizzard (New York: New York Academy of Sciences, 1977).

[21]D. W. Loring, K. Meador, G. Lee, A. Murro, J. Smith, H. Flanigin, B. Gallagher und D. King, „Cerebral Language Lateralization: Evidence from Intracarotid Amobarbitol Testing", *Neuropsychologia* 28 (1990): S. 831–838.

[22]P. J. Snyder, R. A. Novelly und L. J. Harris, „Mixed Speech Dominance in the Intracarotid Sodium Amytal Procedure: Validity and Criteria Issues", *Journal of Clinical and Experimental Neuropsychology* 12 (1990): S. 629–643.

[23]Bradshaw, *Clinical Neuropsychology*.

[24]T. Shallice, *From Neuropsychology to Mental Structure* (Cambridge: Cambridge University Press, 1988).

[25]N. Geschwind, „Disconnection Syndromes in Animals and Man", *Brain* 88 (1965): S. 585–644.

[26]A. W. Ellis und A. W. Young, *Human Cognitive Neuropsychology* (London: Erlbaum, 1988).

[27]D. Marr, „Early Processing of Visual Information", *Philosophical Transactions of the Royal Society of London* B 275 (1976): S. 483–524.

Kapitel 2

[1]T. C. Erikson, „Spread of Epilepstic Discharge", *Archives of Neurology and Psychiatry* 43 (1940): S. 429–452.

[2]J. E. Bogen, „Some Historical Aspects of Callosotomy for Epilepsy", in *Epilepsy and the Corpus Callosum* 2 (New York: Plenum, 1995).

[3]A. Harrington, *Medicine, Mind, and the Double Brain* (Princeton, NJ: Princeton University Press, 1987).

[4]Bogen, „Some Historical Aspects of Callosotomy".

[5]R. E. Myers, „Function of Corpus Callosum in Interocular Transfer", *Brain* 79 (1956): S. 358–363; R. E. Myers und R. W. Sperry, „Interhemispheric Communication Through the Corpus Callosum. Mnemonic Carry-Over Between the Hemispheres", *Archives of Neurology and Psychiatry* 80 (1958): S. 298–303.

[6]R. W. Sperry, „Hemisphere Deconnection and Unity in Conscious Awareness", *American Psychologist* 23 (1968): S. 723–733.

[7]M. S. Gazzaniga, *The Bisected Brain* (New York: Appleton-Century-Crofts, 1970).

[8]S. M. Ferguson, M. Rayport und W. S. Corrie, „Neuropsychiatric Oberservations on Behavioral Consequences of Corpus Callosum Section for Seizure Control", in *Epilepsy and the Corpus Callosum*, Hrsg. A. G. Reeves (New York: Plenum, 1985).

[9]J. Levy, C. Trevarthen und R. W. Sperry, „Perception of Bilateral Chimeric Figures Following Hemispheric Disconnection", *Brain* 95 (1972): S. 61–78.

[10]L. Franco und R. W. Sperry, „Hemisphere Lateralization for Cognitive Processing of Geometry", *Neuropsychologia* 15 (1977): S. 107–114.

[11]T. A. Nielsen, J. Montplaisir, R. Carcotte und M. Lassonde, „Sleep, Dreaming, and EEG Coherence Patterns in Agenesis of the Corpus Callosum: Comparisons with Callosotomy Patients", in *Callosal Agenesis*, Hrsg. M. Lassonde und M. A. Jeeves (New York: Plenum, 1994).

[12]C. R. Clark und G. M. Geffen, „Corpus Callosum Surgery and Recent Memory", *Brain* 112 (1989): S. 165–175.

[13]E. Phelps, W. Hirst und M. S. Gazzaniga, „Deficits in Recall Following Partial and Complete Commissurotomy", *Cerebral Cortex* 1 (1991): S. 492–498.

[14]E. Zaidel, „Language in the Right Hemisphere Follwing Callosal Disconnection", in *Handbook of Neurolinguistics*, Hrsg. H. Whitaker und B. Stemmer (San Diego: Academic Press, 1998).

[15]Ibid.

[16]K. Baynes und J. C. Eliassen, „The Visual Lexicon: Its Access and Organization in Commissurotomy Patients", in *Rights Hemisphere Language Comprehension: Perspectives from Cognitive Neuroscience*, Hrsg. M. Beeman und C. Chiarello (New York: Erlbaum, 1997).

[17]E. Zaidel und A. M. Peters, „Phonological Encoding and Ideographic Reading by the Disconnected Right Hemisphere: Two Case Studies", *Brain and Language* 14 (1981): S. 205–234; Baynes und Eliassen, „The Visual Lexicon".

[18]K. Baynes, J. C. Eliassen und M. S. Gazzaniga, „Agraphia Without Alexia: Isolation of Graphemic Output in a Split Brain Patient", 26th Annual Meeting of the Society for Neuroscience, November 1996.

[19]Zaidel, „Language in the Right Hemisphere".

[20]A. Kertesz, „Recovery of Aphasia", in *Behavioral Neurology and Neuropsychology*, Hrsg. T. E. Feinberg und M. J. Farah (New York: McGraw-Hill, 1997).

[21]M. Beeman und C. Chiarello, Hrsg., *Right Hemisphere Language Comprehension: Perspectives from Cognitive Neuroscience* (New York: Erlbaum, 1997).

[22]R. D. Nebes, „Direct Examination of Cognitive Function in the Right and Left Hemispheres", in *Asymmetrical Function of the Brain*, Hrsg. M. Kinsbourne (Cambridge: Cambridge University Press, 1978).

[23]Franco und Sperry, „Hemisphere Lateralization for Cognitive Processing of Geometry".

[24]J. Levy-Agresti und R. W. Sperry, „Differential Perceptual Capacities in Major and Minor Hemispheres", *Proceedings of the National Academy of Sciences USA* 61 (1968): S. 115.

[25]J. Levy, „Psychobiological Implications of Bilateral Asymmetry", in *Hemispheric Function in the Human Brain*, Hrsg. S. Dimond und S. Beaumont (New York: Halstead Press, 1974).

[26]C. Trevarthen und M. Kinsbourne, zitiert nach J. Levy, „Cerebral Asymmetries as Manifested in Split Brain Man", in *Hemispheric Disconnection and Cerebral Function*, Hrsg. M. Kinsbourne und W. L. Smith (Springfield, IL: Charles C. Thomas, 1974).

[27]J. Levy und C. Trevarthen, „Metacontrol of Hemispheric Function in Human Split Brain Patients", *Journal of Experimental Psychology: Human Perception and Performance* 2 (1976): S. 299–312.

[28]J. Levy, „The Regulation and Generation of Perception in the Asymmetric Brain", in *Brain Circuits and Functions of the Mind, Essays in Honor of Roger Sperry*, Hrsg. C. Trevarthen (Cambridge: Cambridge University Press, 1990).

[29] R. W. Sperry, „Lateral Specialization in the Surgically Separated Hemispheres", in *The Neurosciences Third Study Program*, Hrsg. F. O. Schmitt und F. C. Worden (Cambridge, MA: MIT Press, 1974).
[30] M. S. Gazzaniga und S. A. Hillyard, „Language and Speech Capacity of the Right Hemisphere," *Neuropsychologia* 9 (1971): S. 273–280.
[31] J. D. Holtzman, J. J. Sidtis, B. T. Volpe, D. H. Wilson und M. S. Gazzaniga, „Dissociation of Spatial Information for Stimulus Localization and the Control of Attention", *Brain* 104 (1981): S. 861–872.
[32] M. C. Corballis, „Visual Integration in the Split Brain", *Neuropsychologia* 31 (1995): S. 937–959.
[33] N. Geschwind, „The Frequency of Callosal Syndromes in Neurological Practice", in *Epilepsy and the Corpus Callosum*, Hrsg. A. G. Reeves (New York: Plenum, 1985).

Kapitel 3

[1] N. A. Lassen, D. H. Ingvar und E. Skinhoj, „Brain Function and Blood Flow", *Scientific American* 239 (1978): S. 62–71. [Deutsch veröffentlicht unter dem Titel „Hirnfunktion und Hirndurchblutung", *Spektrum der Wissenschaft* 12 (1978): S. 50–61.]
[2] J. Risberg, J. H. Halsey, E. L. Wills und E. M. Wilson, „Hemispheric Specialization in Normal Man Studied by Bilateral Measurements of the Regional Cerebral Blood Flow: A Study with the ^{133}Xe Inhalation Technique", *Brain* 98 (1975): S. 511–524.
[3] R. Kuzniecky, J. M. Mountz, G. Wheatley und R. Morawetz, „Ictal Single Photon Emission Computed Tomography Demonstrates Localized Epileptogenesis in Cortical Dysplasia", *Annals of Neurology* 34 (1993): S. 627–631.
[4] G. Deutsch, J. Mountz, H. Liu und L. Harrell, „Physiological and Cognitive Activation Measured by Tc-99m HMPAO Brain SPECT Compared with Quantitative Xe-133 rCBF", *Journal of Nuclear Medicine* 36 (1995): S. 63.
[5] G. Deutsch, W. T. Bourbon, A. C. Papanicolaou und H. M. Eisenberg, „Visuospatial Tasks Compared via Activation of Regional Cerebral Blood Flow", *Neuropsychologia* 26 (1988): S. 445–452.
[6] P. T. Fox, S. E. Peterson, M. I. Posner und M. E. Raichle, „Language-Related Brain Activation Measured with PET: Comparison of Auditory and Visual Word Presentations", *Journal of Cerebral Blood Flow and Metabolism* 7, Supplement 1 (1987): S. S294.
[7] J. V. Haxby, C. L. Grady, B. Horwitz, L. G. Ungerleider, M. Mishkin, R. E. Carson, P. Herscovitch, M. B. Schapiro und S. I. Rapaport, „Dissociation of Object and Spatial Visual Processing Pathways in Human Extrastriate Cortex", *Proceedings of the National Academy of Sciences USA* 88 (1991): S. 1621–1625; B. Horwitz, C. L. Grady, J. V. Haxby, L. G. Ungerleider, M. B. Schapiro, M. Mishkin und S. I. Rapaport, „Functional Associations Among Human Posterior Extrastriate Brain Regions During Object and Spacial Vision", *Journal of Cognitive Neuroscience* 4 (1992): S. 311–322.
[8] B. Shaywitz, S. E. Shaywitz, K. Pugh, R. T. Constable, P. Skudlarski, R. K. Fulbright, R. A. Bronen, J. M. Fletcher, D. P. Shankweiler, L. Katz und J. C. Gore,

„Sex Differences in the Functional Organization of the Brain for Language", *Nature* 373 (1995): S. 607–609.

[9]G. F. Eden, J. W. VanMeter, J. M. Rumsey, J. Maisog, R. P. Woods und T. A. Zeffiro, „Abnormal Processing of Visual Motion in Dyslexia Revealed by Functional Brain Imaging", *Nature* 382 (1996): S. 66–69.

[10]D. Kotz, „Mapping the Human Mind", *Journal of Nuclear Medicine* 36 (1995): S. 11–32; R. Shulman, „Interview with Robert G. Shulman", *Journal of Cognitive Neuroscience* 8 (1996): S. 474–480.

[11]A. Gevins, „Electrophysiological Imaging of Brain Function", in *Brain Mapping: The Methods*, Hrsg. A. Toga und J. Mazziotta (San Diego: Academic Press, 1996).

[12]D. Galin und R. Ornstein, „Lateral Specialization of Cognitive Mode: An EEG Study", *Psychophysiology* 9 (1972): S. 412–418.

[13]D. L. Molfese, R. B. Freeman, Jr. und D. S. Palermo, „The Ontogeny of the Brain Lateralization for Speech and Nonspeech Stimuli", *Brain and Language* 2 (1975): S. 356–368.

[14]C. C. Wood, W. R. Goff und R. S. Day, „Auditory Evoked Potentials During Speech Perception", *Science* 173 (1971): S. 1248–1251.

[15]A. C. Papanicolaou, A. L. Schmidt, B. D. Moore und H. M. Eisenberg, „Cerebral Activation Patterns in an Arithmetic and a Visuospatial Processing Task", *International Journal of Neuroscience* 20 (1983): S. 283–288.

[16]A. S. Gevins, J. Leong, M. E. Smith, J. Le und R. Du, „Mapping Cognitive Brain Function with Modern High-Resolution Electroencephalography", *Trends in the Neurosciences* 18 (1995): S. 429–436; A. S. Gevins und J. Illes, „Neurocognitive Networks of the Human Brain", in *Windows on the Brain*, Hrsg. R. A. Zappulla, F. F. LeFever, J. Jaeger und R. Bilder, *Annals of the New York Academy of Sciences* 620 (1991): S. 22–44.

[17]D. S. Barth, W. Sutherling, J. Engel, Jr. und J. Beatty, „Neuromagnetic Localization of Epileptiform Spike Activity in the Human Brain", *Science* 218 (1982): S. 891–894.

[18]G. L. Romani, S. J. Williamson und L. Kaufman, „Characterization of the Human Auditory Cortex by the Neuromagnetic Method", *Experimental Brain Research* 47 (1982): S. 381–393.

[19]A. C. Papanicolaou, „An Introduction to Magnetoencephalography with Some Applications", *Brain and Cognition* 27 (1995): S. 331–352; A. C. Papanicolaou, S. Baumann, R. L. Rogers, C. Saydjari, E. G. Amparo und H. M. Eisenberg, „Localization of Auditory Response Sources Using Magnetoencephalography and Magnetic Resonance Imaging", *Archives of Neurology* 47 (1990): S. 33–37.

[20]G. Deutsch, „A Critical Overview of the Contributions of Functional Neuroimaging to Neuropsychology", *Journal of Experimental and Clinical Neuropsychology* 14 (1992): S. 86–87.

[21]N. Geschwind und W. Levitsky, „Human Brain: Left-Right Asymmetries in Temporal Speech Region", *Science* 161 (1968): S. 186–187.

[22]J. A. Wada, R. Clark und A. Hamm, „Cerebral Hemispheric Asymmetry in Humans", *Archives of Neurology* 32 (1975): S. 239–246; S. F. Witelson und W. Pallie, „Left Hemisphere Specialization for Language in the Newborn: Anatomical Evidence of Asymmetry", *Brain* 96 (1973): S. 641–646.

[23]J. Chi, E. Dooling und F. Gilles, „Left-Right Asymmetries of the Tempral Speech Areas of the Human Fetus", *Archives of Neurology* 34 (1977): S. 346–348.

²⁴A. Scheibel, I. Fried, L. Paul, A. Forsythe, U. Tomiyasu, A. Wechsler, A. Kao und J. Slornick, „Differentiating Characteristics of the Human Speech Cortex: A Quantitative Golgi Study", in *the Dual Brain*, Hrsg. D. Benson und E. Zaidel (New York: Guilford, 1985).

²⁵A. M. Galaburda, J. Corsiglia, G. D. Rosen und G. F. Sherman, „Planum Temporale Asymmetry, Reappraisal Since Geschwind and Levitsky", *Neuropsychologia* 25 (1987): S. 853–868.

²⁶W. M. Cowan, J. Fawcett, D. O'Leary und B. Stanfield, „Regressive Events in Neurogenesis", *Science* 225 (1984): S. 1258–1265.

²⁷G. Edelman, *Neural Darwinism* (New York: Basic Books, 1987).

²⁸G. Rosen, G. Sherman und A. Galaburda, „Interhemispheric Connections Differ Between Symmetrical and Asymmetrical Brain Regions", *Neuroscience* 33 (1989): S. 525–533.

²⁹M. LeMay und A. Culebras, „Human Brain-Morphologic Differences in the Hemispheres Demonstrable by Carotid Anteriography", *New England Journal of Medicine* 287 (1972): S. 168–170.

³⁰M. LeMay und N. Geschwind, „Asymmetries of the Human Cerebral Hemispheres", in *Language Acquisition and Language Breakdown*, Hrsg. A. Caramazza und E. Zurif (Baltimore: Johns Hopkins University Press, 1978).

³¹W. H. Oldendorf, „Principles of Imaging Strucutre by Nuclear Magnetic Resonance", *Archives of Neurology* 32 (1983): S. 239–246.

³²H. Steinmetz, J. Volkmann, L. Jancke und H. Freund, „Anatomical Left-Right Asymmetry of Language-Related Temporal Cortex Is Different in Left- and Right-Handers", *Annals of Neurology* 29 (1991): S. 315–319.

³³H. Steinmetz, L. Jancke, A. Kleinschmidt, G. Schlaug, J. Volkmann und Y. Huang, „Sex But No Hand Difference in the Isthmus of the Corpus Callosum", *Neurology* 42 (1992): S. 749–752.

Kapitel 4

¹J. Hellige, „Divided Visual Field Techniques", in *The Blackwell Dictionary of Neuropsychology*, Hrsg. J. G. Beaumont, P. M. Knealy und M. J. C. Rogers (Cambridge, MA: Blackwell, 1996).

²M. P. Bryden, „Dichotic Listening", in *The Blackwell Dictionary of Neuropsychology*, Hrsg. J. G. Beaumont, P. M. Knealy und M. J. C. Rogers (Cambridge, MA: Blackwell, 1996).

³D. Kimura, „Functional Asymmetry of the Brain in Dichotic Listening", *Cortex* 3 (1967): S. 163–168.

⁴J. J. Sidtis, „Dichotic Listening After Commissurotomy", in *Handbook of Dichotic Listening: Theory, Methods, and Research*, Hrsg. K. Hugdahl (Chichester: John Wiley, 1988).

⁵E. L. Schwartz, R. Desimone, T. D. Albright und C. G. Gross, „Shape Recognition and Inferior Temporal Neurons", *Proceedings of the National Academy of Sciences USA* 80 (1984): S. 5776–5778.

⁶M. Corballis, „Neuropsychology of Perceptual Functions", in *Neuropsychology*, Hrsg. D. Zaidel (San Diego: Academic Press, 1994).

⁷Ibid.

⁸R. Klatzky und R. Atkinson, „Specialization of the Cerebral Hemispheres in Scanning for Information in Short-Term Memory", *Perception and Psychophysics* 10 (1971): S. 335–338.

⁹S. Sasanuma, M. Itoh, K. Mori und Y. Kobayashi, „Tachistoscopic Recognition of Kana and Kanji Words", *Neuropsychologia* 15 (1977): S. 547–553.

¹⁰M. H. VanKleeck, „Hemispheric Differences in Global Versus Local Processing of Hierarchical Visual Stimuli by Normal Subjects: New Data and a Meta-Analysis of Previous Studies", *Neuropsychologia* 27 (1989): S. 1165–1178.

¹¹J. Sergent und J. B. Hellige, „Role of Input Factors in Visual-Field Asymmetries", *Brain and Cognition* 5 (1986): S. 174–199.

¹²A. Grabowska und A. Nowicka, „Visual-Spatial-Frequency Model of Cerebral Asymmetry: A Critical Survey of Behavioral and Electrophysiological Studies", *Psychological Bulletin* 120 (1996): S. 434–449.

¹³M. P. Bryden, „An Overview of the Dichotic Listening Procedure and Its Relation to Cerebral Organization", in *Handbook of Dichotic Listening: Theory, Methods, and Research*, Hrsg. K. Hugdahl (Chichester: John Wiley, 1988).

¹⁴R. Zatorre, „Perceptual asymmetry in the Dichotic Fused Words Test and Cerebral Speech Lateralization Determined by the Carotid Amytal Test", *Neuropsychologia* 27 (1989): S. 1207–1219.

¹⁵T. A. Mondor und M. P. Bryden, „The Influence of Attention Upon the Dichotic REA", *Neuropsychologia* 29 (1991): S. 1179–1190.

¹⁶M. P. Bryden und T. A. Montor, „Attentional Factors in Visual Field Asymmetries", *Canadian Journal of Psychology* 45 (1991): S. 427–447.

¹⁷M. Kinsbourne, „The Mechanisms of Hemisphere Asymmetry in Man", in *Hemispheric Disconnection and Cerebral Function*, Hrsg. M. Kinsbourne und W. L. Smith (Springfield, IL: Charles C. Thomas, 1974).

¹⁸P. A. Reuter-Lorenz, M. Kinsbourne und M. Moscovitch, „Hemispheric Control of Spatial Attention", *Brain and Cognition* 12 (1990): S. 240–266.

¹⁹K. Hugdahl, „Dichotic Listening: Probing Temporal Lobe Functional Integrity", in *Brain Asymmetry*, Hrsg. R. Davidson und K. Hugdahl (Cambridge, MA: MIT Press, 1995).

²⁰E. Zaidel, J. M. Clarke und B. Suyenobo, „Hemispheric Independence: A Paradigm Case for Cognitive Neuroscience", in *Neurobiology of Higher Cognitive Function*, Hrsg. A. B. Scheibel und A. F. Wechsler (New York: Guilford, 1990).

²¹M. Banich, „Interhemispheric Processing: Theoretical Considerations and Empirical Approaches", in *Brain Asymmetry*, Hrsg. R. Davidson und K. Hugdahl (Cambridge: MIT Press, 1995).

²²J. B. Hellige, „Cerebral Laterality and Metacontrol", in *Recent Advances in Laterality*, Hrsg. F. Kitterle (Hillsdale, NJ: Erlbaum, 1991).

²³Ibid.

²⁴Banich, „Interhemispheric Processing".

²⁵R. A. Harshman und M. E. Lundy, „Can Dichotic Listening Measure Degree of Lateralization?" in *Handbook of Dichotic Listening: Theory, Methods, and Research*, Hrsg. K. Hugdahl (Chichester: John Wiley, 1988).

²⁶J. Hellige, *Hemispheric Asymmetry; What's Right and What's Left* (Cambridge, MA: Harvard University Press, 1993).

Kapitel 5

[1] W. Dennis, „Early Graphic Evidence of Dextrality in Man", *Perceptual and Motor Skills* 8 (1958): S. 147–149; R. A. Dart, „The Predatory Implement Technique of Australopithecus", *American Journal of Physical Anthropology* 7 (1949): S. 1–38; R. S. Uhrbrock, „Lateraltiy in Art", *Journal of Aesthetics and Art Criticism* 32 (1973): S. 27–35; S. Coren und C. Porac, „Fifty Centuries of Right Handedness: The Historical Record", *Science* 198 (1977): S. 631–632.

[2] M. C. corballis, „The Origins and Evolution of Human Laterality", in *Neuropsychology and Cognition*, Bd. 1, Hrsg. R. N. Malateska und L. C. Hartlage (Den Haag: Martinus Nijhoff Publishers, 1982).

[3] F. Fabro, „Left and Right in the Bible form a Neuropsychological Perspective", *Neuropsychologia* 24 (1994): S. 161–183.

[4] M. Barsley, *Left Handed People* (North Hollywood, CA: Wilshire Book Co., 1979).

[5] C. Sagan, *Die Drachen von Eden. Das Wunder der menschlichen Intelligenz* (München: Droemer-Knaur, 1978). [Originalausgabe: *The Dragons of Eden* (New York: Random House, 1977).]

[6] J. A. Froude, *Thomas Carlyle in London, 1834–1881* (London: Longmans, Green, 1884).

[7] D. J. Cunningham, „Right Handedness and Left Handedness", *Journal of the Royal Anthropological Institute of Great Britain and Ireland* 32 (1902): S. 273–296.

[8] R. C. Oldfield, „The Assessment and Analysis of Handedness: The Edinburgh Inventory", *Neuropsychologia* 9 (1971): S. 97–114.

[9] M. P. Bryden und X. Steenhuis, „Issues in the Assessment of Handedness", in *Cerebral Laterality: Theory and Research* (Hillsdale, NJ: Erlbaum, 1991); I. C. McManus, „Handedness", in *The Blackwell Dictionary of Neuropsychology*, Hrsg. J. G. Beaumont, P. M. Knealy und M. J. C. Rogers (Cambridge: Blackwell, 1996).

[10] I. C. McManus und M. P. Bryden, „The Genetics of Handedness, Cerebral Dominance, and Lateralization", in *Handbook of Neuropsychology*, Hrsg. I. Rapin und S. Segalowitz (New York: Elsevier, 1992).

[11] R. Collins, „On the Inheritance of Direction and Degree of Asymmetry", in *Cerebral Lateralization in Nonhuman Species*, Hrsg. S. Glick (Orlando, FL: Academic Press, 1985).

[12] M. Annett und M. P. Alexander, „Atypical Cerebral Dominance: Predictions and Tests of the Right Shift Theory", *Neuropsychologia* 34 (1996): S. 1215–1227.

[13] N. Geschwind und N. Galaburda, *Cerebral Lateralization: Biological Mechanisms, Associations and Pathology* (Cambridge, MA: MIT Press, 1987).

[14] M. W. O'Boyle und C. P. Benbow, „Handedness and Its Relationship to Mathematical Talent", in *Left Handedness: Behavioral Implications*, Hrsg. S. Coren (Amsterdam: North-Holland Elsevier, 1990).

[15] M. P. Bryden, I. C. McManus und B. Bulman-Fleming, „Evaluating the Empirical Support for the Geschwind-Gehan-Galaburda Model of Cerebral Lateralization", *Brain and Cognition* 26 (1994): S. 103–167.

[16] S. Coren, „Twinning is Associated with an Increased Risk of Left-Handedness and Inverted Writing Posture", *Early Human Development* 40 (1994): S. 23–27; C. Derom, E. Thiery, R. Vlietinck, R. Loos und R. Derom, „Handedness in Twins

According to Zygosity and Chorion Type: A Preliminary Report", *Behavior Genetics* 26 (1996): S. 407–408.

[17] A. Akerman und S. Fischbein, „Twins – Are They at Risk? A Longitudinal Study of Twins and Nontwins from Birth to 18 Years of Age", *Acta Geneticae Medicae et Gemellologiae* 40 (1991): S. 29–40.

[18] P. Bakan, „Nonright-handedness and the Continuum of Reproductive Casualty", in *Left Handesness: Behavioral Implications and Anomalies [Advances in Psychology*, Bd. 67], Hrsg. S. Coren (Amsterdam: North-Holland Elsevier, 1990).

[19] M. Schwartz, „Left Handedness and Prenatal Complications", in *Left Handedness: Behavioral Implications and Anomalies*, Hrsg. S. Coren (Amsterdam: North-Holland Elsevier, 1990).

[20] P. Satz, D. L. Orsini, E. Saslow und R. Henry, „The Pathological Left-Handedness Syndrome", *Brain and Cognition* 4 (1985): S. 27–46; P. Satz, D. L. Orsini, E. Saslow und R. Henry, „Early Brain Injury and Pathological Left-Handedness: Clues to a Syndrome", in *The Dual Brain*, Hrsg. E. Zaidel (New York: Guilford, 1985).

[21] D. W. Loring, K. Meador, G. Lee, A. Murro, J. Smith, H. Flanigin, B. Gallagher und D. King, „Cerebral Language Lateralization: Evidence from Intracarotid Amobarbitol Testing", *Neuropsychologia* 28 (1990): S. 831–838.

[22] A. R. Luria, *Traumatic Aphasia* (Den Haag: Mouton, 1970); A. Subirana, „The Prognosis in Aphasia in Relation to Cerebral Dominance and Handedness", *Brain* 81 (1958): S. 415–425.

[23] M. Peters, „Handedness and Its Relation to Other Indices of Cerebral Lateralization", in *Brain Asymmetry*, Hrsg. R. Davidson und K. Hugdahl (Cambridge, MA: MIT Press, 1995).

[24] A. Kertesz, „Recovery of Aphasia", in *Behavioral Neurology and Neuropsychology*, Hrsg. T. E. Feinberg und M. J. Farah (New York: McGraw-Hill, 1997).

[25] J. W. VanStrien und A. Bouma, „Sex and Familial Sinistrality Differences in Cognitive Abilities", *Brain and Cognition* 27 (1995): S. 137–146.

[26] J. Levy und M. Reid, „Variations in Wrting Posture and Cerebral Organization", *Science* 194 (1976): S. 337.

[27] A. M. Weber und J. L. Bradshaw, „Levy and Reid's Neurological Model in Relation to Writing Hand/Posture: An Evaluation", *Psychological Bulletin* 90 (1981): S. 74–78; J. Levy, „Handwriting Posture and cerebral Organization: How Are They Related?" *Psychological Bulletin* 91 (1982): S. 589–608.

[28] D. C. Bourassa, I. C. McManus und M. P. Bryden, „Handedness and Eye-Dominance: A Metaanalysis of Their Relationship", *Laterality* 1 (1996): S. 5–34.

[29] L. J. Elias und M. P. Bryden, „Footedness Is a Better Predictor of Language Lateralization than Handedness", *Laterality*, in Druck.

[30] L. B. Day und P. F. MacNeilage, „Postural Asymmetries and Language Lateralization in Humans (*Homo sapiens*)", *Journal of Comparative Psychology* 110 (1996): S. 88–96.

[31] M. W. O'Boyle und J. B. Hellige, „Cerebral Hemisphere Asymmetry and Individual Differences in Cognition", *Learning and Individual Differences* 1 (1989): S. 7–35.

[32] D. V. M. Bishop, *Handedness and Developmental Disorder* (Oxford: Blackwell Scientific Publishers, 1990).

[33] J. Levy, „Possible Basis for the Evolution of Lateral Specialization of the Human Brain", *Nature* 224 (1969): S. 614–615.

[34] M. W. O'Boyle und C. P. Benbow, „Handedness and Its Relationship to Ability and Talent", in *Left Handedness: Behavioral Implications and Anomalies*, Hrsg. S. Coren (Amsterdam: North-Holland Elsevier, 1990).

[35] C. Mebert und G. Michel, „Handedness in Artists", in *Neuropsychology of Left Handedness*, Hrsg. J. Herron (New York: Academic Press, 1980).

[36] S. Coren und D. F. Halpern, „Left Handedness – A Marker for Decreased Survival Fitness", *Psychological Bulletin* 109 (1991): S. 90–106.

[37] D. F. Halpern, R. Gilbert und S. Coren, „PC or Not PC? Contemporary Challenges to Unpopular Research Findings", *Journal of Social Distress and the Homeless* 5 (1996): S. 251–271; M. E. Lsalive, J. M. Guralnik und R. J. Glynn, „Left-Handedness and Mortality", *American Journal of Public Health* 83 (1993): S. 265–267.

[38] K. Hugdahl, P. Satz, M. Mitrushina und E. N. Miller, „Left-Handedness and Old Age: Do Left-Handers Die Earlier?" *Neuropsychologia* 31 (1993): S. 325–333.

[39] L. Harris, „Do Left Handers Die Sooner than Right Handers", *Psychological Bulletin* 113 (1993): S. 203–234; D. Halpern und S. Coren, „Left Handedness and Life Span: A Reply to Harris", *Psychological Bulletin* 114 (1993): S. 235–241.

[40] S. Coren und F. H. Previc, „Handedness as a Predictor of Increased Risk of Knee, Elbow, or Shoulder Injury, Fractures, and Broken Bones", *Laterality* 1 (1996): S. 139–152.

Kapitel 6

[1] M. Coltheart, E. Hull und D. Slater, „Sex Differences in Imagery and Reading", *Nature* 253 (1975): S. 438–440.

[2] D. F. Halpern, *Sex Differences in Cognitive Abilities* (New York: Erlbaum, 1992); A. Feingold, „Cognitive Gender Differences: Where Are They and Why Are They There?" *Learning and Individual Differences* 8 (1996): S. 25–32.

[3] H. Lansdell, „A Sex Difference in Effect of Temporal Lobe Neurosurgery on Design Preference", *Nature* 194 (1962): S. 852–854.

[4] J. McGlone, „Sex Differences in Functional Brain Asymmetry", *Cortex* 14 (1978): S. 122–128.

[5] J. Inglis und J. S. Lawson, „Sex Differences in the Effects of Unilateral Brain Damage on Intelligence", *Science* 212 (1981): S. 693–695.

[6] J. A. Wada, R. Clark und A. Hamm, „Cerebral Hemisphere Asymmetry in Humans", *Archives of Neurology* 32 (1975): S. 239–246.

[7] J. J. Kulynych, K. Vladar, D. W. Jones und D. R. Weinberger, „Gender Differences in the Normal Lateralization of the Supratemporal Cortex: MRI Surface-Rendering Morphometry of Heschl's Gyrus and the Planum Temporale", *Brain* 115 (1992): S. 1521–1541.

[8] S. F. Witelson und D. L. Kigar, „Sylvian Fissure Morphology and Asymmetry in Men and Women: Bilateral Differences in Relation to Handedness in Men", *Journal of Comparative Neurology* 323 (1992): S. 326–340.

[9]F. Aboitzi, A. B. Scheibel und E. Zaidel, „Morphometry of the Sylvian Fissure and the Corpus Callosum, with Emphasis on Sex Differences", *Brain* 115 (1992): S. 1521–1541.

[10]L. Allen, M. Richey, Y. Chai und R. Gorski, „Sex Differences in the Corpus Callosum of the Living Human Being", *Journal of Neuroscience* 11 (1991): S. 933–942.

[11]S. F. Witselson, „Neuroanatomical Bases of Hemispheric Functional Specialization in the Human Brain: Possible Developmental Factors", in *Hemispheric Communications: Mechanisms and Models*, Hrsg. F. L. Kitterle (Hillsdale, NJ: Erlbaum, 1995).

[12]S. F. Witelson, I. I. Glezer und K. L. Kigar, „Women Have Greater Density of Neurons in Posterior Temporal Cortex", *Journal of Neuroscience* 15 (1995): S. 3418–3428.

[13]B. A. Shaywitz, S. E. Shaywitz, K. R. Pugh, R. T. Constable, P. Skudlarski, R. K. Fulbright, R. A. Bronen, J. M. Fletcher, D. P. Shankweiler, L. Katz und J. C. Gore, „Sex Differences in the Functional Organization of the Brain for Language", *Nature* 373 (1995): S. 607–609.

[14]D. Voyer, „On the Magnitude of Laterality Effects and Sex Differences in Functional Lateralities", *Laterality* 1 (1996): S. 51–83; M. Hiscock, R. Inch, C. Jacek, C. Hiscock-Kalil und K. M. Kalil, „Is There a Sex Difference in Human Laterality? I. An Exhaustive Survey of Auditory Laterality Studies from Six Neuropsychology Journals", *Journal of Clinical and Experimental Neuropsychology* 16 (1994): S. 423–435; M. Hiscock, M. Israelian, R. Inch, C. Jacek und C. Hiscock-Kalil, „Is There a Sex Difference in Human Laterality? II. An Exhaustive Survey of Visual Laterality Studies from Six Neuropsychology Journals", *Journal of Clinical and Experimental Neuropsychology* 17 (1995): S. 590–610.

[15]Voyer, „On the Magnitude of Laterality Effects and Sex Differences".

[16]I. Silverman und M. Eals, „Sex Differences in Spatial Abilities: Evolutionary Theory and Data", in *The Adapted Mind*, Hrsg. J. H. Barlow, L. Cosmides und J. Tooby (New York: Oxford University Press, 1992).

[17]J. Levy, „Lateral Differences in the Human Brain in Cognition and Behavioral Control", in *Cerebral Correlates of Conscious Experience*, Hrsg. P. Buser und A. Rougeul-Buser (New York: North-Holland Publishing Co., 1978).

[18]N. Geschwind und A. M. Galaburda, *Cerebral Lateralization: Biological Mechanisms, Associations, and Pathology* (Cambridge, MA: MIT Press, 1987).

[19]R. J. Nelson, *An Introduction to Behavioral Endocrinology* (Sunderland, MA: Sinauer Associates, 1995).

[20]M. L. Collaer und M. Hines, „Human Behavioral Sex Differences: A Role for Gonadal Hormones During Early Development?" *Psychological Bulletin* 118 (1995): S. 55–107.

[21]E. Hampson, „Spatial Cognition in Humans: Possible Modulation by Androgens and Estrogens", *Journal of Psychology and Neuroscience* 20 (1995): S. 397–404.

[22]J. M. Reinisch und S. A. Sanders, „Effects of Prenatal Exposure to Diethylstilbestrol (DES) on Hemispheric Laterality and Spatial Ability in Human Males", *Hormones and Behavior* 26 (1992): S. 62–75.

[23]D. Kimura, „Sex, Sexual Orientation, and Sex Hormones Influence Human Cognitive Function", *Current Opinion in Neurobiology* 6 (1996): S. 259–263.

[24]S. D. Moffat und E. Hampson, „A Curvilinear Relationship Between Testosterone and Spatial Cognition in Humans: Possible Influence of Hand Preference", *Psychoneuroendocrinology* 21 (1996): S. 323–337.

[25]D. Kimura und E. Hampson, „Cognitive Pattern in Men and Women Is Influenced by Fluctuations in Sex Hormones", *Current Directions in Psychological Science* 3 (1994): S. 57–61.

[26]Moffat und Hampson, „A Curvilinear Relationship Between Testosterone and Spatial Cognition in Humans: Possible Influence of Hand Preference".

[27]Ibid.

[28]L. S. Allen und R. A. Gorski, „Sexual Orientation and the Size of the Anterior Commissure in the Human Brain", *Proceedings of the National Academy of Sciences USA* 89 (1992): S. 7199–7202.

[29]C. M. McCormick und S. F. Witelson, „Functional Cerebral Asymmetry and Sexual Orientation in Men and Women", *Behavioral Neuroscience* 108 (1994): S. 525–531.

[30]B. A. Gladue und J. M. Bailey, „Spatial Ability, Handedness, and Human Sexual Orientation", *Psychoneuroendocrinology* 20 (1995): S. 487–497.

[31]J. Hall und D. Kimura, „Sexual Orientation and Performance on Sexually Dimorphic Motor Tasks", *Archives of Sexual Behavior* 24 (1995): S. 395–407.

[32]C. P. Benbow und D. Lubinski, „Psychological Profile of the Mathematically Talented: Some Sex Differences and Evidence Supporting Their Biological Basis", in *Women, Men, and Gender*, Hrsg. M. Walsh (New Haven: Yale University Press, 1997).

[33]M. W. Boyle, C. P. Benbow und J. E. Alexander, „Sex Differences, Hemispheric Laterality, and Associated Brain Activity in the Intellectually Gifted", *Developmental Neuropsychology* 11 (1995): S. 415–443.

[34]D. F. Halpern und T. M. Wright, „A Process-Oriented Model of Cognitive Sex Differences", *Learning and Individual Differences* 8 (1996): S. 3–24.

[35]D. F. Halpern, „Changing Data, Changing Minds: What the Data on Cognitive Sex Differences Tell Us and What We Hear", *Learning and Individual Differences* 8 (1996): S. 73–82.

Kapitel 7

[1]A. W. Ellis und A. W. Young, *Human Cognitive Neuropsychology* (London: Erlbaum, 1988).

[2]Ibid.

[3]E. Goldberg, „Rise and Fall of Modular Orthodoxy", *Journal of Clinical and Experimental Neuropsychology* 17 (1995): S. 193–208.

[4]M. Farah, „Neuropsychological Inference with an Interactive Brain: A Critique of the 'Locality' Assumption", *Brain and Behavioral Science* 17 (1994): S. 43–104.

[5]K. W. Walsh, *Neuropsychology: A Clinical Approach* (London: Churchill-Livingstone, 1995); K. M. Heilman und E. Valenstein, *Clinicala Neuropsychology* (New York: Oxford University Press, 1993); J. Bradshaw und J. Mattingly, *Clinical Neuropsychology: Behavioral and Brain Science* (San Diego: Academic Press, 1995).

⁶A. Kreindler, C. Calavrezo und L. Mihailescu, „Linguistic Analysis of One Case of Jargon Aphasia", *Revue Roumaine de Neurologic* 8 (1971): S. 209–228.
⁷J. W. Brown, *Aphasia, Apraxia and Agnosia* (Springfield, IL: Charles C. Thomas, 1972).
⁸A. K. Coughlan und E. K. Warrington, „Word-Comprehension and Word-Retrieval in Patients with Localized Cerebral Lesions", *Brain* 101 (1978): S. 163–185; S. J. Dimond, *Neuropsychology: A Textbook of Systems and Psychological Functions of the Human Brain* (London: Butterworths, 1980).
⁹N. Geschwind, „Disconnexion Syndromes in Animals and Man", *Brain* 88 (1965): S. 237–294; N. Geschwind, „The Organization of Language and the Brain", *Science* 170 (1970): S. 940–944.
¹⁰Dimond, *Neuropsychology*.
¹¹Geschwind, „Disconnexion Syndromes in Animals and Man".
¹²J. C. Marshall, „On the Biology of Language Acquisition", in *Biological studies of Mental Processes*, Hrsg. D. Caplan (Cambridge, MA: MIT Press, 1980).
¹³T. Shallice, *From Neuropsychology to Mental Structure* (Cambridge: Cambridge University Press, 1988); Ellis und Young, *Human Cognitive Neuropsychology*.
¹⁴S. Petersen, P. Fox, M. Posner, M. Mintun und M. Raichle, „Positron Emission Tomographic Studies of the Processing of Single Words", *Journal of Cognitive Neuroscience* 1 (1989): S. 153–170.
¹⁵J. Binder und S. Rao, „Human Brain Mapping With Functional Magnetic Resonance Imaging", in *Localization and Neuroimaging in Neuropsychology*, Hrsg. A. Kertesz (San Diego: Academic Press, 1994); J. R. Binder, J. A. Frost, T. A. Hammeke, R. W. Cox, S. M. Rao und T. Prieto, „Human Brain Language Areas Identified by Functional Magnetic Resonance Imaging", *Journal of Neuroscience* 17 (1997): S. 353–362.
¹⁶Binder und Rao, „Human Brain Mapping with Functional Magnetic Resonance Imaging".
¹⁷G. Deutsch und J. Halsey, „Cortical Blood Flow Indicates Frontal Asymmetries Dominate in Males But Not in Females During Task Performance", *Journal of Cerebral Blood Flow and Metabolism* 11 (1991): S. 787; R. Zatorre, A. Evans, E. Meyer und A. Gjedde, „Lateralization of Phonetic and Pitch Discrimination in Speech Processing", *Science* 256 (1992): S. 846–849.
¹⁸J. F. Demonet, F. Chollet, S. Ramsay, D. Cardebat, J. L. Nespoulous, R. Wise und R. Frackowiak, „The Anatomy of Phonological and Semantic Processing in Normal Subjects", *Brain* 115 (1992): S. 1753–1768.
¹⁹B. M. Mazoyer, N. Tzourio, V. Frak, A. Syrota, N. Murayama, O. Levrier, G. Salamon, D. Dehaene, L. Cohen und J. Mehler, „The Cortical Representation of Speech", *Journal of Cognitive Neuroscience* 5 (1993): S. 467–479.
²⁰R. S. Frackowiak, „Frontal Mapping of Verbal Memory and Language", *Trends in Neuroscience* 17 (1994): S. 109–115.
²¹Mazoyer et al., „Cortical Representation of Speech".
²²K. Stromsworld, D. Caplan, N. Alpert und S. Rauch, „Localization of Syntactic Comprehension by Positron Emission Tomography", *Brain and Language* 52 (1996): S. 452–473.
²³H. Damasio, T. Grabowski, D. Tranel, R. Hichwa und A. Damasio, „A Neural Basis for Lexical Retrieval", *Nature* 380 (1996): S. 499–505.
²⁴Ibid.

[25] D. Tranel, H. Damasio, A. Damasio und J. Brandt, „Separate Concepts are Retrieved from Separate Neural Systems: Neuroanatomical and Neuropsychological Double Dissociations", *Society for Neuroscience Abstracts* 21 (1995): S. 1497; D. Perani et al., „Different Neural Systems for the Recognitions of Animal and Man-Made Tools", *Society for Neuroscience Abstracts* 21 (1995): S. 1498.

[26] J. W. Brown, *Mind, Brain, and Consciousness* (New York: Academic Press, 1977).

[27] Dimond, *Neuropsychology*.

[28] G. A. Ojemann, „Subcortical Language Mechanisms", in *Studies in Neurolinguistics*, Bd. 1, Hrsg. H. Whitaker und H. A. Whitaker (New York: Academic Press, 1976); G. A. Ojemann, „Asymmetric Function of the Thalamus in Man", *Annals of the New York Academy of Science* 299 (1977): S. 380–396.

[29] A. Smith, „Speech and Other Functions After Left (Dominant) Hemispherectomy", *Journal of Neurology, Neurosurgery and Psychiatry* 29 (1966): S. 467–471; C. W. Burkland und A. Smith, „Language and the Cerebral Hemispheres", *Neurology* 27 (1977): S. 627–633.

[30] A. Smith, „Nondominant Hemispherectomy", *Neurology* 19 (1969): S. 442–445.

[31] Geschwind, „Disconnexion Syndromes in Animals and Man".

[32] M. Coltheart, „Deep Dyslexia: A Right-Hemisphere Hypothesis", in *Deep Dyslexia*, Hrsg. M. Coltheart, K. Patterson und J. C. Marshall (London: Routledge and Kegan Paul, 1980).

[33] D. Hines, „Differences in Tachistoscopic Recognition Between Abstract and Concrete Words as a Function of Visual Half-Field and Frequency", *Cortex* 13 (1977): S. 66–73.

[34] Petersen et al., „Positron Emission Tomographic Studies".

[35] G. McCarthy, A. Blamire, D. Rothman, R. Gruetter und R. Shulman, „Echoplanar Magnetic Resonance Imaging Studies of Frontal Cortex Activation During Word Generation in Humans", *Proceedings of the National Academy of Sciences USA* 90 (1993): S. 4952–4956.

[36] A. Nakagawa, „Role of Anterior and Posterior Attention Networks in Hemispheric Asymmetries During Lexical Decisions", *Journal of Cognitive Neuroscience* 3 (1991): S. 313–321.

[37] M. Posner und M. Raichle, *Bilder des Geistes* (Heidelberg: Spektrum Akademischer Verlag, 1996). [Originalausgabe: *Images of Mind* (New York: Scientific American Library, 1994).]

[38] M. Danly und B. Shapiro, „Speech Prosody in Broca's Aphasia", *Brain and Language* 16 (1982): S. 171–190.

[39] K. M. Heilman, R. Scholes und R. T. Watson, „Auditory Affective Agnosia: Disturbed Comprehension of Affective Speech", *Journal of Neurology, Neurosurgery and Psychiatry* 38 (1975): S. 69–72.

[40] E. D. Ross und M. M. Mesulam, „Dominant Language Functions of the Right Hemisphere?" *Archives of Neurology* 36 (1979): S. 144–148.

[41] E. D. Ross, „The Aprosodias: Functional-Anatomic Organization of the Affective Components of Language in the Right Hemisphere", *Annals of Neurology* 38 (1981): S. 561–589.

[42] D. F. Benson, B. Dobkin, L. J. Gonzalez-Roth, N. Helman-Estabrook und A. Kertesz, „Assessment: Melodic Intonation Therapy", *Neurology* 44 (1994): S. 566–568.

[43] E. Winner und H. Gardner, „The Comprehension of Metaphor in Brain-Damaged Patients", *Brain* 100 (1977): S. 717–729; N. S. Foldi, M. Cicone und H. Gardner, „Pragmatic Aspects of Communication in Brain-Damaged Patients", in *Language Functions and Brain Organization*, Hrsg. S. J. Segalowitz (New York: Academic Press, 1983).

[44] W. R. Gowers, *A Manual of Diseases of the Nervous System* (London: J. & A. Churchill, 1893).

[45] M. Kinsbourne, „The Minor Cerebral Hemisphere as a Scource of Aphasic Speech", *Archives of Neurology* 25 (1971): S. 302–306.

[46] A. C. Papanicolaou, B. D. Moore, H. S. Levin und H. M. Eisenberg, „Evoked Potential Correlates of Right Hemisphere Involvement in Language Recovery Following Stroke", *Archives of Neurology* 44 (1987): S. 521–524.

[47] G. Deutsch, A. C. Papanicolaou und H. M. Eisenberg, „CBF During Tasks Intended to Differentially Activate the Cerebral Hemispheres: New Normative Data and Preliminary Applications in Recovering Stroke Patients", *Journal of Cerebral Blood Flow and Metabolism* 7 Supplement (1987): S. S306.

[48] M. Fiorelli, J. Blin, S. Bakchine, D. Laplane und J. C. Baron, „PET Studies of Cortical Diaschisis in Patients with Motor Hemi-Neglect", *Journal of Neurological Sciences* 104 (1991): S. 135–142.

[49] E. K. Warrington, „Constructional Apraxia", in *Handbook of Clinical Neurology*, Bd. 4, Hrsg. P. J. Vinken und G. W. Bruyn (Amsterdam: Elsevier/North Holland Biomedical Press, 1969).

[50] M. Krams, M. P. Deiber, R. Frackowiak und R. Passingham, „Broca's Area and Mental Preparation", *NeuroImage* 3 Supplement (1996): S. S392.

[51] A. L. Benton, „Visuoperceptive, Visuospatial, and Visuoconstructive Disorders", in *Clinical Neuropsychology*, Hrsg. K. M. Heilman und E. Valenstein (Oxford: Oxford University Press, 1979).

[52] P. F. Roland, E. Meyer, T. Shibaski, Y. Yamamoto und C. Thompson, „Regional Cerebral Blood Flow Changes in Cortex and Basal Ganglia During Voluntary Movements in Normal Human Volunteers", *Journal of Neurophysiology* 48 (1982): S. 467–478.

[53] R. Watson, W. Fleet, L. Rothi und K. Heilman, „Apraxia and the Supplementary Motor Area", *Archives of Neurology* 43 (1986): S. 787–792.

[54] Binder und Rao, „Human Brain Mapping".

[55] K. M. Stephan, G. R. Fink, R. E. Passingham, D. Silbersweig, A. Ceballos-Baumann, C. D. Firth und R. S. Frackowiak, „Functional Anatomy of the Mental Representation of Upper Extremity Movements in Healthy Subjects", *Journal of Neurophysiology* 73 (1995): S. 373–386.

[56] R. Massarelli, J. Decety, M. Raybaudi, M. Roth, C. Delon-Martin, C. Segebarth und M. Jeannerod, „Recruitment of Primary Motor Cortical Area M1 During Motor Task Simulation Revealed by Functional Magnetic Resonance Imaging (fMRI) and Angiography (fMRA)", *NeuroImage* 3 Supplement (1996): S. S397.

[57] J. Decety, H. Sjöholm, E. Ryding D. H. Ingvar, „Morot Imagery Activates the Cerebellum: A Single-Photon Emission Computed Tomography Study with the Intravenous ^{133}Xe Injection Method", *Journal of Cerebral Blood Flow and Metabolism* 9 Supplement (1989): S. S742.

[58] J. H. Halsey, U. Blauenstein, E. Wilson und E. Wills, „Regional Cerebral Blood Flow Comparison of Right and Left Hand Movement", *Neurology* 29 (1979): S. 21–28.

[59] S. G. Kim, J. Ashe, K. Hendrich, J. M. Ellermyann, H. Merkle, K. Ugurbil und A. P. George, „Functional Magnetic Resonance Imaging of Motor Cortex: Hemispheric Asymmetry and Handedness", *Science* 93 (1993): S. 615–617.

[60] V. Mattay, A. Santha, J. Van Horn, R. Sexton, J. Frank und D. Weinberger, „Motor Function and Hemispheric Asymmetry: A Whole Brain Echo Planar fMRI Study", *NeuroImage* 3 Supplement (1996): S. S398.

[61] F. Binkofski, J. Classen und R. Seitz, „Disturbance of Visualspatial Movement Control by Unilateral Posterior Thalamic Lesions", *NeuroImage* 3 Supplement (1996): S. S375.

[62] D. A. Rottenberg, J. Sidtis, S. Strothers, K. Rehm, J. Anderson, R. Savoy, N. Lange und J. Arnold, „Temporal Changes in a Multidimensional Covariance Pattern During Figure Tracing: Evidence of Motor Learning?" *NeuroImage* 3 Supplement (1996): S. S408; J. Moeller, C. Ghez, F. Ghilardi und D. Eidelberg, „Patterns of Brain Activation in Motor Sequence Learning: O-H_2O/PET Studies", *NeuroImage* 3 Supplement (1996): S. S401.

[63] A. L. Benton, „The Neuropsychology of Facial Recognition", *American Psychologist* 35 (1980): S. 176–186; Benton, „Visuoperceptive, Visuospatial, and Visuoconstrucitve Disorders".

[64] J. Sergent, S. Ohta und B. MacDonald, „Functional Neuroanatomy of Face and Objekt Recognition", *Brain* 115 (1992): S. 15–36.

[65] Ibid.

[66] J. Sergent und J. L. Signoret, „Outstanding Issues in the Study of Prosopagnosia", *Journal of Clinical and Experimental Neuropsychology* 13 (1991): S. 34.

[67] E. Goldberg, „Associative Agnosias and the Functions of the Left Hemisphere", *Journal of Clinical and Experimental Neuropsychology* 12 (1990): S. 467–484.

[68] Ibid.

[69] Ellis und Young, *Human Cognitive Neuropsychology*.

[70] D. Marr, *Vision* (San Francisco: W. H. Freeman, 1982).

[71] Ellis and Young, *Human Cognitive Neuropsychology*.

[72] M. J. Farah, M. J. Soso und R. M. Dasheiff, „Visual Angle of the Mind's Eye Before and After Unilateral Occipital Lobectomy", *Journal of Experimental Psychology: Human Perception and Performance* 18 (1992): S. 241–246.

[73] S. M. Kosslyn und K. N. Ochsner, „In Search of Occipital Activation During Visual Mental Imagery", *Trends in Neuroscience* 17 (1994): S. 290–292; S. M. Kosslyn, N. M. Alpert, W. L. Thompson, V. Maljkovic, S. Weise, C. F. Chabris, S. E. Hamilton, S. L. Rauch und F. S. Buonano, „Visual Mental Imagery Activates Topographically Organized Visual Cortex", *Journal of Cognitive Neuroscience* 5 (1993): S. 263–287.

[74] G. Goldenberg, I. Podreka, M. Steiner, K. Willmes, E. Suess und L. Deecke, „Regional Cerebral Blood Flow Patterns in Visual Imagery", *Neuropsychologia* 27 (1989): S. 641–664.

[75] P. E. Roland und B. Gulyas, „Visual Imagery and Visual Representation", *Trends in Neuroscience* 17 (1994): S. 281–287.

[76] L. Trojano und D. Grossi, „A Critical Review of Mental Imagery Defects", *Brain and Cognition* 24 (1994): S. 213–243.

[77] M. J. Farah, M. S. Gazzaniga, J. D. Holtzman und S. M. Kosslyn, „A Left Hemisphere Basis for Visual Imagery?" *Neuropsychologia* 23 (1985): S. 115–118; M. J. Farah, „Current Issues in the Neuropsychology of Image Generation", *Neuropsychologia* 33 (1995): S. 1455–1471.

⁷⁸C. Stangalino, C. Semenza und S. Mondini, „Generating Visual Mental Images: Deficit After Brain Damage", *Neuropsychologia* 33 (1995): S. 1473–1483.

⁷⁹J. Decety, D. Perani, M. Jeannerod, V. Bettinardi, B. Tadary, R. Woods, J. C. Mazziota und F. Fazio, „Mapping Motor Representations with Positron Emission Tomography", *Nature* 371 (1994): S. 601–602; G. Goldenberg, I. Podreka, M. Steiner, P. Reanzen und L. Deecke, „Contributions of Occipital and Temporal Brain Regions to Visual and Acoustic Imagery – A SPECT Study", *Neuropsychologia* 29 (1991): S. 695–702.

⁸⁰S. M. Kosslyn, M. Behrmann und M. Jeannerod, „The Cognitive Neuroscience of Mental Imagery", *Neuropsychologia* 33 (1995): S. 1335–1344.

⁸¹S. M. Kosslyn, V. Maljkovic, S. E. Hamilton, G. Horwitz und W. L. Thompson, „Two Types of Image Generation: Evidence for Left and Right Hemisphere Processes", *Neuropsychologia* 33 (1995): S. 1485–1510.

⁸²Ibid.

⁸³G. Deutsch, J. M. Mountz und E. San Pedro, „Mental Rotation and Phonological Tasks Investigated with a New Xenon rCBF SPECT Method", *NeuroImage* 5 (1997): S. S128.

Kapitel 8

[1] K. Keilman, R. Watson und E. Valenstein, „Neglect: Clinical and Anatomic Aspects", in *Behavioral Neurology and Neuropsychology*, Hrsg. T. Feinberg und M. Farah (New York: McGraw-Hill, 1997).

[2] R. Rafal, „Hemispheric Neglect: Cognitive Neuropsychological Aspects", in *Behavioral Neurology and Neuropsychology*, Hrsg. T. Feinberg und M. Farah (New York: McGraw-Hill, 1997).

[3] G. Deutsch, J. Tweedy und B. Lorinstein, „Some Temporal and Spatial factos Affecting Visual Neglect", *International Journal of Neuroscience* 12 (1981): S. 271.

[4] M. Kinsbourne, „Orientational Bias Model of Unilateral Neglect: Evidence from Attentional Gradients Within Hemispace", in *Unilateral Neglect: Clinical and Experimental Studies*, Hrsg. I. H. Robertson und J. C. Marshall (Hillsdale, NJ: Erlbaum, 1993).

[5] K. Heilman, R. Watson und E. Valenstein, „Neglect and Related Disorders", in *Clinical Neuropsychology*, Hrsg. K. Heilman und E. Valenstein (New York: Oxford University Press, 1993).

[6] M. Corbetta, F. Miesen, G. Shulman und S. Petersen, „A PET Study of Visuospatial attention", *journal of Neuroscience* 13 (1993): S. 1202–1226.

[7] M. Posner und M. Raichle, *Bilder des Geistes* (Heidelberg: Spektrum Akademischer Verlag, 1996). [Originalausgabe: *Images of Mind* (New York: Scientific American Library, 1994).]

[8] S. Weintraub und M.-M. Mesulam, „Right Cerebral Dominance in Spatial Attention: Further Evidence based on Ipsilateral Neglect", *Archives of Neurology* 44 (1987): S. 621–625.

[9] E. Bisiach, „Understanding Consciousness: Clues from Unilateral Neglect and Related Disorders", in *The Neuropsychology of Consciousness*, Hrsg. A. Milner und M. Rugg (London: Academic Press, 1992).

[10] K. S. Lashley, „In Search of the Engram", in *Symposium of the Society for Experimental Biology*, Nr. 4 (London: Cambridge University Press, 1950).

[11] W. Penfield und P. Perot, „The Brain's Record of Auditory and Visual Experience. A Final Summary and Discussion", *Brain* 86 (1963): S. 595–696; W. Penfield und L. Roberts, *Speech and Brain Mechanisms* (Princeton, NJ: Princeton University Press, 1959).

[12] G. Deutsch und J. R. Tweedy, „Cerebral Blood Flow in Severity Matched Alzheimer and Multiinfarct Patients", *Neurology* 37 (1987): S. 431–438.

[13] G. A. Miller, „The Magical Nuber Seven, Plus or Minus Two: Some Limits on Our Capacity for Processing Information", *Psychological Review* 63 (1956): S. 81–97.

[14] S. M. Kosslyn und O. Koenig, *Wet Mind: The New Cognitive Neuroscience* (New York: Free Press-Macmillan, 1995).

[15] R. Frackowiak, „Functional Mapping of Verbal Memory and Language", *Trends in Neurosciences* 17 (1994): S. 109–115.

[16] R. P. Kesner, „Mnemonic Functions of the Hippocampus: Correspondence Between Animals and Humans", in *Conditioning Representation of Neural Function*, Hrsg. C. D. Woody (New York: Plenum, 1983); B. Milner, „Hemispheric Specialization: Scope and Limits", in *The Neurosciences: Third Research Program*, Hrsg. F. O. Schmitt und F. G. Warden (Cambridge, MA: MIT Press, 1974).

[17] M. Moscovitch und C. Umilta, „Conscious and Nonconscious Aspects of Memory: A Neuropsychological Framework of Modules and Central Systems", in *Perspecitves on Cognitive Neuroscience*, Hrsg. R. G. Lister und H. J. Weingartner (Oxford: Oxford University Press, 1991); M. Moscovitch, „Memory and Working-with-Memory: A Component Process Model Based on Modules and Central Systems", *Journal of Cognitive Neuroscience* 4 (1992): S. 257–267.

[18] M. Moscovitch, „Confabulation and the Frontal System: Strategic vs Associative Retrieval in Neuropsychological Theories of Memory", in *Varieties of Memory and Consciousness: Essays in Honor of Endel Tulving*, Hrsg. H. L. Roediger und F. I. M. Craik (Hillsdale, NJ: Erlbaum, 1989).

[19] Kosslyn und Koenig, *Wet Mind: The New Cognitive Neuroscience*.

[20] C. B. Blakemore und M. A. Falconer, „Long-Term Effects of Anterior Temporal Lobectomy on Certain Cognitive Functions", *Journal of Neurology, Neurosurgery and Psychiatry* 30 (1967): S. 364–367; B. Milner und H. L. Teuber, „Alteration of Perception and Memory in Man: Reflections on Methods", in *Analysis of Behavioral Change*, Hrsg. L. Wieskrantz (New York: Harper & Row, 1968).

[21] G. Deutsch, A. C. Papanicolaou, H. M. Eisenberg, D. W. Loring und H. S. Levin, „CBF Gradient Changes Elicited by Visual Stimulation and Visual Memory Tasks", *Neuropsychologia* 24 (1986): S. 283–287.

[22] T. Shallice und G. Vallar, „The Impairment of Auditory-Verbal Short-Term Storage", in *Neuropsychological Impairments of Short-Term Memory*, Hrsg. G. Vallar und T. Shallice (Cambridge: Cambridge University Press, 1990).

[23] E. DeRenzi und P. Nichelli, „Verbal and Non-Verbal Short-Term Memory Impairment Following Hemispheric Damage", *Cortex* 11 (1975): S. 341–354.

[24] C. J. Marsolek, S. M. Kosslyn und L. R. Squire, „Form-Specific Visual Priming in the Right Cerebral Hemisphere", *Journal of Experimental Psychology: Learning, Memory, and Cognition* 18 (1992): S. 492–508; L. R Squire, „Declara-

tive and Nondeclarative Memory: Multiple Brain Systems Supporting Learning and Memory", *Journal of Cogintive Neuroscience* 4 (1992): S. 232–243.

[25]R. L. Buckner, S. E. Petersen, J. G. Ojemann, F. M. Miezin, L. Squire und M. E. Raichle, „Functional Anatomical Studies of Explicit and Implicit Memory Retrieval Tasks", *Journal of Neuroscience* 15 (1995): S. 12–29; D. L. Schacter, N. Alpert, C. Savage, S. Rauch und M. Alpert, „Conscious Recollection and the Human Hippocampal Formation: Evidence From Positron Emission Tomography", *Proceedings of the National Academy of Sciences USA* 93 (1996): S. 321–325.

[26]K. A. Paller, „Recall and Stem Completion Priming Have Different Electrophysiological Correlates and Are Modified Differentially by Directed Forgetting", *Journal of Experimental Psychology: Learning, Memory, and Cognition* 16 (1990): S. 1021–1032; K. A. Paller und M. Kutas, „Brain Potentials During Memory Retrieval: Neurophysiological Support for the Distinction Between Conscious Recollection and Priming", *Journal of Cognitive Neuroscience* 4 (1992): S. 375–391.

[27]R. Badgaiyan und M. Posner, „Priming Reduces Input in Right Posterior Cortex During Stem Completion", *Neuroreport* 7 (1996): S. 2975–2978.

[28]Schacter et al., „Conscious Recollection and the Human Hippocampal Formation".

[29]S. Kapur, F. I. M. Craik, E. Tulving, A. Wilson, S. Houle und G. M. Brown, „Neuroanatomical Correlates of Encoding in Episodic Memory: Levels of Processing Effect", *Proceedings of the National academy of Sciences USA* 91 (1994): S. 2008–2011.

[30]E. Tulving, S. Kapur, F. I. M. Craik, M. Moscovitch und S. Houle, „Hemispheric Encoding/Retrieval in Episodic Memory: Positron Emission Tomography Findings", *Proceedings of the National Academy of Sciences USA* 17 (1994): S. 2016–2020.

[31]A. Owen, B. Milner, M. Petrides und A. Evans, „A Specific Role for the Right Parahippocampal Gyrus in the Retrieval of Object-Location: A Positron Emission Study", *Journal of Cognitive Neuroscience* 8 (1996): S. 588–602.

[32]Tulving et al., „Hemispheric Encoding/Retrieval in Episodic Memory"; T. Shallice, P. Fletcher, C. Frith, P. Grasby, R. Frackowiak und R. Dolan, „Brain Regions Associated with Acquisition and Retrieval of Verbal Episodic Memory", *Nature* 368 (1994): S. 633–635.

[33]J. Kinoshita, „Mapping the Mind", *New York Times Magazine*, Oktober 18 (1992): S. 44–54.

[34]M. Mishkin, „A Memory System in the Monkey", *Philosophical Transactions Review Society of London, Series B: Biological Sciences* 298 (1982): S. 85–92; L. R. Squire, *Memory and Brain* (New York: Oxford University Press, 1987).

[35]R. Desimone, „The Physiology of Memory: Recordings of Things Past", *Science* 258 (1992): S. 245–246.

[36]Mishkin, „Memory System in the Monkey".

[37]M. Colombo, M. R. D'Amato, H. R. Rodman und C. G. Gross, „Auditory Association Cortex Lesions Impair Auditory Short-Term Memory in Monkeys", *Science* 247 (1990): S. 336.

[38]G. Goldenberg, I. Podreka, M. Steiner und K. Wilmes, „Regional Cerebral Blood Flow Patterns in Imagery Tasks – Results of Single Photon Emission Computed Tomography", in *Cognitive and Neuropsychological Approaches to Mental Ima-*

gery, Hrsg. D. M. Engelkamp und J. T. E. Richardson (Dordrecht: Martinus Nijhoff, 1988).

[39] A. R. Damasio, „Category-Related Recognition Defects as a Clue to the Neural Substrates of Knowledge", *Trends in Neuroscience* 13 (1990): S. 95–98.

[40] F. C. Bartlett, *Remembering* (Cambridge: Cambridge University Press, 1931).

[41] D. Schacter, E. Reiman, T. Curran, L. S. Yun, D. Bandy, K. McDermott und H. Roediger, „Neuroanatomical Correlates of Veridical and Illusory Recognition Memory: Evidence from PET", *Neuron* 17 (1996): S. 267–274.

[42] R. S. Frackowiak, „Functional Mapping of Verbal Memory and Language", *Trends in Neuroscience* 17 (1994): S. 109–115.

[43] D. Schacter, T. Curran, L. Galluccio, W. Milberg und J. Bates, „False Recognition and the Right Frontal Lobe", *Neuropsychologia* 14 (1996): S. 793–808.

[44] B. Milner, „Laterality Effects in Audition", in *Interhemispheric Relations and Cerebral Dominance*, Hrsg. V. Mountcastle (Baltimore: Johns Hopkins University Press, 1962); J. E. Bogen und H. W. Gordon, „Musical Tests of Functional Lateralization with Intracarotid Amobarbital", *Nature* 230 (1971): S. 524–525.

[45] H. W. Gordon und J. E. Bogen, „Hemispheric Lateralization of Singing After Intracarotid Sodium Amobarbital", *Journal of Neurology, Neurosurgery and Psychiatry* 37 (1974): S. 727–738.

[46] R. J. Zatorre, „Musical Perception and Cerebral Function: A Critical Review", *Music Perception* 2 (1984): S. 196–221.

[47] J. L. Bradshaw und J. B. Mattingly, *Clinical Neuropsychology: Behavioral and Brain Science* (San Diego: Academic Press, 1995).

[48] I. Peretz, „Processing of Local and Global Musical Information by Unilateral Brain-Damaged Patients", *Brain* 113 (1990): S. 1185–1205.

[49] M. Mazzoni, P. Moretti, L. Pardossi, M. Vista, A. Muratorio und M. Puglioli, „A Case of Music Imperception", *Journal of Neurology, Neurosurgery and Psychiatry* 56 (1993): S. 322–324.

[50] J. Sergent, E. Zuck, S. Terriah und B. MacDonald, „Distributed Neural Network Underlying Musical Sight-Reading and Keybord Performance", *Science* 257 (1992): S. 106–109.

[51] T. Elbert, C. Pantev, C. Wienbruch, B. Rockstroh und E. Taub, „Increased Cortical Representation of the Fingers of the Left Hand in String Players", *Science* 270 (1995): S. 305–307.

[52] G. Schlaug, L. Jancke, Y. Huang, J. Staiger und H. Steinmetz, „Increased Corpus Callosum Size in Musicians", *Neuropsychologia* 33 (1995): S. 1047–1055.

[53] K. S. LaBar und J. LeDoux, „Emotion and the Brain", in *Behavioral Neurology and Neuropsychology*, Hrsg. T. Feinberg und M. Farah (New York: McGraw-Hill, 1997); W. James, *The Principles of Psychology* (New York: Holt, 1890).

[54] P. Eckman, R. W. Levenson und W. V. Friesen, „Autonomic Nervous System Activity Distinguishes Emotions", *Science* 221 (1983): S. 1208–1210.

[55] K. M. Heilman und R. T. Watson, „Arousal and Emotions", in *Handbook of Neuropsychology*, Bd. 3, Hrsg. F. Bjoller und J. Grafman (Amsterdam: Elsevier, 1989).

[56] G. Hohmann, „Some Effects of Spinal Cord Lesions on Experimental Emotional Feelings", *Psychophysiology* 3 (1966): S. 143–156.

[57] A. Damasio, *Descartes' Error: Emotion, Reason, and the Human Brain* (New York: Putnam, 1994). [Deutsch: A. Damasio, *Descartes' Irrtum. Fühlen, Denken und das menschliche Gehirn*. München (dtv) 1997.]

[58] S. Schachter, „The Interaction of Cognitive and Physiological Determinants of Emotional State", in *Advances in Experimental Social Psychology*, Bd. 1, Hrsg. L. Berkowitz (New York: Academic Press, 1970).

[59] A. C. Papanicolaou, *Emotion: A Reconsideration of the Somatic Theory* (New York: Gordon and Breach, 1989).

[60] G. Gainotti, „Reactions ‚catastrophiques' et manifestations d'indifference au cours des atteintes cérébrales", *Neuropsychologia* 7 (1969): S. 195–204.

[61] G. F. Rossi und G. Rosadini, „Experimental Analysis of Cerebral Dominance in Man", in *Brain Mechanisms Underlying Speech and Language*, Hrsg. C. H. Millikan und F. L. Danley (New York: Grune & Stratton, 1967); H. Terzian, „Behavioral and EEG Effects of Intracarotid Sodium Amytal Injection", *Acta Neurochirurgia (Wein)* 12 (1964): S. 230–239.

[62] Terzian, „Behavioral and EEG Effects".

[63] H. A. Sackheim, M. S. Greenberg, A. L. Weiman, R. C. Gur, J. P. Hungerbuhler und N. Geschwind, „Hemispheric Asymmetry in the Expression of Positive and Negative Emotions: Neurological Evidence", *Archives of Neurology* 39 (1982): S. 210–218.

[64] K. M. Heilman, R. Scholes und R. T. Watson, „Auditory Affective Agnosia: Disturbed Comprehension of Affective Speech", *Journal of Neurology, Neurosurgery and Psychiatry* 38 (1975): S. 69–72.

[65] D. M. Tucker, R. T. Watson und K. M. Heilman, „Affective Discrimination and Evocation in Patients with Right Parietal Disease", *Neurology* 27 (1977): S. 947–950.

[66] J. C. Borod, F. Andelman, L. K. Obler, J. R. Tweedy und J. Welkowitz, „Right Hemisphere Specialization for the Appreciation of Emotional Words and Sentences: Evidence from Stroke Patients", *Neuropsychologia* 30 (1992): S. 827–844.

[67] D. Van Lancker und J. J. Sidtis, „Identification of Affective-Prosodic Stimuli by Left- and Right-Hemisphere-Damaged Subjects: All Errors Are Not Created Equal", *Journal of Speech and Hearing Research* 35 (1992): S. 963–970.

[68] J. C. Borod, „Interhemispheric and Intrahemispheric Control of Emotion: A Focus on Unilateral Brain Damage", *Journal of Consulting and Clinical Psychology* 60 (1992): S. 339–348.

[69] H. A. Sackheim, R. C. Gur und M. Saucy, „Emotions Are Expressed More Intensely on the Left Side of the Face", *Science* 202 (1978): S. 434–436.

[70] J. C. Borod und H. S. Caron, „Facedness and Emotion Related to Lateral Dominance, Sex, and Expression Type", *Neuropsychologia* 18 (1980): S. 237–242.

[71] J. Borod, E. Koff und B. White, „Facial Asymmetry in Posed and Spontaneous Expressions of Emotion", *Brain and Cognition* 2 (1983): S. 165–175.

[72] B. B. Schiff und B. MacDonald, „Facial Asymmetries in the Spontaneous Response to Positive and Negative Emotional Arousal", *Neuropsychologia* 28 (1990): S. 777–785.

[73] R. J. Davidson, „Cerebral Asymmetry and Emotion: Conceptual and Methodological Conundrums", *Cognition and Emotion* 7 (1993): S. 115–138.

[74] R. J. Davidson und S. K. Sutton, „Affective Neuroscience: The Emergence of a Discipline", *Current Opinion in Neurobiology* 5 (1995): S. 217–224.

[75] R. E. Wheeler, R. J. Davidson und A. J. Tomarken, „Frontal Brain Asymmetry and Emotional Reactivity: A Biological Substrate and Affective Style", *Psychophysiology* 30 (1993): S. 82–89.

[76] A. J. Tomarken, R. J. Davidson, R. E. Wheeler, R. C. Doss, „Individual Differences in Anterior Brain Asymmetry and Fundamental Dimensions of Emotion", *Journal of Personality and Social Psychology* 62 (1992): S. 676–687.

[77] A. J. Tomarken und R. J. Davidson, „Frontal Brain Activation in Repressors and Non-Repressors", *Journal of Abnormal Psychology* 103 (1994): S. 339–349.

[78] W. C. Drevets, T. O. Videen, J. L. Price, S. H. Preskorn, S. T. Carmichael und M. E. Raichle, „A Functional Anatomical Study of Unipolar Depression", *Journal of Neuroscience* 12 (1992): S. 3628–3641.

[79] Davidson und Sutton, „Affective Neuroscience: The Emergence of a Discipline".

[80] Borod, „Interhemispheric and Intrahemispheric Control of Emotion".

[81] H. Gardner, H. H. Brownell, W. Wapner und D. Michelow, „Missing the Point: The Role of the Right Hemisphere in the Processing of Complex Linguistic Materials", in *Cognitive Processing in the Right Hemisphere*, Hrsg. E. Perecman (New York: Academic Press, 1983).

[82] K. M. Heilman und R. T. Watson, „Arousal and Emotions", in *Handbook of Neuropsychology*, Bd. 3, Hrsg. F. Boller und J. Grafman (Amsterdam: Elsevier, 1989).

[83] K. M. Heilman, H. D. Schwartz und R. T. Watson, „Hypoarousal in Patients with the Neglect Syndrome and Emotional Indifference", *Neurology* 28 (1978): S. 229–232.

Kapitel 9

[1] F. Nottebohm, „The Song Circuits of the Avian Brain as a Model System in Which to Study Vocal Learning, Communication, and Manipulation", *Discussion in Neuroscience* 10 (1994): S. 72–80.

[2] Ibid.

[3] J. Cynx, H. Williams und F. Nottebohm, „Hemispheric Differences in Avian Song Discrimination", *Proceedings of the National academy of sciences USA* 89 (1992): S. 1372–1375.

[4] J. S. McCasland, „Neuronal Control of Bird Song Production", *Journal of Neuroscience* 7 (1987): S. 23–39.

[5] L. J. Rogers, *The Development of Brain and Behavior in the Chicken* (Wallingford: CAB International, 1995).

[6] J. Bradshaw und L. Rogers, *The Evolution of Lateral Asymmetries, Language, Tool Use, and Intellect* (San Diego: Academic Press, 1993).

[7] P. F. MacNeilage, M. G. Studdert-Kennedy und B. Lindblom, „Primate Handedness Reconsidered", *Behavioral and Brain Sciences* 10 (1987): S. 247–303.

[8] Ibid.

[9] J. Fagot und J. Vauclair, „Manual Laterality in Non-Human Primates: A Distinction Between Handedness and Manual Specialization", *Psychological Bulletin* 109 (1991): S. 76–89.

[10] J. Vauclair und J. Fagot, „Manual Specialization in Gorillas and Baboons", in *Primate Laterality: Current Behavioral Evidence of Primate Asymmetries*, Hrsg. J. P. Ward und W. D. Hopkins (New York: Springer-Verlag, 1993).

[11] R. A. W. Lehman, „Manual Preference in Prosimians, Monkeys and Apes", in *Primate Laterality: Current Behavioral Evidence of Primate Asymmetries*, Hrsg. J. P. Ward und W. D. Hopkins (New York: Springer-Verlag, 1993).

[12] C. R. Hamilton, „Hemispheric Specialization in Monkeys", in *Brain Circuits and Functions of the Mind*, Hrsg. C. B. Trevarthen (Cambrdige: Cambridge University Press, 1990); C. R. Hamilton, „Functional Lateralization in Monkeys", in *Recent Advances in Laterality*, Hrsg. F. Kitterle (Hillsdale, NJ: Erlbaum, 1991).

[13] R. Vogels, R. C. Saunders und G. Borban, „Hemispheric Lateralization in Rhesus Monkeys Can Be Task Dependent", *Neuropsychologia* 32 (1994): S. 425–438.

[14] G. H. Yeni-Komshian und D. Benson, „Anatomical Study of Cerebral Asymmetry in the Temporal Lobe of Humans, Chimpanzees, and Rhesus Monkeys", *Science* 192 (1976): S. 387–389.

[15] M. Lemay und N. Geschwind, „Hemispheric Differences in the Brains of Great Apes", *Brain, Behavior, and Evolution* 11 (1975): S. 48–52.

[16] C. P. Groves und N. K. Humphrey, „Asymmetry in Gorilla Skulls: Evidence of Lateralized Brain Function?" *Nature* 244 (1973): S. 53–54.

[17] S. D. Glick, J. N. Carlson, K. L. Drew und R. M. Shapiro, „Functional and Neurochemical Asymmetry in the Corpus Striatum", in *Duality and Unity of the Brain*, Hrsg. D. Ottoson (New York: Plenum, 1987).

[18] S. Cabib, F. R. D'Amato, P. J. Neveu, B. Deleplanque, M. LeMoal und S. Puglisi-Allegra, „Paw Preference and Brain Dopamine Asymmetries", *Neuroscience* 64 (1995): S. 427–432.

[19] E. Mach (1885), zitiert nach S. D. Glick und D. Ross, „Lateralization of Function in the Rat Brain. Basic Mechanism May Be Operative in Humans", *Trends in the Neurosciences* 12 (1981): S. 196–199.

[20] M. R. Petersen, M. D. Beecher, S. R. Zoloth, D. B. Moody und W. C. Stebbins, „Neural Lateralization of Species-Specific Vocalizations by Japanese Macaques", *Science* 202 (1978): S. 324–326.

[21] W. D. Hopkins, K. D. Morris, S. Savage-Rumbaugh und D. Rumbaugh, „Hemispheric Priming by Meaningful and Nonmeaningful Symbols in Language Trained Chimpanzees: Further Evidence of a Left Hemisphere Advantage", *Behavioral Neuroscience* 106 (1992): S. 575–582.

[22] Ibid.

[23] R. J. Davidson, N. H. Kalin und S. E. Shelton, „Lateralized Response to Diazepam Predicts Temperamental Style in Rhesus Monkeys", *Behavioral Neuroscience* 107 (1993): S. 1106–1110.

[24] N. Geschwind, „Implications for Evolution, Genetics, and Clinical Syndromes", in *Cerebral Lateralization in Nonhuman Species*, Hrsg. S. Glick (Orlando, FL: Academic Press, 1985).

[25] Ibid.

[26] A. Bisazza, C. Cantalupo, A. Robins, L. J. Rogerts und G. Vallortigara, „Right Pawedness in Toads", *Nature* 379 (1996): S. 408.

Kapitel 10

[1] E. H. Lenneberg, *Biological Foundations of Language* (New York: Wiley, 1967).

[2] L. S. Basser, „Hemiplegia of Early Onset and the Faculty of Speech with Special Reference to the Effects of Hemispherectomy", *Brain* 85 (1962): S. 427–460.

[3] M. Kinsbourne, „The Ontogeny of Cerebral Dominance", in *Developmental Psycholinguistics and Communication Disorders*, Hrsg. D. Aaronson und R. W. Reiber (New York: New York Academy of Sciences, 1975).

[4] B. T. Woods und H. L. Teuber, „Changing Patterns of Childhood Aphasia", *Annals of Neurology* 3 (1978): S. 273–280.

[5] D. Bishop, „Language Development After Focal Brain Damage", in *Language Development in Exceptional Circumstances*, Hrsg. D. Bishop und K. Mogford (Hove, UK: Erlbaum, 1993).

[6] M. Dennis und H. Whitaker, „Language Acquisition Following Hemidecortication: Linguistic Superiority of the Left Over the Right Hemisphere", *Brain and Language* 3 (1976): S. 404–433.

[7] D. V. M. Bishop, „Linguistic Impairment After Left Hemidecortication for Infantile Hemiplegia? A Reappraisal", *Quarterly Journal of Experimental Psychology* 35 (1983): S. 199–207.

[8] R. E. Stark, K. Bleile, J. Brandt, J. Freeman und E. P. G. Vining, „Speech-Language Outcomes of Hemispherectomy in Children and Young Adults", *Brain and Language* 51 (1995): S. 406–421.

[9] A. M. Galaburda, „Anatomic Basis of Cerebral Dominance", in *Brain Asymmetry*, Hrsg. R. Davidson und K. Hugdahl (Cambridge, MA: MIT Press, 1995).

[10] D. Molfese und J. C. Betz, „Electrophysiological Indices of the Early Development of Lateralization for Language and Cognition and Their Implications for Predicting Later Development", in *Brain Lateralization in Children: Developmental Implications*, Hrsg. D. L. Molfese und S. J. Segalowitz (New York: Guilford, 1988).

[11] D. L. Molfese und V. J. Molfese, „Discrimination of Language Skills at Five Years of Age Using Event Related Potentials Recorded at Birth", *Developmental Neuropsychology*, in Druck.

[12] M. Hiscock und M. Kinsbourne, „Phylogeny and Ontogeny of Cerebral Lateralization", in *Brain Asymmetry*, Hrsg. R. Davidson und K. Hughdahl (Cambridge, MA: MIT Press, 1995).

[13] R. Bijeljac-Babic, S. McAdam, I. Peretz und J. Mehler, „Dichotic Perception and Laterality in Neonates", *Brain and Language* 37 (1989): S. 591–605.

[14] J. Pujol, P. Vendrell, C. Junque, J. L. Marti-Vilalta und A. Capdevila, „When Does Human Brain Development End? Evidence of Corpus Callosum Growth Up to Adulthood", *Annals of Neurology* 34 (1993): S. 71–75.

[15] S. Witelson, „Neuroanatomic Bases of Hemispheric Functional Specialization in the Human Brain: Developmental Factos", in *Neurodevelopment, Aging, and Cognition*, Hrsg. I. Kostovic, S. Knezevic, H. M. Wisniewski und G. J. Spilch (Boston: Birkhäuser, 1992).

[16] M. Y. Yazan, B. E. Wexler, M. Kinsbourne, B. Peterson und J. F. Lichman, „Significance of Individual Variations in Callosal Area", *Neuropsychologia* 33 (1995): S. 769–779.

[17] J. M. Clarke, C. M. McCann und E. Zaidel, „The Corpus Callosum and Language: Anatomical-Behavioral Relationships", in *Right Hemisphere Language Comprehension: Perspectives from Cognitive Neuroscience*, Hrsg. M. Beeman und C. Chiarello (Hillsdale, NJ: Erlbaum, 1997).

[18] M. Lassonde und M. A. Jeeves, Hrsg., *Callosal Agenesis: A Natural Split Brain?* (New York: Plenum, 1994).

[19] Ibid.

[20] M. Lassonde, H. C. Sauerwein und F. Lepore, „Extent and Limits of Callosal Plasticity: Presence of Disconnection Symptoms in Callosal Agenesis", *Neuropsychologia* 33 (1995): S. 989–1007.

[21] C. Temple und J. Isley, „Sounds and Shapes: Language and Spatial Cognition in Callosal Agenesis", in *Callosal Agenesis*, Hrsg. M. Lassonde und M. A. Jeeves (New York: Plenum, 1994).

[22] Ibid.

[23] M. Morgan, „Embryology and Inheritance of Asymmetry", in *Lateralization in the Nervous System*, Hrsg. S. Harnad, R. Doty, L. Goldstein, J. Jaynes und G. Krauthamer (New York: Academic Press, 1977).

[24] M. Corballis und M. J. Morgan, „On the Biological Basis of Human Laterality: I. Evidence of a Maturational Left-Right Gradient", *Behavioral and Brain Sciences* 2 (1978): S. 261–336.

[25] R. Rymer, *Genie: An Abused Child's Flight from Silence* (New York: Harper Collins, 1993).

[26] S. Krashen, „Lateralization, Language Learning, and the Critical Period: Some New Evidence", *Language Learning* 23 (1973): S. 63–74.

[27] G. Hickok, U. Bellugi und E. S. Klima, „The Neurobilogy of Sign Language and Its Implications for the Neural Basis of Language", *Nature* 381 (1996): S. 699–702.

[28] M. Paradis, „Language Lateralization in Bilinguals: Enough Already", *Brain and Language* 39 (1990): S. 576–586; A. Berquier und R. Ashton, „Language Lateralization in Bilinguals: Mor Not Less Is Needed: A Reply to Paradis", *Brain and Language* 43 (1992): S. 528–533.

[29] D. Klein, B. Milner, R. J. Zatorre, E. Meyer und A. C. Evans, „The Neural Substrates Underlying Word Generation: A Bilingual Functional-Imaging Study", *Proceedings of the National Academy of Sciences USA* 92 (1995): S. 2899–2903; D. Klein, R. J. Zatorre, B. Milner, E. Meyer und A. C. Evans, „The Neural Substrates of Bilingual Language Processing: Evidence from Positron Emission Tomography", in *Aspects of Bilingual Aphasia*, Hrsg. M. Paradis (London: Pergamon, 1995).

[30] K. Kim, N. R. Relkin, K. Lee und J. Hirsch, „Distinct Cortical Areas Associated with Native and Second Languages", *Nature* 388 (1997): S. 171–174.

Kapitel 11

[1] J. M. Rumsey, „Biology of Developmental Dyslexia", *Journal of the American Medical Association* 268 (1992): S. 912–915; D. D. Duane und D. B. Gray, Hrsg., *The Reading Brain: The Biological Basis of Dyslexia* (Parkland, MD: York Press, 1991).

[2] Rumsey, „Biology of Developmental Dyslexia".

[3] S. T. Orton, *Reading, Writing, and Speech Problems in Children* (New York: Norton, 1937).

[4] M. P. Bryden, „Does Laterality Make Any Difference? Thoughts on the Relation Between Cerebral Asymmetry and Reading", in *Brain Lateralization in Children*, Hrsg. D. Molfese und S. Segalowitz (New York: Guilford, 1988).

[5] Ibid.

[6]A. M. Galaburda, G. P. Sherman, G. D. Rosen, F. Aboitiz und N. Geschwind, „Developmental Dyslexia: Four Consecutive Patients with Cortical Anomalies", *Annals of Neurology* 18 (1985): S. 222–233.

[7]P. Humphreys, W. E. Kaufmann und A. Galaburda, „Developmental Dyslexia in Women: Neuropathological Findings in Three Cases", *Annals of Neurology* 28 (1990): S. 727–738.

[8]J. P. Larsen, T. Hoien, I. Lundberg und H. Odegaard, „MRI Evaluation of the Size and Symmetry of the Planum Temporale in Adolescients with Developmental Dyslexia", *Brain and Language* 39 (1990): S. 289–301.

[9]R. A. Duara, A. Kushch, K. Gross-Glenn, W. W. Barker, B. Jallad, S. Pascal, D. A. Lowenstein, J. Sheldon, M. Rabin und B. Levin, „Neuroanatomic Differences Between Dyslexic and Normal Readers on Magnetic Resonance Imaging Scans", *Archives of Neurology* 48 (1991): S. 410–416.

[10]R. T. Schultz, N. K. Cho, L. H. Staib, L. E. Kier, J. M. Fletcher, S. E. Shaywitz, D. P. Shankweiler, L. Katz, J. C. Gore, J. S. Duncan und B. A. Shaywitz, „Brain Morphology in Normal and Dyslexic Children: The Influence of Sex and Age", *Annals of Neurology* 35 (1994): S. 732–742.

[11]C. M. Leonard, L. J. Lombardino, L. R. Mercado, S. R. Browd, J. I. Breier und O. F. Agee, „Cerebral Asymmetry and Cognitive Development in Children: A Magnetic Resonance Imaging Study", *Psychological Science* 7 (1996): S. 89–95.

[12]Ibid.

[13]N. T. Kraus, J. McGee, T. D. Carrell, S. G. Zecker, T. G. Nicol und D. B. Koch, „Auditory Neurophysiologic Responses and Discrimination Deficits in Children with Learning Problems", *Science* 173 (1996): S. 971–973.

[14]P. Tallal, S. L. Miller, G. Bedi, G. Byma, Z. Wang, S. S. Nagarajan, C. Schreiner, W. M. Jenkins und M. M. Merzenich, „Language Comprehension in Language-Learning Impaired Children Improved with Acoustically Modified Speech", *Science* 271 (1996): S. 81–84; M. M. Merzenich, W. M. Jenkins, P. Johnston, C. Schreiner, S. L. Miller und P. Tallal, „Temporal Processing Deficits of Language-Learning Impaired Children Ameliorated by Training", *Science* 271 (1996): S. 77–81.

[15]Tallal et al., „Language Comprehension in Language-Learning Impaired Children".

[16]G. F. Eden, J. W. VanMeter, J. M. Rumsey, J. Maisog, R. P. Woods und T. A. Zeffiro, „Abnormal Processing of Visual Motion in Dyslexia Revealed by Functional Brain Imaging", *Nature* 382 (1996): S. 66–69.

[17]D. V. M. Bishop, *Handedness and Developmental Disorder* (Oxford: Blackwell, 1990).

[18]Ibid.

[19]P. T. Fox, R. J. Ingham, J. C. Ingham, T. B. Hirsch, J. H. Downs, C. Martin, P. Jerabek, T. Glass und J. L. Lancaster, „A PET Study of the Neural Systems of Stuttering", *Nature* 382 (1996): S. 158–162.

[20]I. Rapin, „Autistic Children: Diagnosis and Clinical Features", *Pediatrics* 87 Supplement (1991): S. 751–761.

[21]L. Selfe, *Nadia: A Case of Extraordinary Drawing Ability in an Autistic Child* (New York: Academic Press, 1977).

[22]D. Fein, M. Humes, E. Kaplan, D. Lucci und L. Waterhouse, „The Question of Left Hemisphere Dysfunction in Infantile Autism", *Psychological Bulletin* 95 (1984): S. 258–281.

[23] G. Dawson, „Cerebral Lateralization in Autism: Clues to the Role in Language and Affective Development", in *Brain Lateralization in Children*, Molfese and Segalowitz.

[24] G. Dawson, S. Warrenburg und P. Fuller, „Cerebral Lateralization in Individuals Diagnosed as Autistic in Early Childhood", *Brain and Language* 15 (1982): S. 353–368.

[25] G. Dawson, C. Phillips und L. Galpert, „Hemispheric Specialization and the Language Abilities of Autistic Children", *Child Development* 57 (1986): S. 1440–1453.

[26] K. Aiken, „Examining the Evidence for a Common Structural Basis to Autism", *Developmental Medicine and Child Neurology* 33 (1991): S. 930–938.

[27] T. Schifter, J. M. Hoffman, H. Hatter, M. W. Hanson, R. E. Coleman und G. R. DeLong, „Neuroimaging in Infantile Autism", *Journal of Child Neurology* 9 (1994): S. 155–161.

[28] J. M. Mountz, L. C. Tolbert, D. W. Lill, C. R. Katholi und H. G. Lie, „Functional Deficits in Autistic Disorder: Characterization by ^{99m}Tc-HMPAO and SPECT", *Journal of Nuclear Medicine* 36 (1995): S. 1156–1162.

[29] D. S. Peterson, „Neuroimaging in Child and Adolescent Neuropsychiatric Disorders", *Journal of the American Academy of Child and Adolescent Psychiatry* 34 (1995): S. 1560–1576.

[30] P. For-Henry, „Schizophrenic-like Reactions and Affective Psychoses Associated with Temporal Lobe Epilepsy: Etiological Factors", *American Journal of Psychiatry* 26 (1969): S. 400–403.

[31] J. H. Gruzelier, „Hemispheric Imbalance: Syndromes of Schizophrenia, Premorbid Personality, and Neurodevelopmental Influences", *Handbook of Schizophrenia*, Bd. 5, Hrsg. S. Steinhauer, J. H. Gruzelier und J. Zubin (Amsterdam: Elsevier, 1991).

[32] J. M. Gold und D. W. Weinberger, „Cognitive Deficits and the Neurobiology of Schizophrenia", *Current Opinion in Neurobiology* 5 (1995): S. 225–230.

[33] J. Cutting, *The Right Cerebral Hemisphere and Psychiatric Disorders* (Oxford: Oxford University Press, 1990).

[34] R. Kahn, M. Davidson und K. Davis, „Dopamine and Schizophrenia Revisited", in *biology of Schizophrenia and Affective Disease*, Hrsg. S. Watson (Washington, DC: American Psychiatric Press, 1996).

[35] M. S. George, T. T. Ketter und R. M. Post, „Prefrontal Cortex Dysfunction in Clinical Depression", *Depression* 2 (1994): S. 59–72.

[36] R. Berman, J. Krystal und D. Charney, „Mechanisms of Action o f Antidepressants: Monoamine Hypotheses and Beyond", in *Biology of Schizophrenia and Affective Disease*, Hrsg. S. Watson (Washington, DC: American Psychiatric Press, 1996).

[37] G. Doman, *What to Do About Your Brain-Injured Child* (Garden City Park: Avery Publishing, 1994).

[38] R. A. Cummins, *The Neurologically-Impaired Child: Doman-Delacato Technique Reappraised* (London: Croom Helm, 1988).

[39] Position Statement on Doman-Delacato Treatment of Neurologically Handicapped Children, American Academy of Pediatrics.

Kapitel 12

[1] S. Aurobindo, zitiert in J. E. Bogen, „The Other Side of the Brain. VII: Some Educational Aspects of Hemispheric Specialization", *UCLA Educator* 17 (1975): S. 24–32.

[2] R. Ornstein, *The Psychology of Consciousness* (New York: Harcourt Brace Jovanovich, 1977).

[3] A. Harrington und O. Godehard, „Whole Brain Politics and Brain Laterality Research", *European Archives of Psychiatry and Neurological Sciences* 239 (1989): S. 141–143.

[4] H. Gardner, „What We Know (and Don't Know) about the Two Halves of the Brain", *Harvard Magazine* 80 (1978): S. 24–27.

[5] A. McGee-Cooper, *You Don't Have to Go Home from Work Exhausted* (New York: Bantam, 1992).

[6] E. P. Torrance und C. Reynolds, *Norms-Technical Manual for „Your Style of Learning and Thinking"* (Athens, GA: Department of Educational Psychology, University of Georgia, 1980).

[7] E. P. Torrance, C. P. Reynolds, T. Riegel und O. Ball, „Your Style of Learning and Thinking, Forms A and B: Preliminary Norms, Abbreviated Notes, Scoring Keys, and Selected References", *Gifted Child Quarterly* 21 (1977): S. 563–573.

[8] L. J. Zalewski, C. A. Sink und D. J. Yachimowicz, „Using Cerebral Dominance for Education Programs", *Journal of General Psychology* 119 (1992): S. 45–57.

[9] N. Herrmann, *Kreativität und Kompetenz – Das einmalige Gehirn* (Fulda: Paidia, 1991). [Originalausgabe: *The Creative Brain* (Lake Lure, NC: Brain Books, 1991).]

[10] N. Herrmann, *The Whole Brain Business Book* (New York: McGraw-Hill, 1996).

[11] R. Cutter, *When Opposites Attract* (New York: Dutton, 1994).

[12] J. E. Bogen, „The Other Side of the Brain. VII: Some Educational Aspects of Hemispheric Specialization", *UCLA Educator* 17 (1975): S. 24–32.

[13] P. R. Johnson und C. R. Daumer, „Intuitive Development: Communication in the Nineties", *Public Personnel Management* 22 (1993): S. 257–268.

[14] A. Kitchens, „Left Brain/Right Brain Theory: Implications for Developmental Math Instruction", *Review of Research in Developmental Education* 8 (1991): S. 20–23.

[15] I. Sonnier, Hrsg., *Methods and Techniques of Holistic Education* (Springfield, IL: Charles C. Thomas, 1985); I. Sonnier, Hrsg., *Hemisphericity as a Key to Understanding Individual Differences* (Springfield, IL: Charles C. Thomas, 1992); L. J. Harris, „Right Brain Training: Some Reflections on the Application of Reasearch on Cerebral Hemispheric Specialization to Education", in *Brain Lateralization in Children*, Hrsg. D. L. Molfese und S. J. Segalowitz (New York: Guilford, 1988).

[16] K. V. Fite, *Television and the Brain: A Review* (New York: Children's Television Workshop, 1994).

[17] B. Edwards, *Drawing on the Right Side of the Brain* (Los Angeles: J. P. Tarcher, 1989).

[18] E. K. Warrington, „Constructional Apraxia", in *Handbook of Clinical Neurology*, Bd. 4, Hrsg. P. J. Vinken und G. W. Bruyn (Amsterdam: North-Holland, 1986).

[19] Harris, „Right Brain Training".

[20]C. Sagan, *Die Drachen von Eden. Das Wunder der menschlichen Intelligenz* (München: Droemer-Knaur, 1978. [Originalausgabe: *The Dragons of Eden* (New York: Random House, 1977).]
[21]Ibid.
[22]Ibid.
[23]Ibid.

Kapitel 13

[1]D. Kimura, *Neuromotor Mechanisms in Human Communication* (New York: Oxford University Press, 1993).
[2]Ibid.
[3]I. Mattingly und M. Studdert-Kennedy, *Modularity and the Motor Theory of Speech Perception* (Hillsdale, NJ: Erlbaum, 1991).
[4]Ibid.
[5]G. Deutsch und J. H. Halsey, Jr., „Cortical Blood Flow Indicates actie Motor Component During Speech Sound Discrimination Task", *Journal of Clinical and Experimental Neuropsychology* 12 (1990): S. 416.
[6]R. J. Zatorre, A. C. Evans, E. Meyer und A. Gjedde, „Lateralization of Phonetic and Pitch Discrimination in Speech Processing", *Science* 256 (1992): S. 846–849.
[7]G. Hickok, U. Bellugi und E. S. Klima, „The Neurobiology of Sign Language and Its Implications for the Neural Basis of Language", *Nature* 381 (1996): S. 699–702.
[8]Ibid.
[9]E. Goldberg und L. D. Costa, „Hemispheric Differences in the Acquisition and Use of Descriptive Systems", *Brain and Language* 14 (1981): S. 144–173.
[10]E. Goldberg, H. G. Vaughan, Jr. und L. J. Gerstman, „Nonverbal Descriptive Systems and Hemispheric Asymmetry: Shape versus Texture Discrimination", *Brain and Language* 5 (1978): S. 249–257.
[11]Ibid.
[12]A. Galaburda, „Anatomic Basis of Cerebral Dominance", in *Brain Asymmetry*, Hrsg. R. Davidson und K. Hugdahl (Cambridge, MA: MIT Press, 1995).
[13]H. A. Whitaker und G. A. Ojemann, „Lateralization of the Higher Cortical Functions: A Critique", in *Evolution and Lateralization of the Brain*, Hrsg. S. J. Dimond und D. A. Blizard, *Annals of the New York Academy of Sciences* 299 (1977): S. 459–473; R. C. Gur, I. K. Packer, J. P. Hungerbuhler, M. Reivich, W. D. Obrist, W. S. Amarnek und H. A. Sackheim, „Differences in the Distribution of Gray and White Matter in Human Cerebral Hemispheres", *Science* 207 (1980): S. 1226–1228.
[14]Goldberg und Costa, „Hemispheric Differences in the Acquisition and Use of Descriptive Systems".
[15]E. Goldberg, K. Posell und M. Lovell, „Lateralization of Frontal Lobe Functions and Cognitive Novelty", *Journal of Neuropsychiatry* 6 (1994): S. 371–378.
[16]E. Goldberg, K. Podell, R. Harner, M. Lovell und S. Riggio, „Cognitive Bias, Functional Cortical Geometry, and the Frontal Lobes: Laterality, Sex, and Handedness", *Journal of Cognitive Neuroscience* 6 (1994): S. 276–296.

[17]Goldberg et al., ibid.; Goldberg et al., „Lateralization of Frontal Lobe Functions and Cognitive Novelty"; E. Goldberg und K. Podell, „Lateralization in the Frontal Lobes: Searching the Right (and Left) Way", *Biological Psychiatry* 38 (1995): S. 569–571.

[18]J. Levy, „Interhemispheric Collaboration: Single Mindedness in the Asymmetrical Brain", in *Hemispheric Function and Collaboration in the Child*, Hrsg. C. T. Best (New York: Academic Press, 1985).

[19]N. D. Cook, „The Transmission of Information in Natural Systems", *Journal of Theoretical biology* 108 (1984): S. 349–367; N. D. Cook, „Callosal Inhibition: The Key to the Brain Code", *Behavioral science* 29 (1984): S. 98–110.

[20]Ibid.

[21]M. Lamb, I. Roberston und R. Knight, „Component Mechanisms Underlying the Processing of Hierarchially Organized Patterns: Inferences from Patients with Unilateral Cortical Lesions", *Journal of Experimental Psychology: Learning, Memory, and Cognition* 16 (1990): S. 471–483.

[22]J. C. Marshall und P. W. Halligan, „Seeing the Forest but Only Half the Trees", *Nature* 373 (1995): S. 521–523.

[23]G. R. Fink, P. W. Halligan, J. D. Marshall, C. D. Frith, R. Frackowiak und R. Dolan, „When in the Brain Does Visual Attention Select the Forest and the Trees?" *Nature* 382 (1996): S. 626–628.

[24]H. Brown und S. Kosslyn, „Cerebral Lateralization", *Current Opinion in Neurobiology* 3 (1993): S. 183–186.

[25]I. Peretz und M. Babai, „The Role of Contour and Intervals in the Recognition of Melody Parts: Evidence from Cerebral Asymmetries in Musicians", *Neuropsychologia* 30 (1992): S. 277–292.

[26]G. Hinton, J. L. McClelland und D. E. Rumelhart, „Distributed Representations", in *Parallel Distributed Processing. Explorations in the Microstructure of Cognition*, Hrsg. D. E. Rumelhart, J. L. McClelland und die PDP Research Group (Cambridge, MA: MIT Press, 1986).

[27]M. Farah, „Neuropsychological Inference with an Interactive Brain: A Critique of the ‚Locality' Assumption", *Behavioral and Brain Sciences* 17 (1994): S. 43–104.

[28]Ibid.

[29]Ibid.

[30]Ibid.

[31]G. Hinton et al., „Distributed Representations".

[32]S. H. Woodward, „An Anatomical Model of Hemispheric Asymmetry", *Journal of Clinical and Experimental Neuropsychology* 10 (1988): S. 68.

[33]Ibid.

[34]S. Kosslyn, C. Chabris, C. Marsolek und O. Koenig, „Categorical Versus Coordinate Spatial Representations: Computational Analyses and Computer Simulations", *Journal of Experimental Psychology: Human Perception and Performance* 18 (1992): S. 562–577; H. Brown und S. Kosslyn, „Cerebral Lateralization", *Current Opinion in Neurobiology* 3 (1993): S. 183–186.

[35]Woodward, „Anatomical Model of Hemispheric Asymmetry".

[36]Farah, „Neuropsychological Inference with an Interactive Brain".

[37]M. M. Mesulam, „Distributed Locality and Large-Scale Neurocognitive Networks", *Behavioral and Brain Sciences* 17 (1994): S. 74–76; M. M. Mesulam,

"Large-Scale Neurocognitive Networks and Distributed Processing for Attention, Language and Memory", *Annals of Neurology* 28 (1990): S. 597–613.
[38]G. Edelman, *Bright Air, Brilliant Fire* (New York: Basic Books, 1992).
[39]Ibid.
[40]R. Dubos, *Pasteur and Modern Science* (London: Heinemann, 1960).
[41]M. C. Corballis und I. L. Beale, *The Ambivalent Mind* (Chicago: Nelson-Hall, 1983).
[42]L. Wolpert, "Pattern Formation in Biological Development", *Scientific American* 239 (1978): S. 124–137. [Deutsch veröffentlicht unter dem Titel "Musterbildung in der biologischen Entwicklung", *Spektrum der Wissenschaft* 12 (1978): S. 23–37.]
[43]Corballis und Beale, *The Ambivalent Mind*.
[44]Ibid.
[45]B. Norden, "The Asymmetry of Life", *Journal of Molecular Evolution* 11 (1978): S. 313–332.
[46]E. M. Henley, "Parity and Time-Reversal Invariance in Nuclear Physics", *Annual Review of Nuclear Science* 19 (1969): S. 367–427.
[47]Corballis und Beale, *The Ambivalent Mind*.

Kapitel 14

[1]A. Goswami, *The Self-Aware Universe: How Consciousness Creates the Material World* (New York: Putnam, 1993).
[2]M. Ayers, "Philosophy, Knowledge, and Reality", in *The Neurological Boundaries of Reality*, Hrsg. E. M. R. Critchley (London: Farand Press, 1994).
[3]R. W. Sperry, "Brain Bisection and Consciousness", in *Brain and Conscious Experience*, Hrsg. J. Eccles (New York: Springer-Verlag, 1966).
[4]J. Eccles, *The Brain and Unity of Conscious Experience: The 19th Arthur Stanley Eddington Memorial Lecture* (Cambridge: Cambridge University Press, 1965).
[5]J. E. LeDoux, D. H. Wilson und M. S. Gazzaniga, "A Divided Mind: Observation on the Conscious Properties of the Separated Hemispheres", *Annals of Neurology* 2 (1977): S. 417–421.
[6]Ibid.
[7]V. S. Ramachandran und D. Rogers-Ramachandran, "Denial of Disabilities in Anosognosia", *Nature* 382 (1996): S. 501; S. Blakeslee, "Figuring Out the Brain from Its Acts of Denial; One Hemisphere Models the World, the Other Faults It", *New York Times*, Bd. 145, 23. Januar 1996.
[8]Blakeslee, "Figuring Out the Brain from Its Acts of Denial; One Hemisphere Models the World, the Other Faults It".
[9]M. S. Gazzaniga und J. E. LeDoux, *The Integrated Mind* (New York: Plenum, 1978).
[10]Ibid.
[11]E. Goldberg und W. Barr, "Three Possible Mechanisms of Unawareness of Deficit", in *Awareness of Deficit After Brain Injury: Clinical and Theoretical Issues*, Hrsg. G. Prigatano und D. Schacter (New York: Oxford University Press, 1991).
[12]J. Jaynes, zitiert in S. Keen, "Reflections on the Dawn of Consciousness", *Psychology Today* 11 (1977): S. 58.

[13]Ibid.
[14]R. Penrose, *Computerdenken* (Heidelberg: Spektrum Akademischer Verlag, 1991). [Originalausgabe: *The Emperor's New Mind* (New York: Oxford University Press, 1989).]
[15]J. Hadamard, *The Psychology of Invention in the Mathematical Field* (Princeton, NJ: Princeton University Press, 1945).
[16]Ibid.
[17]O. Loewi, *Perspectives in Biology and Medicine* 4 (chicago: University of Chicago Press, 1960).
[18]A. Koestler, *Der göttliche Funke. Der schöpferische Akt in Kunst und Wissenschaft* (Bern: Scherz, 1966). [Originalausgabe: *The Act of Creation* (New York: Dell, 1964).]
[19]D. Galin, „Implications for Psychiatry of Left and Right Cerebral Specialization", *Archives of General Psychiatry* 31 (1974): S. 572–583.
[20] R. Puccetti, „The Case for Mental Duality: Evidence from Split-Brain Data and Other Considerations", *The Behavioral and Brain Sciences* 4 (1981): S. 93–123.
[21]R. W. Sperry, E. Zaidel und D. Zaidel, „Self-Recognition and Social Awareness in the Disconnected Minor Hemisphere", *Neuropsychologia* 17 (1979): S. 153–166.
[22]D. C. Dennett, *Philosophie des menschlichen Bewußtseins* (Hamburg: Hoffmann & Campe, 1994). [Originalausgabe: *Consciousness Explained* (Boston: Little Brown, 1991).]
[23]Ibid.
[24]D. N. Robinson, „Cerebral Plurality and the Unity of Self", *American Psychologist* 37 (1982): S. 904–910.
[25]G. Sperling, „The Information Available in brief Visual Presentations", *Psychological Monographs* 74 (1960): (S. 11, gesamtes Heft 498).
[26]D. H. Raab, „Backward Masking", *Psychological Bulletin* 60 (1963): S. 118–129.
[27]Robinson, „Cerebral Plurality and the Unity of self".
[28]Ibid.
[29]M. S. Gazzaniga, R. Fendrich und C. Mark Wessinger, „Blindsight Reconsidered", *Current Directions in Psychological Science* 3 (1994): S. 93–95.
[30]S. Kohler und M. Moscovitch, „Unconscious Visual Processing in Neuropsychological Syndromes: A Survey of the Literature and Evaluation of Models of Consciousness", in *Cognitive Neuroscience*, Hrsg. M. D. Rugg (Cambridge, MA: MIT Press).
[31]R. R. Llinas, „Perception as an Oneiric-like State Modulated by the Senses", in *Large-scale Neuronal Theories of the Brain*, Hrsg. C. Koch und J. Davis (Cambridge, MA: MIT Press, 1994); S. Blakeslee, „How the Brain Might Work: A New Theory of Consciousness", *New York Times*, Bd. 144, 21. März 1995.
[32]Blakeslee, „How the Brain Might Work: A New Theory of Consciousness".
[33]G. Edelman, *Bright Air, Brilliant Fire* (New york: Basic Books, 1992); M. Kinsbourne, „Septohippocampal Comparator: Consciousness Generator or Attention Feedback Loop?" *Behavioral and Brain Sciences* 18 (1995): 687–688.
[34]J. Miller, „Trouble in Mind" in *Scientific American* 267 (1992): 180.
[35]Ibid.

Schlußbemerkung

[1] J. Sergent, „Visualizing the Working Cerebral Hemispheres", in *Hemispheric Communication: Mechanisms and Models*, Hrsg. F. Kitterle (Hillsdale, NJ: Erlbaum, 1995).

Personenregister

A

Allen, L. 123
Annett, M. 107
Auburtin, E. 8

B

Bakan, P. 110
Banish, M. 94 f
Barsley, M. 103
Bartlett 191
Beale, J. 290
Bellugi, U. 234
Benbow, C. 131
Benton, A. 160, 165 f
Berger, H. 62
Binder, J. 145, VI
Bogen, J. 27, 263
Borod, J. 201, 204
Bouillaud, J. B. 8
Broca, P. 8 f
Brown, H. 281
Brown, J. 150
Bryden, M. P. 91, 109, 113, 241
Buchanan, A. 103
Buckner, R. L. 186
Bulman-Fleming, B. 109

C

Cannon 197
Carlyle, T. 104
Collins, R. 106
Cook, N. 277
Corballis, M. 232, 290
Coren, S. 105, 115
Costa, L. 273–275
Cunningham, D. J. 104

D

Damasio, A. 149, 190, 197
Damasio, H. 149
Davidson, R. 203, 217
Dax, M. 10
Day, L. 113
Delacato, C. 253
Dennett, D. 306

Dennis, M. 224
Descartes, R. 294
Dimond, S. 143
Doman, G. 253

E

Eccles, J. 296
Edelman, G. 288
Eden, G. 244
Edwards, B. 264
Elias, L. 113
Ellis, A. 21

F

Fagot, J. 212
Farah, M. 171, 283
Fechner, G. 25, 295
Flor-Henry, P. 251
Fox, P. 246
Frackowiak, R. 148
Franco, L. 39
Freud, S. 303

G

Galaburda, A. 74, 108, 131, 241
Galin, D. 63, 304
Gall, F. 7 f, 62
Galton, F. 302
Gardner, H. 204
Gazzaniga, M. 35 f, 296, 299
Geschwind, N. 20, 47, 72 f, 131, 143, 218
Gevins, A. 66
Glick, S. 215
Goldberg, E. 167 f, 273, 300
Gorski, R. 123

H

Hadamard, J. 302
Hall, J. 130
Halpern, D. 115, 133
Hamilton, C. 214
Haxby, J. 59
Heilman, K. 176, 200, 204
Hellige, J. 94–96
Herrmann, N. 261

Hickok, G. 234
Hopkins, W. 217
Hubel, D. 189
Hugdahl, K. 116
Hume, D. 310

I

Inglis, J. 122
Ingram, R. 246
Ingvar, D. 162
Isley, J. 231

J

Jackson, J. H. 11f, 137, 144, 263
Jaynes, J. 301

K

Kant, E. 310
Kapur, S. 187
Kimura, D. 82, 129 f, 269 f
Kinsbourne, M. 91, 157, 175
Klima, E. 234
Koestler, A. 303
Kohler, S. 309
Kosslyn, S. 170 f, 281, 285
Kraus, N. 243

L

Lange, J. 196
Lansdell, H. 121
Larsen, J. P. 242
Lashley, K. 177
Lassen, N. 53
Lassonde, M. 231
Lawson, J. S. 122
LeDoux, J. 296, 299
LeMay, M. 75 f
Lenneberg, E. 221
Leonard, C. 242
Lepore, F. 231
Levitsky, W. 72 f
Levy, J. 40–42, 94 f, 112, 114, 127, 272, 277
Lichtheim, L. 19
Liepmann, H. 11
Lindblom, B. 212
Llinas, R. 310
Loewi, O. 303

M

MacNeilage, P. 113, 212
Marañon 196
Marr, D. 22
Mazoyer, B. M. 148
McDougall, W. 26, 295
McGlone, J. 121

McKay, D. 296
McManus, I. 109
Merzenich, M. 243
Mesulam, M. 176, 288
Miller, J. 313
Molfese, D. 64, 226
Molfese, V. 227
Morgan, M. 232
Moscovitch, M. 182, 191, 309
Myers, R. 26

N

Nakagawa, A. 154
Nottebohm, F. 210

O

Ojemann, G. 17, 151
Ornstein, R. 63, 259
Orton, S. 240, 245

P

Pasteur, L. 289
Penfield, W. 16, 177
Posner, M. 145, 154, 176
Puccetti, R. 305

R

Raichle, M. 145, 154
Ramachandran, V. 298
Reid, M. L. 112
Risberg, J. 55
Robinson, D. N. 306
Roland, P. 160, 170
Ross, E. 155

S

Sackheim, H. 199
Sagan, C. 103, 266
Satz, P. 110
Sauerwein, H. 231
Schachter, S. 197
Schacter, D. 186, 191
Schlaug, G. 196
Schopenhauer, A. 302
Schwartz, M. 110
Semmes, J. 275
Sergent, J. 88, 165, 194
Shaywitz, B. 124
Shaywitz, S. 124
Smith, A. 151
Sperry, R. 26, 39, 42, 295
Squire, L. 185
Stanley, J. 131
Steinmetz, H. 77
Studdert-Kennedy, M. 212

T

Tallal, P. 243
Temple, C. 231
Teuber, H. L. 222
Torrance, E. P. 260
Trevarthen, C. 41, 94 f
Tulving, E. 187

V

Van Wagenen, W. 26
Vauclair, J. 212
Vogel, P. 27
Voyer, D. 125

W

Wada, J. 17
Weintraub, S. 176
Wernicke, K. 11, 73, 142, 156
Whitaker, H. 224
Wiesel, T. 189
Wilson, D. 35
Witelson, S. 123
Woods, B. 222
Woodward, S. H. 284

Z

Zaidel, E. 35–37, 93 f
Zatorre, R. 192

Sachregister

A

Abrufkategorien 150
absolute regionale Hirndurchblutung 57
Additivitätshypothese 138
adrenogenitales Syndrom (AGS) 128
Agenesie des Corpus callosum 230
Agnosie 14, 158, 163–169
   akustische 164
   apperzeptive 164, 167, 169
   assoziative 164
   Astereognosie 164
   Prosopagnosie 14
   räumliche 14
   visuelle 167
Agrammatismus 141
Agraphie 194
Aktivations-Orientierungs-Hypothese 92
Aktivierungs- oder Vorwärmeeffekt 91
Alexie 194
   mit Agraphie 152
   ohne Agraphie 152
Alzheimersche Krankheit 178
Amerikanische Gebärdensprache (ASL) 234, 273
Amnesie 177–189
   anterograde 178
   retrograde 178
Amusie 14
Amygdala 178
anatomische Asymmetrien bei Primaten 214
Anomie 21
Anosognosie 298–300
Anoxie 159
anterograde Amnesie 178
Aphasie 10, 16, 111, 140–151, 200
   anomische oder amnestische 143
   bei Kindern 222
   Broca- 140
   Erholung 156
   expressive 140
   gekreuzte 10
   globale 144
   motorische 140
   Musiker 195
   rezeptive 140
   sensorische 140
   subcorticale 151
   transcorticale 143
   und Singen 155
   Wernicke- 141
Aphasiker 87
aphasischer Arrest 17
Apraxie 11, 158–160
   ideatorische 158
   ideomotorische 158
   konstruktive 159 f
   motorische 158
Äquipotentialität, Prinzip der 177
ARAS (aufsteigendes reticuläres aktivierendes System) 278
Arteria cerebri media 75
Assoziation 21
Assoziationscortex 145, 147, 275
   auditiver, siehe auditiver Assoziationscortex
assoziative Aktivierung 182
Asymmetrie
   bei Vögeln 210 f
   der Gesichtsfeldhälfte 81–84
   siehe auch Hemisphärenasymmetrie
Asymmetrien
   Anlage 232
   bei Tieren 209–219
   Gedächtniskodierung 187
   im normalen Gehirn 81–97
   neurochemische 215
   Ontogenese 221
   Phylogenese 209–219
   Umwelt 233
auditiver Assoziationscortex, Geschlechtsunterschiede 124
auditives Lexikon 36
auditorischer Cortex 74
Aufmerksamkeit 91
   global gerichtete VIII
   lokal gerichtete VIII
Aufmerksamkeitsschwäche, hemianopische 175
Aufmerksamkeitstheorien des Neglektsyndroms 175
Aufmerksamkeitsverlagerung 176
aufsteigendes reticuläres aktivierendes System, siehe ARAS
Autismus
   frühkindlicher 247
   und Hemisphärenasymmetrie 249

B

Balken, siehe Corpus callosum
Bewußte versus unbewußte Prozesse 308–310
Bewußtsein
 geteiltes 42–46
 und Hemisphärenaktivität 293–313
Bewußtseinsverdoppelung 304–309
bildgebende Verfahren 51–80
 Sprachuntersuchungen 145–147
 zeitliche und räumliche Auflösung 54
bildhafte Vorstellung 169–172
Bindungsproblem 310
Blindsehen 308
BOLD-MRI 61
bottom-up-Verarbeitung 186, 287
Broca-Aphasie 140 f
Brocasche Regel 10
Brocasches Areal 9, 74, 140, 147–149, 160, 180, 194, 235, 271

C

Cartesianischer Dualismus 294
Cerebellum (Kleinhirn) 147
Chiasma opticum 26 f, 30, 211, 214
Chimären 41 f
Clearance 53
Clearance-Technik 54 f
Cognitive Bias Task 276
Colliculus inferior 28
Colliculus superior 28, 44
Commissura
 anterior 28, 229
 habenularum 28
 posterior 28
Commissurae colliculi 28
Computersimulation 283
Computertomogramm 76
Computertomographie (CT oder CT-Scan) 51, 65 f
Corpus callosum 25–28, 31, 36, 77, 84, 130, 153, 195, 229, 242, 266, 277–280
 Agenesie 230
 Entwicklung 228–231
 Funktion 46
 Geschlechtsunterschiede 123
 Musiker 196
Cortex cerebri (Großhirn) 28, 147, 181
Cortex
 auditiver 194
 Aufbau 285
 präfrontaler 275
 visueller 189, 194
corticale Durchblutung 54 f
Cross-Cueing 43 f, 305
cytoplasmatische Vererbung 232

D

degraded representation model 309

Depression 252
Desoxyribonucleinsäure 290
Diagrammkonstruieren 19
Diaschisis 138, 157
Diäthylstilböstrol (DES) 129
dichotischer Hörtest 83, 230
dichotisches Hören 82 f, 91, 233
 Entwicklung 227
disconnection model 309
Diskonnektionsstörung 158
Diskonnektionssyndrom 32
Dissoziation 21
distinct knowledge model 309
Dopamin 251 f
Dysarthrie 141
Dyslexie 108, 239–245
 tiefe 153
dysphorische Reaktion 198

E

Echolalie 143
Elektroenzephalogramm (EEG) 62 f
 Alpha-Rhythmus 63
elektrophysiologische Techniken 62
Emissionscomputertomographie (PET und SPECT) 56–59
Emotionen 196–205
 Selbstattributs-Modell 204
Emotionstheorien 196–204
Enkodierung 188
Entwicklungsdyslexie 240
Entwicklungsstörungen 239–254
epileptischer Anfall, Hirndurchblutung I
Epilepsie 16, 25, 47, 63, 200
ereigniskorrelierte Potentiale 66
Erinnern 186–189
Erinnerungen, wahre und falsche 191
Erkenntniswiderspruch 307
Erziehung 263 f
evozierte Felder (EFs) 68 f
evoziertes Potential (EP) 64 f
Extinktion 175

F

Fasciculus arcuatus 140, 143
feature-by-feature processing 165
Fissura Sylvii, siehe Lateralfurche
fMRI-Aktivierungskarten VI
Formanten 271
Frontallappen 8–24, 183, 187 f, 191, 235, VI
funktionelle bildgebende Verfahren 53, 62–70
funktionelle Kernspintomographie (fMRI) 53
Füßigkeit 113

G

Gedächtnis
 Arbeitsgedächtnis 179
 bewußtes 182

episodisches 180, 188
explizites 181
Hemisphärenunterschiede 183
implizites 181
Langzeitgedächtnis 177
Lokalisation 177–189
semantisches 180
unbewußtes 182
und Wahrnehmung 189–191
Gedächtnisabruf, bewußter 183
Gedächtnisasymmetrie 188
Gedächtnisbildung 184
Gedächtnisformen, multiple 185
Gedächtnisspeicher 142, 145
Gedächtnisspur 177
Gedächtnisverzerrungen 191
Gedankenlesen 71
Gehirn
  moduläre Prozesse 182
  zentrale Prozesse 182
Gehirnasymmetrie
  sexuelle Orientierung 130
  anatomische, Säuglinge 226
geistige Bilder 170
gekreuzte Aphasie 10
Geschlecht, mathematische Begabung 131
Geschlechtsunterschiede
  Aphasie 121
  auditiver Assoziationscortex 124
  Hirnanatomie 122
  in der Gehirnorganisation 119–134
  kognitive Funktionen 124–132
  Lateralisierung 122, 126
  Ursprung 127
  verbale und räumliche Aufgaben 120
Geschwind-Galaburda-Modell 114
Gesichtschimären 131
Gesichtserkennung 165
globale Aphasie 144
Goldberg-Costa-Modell 274, 282
Grad der Lateralisierung 96
Großhirn (Cortex cerebri) 147
Gyrus angularis 140, 143, 152f, 180, 191

H

Halbseitenneglekt 13
halbseitige Vernachlässigung,
  siehe Hemineglekt
Handbevorzugung bei Primaten 212
Händigkeit 101, 130
  Bestimmung 105
  frühe Hirnschädigung 110
  Geburtstraumata 110
  Handhaltung 112
  Hormone und Immunsystem 108
  Lebensdauer 115
  mathematische Begabung 109, 131
  Pfotenpräferenz 211
  Pfotenpräferenz bei Mäusen 106
  Theorien des 19. Jahrhunderts 103

und Gene 106
und kognitive Fähigkeiten 114
und Sprache 10
und Sprachlateralität 111
und Umwelt 106
Unterschiede 101
Handpräferenz 130, 248
Hautelektroden 66
hemianopische Aufmerksamkeitsschwäche 175
Hemianopsie 174
Hemineglekt 13, 174
Hemiplegie 8
Hemisphärektomie
  bei Erwachsenen 151
  bei Säuglingen 151
  in der Kindheit 223
Hemisphären
  anatomische Asymmetrie 72–75
  globale verus lokale Verarbeitung 280 f
  impliziter Transfer 45
  Informationsverarbeitung 39–42
  linke 9 f
  rechte 12–15
  und Sprache 34–37
  Vermessung 73–75
  vernachlässigte 12–15
  visuell-räumliche Funktionen 37–39
Hemisphärenasymmetrie 5–24
  Aufmerksamkeitsmodell 84
  Aufmerksamkeitszuwendung 91
  Kernstörungen 239–245
  Modell der Weiterleitung über das Corpus
    callosum 84
  Modell des direkten Zugriffs 84
  Musik 193
  und Autismus 249
  und psychiatrische Krankheitsformen
    250–253
Hemisphärenfunktion, Tests für Modelle 93 f
Hemisphärenspezialisierung 47, 223, 269,
  273–281, 292
Hemisphärenunterschiede,
  Gegenüberstellung 258
Hemisphärenverletzungen, emotionale
  Veränderungen 198
Hemisphärizität 260
HERA-Modell 188
Heschl-Gyrus 73 f
Hippocampus 33, 178, 181, 183 f, 187 f, 309
Hirnaktivitätsmessungen, Probleme 70–72
Hirnschädigung
  Aphasien 138–153
  im Kindesalter 221–223
Hirnstamm 147
Hirnverletzungen 200
HMPAO-SPECT-Untersuchungen 56 f
Homunculus 189
Homunculus-Problem 312
Hörtest, dichotischer 83, 230
Hörwindungen 73

Humor 156
Hypothalamus 197

I

Ilias 301
Immunstörungen, mathematische
 Begabung 131
indifferent-euphorische Reaktion 198
Informationsverarbeitung 86
Intelligenztests 224, 231
Interaktionismus 295
interhemisphärischer Konflikt 32
Intonation 155
Intonationstherapie, melodische 155
Isomorphismus 138

J

Jäger und Sammler-Theorie 127

K

Kana 87
Kandschi 87
Katastrophenreaktion 198
Kernkraft, schwache 291
Kernspin-Bilder VII
Kernspintomographie (NMR oder MRI) 52, 60–62, 76 f
 funktionelle (fMRI) 61
Kernspintomogramme 76, I, VII
 funktionelle V
kinetische Apraxie 158
Kleinhirn (Cerebellum) 147
klinische Neuropsychologie 137
Kodierung
 grobe (*coarse encoding*) 284 f, 286
 verbindende (*conjunctive encoding*) 284 f
 siehe auch Enkodierung
kognitive Funktionen
 Hormonspiegel im Erwachsenenalter 128 f
 vorgeburtlicher Hormonspiegel 128
kognitive Leistungen, Menstruationszyklus 129
kognitive Neuropsychologie 19–24, 138
kognitive Präferenz-Aufgabe 276
Kommissurotomie 25, 34
komplementäre Spezialisierung 15
konditionierte Reaktionen 184
Konfabulationen 298
Konnektionismus 139
Kontextabhängigkeit von Antworten 276 f
Kontralateralität 30
Kontur- und Isolinienkarten 67, 69
Korrelationsanalyse 60
Kurzzeitgedächtnis 179

L

Latenz 64
Lateralfurche 123, 140, 149
Lateralisierung 91
 Ausmaß 133
 Entwicklung 221
 Geschlechtsunterschiede 122
 Grad 96
 Testosteron 108
 von Reizen 29
Lateralität 260–269
 Anfänge 225
 der Emotion 198
 Geschlechtsunterschiede 126
 Lesestörungen 241
 Verhaltensexperimente 125
Lateralisierung, visuelle-räumliche 281
Lautfrequenz, Spektrogramm 271
Legasthenie 240
Leib-Seele-Problem 293–313
Leitungsaphasie 143
Leitungsprosodie 155
Lernstörungen
 Hemisphärenasymmetrie 239–245
 neue Vorstellungen 243
Lese- und Schreibstörungen 152
Lesestörungen, und Lateralität 241
lexikalisches Wissen 149
Linkshänder 10, 18, 77
 berühmte 115
Linkshändigkeit 101–117
 Eliminationshypothese 116
 familiäre 112
 Künstler 115
 Modifikationshypothese 116
Lobektomie 183
Logorrhoe 142
Lokalisation von Hirnfunktionen 79
Lokalisationslehre 8
Lokalisations-Verbindungs-Konzept 144

M

Magnetoenzephalogramm (MEG) 67 f
Magnetoenzephalographie 67 f
Massenwirkung, Prinzip der 177
melodische Intonationstherapie 155
metabolische Techniken 62 f
Metakontrolle 42, 94
Metaphern 156
Modell
 der Balkenfunktionen 277–280
 der elektrischen Synchronisierung 310
 der topographischen Inhibition 278
Modularitätshypothese 22
Modularitätskonzept 139
Molekularbiologie, Asymmetrien 290 f
Motorik und Hemisphärendominanz 269–273
motorische Apraxie 158

motorische Theorie der Sprachwahrnehmung 271
motorischer Cortex V
Musik 192–196
musikalische Fähigkeiten 14
Musiker
   Aphasie 195
   Corpus callosum 195 f
   Module 193 f
   zerebrale Reorganisation 195

N

Natriumamobarbital 17
Natrium-Amytal 17
Neglektpatienten 308
Neglektsyndrom 173–177
Neocortex 181
Netzhaut 31
neuroanatomische Strukturen 147
neurologische Spezifität 138
neuronale Netzwerke 283
Neurotransmitter 251f
Neuropsychologie,
   klinische siehe klinische Neuropsychologie
Noradrenalin 252

O

Objekterkennung aus kognitionsneuropsychologischer Sichtweise 168
Ohrpräferenz 248
Okzipitallappen 153, 166, 194
Ortsfrequenzen 88 f, 281, 286
Östrogen 128 f
   synthetisches 129

P

Paralexie 153
parallel distributed processing 282
Parallelismus 294
Parallelverarbeitungsmodelle
   (PDP-Modelle) 139
Parietallappen 158 f, 164, 176, 180, 184, 194
Parität, Kernphysik 291
Patienten, Split-Brain-
   siehe Split-Brain-Patienten
patterning 253
PDP-Modelle 283
perinatale Hypoxie 110
Perseveration 151
PET-Scan V, VII
Pfotenpräferenz 211, 216
phonematischer Jargon 142
phonologische Kodierung 240
Phrenologie 62
Physik, Asymmetrie 291
Planum temporale 73 f, 77, 123, 241
Plastizität 221–223, 225, 233

Positronenemissionstomographie (PET) 53, 57–60
präfrontaler Cortex 161, 163, 275
prämotorischer Cortex 162
prämotorisches Areal (PMA) 160 f
primal sketch 168
primärer motorischer Cortex (M1) 162
primärer sensomotorischer Cortex 162
primärer visueller Cortex 166, 170
primäres motorisches Areal (M1) 161
primäres sensorisches Areal (S1) 161
Primaten 212–217
   anatomische Asymmetrien 214
Priming 91, 154, 189
   semantisches 182
   Wort-Priming 185
   siehe auch Aktivierungs- oder Vorwärmeffekt
Prinzip
   der Äquipotentialität 177
   der Massenwirkung 177
Prosodie 201, 250
Prosopagnosie 165, 190
pruning,
   siehe Rückschneiden von Neuronen
psychiatrische Erkrankungen 239–254
Psychologentäuschung 72
Pubertät 221f
Pyramidenzellen 285

Q

Querschnittslähmungen 197

R

räumliches Vorstellungsvermögen, Testosteronniveau 129
rCBF 57, 61
rechte Hemisphäre, auditives Lexikon 36
Rechtshänder 12, 18, 77, 101
rechtshemisphärische Spezialisierungen 37
Reduktionismus 287
REM-Schlaf 311
Reserpin 252
retrograde Amnesie 178
rezeptive Felder 285
Rotationsaufgabe 56, II, IV
Rückschneiden von Neuronen 75

S

sakkadische Augenbewegungen 29
Säuglinge
   anatomische Gehirnasymmetrien 226
   evozierte Potentiale 226
Scanning 56
Schizophrenie 251
Schlaf 311
Schlaganfall 7, 174
   Erholungsmechanismus VII
   Musiker 193

Schwert-und-Schild-Theorie 103
Sehnerven 31
Selbstattributs-Modell der Emotionen 204
Selbsttäuschung 298
semantischer Jargon 141
sexuelle Orientierung und Gehirn-
    asymmetrie 130
Single-Photon-Emissionscomputertomographie
    (SPECT) 53, 56
Singvögel 210
SOLAT 260
SPECT 56
SPECT-Bilder I, II, III, VII
Spiegelschrift 240
Splenium 123
Split-Brain-Chirurgie 25–29
Split-Brain-Experimente an Katzen 27
Split-Brain-Forschung
    Leib-Seele-Problem 295–297
    mit Tieren 213 f
Split-Brain-Patienten 25–48, 83
    Alltagsverhalten 31–34
    bildliche Vorstellung 171
    Hemisphärenunterschiede in den Gedächtni-
    sprozessen 184
    Träumen 33
Sprach- und Sprechstörungen 139–153
Sprachdominanz 18
Sprache
    Fremdsprachen 235
    hemisphärenspezifische Verarbeitung 153
    Muttersprache 235
    subcorticale 150
    Zweisprachigkeit 234
Sprachlateralität, Händigkeit 111
Sprachzentren 143
Sprachzugangstheorien 297, 300
SQUID 67–69
Stereognosie 164
Stottern 245–247
Substraktionsprinzip 138
Subtraktionsmethode 58 f, 154, 187, 189
supplementär-motorisches Areal (SMA) 160 f
Sylvische Furche, siehe Lateralfurche

T

Tachistoskop 29
Taubstumme 234
Tc-99m HMPAO-Injektion II
Technetium-SPECT 56
Temporallappen 74, 148, 150, 164, 166, 178,
    183 f, 235, VI
Temporallappenepilepsie 251
Testosteron 108, 128 f
testreizkorrelierte Potentiale 65 f
Thalamus 146, 151, 197, 310
Thalamusläsion 163
Theorie der neuronalen Gruppenselektion 289
tiefe Dyslexie 153
top-down-Verarbeitung 186, 287

Tracer 53
transcorticale Aphasie 143
transcorticale sensorische Aprosodie 155
Transparenz 138
Träumen 311

U

unbewußtes Denken 303 f
unvollständige Penetranz 107

V

Verarbeitungs-Dissoziations-Kriterium 93
verbal access theories 297
Verhaltensexperimente 90
visuelle Komplettierung 40
visueller Cortex 60, III

W

Wachzustand 311
Wada-Test 17, 90, 111, 198, 230
Wahrnehmungsstörungen 163–169
weiße Substanz 274
Wernicke-Aphasie 141, 193
Wernickesches Areal 73, 140 f, 148, 235
Willkürbewegungen 157, 161
Worttaubheit 143, 164

X

Xenon-133 53–55
Xenon-133-SPECT-Scan III, IV
Xenon-SPECT 55, 57

Z

Zeichnen lernen 264 f
zerebrale Angiographie 75
zerebrale Dominanz 11, 104
    Leseschwäche 245
zerebrale Lokalisation von Hirnfunktionen 7 f
zerebrale Reorganisation, Musiker 195
Zielreizaufgabe, phonologische IV
Zirbeldrüse 294
Zwangslachen 199
Zwangsweinen 199
Zwei-Kammer-Geist 300